Thomas Stridsman

HANDELSSYSTEME, DIE WIRKLICH FUNKTIONIEREN

Thomas Stridsman

HANDELSSYSTEME, DIE WIRKLICH FUNKTIONIEREN

Erfolgreich automatisiert handeln

Bibliografische Information der Deutschen Bibliothek:
Die Deutsche Bibliothek verzeichnet diese Publikation in der
Deutschen Nationalbibliografie; detaillierte bibliografische Daten
sind im Internet über http://dnb.ddb.de abrufbar.

Die amerikanische Originalausgabe erschien unter dem Titel
"Trading systems that work. Building and evaluating effective trading systems."

Gesamtbearbeitung: Creative Pool Network, Puchheim bei München
Übersetzung: Gaby Boutoud
Umschlaggestaltung: Angelika Feldwieser
Lektorat: Ina Köhler-Blessing
Druck: Grafik und Druck, München

1. Auflage 2007
Deutsche Fassung © 2007 by FinanzBuch Verlag GmbH. All rights reserved.
Frundsbergstraße 23
80634 München
Tel. 089 651285-0
Fax 089 652096
info@finanzbuchverlag.de

Den Autor erreichen Sie unter:

stridsman@finanzbuchverlag.de

ISBN 978-3-89879-243-1

┌─ **Weitere Infos zum Thema** ─────────────

www.finanzbuchverlag.de
Gerne übersenden wir Ihnen unser aktuelles
Verlagsprogramm

Inhaltsverzeichnis

Einführung

Nachdem ich zwei Jahre lang bei *Futures Magazine* als Redakteur, Autor und Fachmann für die technische Analyse tätig war, erkannte ich den größten Fehler, den Menschen beim Trading begehen können: Sie meinen, dass sich Erfolge einstellen, ohne dass man viel dafür tun müsste, und man brauche sich einfach nur eine Strategie zusammenzustellen, um dann sofort viel Geld damit zu verdienen – obwohl sie nichts über Risikomanagement und Geldmanagement wissen und auch keine Kenntnis darüber besitzen, warum ein System in manchen Märkten nicht funktioniert. Sie wissen auch nicht, welche verheerende Minuslage womöglich auf sie zukommen kann, und sie verstehen nicht, dass zuweilen ein System zwar so funktioniert, wie es soll, sie aber trotzdem daran finanziell zugrunde gehen können. Und das Erschreckende daran ist, dass man diese Haltung bei langjährigen Profis ebenso antreffen kann wie bei unerfahrenen Tradern.

Ein weiterer, allgemein üblicher Fehler, der insbesondere von Kleinanlegern begangen wird, besteht in der Auffassung, dass man bei einem kleinen Trading-Konto angeblich weniger leistungsfähige und weniger ausgefeilte Trading-Methoden benötigt. Kleinanleger glauben nämlich, dass sie noch genug Zeit zum Erlernen der komplexen Strategien und der Feinheiten haben, wenn ihr Konto erst einmal größer geworden ist. Aber das ist ein Trugschluss: Geld ist Geld, und ein kleines Konto kann ebenso leicht durch Verluste aufgezehrt werden wie ein großes. Dabei spielen langjährige Erfahrung und die Frage, ob es sich um einen Multi-Millionär, einen Vermögensverwalter oder um einen Neuling handelt, der seine Ersparnisse von 10.000 Dollar einsetzt, überhaupt keine Rolle, wenn die verwendete Methode nicht zum Erfolg führt. Denken Sie einmal über Folgendes nach: Warum sollten Sie bei einem Konto von 10.000 Dollar mit einem elementaren System, das auf dem Kreuzen von gleitenden Durchschnitten beruht, und ohne Einsatz eines damit verbundenen Geldmanagement-Plans (weil Ihnen eben nicht mehr Wissen und nicht mehr Geld zur Verfügung steht) erfolgreicher sein, als wenn Sie über Millionen von Dollars und über alles Wissen verfügen, das man zum Trading braucht?

Wenn Sie der Ansicht sind, dass Sie nicht genügend Geld und Wissen haben, um es von Anfang an richtig zu machen, dann sollten Sie nicht traden. Denn dann haben Sie viel Zeit, um komplexere Methoden zu erlernen, und nicht, während Sie traden. Das habe ich am eigenen Leib erfahren.

Das Buch ist für alle diejenigen Trader – und zwar ungeachtet ihres persönlichen Erfahrungshintergrundes – gedacht, die erkannt haben, dass das Ganze doch nicht so leicht ist, wie es aussieht – obwohl sie nicht genau sagen können, welche Puzzleteile ihnen zur Vollendung des Bildes fehlen. Vermutlich ist das, was Sie davon abhält, erfolgreich als Trader zu sein, die Tatsache, dass Sie nicht wissen, wie man die Einzelteile richtig zusammenfügt und was eine anspruchsvolle Strategie ausmacht, mit der Sie höchstwahrscheinlich Erfolg haben werden. Mit diesem Buch unternehme ich den Versuch, Ihnen zu diesem Gesamtverständnis zu verhelfen, damit Sie das Puzzle vervollständigen können. Lassen Sie es mich wissen, wenn Sie es geschafft haben.

Inzwischen bin ich in erster Linie als Analyst und Autor tätig und nicht als Trader, obwohl ich früher getradet habe und einige Systeme entwickelt hatte, die derzeit von anderen Tradern angewendet werden. Viele falsch informierte Trader sind der Meinung, dass jemand, der nicht selbst Trader ist, nicht wissen kann, wie die Märkte funktionieren. Meiner Ansicht nach kann nichts weiter von der Wahrheit entfernt sein. Genauso, wie gute Mathematikkenntnisse nicht bedeuten, dass man auch gute Sprachkenntnisse hat und ein guter Autofahrer noch lange kein guter Automechaniker sein muss, so bieten auch gute Fähigkeiten beim Traden keine Garantie dafür, dass der Betreffende auch über gute analytische Fertigkeiten verfügt, und das gilt natürlich auch umgekehrt. Außerdem entspricht die Tätigkeit als Analyst und Autor meiner persönlichen Vorliebe: Ich kann mir einfach nicht vorstellen, den ganzen Tag vor dem Computermonitor zu sitzen, um mich mit etwas zu beschäftigen, worüber ich später zu schreiben versuche.

Als Analyst habe ich mich auf Systeme und mechanisches Trading spezialisiert, und meines Erachtens setzt dies Tradingkompetenz voraus – was zumindest für die Anwendung meiner eigenen Strategien zutrifft. Wenn Sie mir nicht glauben, lesen Sie ruhig weiter, damit ich Sie vom Gegenteil überzeugen kann. Ich werde Sie mit einer Reihe von nützlichen Werkzeugen vertraut machen, die auf meinen persönlichen Analysetechniken gründen – die ich übrigens für bahnbrechend halte und die einem hohen Kenntnisstand entsprechen und dem, was man diesbezüglich heutzutage geboten bekommt, bei weitem überlegen sind.

Obwohl ich mitunter eine recht wissenschaftlich und akademisch anmutende Ausdrucksweise benutze, indem ich beispielsweise Begriffe und Ausdrücke wie „Standardabweichung", „Kurtosis"[1] (die Wölbung einer statistischen Verteilung) und „mathematische Wahrscheinlichkeit" verwende und mich manchmal sogar der Mathematik und diverser Berechnungsmethoden bediene, behaupte ich nicht, ein Wissenschaftler, Statistiker oder Psychiater zu sein oder über einen sonstigen akademischen Abschluss zu verfügen, dem ich die Techniken, die ich in diesem Buch vorstelle, zuschreiben könnte. Ich bin vielmehr davon überzeugt, dass viele von Ihnen in diesem Buch Stellen finden werden, die von meiner Unkenntnis auf mehr als einem Gebiet zeugen. Aber das macht nichts. Was ich Ihnen vermitteln möchte, ist, dass Sie kein Wissenschaftler sein müssen, um Märkte erfolgreich analysieren zu können. Allerdings müssen Sie schon ein bisschen mehr wissen, als Sie in den üblichen Büchern erfahren, und vor allem müssen Sie den Mut aufbringen, über die üblichen Begrenzungen hinauszudenken. Da lasse ich keine Entschuldigung gelten.

Beim Versuch, etwas völlig Neues zu erörtern, gerät ein Lehrer häufig in ein Dilemma. Um Thema C zu erklären, muss er zunächst auf Thema A und B eingehen, aber oft sind beide miteinander verwoben. Um also A zu erlernen, müssen wir zunächst B und C verstanden haben. In diesem Buch habe ich mich sehr darum bemüht, alles auf einigermaßen logische Weise zu vermitteln und die Materie so einfach wie möglich zu halten, aber es kommt auch vor, dass ich zwei Themen gleichzeitig ansprechen und erläutern muss. Bei anderen Gelegenheiten habe ich ganz einfach zu einem bestimmten Thema nicht näher Stellung genommen und bin später nochmals darauf zurückgekommen, um dieses Thema einer sorgfältigeren Analyse und Erklärung zu unterziehen. In einigen Fällen habe ich auch ein wenig gemogelt, indem ich die Dinge allzu sehr vereinfacht habe. Dies bitte ich zu entschuldigen, aber ich kann in diesem Buch nicht alles preisgeben, was ich auf Lager habe. Ich hoffe, Sie haben Verständnis dafür und finden dieses Buch trotzdem lesenswert.

Obwohl ich hoffe, dass Sie dieses Buch als Lektüre für die Praxis betrachten, geht es dabei nicht um gebrauchsfertige Indikatoren der technischen Analyse oder um ein Buch über narrensichere Trading-Systeme, weil es so etwas einfach

---

[1] *Kurtosis bezeichnet die Wölbung einer statistischen Verteilung. Eine Wölbung beschreibt die Abweichung des Verlaufs der gegebenen Wahrscheinlichkeitsverteilung zum Verlauf einer Normalverteilung.*

nicht gibt. Dies ist auch kein Buch, das Ihnen dabei behilflich sein wird, einzigartige Tradinggelegenheiten ausfindig zu machen, und Ihnen zeigt, wie man diese Gelegenheiten ausnutzt, indem man zu raschen Entscheidungen gelangt, um dann gleich zur nächsten Tradingmöglichkeit überzugehen. Auch wenn es zunächst so aussehen mag, handelt es sich dabei nicht einmal um ein Buch über neue Techniken oder neue Wege, Tradingstrategien zu entwickeln.

Stattdessen wird Ihnen gezeigt, wie Sie mit logischem Denken an die Sache herangehen, bevor Sie mit dem Entwicklungsprozess beginnen, der es Ihnen hoffentlich ermöglichen wird, eine Tradingstrategie zusammenzustellen, die genau das beinhaltet: nämlich eine Strategie, einen langfristigen Arbeitsprozess im Gegensatz zu einer Reihe von einzelnen, voneinander unabhängigen Entscheidungen. Auch auf die Gefahr hin, dass ich Ihnen jetzt vielleicht zu anmaßend erscheinen mag, möchte ich betonen, dass es in diesem Buch um Philosophie geht. Ich meine damit die Philosophie, die hinter dem Bemühen steckt, eine gute und funktionsfähige Tradingstrategie zusammenzustellen. Darunter ist auch die Philosophie zu verstehen, die sich hinter dem verbirgt, was die Märkte in Bewegung versetzt und was sie zu dem Verhalten veranlasst, das sie an den Tag legen. Und letztlich ist damit auch die Philosophie gemeint, die uns verstehen lässt, warum eine Strategie funktioniert oder nicht.

Insbesondere hoffe ich, Ihnen vermitteln zu können, dass es sich bei einer Tradingstrategie um ein Verfahren handelt, bei dem die Entscheidungen automatisch erfolgen. Dabei folgt der einen Entscheidung die nächste und so weiter, sodass eine Kette von sich gegenseitig beeinflussenden Entscheidungsprozessen entsteht, die einen nie endenden Vorgang darstellen, der sich ständig wieder aufs Neue in Gang setzt. Wie ein Perpetuum mobile ist auch eine Tradingstrategie eine äußerst sensible Angelegenheit, die aus einigen Teilen besteht, die notwendigerweise ein Ganzes bilden werden, das mehr ist als die Summe seiner Teile und keinen Energieverlust zulassen kann. Im idealen Fall wird dies dadurch ermöglicht, dass die einzelnen Teile miteinander verbunden oder aufgebaut sein müssen, dass jedes aus dem anderen hervorgegangen ist, aber gleichzeitig ist jeder Teil wiederum mit allen anderen Teilen verbunden. Das ist der philosophische Gesichtspunkt in diesem Buch. Eigentlich ist es genau so, als sei jeder Teil beides gleichzeitig: ein Teil von dem, was insgesamt ein Auto ausmacht, und zugleich das Auto selbst, das aus Einzelbestandteilen zusammengesetzt ist.

Aber wie ein Perpetuum mobile eine Unmöglichkeit an sich darstellt, so ist die Entwicklung einer guten Tradingstrategie mit dem Zusammenbauen oder dem Kauf eines guten Autos zu vergleichen. Während Sie bei der Arbeit sind, müssen Sie auch ihre eigenen Bedürfnisse und ihren gegenwärtigen Lebensstandard berücksichtigen, und zwar sowohl in finanzieller als auch in sonstiger Hinsicht. Beispielsweise werden Sie sich wohl keinen Formel-1-Rennfahrer für die Sonntagsausflüge mit Ihrer Familie engagieren, selbst wenn Sie sich das durchaus leisten könnten. Sie werden sich dafür wohl auch keine Planiermaschine anschaffen. Wahrscheinlich werden Sie sich stattdessen für ein Auto entscheiden, das Ihren alltäglichen Bedürfnissen entspricht, auch wenn Sie vielleicht eine Kombi-Limousine oder einen Mini-Van ziemlich langweilig finden, wo Sie doch eigentlich eher ein Lamborghini-Typ sind. Das Gleiche gilt für Tradingstrategien: Zuerst müssen Sie herausfinden, wer Sie sind und welche Art von Strategie zu Ihnen passt, selbst wenn es Ihnen vielleicht ein wenig langweilig erscheinen mag und Ihnen kaum die Möglichkeit bietet, spektakuläre Überholmanöver zu veranstalten. Trading ist nach meiner Erfahrung – zumindest was Systemtrading anbelangt – ebenso langweilig, wie ein Baseballspiel zu verfolgen, ohne dabei ein Bier in der Hand und bereits einige intus zu haben. Das gilt sowohl für die öffentlichen Straßen, die keinerlei Abenteuer erlauben, als auch für das Trading. Beides bietet nicht die geeigneten Grundlagen für Spiel und Spaß.

Das Zusammenstellen einer Trading-Strategie würde ich folgendermaßen betrachten: Das eigentliche System mit seinen Kauf- und Verkaufsregeln bildet den Motor, und dabei kann es sich um eine schnelle Intraday-Strategie, um ein System für einen bestimmten Markt (dem Motor eines Rennwagens vergleichbar, der 800 km/h schafft) oder um ein langfristiges System handeln, das für alle Märkte eingesetzt werden kann (dem Motor einer langsamen, aber stetig arbeitenden Planierraupe vergleichbar). Wenn ich diese Auswahl getroffen habe, wende ich mich dem Geldmanagement zu, das mit dem Getriebe zu vergleichen ist. Dann versuche ich, das System auf mich abzustimmen, und gestalte es so effizient und sicher wie möglich. Um mit dem Auto-Vergleich fortzufahren: Sie wissen bestimmt, dass Sie eine Katastrophe heraufbeschwören, wenn Sie einen Formel-1-Rennwagen mit dem Getriebe einer Kombi-Limousine versehen.

Wenn der Motor (das System) und das Getriebe (das Geldmanagement) aufeinander abgestimmt sind und beide harmonisch zusammenarbeiten, sollte man sich mit dem Fahrwerk auseinandersetzen. Bei einer Tradingstrategie entspricht dies der Frage, welche Märkte man handeln möchte. Hat man sich für ein System entschieden, das auf bestimmte Märkte ausgerichtet ist, so hat sich diese Frage bereits erledigt (und damit haben wir es mit einem Fall zu tun, bei dem Thema C vor Thema A angegangen wird). Aber ungeachtet dessen, ob es sich um ein spezifisches System handelt, das insbesondere für bestimmte Märkte geeignet ist, sollte man stets bestrebt sein, dass ein System so viele Märkte wie möglich abdeckt. Doch auch im Falle einer Strategie, die für viele Märkte eingesetzt werden kann, ist es ebenso wichtig, dass man das System nicht optimiert und weder die Märkte an das System noch das System an die Märkte anpasst.

Zwischen einem guten und einem gewinnbringenden System gibt es einen gewaltigen Unterschied. Es ist von entscheidender Bedeutung, diesen Unterschied zu verstehen. Äußerst wichtig ist auch, dass man aus einem guten System immer ein gewinnbringendes System machen kann, während diese Aussage nicht zwangläufig auch im umgekehrten Sinne Gültigkeit hat. Der Grund dafür ist, dass ein gut allgemein funktionierendes System auch in vielen Märkten gut funktionieren wird, da es die gleichen Kursbewegungen erfasst, was sich durch prozentuale Angaben oder durch andere allgemeine Maße ausdrücken lässt. Allerdings handelt es sich bei einem gewinnbringenden System um ein gut funktionierendes System, das einen Überschuss erwirtschaftet, wenn es in eine umfassende Strategie integriert und auf bestimmte Märkte angewendet wird.

Wenn Sie die Einzelteile eines Autos (die Gesamtstrategie) zusammengebaut haben, also den Motor (das System), das Getriebe (das Geldmanagement) und das Fahrwerk (die Märkte in ihrer Gesamtheit), dann fehlt Ihnen immer noch etwas: der Treibstoff (Benzin) und der Fahrer. Der Treibstoff stellt Ihre Zeit und Ihre Energie dar. Der Fahrer sind Sie selbst. Aber bevor sie das Gefährt betanken und sich auf den Fahrersitz schwingen, müssen Sie sich vergewissern, ob es sich dabei auch tatsächlich um ein Fahrzeug handelt, das zu Ihnen passt (auch wenn Sie eigentlich ganz genau wissen, dass Sie im Grunde ein Lamborghini-Typ sind).

Das vorliegende Buch *Funktionsfähige Trading-Systeme* gehört nicht zu den Büchern über Daytrading, die die Märkte heutzutage geradezu überschwemmen, wobei allerdings alles, was in diesem Buch behandelt wird, auch auf Daytrading-Techniken übertragen werden kann. Dies ist allerdings kein Buch, das auf bestimmte Märkte ausgerichtet ist, obgleich sich meine Beispiele häufig auf die Rohstoffterminmärkte beziehen, wobei die Begriffe „Aktien", „Märkte" und „Kontrakte" als Synonyme betrachtet werden können.

In Teil 1 wird behandelt, wie man das Ergebnis eines Systems durch die Anwendung grundlegender Methoden berechnet und wie man diese Analyse erweitern kann, indem außerdem ein Tabellenberechnungsprogramm wie MS Excel oder Lotus 1–2–3 verwendet wird. Dieser Teil geht auch näher auf die verschiedenen Datenarten ein und befasst sich damit, wie man sie einsetzt und nutzt. Dies ist insbesondere dann von Bedeutung, wenn Sie ein Futurestrader sind, aber falls Sie sich für den Aktienmarkt entschieden haben, wird Ihnen dieser Abschnitt ebenfalls wertvolle Einsichten vermitteln und Ihnen darüber Aufschluss geben, warum sich so viele Systeme, die Sie bisher entwickelt haben, beim praktischen Einsatz nicht bewährt haben.

Teil 2 beschäftigt sich mit einigen grundlegenden langfristigen und kurzfristigen Trading-Systemen, indem je nach Zielsetzung unterschiedliche Datensätze zum Einsatz kommen. Einige dieser Systeme sind auf bestimmte Märkte ausgerichtet, während andere für mehrere Märkte eingesetzt werden können. Eine umfangreiche Analyse wird mit Hilfe eines Tabellenberechnungsprogramms vorgenommen, und dafür benötigen wir die Kennziffern, die in Teil 1 entwickelt wurden. Neben den spezifischen Einstiegstechniken, die während des gesamten Buches zur Anwendung kommen, besteht die wichtigste Erkenntnis von Teil zwei darin, dass ein gutes System nicht unbedingt auch gewinnbringend sein muss und dass einige Systeme zum Scheitern verurteilt sind, wenn Sie in bestimmten Märkten eingesetzt werden.

In Teil 3 ziehen wir die Systeme heran, die wir in Teil 2 entwickelt haben, und untersuchen deren statistische Kennzeichen, um herauszufinden, ob man sie mit Hilfe der beiden Analysetechniken von John Sweeney verbessern kann, nämlich mit der GUA (größte ungünstige Abweichung) und der GGA (größte günstige Abweichung); zudem werden verschiedene Möglichkeiten zur Verringerung der Minuslage (Drawdown) untersucht. Wir werden uns ferner mit einigen zusätzlichen Faktoren beschäftigen, beispielsweise mit der Kurtosis[2] und dem Skew (Schräglauf). Aus vielen Gründen kann Teil 3 als der wichtigste Abschnitt dieses Buches bezeichnet werden, was mit den Ausstiegen zusammenhängt, die wir später mit der Methode des sogenannten Fixed-Fractional-Geldmanagments verbinden werden, was die Ergebnisse mindestens um das Zehnfache erhöht.

---

[2] *Kurtosis bezeichnet die Wölbung einer statistischen Verteilung. Eine Wölbung beschreibt die Abweichung des Verlaufs der gegebenen Wahrscheinlichkeitsverteilung zum Verlauf einer Normalverteilung.*

Mit den Einstiegen von Teil 2 und den Ausstiegen von Teil 3 gehen wir zu Teil 4 über, in dem wir verschiedene Methoden zum Ausfiltern günstiger Marktsituationen und Set-ups einsetzen werden. Es werden willkürliche Einstiege verwendet, um so viele Trades wie möglich zu erzeugen. Bei der Benutzung zufälliger Einstiege können wir nur die Daten einiger Jahre heranziehen, um so viele Jahre mit einzigartigen Handelssequenzen zu produzieren, wie uns nötig erscheint. (Als ich übrigens nach Fertigstellung dieses Buches die in diesem Abschnitt beschriebene Technik einsetzte, habe ich ein System untersucht, in dem ich die Daten der vergangenen zehn Jahre für alle Dow-Jones-Aktien verwendete, wobei ich insgesamt über 3.000.000 Jahre an einzigartigen Handelssequenzen erhielt. Wenn man damit keine stabilen Ergebnisse erzielen kann, dann schafft man es auch mit keiner anderen Methode.) Am Ende des vierten Teils liefert ein in erster Linie theoretisches Kapitel den entsprechenden Verständnisrahmen, um erfassen zu können, was einen Trend ausmacht und warum ich davon überzeugt bin, dass systematisches Trading aller Wahrscheinlichkeit nach am besten funktioniert.

In Teil 5 wird dann der Zusammenhang hergestellt, indem alle Systeme mit unterschiedlichen Fixed-Fractional-Geldmanagement-Strategien verbunden werden. Wir werden uns auch damit beschäftigen, wie man ein Portfolio aufbaut, das aus mehreren Märkten und Systemkombinationen besteht, was zu Ergebnissen führt, die ohne den Zusammenschluss aller Systeme mit übereinstimmendem Geldmanagement nicht möglich wären. Worum es hier geht, kann keinesfalls als „Optimieren" eines Systems bezeichnet werden, denn „optimieren" würde bedeuten, dass wir das System an die Daten anpassen, was nicht dem entspricht, worum es tatsächlich geht. Wir passen stattdessen die Höhe des Einsatzes an das System an. Je weniger Sie ein System der üblichen Optimierung unterziehen, desto besser lässt sich die Einsatzhöhe an das System anpassen. Dabei kommt unter dem Strich weit mehr heraus als mit Optimierung. Einen Großteil der Arbeit übernimmt ein Tabellenberechnungsprogramm. Anhand zahlreicher Beispiele werde ich Ihnen die entsprechenden Formeln und Kennziffern angeben, die Sie übernehmen und in Ihre eigene Arbeit einbinden können. Wir werden uns auch damit beschäftigen, wie man ein System auf seine Stabilität überprüft, sodass man es dann mit größerer innerer Sicherheit real anwenden kann.

Einige Leute haben mich gefragt, warum ich meine Ideen weitergebe, anstatt sie für mein eigenes Trading nutzbar zu machen, um davon zu profitieren. Nun, ich glaube, dass ich tatsächlich das Beste daraus mache, denn selbst wenn dieses

Buch plötzlich auf der Bestsellerliste der *New York Times* landen sollte, werden sich diese Systeme und Strategien wohl nicht so weit durchsetzen und verbreiten, um das wieder zunichte zu machen, was ich Ihnen in diesem Buch zeigen werde. Warum ist das so? In erster Linie deshalb, weil nicht jeder, der dieses Buch liest, auch bereit und in der Lage sein wird, das Gelesene auch anzuwenden, weil er entweder nicht damit zurechtkommt oder weil es ihm einfach widerstrebt, die Ideen anderer Leute anzuwenden, und er es stattdessen vorzieht, etwas Eigenes zu entwickeln. Und zweitens werden viele von denen, die meine Gedanken umsetzen wollen, dennoch nicht in der Lage sein, damit Geld zu verdienen, weil sie sich nicht genau an das halten werden, was ich vermittle, sondern Abwandlungen vornehmen mit der Folge, dass die Ergebnisse nicht mehr dem entsprechen können, was ich in diesem Buch in Aussicht stelle. Und nicht zuletzt liegt es auch daran, dass die Märkte viel größer sind, als sich irgendjemand vorstellen kann, sodass diese Strategien in der Gesamtheit nur einen kleinen Teil von allen Strategien darstellen, die in den Märkten zur Anwendung kommen – und diese Vielzahl der Strategien trägt dazu bei, dass meine Ansätze funktionieren.

Natürlich hoffe ich, dass meine Strategien genügend Verbreitung finden werden, sodass damit der Boden bereitet wird, um noch mehr Gewinne zu produzieren, weil sich auf diese Weise ein sich selbst verstärkender Effekt einstellen würde. Wenn Sie diese Sichtweise einnehmen, kann ich Sie nicht als meinen Kontrahenten sehen, sondern ich betrachte Sie als meinen Freund und Kollegen. Der wirkliche Feind in diesem Spiel bin ich selbst. Wie es auch für andere Bereiche des Lebens gilt, so werde ich auf diesem Gebiet ebenfalls unzählige Möglichkeiten finden, um mir selbst Fallen zu stellen, ohne dass jemand dazu beiträgt. Wenn ich diese Ideen also an Sie weitergebe, ist die Gefahr, die sich daraus für meinen künftigen Wohlstand ergeben könnte, überhaupt nichts im Vergleich zur Gefahr, die ich für mich selbst darstelle.

Nun möchte ich Sie bitten, das folgende Zitat des berühmten Vermögensverwalters Ralph Vince zu lesen und dann dieses Buch für eine Weile beiseite zu legen, um darüber nachzudenken. Denn wenn Sie die Zeilen von Ralph Vince nicht verstehen oder mit ihnen nicht einverstanden sind, dann besteht im Grunde keine Notwendigkeit weiterzulesen.

„Der Schlüssel, um sicherzustellen, dass Sie künftig einen hohen mathematischen Erwartungswert haben, besteht darin, den Grad an Freiheit Ihres Systems einzuschränken. ... Dies können Sie nicht ausschließlich dadurch bewerkstelligen, dass Sie die optimierbaren Parameter ausmerzen oder zumindest deren Anzahl reduzieren, sondern auch dadurch, dass Sie so viele Systemregeln wie möglich beseitigen oder zumindest verringern. Jeden Parameter, den Sie einbringen, jede Regel, die Sie hinzufügen, und jede kleine Anpassung und Verbesserung, die Sie bei Ihrem System vornehmen, schränkt dessen Freiheit ein. Idealerweise haben Sie es mit einem recht ursprünglichen und einfachen System zu tun, das im Lauf der Zeit in fast jedem der verschiedenen Märkte regelmäßig geringe Gewinne abwirft. Um es noch einmal zu wiederholen: Sie müssen verstehen, dass es nicht wichtig ist, welche Gewinne ein System bringt, solange es überhaupt Gewinne erzielt. Das Geld, das Sie mit dem Trading erwirtschaften, hängt von der Leistungsfähigkeit Ihres Geldmanagements ab, das Sie einsetzen. Das Trading-System selbst ist lediglich eine Plattform, die Ihnen einen positiven mathematischen Erwartungswert zur Verfügung stellt, und auf dieser Grundlage fußt das Geldmanagement. Systeme, die nur in einem oder in einigen Märkten funktionieren (das heißt, die zumindest einen geringen Gewinn erzielen) und mit unterschiedlichen Regeln und Parametern arbeiten, funktionieren wahrscheinlich in der Praxis nicht sehr lange …"

Während Sie dieses Buch lesen, können Sie meine Webseite unter www. ThomasStridsman.com besuchen; dort finden Sie Aktuelles und Sie erfahren, wie man Materialien über mein „Children Memorial Medical Center" anzufordern kann, damit Sie mich bei diesem Hilfswerk unterstützen können. Sie können mir auch Kommentare zukommen lassen.

Thomas Stridsman

Danksagungen

Ich konnte mir bisher nie vorstellen, dass ich einmal das Glück haben würde, allen zu danken, die mir ihr Wohlwollen gezeigt haben, und zwar sowohl beruflich als auch persönlich. Wenn ich jedem danken würde, wäre diese Danksagung länger ausgefallen als das gesamte Buch, und daher muss ich mich darauf beschränken, nur einige sehr spezielle Menschen zu nennen. Mein Dank gebührt Nelson Freeburg und seiner Familie sowie Dan und Maryanne Gramza, die mir vertrauten und mir zu einer Beschäftigung als Redakteur der technischen Analyse bei *Futures Magazine* verholfen haben.

Ich danke Ginger Szala und Jarney Holter sowie allen anderen Redakteuren bei *Futures Magazine*, da sie mich trotz meiner mangelhaften Englischkenntnisse angestellt und an mich geglaubt haben. Ein besonderer Dank gilt meinen Freunden Jim und Margie Kharouf, die mir bei meinem Umzug nach Chicago behilflich waren.

Ich bedanke mich auch bei Jonas Vikström und Johan Ljung bei Viskström, Ljung & Partner, dass sie mir einen hervorragenden Computer zur Verfügung gestellt haben, und bei Max von Liechtenstein, der den sehr wichtigen Abschnitt in Teil 4 „Was einen Trend ausmacht" beigetragen und mir geholfen hat, meine Kenntnisse in Mikro- und Makroökonomie aufzufrischen.

Ein ganz herzliches Dankeschön geht an Melissa Lange, die mir die Erfahrung einer offenen und ehrlichen Freundschaft vermittelte und mir gezeigt hat, was das bedeutet. Alle anderen, von denen ich viel gelernt habe, möchte ich wissen lassen, dass ich ihnen ewig dankbar sein werde.

Mein abschließender Dank gilt Patty Wallenburg, die ein phantastischer Mensch ist und mich in den letzten Phasen entscheidend dabei unterstützt hat, dieses Buch fertig zu stellen.

Dieses Buch ist meiner Mutter, Britt-Marie Stridsman, gewidmet. Ich danke Dir für deine Unterstützung und dafür, dass Du immer für uns alle da warst. Es gibt nicht genügend Worte, um zu beschreiben, wie sehr ich Dich liebe.

Sämtliche Einkünfte dieses Buches werde ich an „Children's Wish List" in Chicago und an andere wohltätige Organisationen spenden, die sich dafür einsetzen, Kindern in medizinischer Hinsicht und in anderen lebenswichtigen Bereichen zu helfen, damit sie gesund und glücklich aufwachsen können.

TEIL 1

AUSWERTUNG DER ERGEBNISSE

Bei dem beispiellosen Aufwärtstrend des Aktienmarktes und den ständig sinkenden Preisen für modernste Computer können sich mehr Menschen als jemals zuvor an den Märkten beteiligen, um ihren Lebensunterhalt durch Trading zu bestreiten (und hoffentlich ein Vermögen damit aufzubauen). Immer mehr Menschen gehen dabei systematisch vor, indem sie eines oder mehrere Trading-Systeme benutzen. Im Zuge dieser Entwicklung bieten nun mehrere Softwarehersteller ihre Programme an, mit denen man eigene Trading-Strategien entwickeln und testen oder sogar von anderen entwickelte Strategien integrieren kann. Zu den bekanntesten Programmen dieser Art gehören Trade-Station von Omega Research und MetaStock von Equis. Es gibt zwar auch andere Programme, aber die beiden genannten sind aufgrund ihrer Programmierungsmöglichkeiten die beliebtesten. Durch sein Potenzial und durch EasyLanguage (die Programmiersprache für TradeStation) und den PowerEditor stellt diese Software wahrscheinlich die professionellste Art zur Entwicklung und zum Backtesting eigener Handelssysteme dar. Die meisten professionellen Analysten der Märkte (ich eingeschlossen) haben allerdings eine seltsame Hassliebe gegenüber TradeStation entwickelt. Einerseits sind die Möglichkeiten dieses Programms unübertroffen, aber andererseits birgt diese Vielseitigkeit auch einige Schwächen, die sich insbesondere beim Auswertungsvorgang zeigen, wo es die gleichen Mängel aufweist wie viele andere Programme dieser Art.

Das ist sehr wichtig, denn bevor Sie eine Handelsstrategie entwickeln und untersuchen, müssen Sie genau wissen, nach welchen Informationen Sie suchen, und falls Sie diese Informationen nicht finden, müssen Sie eine Möglichkeit ausfindig machen, diese selbst zu produzieren. Im ersten Teil dieses Buches werden Sie erfahren, welche Angaben am wichtigsten sind. Einige davon können Sie direkt über die Ergebnisübersicht (Performance Summaries) von

TradeStation oder Meta-Stock beziehen. Andere wiederum müssen zur weiteren Analyse mit Hilfe der jedem dieser Programme eigenen Möglichkeiten in Textdateien wie Excel oder andere Tabellenberechungsprogramme übertragen werden. Futurestrader von Rohstoffen und Weltgütern müssen insbesondere darauf achten, dass sie die richtigen Daten verwenden, und berücksichtigen, dass nicht alle Zeitreihen gleich behandelt werden sollten.

KAPITEL 1

Analysefaktoren der Ergebnisauswertung

Welche Analysefaktoren funktionieren beim Systemtest und welche nicht? Untersuchung und Entwicklung von Systemen müssen zwangsläufig auf der Grundlage historischer Daten durchgeführt werden. Es geht darum, das Beste aus diesen Daten zu machen und die Analyse so zu gestalten, dass sie zur bestmöglichen Prognose der künftigen Kursentwicklung führt. Dieses Kapitel enthält die Erläuterung der gängigsten Komponenten der Ergebnisübersicht von TradeStation und geht darauf ein, welche davon wertvoll sind und für welche das nicht gilt. Außerdem wird angesprochen, welche Komponenten mit Hilfe eines Tabellenberechnungsprogramms modifiziert werden können. Aber bevor wir damit beginnen, werden wir einen kleinen Test durchführen.

Angenommen, Sie haben die Wahl zwischen zwei verschiedenen Aktien, wobei eine derzeit mit 12,50 Dollar und die andere mit 20 Dollar notiert. Von der einen Aktie wissen Sie, dass sie in den nächsten Tagen um 1,75 Punkte steigen wird, während die andere Aktie, die aktuell bei 20 Dollar notiert, im gleichen Zeitraum um 2,60 Punkte (also fast einen ganzen Punkt mehr) steigen wird. Für welche der beiden Aktien würden Sie sich entscheiden? Wenn Ihre Wahl auf die Aktie zu 12,50 Dollar fällt, dann verstehen Sie wahrscheinlich, worauf ich Sie hinweisen möchte, und dürften wohl kaum Verständnisprobleme mit diesem Teil des Buches haben.

Wenn Ihre Wahl jedoch auf die Aktie zu 20 Dollar gefallen ist, dann haben Sie sich möglicherweise irritieren lassen. Halten Sie sich einfach an die Mathematik. Im vorliegenden Fall ist 12,50 dividiert durch 20 = 0,625, also 5/8. Dies bedeutet, dass Sie für 500 Aktien zu je 20 Dollar ebenso viel Geld ausgeben wie für den Kauf von 800 Aktien zu je 12,50. 500 mal 2,60 ergibt einen Gewinn von 1.300

Punkten (oder 13 Prozent), wenn Sie für 10.000 Dollar Aktien zu je 20 Dollar kaufen. 800 mal 1,75 ergibt hingegen einen Gewinn von 1.400 Punkten (oder 14 Prozent), wenn Sie für 10.000 Dollar Aktien zu je 12,50 Dollar kaufen.

Vielleicht finden Sie diese Differenz unerheblich, aber wenn Sie bedenken, dass Sie während eines ganzen Jahres die Wahl zwischen zwei Trades wie diesen hätten, wären Sie höchstwahrscheinlich gerne in der Lage, die Aktie mit dem höheren Gewinn auszuwählen. Ihr Anfangskapital von 10.000 Dollar würde auf 115.231 Dollar ansteigen, wenn Sie sich für den Kauf der Aktie zu je 20 Dollar entschieden hätten, aber es wäre auf 137,435 Dollar gestiegen, wenn Ihre Entscheidung für den Kauf der Aktie zu je 12,50 gefallen wäre. Und was wäre für einen Zeitraum von drei Jahren herausgekommen? Ihr Anfangskapitel von 10.000 Dollar wäre auf 15.300.534 Dollar angewachsen, wenn Sie die Aktie zu je 20 Dollar gekauft hätten, aber bei einem Kauf der Aktie zu je 12,50 Dollar würde Ihr Konto nach drei Jahren einen Betrag von 25.959.187 Dollar aufweisen. Das ist eine Differenz von über 10.000.000 Dollar nach nur 60 Trades.

Obwohl diese Zahlen eine ideale Entwicklung zugrunde legen und daher rein fiktiver Natur sind, veranschaulichen sie dennoch auf beeindruckende Weise, dass es sich auszahlt, einfache Berechnungen durchzuführen, bevor man sich für einen Trade entscheidet. Und genau diese Art von Berechnung kann Ihnen keine Trading-Software oder Marktanalyse liefern.

Gesamter Nettogewinn

Der gesamte Nettogewinn ist wahrscheinlich die Analyseeinheit von TradeStation, die am häufigsten herangezogen wird. Diese Angabe wird oft im Zusammenhang mit dem „Maximalen Intraday-Drawdown"[3] (auch Kapitalrückgang genannt) verwendet. Leider ist der gesamte Nettogewinn jedoch in Bezug auf die künftig zu erwartenden Ergebnisse einer Handelsstrategie nicht besonders aufschlussreich, wobei es keine Rolle spielt, wie rigoros die Tests

---

[3] *Der größte prozentuale kumulative Verlust wird als „drawdown" bezeichnet. Es handelt sich dabei um einen Wert, der Aufschluss über den Kapitalrückgang beziehungsweise den Kapitalverlust gibt. Der Berechnung des Drawdowns werden sowohl die Gewinne aus offenen als auch aus geschlossenen Trades zugrunde gelegt. Der Begriff „intraday" besagt, dass dieser Kapitalrückgang jederzeit einsetzen kann, also auch im Verlauf einer Handelssitzung. Der Drawdown gibt somit Auskunft über die zur Gewinnerzielung eingegangenen Risiken.*

durchgeführt wurden und wie stabil das System ist. Dafür gibt es vor allem zwei Gründe, die damit zusammenhängen, ob man vorzugsweise mit je einem Markt oder mit mehreren Märkten oder Systemen gleichzeitig arbeitet. Was für einen Markt gilt, ist auch für das gesamte Portfolio zutreffend.

Im Falle eines Marktes sagt der gesamte Nettogewinn nichts darüber aus, wann sich die Gewinne eingestellt haben und wie groß diese im Verhältnis zueinander ausfielen. Dies ist von besonderer Bedeutung, wenn der jeweilige Markt trendanfällig ist. Wenn sich der Markt beispielsweise in einem anhaltenden Aufwärtstrend befindet, ist es wahrscheinlich, dass der Dollar-Wert des entsprechenden Trades mit dem zunehmenden Dollar-Wert des Marktes steigt. Dies wiederum bedeutet, dass der gesamte Nettogewinn im Zeitverlauf ungleichmäßig verteilt ist und zumeist durch die letzte Marktaktivität beeinflusst wird. In einem Abwärtstrend gilt das Gegenteil. Beachten Sie jedoch, dass der Trend eines Marktes nichts darüber aussagt, ob das System dadurch stabiler geworden ist oder nicht. In einem Markt, der mehrere unterscheidbare Auf- und Abwärtstrend aufweist, ist es noch komplizierter.

Falls es um mehrere Märkte geht, sagt der gesamte Nettogewinn nichts darüber aus, wie gut oder schlecht Ihr Portfolio diversifiziert ist. Dies trifft insbesondere dann zu, wenn Sie immer die gleiche Anzahl von Aktien oder immer nur einen Kontrakt in den Futures der Rohstoffmärkte handeln. Dies liegt daran, dass das, was in einigen Aktien- oder Futuresmärkten als riesige Kursbewegung betrachtet wird, in anderen Märkten kaum der Beachtung wert ist. So können Sie beispielsweise nicht einen Kontrakt im S&P-500-Futuresmarkt mit einem Kontrakt im Maismarkt diversifizieren, ganz gleich, wie gut Ihr System auch in beiden Märkten funktionieren mag. Man kann es auf folgenden einfachen Nenner bringen: Je größer der Wert eines Marktes ist, desto größer ist der Einfluss dieses Marktes auf den gesamten Nettogewinn eines Portfolios.

Im Aktienmarkt kann die Bewertung eines Systems aufgrund seines gesamten Nettogewinns abstruse Folgen haben, wenn ein Unternehmen einen Aktiensplit durchführt. Angenommen, eine Aktie wird gerade zu 90 Dollar gehandelt, und eine Handelsstrategie, die fortlaufend pro Trade 100 Aktien kauft beziehungsweise verkauft, weist aufgrund des Backtestings einen Gewinn von 150.000 Dollar auf. Am Tag nach dem Aktiensplit drei zu eins wird die Aktie zu jeweils 30 Dollar gehandelt, wobei sich der Gewinn aufgrund des Backtestings auf 50.000 Dollar reduziert hat. Bedeutet das nun, dass das System auf einmal nur noch ein Drittel des Gewinnes produziert, den es zuvor aufwies? Natürlich ist das nicht der Fall, sondern es handelt sich nach wie vor um das gleiche System, und an diesem Beispiel lässt sich leicht erkennen, dass man seine Position nach einem Aktiensplit auf 300 Aktien pro Trade erhöhen muss, um die Gewinne nach dem Aktiensplit mit denjenigen davor vergleichen zu können. Es ist aber nicht immer so einfach, beispielsweise mehrere Märkte über verschiedene Zeiträume miteinander zu vergleichen, wenn dabei unterschiedliche Systeme eingesetzt wurden. In den folgenden Kapiteln werden Sie erfahren, wie man mit dieser Situation umgeht und ein ausgewogenes Portfolio aufbaut, das sich wahrscheinlich künftig bewähren wird und auch weiterhin einen angemessenen Risikoschutz bietet.

Der maximale Intraday-Kapitalrückgang

Manche haben vielleicht schon einmal die bekannte Redensart gehört: „Deine schlimmste Minuslage steht noch bevor". Man muss zwar damit rechnen, dass dies wahrscheinlich früher oder später eintreten wird, aber es muss nicht schon morgen passieren, was allerdings voraussetzt, dass Sie Ihre Hausaufgaben gemacht haben. Leider reichen die Informationen, die uns die meisten Softwareprogramme liefern, meist nicht aus, weil lediglich Dollar-Beträge angegeben werden, sodass Sie nichts von den Zusammenhängen erfahren und nicht wissen, wann und wo dies geschehen könnte. Beispielsweise besteht beim S&P 500 mit einem Punktwert von 250 Dollar ein riesiger Unterschied zwischen einem Kapitalrückgang (Drawdown) von 20.000 Dollar, während der Markt bei 500 Zählern gehandelt wird, und einer Minuslage von 20.000 Dollar bei einem Zählerstand des Index von 1.350 Punkten. Im zweiten Fall ist ein Kapitalrückgang um 20.000 Dollar vergleichbar mit einer Reihe von schlechten Trades, von denen man überrascht wird, was etwa fünf Prozent des aktuellen Marktwertes ausmacht und jedem passieren kann. Aber im ersten Fall entspricht der gleiche Betrag von 20.000 Dollar ungefähr 16 Prozent des aktuellen Marktwertes. Bei einem Aktienindex von 1.350 Zählern bedeutet ein Kapitalrückgang von 16 Prozent 54.000 Dollar. Wenn aber lediglich die üblichen Informationen der Ergebnisübersicht zur Verfügung stehen, lässt sich dies nicht herausfinden. Da ist es auch kein Wunder, dass so viele Trader bereits weggefegt werden, noch bevor sie eigentlich richtig angefangen haben. Um den tatsächlich zu erwarteten Kapitalrückgang errechnen zu können, muss zunächst der höchste Kapitalrückgang – und zwar als Prozentangabe – im Verhältnis zum Marktwert ermittelt werden, sobald dieser eintritt, und daraufhin muss dieser Prozentsatz auf den derzeitigen Marktwert übertragen werden.

Wenn Sie Ihren Kapitalrückgang berechnen, müssen Sie auch wissen, womit Sie es zu tun haben. Bei TradeStation wird der Kapitalrückgang auf der Grundlage der geschlossenen Trades (KGT) und der offenen Trades (KOT) berechnet, woraus sich dann der gesamte Kapitalrückgang eines Trades (GKT) zum jeweiligen Zeitpunkt ergibt. Aber das ist nicht die beste Vorgehensweise, was die Erfassung des Kapitalrückgangs (Drawdown) im Rahmen der Entwicklung eines stabilen Handelssystems anbelangt. (Den Gründen hierfür werden wir uns im weiteren Verlauf des Buches zuwenden.) In Teil 3 werden wir uns auch damit beschäftigen, wie man den KOT (Kapitalrückgang offener Trades) in den anfänglichen Kapitalrückgang eines Trades (AKT) und den Kapitalrückgang beim Abschluss des Trades (KAT) unterteilt und wie man diese Faktoren analysiert, um bessere Ein- und Ausstiege zu erhalten. Ohne diese Aufgliederung sollte man nicht erwarten, dass der Kapitalrückgang bei geschlossenen Trades (KGT) zur Verbesserung der Ergebnisse beiträgt.

Erforderliche Kontengröße und Kapitalrendite

Die „erforderliche Kontengröße und Kapitalrendite" ist wahrscheinlich die Angabe der Systemauswertung, die von allen am trügerischsten ist. Wie Sie in Abbildung 1.1 sehen können, die die TradeStation-Ergebnisübersicht („Performance Summary") einer früheren Version des BlackJack/Meander-Systems zeigt, stimmt der Betrag für die erforderliche Kontengröße mit dem Betrag für den maximalen Intraday-Drawdown (Kapitalrückgang) überein. Aber dabei handelt es sich lediglich um eine theoretische Zahl, die erst im Nachhinein zustande kam. Aber diese Zahl kennen Sie nicht, bevor Sie Ihren Trade eröffnen, und natürlich können Sie sich auch nicht darauf verlassen, dass sich diese Zahlenangabe künftig als richtig erweisen wird.

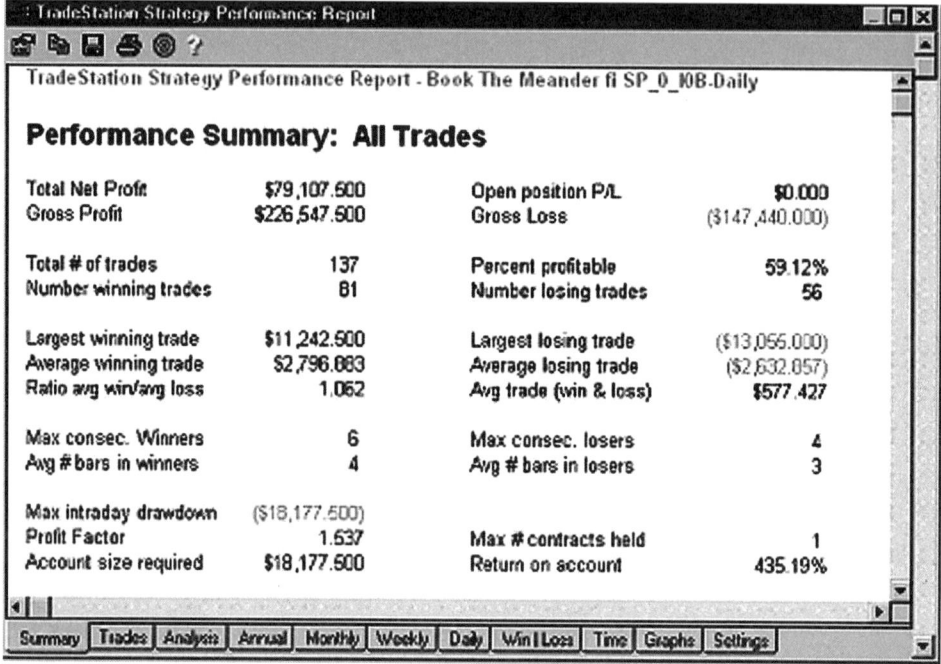

Abbildung 1.1: TradeStation-Ergebnisübersicht (Performance Summary) für eine frühere Version des Black Jack/Meander-Systems.

ERGEBNISÜBERSICHT: ALLE TRADES

Total Net Profit:	Gesamter Nettogewinn
Gross Profit:	Bruttogewinn
Total # trades:	Anzahl der Gesamt-Trades
Number of winning trades:	Anzahl der Gewinn-Trades
Largest winning trade:	Größter Gewinn-Trade
Average winning trade:	Durchschnittlicher Gewinn-Trade
Ratio avg win/avg loss:	Verhältnis: Durchschnittlicher Gewinn/durchschnittlicher Verlust
Max consec. Winners:	Maximale Anzahl von Gewinn-Trades in Folge
Avg # bars in winners:	Maximale Anzahl der Kursstäbe bei Gewinn-Trades
Max intraday drawdown:	Maximaler Kapitalrückgang (intraday)
Profit factor:	Gewinnfaktor
Account size required:	Erforderliche Kontengröße
Open position P/L:	Gewinn/Verlust der offenen Position
Gross Loss:	Bruttoverlust
Percent profitable:	Prozentualer Anteil der Gewinn-Trades

Number losing trades:	Anzahl der Verlust-Trades
Largest losing trade:	Größter Verlust-Trade
Average losing trade:	Durchschnittlicher Verlust-Trade
Avg trade (win & loss):	Durchschnittlicher Trade (Gewinn und Verlust)
Max consec. Losers:	Maximale Anzahl von Verlust-Trades in Folge
Avg. # bars in losers:	Maximale Anzahl der Kursstäbe bei Verlust-Trade
Max # contracts held:	Maximale Anzahl der gehaltenen Kontrakte
Return on account:	Kapitalrendite

Zur Berechnung der Kapitalrendite wird bei TradeStation einfach der gesamte Nettogewinn durch den Betrag dividiert, der als erforderliche Kontengröße gilt. Der Hauptgrund, warum diese Zahlenangabe irreführend ist, besteht darin, dass Sie diese Angaben brauchen, bevor Sie einen Trade eröffnen, während Sie aber zu deren Berechnung die Einsichten benötigen, die von zwei völlig unterschiedlichen Zeitpunkten stammen, nämlich während des Trades hinsichtlich des schlimmsten Kapitalrückgangs und zum Ende des Trades, wo es um den Nettogewinn geht. Vom praktischen Gesichtspunkt aus betrachtet ist vielleicht noch wichtiger, dass kein vernünftiger Trader mit einem Konto arbeiten würde, das voraussichtlich nur den schlimmsten Kapitalrückgang abdeckt, der bisher im historischen Kontext aufgetreten ist, weil die Angabe über den Kapitalrückgang nichts über die Zukunft aussagt, zumal dieser Betrag höchstwahrscheinlich irgendwann überschritten werden wird. Es gibt demnach keine Möglichkeit, den größten künftigen Kapitalrückgang oder den abschließenden Kapitalstand im Voraus zu kennen, und daher können Sie auch nicht wissen, wie groß Ihr Kapital sein muss und wie Ihre Kapitalrendite ausfallen wird. Daher sind diese beiden Angaben auch völlig überflüssig, denn sie besitzen keinerlei Informationswert.

Der durchschnittliche Trade

Einer der wichtigsten Faktoren, die man in Erwägung zieht, bevor man einen Trade eingeht, besteht im voraussichtlichen Durchschnittsgewinn pro Trade, der künftig erzielt werden könnte. Leider bieten weder die Ergebnisübersicht von TradeStation noch die von MetaStock solche zukunftsorientierten Informationen. Grundsätzlich gilt das, was über den gesamten Nettogewinn ausgesagt wird, auch für den Durchschnittsgewinn pro Trade. Zumindest trifft diese Aussage dann zu, wenn sie sich ausschließlich auf historische Dollar-Beträge bezieht. Wenn es allerdings um den Durchschnittsgewinn pro Trade geht, lautet die Schlussfolgerung, dass der Trade, der stattfand, als der Markt an einem vollkommen anderen Kursniveau gehandelt wurde, zu große Auswirkungen auf den sogenannten durchschnittlichen Trade haben wird.

Beispielsweise hat der Markt eine Kursbewegung von 1.000 bis 2.500 Zählern vollzogen, und Sie wenden ein System an, das auf drei Gewinn-Trades beruht, wobei ein Trade 100 Dollar erzielte, während der Markt bei 1.000 Zählern gehandelt wurde; der nächste Trade erbrachte 200 Dollar, als der Markt bei 2.000 Zählern gehandelt wurde; der letzte Trade erzielte 150 Dollar, als der Markt bei 1.500 Zählern gehandelt wurde. Die Ergebnisübersicht von TradeStation wird in diesem Fall angeben, dass bei einem Trade durchschnittlich 150 Dollar erzielt wurden. Aber das ist nicht der Betrag, den Sie gegenwärtig als Durchschnittsgewinn erwarten können, da der Markt inzwischen gestiegen ist und der Kurs derzeit beträchtlich höher notiert. Aufgrund dieses Beispiels dürfte deutlich geworden sein, dass bei einem Kursstand von 2.500 Zählern zu erwarten ist, dass der nächste Trade einen Gewinn von 250 Dollar aufweisen wird. Ein verwirrendes Beispiel wird jedoch in Abbildung 1.1 gezeigt: Hier beträgt der Durchschnittsgewinn pro Trade 577 Dollar, während sich der durchschnittlich zu erwartende Gewinn pro Trade unter gegenwärtigen Marktbedingungen auf 1.269 Dollar beläuft („gegenwärtig" ist in diesem Fall auf Oktober 1999 bezogen).

Größter Gewinn-Trade und größter Verlust-Trade

Obwohl der geschätzte größte Kapitalrückgang (Drawdown) darüber Auskunft gibt, wie groß Ihr Konto sein sollte, und Ihnen auch sagen kann, ob Sie psychisch in der Lage sind, das betreffende System zu praktizieren, ist die Information über den größten Verlust-Trade doch noch viel wichtiger, als es für den voraussichtlichen Kapitalrückgang im Rahmen des Geldmanagements der Fall ist. Aber wie es auch für andere gängige Analysefaktoren gilt, besitzt der angegebene Geldbetrag für den größten Gewinn-Trade und den größten Verlust-Trade an sich keinen Erkenntniswert, wenn Sie nicht wissen, wann diese stattgefunden haben und wo der Markt zum jeweiligen Zeitpunkt gehandelt wurde. Sobald diese Informationen vorliegen, kann der größte Verlust-Trade verwendet werden, um eine Fixed-Fractional-Geldmanagement-Strategie zu entwickeln, die sich als wesentlich wichtiger für Sie erweisen kann als das Handelssystem selbst. Der Fixed-Fractional-Ansatz wird übrigens in Teil 5 erörtert.

Bruttogewinn und Bruttoverlust

Wenn der gesamte Nettogewinn oder Reingewinn so wenig zur Bewertung der Ergebnisse beiträgt, sollte doch eigentlich daraus folgen, dass dies auch für den Bruttogewinn und den Bruttoverlust gilt, nicht wahr? Leider ist es nicht so einfach, um diese Frage lediglich mit „ja" oder „nein" beantworten zu können. Eine nähere Betrachtung legt die Vermutung nahe, dass Bruttogewinn und Bruttoverlust genau den gleichen Beeinflussungsfaktoren unterliegen wie der Nettogewinn. In einem trendanfälligen Markt verändern sich die Werte der Gewinn- und Verlust-Trades mit den Marktwerten, also der Kursentwicklung. Darum gilt für ein Portfolio: Je größer der Marktwert des jeweiligen Marktes ist, desto stärker sind auch die Auswirkungen auf den Bruttogewinn und den Bruttoverlust des Portfolios. Wenn jedoch die Gewinne und die Verluste im entsprechenden Zeitraum gleichmäßig verteilt sind und deren Verhältnis zueinander dabei einigermaßen ausgewogen bleibt, können diese Angaben sehr wertvolle Informationen bei der Analyse der Ergebnisse liefern. Diese Information beziehen wir vom Gewinnfaktor (Profit Factor).

Gewinnfaktor

Um den Gewinnfaktor zu berechnen, dividiert man einfach den Bruttogewinn (gross profit) durch den Bruttoverlust (gross loss). Das Ergebnis gibt Ihnen Auskunft darüber, wie viele Dollars Sie voraussichtlich für jeden Dollar gewinnen, den Sie verlieren. Nehmen wir beispielsweise an, Sie haben zwei Dollar und setzen einen Dollar ein in der Hoffnung, zwei weitere Dollar zu gewinnen, sodass Sie letztlich vier Dollar haben. Bei Ihrem ersten Versuch erleiden Sie einen Verlust, sodass Ihr Bruttoverlust einen Dollar beträgt. Mit Ihrem letzten Dollar versuchen Sie Ihr Glück noch einmal. Dieses Mal gewinnen Sie zwei Dollar und haben nun insgesamt drei Dollar. Daher beträgt Ihr Bruttogewinn zwei Dollar. Zwei dividiert durch eins ergibt zwei, was Ihrem Gewinnfaktor entspricht.

Nun wiederholen wir den ganzen Vorgang, multiplizieren aber alle Dollar-Beträge mit zehn. Sie verlieren also zunächst zehn Dollar und gewinnen daraufhin 20 Dollar, was bedeutet, dass Sie nun insgesamt 30 Dollar haben. 20 dividiert durch zehn ergibt ebenfalls zwei. Daher bezieht sich der Gewinnfaktor einfach auf das Verhältnis zwischen den gewonnenen und den verlorenen Dollars, und da es sich dabei um ein Verhältnis handelt, vereinheitlichen Sie auf diese Weise Ihre Ergebnisse, um einen Vergleich zwischen Zeitrahmen und Märkten durchführen zu können.

Um den Gewinnfaktor dafür einsetzen zu können, spielt es keine Rolle, wohin der betreffende Markt tendiert oder nicht, solange sich Ihre Gewinne und Verluste einigermaßen die Waage halten und dabei im Zeitverlauf weitgehend ausgeglichen verteilt sind. Daher können Sie den Gewinnfaktor auch einsetzen, um unterschiedliche Handelssysteme und Märkte miteinander zu vergleichen. Natürlich ist das System umso besser, je größer der Gewinnfaktor ausfällt. Wichtig ist allerdings, dass man zuerst bestimmt, wie stabil der Gewinnfaktor ist, und erst dann ermittelt, wie hoch er ist. Kann der Gewinnfaktor also künftig aufrechterhalten werden, sodass er in verschiedenen Märkten bestätigt wird?

Viele Verkäufer von Handelssystemen und Fachleute auf diesem Gebiet sind der Meinung, dass Sie kein System praktizieren sollten, das einen aufgrund historischer Daten gewonnenen Gewinnfaktor unter drei aufweist, weil sie aus Erfahrung wissen, dass der Gewinnfaktor ihrer Systeme erheblich zurückgeht, wenn ihr System erst einmal unter realen Bedingungen zum Einsatz kommt. Der Grund für ihre Empfehlung besteht wahrscheinlich darin, dass sie überhaupt keine Ahnung haben, wie man eine stabile Handelsstrategie entwickelt. Dies wird spätestens dann offensichtlich, wenn sie weiterhin den Nettogewinn und den Kapitalrücklauf als wichtigste Beurteilungskriterien heranziehen. Um ein stabiles Handelssystem zu entwickeln, das sich wahrscheinlich auch in Zukunft bewähren wird, muss man zunächst sicherstellen, dass es auf einer einwandfreien und einfachen Logik gründet, dass das System möglichst wenige und einfache Regeln enthält und Bruttogewinn und Bruttoverlust im entsprechenden Zeitraum gleich verteilt und im Verhältnis zueinander ausgewogen sind. Wenn Sie das schaffen, werden Sie überrascht sein, welche Ergebnisse selbst ein System mit einem Gewinnfaktor erwirtschaften kann, der lediglich 1,5 oder sogar noch weniger beträgt.

Durchschnittlicher Gewinn-Trade und Verlust-Trade

Wie der Bruttogewinn und der Bruttoverlust können auch der durchschnittliche Gewinn-Trade und der durchschnittliche Verlust-Trade sehr wertvolle Informationen liefern, falls diese richtig verstanden und behandelt werden. Auch hierbei kommt es wieder darauf an, dass man den aktuellen Marktwert zugrunde legt. Wenn Sie zum Beispiel gerade einen Kapitalrückgang erleben und die Werte Ihrer durchschnittlichen Gewinn-Trades und Verlust-Trades kennen und wissen, in welcher Häufigkeit diese voraussichtlich auftreten, dann können Sie die geschätzte Mindestanzahl an Trades (sowie die Zeit) berechnen, die wohl erforderlich sein wird, bis Sie wieder einen neuen Kapitalhöchststand erreichen werden. Wenn Sie beispielsweise wissen, dass Ihr Durchschnittsgewinn pro Trade 400 Dollar beträgt, und Sie sich gegenwärtig inmitten eines Kapitalrückgangs von 2.500 Dollar befinden, so wird die Anzahl der Trades, die Sie brauchen, bis Sie die Phase des Kapitalrückgangs überwunden haben, schätzungsweise sieben betragen [INT(2.500 / 400) +1].

Anzahl der Gewinn- und Verlust-Trades und durchschnittliche Anzahl der Kursstäbe pro Trade

Viele Trader und Analysten achten kaum oder überhaupt nicht auf die Anzahl der Trades, die ein System voraussichtlich generiert. Das ist jedoch eine äußerst wichtige Angabe, die den ersten Hinweis darauf bietet, ob das System zu Ihnen passt. Zuerst müssen Sie folgende Fragen stellen: „Erzeugt das System genügend Trades?" und „Bietet es mir genügend Gelegenheiten, um mein Bedürfnis nach Aktivität in den Märkten zu befriedigen?" Diese Fragen muten zunächst zwar etwas albern an, aber Tatsache ist, dass nicht jedes System für jeden passt, und dabei spielt es keine Rolle, wie gewinnbringend es ist. Wenn es sich nicht mit Ihrer Persönlichkeit oder Ihrem Handelsstil vereinbaren lässt, dann fühlen Sie sich einfach nicht wohl dabei, wenn Sie es praktizieren.

Noch wichtiger ist jedoch, wie viele Marktaktivitäten Ihnen das System voraussichtlich ermöglichen wird. Die Zeit, die Sie in einem Markt verbringen, entspricht nämlich dem vermuteten Risiko. Je weniger Zeit Sie also in einem Markt verbringen, desto besser ist es für Sie. Um die mögliche Zeit für Ihr Engagement in einem Mark zu berechnen, multiplizieren Sie die Anzahl der Gewinn-Trades mit der durchschnittlichen Anzahl der Kursstäbe[4] für die Gewinn-Trades. Anschließend multiplizieren Sie die Anzahl der Verlust-Trades mit der durchschnittlichen Anzahl der Kursstäbe für die Verlust-Trades. Nun addieren Sie die beiden Ergebnisse der Multiplikationen. Die Summe dividieren Sie durch die Gesamtzahl der untersuchten Kursstäbe. Aufgrund der Ergebnisübersicht (Abbildung 1.1) ergibt sich somit ungefähr 0,4, was bedeutet, dass Sie von insgesamt zehn Tagen nur vier Tage im Markt engagiert sein werden. Es liegt auf der

---

4 *Ein Barchart (auch Balkenchart genannt) besteht aus Kursstäben, wobei jeder Kursstab in einem Chart die Kursveränderung innerhalb eines spezifischen Zeitrahmens anzeigt. Ein Kursstab enthält üblicherweise den Eröffnungskurs, das Hoch, das Tief und den Schlusskurs. Diese Informationen können sich auf jeden beliebigen Zeitrahmen beziehen wie beispielsweise auf eine Minute, eine Stunde, einen Tag, eine Woche usw.*

Hand, dass Sie besser wegkommen, je weniger Verlust-Trades Sie haben und je kürzer die Verlust-Trades andauern.

Maximale Anzahl von Gewinn- und Verlust-Trades in Folge und Prozentanteil der Gewinn-Trades

Sie sollten versuchen, die maximale Anzahl von Gewinn- und Verlust-Trades in Folge möglichst gering und den Prozentsatz der Gewinn-Trades so hoch wie möglich zu halten. Besonders wichtig ist die Anzahl der Verlust-Trades in Folge, wenn Sie sich mit einem System wohl fühlen wollen. Bei einem richtig aufgebauten System, das einen verhältnismäßig hohen Prozentanteil an Gewinn-Trades aufzuweisen hat, haben diese Angaben jedoch sehr wenig Aussagekraft und sollten allenfalls als unzuverlässige Nebeninformation betrachtet werden. Es ist auch sehr wichtig, dass Sie bei der Untersuchung eines Systems wissen, ob es normalerweise eine Reihe von Trades produziert, die ähnliche Ergebnisse aufweisen. Wenn dies der Fall ist, hält das System oder der Markt noch wertvolle Informationen für Sie bereit, die Sie bisher noch nicht genutzt haben. Wenn Sie diese Eigenschaft des Systems nicht beseitigen können, müssen Sie diese berücksichtigen, wenn Sie die Geldmanagement-Strategie konzipieren, damit alles zusammenpasst.

Es ist hilfreich, wenn Sie die Ergebnisse Ihres Systems in Echtzeit beobachten, denn so können Sie herausfinden, wie viele Gewinn-Trades in Folge benötigt werden, um eine Phase des Kapitalrückgangs zu überwinden. Für unser Beispiel, das einen Kapitalrückgang von 2.500 Dollar annimmt, werden vier Gewinn-Trades hintereinander benötigt, um ein neues Kapitalhoch zu erreichen, wenn Ihr durchschnittlicher Gewinn-Trade 700 Dollar beträgt (INT(2.500 / 700) + 1). Sobald dies bekannt ist, stellt sich die Frage, wie wahrscheinlich es ist, dass dieser Fall eintritt. Wenn die Antwort lautet, dass dies alle Jubeljahre einmal vorkommt und dass Sie höchstens zwei Gewinn-Trades in Folge zu erwarten haben, so können Sie höchstwahrscheinlich damit rechnen, dass die Verlust-Trades paarweise auftreten werden und dass Ihr durchschnittlicher Verlust-Trade 300 Dollar beträgt. Damit wissen Sie auch, was Sie bestenfalls erwarten können, nämlich dass Sie mindestens zehn Trades benötigen, bevor Sie wieder in den Plusbereich gelangen – dies setzt allerdings voraus, dass Sie zwei Gewinn-Trades hintereinander zu verzeichnen haben und nie zwei Verlust-Trades in Folge erleben werden, wobei Sie zudem noch zwei Gewinn-Trades am Anfang bräuchten. Wenn sich jedoch bereits zu Beginn zwei Verlust-Trades einstellen und sich der Kapitalrückgang somit auf 3.100 Dollar beläuft, wären für die Überwindung der Minuslage voraussichtlich 16 Trades erforderlich, was allerdings voraussetzt, dass alle anderen Faktoren unverändert bleiben.

Zu den einzigen Analysefaktoren, die man unmittelbar der Ergebnisübersicht entnehmen kann und die in Bezug auf die Beurteilung der künftigen Ergebnisse eines Systems wertvolle Informationen liefern, gehören der Gewinnfaktor sowie der Prozentanteil der Gewinn-Trades. Es sei jedoch an dieser Stelle noch einmal darauf hingewiesen, dass dies nur dann gilt, wenn die zugrunde liegenden Überlegungen einer klaren Logik folgen und das System als stabil betrachtet werden kann. Natürlich sollte der Prozentanteil der Gewinn-Trades so hoch wie möglich sein, aber im Fall des Gewinnfaktors sollte man eher eine stabile statt eine hohe Zahl anstreben, was die Handelbarkeit eines Systems und die Auswahl der besten Geldmanagement-Strategie anbelangt. Manchmal ist es sogar besser, wenn man sich auf einen geringen Wert des Gewinnfaktors zugunsten einer höheren Anzahl an Monaten ausrichtet, in denen Gewinne erzielt werden. Dennoch können wir nun anhand dieser Zahl eine allgemeinere Formel zusammenstellen, damit die mögliche Anzahl von N Trades berechnet werden kann, um aus der Phase des Kapitalrückgangs herauszukommen:

$$N = \text{INT} (DDA / (X^* AW - (1 - X)^* AL)) + 1$$

DDA = Drawdown amount = Betrag des Kapitalrückgangs
X = Wahrscheinlichkeit eines Gewinn-Trades zwischen 0 und 1
AW = average winner = durchschnittlicher Gewinn-Trade
AL = average loser = durchschnittlicher Verlust-Trade

Beispiel:

Wenn der durchschnittliche Gewinn-Trade 700 Dollar, der durchschnittliche Verlust-Trade 300 Dollar und die Wahrscheinlichkeit eines Gewinn-Trades 45 Prozent betragen, dann entspricht die geschätzte Anzahl der Trades, die zur Überwindung eines Kapitalrückgangs mit einer Minuslage von 2.500 Dollar erforderlich sind, 17 Trades. Wenn der durchschnittliche Trade fünf Tage dauert und die Gesamtdauer, die insgesamt im Markt verbracht wird, 33 Prozent beträgt, so werden schätzungsweise 250 Handelstage notwendig sein (17 dividiert durch 5 dividiert durch 0,33), um den roten Zahlen zu entkommen, wobei die Wochenenden und Feiertage nicht einbezogen wurden. Sie müssen also fast ein Jahr lang traden, bevor Sie wieder aus dieser Situation herauskommen, aber auf den ersten Blick sieht es so aus, als seien „nur einige gute Trades" erforderlich.

Die obige Gleichung zeigt, dass es sich beim Trading um eine sehr heikle Angelegenheit handelt, sodass wir unbedingt wissen müssen, was wir tun. Bitte beachten Sie auch, dass wir in diesem Beispiel mit Dollar-Beträgen und einer festgelegten Anzahl von Kontrakten arbeiten, die sich nur auf einen Markt beziehen. In den folgenden Kapiteln werden wir mit Prozentanteilen und einer sich laufend verändernden Anzahl von Kontrakten zu tun haben, die sich auf eine Vielzahl von Märkten und Systemen beziehen, sodass alles wesentlich komplizierter wird.

Codes

In diesem Kapitel haben wir uns damit beschäftigt, welche der in der Ergebnisübersicht von TradeStation und MetaStock enthaltenen Analyseeinheiten voraussichtlich funktionieren und bei welchen dies nicht der Fall ist. Von allen Maßeinheiten kann man nur zwei sofort verwenden: den Gewinnfaktor und den Prozentanteil der Gewinn-Trades. Mit dem nun folgenden Code können Sie eine Datei erstellen, die diese Informationen nebst der Aufenthaltsdauer im Markt auf ein Tabellenberechnungsprogramm überträgt. Damit können Sie beispielsweise einen Vergleich durchführen, indem Sie das gleiche System auf verschiedene Märkte oder mehrere Varianten des gleichen Systems auf einen Markt während der ersten Stadien des Entwicklungsprozesses anwenden. Indem Sie den sogenannten SysVer-Input durch andere Inputs ersetzen, können Sie verfolgen, auf welche Version des Systems sich jede Zeile bezieht.

Im nächsten Kapitel werden Sie erfahren, wie man EasyLanguage von TradeStation einsetzt, um weitere Daten auf das Tabellenprogramm Excel zu übertragen, damit Sie weitere Analysen durchführen können. Sie werden auch neue und zukunftsorientierte Messinstrumente für die Untersuchung kennen lernen, die besser geeignet sind, sich in Hinblick auf die Zukunft zu bewähren, und die Ihnen dabei helfen, stabilere und zuverlässigere Handelsstrategien zu entwickeln.

```
Inputs: SysVer(0);
Vars: PFactor(0) W-Trades(0), TotBars(0), TradeStr1("");
PFaktor       =       Gewinnfaktor
W-Trades      =       Gewinn-Trades
TotBars       =       Gesamtanzahl der Kursstäbe

If CurrentBar = 1 Then Begin
      TradeStr1 = "Market" + "," + "Version" + "," + "P factor" + "," + "%
      Winners" + "," + "%in trade" + NewLine;
      FileAppend("C:\Temp\Chap1-1.csv", TradeStr1);
End;
If LastBarOnChart Then Begin
      PFactor = GrossProfit / – GrossLoss;
      WTrades = NumWinTrades*100/TotalTrades;
      TotBars = (TotalBarsLosTrades + TotalBarWinTrades)*100/

BarNumber;
      TradeStr1 =LeftStr(GetSymbolName,2)+ ","+ NumToStr(SysVer,0)+
      ","+ NumToStr(PFactor,2) + "," + NumToStr(WTrades, 2) +"," +
      NumToStr(TotBars,0) + NewLine;
      FileAppend("C:\TEmp\Chap1-1.csv",TradeStr1);

End;
```

KAPITEL 2

Bessere Analysefaktoren

Bisher ermöglichen die meisten Testprogramme (und die nachträglich angepassten Testreihen für die Rohstoff-Futuresmärkte) lediglich, dass Sie Ihre Strategien aufgrund historischer Daten analysieren, was in Dollar-Beträgen erfasst wird. Das ist zwar gut und schön, wenn Sie ausschließlich daran interessiert sind, wie viel Geld dabei herausgekommen wäre, wenn Sie Ihre Strategie in der Vergangenheit eingesetzt hätten. Der größte Nachteil bei dieser Art von Untersuchung besteht jedoch darin, dass Sie kaum etwas darüber erfahren, wie wahrscheinlich es ist, dass sich Ihr System in der Zukunft bewähren wird. Um dies zu erreichen, bedarf es völlig neuer Analysefaktoren. In diesem Kapitel werden wir uns eingehender damit beschäftigen, wie man die erforderlichen Daten von Ihrer Trading-Software in eine Textdatei überträgt und wie man diese neuen Analysefaktoren mit Hilfe eines Tabellenprogramms berechnet.

Im Wesentlichen geht es darum, dass Sie alle erforderlichen Werte in Prozentangaben umrechnen und nicht mit Dollar-Beträgen oder Punkten arbeiten. Auf diese Weise haben Sie eine bessere Vergleichsgrundlage und können genauer ermitteln, wie ein System wahrscheinlich in den unterschiedlichen Märkten und Zeitrahmen funktionieren wird. Angenommen, der Markt (S&P 500) wird zurzeit zum Kurs von 1.350 gehandelt, wobei jede Kursveränderung um einen Punkt einem Wert von 250 Dollar entspricht. Wenn dieser Markt um ein Prozent steigt, entspricht diese Kursbewegung 3.375 Dollar (1.350 x 0,01 x 250). Aber wenn die gleiche Kursbewegung, die als Prozentanteil ausgedrückt wird, aufgetreten wäre, während der Markt zum Kurs von 250 gehandelt wird, so entspräche eine Kursbewegung um einem Prozent nur 625 Dollar (250 x 0,01 x 250). Wenn der Marktwert steigt, ist es wahrscheinlich, dass die Dollar-Beträge ebenfalls steigen, während die Prozentanteile ungefähr die gleichen bleiben.

(Einen Beweis dieser Aussagen finden Sie in den Abbildungen 2.1 bis 2.3.) Wenn Sie also Berechnungen verwenden, die auf Prozentanteilen beruhen, wird sich jeder Trade gleichermaßen auf Ihre Strategie auswirken, sodass Sie in der Lage sind, bessere und zuverlässigere Strategien zu entwickeln, die sich künftig auch besser bewähren werden. Die gleiche Überlegung kann auch auf den Vergleich zwischen verschiedenen Märkten mit jeweils unterschiedlichen Marktwerten angewendet werden. Sobald Sie Ihre Übertragung in Prozentangaben vorgenommen haben, können Sie diese anhand des aktuellen Kursstandes in Dollar-Werte umwandeln.

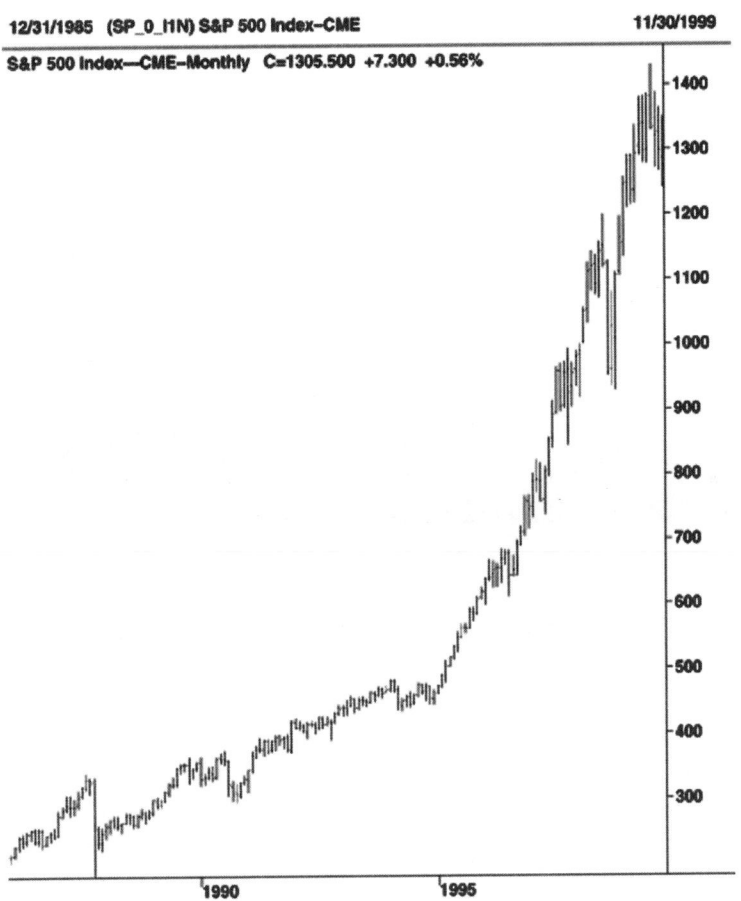

Abbildung 2.1: *Je höher der Marktwert ist, desto höher ist die auf Punkten basierende Volatilität. Datum: 31.12.1985 – 30.11.1999*

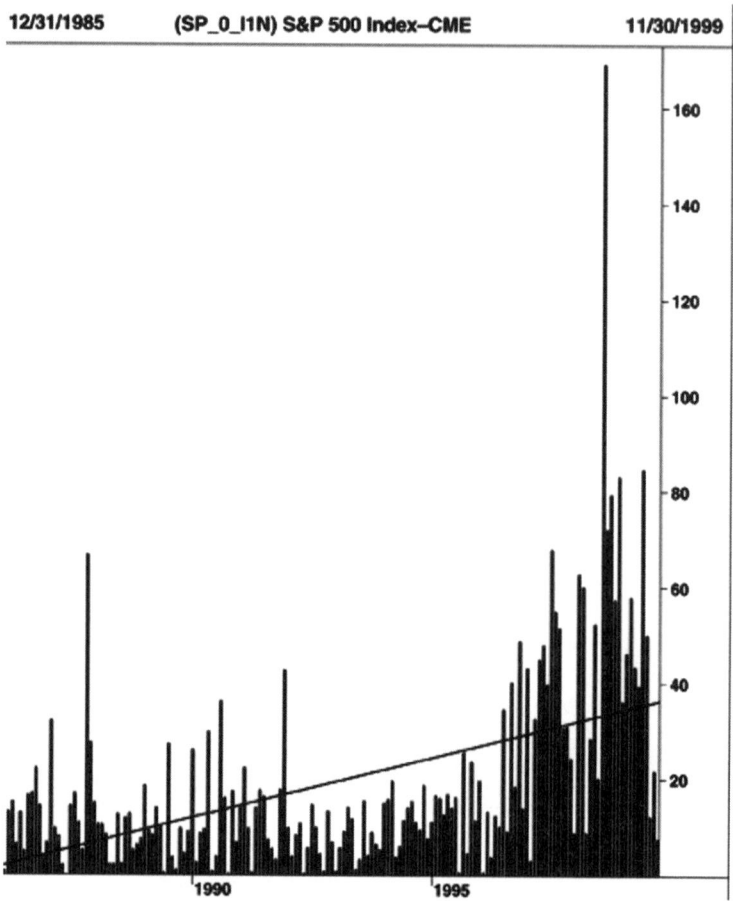

Abbildung 2.2: *Least-Square-Regressionslinie (LS-Regression: Regression mit Kleinst-quadratschätzern) der auf Punkte basierenden Volatilität. Datum: 31.12.1985 – 30.11.1999*

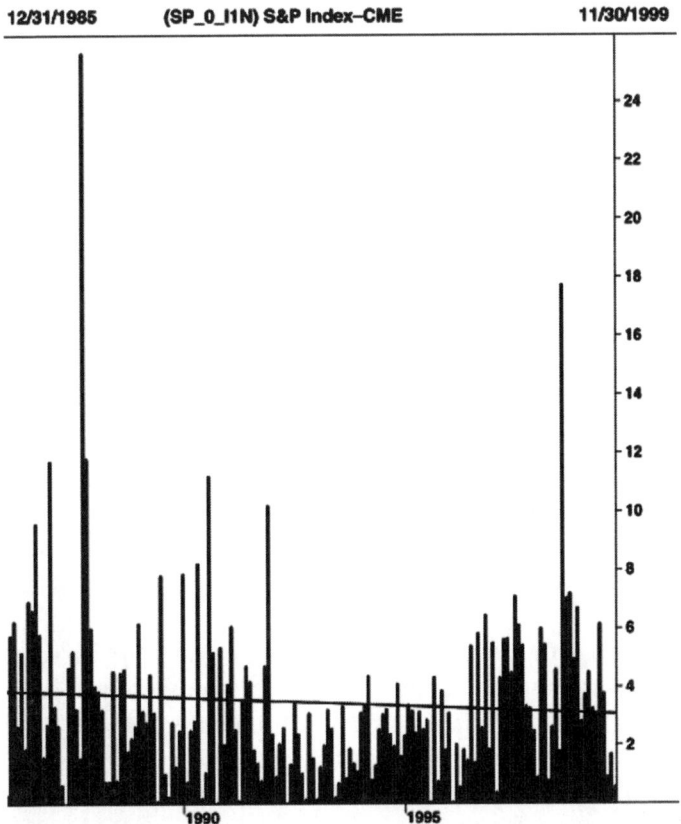

Abbildung 2.3: *Least-Square-Regressionslinie (LS-Regression: Regression mit Kleinstqua-dratschätzern) der auf Prozentwerten basierenden Volatilität.*
Datum: 31.12.1985 – 30.11.1999

Slippage und Brokerprovisionen

Es gibt zwar keine Möglichkeiten, um diese Kosten herumzukommen, sobald das System in der Praxis eingesetzt wird, aber Sie sollten Sie sich nicht mit Slippage und Brokerprovisionen beschäftigen, wenn Sie eine Handelsstrategie entwickeln und untersuchen. Das klingt vielleicht merkwürdig, aber dafür gibt es mehrere Gründe: Wenn Sie ein System anhand historischer Daten testen (Backtesting), sollten Sie nicht versuchen, so viele Dollars wie möglich herauszupressen, sondern Sie sollten sich stattdessen zum Ziel setzen, so viele große Kursbewegungen wie möglich zu erfassen, die der Richtung entsprechen, in die

Sie sich positioniert haben, während Sie bestrebt sind, so wenig Zeit wie möglich in den Märkten zu verbringen, denn je länger Sie sich in den Märkten aufhalten, desto größeren Risiken sind Sie ausgesetzt.

Wenn Sie beispielsweise ein System entwickeln, das für den Aktienindex-Futures S&P 500 bestimmt ist, kann es sich als kompliziert erweisen, wenn es sich dabei um ein System handelt, das eine einfache Buy-and-hold-Strategie besiegt. Aber bei einer Buy-and-hold-Strategie sind Sie ständig mit der gleichen Kontraktanzahl während des gesamten Zeitraums im Markt, also 100 Prozent der Zeit. Und wie steht es mit einer Strategie, bei der Sie nur die Hälfte der Zeit im Markt verbringen, während der Gewinn pro Kontrakt um nur 40 Prozent abnimmt? Unter der Voraussetzung, dass das tatsächliche Risiko das gleiche ist wie bei der Buy-and-hold-Strategie, könnten Sie nun zweimal so viele Kontrakte pro Zeiteinheit handeln, die Sie im Markt verbringen, wobei die Kapitalrendite pro gehandeltem Kontrakt nur um 40 Prozent geringer ist. Der letztendliche Nettoertrag in Dollar liegt dabei immer noch um 20 Prozent höher, als es für die Buy-and-hold-Strategie der Fall gewesen wäre.

Wenn man zu diesem Zeitpunkt die Slippage und die Brokerprovisionen berücksichtigt, was vorteilhaft für Systeme mit wenigen und lang dauernden Trades wäre, so würde dies allenfalls dazu führen, dass sich das System als weniger lukrativ und stabil erweisen könnte, wenn es unter realen Bedingungen eingesetzt wird. In einem tendierenden Markt haben Slippage und Brokerprovisionen einen größeren Einfluss auf das jeweilige Endergebnis, je geringer der Marktwert ist. In Kapitel 1, das die Analysefaktoren behandelte, haben wir erfahren, dass sich der Dollar-Betrag, der sich auf eine Kursbewegung bezieht, voraussichtlich mit dem Wert des Marktes (also dem Kursstand) erhöhen wird. Wenn man in einem derartigen Markt für alle Trades die gleichen Kosten für Slippage und Brokerprovisionen abzieht, dann haben allenfalls Trades, die nur einen geringen Gewinn erzielt haben, noch weniger Bedeutung. Das Gleiche gilt, wenn man mehrere unterschiedliche Märkte miteinander vergleicht. Und schließlich möchte ich nochmals darauf hinweisen, dass Sie Ihre Berechnungen in den meisten Fällen nicht auf Dollar-Beträge beziehen sollten, wenn Sie Ihr System zusammenstellen. Ebenso ungebracht ist es, Slippage und Brokerprovisionen in Dollar-Beträgen anzugeben.

Zuerst sollten Sie den Prozentanteil für eine wahrscheinlich zu erwartende Kursbewegung ermitteln, und anschließend rechnen Sie den Prozentsatz für die aktuelle Kurssituation in Dollar-Werte um, indem Sie ihn mit dem gegenwärtigen Kursstand und Punktwert des jeweiligen Marktes multiplizieren. Danach können Sie die jeweiligen Kosten für Slippage und Brokerprovisionen abrechnen. Wenn dieser errechnete Dollar-Betrag immer noch ordentlich aussieht, sollten Sie den Trade eingehen.

Gewinn pro Trade

Abbildung 2.4 zeigt Ihnen den Gewinn in Dollar für jeden Trade, wobei ein einfaches System eingesetzt wurde, das für Aktienindizes und Bond-Märkte konzipiert worden ist; dabei wurde das System auf den S&P-500-Aktienindex angewendet, wobei historische Daten zugrunde gelegt und Dollar-Beträge als Berechnungsgrundlage herangezogen wurden. Beachten Sie die drastische Erhöhung der Gewinne und Verluste pro Trade, die ungefähr für die letzten hundert Trades zu erkennen ist. Der durchschnittliche Gewinn-Trade beläuft sich auf 755 Dollar, was man in Abbildung 1.1 sehen kann.

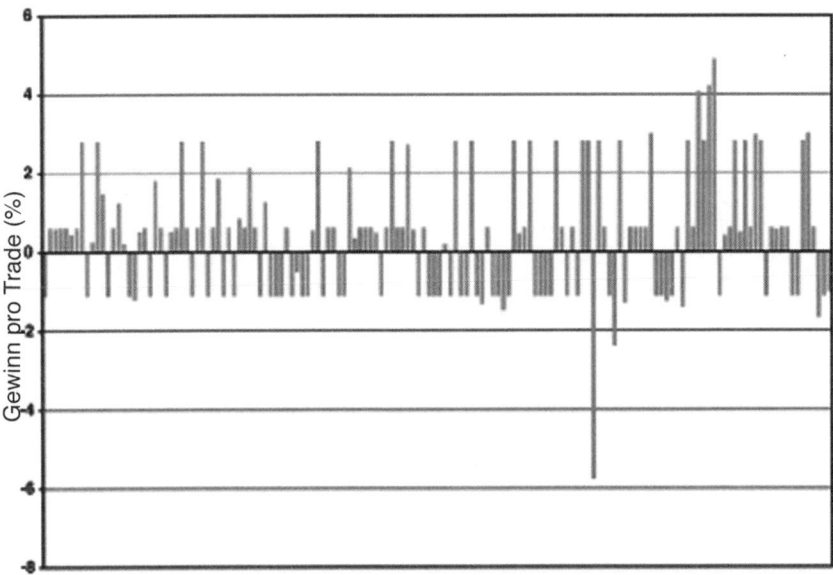

Abbildung 2.4: *Dollar-Beträge für eine Reihe von Einzel-Trades.*

Dem steht Abbildung 2.5 gegenüber, in der die gleiche Folge von Trades gezeigt wird, aber in diesem Fall wurde eine Umrechnung auf Prozentanteile vorgenommen. Dabei lässt sich feststellen, dass die Gewinne und Verluste pro Trade viel gleichmäßiger verteilt sind und zu einem Ergebnis von 1.269 Dollar führen, was einem durchschnittlichen Gewinn pro Trade von 0,38 Prozent entspricht und auf einem Marktwert (nach dem aktuellen Kursstand) von 337.500 (1.350 x 250) basiert. Wenn Sie heute mit der Anwendung dieses Systems begonnen hätten (was allerdings voraussetzt, dass Ihr System stabil ist und Ihre Überlegungen logisch begründet sind), könnten Sie in naher Zukunft mit diesem durchschnittlichen Gewinn pro Trade rechnen und nicht mit 755 Dollar, wie auf der Ergebnisübersicht (Performance Summary) zu sehen ist. Natürlich steigt (sinkt) bei einem stabilen System, für das der Gewinn pro Trade in Dollar angegeben wird, der Betrag für die Gewinne und Verluste im gleichen Verhältnis zum Anstieg (Rückgang) des Marktwerts. Dies wiederum gibt den weiter zurückliegenden Ergebnissen ein größeres Gewicht und verringert (erhöht) infolgedessen den Wert des durchschnittlichen Trades. Wenn der Gewinn pro Trade jedoch als Prozentsatz angegeben wird, kommt allen Trades die gleiche Gewichtung zu. Bei einem stabilen System bleiben die prozentualen Ergebnisse sowohl für die Gewinne als auch für die Verluste gleich, und zwar unabhängig von der Markttätigkeit. Wenn die Systementwicklung abgeschlossen ist, kann der Prozentsatz der Rendite problemlos in den der gegenwärtigen Marktsituation entsprechenden Dollar-Betrag umgerechnet werden.

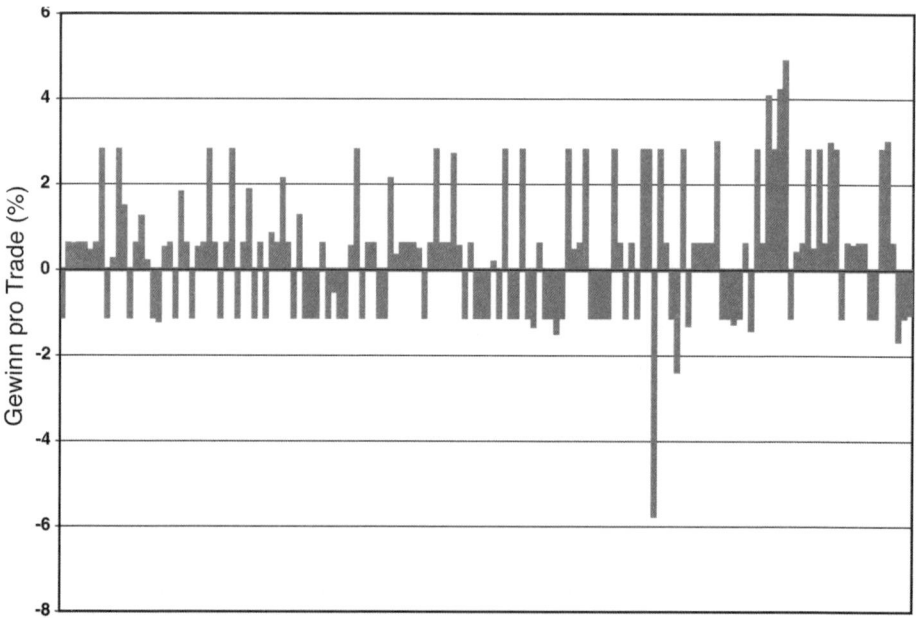

Abbildung 2.5: *Die gleiche Trade-Folge wie in Abbildung 2.4, aber als Prozentsatz berechnet.*

Um den Prozentsatz für den Gewinn pro Trade mit TradeStation zu berechnen, kann der folgende EasyLanguage-Code benutzt werden:

```
Vars: TotTr(0), Prof(0);
TotTr = TotalTrades;
If TotTr > TotTr[1] Then Begin
        Prof = 1 + PositionProfit(1) / (EntryPrice(1) x BigPointValue);
```

Um die Daten auf eine Textdatei zu übertragen, wird folgender EasyLanguage-Code verwendet:

```
Vars: Prof(0), TradeStr2 ("");
TradeStr2 = NumToStr((Prof – 1) x100,2) + NewLine;
FileAppend("C:\Temp\Chap1-2.csv", TradeStr2);
```

In Excel (oder einem Tabellenprogramm Ihrer Wahl) geben Sie unten, wo die Daten gespeichert werden, die folgende Zeile ein:

```
=AVERAGE(A1:AX)
```

A bezeichnet die Spalte für die gespeicherten Daten und X bezeichnet die Anzahl der Zeilen/Trades.

Um den durchschnittlichen Gewinn-Trade (">0") und Verlust-Trade ("<=0") zu berechnen, verwenden Sie die folgende Formel:

```
=SUMIF(A1:AX,">0")/COUNTIF(A1:AX,">0")
```

Wenn Sie diese Werte auch für die Long- beziehungsweise die Shortseite berechnen wollen, müssen Sie zuerst die Übertragungsfunktion von EasyLanguage verändern, und zwar folgendermaßen:

```
TradeStr2 = NumToStr(MarketPosition(1),0) + "," +NumToStr((Prof – 1)
X100,2) + NewLine;
```

Um schließlich den Dollar-Betrag aller Trades in den aktuellen Marktwert umzurechnen, multiplizieren Sie die Ergebnisse mit dem aktuellen Kurs und dem Dollar-Wert pro Trade, was entweder im gleichen oder im nächsten Kästchen erfolgt. Wenn Sie für die Eingabe das gleiche Kästchen benutzen, sieht die Formel für den durchschnittlichen Dollar-Wert pro Trade folgendermaßen aus:

=AVERAGE(A1:AX)/100 X 250 X 1.350,

250 bezeichnet dabei den Dollar-Betrag für einen ganzen Punkt (full point value), und 1.350 bezeichnet das aktuelle Kursniveau für den Aktienindex S&P 500.

Größter Gewinn-Trade und größter Verlust-Trade

Im Hinblick auf das Geldmanagement ist es weitaus wichtiger, den größten Verlust-Trade anstatt den Kapitalrückgang zu kennen. Um den größten Gewinn-Trade zu berechnen, geben Sie folgende Formel in Ihr Tabellenprogramm ein:

=MAX(A1:AX)
A bezeichnet die Spalte, in der die Daten gespeichert sind, und
X bezeichnet die Anzahl der Zeilen/Trades.

Zur Berechnung des größten Verlust-Trades lautet die Formel folgendermaßen:

=MIN(A1:AX)
A bezeichnet die Spalte, in der die Daten gespeichert sind, und
X bezeichnet die Anzahl der Zeilen/Trades.

Im Hinblick auf das Geldmanagement ist auch sehr wichtig, dass alle Trades so einheitlich wie möglich dargestellt werden. Daher ist von besonders großer Bedeutung, dass man die Abstände zwischen den Standardabweichungen kennt. Um die Abstände zwischen den Standardabweichungen aller Trades zu ermitteln, wird folgende Formel in Excel eingegeben:

=STDEV(A1:AX)

Um zwei Standardabweichungsintervalle zu erhalten, multipliziert man einfach mit zwei. Im vorliegenden Fall ist das System auf den Aktienindex-Futures S&P 500 ausgerichtet, sodass dieser Abstand in der gegenwärtigen Marktsituation 0,23%+/−3,36% und als Dollar-Betrag 781 Dollar +/−11.326 beträgt. Dies bedeutet: Mit einer Wahrscheinlichkeit von 95 Prozent liegt der wahre Durchschnittsgewinn bei diesem System irgendwo im Bereich zwischen −10.545 Dollar und 12.107 Dollar. Je kleiner dieses Intervall ist, desto einheitlicher sind die Trades, und desto weniger riskanter ist das System. Beachten Sie jedoch, dass sich dieses Intervall in den negativen Bereich erstreckt. Damit erklärt sich auch, warum ein scheinbar gutes System plötzlich große Verluste produzieren kann. Das System kann lange Zeit funktioniert haben, aber bei einer größeren Anzahl von Trades hat es sich immer weiter an den wahren Durchschnitt pro Trade angenähert, der sich als negativ erwiesen hat. Es ist praktisch unmöglich, die Intervalle der Standardabweichung vollständig im positiven Bereich zu halten, wobei ich bisher noch nie ein System gesehen habe, das diesem Ideal entsprochen hätte, ohne dass es entsprechend optimiert wurde. Ich bin aber davon überzeugt, dass das System, das ich hier zu Demonstrationszwecken eingesetzt habe, sehr stabil ist und recht gleichmäßige Trades produziert, sodass man davon ausgehen kann, dass es noch viele Jahre im positiven Bereich bleiben wird, obwohl es zweifellos auch einige fürchterliche Merkmale aufzuweisen hat.

Auf der Grundlage dieser Angaben können Sie auch die Wahrscheinlichkeit für das Scheitern des Systems berechnen, und zwar durch den Abstand zwischen der Null-Gewinnlinie bis zur unteren Begrenzung der Standardabweichung, dividiert durch die Gesamtentfernung zwischen den beiden Grenzlinien der Standardabweichung. Für das vorliegende Beispiel ergibt das Ergebnis dieser Berechnung 0,46 oder 46 Prozent (=10.545 / (10.545 + 12.107)). Offensichtlich handelt es sich auch hierbei um eine Berechnungsgröße für das Risiko, die so niedrig wie möglich gehalten werden sollte.

Um ein besseres Gespür dafür zu bekommen, was man von einem System erwarten kann (von außergewöhnlichen Erscheinungen abgesehen), könnte es auch eine gute Idee sein, alle Ausreißer-Trades[5] auszufiltern, bevor man die Untersuchung des Systems fortsetzt; dies ist natürlich vom System abhängig, das man entwickelt beziehungsweise anwendet. Bedenken Sie, dass es auch Systeme gibt, die darauf ausgerichtet sind, möglichst viele Ausreißer zu erfassen, was mit einer beträchtlichen Anzahl unerwarteter Verluste einhergehen kann, mit denen man zurechtkommen muss. Andererseits ist es natürlich auch höchst fragwürdig, wenn man zu viele (wenn nicht sogar alle) Verlust-Trades aussondert, was

---

[5] *Bei Ausreißer-Trades handelt es sich um Trades, die so weit vom Durchschnitts-Trade entfernt sind, dass sie als „außergewöhnliche Erscheinungen" bezeichnet werden können. Üblicherweise gelten Trades, die mehr als drei Standardabweichungen vom durchschnittlichen Trade entfernt sind, als Ausreißer.*

das System besser erscheinen lässt, als es tatsächlich ist, denn man sollte dabei bedenken, dass der wahre künftige Wert des Durchschnitts-Trades durchaus auch negativ sein kann.

Kumulierter Gewinn und Kapitalhöchstwerte

Der kumulierte Gewinn ist nicht weiter von Bedeutung, sondern wird allenfalls benötigt, um andere wichtige Analysefaktoren zu berechnen, wie zum Beispiel den Kapitalrückgang und Stagnationphasen (die Zeit zwischen zwei Kapital-höchstwerten). Um den kumulierten Gewinn und die Kapitalhöchststände zu berechnen und in EasyLanguage von TradeStation zu übertragen, kann die folgende Formel verwendet werden:

```
Vars: CumProf(1), ETop(0), TradeStr2("");
CumProf = CumProf x Prof;
ETop = MaxList(ETop, CumProf);
TradeStr2  = NumToStr((CumProf – 1) x 100,2) + "," + NumToStr((ETop – 1) x 100,2)
             – NewLine;
FileAppend("C:\Temp\Chap1-2.csv", TradeStr2);
```

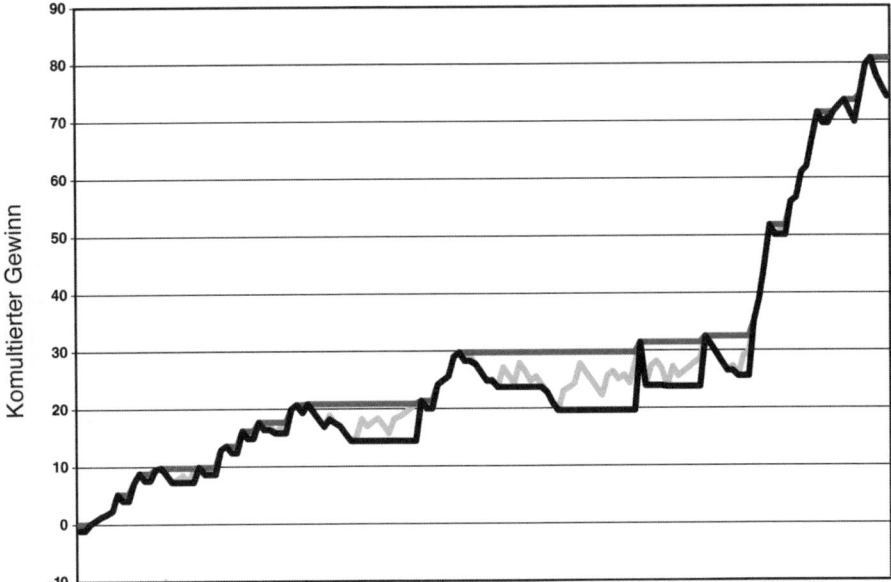

Abbildung 2.6 zeigt die kumulierte, auf Prozentsätzen basierende Ertrags- oder Kapitalkurve für eine Version des Black-Jack-Systems. Es geht dabei darum, die Linien so gut wie möglich miteinander in Übereinstimmung zu bringen, sodass die „Kästchen" möglichst klein werden und ihre Anzahl so gering wie möglich gehalten wird. Die gezackte Linie in den Kästchen stellt den kumulierten Gewinn dar, die obere gerade Linie veranschaulicht den letzten Kapitalhöchststand, und die untere gerade Linie bezeichnet den Kapitalrückgang.

Der Grund für die geringere Bedeutung des kumulierten Gewinns zu diesem Zeitpunkt ist folgender: Solange das System als beständig betrachtet werden kann, während der Gewinnfaktor stabil ist, eine gleich bleibende Anzahl von Gewinn-Trades zu verzeichnen ist und das System aufgrund des aktuellen Marktwertes und der geringer geschätzten Kosten für Slippage und Brokerprovisionen eine positive Erwartung pro Trade aufweist, ist die Kapitalentwicklung lediglich das Ergebnis davon, wie aggressiv man bei der Anwendung des Systems vorgeht oder welche Art von Geldmanagement man benutzt.

Bei der Berechnung wird auch vorausgesetzt, dass das gesamte Kapital sowie sämtliche Gewinne jedes Mal wieder reinvestiert werden. Dies ist nicht ganz korrekt, besonders nicht in den Futuresmärkten, aber für die Aktienmärkte kann man es so handhaben, allerdings unter der Bedingung, dass man Aktienanteile erwerben kann. Dies ermöglicht Ihnen jedoch, verschiedene Systeme und Märkte auf einer gemeinsamen Grundlage miteinander zu vergleichen, oder Sie können damit auch untersuchen, wie sich Ihre Strategie während des gleichen Zeitraums im Vergleich zu einer Buy-and-hold-Strategie verhalten hätte.

Kapitalrückgang

Viele Trader und Analysten ziehen es vor, den Kapitalrückgang als höchsten Intraday-Kapitalrückgang oder als gesamten Kapitalrückgang zu berechnen, in dem sowohl der Kapitalrückgang für die geschlossenen (KGT) als auch für die offenen Trades (KOT) enthalten ist. Aber das ist nicht der beste Weg, um ein stabiles System zu entwickeln, wie bereits erwähnt wurde. Das Problem, um das es dabei geht, besteht im Grunde aus mehreren Faktoren. Erstens müssen Sie dafür sorgen, dass jeder Trade so rentabel wie möglich ausfällt, indem Sie den Kapitalrückgang bei offenen Trades (KOT) in den anfänglichen Kapitalrückgang eines Trades (AKT) und den Kapitalrückgang beim Abschluss des Trades (KAT) unterteilen. Dies lässt sich durch die Effizienzanalyse bewerkstelligen, der jeder Trade unterzogen wird und für die in erster Linie die beiden Analysetechniken von John Sweeney[6] verwendet werden, nämlich die GUA (größte ungünstige Abweichung = Maximum Adverse Excursion) und die GGA (größte günstige Abweichung = Maximum Favorable Excursion).

Wenn Sie das getan haben, sollten Sie über eine Technik des Trade-Managements verfügen, die es Ihnen ermöglicht, einigermaßen erfolgreich in einer Vielzahl von Märkten, Zeitrahmen und Marktbedingungen zu sein, wobei es gleichgültig ist, welche Einstiegstechnik Sie verwenden. Dann – und erst dann – können Sie Ihre Einstiegstechnik ausarbeiten und sich einer Technik für das Trade-Management zuwenden, die eine hohe Erfolgswahrscheinlichkeit bietet. Die Zahlen für den Kapitalrückgang, die Sie dann verwenden, sollten sich ausschließlich auf geschlossene Trades beziehen. Wie bereits erwähnt, ist der Kapitalrückgang an sich nicht so interessant, was die Entscheidung anbelangt, ob ein System stabil genug ist und genügend Gewinne verspricht, um es einzusetzen. Aber das entbindet Sie nicht von der Verpflichtung, den Kapitalrückgang so sorgfältig wie möglich zu untersuchen, damit Sie ein ausreichendes finanzielles Polster haben, wenn Sie mit dem Trading beginnen. Werfen Sie noch einmal

---

[6] *Compaign Trading: Tactics and Strategies to Exploit the Markets.*
  Verlag: Wiley Finance Edition, 1996.
  Maximum Adverse Excursion: Analyzing Price Fluctuations for Trading
  Management. Verlag: Wiley Trader`s Advantage Series, 1997.

einen Blick auf Abbildung 1.1. Dieses System weist einen Kapitalrückgang von 18.178 Dollar auf. „Großartig", denken Sie. „Ich kann einen Kapitalrückgang unter 20.000 Dollar jederzeit verkraften, und wenn ich mit einem Kapital von 60.000 Dollar anfange, wird der schlimmste zu erwartende Kapitalrückgang allenfalls einem Drittel meines Anfangskapitals entsprechen." Aber leider erfahren Sie nicht, wann dieser Kapitalrückgang aufgetreten ist und wie groß er im Verhältnis zum Kursniveau war, das zu diesem Zeitpunkt erreicht wurde (im vorliegenden Fall fand er in der Mitte des Jahres 1998 statt, als der Markt ungefähr im Kursbereich von 1.000 gehandelt wurde).

Eine gute Möglichkeit, ein Gefühl für den Kapitalrückgang eines beliebigen Handelssystems zu entwickeln, besteht darin, ihn grafisch in Form eines Charts darzustellen, und zwar als „Unterwasser-Ertragskurve", wie sie in Abbildung 2.7 zu sehen ist, die den historischen Kapitalrückgang in seiner gesamten Tiefe zeigt. An diesem Chart können Sie erkennen, dass der schlimmste Kapitalrückgang dieses Systems etwa acht Prozent betrug, was in Bezug auf den heutigen Marktwert ungefähr 27.000 Dollar entspricht (1.350 x 250 x 0,08). Damit hätten Sie jedoch fast 50 Prozent Ihres Kapitals von 60.000 Dollar eingebüßt. Wenn Sie keinen Kapitalrückgang von beispielsweise einem Drittel ihres Kapitals erleben wollen, bräuchten Sie in diesem Fall ein anfängliches Tradingkapital von mindestens 81.000 Dollar, wenn Sie dieses System unter den derzeit herrschenden realen Bedingungen einsetzen wollten. Das Fazit lautet also: Der Kapitalrückgang muss als Prozentsatz dargestellt und dann auf den heutigen Marktwert übertragen werden.

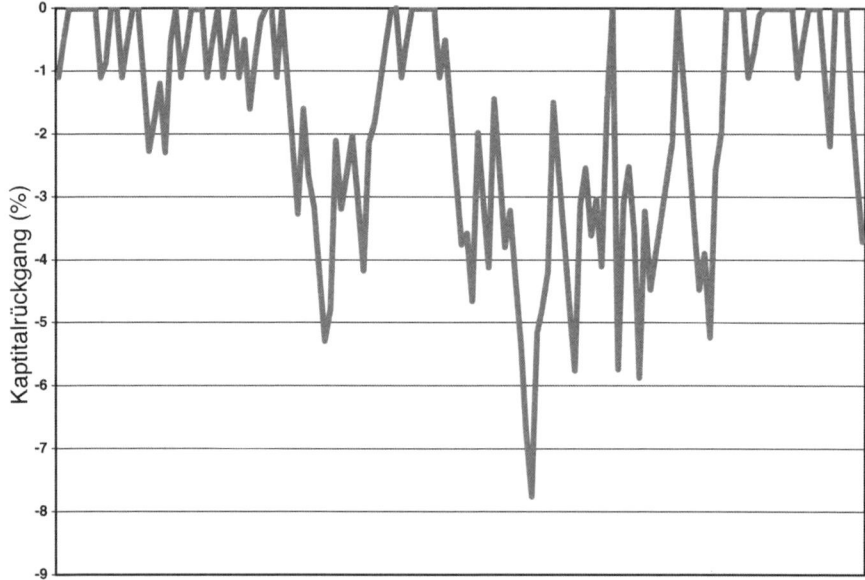

Abbildung 2.7: *Die „Unterwasser-Ertragskurve", die den historischen Kapitalrückgang in seiner gesamten Tiefe zeigt.*

Nur ein besonders risikofreudiger Mensch, der bereit ist, sich Bauchschmerzen und schlaflose Nächte aufzuerlegen, würde ein System mit einem zu erwartenden Kapitalrückgang von nahezu 50 Prozent seines Kapitals anwenden. Hinzu kommt: Viele Menschen wissen nicht, dass der zu erwartende Kapitalrückgang ihres Systems viel höher ist, als ihnen die Ergebnisübersicht der Trading-Software vorgaukelt. Denken Sie auch immer daran, dass Ihre schlimmste Minuslage erst noch kommen wird. Es steht Ihnen also nicht nur der schlimmste Kapitalrückgang noch bevor, sondern die Wahrheit ist, dass Ihr Kapital irgendwann einmal vernichtet werden wird. Es ist lediglich eine Frage der Zeit. Wenn wir nur lange genug dabeibleiben, werden wir früher oder später alle in diese Situation geraten. Es ist, wie gesagt, nur eine Frage der Zeit. Es geht also darum, dass Sie Ihre Hausaufgaben machen, und zwar so gut Sie können, sodass Sie sich der Katastrophe, die Ihnen bevorsteht, entziehen können und aussteigen, solange Sie noch dazu in der Lage sind. (Die Alternative wäre, gar nicht erst anzufangen.)

Der folgende TradeStation-Code zeigt Ihnen, wie Sie die notwendigen Angaben über den Kapitalrückgang für geschlossene Trades zur weiteren Analyse auf eine Textdatei in Excel übertragen können:

```
Vars: CumProf(1), EBot(0), EDraw(0), TradeStr2 ("");
EBot = MinList(EBot, CumProf);
EDraw = CumProf / ETop;
TradeStr2 = NumToStr((EBot − 1) x 100,2) + "," + NumToStr((EDraw − 1) x 100,2)
         + NewLine;
FileAppend("C:\Temp\Chap1-2.csv", TradeStr2);
```

Aus Abbildung 2.7 geht auch hervor, dass dieses System eine schrecklich lange Zeit in den roten Zahlen bleibt, wobei es Ihnen nur einmal gelingen würde, wieder an die Oberfläche zu kommen, um einen neuen Kapitalhöchststand zu erreichen. Selbst mit den besten Systemen müssen Sie die meiste Zeit Phasen des Kapitalrückgangs durchmachen.

Phasen der Stagnation und Phasen des Aufschwungs

Werfen Sie noch einmal einen Blick auf Abbildung 2.6. Es sieht zwar so aus, als handle es sich dabei um eine recht anständige Ertragskurve, die einen ständigen Aufwärtstrend und einen tolerierbaren Kapitalrückgang aufweist. Aber wie viel Zeit müssen Sie zwischen zwei Kapitalhochs ausharren? Diese Frage wird durch Abbildung 2.8 beantwortet, in der die „Zeit der Stagnation" zu sehen ist, also die Zeit zwischen zwei Kapitalhochs. (Es besteht dabei die Gefahr, dass es zu einer Begriffsverwechselung kommt, denn viele Analysen bezeichnen die Zeit zwischen den Trades beziehungsweise die Zeit, in der man sich in einer neutralen Position befindet, weil der Markt keine Richtung vorgibt, als Zeit der Stagnation. Aber in diesem Buch macht diese alternative Interpretationsmöglichkeit lediglich einen geringen Teil der gesamten Stagnationszeit aus, so wie wir sie verstehen.)

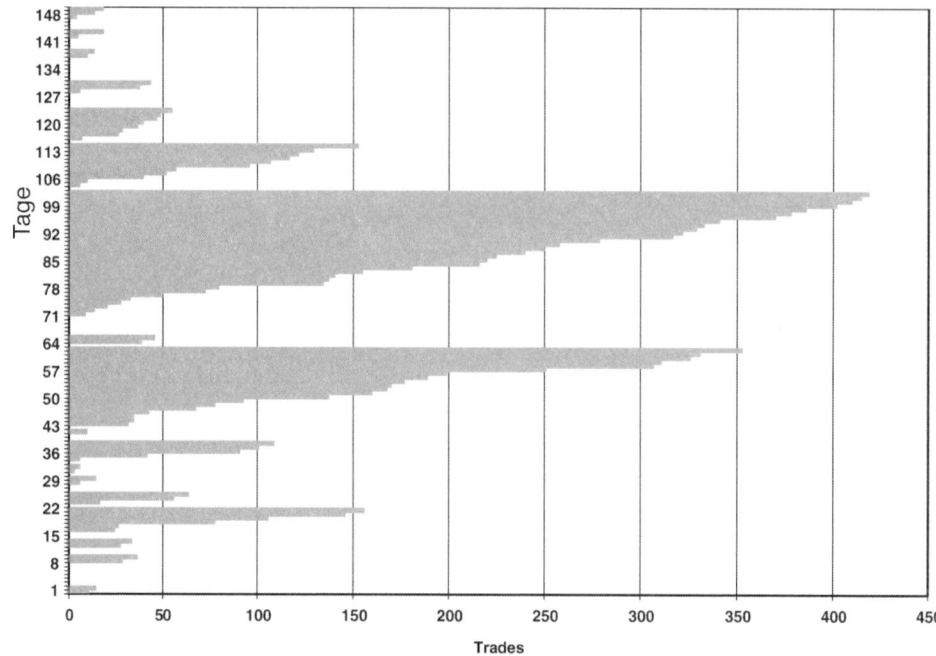

Abbildung 2.8: *Stagnationszeit, also die Zeit zwischen zwei Kapitalhochs.*

Ein gutes System sollte eine Stagnationszeit von maximal 18 Monaten aufweisen. Im vorliegenden Fall handelt es sich um eine Stagnationszeit von 400 Tagen, und dieser Zeitraum ist durchaus tolerierbar.

Hätten Sie kurz vor einem Kapitalrückgang mit der Anwendung dieses Systems begonnen, so wären sie unmittelbar in eine Verlustphase geraten, und es hätte ungefähr eineinhalb Jahre gedauert, bis Ihr Verlust wieder ausgeglichen gewesen wäre. Aber verzweifeln Sie nicht. Sie müssen einfach lernen, mit Kapitalrückgangsphasen zu leben. Sogar bei den stabilsten und erfolgreichsten Handelssystemen werden Sie die Erfahrung machen, dass es viel häufiger bergab geht als bergauf.

```
Vars:Etop(0), TopBar(0), EBot(0), BotBar(0), TopInt(0), BotInt(0);
If ETop > Etop[1] Then
TopBar = CurrentBar;
If EBot < EBot[1] Then
BotBar = CurrentBar;
TopInt = CurrentBar – TopBar;
BotInt = CurrentBar – BotBar;
TradeStr2 = NumToStr(TopInt,0) + "," + NumToStr(BotInt,0) + NewLine;
FileAppend("C:\Temp\Chap1-2csv", TradeStr2);
```

Die durchschnittliche Zeit der Stagnation beträgt für dieses System 86 Kursstäbe, während der Zeitraum zwischen den Kapitaltiefs im Durchschnitt 66 Kursstäbe umfasst. In „psychologischer Hinsicht" bedeutet dies, dass Sie sich im Durchschnitt nur viermal im Jahr als erfolgreicher Trader fühlen und ein neues Kapitalhoch erreichen; viermal im Jahr werden Sie sich wirklich scheußlich fühlen, während neue Kapitaltiefs entstehen, bevor sich der Markt endlich wieder in die erwünschte Richtung in Bewegung setzt.

Die meisten institutionellen Anleger werden keinen Kapitalrückgang über 30 bis 40 Prozent und keine maximale Stagnationsphase, die über 18 Monate dauert, tolerieren. Wenn Sie also anstreben, Ihre Dienstleistung anzubieten, um mit dem Geld finanzkräftiger Investoren zu handeln, können Sie sich an diesen Angaben orientieren und entscheiden, ob Sie damit zurechtkommen.

Code

In diesem Kapitel haben wir uns damit beschäftigt, wie man neue Messinstrumente zur Systemtestung einsetzt, die realistischere Ergebnisse ermöglichen und eine größere Wahrscheinlichkeit bieten, dass sie sich künftig bewähren und sich als zuverlässig erweisen werden. Bei der Entwicklung eines Handelssystems sind folgende Analysefaktoren am wichtigsten: der durchschnittlich zu erwartende Gewinn pro Trade und der durchschnittlich zu erwartende Verlust pro Trade. Der erwartete Kapitalrückgang sowie die erwartete Stagnationszeit und andere Faktoren sind lediglich aus psychologischen Gründen von Interesse, was natürlich voraussetzt, dass sich diese innerhalb akzeptabler Grenzen halten. Es müssen jedoch alle Variablen gleichermaßen sorgfältig untersucht werden. Wenn Sie sich nicht mit all dieser Variablen wohl fühlen, werden Sie möglicherweise scheitern, und dabei ist es gleichgültig, wie sich der Markt verhält und wie gut das entsprechende System bei anderen zu funktionieren scheint.

Anschließend finden Sie die Zusammenstellung aller Codes, die in diesem Kapitel angegeben wurden:

```
Vars: FName (""), TotTr(0), Prof (0), CumProf(1), ETop(1), TopBar(0), TopInt(0);
BotBar(0), BotInt(0), EBot(1), EDraw(1), TradeSTr2("");
If CurrentBar = 1 Then Begin
      FName = "C:\Temp\" + LeftStr(GetSymbolName,2) + ".csv";
      FileDelete(FName);

TradeStr2 = "E Date" + "," + "Position" + "," + "E Price" + "," + "X Date" +
"," + "XPrice" + "," + "Profit" + "," + "Cum.prof." + "," + "E-Top" + "," +
"E-Bottom" + "," + "Flat time" + "," + "Run up" + "," + "Drawdown"+

NewLine;
      FileAppend(FName, TradeStr2);

End;


TotTr = TotalTrades;
IfTotTr > TotTr[1] Then Begin
      Prof = 1 + PositionProfit(1) / (EntryPrice(1) x BigPointValue);
      CumProf = CumProf x Prof;
      ETop = MaxList(ETop, CumProf);
      If ETop > ETop[1] Then Begin
              TopBar = CurrentBar;
              EBot = ETop;

End;

EBot = MinList(EBot, CumProf);
      BotBar = CurrentBar;
TopInt = CurrentBar – TopBar;
BotInt = CurrentBar – BotBar;
EDraw = CumProf / ETop;

TradeStr2 = NumToStr(EntryDate(1),0) + "," +
NumToStr(MarketPosition(1),0) + "," + NumToStr(EntryPrice(1),2) +
"," + NumToStr(ExitDate(1),0) + "," + NumToStr(ExitPrice(1),2) +","
+ NumToStr((Prof – 1) x 100,2 + "," + NumToStr((CumProf – 1) x
```

```
100,2) + "," + NumToStr((Etop – 1) x 100,2) + "," +
NumToStr((Ebot – 1) x 100,2 + "," + NumToStr(TopInt,0) +
"," + NumToStr(BotInt,0) + "," + NumToStr((Edraw – 1) x 100,2) +

NewLine;
FileAppend(FName, TradeStr2);

End;
```

Sobald Sie alle erforderlichen Daten in Excel oder ein anderes Tabellenprogramm übertragen haben, können Sie diese für andere Ergebnisauswertungen
verwenden und nach Ihren Bedürfnissen zusammenstellen, und damit werden
Sie mehr Informationen über ein System erhalten, als Ihnen jeder andere Ergebnisübersicht der sonstigen Programme bieten kann. Von nun werden wir inten-
siv mit einer Ergebnisübersicht arbeiten, die der in Abbildung 2.1 gleicht.

Um eine Ergebnisübersicht wie diese zusammenzustellen, geben Sie die folgenden Formeln in Ihr Tabellenprogramm ein:

Für den durchschnittlichen Gewinn-Prozentsatz in Kästchen C(X+4):

```
=AVERAGE(F$2: FX)/100
```

F bezeichnet die Spalte, in der Sie die Gewinne von jedem einzelnen Trade
gespeichert haben, und X bezeichnet die Anzahl der Zeilen/Trades.

Für die Standardabweichung in Prozent in Kästchen C(X+5):

```
STDEV(F$2:FX)/100
```

Für die Anzahl an Gewinn-Trades in Kästchen F(X+2):

```
=COUNTIF(F$2:FX,">0"),
```

Für den größten Gewinn-Trade (%) in Kästchen F(X+3):

```
=MAX(F$2:FX)/100
```

Für den durchschnittlichen Gewinn-Trade (%) in Kästchen F(X+4):

=SUMIF(F$2:FX," >0")/COUNTIF(F$2:FX," > 0")/100

Für den kumulativen Gewinn (%) in Kästchen F(X+5):

=GX/100

G bezeichnet die Spalte, in der Sie den kumulativen Gewinn gespeichert haben.

Für die Anzahl an Verlust-Trades in Kästchen I(X+2):

COUNTIF(F$2:FX,"<=0")

Trades insgesamt		150
Gewinnfaktor	1,80	
Durchschnittlicher Gewinn	0,38%	1.269
Standardabweichung	1,61%	5.421
Gewinn-Trades	92	61,33%
Größter Gewinn-Trade	4,88	16.470
Durchschnittlicher Gewinn-Trade	1,38	4.667
Kumulierter Gewinn	74,12	250.155
Verlust-Trades	58	38,67%
Größter Verlust-Trade	-5,74%	-19.373
Durchschnittlicher Verlust-Trade	-1,22%	- 4.121
Kapitalrückgang	-7,76%	-26.190

Für den größten Verlust-Trade (%) in Kästchen I(X+3):

MIN(F$2:FX)/100

Für den durchschnittlichen Verlust-Trade (%) in Kästchen I(X+4):

=SUMIF(F$2:FX,"<=0")/COUNTIF(F$2:FX,"<=0")/100

Für den größten Kapitalrückgang (%) in Kästchen I(X+5):

=MIN(L$2:LX)/100

L bezeichnet die Spalte, in der Sie die Werte für den Kapitalrückgang gespeichert haben.

Für den aktuellen Dollar-Wert des durchschnittlichen Trades in Kästchen D(X+4):

$$= C(Xx4)x1350x250$$

1350 bezeichnet den aktuellen Indexwert, und 250 bezeichnet den Dollar-Wert pro Punkt.

Für die Standardabweichung des aktuellen Dollar-Werts in Kästchen D(X+5):

$$= C(X+5)x1350x250$$

Für die Anzahl der Trades in Kästchen D(X+2):

$$= F(X+2)+I(X+2)$$

Für den Prozentsatz der Gewinn-Trades in Kästchen G(X+2):

$$= F(X+2)/D(X+2)$$

Für den aktuellen Dollar-Wert des größten Gewinn-Trades in Kästchen G(X+3):

$$= F(X+3)x1350x250$$

Für den aktuellen Dollar-Wert des durchschnittlichen Gewinn-Trades in Kästchen G(X+4):

$$= F(X+4)x1350x250$$

Für den aktuellen Dollar-Wert des kumulierten Gewinns in Kästchen G(X+5):

$$= F(X+5)x1350x250$$

Für den Prozentsatz an Verlust-Trades in Kästchen J(X+2):

$=I(X+2)/D(X+2)$

Für den aktuellen Dollar-Wert des größten Verlust-Trades in Kästchen J(X+3):

$=I(X+3)x1350x250$

Für den aktuellen Dollar-Wert des durchschnittlichen Verlust-Trades in Kästchen J(X+4):

$=I(X+4)x1350x250$

Für den aktuellen Dollar-Wert des größten Kapitalrückgangs in Kästchen J(X+5):

$=I(X+5)x1350x250$

Für den Gewinnfaktor in Kästchen D(X+3):

$=ABS((F(X+2)xG(G+4))/(I(X+2)xJ(X+4)))$

KAPITEL 3

Futureskontrakt-Daten

In Kapitel 1 und 2 haben wir uns mit Analysefaktoren beschäftigt, die man direkt der Ergebnisübersicht von TradeStation entnehmen kann, und mit jenen, die wir zur weiteren Analyse in ein Tabellenprogramm übertragen mussten, um ihnen einen besseren Vorhersagewert zu verschaffen. Um den Prognosewert zu erhöhen, wurde in Kapitel 2 die Umrechnung von Dollar- beziehungsweise Punktwerten in Prozentanteile eingeführt.

Trader von Waren- beziehungsweise Rohstoff-Futureskontrakten haben beim Testen von Handelsstrategien aufgrund historischer Daten noch eine weitere Hürde zu überwinden, die darin besteht, dass die Lebensdauer eines Futureskontraktes begrenzt ist. Um diese Schwierigkeit in den Griff zu bekommen, wurden zahlreiche Methoden erfunden, um mehrere Kontrakte miteinander zu verbinden, sodass ein größerer Zeitraum erfasst werden konnte. In diesem Kapitel werden wir uns eingehender mit diesen Methoden und deren Vor- und Nachteilen beschäftigen, um uns damit auseinanderzusetzen, wann und wie man diese anwendet. Dies ist deshalb so wichtig, weil die Systemberichte so zukunftsorientiert wie möglich ausfallen sollten, und aus diesem Grund verwendet man Prozentangaben, wie bereits im vorangegangenen Kapitel erörtert wurde.

Es gibt drei verschiedene Methoden, um Futureskontrakte miteinander zu verbinden:

• die Methode ohne Anpassung, bei der überhaupt keine Anpassung vorgenommen wird,

• die Methode der nachträglichen Anpassung, bei der eine nachträgliche Anpassung durchgeführt wird, wobei diese Methode in folgende Unterkategorien unterteilt werden kann:

a) die Methode der nachträglichen Anpassung aufgrund von Punkten, bei der eine nachträgliche Anpassung stattfindet, die auf Punktwerten basiert;

b) die Methode der nachträglichen Anpassung aufgrund von Verhältnissen, bei der im Nachhinein eine Anpassung in Verhältniswerten erfolgt;

• die Methode der konstanten Anpassung, bei der fortwährend Anpassungen vorgenommen werden.

Nicht-angepasste Daten

Bei der „Methode ohne Anpassung" endet der Chart für den jeweiligen Futures-kontrakt, wenn dieser ausläuft, also zum Verfall- oder Fälligkeitstermin. Aber wenn Sie es für gerechtfertigt erachten, kann der nächste Kontrakt, der nun den Kontrakt des neuen Frontmonats darstellt, auch in einem Chart dargestellt werden. Üblicherweise fällt dies mit dem Roll-over-Verfahren zusammen, bei dem der Markt von einem Kontrakt zum nächsten übergeht, was zu einer Zunahme des Kontraktbestandes im neuen Frontmonat führt, der den Kontraktbestand des alten Kontraktmonats übertrifft. Viele Trader ziehen es jedoch vor, den Übertragungsvorgang an einem bestimmten Tag des Monats vorzunehmen oder ihn dann durchführen, wenn nur noch eine bestimmte Anzahl von Tagen bis zur Fälligkeit des Kontrakts bleibt. Die eventuell auftretende Preisdifferenz zwischen dem neuen und dem alten Kontrakt wird so belassen, ohne dass eine Anpassung stattfindet.

Der Hauptvorteil von nicht-angepassten aufeinanderfolgenden Kontrakten besteht darin, dass zu jedem Zeitpunkt ersichtlich ist, zu welchem Kurs der Frontmonat des jeweiligen Zeitraums notierte, wobei alle Kursstände und Preis-verhältnisse bestehen bleiben und genau dem entsprechen, was tatsächlich statt-gefunden hat. Abbildung 3.1 veranschaulicht, wie der Dezember-Kontrakt des S&P-500-Aktienindex während des Börsencrashs im Jahr 1987 ausgesehen hat. Vom Hoch bei 333, das am 2. Oktober erreicht wurde, fielen die Kurse insge-samt um 152 Punkte auf ein Tief von 181, das am 20. Oktober zu verzeichnen war, was einem Kursverlust von insgesamt 38.000 Dollar (152 x 250) entsprach. In Prozent ausgedrückt, entspricht dies einem Kursrückgang von 45,6 Pro-

zent (152 / 333) des gesamten Marktwertes. Behalten Sie diese Zahlen im Gedächtnis.

Der Hauptnachteil der nicht-angepassten Daten besteht in der Preisdifferenz, die häufig am Tag des Roll-over-Vorgangs auftritt und zur Verzerrung der Ergebnisse führt, die durch die Überprüfung anhand historischer Daten (Backtesting) erzielt wurden. Daher eignen sich nicht-angepasste Daten am besten für Daytrader und andere Trader in den Waren- und Rohstoffmärkten, die auf der Grundlage eines sehr kurzfristigen Zeitrahmens arbeiten und ihre Positionen häufig am Ende eines Handelstages schließen. Mit dem Code für TradeStation, der in Kapitel 1 und 2 angeben wurde, kann man alle Tradingergebnisse von unterschiedlichen und separat untersuchten Kontrakten ganz einfach in das gleiche Tabellenprogramm zur gemeinsamen Analyse übertragen.

Auf Punktwerte bezogene nachträgliche Anpassung

Die meisten Märkte werden entweder zu einem Zuschlag (Prämie) oder einem Abschlag (Discount) gehandelt, wenn man längere Zeiträume in die Beobachtung einschließt. Um auf unser Beispiel zurückzukommen: Der S&P 500 wird normalerweise zu einer Prämie gehandelt, was bedeutet, dass der neue Frontmonat im Allgemeinen am Tag des Roll-over etwas höher notiert als der alte Kontraktmonat. Wenn Sie zu jenem Zeitpunkt im Rahmen eines Backtests eine offene Position gehalten hätten, so wäre diese Differenz entweder zum entsprechenden Trade hinzuaddiert oder subtrahiert worden. Doch mit der Zeit summieren sich diese Beträge. Aufgrund der bei der Verwendung nicht-angepasster Daten entstehenden Verzerrungen der Ergebnisse, die durch die Analyse anhand historischer Daten gewonnen wurden, wurde die auf Punkte bezogene nachträgliche Anpassung geschaffen.

Wenn der neue Kontrakt des Frontmonats höher notiert als der alte Kontrakt, so wird der gesamte historische Zeitraum bis zum Roll-over-Vorgang mit Hilfe dieser Preisdifferenz nach oben angepasst. Wenn beispielsweise der neue Kontrakt am Tag des Roll-over bei 1.309,5 und der alte Kontrakt bei 1.296,9 schließt, während der zweite am Vortag bei 1.318,6 geschlossen hat, so wird die gesamte Zeitfolge bis zum Roll-over nach oben durch 12,60 Punkte angepasst (1.309,5 – 1.296,9), was zu einem neuen künstlichen Wert von 1.331,2 führt, der sich für den letzten Schlusskurs des alten Kontrakts ergibt (12,6 + 1.318,6). Eine vergleichbare Anpassung findet auch statt, wenn der neue Kontrakt zu einem geringeren Kurs gehandelt wird; allerdings wird die Anpassung in diesem Fall im umgekehrten Sinne durchgeführt.

Abbildung 3.2 zeigt, wie sich das Marktgeschehen im Oktober 1987 dargestellt hätte, wenn eine auf Punkte bezogene nachträgliche Anpassung vorgenommen worden wäre, wobei der letzte Roll-over-Vorgang im September 1999 stattfand. In diesem Chart wurden das Hoch am 2. Oktober mit dem Kurs von 567,35 und das Tief am 20. Oktober mit dem Kurs von 415,35 erreicht, was eine Differenz von 152 Punkten ergibt. Aufgrund des Übertragungsvorgangs, der sich in diesem Fall nach oben vollzog, reduzierte sich jedoch der ursprüngliche Differenz-Prozentsatz von 45,6 Prozent auf 26,8 Prozent (152 / 567,35). Hinzu kommt, dass sich die Kontraktwerte für jeden Roll-over-Vorgang geringfügig ändern werden – und zwar voraussichtlich nach oben –, was dazu führt, dass sich der Differenz-Prozentsatz laufend verringert.

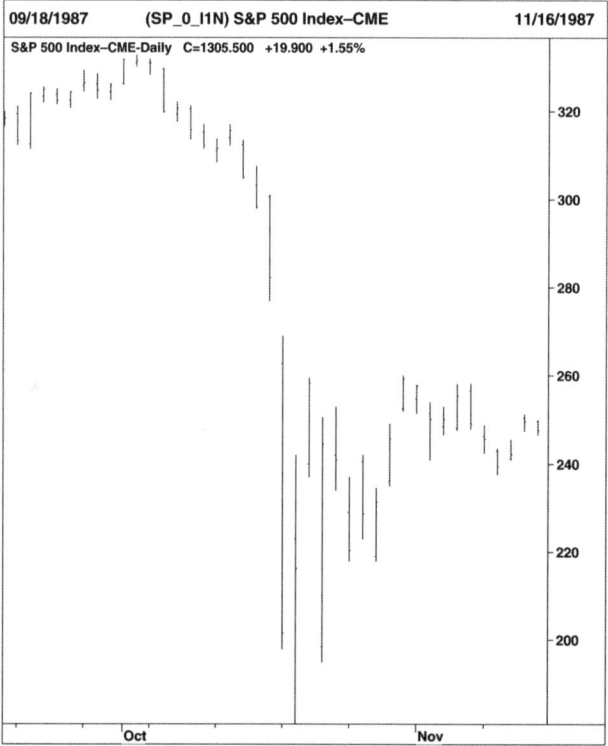

Abbildung 3.1: Der Börsencrash des Jahres 1987 aus der Sicht des nicht-angepassten Kontrakts. Daten: 18.09.1987 – 16.11.1987

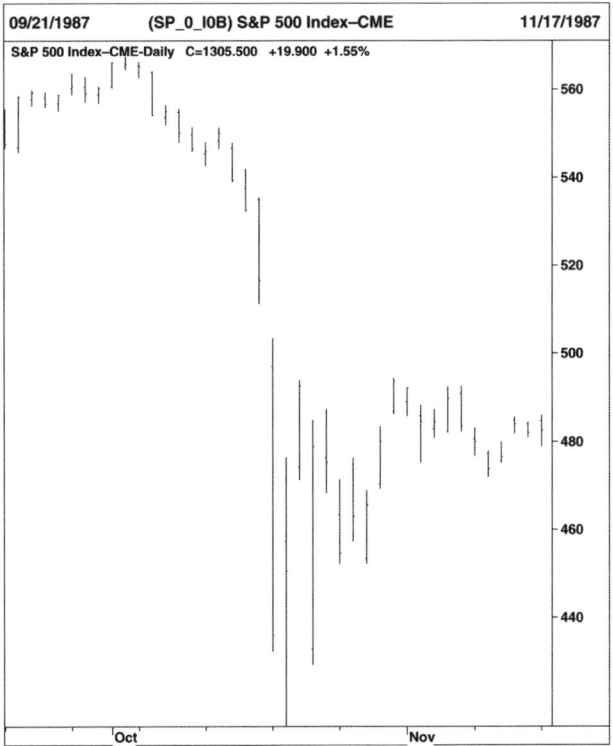

```
09/21/1987        (SP_0_I0B) S&P 500 Index–CME                    11/17/1987

S&P 500 Index–CME-Daily   C=1305.500  +19.900 +1.55%
                                                                    ─ 560

                                                                    ─ 540

                                                                    ─ 520

                                                                    ─ 500

                                                                    ─ 480

                                                                    ─ 460

                                                                    ─ 440

        Oct                               Nov
```

Abbildung 3.2: *Der Börsencrash des Jahres 1987 aus der Sicht der auf Punkte bezogenen nachträglichen Anpassung. Daten: 21.09.1987 – 17.11.1987*

Dadurch verringert (erhöht) sich die Bedeutung der historischen Kursbewegungen in nach oben tendierenden (nach unten tendierenden) Märkten und in Märkten, die im Frontmonat zu einem Zuschlag (Prämie) oder einem Abschlag (Discount) notieren, fortwährend. Darin besteht der Hauptnachteil der Methode, bei der eine auf Punkte bezogene nachträgliche Anpassung der alten Kontrakte vorgenommen wurde,

Wenn beispielsweise der prozentuale Rückgang auf 26,8 Prozent, der sich aufgrund der Methode der nachträglichen Anpassung ergeben hat, zugrunde gelegt worden wäre, um den Dollar-Wert des Rückgangs ab dem Hochpunkt bei 333 zu berechnen, so wären nur 22.311 Dollar (0,268 x 333 x 250) statt 38.000 Dollar (0,456 x 333 x 250) erzielt worden. Um also alle historischen Kursbewegungen gleich zu bewerten, müssen sie in Prozenten ausgedrückt werden. Aus diesem Grund wissen diejenigen, die behaupten, dass die Volatilität des Aktienmarkes im Lauf der Jahre zugenommen hat, sodass es angeblich schwieriger geworden ist, in diesem Markt zu handeln, überhaupt nicht, wovon sie reden. Ja, die auf Dollar- oder Punktwerten basierende Volatilität hat tatsächlich erheblich zugenommen, aber das ist lediglich eine natürliche Konsequenz der Tatsache, dass der Markt einen höheren Kursstand erreicht hat.

Auf der Grundlage der Prozentangabe ist die Volatilität sogar leicht zurückgegangen. Dies ist in den Abbildungen 2.1 bis 2.3 erkennbar, die einen nicht-angepassten Monatschart im Frontmonat des S&P 500 Index für den Zeitraum von Anfang 1985 bis Ende 1999 mit allen monatlichen Veränderungen der Punkt- und Prozentwerte zeigen. Wenn wir uns Abbildung 2.1 anschauen, sieht es so aus, als seien die Kursstäbe des Charts in der letzten Zeit immer länger geworden, was darauf hindeutet, dass die Volatilität des Marktes zugenommen hat und es schwieriger geworden ist, diesen Markt zu handeln. Dies ist jedoch lediglich eine Folge des höheren Marktwertes und sollte kein Problem darstellen, wenn man richtig damit umgeht.

Die Geraden in den Abbildungen 2.2 und 2.3 sind die ausgleichenden Regressionslinien. Wie Sie in Abbildung 2.2 sehen, ist die Regressionsgerade für die absoluten Punktveränderungen im Laufe der Jahre von fast 0 auf über 30 Punkte pro Monat angestiegen. Im Gegensatz dazu ist die Regressionsgerade für die absolute Veränderung des Prozentsatzes in Abbildung 2.3 ungefähr gleich geblieben (der Neigungswinkel der Geraden ist geringfügig nach unten gerichtet) und beträgt etwa 3,5 Prozent pro Monat. Wenn man von Dollar- und Punktwerten ausgeht, hat die Volatilität natürlich im Laufe der Jahre tatsächlich beträchtlich zugenommen, wie die Regressionsgerade in Abbildung 2.2 zeigt. Aber unter Berücksichtigung der Prozentangaben hat sich die Volatilität seit 1985 kaum verändert. Sie ist sogar leicht zurückgegangen.

Welche unmittelbaren Auswirkungen hat dies für Sie als Trader? Nun, ungeachtet der Themen, die in den vorangegangenen Kapiteln angesprochen wurden, ist ein wesentlicher Punkt hervorzuheben, den Sie nicht vergessen sollten: Benutzen Sie nie Verluststopps, die auf Dollar- oder Punktwerten basieren. Denken Sie einmal über das folgende Beispiel nach:

In TradeStation werden ein Geldmanagementstopp von 5.000 Dollar (was etwa 1,5 Prozent des aktuellen Marktwertes entspricht, wobei der Markt zum Kurs von 1.350 notiert) und ein Trailingstopp für die Gewinnmitnahme von 10.000 Dollar (was etwa drei Prozent des aktuellen Marktwertes entspricht) in ein nor-

males Ausbruchsystem integriert. Bei der Überprüfung des Systems anhand historischer Daten im S&P 500, die einen Zeitraum von Januar 1983 bis April 1999 umfasst, bedurfte es 55 Trades (von insgesamt 197 Trades), bevor einer der genannten Stopps ausgelöst wurde, was im Oktober 1987 eintrat. Danach dauerte es noch weitere 35 Trades, bevor im Oktober 1990 wieder ein Stopp ausgelöst wurde, was dann erst wieder im März 1996 eintrat. Ab diesem Zeitpunkt wurden die Stopps jedoch häufiger getroffen; im Zeitraum von Dezember bis zum jetzigen Zeitpunkt wurden 25 von insgesamt 33 Trades ausgestoppt, und von Juli 1998 bis zum gegenwärtigen Zeitpunkt waren es 13 von insgesamt 13 (also alle) Trades, die ausgestoppt wurden.

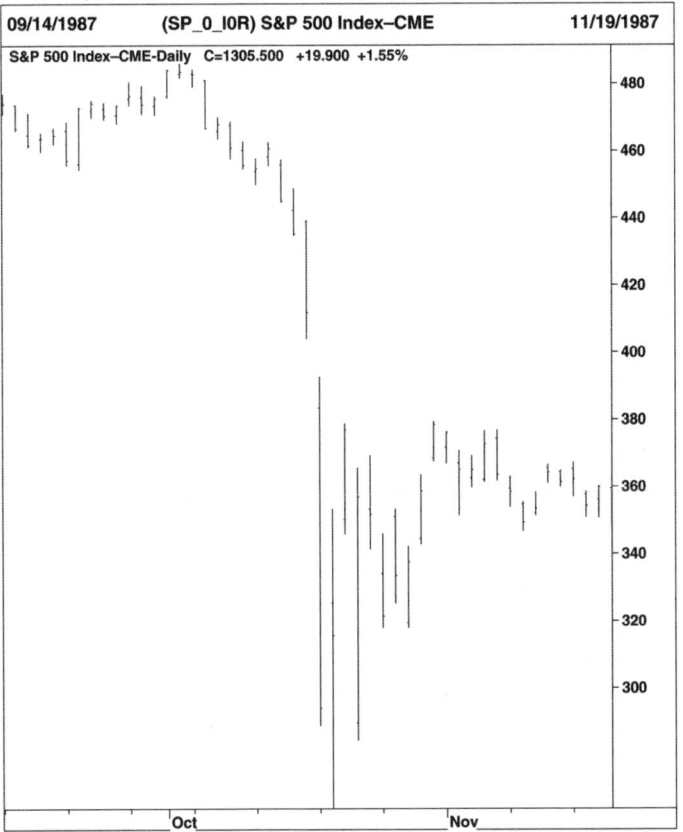

Abbildung 3.3: *Der Börsencrash des Jahres 1987 aus der Sicht der auf Verhältniswerte bezogenen nachträglichen Anpassung. Daten: 14.09.1987 – 19.11.1987*

Auf Verhältniswerte bezogene nachträgliche Anpassung

Um die genannten Probleme zu bewältigen, die mit der auf Punkte bezogenen nachträglichen Anpassung verbunden sind, schlug ich in einem Artikel für das Futures Magazine („Data Pros and Cons", Ausgabe vom Juni 1998) und auch in einem zweiten Artikel („Truth Be Told", Futures Magazine, Januar 1999) vor, dass es besser wäre, bei miteinander verbundenen Futureskontrakten Prozent- anstelle von Punkt- oder Dollar-Werten zu verwenden.

Wenn wir das tun, wird sich auch diese neue Zeitfolge gegenüber dem Kurs- stand des echten Kontrakts ändern, aber anstatt die auf Punkt- oder Dollar- Werte bezogene Beziehung zwischen den beiden Zeitpunkten erhalten, bleibt das Prozentverhältnis das gleiche. Dieser Vergleich wird mit der folgenden For- mel durchgeführt:

$$c_{ineu} = c_{ialt} \times (1 + (C - c) / C)$$

c_{ineu} = Der neue Kurs i Kursstäbe davor
c_{ialt} = Der alte Kurs i Kursstäbe davor
C = Der Schlusskurs des neuen Kontrakts am Tag des Roll-over-Vorgangs
c = Der Schlusskurs des alten Kontrakts am Tag des Roll-over-Vorgangs

Abbildung 3.3 zeigt den Börsencrash im Oktober 1987 aus der Sicht der auf Verhältniswerte bezogenen nachträglichen Anpassung, wobei das letzte Roll-over im September 1999 durchgeführt wurde. Das Hoch vom 2. Okt- ober befindet sich in diesem Fall bei 486, und das Tief vom 20. Oktober ent- spricht dem Kurswert von 264,14, was eine Punktdifferenz von 221,85 Punkten ergibt, aber die Differenz in Prozenten beträgt wieder 45,5 Prozent ((486 – 264,15) x 100 / 486). Die hohe Punktzahl, die zustande kommt, wenn man sich an Punktwerten orientiert, ist auf die zahlreichen Roll-over- Vorgänge zurückzuführen. Von besonderer Bedeutung ist jedoch, dass dabei der Prozentsatz von 45,6 Prozent erhalten bleibt.

Nach dem Börsencrash im Jahre 1987 hat es fast elf Jahre gedauert, bis es im S&P 500 wieder zu einem größeren Kurseinbruch kam. Dies geschah im Herbst des Jahres 1998. Dieser auf Punktwerte bezogene Kurssturz wurde durch die Medien als das große Ereignis hochgespielt, und einige Analysten und Marktbe- richterstatter stellten sogar einen Vergleich zum Börsencrash im Jahr 1987 her, was nahe legte, dass der neuerliche Kursverlust fast so bedrohlich sei wie damals oder sich zumindest in diese Richtung entwickeln könnte. Um die Vorteile der auf Verhältniswerte bezogenen nachträglichen Anpassung besser einschätzen zu können, wollen wir uns diese Situation einmal näher anschauen und mit dem Börsencrash 1987 (siehe Abbildung 2.1) vergleichen. Im Oktober 1987 fiel der S&P 500 Index um 152 Punkte, was 38.000 Dollar und 45,6 Prozent entspricht; diese Faktoren sind uns ja bereits bekannt. Im Herbst 1998 fiel der Index vom Hoch im Juli von 1.199,4 Punkten auf das Tief im Oktober von 929 Punkten, was einen Kurseinbruch von 270,4 Punkten bedeutet (wie es sich für den nicht-angepassten Kontrakt darstellt). In Dollar-Beträgen ausgedrückt, entsprach dieser Kursrückgang 67.600 Dollar (270,4 x 250) und übertraf somit den Kurssturz im Oktober 1987 um fast das Doppelte. Wenn man sich jedoch auf Prozent-werte bezieht, entsprach der Kurseinbruch des Jahres 1998 lediglich 22,5 Prozent des gesamten Marktwertes. Damit wird deutlich, dass der Crash im Jahr 1998 nicht halb so schlimm ausfiel wie der Crash im Jahr 1987. Zur Verdeutlichung der Relation können wir uns vor Augen halten, dass sich der Kurseinbruch im Jahre 1998 bis zum Kursstand von 625,5 hätte fortsetzen müssen, was einem gesamten Kursverlust von 546,9 Punkten beziehungsweise 136,725 Dollar entspricht, um mit dem Crash im Jahre 1987 verglichen werden zu können.

Somit stellt der Börsencrash des Jahres 1987 immer noch den größten Kurs-einbruch der Neuzeit im Aktienindex S&P 500 dar. Wenn Sie sich also beim Aufbau und bei der Analyse Ihre Systems daran halten und ein stabiles System entwickeln wollen, das sich aller Wahrscheinlichkeit nach in Zukunft bewähren wird, müssen Sie unbedingt eine auf Verhältniswerte bezogene nachträgliche Anpassung der Kontrakte vornehmen und diese mit einer auf Prozenten basierenden Ergebnisanalyse verbinden, wie es in den letzten Kapiteln beschrieben wurde. Und dabei dürfen Sie natürlich auch nicht vergessen, die auf Dollar-Werte bezogenen Verlust- und Gewinnmitnahmestopps ebenfalls in Prozente umzurechnen.

Nun werden wir uns einer kleinen Denkaufgabe zuwenden: Was stellt aufgrund der bisherigen Informationen den schlimmstmöglichen Kurseinbruch im Aktienindex S&P 500 dar, der dem Kurssturz des Jahres 1987 entspricht, während der Index derzeit zum Kurs von 1.350 notiert? Entscheiden Sie sich für eine der folgenden Antworten:

a) 38.000 Dollar (152 x 250)
b) 23.477 Dollar (0,282 x 333 x 250)
c) 54.625 Dollar (218 x 250)
d) Nichts davon trifft zu

Wenn Sie sich für die Antwort „Nichts davon trifft zu" entschieden haben, müssen Sie noch präzisieren, warum das so ist.

Die richtige Antwort lautet: Nichts davon trifft zu. Aufgrund dessen, was Sie bisher gelernt haben, beträgt der im negativsten Fall zu erwartende Kurseinbruch im Aktienindex S&P 500 bei einem gegenwärtigen Kursstand von 1.350 Punkten 153.900 Dollar (1.350 x 250 x 0,456). Aus der Tatsache, dass der Kurssturz im Oktober 1987 bei 45,6 Prozent endete, lässt sich selbstverständlich nicht ableiten, dass es in Zukunft keinen noch größeren Kurseinbruch geben wird. Es ist somit nicht verwunderlich, dass Softwareanbieter, Systemverkäufer und bekannte Marktberater immer wieder darauf hinweisen, dass Ihnen der schlimmste Kapitalrückgang noch bevorsteht – und dabei wissen diese Leute nicht einmal, wie man diesen schlimmsten Kapitalrückgang berechnet.

Portfolios, die mehrere Märkte enthalten

Die Vorteile der auf Verhältniswerte bezogenen nachträglichen Anpassung werden insbesondere dann offenkundig, wenn man ein Portfolio zusammenstellt, das mehrere Märkte enthält. Die Vorgehensweise bei diesen Portfolios sowie die entsprechenden Handelsstrategien werden im Kapitel 5 näher erläutert. Hier geht es darum, dass bei den auf Prozenten beruhenden Berechnungen nicht berücksichtigt wird, wie viele Kontrakte gehandelt werden, sodass jedem Markt die gleiche Gewichtung in einem Portfolio zukommt. Das folgende Beispiel soll dies veranschaulichen:

Mit Hilfe eines normalen Ausbruchsystems (Breakout System), das immer im Markt ist, habe ich fiktive Trades im Japanischen Yen und im S&P 500 über einen Zeitraum von zehn Jahren durchgeführt, was insgesamt 71 Trades im Japanischen Yen und 79 Trades im S&P 500 ergab. Abbildung 3.4 zeigt, wie die einzelnen Kapitalkurven ausgefallen wären, wenn alle genannten Trades mit jeweils einem Kontrakt real ausgeführt worden wären. Mit dem Japanischen Yen wären im angegebenen Zeitraum fast 60.000 Dollar erzielt worden, während der S&P 500 einen Gewinn von ungefähr 20.000 Dollar erwirtschaftet hätte, sodass das ganze Portfolio einen Gesamtgewinn von etwa 80.000 Dollar aufzuweisen hatte. Um die Ergebnisse der beiden Märkte jedoch miteinander vergleichen und gleichzeitig auf die heutigen Märkte beziehen zu können, müssen wir ermitteln, wie viel die Veränderung um ein Prozent im jeweiligen Markt gegenwärtig ausmacht. Dabei stellte sich heraus, dass eine Kursbewegung von ein Prozent im heutigen S&P 500 einem Wert von etwa 3.275 Dollar entspricht, aber nur 1.200 Dollar im Japanischen Yen. Daraus ergibt sich, dass man unter heutigen Marktbedingungen ungefähr fünf Kontrakte im Japanischen Yen für jeweils zwei Kontrakte im S&P 500 hätte handeln müssen (3.275 / 1.200), was zu einem Gesamtgewinn von etwa 240.000 Dollar geführt hätte, wenn tatsächlich alle Trades platziert worden wären.

Nun werden Sie wahrscheinlich einwenden, dass es sich dabei um rein fiktive Ergebnisse handelt. Wie kann man alle Trades im gleichen Markt und eventuell zum gleichen Zeitpunkt platzieren? Nun, das ist wirklich nicht möglich, und daher ist der Einwand durchaus berechtigt. Nun könnte ich Sie fragen, ob Sie tatsächlich in der Lage sind, alle Trades real zu platzieren. Das geht natürlich nicht. Diese Trades beziehen sich auf verflossene Tradinggelegenheiten. Ist es dann nicht besser, diese Trades zumindest fiktiv unter gegenwärtigen Marktbedingungen zu platzieren, um zu erfahren, was geschehen wäre, anstatt sich auf eine Marktsituation zu beziehen, die vor zehn Jahren geherrscht hat, um zu ermitteln, wie es damals gewesen wäre? Ich glaube, wir sind uns alle einig, dass es besser ist, wenn man weiß, was heute geschehen wäre, als sich auf etwas zu konzentrieren, was vor zehn Jahren stattgefunden hat.

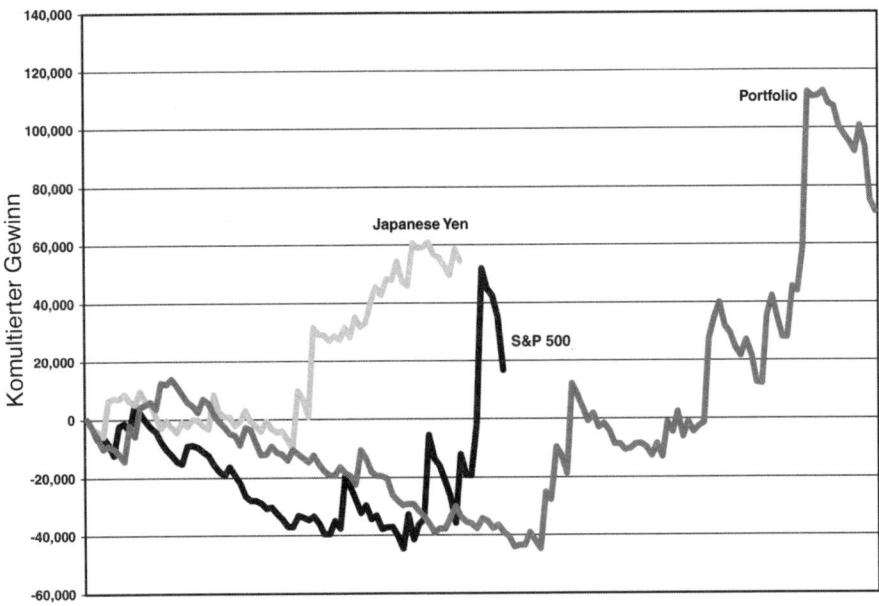

Abbildung 3.4: *Die Ergebnisse eines Portfolios, das mehrere Märkte umfasst, wobei jeweils ein Kontrakt gehandelt wurde.*

Trotzdem sind die Ergebnisse recht gut ausgefallen. Indem wir die Ergebnisse der beiden Märkte miteinander vergleichbar gemacht haben, konnten wir den Gewinn von 80.000 Dollar auf insgesamt 240.000 Dollar erhöhen. Dabei haben wir allerdings vergessen, dass sich die Verhältnisse mit der Zeit ändern, denn das wurde beim obigen Beispiel nicht berücksichtigt.

Aufgrund der Informationen der vorangegangenen Kapitel wissen wir inzwischen, dass man eine Handelsstrategie nicht beurteilen kann, wenn man nur auf die erzielten Dollar-Beträge schaut. Weil sich sowohl die Dollar-Beträge als auch die Kontraktverhältnisse zwischen unterschiedlichen Märkten fortwährend ändern, müssen wir einen Chart entwerfen, der auf den (kumulierten) Prozentveränderungen gründet. Wie Sie in Abbildung 3.5 sehen können, ergab sich im Japanischen Yen eine Kursbewegung von 40 Prozent in die erwünschte Richtung (was bedeutet, dass sich der Markt zugunsten der Position bewegte), aber eine Kursbewegung von fast 25 Prozent im S&P 500, die in die falsche Richtung verlief (was bedeutet, dass sich der Markt in die entgegengesetzte Richtung zur Position bewegte), sodass insgesamt lediglich ein Gewinn von fünf Prozent übrig blieb. Um nachvollziehen zu können, wie die positive Kursbewegung von 40 Prozent und die negative Kursbewegung von 25 Prozent entstanden sind, die zu einem Ergebnis von nahezu null führte, multipliziert man mit 1,4 (1 + 0,4) und anschließend mit 0,75 (1 – 0,25); das ergibt $1 + 40\% - 25\% = 1 \times 1,4 \times 0,75 = 1,05 = 1 \times (1 - 0,05) = 1 + 5\%$.

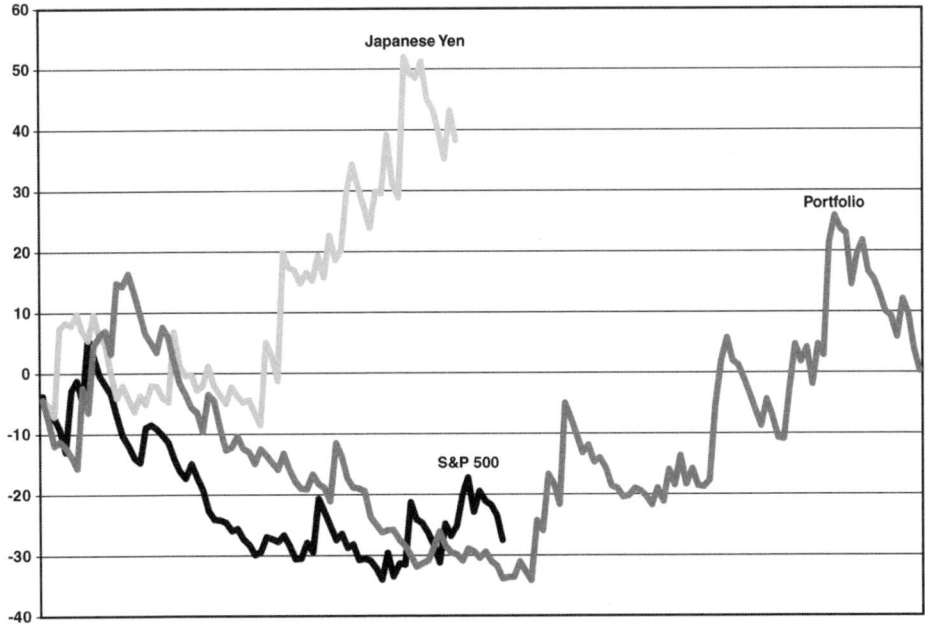

Abbildung 3.5: *Die Ergebnisse eines Portfolios, das aus mehreren Märkten (zwei Märkte) besteht, wobei deren Erträge (Gewinne beziehungsweise Verluste) jeweils zusammengefasst und in Prozent angegeben werden.*

Zuerst sah es zwar wie ein rentables Portfolio aus, als jeweils ein Kontrakt auf Dollar-Basis getestet wurde, aber letztlich wurde kein nennenswerter Gewinn erzielt, wenn man beiden Märkten die gleiche prozentuale Gewichtung zuwies und die Ergebnisse zusammenfasste.

Endloskontrakte

Trotz ihrer Vorteile gibt es bestimmte Situationen, in denen man keinenachträglich angepassten Kontrakte verwenden sollte. Dies ist zum Beispiel dann der Fall, wenn die Entwicklung von zwei unterschiedlichen Märkten verglichen werden soll, um herauszufinden, welcher davon verhältnismäßig stärker ist. Dies ist darauf zurückzuführen, dass keiner der Kontrakte unverändert bleibt, jeder Kontrakt aber immer wieder neu berechnet wird, wenn ein Roll-over von einem Kontrakt zum nächsten stattfindet, was wiederum zu dauernden Veränderungen im Verhältnis der historischen Bezugsgrößen zwischen den Märkten führt.

Abbildung 3.6 zeigt das Differenzverhältnis zwischen einem Kontrakt des S&P 500 und einem Kontrakt der T-Bills, wie es sich im Dezember 1984 dargestellt hat, wobei eine nachträgliche Anpassung aufgrund von Punktwerten vorgenommen wurde. Wenn sich die gezackte Linie unter den schnellen und langsamen gleitenden Durchschnitten befindet, ist der Trend dieses Differenzverhältnisses nach unten gerichtet, sodass erwartet werden kann, dass der Marktwert des T-Bill-Kontrakts den des Aktienmarkts überflügelt, was im vorliegenden Fall eine Short-Position im Futures des S&P 500 auslöst. Insgesamt bietet sich ein recht ausgewogenes Bild mit einigen Fehlsignalen und wechselhaften Trades, sodass genügend Möglichkeiten zur schnellen Gewinnmitnahme bestehen, wenn man den S&P 500 von der Shortseite aus angeht. Nun wenden wir uns Abbildung 3.7 zu, die sich auf die gleiche Marktsituation im Dezember 1984 und die zu diesem Zeitpunkt gehandelten Kontrakte bezieht. Genau so hätte es sich für Sie dargestellt, wenn Sie dieses Differenzverhältnis seinerzeit beobachtet hätten. Nun bietet sich nicht mehr ein so klares Bild, denn die Zacken der Kurve sind viel ausgeprägter und weisen auf mehrere wechselhafte Trades hin.

Was sich zunächst als recht sanft darstellte, wenn man die auf Punktwerte bezogene nachträgliche Anpassung zugrunde legt, stellte sich als wechselhafter und gefährlicher heraus, wenn man die Kontrakte als Grundlage nimmt, die zum damaligen Zeitpunkt gehandelt wurden. Der Unterschied zwischen den beiden Darstellungen wurde durch den Vorgang der nachträglichen Anpassung in Verbindung mit der Verhältnisberechnung verursacht, was eine glättende Wirkung auf die historischen Daten hatte. Dies kann sehr täuschend sein, wenn man sich des Problems nicht bewusst ist, und somit entwickelt man dann Systeme, die letztendlich nicht so gut funktionieren, wie es zunächst den Anschein hatte, wenn man ein System aufgrund historischer Daten beurteilt. Aber noch schlimmer ist, dass solche Systeme möglicherweise überhaupt nicht funktionieren, weil die der Strategie zugrunde liegende Annahme nicht stimmte.

Um dieses Problem in den Griff zu bekommen, muss man einen sogenannten Endloskontrakt zusammenstellen, der aus einer Kursreihe besteht, bei der die Kontrakte nacheinander in einer Weise miteinander verbunden werden, dass keine Kurslücken beim Roll-over entstehen. Endloskontrakte zeigen zwar präzise die Kursbewegungen, aber diese Kurse stimmen nicht mit den tatsächlichen historischen Kursen überein, zu denen der Markt in der Vergangenheit gehandelt wurde. Mit Endloskontrakten kann man jedoch herausfinden, welche Ergebnisse man möglicherweise hätte erzielen können.

Sobald ein historischer Wert berechnet wurde, bleibt der Endloskontrakt unverändert. Um einen Endloskontrakt aus zwei Kontrakten (dem als Frontmonat bezeichneten Kontrakt des nächsten Terminmonats und dem am zweitnächsten gelegenen Kontrakt) zu berechnen, geht man folgendermaßen vor:

Zuerst wird eine bestimmte Anzahl an Tagen in der Zukunft festgelegt, die bei fortschreitender Zeit konstant gehalten wird. Dabei entsteht eine Art Stichtag in der Zukunft, den wir Forward-Tag nennen. Nun berechnet man die Tage zwischen den Fälligkeitsterminen der beiden Kontrakte und dem „Forward-Tag", sodass eine Kursreihe über einen gleichmäßigen Zeitraum in die Zukunft vorausläuft. Wenn der Abstand zum Forward-Tag konstant gehalten wird (das heißt, indem der Kontrakt immer um eine Position für jeden Kursstab weitergerollt wird), verändert sich mit jedem Tag der jeweilige Abstand der beiden Kontrakte im Bezug auf diesen Tag. Schließlich multipliziert man den jeweiligen Abstand der beiden Kontrakte mit den entsprechenden Kursen und addiert diese, wodurch man den sogenannten Endlos-Kurs erhält. Je mehr sich der nähere Kontrakt seinem Fälligkeitstermin nähert, desto geringer wird seine Gewichtung. Wenn dieser Kontrakt verfällt, beträgt er null; nun ist der zweitnähere Kontrakt zum näheren Kontrakt geworden, und der drittnähere Kontrakt ist jetzt der zweitnähere.

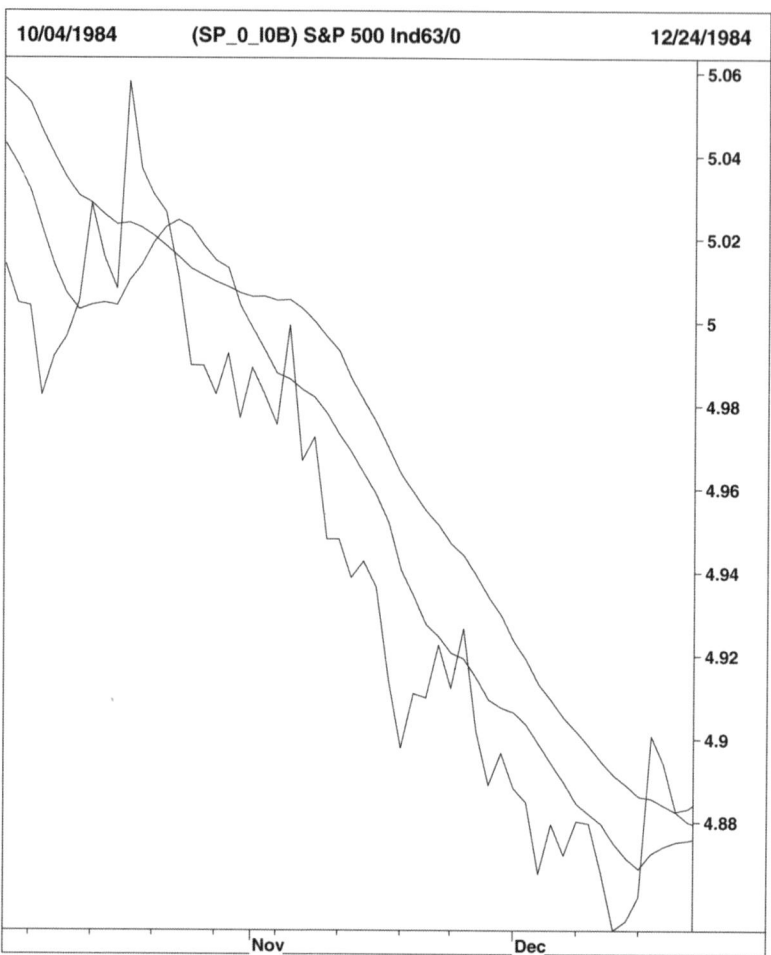

Abbildung 3.6: *Die Differenz (Spread) zwischen zwei miteinander verbundenen Märkten, wobei auf Punktwerte bezogene, nachträglich angepasste Kontrakte verwendet wurden. Daten: 04.10.1984 – 24.12.1984*

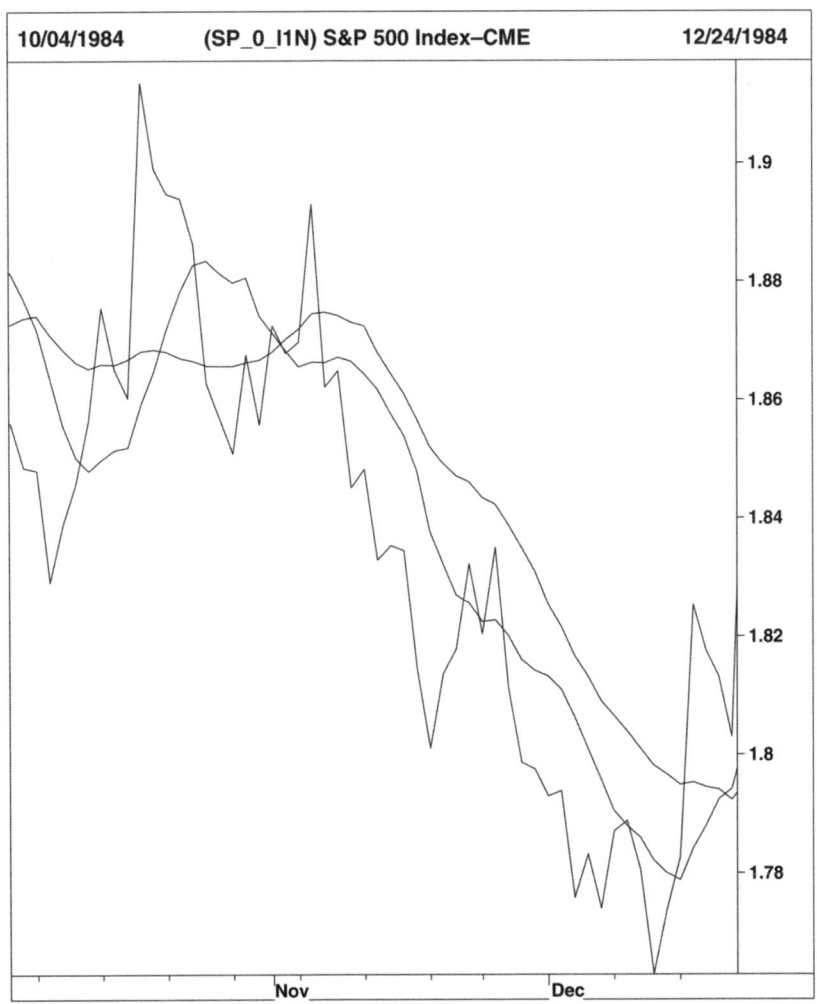

| 10/04/1984 | (SP_0_I1N) S&P 500 Index–CME | 12/24/1984 |

Abbildung 3.7: *Die Differenz (Spread) zwischen zwei miteinander verbundenen Märkten, wobei die damals aktuellen Kontrakte verwendet wurden.*
Daten: 04.10.1984 – 24.12.1984

Schlussgedanken zu Teil 1

Zunächst haben wir uns damit beschäftigt, welche Analysefaktoren nützlicher sind als andere und warum es empfehlenswert ist, die Analys mit Hilfe eines Tabellenprogramms wie MSExcel oder Lotus 1–2–3 zu erweitern. Um ein Handelssystem richtig zu analysieren, ist es von überragender Bedeutung, eine Reihe allgemeiner Messwerte zu verwenden, die jedem Trade die gleiche Gewichtung zuweisen, und dabei ist es gleichgültig, wie diese Werte gewonnen werden und woher sie stammen. Um dies bewerkstelligen zu können, muss man auch die richtigen Datenarten verwenden. Wie wir festgestellt haben, sind die Daten nicht immer einsetzbar; zu wissen, wann welche Daten angebracht sind, ist von zentraler Bedeutung bei der Entwicklung eines stabilen und gewinnbringenden Handelssystems.

Später werden wir uns damit auseinandersetzen, wie man ein System oder eine Strategie untersucht, die bereits im Einsatz ist und sich bisher bewährt hat, um sicherzustellen, dass es so bleibt und dass die Ergebnisse so ausfallen, wie sie sollten. Bevor wir unseren Untersuchungsprozess fortsetzen, brauchen wir noch einige Systeme, die wir der Analyse unterziehen können. Die Entwicklung eines Systems, das sich für eine bestimmte Marktsituation oder Handelsperspektive eignet, stellt das Hauptthema im nächsten Teil dar.

TEIL 2

SYSTEMKONZEPTE

Im ersten Teil haben wir einige wichtige Konzepte besprochen, die man verstehen und über die man nachdenken sollte, bevor man mit dem Prozess des Systemaufbaus anfängt. Leider ist das noch nicht alles. Es gibt noch viel mehr zum Nachdenken, wenn man sich an die Zusammenstellung eines mechanischen Systems macht. Außer den psychologischen Gesichtspunkten – ob das System zu Ihrem Tradingstil, Ihrer Persönlichkeit oder Ihrem Tradingkonto passt – gibt es noch weitere technische Fragen, die ebenfalls einer Antwort bedürfen. Bevor wir damit beginnen können, ein Handelssystem zu entwerfen und zu untersuchen, sollten wir wissen, was es leisten sollte.

Wir müssen wissen, ob die Tradingmethode lang- oder kurzfristig oder möglicherweise auf den Tageshandel ausgerichtet sein sollte. Sollte das System auf einen bestimmten Markt abgestimmt oder für eine Vielzahl von Märkten einsetzbar sein? Falls das System für viele Märkte verwendet werden soll, stellt sich die Frage, wie es aufgebaut und getestet werden soll, damit allen Märkten die gleiche Gewichtung hinsichtlich der Ergebnisse zukommt. Sollten wir versuchen, eine spezifische Art der tendierenden Kursbewegung zu erfassen, oder sollten wir anstreben, die kurzfristigen Kursbewegungen innerhalb eines zuvor definierten Trends zu erfassen? Oder sollten wir etwas völlig anderes versuchen, indem wir uns beispielsweise auf den Kursunterschied eines Marktes oder Kontraktmonats gegenüber einem anderen konzentrieren oder aufgrund der Volatilität kaufen oder verkaufen, indem wir Optionen einsetzen? Außerdem stellt sich die Frage, welche Art von Geldmanagement-Strategie wir verwenden und wann dieses Thema in Erwägung gezogen werden sollte. Aber bevor diese grundlegenden Fragen beantwortet werden können, gibt es noch einige grundsätzliche Fragen, die eher philosophischer Natur sind und angegangen werden müssen und die – wenn sie schon nicht beantwortet werden können – zumindest bedacht werden sollten. Was bedeutet eigentlich „langfristig" und „kurzfristig"? Oder was bedeutet „hoch" und „tief"? Auf diese Fragen gibt es keine allgemein gültigen und vorgefertigten Antworten, weil das, was für mich „langfristig" bedeutet, für Sie kurzfristig sein kann, und für jemand anderen könnte es wieder eine völlig unterschiedliche Bedeutung haben. Wie auch immer Ihre Antwort ausfällt: Sie gilt nur für Sie – und für niemanden sonst.

Bevor Sie jedoch zur Beantwortung der Fragen übergehen, hier noch einige Denkanstöße: Was wäre, wenn Sie die Marktaktivitäten anstatt lang- oder kurzfristig in Form von Minuten-, Stunden- oder Tagescharts durch eine Anzahl von Kursstäben (die Zeiteinheiten des Marktes) erfassen, um die Zeiträume einzugrenzen, die Sie für erforderlich halten? Oder vielleicht sollte man das, was als lang- oder kurzfristig zu betrachten ist, vom System beurteilen lassen, zumal ein Ausbruchsystem immer als langfristig orientiert gilt, während ein System, das die Höchst- und Tiefstpunkte zu erfassen versucht, als kurzfristig erachtet wird; und dabei ist nicht von Bedeutung, wie lange ein Trade tatsächlich dauert und ob man sich auf Zeit- oder Markteinheiten ausrichtet.

Bevor man ein Handelssystem untersucht, stellt sich noch eine weitere Frage, die üblicherweise von Systemerfindern diskutiert wird. Sie lautet, ob man einige Daten für einen Test anhand einer unabhängigen Stichprobe sichern sollte. Die Antwort darauf: Es hängt vom System und von den zugrunde liegenden Annahmen ab; in vielen Fällen dürfte sich kein Unterschied ergeben. Ein richtig aufgebautes System ist dafür konzipiert, etwas auszunutzen, das im Allgemeinen gut in mehreren Märkten funktioniert und unterschiedliche Zeitrahmen abdeckt, und dabei geht es nicht darum, eventuell auftretende Unregelmäßigkeiten oder Anomalien zu erfassen, die in einem Markt vorkommen könnten. Wenn Sie einige Daten speichern, um sie für einen Test anhand einer unabhängigen Stichprobe zu nutzen, könnten Sie dadurch vielleicht Ihr Vertrauen in das System stärken, aber damit verschwenden Sie auch Daten, mit denen Sie zur Stabilität des Systems hätten beitragen können. Die Entscheidung bleibt Ihnen überlassen. Andererseits arbeiten wir bei vielen dieser Beispiele mit einer unabhängigen Stichprobe, um Vergleiche anstellen zu können. Ungeachtet dessen ist zu bedenken, dass sich zwangsläufig alle Systemtests und Systemkonzepte auf historische Daten stützen. Daher müssen Sie das Beste aus diesen Daten machen, damit Ihre Analysefaktoren den größtmöglichen Vorhersagewert gewährleisten.
Handelssysteme zu konstruieren ist keine einfache Angelegenheit, und daher sollte man die Wahrscheinlichkeit, die dem Erfolg entgegensteht, genau kennen, bevor man das System praktisch einsetzt. Hätten Sie beispielsweise im Zeitraum zwischen Mai

1992 und Oktober 1999 den S&P Index ungefähr alle fünf Tage gehandelt (ich habe anhand von 20 zufällig ausgewählten Stichproben die Gesamterträge sowie den durchschnittlichen Gewinn berechnet), während Sie sich sicher waren, dass die Kurse an jedem dieser Tage fallen würden, so hätten Sie einen riesigen Gewinn von 71 Indexpunkten erzielt. Wären Sie jedoch von der entgegengesetzten Annahme ausgegangen, indem Sie jedes Mal mit steigenden Kursen gerechnet hätten, so wären Sie mit einem unglaublichen Gewinn von 161 Indexpunkten beglückt worden. Dies zeigt, dass man die besten Ergebnisse erzielt, wenn man mit dem vorherrschenden Trend geht (der zweifellos in den Jahren vor dem besagten Zeitraum ein Aufwärtstrend war) und sich dabei nur auf wenige Tage beschränkt. Kein Wunder, dass Daytrading so verlockend ist. Aber solche Gewinne haben ihren Preis. Das obige Beispiel zeigt, dass unsere Vorannahme hundertprozentig zutreffen kann; wenn sie aber nur in 50 Prozent der Fälle zutrifft, reduziert sich der Gewinn für eine Long-Position auf 0,25 mal den vollen Punktwert des Index (im vorliegenden Fall 0,25 x 250 Dollar) und beträgt für eine Short-Position nur noch 0,11 mal einen Indexpunkt.

Wenn Sie ein langfristig orientierter Trader sind und eine Art Buy-and-hold-Strategie praktizieren, indem Sie Ihre Long-Position nach dem Einstieg einfach beibehalten, verhält es sich ähnlich, denn damit hätten Sie Ihren Gewinn um 4,9 mal den vollen Index-Punktwert erhöht, falls Sie in der Lage gewesen wären, dem Markt jeden 20. Tag fernzubleiben, und wenn Sie sich völlig sicher gewesen wären, dass an diesem besagten Tag ein Kursverlust eintreten wird. Hätte aber Ihre Sicherheit in Bezug auf die Marktrichtung nur etwa 50 Prozent betragen, hätten Sie lediglich einen Gewinn von 0,96 Mal dem Index-Punktwert erzielt. Damit wäre Ihr Gewinn etwas geringer ausgefallen als mit einer Buy-and-hold-Strategie.

Kurzfristig orientiertes Trading kann also ungeheuer lohnend sein, wenn man einen sehr hohen Prozentsatz an Gewinn-Trades erreichen kann und mit dem Trend geht. Man kann zwar auch mit einer Buy-and-hold-Strategie seine Gewinne erhöhen, wenn man einige Tage ausspart, aber nicht in dem Maße, wie es bei einer kurzfristigen Vorgehensweise der Fall ist. Doch ein kurzfristiges System birgt auch Risiken. Die obigen Zahlen zeigen, dass mehrere Verlust-Trades letztendlich verheerende Auswirkungen haben können. Für den risikoscheuen Trader scheint somit ein längerfristiges System, das immer noch den sechsfachen Gewinn gegenüber einer üblichen „Buy-and-hold-Strategie bringt, besser geeignet zu sein, da man dabei nicht mehr als einen Bruchteil der potenziellen Gewinne einer Buy-and-hold-Strategie riskiert. Daher werden wir uns nun mit einigen Systemen dieser beiden Kategorien beschäftigen.

KAPITEL 4

An Kurshochs verkaufen und an Kurstiefs kaufen

Trader, die sich auf kurzfristiges Trading ausrichten oder versuchen, an Kurshochs zu verkaufen und an Kurstiefs zu kaufen, verwenden meist einige oder sogar alle Indikatoren vom Typ der Oszillatoren, von denen die technische Analyse in den vergangenen Jahren geradezu überschwemmt wurde. Beispiele für diese Indikatoren sind der RSI, der Stochastik, das Momentum, der ROC-Indikator (Rate-of-change), der MACD und der Directional-Movement-Indikator (DMI). Es gibt viele andere Indikatoren, aber die soeben erwähnten Oszillatoren sind die bekanntesten und beliebtesten von allen. Diesen Oszillatoren wird die Fähigkeit zugeschrieben, gute Vorhersageinstrumente für bevorstehende Kurshochs beziehungsweise Kurstiefs zu sein. Es wird angenommen, dass diese Indikatoren wichtige Hinweise oder sogar Prognosen über die künftige Kursentwicklung geben können, was ihrer Position im Überkauft- beziehungsweise Überverkauft-Bereich entnommen werden kann oder indem sie Kursbewegungen des Marktes einfach nicht bestätigen. Ich glaube jedoch, dass Sie dieses Buch nicht zuletzt aus dem Grund ausgesucht haben, weil Ihnen klar geworden ist, dass diese Indikatoren nicht annähernd so gut funktionieren, wie es scheint, und davon kann man sich durch den Blick auf einen historischen Chart überzeugen.

Aber wie findet man lukrative kurzfristige Handelsmöglichkeiten, wenn sich diese Indikatoren doch letztlich nicht zu bewähren scheinen? Nun, die vielleicht wichtigste Aufgabe für Sie als Trader – insbesondere dann, wenn Sie kurzfristige Trades bevorzugen – besteht darin, jene Daten zu untersuchen, die Ihnen die Grundlage bieten können, Ihren Lebensunterhalt damit zu verdienen. Um dies zu erreichen, müssen Sie ein tiefgehendes Gefühl für die Märkte entwickeln, in denen Sie handeln, was Ihnen ermöglichen sollte, die aktuelle Marktsituation und die Indikatoren, die Sie einsetzen, besser interpretieren zu können. Aber zuvor müssen Sie genau wissen, wonach Sie suchen und welche Messinstrumente Sie dafür verwenden sollten.

Um ein System zu entwickeln, das in allen Märkten gleichermaßen funktioniert, müssen Sie sich zuerst darüber im Klaren sein, welche Art von Daten Sie nutzen wollen. Wenn Sie den normalen Kontrakt verwenden, der nachträglich angepasst wird und auf Punktwerten basiert, können Sie aufgrund historischer Daten einschätzen, wie viel Gewinn Sie in der Vergangenheit in jedem Markt erzielt hätten, denn aufgrund der Konstruktion von nachträglich angepassten Kontrakten können Sie keine Information von einem Markt auf einen anderen übertragen. Um alle Kursbewegungen gleich zu gewichten und die notwendigen Angaben für Ihre Berechnungen zu erhalten, ist es von überragender Bedeutung, dass Sie ausschließlich Berechnungen verwenden, die auf Prozenten beruhen, und falls Sie Futurestrader sind, sollten Sie auch die nachträglich angepassten Kontrakte verwenden, die sich auf Verhältniswerte beziehen (siehe Artikel „Data Pros und Cons" im *Futures Magazine* vom Juni 1998 sowie den Artikel „Truth Be Told" in der Ausgabe des *Futures Magazine* von Januar 1999). Bei einem tendierenden Markt ändert sich der Dollar-Wert, der sich auf das Ausmaß der Kursbewegung bezieht, mit dem Marktwert (oder Kurswert). Wenn der Markt also einen Aufwärtstrend mit einem ständig steigenden Marktwert aufzuweisen hat, wird wahrscheinlich auch der Dollar- oder Punktwert steigen. Die Relation zwischen den Kursbewegungen und den Marktwerten bleibt die gleiche, was zur Folge hat, dass wahrscheinlich auch der durchschnittliche Prozentsatz der Kursbewegung gleich bleibt, was nicht vom aktuellen Kursniveau abhängig ist. Diesen Kontrakt brauchen Sie auch, wenn Sie mit Entscheidungen zu tun haben, die auf Prozenten basieren, wie es beispielsweise auf die ROC-Analyse (Rate-of-Change) und auf Stopps zutrifft, die in Prozenten angegeben werden.

Beachten Sie, dass ich zuvor von „ebenso gut" und nicht von „ebenso lukrativ" gesprochen habe. Um ein Handelssystem zu konzipieren, das auch künftig ebenso gut funktioniert, wie dies während des Entwicklungsprozesses der Fall war, als es anhand historischer Daten erprobt wurde, muss unbedingt der Unterschied zwischen einem gut funktionierenden und einem gewinnbringenden System verstanden werden. Wenn man das erfasst hat, ist es sogar noch wichtiger, nachvollziehen zu können, dass ein gut funktionierendes System nicht zwangsläufig auch ein gewinnbringendes System ist, aber dass ein lukratives System immer ein gutes System sein muss. Auf diese wichtigen Aussagen werde ich in diesem Buch immer wieder zurückkommen.

Ob ein gut funktionierendes System Gewinne erwirtschaftet oder nicht, hat nichts mit dem System selbst zu tun, sondern mit dem Kursniveau, an dem der Markt gerade gehandelt wird, sowie mit dem Dollar-Wert, der diesem Kursniveau entspricht. Angenommen, der Dollar-Wert für einen ganzen Punkt im S&P 500 würde sich von heute auf morgen von 250 auf 2,50 Dollar pro Punkt verringern. Wie viele Systeme würden dann wohl noch gewinnbringend arbeiten? Wahrscheinlich nicht viele. Es geht darum, dass der Punktwert für einen Markt von der Terminbörse festgelegt wird, was nichts damit zu tun hat, ob das System die Kursbewegungen eines Marktes gut zu erfassen vermag oder nicht.

Während des Entwicklungsvorgangs sind die tatsächlichen Dollar-Werte nicht wichtig. Stattdessen konzentrieren wir uns auf die allgemeinen Analysekriterien: den Gewinnfaktor, die Prozentwerte und die Zahl der Gewinn-Trades. Um herauszufinden, ob sich die Ergebnisse von Markt zu Markt nicht allzu sehr voneinander unterscheiden, beziehen wir auch die Standardabweichung dieser Analysekriterien mit ein. Ein gut funktionierendes und somit gutes System ist ein System, das in allen Märkten und Marktsituationen möglichst viele große Kursbewegungen erfasst, die mit Hilfe der soeben erwähnten allgemeinen Methoden gemessen werden. Um Gewinne zu erzielen, muss ein System allerdings in Märkten eingesetzt werden, deren Kursbewegungen es auch wert sind. Das hat nichts mit dem System selbst zu tun, sondern mit dem Kursniveau des jeweiligen Marktes sowie dem entsprechenden Dollar-Wert.

Sobald Sie wissen, auf welche Daten und Analysekriterien es ankommt, müssen Sie sich absolut klar darüber werden, was Sie damit anfangen wollen: Wollen Sie sich ausschließlich auf Trades konzentrieren, deren Marktrichtung mit dem vorherrschenden Trend übereinstimmt, oder möchten Sie auch die entgegengesetzten Kursbewegungen mit einbeziehen? Unabhängig von Ihrer Antwort müssen Sie sich daraufhin fragen, ob Sie sich bereits vor den Wendepunkten mit einer rechtzeitigen Limitorder positionieren oder stattdessen lieber den sicheren Weg gehen und auf Beweise warten wollen, dass die vorausgehende Kursbewegung zu Ende ist, um anschließend mit einer Stopporder einzusteigen? Außerdem müssen Sie sich entscheiden, ob Sie die jeweilige Position so lange wie möglich halten oder sich lediglich mit der kurzfristigen Kursbewegung begnügen möchten, um eventuell viele Gewinn-Trades aufgrund einer Limitorder zu einem bestimmten Kurswert zu erzielen, oder ob Sie Ihre Position erst nach einer Kursbewegung auflösen wollen, die ein bestimmtes Ausmaß erreicht hat.

In diesem Kapitel werden wir uns näher mit unterschiedlichen Systemansätzen beschäftigen, die alle ein hohes Maß an Wahrscheinlichkeit bieten, eine große Anzahl von Gewinn-Trades mit einer akzeptablen Gesamtrendite zu produzieren. Bei den ersten beiden Systemen handelt es sich um eine marktspezifische Methode der Datensuche, bei der uns nur ein bestimmter Markt oder eine Gruppe von Märkten interessiert, die miteinander verbunden sind, obgleich es auch möglich ist, sowohl die Untersuchungstechnik als auch die Systeme auf jeden Markt anzuwenden. Das andere System basiert auf einem besonderen Indikator, der eine Mischung zwischen einer prozentbezogenen Analyse, Bollinger-Bändern und Pivot-Punkten (oder Schlüsselpunkten) darstellt. Das letzte System, das eigentlich nur demonstrieren soll, wie man einige gute Regeln zusammenstellt, habe ich Black-Jack-System genannt, was auf seine Fähigkeit zurückzuführen ist, geringe statistische Vorteile zu nutzen, die für alle Märkte gleich sind, um langfristige Gewinne zu erzielen, die sich aufgrund einiger kleiner und mitunter sogar recht dürftiger Gewinn-Trades ergeben. Es wurde in erster Linie als Grundlage für fortgeschrittenere Strategien des Geldmanagements, wie zum Beispiel der „Optimal-F"- oder dem „Fixed-Fractional"-Ansatz von Ralph Vince, konzipiert. (In Kapitel 3 werden wir dann dazu übergehen, verschiedene Ausstiegsmethoden daraus abzuleiten, die für alle genannten Systeme eingesetzt werden können.)

KAPITEL 5

Gezielte Datensuche

Wie wird sich der Markt heute entwickeln? Jeden Tag stellen wir uns diese Frage, und jeden Tag wird uns der Markt am Ende des Handelstages antworten. Nachdem wir diese Frage nun schon so oft gestellt haben, während der Markt uns immer wieder geantwortet hat, sollte man doch eigentlich annehmen, dass wir es entweder begriffen haben oder endlich aufhören sollten, unsere Zeit damit zu verschwenden, über diese Frage nachzudenken. Aber stattdessen fragen wir weiter, während uns der Markt an der Nase herumführt, indem sich seine Reaktionen einmal mehr und einmal weniger mit unseren Erwartungen decken.

Eines Tages verhält sich der Aktienmarkt genauso, wie wir erwartet haben, um aber nach der Mittagszeit kurz nachzugeben, sodass wir mit einem Verlust ausgestoppt werden. Das erinnert uns übrigens alle daran, was sich vor einigen Jahren im T-Bond-Markt zugetragen hat, als eine typische Krise der europäischen Währung ihren Schatten auf die Finanzwelt warf. Am nächsten Tag zeigte der gleiche Markt ein Verhalten, das wir noch nie zuvor erlebt hatten. Nur Ihr Kumpel Joe, der in den 70er-Jahren in den Getreide- und Fleischmärkten gehandelt hatte, erkannte sofort, wie ähnlich sich der Maismarkt damals verhalten hatte.

Mit diesen Beispielen möchte ich Ihnen vor Augen führen, wie schwierig es ist, das Verhalten eines Marktes von dem eines anderen zu unterscheiden, denn wenn wir uns gerade sicher sind, dass wir richtig liegen, können sich auf einmal Veränderungen einstellen, sodass die bisherigen Erfahrungen plötzlich wertlos werden. Wir müssen der Wahrheit ins Auge sehen: Können Sie wirklich sagen, dass sich der Aktienmarkt heute genauso verhält, wie es normalerweise der Fall ist, oder hat er eher wie der Kaffeemarkt oder der Bauholzmarkt in den 80er-Jahren des vorigen Jahrhunderts reagiert? Und wenn er sich tatsächlich so verhält wie der Kaffeemarkt, stellt sich die Frage, ob diese letzte Reaktion wirklich charakteristisch für den Kaffeemarkt ist, und so weiter. Weist tatsächlich jeder Markt ein bestimmtes und konstantes Verhalten auf? Trifft dies zu, so wäre zu fragen, ob man aufgrund dieser Erkenntnis Gewinne erzielen kann. Um das herauszufinden, müsste jeder Markt äußerst sorgfältig untersucht werden, was wiederum eine Vielzahl an Fragen aufwirft:

Wie lange dauert ein für diesen Markt typischer Trend an? Woran erkennt man Korrekturen? Wann kann man eine Kursbewegung als überzogen bezeichnen? Wie wahrscheinlich ist es, dass sich der betreffende Markt eine bestimmte Anzahl von Tagen hintereinander in die gleiche Richtung bewegt? Und was am wichtigsten ist: Wie können Sie diese Erkenntnisse nutzen und in Ihr bestehendes Arsenal von Tradingtools übernehmen? Das waren nur einige Fragen, die sich stellen, bevor Sie mit der Datensuche beginnen, die auf Tradinggelegenheiten mit großer Erfolgswahrscheinlichkeit abzielt oder Sie zumindest vor den schlimmsten Trades bewahrt.

Wenn sich ein Markt zum Beispiel vier Monate lang in einem Abwärtstrend befindet, Sie aber genau wissen, dass ein typischer Abwärtstrend lediglich zwei Monate anhält, dann ist es wahrscheinlich keine so gute Idee, wenn Sie Ihre Position aufstocken, während Ihr Ausbruchsystem erneut signalisiert, dass Sie short gehen sollten. Selbstverständlich kann sich ein Markt auch verändert haben, sodass die für jenen Markt charakteristischen Kennzeichen nun auf einen anderen Markt zutreffen, aber zumindest haben Sie immer noch die langfristig gültige Statistik auf Ihrer Seite. Falls Sie jedoch bereits eine Short-Position halten, könnte es empfehlenswert sein, diese allmählich zu reduzieren, und zwar unabhängig davon, was Ihnen Ihr System gerade signalisiert. Wenn Sie andererseits wissen, dass nur 22 Prozent aller Abwärtsbewegungen auf dem Tageschart nicht länger als zwei Tage dauern, könnten Sie aufgrund der hohen statistischen Wahrscheinlichkeit davon ausgehen, dass ein Aufwärtstrend folgen wird, indem Sie Ihr Handelssystem umkehren und den Markt immer dann mit einer kleinen Position angehen, wenn er seit zwei oder mehr Tagen einen Kursrückgang zu verzeichnen hatte. Wenn Sie aber wissen, dass nur neun Prozent aller Abwärtsbewegungen zu einem Kursrückgang von acht Prozent oder mehr führen, wobei Sie dieses Mal den Monatschart zugrunde legen, so könnten Sie eine Long-Position eingehen, weil Sie mit einer ausgedehnten Aufwärtsbewegung rechnen, sobald der Markt eine Abwärtsbewegung dieses Umfangs vollzogen hat.

Damit Sie solche Zusammenhänge besser nachvollziehen können, ist es hilfreich, eine Reihe von Tabellen zusammenzustellen, die Ihnen als Grundlage für
Ihre Untersuchungen dienen. Die Tabellen beruhen auf einer nachträglichen
Anpassung der Kontrakte in Form von Verhältniswerten für den S&P-500-Futu-
resmarkt und umfassen einen Zeitraum von Januar 1985 bis Dezember 1994
und von Januar 1995 bis Oktober 1999. (Die Daten des Zeitraums von Januar
1995 bis Oktober 1999 wurden für die Untersuchung einer unabhängigen Stichprobe verwendet und sind in Klammer angegeben.) Tabelle 5.1 zeigt, dass im
Zeitraum vom 1. Januar 1985 bis zum 31. Dezember 1994 die durchschnittliche
Aufwärtsbewegung im S&P 500 auf der Grundlage von Wochendaten 2,29
Wochen umfasste und einen durchschnittlichen Gesamtgewinn von 3,3 Prozent
erbrachte, während eine durchschnittliche Abwärtsbewegung aufgrund von
Monatsdaten 1,35 Monate währte, wobei die durchschnittliche Abwärtsbewe-
gung einen Umfang von 4,82 Prozent aufwies. Tabelle 5.2 zeigt aufgrund von
Tagesdaten, dass 25 Prozent aller Aufwärtsbewegungen länger als zwei Wochen
dauerten, während man lediglich bei sechs Prozent aller Abwärtsbewegungen
erwarten kann, dass sie drei oder mehr Wochen umfassen. In Tabelle 5.3
bezeichnen die Zahlen in den Klammern der obersten Zeile den monatlichen
Umfang der Kursbewegungen. Bei den Wochendaten zeigen 42 Prozent aller
Aufwärtsbewegungen einen Anstieg des Marktwertes von über drei Prozent. Bei
den Monatsdaten führen 46 Prozent aller Aufwärtsbewegungen zu einer Erhöhung des Marktwertes von über sechs Prozent.

Um die Tabellen von 5.1 bis 5.3 zu erstellen, müssen Sie Ihre Daten in eine Textdatei übertragen, was mit Hilfe von MS-Excel oder irgendeinem anderen Tabellenprogramm bewerkstelligt werden kann. Über Excel müssen Sie zuerst die
prozentualen Veränderungen der Schlusskurse unter Zuhilfenahme folgender
Formel berechnen:

Tabelle 5.1:

Auswertung der Daten.

	Kursbewegung pro Zeitraum	Dauer der Kursbewegung	Umfang
TAGESDATEN			
Alle Kursbewegungen	0,68 %	1,95	1,34 %
Aufwärtsbewegungen	0,69 % (0,77%)	2,04 (2,17)	1,41 % (1,68%)
Abwärtsbewegungen	0,68 % (0,71%)	1,86 (1,93)	1,26 % (1,36%)
WOCHENDATEN			
Alle Kursbewegungen	1,52%	1,97	2,99%
Aufwärtsbewegungen	1,44% (1,78%)	2,29 (2,21)	3,30% (2,98%)
Abwärtsbewegungen	1,64% (1,67%)	1,65 (1,52)	2,70% (2,52%)
MONATSDATEN			
Alle Kursbewegungen	3,32%	1,72	5,73%
Aufwärtsbewegungen	3,22% (3,47%)	2,09 (3,31)	6,72% (11,93%)
Abwärtsbewegungen	3,56% (3,50%)	1,35 (1,25)	4,82% (4,36%)

Tabelle 5.2:

Dauer der Kursbewegungen bestimmter Länge.

	1	>1	>2	>3
TAGESDATEN				
Alle Kursbewegungen	50%	50%	23%	11%
Aufwärtsbewegungen	46% (43%)	54% (57%)	25% (33%)	13% (15%)
Abwärtsbewegungen	53% (53%)	47% (47%)	22% (25%)	10% (12%)
WOCHENDATEN				
Alle Kursbewegungen	50%	50%	25%	11%
Aufwärtsbewegungen	41% (43%)	59% (57%)	33% (28%)	17% (15%)
Abwärtsbewegungen	60% (67%)	40% (33%)	17% (13%)	6% (4%)
MONATSDATEN				
Alle Kursbewegungen	57%	43%	16%	6%
Aufwärtsbewegungen	37% (38%)	63% (61%)	23% (46%)	9% (46%)
Abwärtsbewegungen	76% (83%)	24% (17%)	9% (8%)	3% (0%)

Tabelle 5.3:

Prozentsatz für die Dauer der Kursbewegungen eines bestimmten Umfangs.

	1(2)%	>1(2)%		2(4)%		>3(6)%		4(8)%	>5(10)%
TAGESDATEN									
Alle K.	55%	45%		20%		9%		4%	2%
Aufwärts	51%(42%)	49%	(58%)	22%	(28%)	11%	(18%)	4%(11%)	2% (4%)
Abwärts	59%(57%)	41%	(43%)	18%	(25%)	8%	(11%)	4% (6%)	2% (3%)
WOCHENDATEN									
Alle K.	26%	74%		53%		36%		25%	16%
Aufwärts	23%(10%)	77%	(90%)	61%	(75%)	42%	(59%)	28%(41%)	18%(24%)
Abwärts	28%(28%)	72%	(72%)	45%	(43%)	31%	(27%)	22%(21%)	14%(18%)
MONATSDATEN									
Alle K.	25%	75%		45%		35%		19%	12%
Aufwärts	26% (0%)	74%	(100%)	57%	(92%)	46%	(62%)	29%(46%)	17%(46%)
Abwärts	24%(25%)	76%	(75%)	32%	(33%)	24%	(17%)	9% (8%)	6% (8%)

=E3/E2

wobei E die Spalte bezeichnet, in der die Daten gespeichert sind.

Um zu berechnen, wie lange die Kursbewegungen jeweils dauern, geben Sie zuerst die folgende Formel in die nächste Spalte ein:

=IF(OR(AND(F3>1;F2<1);AND(F3<1;F2>1));1;G2+1)

Anschließend setzen Sie die Berechnung in der folgenden Spalte fort:

=IF(G3>=G4;SIGN(F3-1)xG3;"")

In der letzten Spalte verwenden Sie schließlich die folgende Formel zur Berechnung der prozentualen Kursbewegung:

=IF(H3<>"";PRODUCT(INDEX(F:F;ROW ()–ABS(H3)+1;1):
INDEX(F:F;ROW();1))-1;"")

Nach der Eingabe sämtlicher Berechnungen geben Sie die folgenden Formeln unten in Ihr Tabellenprogramm ein, um die erforderlichen Zahlenangaben für die Tabelle zu erhalten. (Für die Abwärtsbewegungen ändern Sie einfach „>" in „<=" ab.)

Zur Berechnung der Gesamtdauer der Aufwärtsbewegungen:

    =ABS(SUMIF(H$3:H4429;">0"))

Zur Berechnung der Gesamtanzahl der Aufwärtsbewegungen:

    =ABS(COUNTIF(H$3: H4429;">0"))

Zur Berechnung der durchschnittlichen Dauer der Aufwärtsbewegungen:

    =H4431/H4432

Zur Berechnung des durchschnittlichen prozentualen Umfangs einer Aufwärtsbewegung:

    =SUMIF(I$3:I4429;">0")/COUNTIF(I$3:I4429;">0")

Zur Berechnung des durchschnittlichen prozentualen Umfangs jeder Periode innerhalb der Aufwärtsbewegung:

    =((H4434+1)^(1/H4433)-1)

Die Berechnung der Wahrscheinlichkeit, dass eine Aufwärtsbewegung zwei Zeitperioden oder mehr umfasst:

    =COUNTIF(H$3:H4429;">1")/H4432

Zur Berechnung der Wahrscheinlichkeit, dass der Umfang einer Aufwärtsbewegung mehr als ein Prozent beträgt:

    =COUNTIF(I$3:I4429;">0,01")/H4432

Um ein einfaches Handelssystem zu untersuchen, das von diesem Informationen Gebrauch macht, kann man ein System heranziehen, das nach einem Tag des Kursrückgangs immer eine Long-Position signalisiert, falls diesem eine Woche rückläufiger Kurse und dieser wiederum ein Monat rückläufiger Kurse vorausgeht. Aufgrund der vorherrschenden Aufwärtstendenz im Aktienmarkt und der Informationen, die uns die Datenauswertung einer längeren Aufwärtsbewegung vermittelt hat, könnte die Voraussetzung für eine Short-Position in zwei Tagen, zwei Wochen und zwei Monaten mit steigenden Kursen bestehen. Der TradeStation-Code für dieses einfache System, das ich „GoldgräberSystem" genannt habe, lautet folgendermaßen:

```
Condition1 = CloseM(1) > C and Close W(1) > C and C[1] > C;
Condition2 = CloseM(2) <Close M(1) and Close M(1) < C and
CloseW(2) < Close W(1) and Close W(1) < C and C[2] < C[1] < C;
If Condition1 = True and MarketPosition = 0 Then
Buy ("Go long") at open;
IF C[2] < C [1] and C [1] < C Then
ExitLong ("Exit long") at close;
If Condition2 = True and MarketPosition = 0 Then
        Sell ("Go short") at open;
If C[1] > C Then
        ExitShort ("Exit short") at close;
```

Benutzen Sie für jeden Trade die Übertragungsfunktion von Teil 1 und auf Verhältniswerte bezogene nachträglich angepasste Kontrakte, um die Ergebnisse in das Tabellenprogramm zu überführen, und anschließend setzen Sie die ExcelFormeln ein, die ebenfalls in Teil 1 angegeben wurden, um Auswertungen zu erhalten, wie sie in den Tabellen 5.4 und 5.5 zu sehen sind.

Tabelle 5.4:

Auswertungen für das Handelssystem „Goldgräber 1" von Januar 1985 bis Dezember 1994:

Trades insgesamt			251
Gewinnfaktor			1,34
Durchschnittlicher Gewinn	0,18 %	597	
Standardabweichung	2,01 %	6.799	
Gewinn-Trades		15	63,35 %
Größter Gewinn-Trade		7,76	26.190
Durchschnittlicher Gewinn-Trade	1,09	3.684	
Kumulierter Gewinn	47,74	161.123	
Verlust-Trades		9	36,65 %
Größter Verlust-Trade	– 19,12		– 64.530
Durchschnittlicher Verlust-Trade	– 1,40 %	– 4.739	
Kapitalrückgang	– 26,71		– 90.146

Während des Zeitraums vom 1. Januar 1985 bis zum 31. Dezember 1994 hat das Handelssystem „Goldgräber 1" 251 Trades produziert, von denen nahezu 64 Prozent Gewinne erzielten; der Durchschnittsgewinn pro Trade beträgt 0,18 Prozent (was nach dem derzeitigen Marktwert 597 Dollar entspricht und bedeutet, dass der S&P 500 gegenwärtig bei 1.350 Punkten notiert.) Ein recht geringer Kapitalrückgang (Drawdown) sowie die Standardabweichung sprechen dafür, die Untersuchungen fortzusetzen.

Bei der Analyse der Daten von Januar 1995 bis Oktober 1999 stieg der Gewinn auf 1.467 Dollar, während sich der größte Verlust auf 4,20 Prozent verringerte (was aufgrund des aktuellen Marktwertes 14.175 Dollar entspricht). Außerdem halten die geringe Standardabweichung und der hohe Prozentsatz an Gewinn-Trades unser Interesse aufrecht. Dabei wurde zwar keine Brokerprovision und auch keine Slippage berücksichtigt, aber nach einem realistischen Abzug von 75 Dollar für Slippage und Provisionen ist zu erwarten, dass dieses System in nächster Zukunft ungefähr 1.392 Dollar pro Kontrakt generieren wird (1.467 – 75 Dollar).

Tabelle 5.5 zeigt auch, dass sich der Kapitalrücklauf, der im Zeitraum von Januar 1985 bis Dezember 1994 fast 27 Prozent betrug, im Zeitraum von Januar 1995 bis 1999 auf sieben Prozent verringert hat, was eine beträchtliche Reduktion darstellt. Als Voraussetzung für die Richtigkeit der Werte für den Kapitalrückgang und den kumulierten Gewinn wurde angenommen, dass das gesamte Kapitel, das auch die bislang erzielten Gewinne einschließt, nach jedem Trade wieder investiert wird. Wie bereits in Teil 1 erwähnt, ist dies aber selten möglich, was insbesondere für die Futuresmärkte gilt, aber für die Aktienmärkte ist es unter der Voraussetzung durchführbar, dass man Bruchteile einer Aktie handeln kann. Man kann jedoch verschiedene Märkte und Systeme miteinander vergleichen oder herausfinden, ob ein bestimmtes System im gleichen Zeitraum dem Vergleich mit einer Buy-and-hold-Strategie standhält.

Obgleich die Ergebnisse nicht gerade schlecht ausgefallen sind, muss man berücksichtigen, dass das System „Goldgräber 1" insbesondere zur Nutzung der statistisch erfassbaren Merkmale eines Marktes konstruiert wurde. Für den Einsatz in der Praxis ist dieses System nicht geeignet, wie man anhand des Vergleichs der statistischen Angaben der Tabellen 5.1 bis 5.3 zwischen den beiden Zeiträumen (1985 bis 1994 und 1995 bis 1999) erkennen kann.

Tabelle 5.5:

Auswertungen für das Handelssystem „Goldgräber 1" von Januar 1985 bis Dezember 1994:

Trades insgesamt		105	
Gewinnfaktor		1,27	
Durchschnittlicher Gewinn	0,43%		1.467
Standardabweichung	1,40%		4.719
Gewinn-Trades	7	66,67%	
Größter Gewinn-Trade		3,45	11.644
Durchschnittlicher Gewinn-Trade	1,16	3.928	
Kumulierter Gewinn	56,10	189.338	
Verlust-Trades	3	33,33%	
Größter Verlust-Trade	− 4,20	− 14.175	
Durchschnittlicher Verlust-Trade	− 1,02	− 3.456	
Kapitalrückgang	− 7,20	− 24.300	

Der Vergleich der Stichproben zwischen den beiden Zeitspannen zeigt, dass sich selbst die geringsten Unterschiede zwischen den Tages- und Wochendaten bei den Monatsdaten zu recht großen Unterschieden zusammenläpperten. Bei der Betrachtung der Monatsdaten können Sie beispielsweise feststellen, dass der durchschnittliche Umfang einer Aufwärtsbewegung von 2,09 Monaten beziehungsweise 6,72 Prozent auf 3,31 Monate beziehungsweise 11,93 Prozent angestiegen ist. In der Tabelle 5.2 über die voraussichtliche Dauer der Kursbewegungen bestimmter Länge für den Zeitraum bis 1994 betrug die Wahrscheinlichkeit, dass eine Aufwärtsbewegung über drei Monate andauert, lediglich neun Prozent, aber für die Zeitspanne von Januar 1995 bis Oktober 1999 belief sich die Wahrscheinlichkeit für die gleiche Kursbewegung auf 46 Prozent.

In derselben Tabelle weist die letzte der beiden Analysen für die Stichprobe bis 1999 darauf hin, dass 57 Prozent Aufwärtsbewegungen auf der Grundlage von Wochendaten mehr als eine Woche umfassen. Dies sind zwei Prozentpunkte weniger, als man für den Zeitraum von 1985 bis 1994 erwarten kann. Während die Anzahl der länger anhaltenden Aufwärtstrends auf der Grundlage von Wochendaten abnahm, schnellte die Anzahl der längeren Aufwärtstrends auf der Grundlage von Monatsdaten in die Höhe. Das gleiche Phänomen ist auch in Tabelle 5.3 (Prozentsatz für die Dauer der Kursbewegungen eines bestimmten Umfangs) ersichtlich, die zeigt, dass der Prozentsatz der Aufwärtsbewegungen mit einem Umfang von über fünf Prozent aufgrund von Wochendaten lediglich um 33 Prozent (von 18 auf 24 Prozent) gestiegen ist, während die Anzahl der aufwärts gerichteten Kursbewegungen mit einem Umfang von über zehn Prozent auf der Grundlage von Monatsdaten auf 170 Prozent (von 17 auf 46 Prozent) hochschnellte.

Das deutet darauf hin, dass diese Veränderungen innerhalb einer Gesamtdarstellung nur äußerst schwer zu erkennen sind, wenn man sich an einem kurzfristigen Zeitrahmen innerhalb der Gesamtdarstellung orientiert. Oder anders ausgedrückt: Es ist nicht von Bedeutung, wie sich der Markt langfristig verhält, denn die charakteristischen Kennzeichen des Marktes werden wahrscheinlich in kurzfristigem Zusammenhang dennoch gleich aussehen und nahezu unverändert bleiben. Das ist eine sehr wichtige Aussage, denn wenn sie zutrifft, besteht die einzige Möglichkeit, ein mechanisches Handelssystem aufzubauen, das sich bewährt und auch künftig so verhält, wie es während der Testphase der Fall war, darin, sich auf den kürzeren Zeitrahmen zu konzentrieren, wobei die Trades jeweils nicht länger als etwa eine Woche umfassen und möglichst wenige historische Daten herangezogen werden, und dabei wird übrigens der vorherrschende Trend nicht berücksichtigt.

Um zu untersuchen, ob sich dies bewahrheitet, verwenden wir eine modifizierte Version des ursprünglichen Systems, die nur Tages- und Wochendaten einbezieht und mit folgendem TradeStation-Code überprüft werden kann, wobei auch hier nicht zwischen Aufwärts- und Abwärtstrends unterschieden wird:

```
Condition1 = CloseW(2) > CloseW(1) and CloseW(1) > C and C[2] > C [1]
and C[1] > C;

Condition2 = CloseW(2) < CloseW(1) and CloseW(1) < C and C[2] < C [1]
and C[1] < C;

If Condition1 = True and MarketPosition = 0 Then
      Buy ("Go long") at open;

If C[2] < C[1] < C Then
      ExitLong ("Exit long") at close;

If Condition2 = True and MarketPosition = 0 Then
      Sell ("Go short") at open;

If C[1] > C Then
      ExitShort ("Exit short") at close;
```

Das Ergebnis dieser Systemversion ist in Tabelle 5.6 zu sehen. Dieses System hat im Zeitraum zwischen Januar 1995 bis Oktober 1999 insgesamt 107 Trades generiert, und davon waren 63 Prozent Gewinn-Trades mit einem durchschnittlichen Gewinn von 0,31 Prozent (was nach dem derzeitigen Marktwert 1.045 Dollar entspricht). Slippage und Brokerprovisionen wurden dabei nicht berücksichtigt, aber diese Kosten können für Trades in unmittelbarer Zukunft geltend gemacht werden, indem man sie einfach vom erwarteten Wert des durchschnittlichen Trades abzieht. Weil Goldgräber 2 ein einfacheres (weniger optimiertes) System ist als Goldgräber 1, sind auch seine Ergebnisse nicht ganz so gut ausgefallen, was sich darin äußert, dass der Gewinnfaktor und der Prozentsatz der Gewinn-Trades etwas niedriger ist und es auch einen viel geringeren kumulierten Gewinn aufweist. Nach der geringeren Standardabweichung zu urteilen, scheint es aber gegenüber der Systemversion Goldgräber 2 etwas stabiler zu sein. Obwohl der Durchschnittsgewinn und der Gewinnfaktor bei Goldgräber 2 jeweils etwas niedriger ausfallen, wenn man es mit Goldgräber 1 vergleicht, ist dennoch aufgrund der geringeren Standardabweichung und der Tatsache, dass es gleichmäßiger arbeitet, klar, dass Goldgräber 2 vorzuziehen ist.

Aufgrund der TradeStation-Formeln können Sie jedoch erkennen, dass die einzigen Ausstiegskriterien auf der Long-Seite zwei Schlusskurse über den Eröffnungskursen in Folge sind, während wir bei einer Short-Position einen Ausstieg vornehmen, sobald ein Tag auftritt, dessen Schlusskurs unter dem Eröffnungskurs liegt und der somit einen Kursverlust am entsprechenden Handelstag aufzuweisen hat. Da sich der Markt aber nicht immer so verhält, wie wir es uns wünschen, können die auftretenden Verluste ganz erheblich sein, bevor es uns möglich ist, den Trade zu schließen. Dies kann beispielsweise dann geschehen, wenn der Markt plötzlich in die der eigenen Position entgegengesetzte Richtung abzieht oder wenn im Falle einer Long-Position einem Tag mit Kursgewinn ein Tag mit Kursverlust folgt und jeder dieser Kursverluste dabei jeweils größer ausfällt als die Kursgewinne. Da diesem System die passenden Stopps fehlen, handelt es sich um ein gefährliches System, was den Werten für den größten und den durchschnittlichen Verlust-Trade zu entnehmen ist. (In Teil 3 werden wir uns eingehender mit Stopps und Ausstiegen beschäftigen.)

Bessere Nutzung der Daten

Da es besser ist, wenn man möglichst wenige Kursstäbe für das System verwendet, sollte man diese optimal nutzen. So wird beispielsweise bei einem gleitenden Durchschnitt meist nur ein bestimmter Kurswert innerhalb einer Zeitreihe betrachtet, aber es wird dabei nicht berücksichtigt, dass jeder Kursstab noch drei weitere wichtige Informationen bietet. Bei der Berechnung eines gleitenden Durchschnitts auf der Grundlage von Schlusskursen werden normalerweise alle Eröffnungs-, Höchst- und Tiefstkurse ignoriert. Die Verwendung von normalen gleitenden Durchschnitten und Indikatoren vom Typ der Bollinger-Bänder, die der Bestimmung von Handelsgelegenheiten dienen, ist auch problematisch, weil die Messwerte innerhalb eines Zeitraums nicht immer miteinander vergleichbar sind. So kann sich beispielsweise ein Wert von 1.350 für den S&P 500-Index heute unter dem gleitenden Durchschnitt befinden, aber wenn der Markt in einigen Jahren wieder auf dem gleichen Kursniveau gehandelt wird, kann es schon ganz anders aussehen. Das ist jeweils davon abhängig, von wo der Markt zum entsprechenden Zeitpunkt kommt.

Tabelle 5.6:

Ergebnisübersicht für das Handelssystem „Goldgräber 2" von Januar 1995 bis Oktober 1999:

Trades insgesamt		107	
Gewinnfaktor		1,98	
Durchschnittlicher Gewinn	0,31 %		1.045
Standardabweichung	1,38 %		4.666
Gewinn-Trades		6	62,62 %
Größter Gewinn-Trade		7,31	24.671
Durchschnittlicher Gewinn-Trade	1,00		3.364
Kumulierter Gewinn	37,84	127.710	
Verlust-Trades		4	37,38 %
Größter Verlust-Trade		− 4,06	− 13.703
Durchschnittlicher Verlust-Trade		− 0,84	− 2.840
Kapitalrückgang		− 7,26	− 24.503

Wäre es nicht großartig, einen Indikator zu haben, der alle der genannten vier Kursangaben nutzen kann, der die Zeit des historischen Rückblicks um 75 Prozent verkürzt und es gleichzeitig ermöglicht, alle Informationen des Indikators miteinander zu vergleichen, und zwar ungeachtet dessen, von wann diese Informationen stammen und zu welchem Kursniveau der Markt zu diesem Zeitpunkt notierte?

Nun stellen Sie dem einmal eine Untersuchung gegenüber, bei der Sie aufgrund einer zufälligen Stichprobe die Körpergröße von Männern untersuchen, die Ihnen während eines Tages begegnet sind. Am Ende des Tages schreiben Sie die Größe des ersten Mannes, des größten Mannes, des kleinsten Mannes und zum Schluss die des Mannes auf, den Sie am jeweiligen Tag zuletzt gemessen haben.

Dabei spielt es keine Rolle, in welcher Reihenfolge Sie die Angaben notieren. Nach fünf Tagen liegen insgesamt 20 Daten vor, und damit verfügen Sie über die Mindestanzahl an Daten, die für eine Schlussfolgerung aus einer statistischen Untersuchung benötigt wird. (Bezüglich der Anzahl der Daten gehen die Meinungen auseinander: Einige gehen von 20, andere von 30 und andere wiederum von 100 oder mehr Daten aus. Im medizinischen Bereich sind nahezu 1.000 Probanden erforderlich. Abgesehen von der Tatsache, dass Sie nicht immer so viele Daten zusammenbringen, um damit zu experimentieren, gibt es keinen Grund, warum Sie mit Ihrem Geld nicht ebenso ernsthaft umgehen sollten.)

Angenommen, die Durchschnittsgröße der 20 untersuchten Männer beträgt 1,83 Meter, wobei sich die Standardabweichung auf 7,62 Zentimeter beläuft. Die Begrenzungen der einen Standardabweichung und die beider Standardabweichungen betragen etwa 68 Prozent beziehungsweise 95 Prozent und beziehen sich auf die untersuchte Stichprobe von 20 Männern und die erwartete Größe aller Männer, die künftig gemessen werden. Aufgrund der vorliegenden Daten können Sie nun alle Männer, denen Sie begegnen, einer der folgenden Kategorien zuordnen: Männer, deren Größe dem Durchschnitt entspricht (1,75 m bis 1,91 m), kleine Männer (1,68 m bis 1,75 m), sehr kleine Männer (unter 1,68 m), große Männer (1,91 m bis 1,98 m) und sehr große Männer (über 1,98 m). Die Ergebnisse jeder Untersuchung, die auf diese Weise ermittelt werden, können geringfügig voneinander abweichen, was davon abhängig ist, wo die jeweilige Stichprobe erhoben wurde. Aber für jede Untersuchung sind zumindest einige der zuvor ermittelten Daten verwendbar, um künftige Ergebnisse abschätzen zu können. Wenn zum Beispiel die Wahrscheinlichkeit, dass Sie einem großen oder sehr großen Mann begegnen werden, ungefähr 16 Prozent ((1 – 0,68) x 100 / 2) beträgt, wissen Sie auch, dass die Wahrscheinlichkeit, zwei dieser Männer hintereinander anzutreffen, nur 2,5 Prozent (0,16 x 0,16 x 100) ausmacht.

Wenn Sie das gleiche Untersuchungsprinzip auf die Märkte anwenden, müssen Sie beachten, dass es nicht darauf ankommt, das Kursniveau zu kennen, zu dem diese Märkte gehandelt wurden, sondern dass es um den Umfang der Kursbewegungen geht. Um eine Kursbewegung mit einer anderen vergleichbar zu machen und eine Gegenüberstellung hinsichtlich der Dauer der Kursbewegungen sowie zwischen verschiedenen Märkten zu ermöglichen, müssen auf Verhältniswerte bezogene Kontrakte verwendet werden, sodass die prozentualen Verhältnisse konstant bleiben, anstatt sich an entsprechenden Punkt- oder Dollar-Werten zu orientieren. Um die Kursbewegung anstelle des Kursniveaus zu berechnen, ist es auch erforderlich, jede Kursbewegung mit einer Grund- oder Basiseinheit in Beziehung zu bringen. Um auf die Untersuchung der Körpergröße von Männern zurückzukommen: Dabei wäre es sinnlos, die Größe jedes Mannes auf den Meeresspiegel auszurichten, anstatt einfach vom Boden aus zu messen, auf dem der jeweilige Mann steht. Um aussagekräftige Ergebnisse zu erhalten, müssen die Daten „normiert" werden; in unserem Beispiel wird die Größe der Personen infolgedessen auf den Boden normiert, auf dem diese stehen.

Bei Marktuntersuchungen stehen einige Faktoren zur Verfügung, auf die eine Kursbewegung normiert werden kann, wie beispielsweise der Schlusskurs des letzten Kursstabes oder der durchschnittliche Kurswert des letzten Kursstabes. Im vorliegenden Fall wurde jede Kursbewegung auf den Schlusskurs des letzten Kursstabes normiert. Ein weiterer Unterschied zwischen der Erfassung der Körpergröße von Männern und der des Marktgeschehens besteht in der Verwendung von absoluten und prozentualen Werten. Wenn Sie 1,83 groß sind, dann ändert sich nichts daran, ob Sie nun auf Skiern in den Alpen stehen oder auf einem Badehandtuch am Strand liegen. Es würde keinen Sinn ergeben, wenn man Ihre Körpergröße in Prozenten ausdrückt, die Sie sich über dem Meeresspiegel befinden. Aber in Bezug auf die Märkte besteht ein beträchtlicher Unterschied zwischen einer Kursbewegung im Wert von 20.000 Dollar, während der Markt auf einem Kursniveau von 1,350 gehandelt wird, gegenüber der gleichen Kursbewegung, während der Markt zum Kurs von 250 notiert. Im ersten Fall entspricht eine Kursbewegung von 20.000 Dollar lediglich sechs Prozent, während die gleiche Dollar-Bewegung im zweiten Fall über 30 Prozent beträgt. Daher ist es von ausschlaggebender Bedeutung, die Kursbewegungen in Prozenten anstatt in Punkt- oder Dollar-Werten auszudrücken, denn so lassen sich die unterschiedlichen Arten von Kursbewegungen miteinander vergleichen, und zwar unabhängig davon, wann diese stattgefunden haben.

Bei unserem Beispiel, in dem es um die Größenmessung von Männern ging, wurden täglich vier Erhebungen durchgeführt. Das ist auch in den Märkten möglich, und dafür setzte ich den „Meander-Indikator" ein, wie ich ihn bezeichne. Der folgende TradeStation-Code bezieht sich auf Anordnungen, die folgende Kursbewegungen beinhalten: alle Kursbewegungen zur Eröffnung, Kursbewegungen zu den Hochs, Kursbewegungen zu den Tiefs und Kursbewegungen zu den Schlusskursen, was insgesamt 20 Einzeldaten für den letzten Kursstab ergibt:

```
Input: VSStd(1);

Vars: SumVS(0), AvgVS(0), DiffVS(0), StdVS(0), SetArr(0), SumArr(0),
DiffArr(0), VSLow(0), VSMid(0), VSHigh(0), FName(""), TradeStr1("");

Array: VS[20](0);

For SetArr = 0 To 4 Beginn
        Vs[SetArr * 4 + 0] = (0[SetArr] – C[SetArr + 1]) / C[SetArr + 1];
        Vs[SetArr * 4 + 1] = (H[SetArr] – C[SetArr + 1]) / C[SetArr + 1];
        Vs[SetArr * 4 + 2] = (L[SetArr] – C[SetArr + 1]) / C[SetArr + 1];
        Vs[SetArr * 4 + 3] = (C[SetArr] – C[SetArr + 1]) / C[SetArr + 1];

End;
For SumArr = 0 To 19 Beginn
        If SumArr = 0 Then
                SumVS = 0;
        SumVS = SumVS + VS[SumArr];
        If SumArr = 19 Then
                AvgVS = SumVS / 20;

        For DiffArr = 0 To 19 Beginn
                If DiffArr = 0 Then
                        DiffVS = 0;

                DiffVS = DiffVS + Square(VS[DiffArr] – AvgVS;
                If DiffArr = 19 Then
                        StdVS = SquareRoot(DiffVS / 20);

        End;

End;
VSLow = C* (1 + (AvgVS – StdVS* VSStd));
VSMid = C* (1 + AvgVS);
VSHigh = C* (1 + AvgVS + StdVS * VSStd));
Plot1(VSLow,"VS Low");
Plot2(VSMid, "VSMid");
Plot3(VSHigh, "VS High");
If CurrentBar = 1 Then Beginn
```

```
        FName = "C:)\Temp\" + LeftStr(GetSymbolName, 2) + ".csv";
        FileDelete(FName);
        TradeStr1 = "Date" + "," + "Open" + "," + "High" + -"," + "Low" +
        "," + "Close" + "," + "VS Low" + "," + "VS Mid" + "," + "VS High" +
        New Line;
        FileAppend(FName, TradeStr);

End;

If CurrentBar > 5 then Beginn

        TradeStr1 = NumToStr(Date, 0) + "," + NumToStr(Open, 2) + "," +
        NumToStr(High, 2) + "," + NumToStr(Low, 2) + "," +
        NumToStr(Close, 2) + "," + NumToStr(VSLow[1], 2) + "," +
        NumToStr(VSMid[1],2) + "," + NumToStr(VSHigh[1], 2) + NewLine;

        File Append(FName, TradeStr1);

End;
```

Allen Kursbewegungen wurde der Schlusskurs des letzten Kursstabes zugrunde gelegt. Sobald die Datensammlung erfolgt ist, werden mit Hilfe der Formel die durchschnittliche Kursbewegung und die Standardabweichung berechnet, bevor die Normierung wieder rückgängig gemacht wurde, damit die Daten zu den neuen Kursinformationen passen. Wenn diese Berechnung abgeschlossen ist, sorgt ein Indikator für die optimale Nutzung des Kursgeschehens, das in jedem Kursstab enthalten ist, und ermöglicht es Ihnen, im Verlauf einer Handelssitzung (intraday) zu handeln, während Sie lediglich EOD-Daten (end-of-day data = Daten der Tagesschlusskurse) oder Wochendaten verwenden, sodass Sie sowohl Tages- als auch Wochencharts benutzen können. Die letzten Zeilen der Code-Formel enthalten die erforderlichen Anweisungen zur Übertragung aller Daten in eine Textdatei, um sie einer weiteren Analyse mit Hilfe eines Tabellenprogramms (wie zum Beispiel Excel) zu unterziehen. Abbildung 5.1 zeigt die grafische Darstellung des Meander-Indikators aufgrund des Kursgeschehens im S&P-500-Index-Futureskontrakt. Wie Sie sehen, besteht der Meander-Indikator aus drei Linien, wobei die oberen und unteren Linien eine oder zwei Standardabweichungen von der Mittellinie entfernt platziert werden können. (In der Formel entspricht „VS High" der oberen, „VS Low" der unteren und „VS Mid" der mittleren Linie.) Der Meander-Indikator kann für alle Märkte verwendet werden.

Nach der Übertragung der erforderlichen Daten in das Tabellenprogramm Excel können Sie die folgende Formel in die nächsten Spalten eingeben, um den Einstiegspunkt, den Verluststopp und den Ausstieg für eine Long-Position sowie für die Ergebnisse des Trades zu berechnen. (Für eine Short-Position geben Sie die entgegengesetzten Berechnungen in die nächsten vier Spalten ein.)

=IF(B2<F2;B2;IF(D2<F2;F2"")),

Spalte B bezeichnet den Eröffnungskurs, Spalte F bezeichnet das VS Low (die untere Linie des Meander-Indikators), und Spalte D bezieht sich auf das Tief.

=IF(12<>"";12*(1-H&1212/100);"")

Spalte I bezeichnet den Einstieg für eine Long-Position, und Kästchen H1212 bezieht sich auf die Stelle, wo Sie Ihr prozentuales Risiko (Verluststopp) eingegeben haben.

=IF(12<>"";IF(D2<J2;J2;IF(AND(C2>H2;E2<H2);H2;E2));""

Spalte J bezeichnet das Risikoniveau für eine Long-Position, Spalte C bezieht sich auf das Hoch und Spalte H auf das Kursniveau der oberen Linie des Meander-Indikators (VS High), und Spalte E bezeichnet den Schlusskurs.

=IF(12<>"";(K2-I2)/I2;"-")

Spalte K bezeichnet den Ausstieg aus einer Long-Position.

Im Tabellenprogramm geben Sie ganz unten die folgende Formel zur Berechnung der Gesamtanzahl der Trades, den Prozentsatz der Gewinn-Trades, den durchschnittlichen Gewinn pro Trade und den durchschnittlichen Gewinnbetrag in Dollar pro Trade ein. (Für eine Short-Position geben Sie wieder die entgegengesetzten Berechnungen ein.)

=COUNTIF(L2:L1208;"<>–")

Spalte L bezeichnet das prozentuale Ergebnis pro Trade.

$$=\text{COUNTIF}(L2:L1208;">0")/L1210$$
$$=\text{SUMIF}(L2:L1207;"<>-")/L1210$$
$$=L1212*1350*250$$

Der Prozentsatz an Verlusten, den Sie zu riskieren bereit sind, wird in Kästchen H1212 eingegeben.

Nach diesem einfachen System wird unmittelbar nach der Eröffnung eine Long-Position (Short-Position) platziert, wenn sich der Eröffnungskurs unter (über) dem VS Low (VS High) oder am VS Low (VS High) befindet und der Markt unter (über) diesem Kursniveau gehandelt wird.

Abbildung 5.1: *Der Meander-Indikator nutzt die Daten optimal.*
Daten: 31.08.1999 – 28.10.1999

Nach diesem System wird die Position glattgestellt, wenn sich der Markt um einen bestimmten Prozentsatz in die unerwünschte Richtung bewegt (Aktivierung des Verluststopps), und die Position wird auch dann aufgelöst, wenn sie einen Gewinn zu verzeichnen hat, wenn der Markt über (unter) dem VS High, also über der oberen Linie des Meander-Indikators (unter dem VS Low, also unter der unteren Linie des Meander-Indikators) notiert, sich dann aber wieder zurückbewegt, was am Schlusskurs zu ersehen ist. Auch am Ende des Handelstages werden alle Positionen geschlossen. Da es sich also hierbei um ein Intraday-System handelt (was besagt, dass keine Positionen über Nacht gehalten werden), das auf Tagesdaten basiert, und wir mitunter nicht wissen können, ob das Hoch oder das Tief zuerst erreicht worden ist, müssen wir vor allem auf Nummer Sicher gehen und somit zuerst auf die Verlust-Trades achten. Abbildung 5.7 zeigt die Ergebnisse des Systems, die nach Long- und Shorttrades unterteilt sind und sich auf den S&P 500 Futures von Januar 1995 bis Oktober 1999 beziehen. Slippage und Brokerprovisionen wurden dabei nicht berücksichtigt. Das Verlustrisiko jedes Trades betrug 0,75 Prozent. Diese Version des Meander-Systems hatte für Long-Positionen über 50 Prozent Gewinn-Trades aufzuweisen, was unter heutigen Marktbedingungen einem Durchschnittsgewinn von 287 Dollar entspricht. Unter Abzug eines geschätzten Betrages von jeweils 75 Prozent für Slippage und Brokerprovision ergibt sich für Long-Positionen ein durchschnittlicher Gewinn pro Trade von 212 Dollar. Das ist nicht schlecht für ein Intraday-System und jeweils nur einen gehandelten Kontrakt. Da es uns vor allem um Sicherheit geht, sind wir stets davon ausgegangen, dass es sich um einen Verlust-Trade handelt, wenn der Markt am Kursniveau des Verluststopps gehandelt wurde, obwohl es auch möglich ist, dass das Gewinnziel bereits vorher erreicht worden ist, und daher besteht durchaus die Möglichkeit, dass sowohl der Prozentsatz an Gewinn-Trades als auch der Durchschnittsgewinn in Wirklichkeit noch höher sind, als die Tabelle zeigt.

In diesem Fall wurde die Standardabweichung auf 1 festgelegt, was bedeutet, dass recht häufige Einstiegssignale durch das System generiert wurden. Mit einer Standardabweichung von 2 hätte das System weniger Trades, aber eine höhere Gewinnwahrscheinlichkeit aufzuweisen. Die Trades mit der größten Erfolgswahrscheinlichkeit waren allerdings jene, die zur Eröffnung eingegangen wurden, und das hat folgenden Grund: Wenn sich die Eröffnung unter (über) dem Kursniveau des Einstiegssignals befindet, so gilt dies ebenfalls für das Tief (Hoch). Das heißt, dass nur eine geringe Möglichkeit gibt, dass zwei Einstiege hintereinander stattfinden, was mit der Wahrscheinlichkeit übereinstimmt, dass einem aufgrund des vorherigen Beispiels zwei große Männer hintereinander begegnen werden. Somit ist die Wahrscheinlichkeit für eine Kursbewegung in die entgegengesetzte (also unerwünschte) Richtung größer.

Nun werden wir uns dieses System mit genau den gleichen Einstellungen anschauen, das aber dieses Mal auf den Maismarkt angewendet wurde. Wie Sie Abbildung 5.8 entnehmen können, hat sich das System recht gut gehalten, was dem prozentualen Durchschnittsgewinn und der Anzahl der Gewinn-Trades zu entnehmen ist.

Tabelle 5.7:

Die Ergebnisse des Handelssystems „Meander 1" für den S&P 500:

LONG-TRADES		SHORT-TRADES	
Anzahl der Trades	522	Anzahl der Trades	459
Gewinn-Trades in Prozent	52,30 %	Gewinn-Trades in Prozent	43,79 %
Durchschnittsgewinn (%)	0,09 %	Durchschnittsgewinn (%)	0,03 %
Durchschnittsgewinn ($)	287,16	Durchschnittsgewinn ($)	112,81

Tabelle 5.8:

Die Ergebnisse des Handelssystems „Meander 1" für den Maismarkt:

LONG-TRADES		SHORT-TRADES	
Anzahl der Trades	439	Anzahl der Trades	476
Gewinn-Trades in Prozent	48,97 %	Gewinn-Trades in Prozent	44,75 %
Durchschnittsgewinn (%)	0,07 %	Durchschnittsgewinn (%)	0,07 %
Durchschnittsgewinn ($)	6,88	Durchschnittsgewinn ($)	7,02

Was die Gewinne in Dollar anbelangt, sind die Ergebnisse jedoch nicht so viel versprechend. Dies liegt daran, dass ein großer Unterschied zwischen einem gut funktionierenden und einem gewinnbringenden System besteht, was wirklich eine interessante Feststellung ist, die zu endlosen Diskussionen darüber führen kann, ob man ein System auf verschiedene Märkte anwenden sollte oder nicht. Das Fazit aus dem einfachen Vergleich der beiden Systeme lautet, dass man das gleiche System auf mehrere unterschiedliche Märkte anwendet, indem man die entsprechenden, in Prozenten angegebenen Ergebnisse miteinander vergleicht, um herauszufinden, ob es in allen Märkten gleichermaßen funktioniert, sodass man sich letztlich nur auf die Märkte konzentrieren kann, in denen die jeweiligen Prozentanteile der Kursbewegungen auch einem ausreichend hohen Gewinn (in Dollar) entsprechen. Wenn wir wieder auf das Beispiel mit der Körpergröße einer bestimmten Stichprobe von Männern zurückkommen, ergibt sich folgende Überlegung: Wenn Sie so viele Hosen wie möglich an die Männer, die Sie untersucht haben, verkaufen wollen, wäre es nützlich, wenn Sie deren Konfektionsgrößen kennen, sodass sie möglichst viele Hosen an diese Männer verkaufen können.

Doch nun wenden wir uns wieder unserem System zu: Wenn ein System alle zweiprozentigen Kursbewegungen sowohl im Maismarkt als auch im S&P 500 zu erfassen vermag, bedeutet das noch lange nicht, dass es in beiden Märkten ebenso gewinnbringend arbeitet. Damit man ein System als gewinnbringend bezeichnet werden kann, muss es in einem Markt Anwendung finden, in dem es die Kursbewegungen, für die es konzipiert wurde, auch wert sind, berücksichtigt zu werden. Wenn ein System in allen Märkten gut funktioniert, ist dies noch kein Indiz dafür, dass es in allen Märkten handelbar ist, da nicht jedes System genügend Gewinne (in Dollars) abwirft, sodass nach Abzug aller anfallenden Kosten noch etwas übrig bleibt. Am Beispiel des Maismarktes zeigt sich, dass das Meander-System dieses Ziel nicht erreichen konnte. Aber denken Sie daran: Dies bedeutet nicht, dass es sich beim Meander-System um ein schlechtes System handelt. Ob ein gut funktionierendes System Gewinne erwirtschaftet oder nicht, hat überhaupt nichts mit dem System an sich zu tun, sondern ist darauf zurückführen, auf welchem Kursniveau der Markt gerade gehandelt wird und welchem Dollar-Betrag dieses Kursniveau entspricht. Wie bereits erwähnt, ist dies eine technische Angelegenheit, über die an der Börse entschieden wird, und dies steht nicht damit in Zusammenhang, ob das entsprechende System die Kursbewegungen eines Marktes gut zu erfassen vermag.

Grundlegende Ausstiegstechniken

Die Bezeichnung „Black Jack"-Handelssystem bezieht sich auf das beliebte Kartenspiel gleichen Namens, das in den Casinos auf der ganzen Welt gespielt wird. Black Jack ist vielleicht das einzige Casinospiel, bei dem sich der Spieler auf lange Sicht einen Vorteil gegenüber der Bank verschaffen kann, um diese dauerhaft zu besiegen. Wenn Sie Black Jack spielen, müssen Sie wissen, wann Sie stehen, eine weitere Karte ziehen oder wann Sie aggressiver spielen sollten, indem Sie teilen und/oder verdoppeln. Um dies zu bewerkstelligen, müssen Sie die momentane Zusammensetzung des Kartenstapels kennen und wissen, wie man die Chancen gegenüber der Bank berechnet. Professionelle Black-Jack-Spieler sind Kartenzähler und variieren ihre Einsätze dem jeweiligen Zählstand entsprechend. Bei einem niedrigen Wert halten sie sich zurück, was insbesondere dann gilt, wenn noch viele Karten im Stapel sind und die Bank hohe Kartenwerte aufzuweisen hat. Wenn man weiß, wie man vorzugehen hat, spielt es keine

Rolle, welche Karten man bekommt, da man auf lange Sicht gegen die Bank gewinnen wird.

Das Handelssystem Black Jack ist damit vergleichbar, denn auch hier geht es darum, gewinnbringend vorzugehen, wobei die Einstiegsregeln nicht von Bedeutung sind, solange man ausschließlich Trades eingeht, die mit der Richtung des vorherrschenden Trends übereinstimmen, und genau weiß, wann und warum man aussteigt. Dabei achtet man darauf, den Wert für den durchschnittlichen Trade im positiven Bereich zu halten, und zwar in dem Maße, dass sich das Engagement lohnt. Wenn Sie das schaffen, kommt es nur noch darauf an, innerhalb kürzester Zeit so häufig wie möglich zu traden, aber noch wichtiger ist dabei, dass die jeweiligen Trades nicht zu lange gehalten werden.

Die Ausstiege erfolgen unter vier Voraussetzungen.

• Ausstiegsregel 1 bezieht sich auf das Gewinnziel, denn wenn dieses erreicht worden ist, wird ein Ausstieg mit Hilfe einer Limitorder vorgenommen, um den größtmöglichen Gewinn zu realisieren.

• Ausstiegsregel 2 gründet auf einem sogenannten „Gewinnmitnahmestopp" (auch Trailingstopp genannt), der dann in Kraft tritt, wenn sich der Markt in die entgegengesetzte Richtung in Gang setzt, während zuvor bereits Buchgewinne erworben wurden.

• Ausstiegsregel 3 bezieht sich auf den Verluststopp und gilt dann, wenn sich der Markt sofort in die der Position entgegengesetzte Richtung bewegt.

• Ausstiegsregel Nr. 4 basiert auf einem „Zeitstopp" und kann eventuell in Kombination mit jeder Ausstiegsregel von 1 bis 3 verwendet werden.

Was die Einstiege beziehungsweise Handelssignale anbelangt, gibt es davon wahrscheinlich ebenso viele, wie es Trader gibt, und daher wollen wir uns nun nicht weiter in dieses Thema vertiefen und uns stattdessen wieder dem Black-Jack-System zuwenden, und zwar einer Systemvariante, die mit einer recht einfachen Einstiegstechnik konzipiert wurde, bei der es darum geht, die Hoch- und Tiefpunkte zu erfassen (was als „Top-and-Bottom-Picking" bezeichnet wird); diese Einstiegstechnik wurde mit einem kurzfristigen Ausbruchsystem verbunden, falls der Kursrücklauf nicht ausreicht, um ein Einstiegssignal auszulösen. In Teil 3, wo wir uns ausführlicher mit effizienten Ausstiegen und dem gesamten

Wirkungsgrad eines Trades beschäftigen, werden diese Einstiege durch willkürliche Einstiege ersetzt. Gute Anregungen für kurzfristige Einstiege finden Sie in den Arbeiten von Linda Bradford Raschke oder Tom DeMark.

Nun zum Thema „Trendfilter": In akademischen Kreisen und unter Fundamentalanalytikern, wo man Hypothesen über die Funktionsweise der Märkte besondere Beachtung zukommen lässt, war von etwas wie einem Trend zunächst lange Zeit überhaupt nicht die Rede. In den zurückliegenden Jahren mussten sie allerdings zugeben, dass es etwas gibt, was sie als „Zufallsbewegung mit einer gewissen Tendenz" bezeichnen. Diese „gewisse Tendenz" wird bereits seit Jahrzehnten von technischen Analysten mit Hilfe von gleitenden Durchschnitten (GD) verschiedener Zeitperioden erfasst. Der einfachste Trendfilter, der sich seither bewährt hat, ist der 200-Tage-GD. Um es kurz zu machen: Dieser gleitende Durchschnitt wurde auch für das Black-Jack-System verwendet. Wenn Sie sich mit komplexeren langfristigen Einstiegstechniken beschäftigen wollen, sollten Sie die Arbeit von Nelson Freeburg beachten.

Bevor ein System zusammengestellt werden kann, muss man zuerst verstanden haben, was man erreichen möchte und wie man dabei vorzugehen hat. Dazu versetzen Sie sich am besten in die Rolle eines Kontrolleurs, der am Ende eines Fließbandes die Qualität eines Produkts überprüft. Ihr Lohn (der erwartete Gewinn) ist davon abhängig, wie viele Einheiten (Anzahl von Trades) Sie und Ihre Maschine (System) produzieren können, aber wichtig ist dabei auch die Abweichung der jeweiligen Einheiten voneinander und vom allgemeinen Standard, wobei es darauf ankommt, dass diese Abweichung möglichst gering ausfällt (niedrige Standardabweichung). Natürlich sollte einerseits das Fließband so schnell wie möglich laufen, andererseits können Sie jedoch die einzelnen Elemente nur nacheinander begutachten und nicht mehrere gleichzeitig, und somit wird Ihr Einkommen davon abhängen, wie lange Sie zur Überprüfung eines Elements brauchen.

Hinzu kommt, dass ein Element defekt sein kann, was sich zwangsläufig nachteilig auf Ihren Lohn auswirken wird. Ohne weitere Zeit zu verschwenden, werfen Sie das schadhafte Teil sofort weg, um das Fließband für das nächste Teil freizumachen. Das nächste Element sieht zwar recht durchschnittlich aus, aber Sie werden sich mit Sicherheit etwas länger damit beschäftigen, als es vor dem fehlerhaften Teil der Fall war. Ohne sich dessen bewusst zu sein, werden Sie für das durchschnittliche Element eine durchschnittliche Zeit benötigen.

Aber beim dritten Element, das vor Ihnen auf dem Fließband liegt, ist es noch viel komplizierter. Dieses Teil weist anscheinend alle wünschenswerten Merkmale auf, aber während Sie es beobachten, nimmt es immer größere Ausmaße an, sodass dieses Element im Vergleich zur durchschnittlichen Einheit mindestens dreimal so wertvoll für Sie zu werden verspricht. Was tun Sie? Sollten Sie es noch größer werden lassen, oder sollten Sie das Fließband für weitere Elemente freimachen? Aber ganz plötzlich fängt der Wert vor Ihren Augen an abzunehmen. Sie erstarren in Panik, und erst als der Wert des Elements wieder auf den doppelten Durchschnittswert gesunken ist, nehmen Sie es vom Band. Das Problem dabei ist, dass Sie in der Zeit, die Sie mit dem Begutachten dieses Elements verbracht haben, drei durchschnittliche Einheiten hätten bearbeiten können. Was ist geschehen? Beim Versuch, Ihren Gewinn aufgrund einer einzigen Einheit zu steigern, haben Sie sich in eine unangenehme Lage gebracht, was Sie in Panik versetzt hat, zu einer höheren Standardabweichung hinsichtlich Ihres Einkommens und zu einer geringeren Anzahl an bearbeiteten Einheiten führte und letztendlich geringere Erträge zur Folge hatte.

Moment mal, werden Sie sagen. Was ist denn mit den großen Gewinnen? Besagt die bekannte Redensart nicht, dass man die Gewinne laufen lassen sollte? Ja, das stimmt, und es ist wahrscheinlich nicht schlecht, sich von Zeit zu Zeit daran zu halten, aber beim Trading hat dieses Vorgehen auch seinen Preis. Der Preis besteht darin, dass Sie dabei den Durchschnitt aus den Augen verlieren. Wirklich große Gewinn-Trades kommen selten und nur in großen zeitlichen Abständen vor. Viel öfter haben Sie Trades, die viel versprechend scheinen, aber Sie letztlich nur irritieren, weil sie nicht halten, was sie versprechen. Wenn Sie sich von all dem fern halten, befreien Sie nicht nur Ihren Geist, sondern entlasten auch Ihr Kapital und können stattdessen die großen Gewinn-Trades ausnutzen, die im Rahmen der durchschnittlichen Trades auftreten, während Sie sich gleichzeitig auch in anderen Märkten engagieren können.

Auf das Trading bezogen, bedeutet dies konkret: Damit sich ein Handelsssytem sowohl als stabil als auch als gewinnbringend erweist, sollten Sie sich bemühen, jeden Trade so ähnlich wie möglich zu gestalten, selbst wenn dies bedeuten sollte, dass Sie Ihre Gewinne ab und zu beschneiden müssen. Wenn Sie so vorgehen, gewinnen Sie Zeit und sparen Geld, das Sie für andere Trades einsetzen können – Trades, mit denen Sie vertraut sind und umgehen können, ohne dabei in Panik zu geraten, was sich letztlich als lukrativer erweisen dürfte.

Aber was bedeutet das konkret? Das heißt, dass es von entscheidender Bedeutung ist, ein zuverlässiges System zu verwenden, das einen positiven Betrag für den durchschnittlichen Trade und eine möglichst geringe Standardabweichung aufzuweisen hat, und dabei sollte dieses System in verschiedenen Märkten und unterschiedlichen Zeitrahmen gut funktionieren. Dies gilt auch dann, wenn Sie sich nur auf einen Markt beschränken, weil Sie nie wissen können, wann sich die Merkmale dieses Marktes dahingehend verändern werden, dass sie denen eines anderen Marktes gleichen. Dies müssen Sie im Voraus in Erwägung ziehen und dafür sorgen, dass das System im neuen Marktumfeld zumindest nicht völlig versagt.

Wenn die zugrunde liegenden Annahmen nicht auf einen bestimmten Markt ausgerichtet sind, müssen Sie sich vergewissern, ob Ihr System in möglichst vielen Märkten zumindest einen geringfügigen Prozentsatz an Gewinnen abwirft, selbst wenn diese noch so minimal ausfallen. Dies lässt sich auch auf das Casinospiel Black Jack übertragen: Dabei müssten Sie sicherstellen, dass Sie das Kartenspiel Black Jack unabhängig von allen äußeren Faktoren beherrschen, wie zum Beispiel, wie viele Leute gleichzeitig am Tisch spielen, wie die Karten gemischt werden, wer der Croupier ist oder in welchem Casino Sie spielen.

Für das gleichnamige Handelssystem wurden Daten für den Zeitraum von Januar 1985 bis Oktober 1999 von 14 verschiedenen Märkten verwendet, und zwar von: Kaffee, Kupfer, Mais, Baumwolle, CRB-Index, D-Mark/Euro, Euro-Dollar, Japanischer Yen, Rohöl, Lebendrinder, Erdgas, Orangensaft, T-Bonds und T-Bills.

Wie gesagt, man sollte darauf achten, dass möglichst viele Gewinn-Trades und ein möglichst hoher Durchschnittsgewinn pro Trade (der in Prozenten angegeben wird) generiert werden, und dabei sollte die Standardabweichung so gering wie möglich sein. Den Code von Teil 1 können wir vor der Integration in das System dahingehend modifizieren, dass die entsprechenden Daten in eine Textdatei übertragen werden können, um sie dann einer weiteren Analyse in Excel zu unterziehen. Der TradeStation-Code für das Handelssystem Black Jack 1 lautet folgendermaßen:

```
Inputs: BarNo(0), SL(0), PT(0), MP(0);
Vars: Trigger(0), BSLevel(0), TotTr(0), ExpVar(0), Prof(0), TotProf(0),
TradeStr1("");
{*****Filters*****}
Trigger = Average(C, 200);
```

{*****Retracement Entry*****}
If C > Trigger and MarketPosition = 0 and (L < Average(L, 6) or
L Crosses above XAverage(L 6)) and C Crosses above XAverage(C, 6) and H < XAverage(H,
6) Then Begin
        Buy ("Buy Support") at C;
        BSLevel = C;
End;

If C < Trigger and MarketPosition = 0 and (H > XAverage(H, 6) or
H Crosses below XAverage(H, 6)) and C Crosses below XAverage (C, 6) and L > XAve-
rage(L, 6) Then Begin
        Sell ("Sell Resist.") at C;
        BSLevel = 0;
End;
{*****Breakout Entry*****}
If C > Trigger and MarketPosition = 0 and H Crosses above XAverage (H, 6) and C Crosses
above XAverage(C, 6) Then Begin
        Buy ("Buy Break") at C;
        BSLevel = 0;
End;

If C < Trigger and MarketPosition = 0 and L Crosses below XAverage(L, 6) and C Crosses
below XAverage(C, 6) Then Begin
        Sell ("Sell Break") at C;
        BSLevel = C;
End;

{*****Exit techniques*****}
If BarsSinceEntry > = BarNo and BarNo <> 0 Then Begin
        ExitLong ("Long time") at C;
        ExitShort ("Short time") at C;
End;

If SL<> 0 Then Begin
        ExitLong ("Long loss") tomorrow at BSLevel * (1 + SL*0,01)Stop;
        ExitShort ("Short loss") tomorrow at BSLevel * (1 − SL*0,01)Stop;
End;

```
If PT<> 0 Then Begin
        ExitLong ("Long profit") tomorrow at BSLevel * (1 + PT*0,01)Limit;
        ExitShort ("Short profit") tomorrow at BSLevel * (1 – PT*0,01)Limit;
End;

If TS<> 0 Then Begin
        If C > BSLevel * (1 + MP*0,01) Then
                ExitLong ("Long stop") tomorrow at BSLevel * (1 + MP*0,01)
        Stop;
        If C < BSLevel * (1 – MP*0,01) Then
                ExitShort ("Short stop") tomorrow at BSLevel * (1 – MP*0,01)
        Stop;
End;
```

Wie Sie dem Code entnehmen können, wurden alle bisherigen Input-Werte mit 0 angegeben. Das liegt daran, dass wir sie nacheinander aktivieren wollen. Zuerst müssen wir die optimale Dauer der Trades ermitteln. Deshalb versehen wir das System mit folgendem Code:

```
TotTr = TotalTrades;
If TotTr > TotTr[1] Then Begin
        Prof = PositionProfit(1) / (EntryPrice(1) * BigPointValue);
        TotProf = TotProf + Prof;
End;

If LastBarOnChart Then Begin
        ExpVar = BarNo;
        TotProf = TotProf / Total Trades;
        TradeStr1 = LeftStr(GetSymbolName, 2) + "," + NumToStr(ExpVar,
        2) + "," + NumToStr(TotProf * 100, 2) + "," + NumToStr
        (Percentprofit, 2) + New Line;
        FileAppend("D:\Temp\BJ.cvs", TradeStr1);
End;
```

Wenn das geschehen ist, können wir den Optimierungsprozess in TradeStation ausführen. Jedes Mal, wenn TradeStation einen Test durchführt, überträgt es auch die Daten in eine Textdatei, die zur weiteren Analyse in Excel erforderlich sind. Den Optimierungsbericht in TradeStation brauchen Sie nicht zu beachten. In Excel sortieren Sie zuerst die Daten nach der jeweiligen Anzahl der Tage, die der Trade gedauert hat, und anschließend geben Sie die folgenden Formeln unter jede Gruppe ein.

Zur Berechnung des durchschnittlichen Gewinns für eine bestimmte Dauer eines Trades in allen Märkten:

$$= AVERAGE(C1:C14)$$

C bezeichnet den durchschnittlichen Gewinn in einem bestimmten Markt für eine spezifische Trade-Dauer.

Zur Berechnung der Standardabweichung des prozentualen Gewinns für eine bestimmte Trade-Dauer und alle Märkte:

$$=STDEV(C1:C14)$$

Zur Berechnung des Verhältnisses zwischen dem Durchschnittsgewinn und der Standardabweichung der Ergebnisse:

$$=E14/E15$$

E14 bezeichnet den Durchschnittsgewinn und E15 die Standardabweichung.

Um den Prozentsatz der Gewinn-Trades für eine bestimmte Trade-Dauer in allen Märkten zu berechnen, ist folgende Formel erforderlich:

$$=AVERAGE(D1:D14)$$

D bezeichnet den Prozentsatz der Gewinn-Trades für einen spezifischen Markt und eine bestimmte Trade-Dauer.

Zur Berechnung der Standardabweichung des Prozentsatzes an Gewinn-Trades für eine bestimmte Trade-Dauer und alle Märkte:

$$=STDEV(D1:D14)$$

Folgende Formel dient der Berechnung des Verhältnisses zwischen dem Prozentsatz an Gewinn-Trades und dessen Standardabweichung:

=F14/F15

F14 bezeichnet den Prozentsatz an Gewinn-Trades und F15 die Standardabweichung.

Um die Interpretation zu erleichtern, wurden die Daten in einer Tabelle zusammengefasst (Tabelle 5.9). Die Angaben dieser Tabelle beziehen sich auf Zeitstopps, die nach einer bestimmten Anzahl von Tagen ausgelöst werden. Aufgrund dieser Angaben ermitteln wir den höchsten Durchschnittsgewinn und den höchsten Prozentsatz an Gewinn-Trades. Je höher das Verhältnis zwischen der entsprechenden Variablen und deren Standardabweichung ausfällt, desto robuster ist das System.

Tabelle 5.9 zeigt, dass das Verhältnis zwischen dem Durchschnittsgewinn und dessen Standardabweichung bei einer Trade-Dauer von 14 Tagen am höchsten ausfällt. Eine Trade-Dauer von zehn bis elf Tagen weist jedoch ebenfalls ein annehmbares Chance-Risiko-Verhältnis (oder Risiko-Ertrags-Verhältnis) auf, zumal das Verhältnis zwischen dem Prozentsatz an Gewinn-Trades und dessen Standardabweichung für die Trade-Dauer von zehn und elf Tagen sogar noch etwas höher ausfällt als für die Dauer von 14 Tagen. Wenn man allerdings eine maximale Trade-Dauer von zehn oder von elf Tagen festlegt, ist die tatsächliche Trade-Dauer im Durchschnitt etwas kürzer, wenn die anderen Stopps hinzukommen. Aus diesem Grund werden wir den Zeitstopp ein wenig verändern und ihn in einen sehr engen Trailingstopp (Gewinnmitnahmestopp) umwandeln, der dann ausgelöst wird, wenn der Trade elf Tage oder länger dauert.

Tabelle 5.9: *Statistische Auswertung der Trade-Dauer für das Handelssystem*
„Black Jack 1".

TRADE-DAUER IN TAGEN							
	2	3	4	5	6	7	8
Durchschnittsgewinn	0,05	0,04	0,01	0,04	0,00	0,03	0,05
Standardabweichung	0,10	0,13	0,16	0,18	0,21	0,26	0,25
Verhältnis	0,51	0,32	0,08	0,22	− 0,01	0,13	0,21
Gewinn-Trades (%)	52,99	51,64	52,30	53,30	53,12	52,91	52,82
Standardabweichung	4,32	4,08	3,91	3,70	4,28	4,37	4,23
Verhältnis	12,27	12,64	13,38	14,39	12,40	12,12	12,49
	9	10	11	12	13	14	15
Durchschnittsgewinn	0,08	0,20	0,17	0,10	0,11	0,14	0,15
Standardabweichung	0,38	0,36	0,35	0,35	0,30	0,24	0,32
Verhältnis	0,21	0,56	0,50	0,29	0,36	0,58	0,45
Gewinn-Trades (%)	54,04	53,96	54,12	53,61	53,32	53,21	53,54
Standardabweichung	3,89	4,79	4,78	5,01	5,96	5,15	5,05
Verhältnis	13,91	11,28	11,31	10,70	8,94	10,34	10,60

Wenn ein Trade zu lange andauert, kann er aufgrund des Gewinnziels ausgestoppt werden.

Der TradeStation-Code für den von der Zeitdauer abhängigen Gewinnmitnahmestopp (Trailingstopp) lautet folgendermaßen:

```
If BarsSinceEntry > = BarNo Then Beginn
        ExitLong ("Long time") tomorrow at C Stop;
        ExitShort ("Short time") tomorrow at C Stop;
End;
```

Nach der Einführung eines zeitlich festgelegten Gewinnmitnahmestopps (Trailingstopp), der nach elf Tagen in Kraft tritt, ist es an der Zeit, ein Gewinnziel zu
bestimmen. Im TradeStation-Code für die Übertragungsfunktion wird hierfür
einfach eine Zeile geändert, und zwar wird aus „ExpVar = BarNo" die Zeile „Exp-
Var = PT". Bedenken Sie, dass das Gewinnziel lediglich dazu dient, die extremen
Trades zu erfassen, aber da das Handelssystem Black Jack von der Vorstellung
ausgeht, alle Trades möglichst einheitlich zu halten, wollen wir unsere Gewinne
auch nicht allzu weit laufen lassen, sondern orientieren uns im Bereich zwischen
fünf und zehn Prozent. Die Tabelle 5.10 gibt Auskunft über die Ergebnisse.

Der Tabelle 5.10 können wir entnehmen, dass das Verhältnis zwischen dem Durchschnittsgewinn und dessen Standardabweichung bei einem Gewinnziel von 9,5 Prozent am größten ausfällt. Mit dem Gewinnziel von 9,5 Prozent sind offensichtlich auch noch andere recht hohe Werte verbunden, was darauf hinweist, dass es sich hierbei um einen viel versprechenden Bereich handelt, der voraussichtlich auch in Zukunft gute Ergebnisse bringen könnte, obwohl der optimale Bereich geringfügig davon abweichen dürfte. Daher fällt unsere Entscheidung auf ein Gewinnziel von 9,5 Prozent.

Tabelle 5.10: *Statistische Auswertung des Gewinnziels für das Handelssystem „Black Jack 1".*

	GEWINNZIEL IN PROZENT					
	5	5,5	6	6,5	7	7,5
Durchschnittsgewinn	0,10	0,09	0,10	0,08	0,10	0,13
Standardabweichung	0,48	0,45	0,45	0,49	0,47	0,46
Verhältnis	0,20	0,21	0,23	0,17	0,21	0,27
Gewinn-Trades (%)	55,91	55,41	55,10	54,41	54,21	54,14
Standardabweichung	4,06	3,97	4,07	4,32	4,55	4,63
Verhältnis	13,77	13,97	13,54	12,59	11,92	11,69
	8	8,5	9	9,5	10	10,5
Durchschnittsgewinn	0,13	0,13	0,13	0,15	0,13	0,13
Standardabweichung	0,43	0,43	0,45	0,43	0,41	0,42
Verhältnis	0,30	0,31	0,29	0,36	0,33	0,32
Gewinn-Trades (%)	54,05	53,90	53,72	53,64	53,55	53,47
Standardabweichung	4,62	4,71	4,90	4,99	4,91	4,99
Verhältnis	11,52	11,44	10,96	10,75	10,91	10,72

Nachdem inzwischen ein zeitlich determinierter Gewinnmitnahmestopp und ein Gewinnziel eingerichtet wurden, wird nun der gleiche Vorgang wiederholt, um das System zusätzlich mit einem Mindestgewinnstopp und einem Verluststopp auszustatten. Den Mindestgewinnstopp versuchen wir zwischen einem „Nullgewinn" und einem geringen Gewinn zu platzieren, und daher legen wir uns auf einen Bereich zwischen null bis fünf Prozent fest. Tabelle 5.11 zeigt die Ergebnisse dieser Gewinnspanne.

Der Tabelle 5.11 ist folgende Erkenntnis zu entnehmen: Je höher der Mindestgewinn ist, desto geringer fällt der durchschnittliche Trade aus, aber gleichzeitig steigt auch der Unsicherheitsfaktor, der durch das Verhältnis zwischen dem durchschnittlichen Gewinn und dessen Standardabweichung erfasst wird. Daraus kann geschlossen werden, dass man sich wohl eher mit einem geringeren Mindestgewinn zufrieden geben sollte. Wenn wir uns darauf einlassen, werden wir auch mit einem hohen Prozentanteil an Gewinn-Trades belohnt, und zudem verringert sich der Unsicherheitsfaktor bei einem geringeren Mindestgewinnziel. Daher entscheiden wir uns bei diesem System für ein Mindestgewinnziel von einem Prozent.

Der Verluststopp sollte zwar möglichst eng platziert werden, aber dabei muss man darauf achten, dass dem Trade zunächst ein gewisser Spielraum gewährt wird. Daher werden wir uns zuerst anschauen, welche Erkenntnisse uns der Bereich zwischen 0,5 und 2,5 Prozent vermittelt. Tabelle 5.12 zeigt die Ergebnisse.

Tabelle 5.12 ermöglicht uns bereits auf den ersten Blick eine sehr wichtige Beobachtung. Das Verhältnis zwischen dem durchschnittlichen Gewinn und dessen Standardabweichung ist nun in den meisten Fällen über 1 gestiegen. (Je höher das Verhältnis zwischen den entsprechenden Variablen und deren Standardabweichung ist, desto robuster ist das System.)

Tabelle 5.11: *Statistische Auswertung des Mindestgewinnziels für das Handelssystem „Black Jack 1".*

MINDESTGEWINNZIEL IN PROZENT					
	0,5	**1**	**1,5**	**2**	**2,5**
Durchschnittsgewinn	0,16	0,17	0,14	0,16	0,11
Standardabweichung	0,23	0,26	0,25	0,25	0,33
Verhältnis	0,69	0,65	0,54	0,61	0,33
Gewinn-Trades (%)	69,39	65,47	62,35	60,58	58,86
Standardabweichung	5,73	5,84	5,81	5,02	4,21
Verhältnis	12,10	11,20	10,73	12,07	13,98
	3	**3,5**	**4**	**4,5**	**5**
Durchschnittsgewinn	0,12	0,11	0,14	0,13	0,12
Standardabweichung	0,35	0,40	0,41	0,43	0,40
Verhältnis	0,33	0,28	0,33	0,30	0,30
Gewinn-Trades (%)	57,21	56,43	55,52	55,17	54,69
Standardabweichung	3,86	3,83	3,98	4,04	4,18
Verhältnis	14,83	14,72	13,93	13,66	13,08

Tabelle 5.12: Statistische Auswertung des Verluststopps für das Handelssystem „Black Jack 1".

	VERLUSTSTOPP IN PROZENT				
	0,5	0,75	1,00	1,25	1,50
Durchschnittsgewinn	0,17	0,18	0,18	0,17	0,15
Standardabweichung	0,14	0,14	0,16	0,16	0,15
Verhältnis	1,27	1,24	1,18	1,08	1,00
Gewinn-Trades (%)	33,40	38,93	43,57	46,88	49,25
Standardabweichung	11,04	9,35	7,92	6,93	6,73
Verhältnis	3,02	4,16	5,50	6,76	7,32
	1,75	2,00	2,25	2,50	2,75
Durchschnittsgewinn	0,13	0,13	0,14	0,16	0,16
Standardabweichung	0,12	0,15	0,15	0,17	0,16
Verhältnis	1,03	0,84	0,95	0,94	1,01
Gewinn-Trades (%)	51,37	53,35	55,24	56,79	57,97
Standardabweichung	6,50	5,99	5,53	5,54	4,93
Verhältnis	7,90	8,90	9,99	10,25	11,77

Mit einer Sicherheit von 68 Prozent können wir sagen, dass der durchschnittliche Ertrag pro Trade positiv ausfallen wird. Bei einem Verluststopp von 0,5 Prozent beträgt der Durchschnittsgewinn beispielsweise 0,17 Prozent und die Standardabweichung 0,14 Prozent. Wir können also mit einer Sicherheit von 68 Prozent sagen, dass der tatsächliche Durchschnittsgewinns irgendwo im Bereich zwischen 0,03 und 0,31 Prozent liegen wird. Tabelle 5.12 lässt zudem erkennen, dass die Ungewissheit (die durch die Standardabweichung erfasst wird) hinsichtlich der zu erwartenden Ergebnisse nach der Einbeziehung des Verluststopps ebenfalls abgenommen hat, während der erwartete Durchschnittsgewinn bei den restriktivsten Stoppplatzierungen ein wenig gestiegen ist. Dies hat jedoch auch seinen Preis, denn gleichzeitig ist der prozentuale Anteil der Gewinn-Trades gesunken. Wir können des Weiteren feststellen, dass einerseits der Prozentsatz der Gewinn-Trades mit der Entfernung des Verluststopps vom Einstiegspunkt steigt, aber andererseits verschlechtert sich dadurch der Gewinnfaktor. Ein zufrieden stellender Kompromiss zwischen diesen beiden Faktoren scheint darin zu bestehen, den Verluststopp etwa in der Mitte des Intervalls bei 1,5 Prozent zu platzieren. Dass es sich dabei um einen Kompromiss handelt, wird aufgrund der Tatsache ersichtlich, dass keiner der untersuchten Märkte im Bereich von 1,5 Prozent seine besten Ergebnisse erzielte.

Nachdem das System nun mit allen erforderlichen Stopps ausgestattet wurde, geht es um die Frage, von welchen Märkten die besten Ergebnisse zu erwarten sind. Tabelle 5.13 zeigt den Durchschnittsgewinn für alle Märkte, und zwar als Prozentangabe sowie als Dollar-Betrag.

Tabelle 5.13: Gesamtübersicht für das Handelssystem „Black Jack 1".

Markt	Durchschnittsgewinn	Dollar-Wert	Gewinn-Trades (%)
Orangensaft	0,21	28,69	46,20
Kupfer	0,18	36,24	44,26
Lebendrinder	0,30	80,78	55,64
Japanischer Yen	0,01	13,97	48,50
Mais	0,13	13,48	48,17
T-Bonds	0,22	243,93	58,48
Euro-Dollar	0,04	8,52	60,13
Erdgas	0,37	119,40	37,13
D-Mark/Euro	− 0,13	− 88,68	49,38
Kaffee	0,28	99,89	40,97
CRB-Index	− 0,01	− 7,73	52,02
Baumwolle	0,11	29,74	47,96
T-Bills	0,02	51,70	56,71
Rohöl	0,33	76,55	43,93
Alle Märkte	0,15	−	49,25
S&P 500	0,18	579,14	52,86

Wie Sie sehen, fällt der Prozentsatz des durchschnittlichen Gewinn-Trades für die meisten der 15 Märkte nicht groß genug aus, um einen zufrieden stellenden Ertrag zu erwirtschaften, der sich lohnt. Obwohl sich das Handelssystem Black Jack 1 offensichtlich in fast allen Märkten zu bewähren scheint, heißt dies noch lange nicht, dass es auch in allen Märkten handelbar ist, da nicht jedes System ausreichend hohe Gewinne erzielt, um nach Abzug der Kosten noch ein Plus vorzuweisen. Das bedeutet jedoch nicht, dass das Black-Jack-System ein schlechtes System ist. Wie sich herausstellt, hat sich von allen untersuchten Märkten nur der T-Bond-Markt als lohnenswert erwiesen, und selbst dieser Markt ist allenfalls ein Grenzfall. Andere Märkte wiederum, zu denen beispielsweise die Märkte für Erdgas, Kaffee, Lebendrinder, Euro-Dollar und Rohöl gehören, hätten Sie zwar nicht ruiniert, aber letztlich hätten sie Ihrem Broker mehr Geld eingebracht als Ihnen. Aber das bedeutet nicht, dass das System in diesen Märkten nicht funktioniert, sondern dass die genannten Märkte zum Zeitpunkt der Analyse nicht an einem geeigneten Kursniveau gehandelt wurden und auch keinen angemessen hohen Punktwert aufzuweisen hatten, um über die Kostdeckung für Slippage und Brokerprovisionen hinaus noch Gewinne zu generieren. Ein gut funktionierendes System ist also nicht mit einem gewinnbringenden System gleichzusetzen.

Der S&P 500 gehörte nicht zu den untersuchten Märkten, weil ich mir diesen Markt, der wahrscheinlich der beliebteste Markt von allen ist, für eine besondere Analyse vorbehalten wollte. Dieser Markt ist in der letzten Zeile von Tabelle 5.13 aufgeführt, und dessen Ergebnisse zeigen, was ein Futureskontrakt im S&P 500 eingebracht hätte. Wie Sie sehen, sind die Resultate recht gut ausgefallen, wobei der Durchschnittsgewinn 0,18 Prozent betrug, was einem durchschnittlichen Gewinn von 579 Dollar entspricht, wobei allerdings die dem gegenwärtigen Marktwert entsprechenden Kosten für Slippage und Brokerprovisionen nicht berücksichtigt wurden. Das ist eine recht interessante Feststellung, denn nach der Art, wie diese Angabe von TradeStation oder einer anderen Analysesoftware kalkuliert worden wäre, hätten sich ungefähr 387 Dollar als Durchschnittsgewinn ergeben. Das ist darauf zurückzuführen, dass sich alle Softwareprodukte dieser Art darauf konzentrieren, wie hoch Ihr Dollar-Gewinn ausgefallen wäre, und nicht darauf, mit welchem Dollar-Betrag Sie in Zukunft rechnen können; in einem aufwärts tendierenden Markt wird der historische Wert fast immer (unter der Voraussetzung eines gleichmäßig arbeitenden Systems) geringer ausfallen als der effektive Betrag unter gegenwärtigen Bedingungen.

An dieser Stelle möchte ich nochmals auf einen Punkt hinweisen, der mir besonders erwähnenswert erscheint: Der Grund, warum es nicht sinnvoll ist, bereits während der Entwicklung eines Systems die Kosten für Slippage und Brokerprovisionen von dessen Ergebnissen abzuziehen, besteht darin, dass Sie an einer Lösung interessiert sind, die es Ihnen ermöglicht, mit höchster Effizienz zu traden (um das optimale Ergebnis aus einer Kursbewegung herauszuholen), während Sie dabei möglichst wenigen Beschränkungen (Regeln) unterworfen sind. Bereits zu diesem Zeitpunkt Slippage und Brokergebühren zu berücksichtigen hätte eine weniger optimale Lösung und ein unzuverlässigeres System zur Folge, was sich beim Einsatz des Systems unter Echtzeitbedingungen bemerkbar machen würde. Im Idealfall sollten Sie sich erst dann mit Slippage und Brokergebühren auseinandersetzen, wenn Sie das System in Echtzeit einsetzen, um dann herauszufinden, ob es die erwarteten Gewinne zu erzielen vermag und ob es sich aufgrund der zu erwartenden Kosten lohnt.

Nun werden wir wieder die in Teil 1 eingehend erklärte Übertragungsfunktion benutzen, um uns näher anzuschauen, was das Black-Jack-System 1 im S&P 500 eingebracht hätte, was in Tabelle 5.14 gezeigt wird. Während der Testphase von Januar 1985 bis Oktober 1999 produzierte das Black-Jack-System 2 insgesamt 280 Trades mit einem Durchschnittsgewinn von jeweils 581 Dollar nach dem gegenwärtigen Marktwert. Aber bei einem Kapitalrückgang von 102.000 Dollar kann dieses System kaum als handelbar bezeichnet werden.

Beachten Sie dabei, dass das Ergebnis von TradeStation mit einem Kontrakt nur 43.695 betragen hätte. Wie kommt das? Das liegt daran, dass der Markt zu einem wesentlich niedrigeren Kursniveau als heute gehandelt wurde, als dieser Kapitalrückgang auftrat, und infolgedessen waren auch die Kursbewegungen geringer. Aber weil der Prozentanteil der Kursbewegung ziemlich konstant geblieben ist, kann man die in Prozenten angegebene Reihe von Trades auf das heutige Kursniveau übertragen, um einschätzen zu können, wie der Dollar-Betrag aufgrund des heutigen Marktwertes ausgefallen wäre. Kein Wunder, dass es immer wieder heißt: „Dein größter Kapitalrückgang steht dir noch bevor." Denken Sie aber daran, dass dieser Betrag voraussetzt, dass alle Trades auf dem aktuellen Marktwert bezogen wurden und dass alle Gewinne und Verluste wieder eingesetzt werden konnten. Daher kann dieser Wert nicht verwendet werden, um dieses System mit anderen Systemen oder den Empfehlungen eines „CTA" („Commodity Trading Advisor" = ein lizenzierter Berater, der die Berechtigung erworben hat, kostenpflichtige Tradingempfehlungen für die Terminmärkte anzubieten) zu vergleichen. Die Ergebnisse eines selbst konzipierten Systems sollten lediglich eigenen Forschungszwecken während des Entwicklungsprozesses dienen. Damit werden Sie wesentlich bessere Resultate erzielen als mit jeder technischen Analyse oder einer programmierten Handelssoftware.

Vielleicht denken Sie jetzt: „Das hört sich ja gut an, aber wie wahrscheinlich ist es denn, dass sich solche Trades auch in Zukunft einstellen werden?" Nun, es ist genauso wahrscheinlich (oder man könnte auch sagen: unwahrscheinlich), als würden Sie erwarten, dass der Markt jedes Kursniveau und jede Kursbewegung auf identische Weise wiederholt, denn diese Annahme ist damit verbunden, dass Sie sich an der althergebrachten Sichtweise orientieren. Wenn sich keine Ihrer Vorannahmen als richtig erweist, müssen Sie sich die Frage stellen, ob Sie in erster Linie daran interessiert sind, welche Gewinne oder Verluste Sie in der Vergangenheit erzielt hätten, oder ob Sie stattdessen wissen wollen, wie Sie zu einer realistischen Einschätzung Ihrer künftigen Ergebnisse kommen, um beurteilen zu können, wie viel Sie heute beim Trading verdienen könnten.

Tabelle 5.14: *Ergebnisauswertung für das Black-Jack-System von Januar 1985 bis Oktober 1999 im S&P 500.*

Trades insgesamt		280
Gewinnfaktor		1,25
Durchschnittlicher Gewinn	0,18%	581
Standardabweichung	2,02%	6.594
Gewinn-Trades	148	52,86%
Größter Gewinn-Trade	9,50	30.991
Durchschnittlicher Gewinn-Trade	1,69	5.521
Kumulierter Gewinn	55,38	180.662
Verlust-Trades	132	47,14%
Größter Verlust-Trade	− 2,23%	− 275
Durchschnittlicher Verlust-Trade	− 1,52%	− 4.958
Kapitalrückgang	− 31,47%	− 102.662

Trotzdem wäre es äußerst schwierig, die vorliegende Version des Handelssystems „Black Jack 1" praktisch einzusetzen. Aber verzweifeln Sie nicht. Wie Sie im Laufe der nächsten Kapitel erfahren werden, gibt es viel bessere Möglichkeiten, ein System dieser Art zu entwickeln.

KAPITEL 6

Was für oder gegen einen Trade spricht

Wenn sich ein System nicht für einen bestimmten Markt eignet, obwohl es gut in diesem wie in anderen Märkten funktioniert, stellt sich die Frage, ob sich der jeweilige Markt, für den Sie sich interessieren, in Anbetracht der Volatilität dieses Marktes tatsächlich lohnt oder ob es realisierbare Alternativen gibt. Dies gilt insbesondere für kurzfristige Handelssysteme, deren Trades nicht länger als eine oder zwei Wochen dauern. Wie sich herausstellt, sind die Punktwerte der meisten Märkte für landwirtschaftliche Produkte im Gegensatz zu vielen anderen Märkten wie die Devisen-, Index- und Zinsmärkte zu gering.

Tabelle 6.1 veranschaulicht, wie viel die Hälfte der „durchschnittlichen wahren Kursspanne einer Woche" (DWKW) in verschiedenen Märkten ausmacht, wenn man sie auf den heutigen Marktwert bezieht. Im Kaffeemarkt zum Beispiel beträgt die halbe durchschnittliche wahre Kursspanne einer Woche für die letzten zehn Jahre und für das letzte Jahr (1999) 1.343 Dollar beziehungsweise 1.453 Dollar. Eine Kursbewegung in diesem Markt entspricht 359 Dollar. Eine Kursbewegung von einem Prozent entspricht zur gleichen Zeit 359 Dollar. Eine Kursbewegung von 1,459 Dollar bedeutet im Kaffeemarkt 4,05 Prozent. Je größer also die Zahl in der rechten Spalte der Tabelle ausfällt (die den „Volatilitätsvergleichswert" enthält), desto volatiler ist der jeweilige Markt im Vergleich zu anderen Märkten, was in Prozent angegeben wird.

Wir wollen nun einige Märkte dieser Tabelle näher betrachten. Interessant ist einerseits, dass im Wesentlichen alle vom Wetter abhängigen Märkte (wie die US-Agrarmärkte), zum Beispiel die Märkte für Mais, Weizen und Sojabohnen, recht hohe Volatilitätsvergleichwerte aufweisen. Märkte, die aber noch wetterabhängiger sind, wie beispielsweise der Markt für Kaffee, Erdgas und Orangensaft, sind sogar noch wesentlich volatiler.

Andererseits haben sämtliche makroökonomisch orientierten Märkte, zu denen die Devisen- und Zinsmärkte gehören, äußerst geringe Volatilitätsvergleichswerte, die oftmals unter 1 liegen, was bedeutet dass diese Märkte selten eine durchschnittliche wahre Kursspanne über einem Prozent während einer halben Woche aufzuweisen haben. Bei diesen geringen wahren Kursspannen ist es äußerst zweifelhaft, dass jemand Märkte wie diese mit einem kurzfristig ausgerichteten System handeln kann, zumal die derzeitigen Kurs- und Preiswerte nicht hoch genug sind. Dennoch bieten die meisten dieser Makro-Märkte erfreulicherweise brauchbare Handelsmöglichkeiten.

Tabelle 6.1: *Dollar-Betrag für die Hälfte der durchschnittlichen wahren Kursspanne einer Woche (DWKW einer Kursbewegung von einem Prozent und deren Volatilitätsvergleichswert in Prozent).*

Markt	10 Jahre	5 Jahre	1 Jahr	1%	Volatilitätsvergleichswert
Sojaöl	203	206	272	98	2,78
Kakao	231	200	278	87	3,20
Kan. Dollar	345	369	447	680	0,66
Kaffee	1.343	1.512	1.453	359	4,05
Kupfer	452	490	492	199	2,47
Mais	187	208	218	100	2,18
Baumwolle	502	499	570	267	2,13
CRB-Index	825	828	1.063	1.020	1,04
Rohöl	703	708	859	229	3,75
Dollar-Index	866	781	825	992	0,83
Euro-Dollar	204	173	139	2.347	0,06
Mastrinder	473	573	526	398	1,32
Gold	339	310	393	294	1,34
Heizöl	776	763	941	257	3,66
Jap. Yen	1.425	1.617	1.825	1.206	1,51
Schweine	413	478	780	186	4,19
Lebendrinder	345	391	385	272	1,42
Bauholz	714	756	650	251	2,59
Muni. Bonds*	840	884	745	1.087	0,69
Erdgas	–	1.628	1.542	322	4,79
Nikkei	–	1.723	1.645	874	1,88
Hafer	148	149	135	55	2,45

Orangensaft	409	428	476	134	3,55
Schweinebäuche	982	1.045	1.311	248	5,29
S&P 500	4.767	5.387	6.390	3.264	1,96
Silber	614	641	616	261	2,36
Sojabohnen	444	477	574	241	2,38
Sojamehl	299	347	406	147	2,76
Zucker	213	209	325	77	4,22
T-Bills	192	171	162	2.374	0,07
T-Bonds	1.037	1.046	1.030	1.115	0,92
T-Notes	680	676	659	1.084	0,61
Bleifreies Benzin	818	836	979	268	3,65
Weizen	280	316	321	128	2,51

* Municipal Bonds = kurzfristige kommunale Schuldtitel

Aber sogar äußerst volatile Märkte können schwer zu handeln sein, wenn die Dollar-Werte der entsprechenden Kursbewegungen nicht hoch genug sind. Angenommen, Sie arbeiten mit einem kurzfristig orientierten System, das einen hohen Gewinnfaktor von 2,2 aufweist, was 55 Prozent Gewinn-Trades erwarten lässt. Im Idealfall können Sie damit rechnen, dass der durchschnittliche Gewinn-Trade die Hälfte der durchschnittlichen wahren Kursspanne dieses Marktes beträgt. Bisher haben Sie das System ausschließlich im T-Bond-Markt eingesetzt, einem sehr liquiden und nur mäßig volatilen Markt, und haben einen Durchschnittsgewinn von 294 Dollar pro Trade erzielt (wobei 75 Dollar für Slippage und Brokerprovisionen abgezogen wurden). Nun wollen Sie das System in einem volatileren Markt einsetzen, beispielsweise im Markt für Orangensaft. Bei einem Gewinnfaktor von 2,2 und einem durchschnittlichen Gewinn-Trade von 476 Dollar (siehe Tabelle 6.1) beträgt der durchschnittliche Verlust-Trade 216 Dollar (476 Dollar / 2,2). Bei einem Prozentsatz an Gewinn-Trades von 55 Prozent wird eine Reihe von 20 Trades einen durchschnittlichen Gewinn von 3.292 Dollar erzielen (11 x 476 Dollar – 9 x 216 Dollar), was wiederum einen Durchschnittsgewinn von 165 Dollar pro Trade ergibt (3.292 Dollar / 20). Wenn Sie davon 75 Dollar für Slippage und Brokergebühren abziehen, sind Sie bei nur 90 Dollar pro gehandeltem Kontrakt angelangt, was lediglich ein Drittel des Gewinns ausmacht, den Sie im T-Bond-Markt erwirtschaftet haben. Wenn Sie bedenken, dass sich lediglich eine oder zwei Gelegenheiten dieser Art pro Woche bieten und Sie dabei nur ein wenig mehr als 100 Dollar verdienen, werden Sie einsehen, dass es nicht der Mühe wert ist, sich dem Risiko auszusetzen, möglicherweise alles zu verlieren.

KAPITEL 7

Die Berücksichtigung des Trends

Die letzten Kapitel haben gezeigt, dass kurzfristig orientiertes Trading unglaublich lohnenswert, aber auch sehr riskant sein kann, was insbesondere dann zutrifft, wenn die ausgewählten Märkte nicht die Kursbewegungen aufweisen, die wünschenswert sind. Weil nicht jeder Markt kurzfristig einen durchschnittlichen Dollar-Gewinn in ausreichender Höhe produzieren kann, besteht die einzige Möglichkeit, in diesen Märkten zu handeln, darin, sich auf weniger Trades zu konzentrieren, die längerfristig ausgerichtet sind, was zur Erhöhung des durchschnittlichen Gewinns pro Trade führt und dadurch das Engagement in einem Markt lohnenswert macht.

In den letzten Kapiteln haben wir uns mit der Klassifizierung von Trades beschäftigt und erfahren, was langfristig und kurzfristig bedeutet. Es ist ratsam, sich möglichst kurzfristig auszurichten, wobei man sich an den Zeiteinheiten des Marktes, das heißt den Kursstäben, orientiert. Wenn Sie ein langfristiges System konzipieren, das sich auf die üblichen Zeiteinheiten (Tage) bezieht, sollten Sie während der Entwicklungs- und Untersuchungsphase Wochencharts (oder vielleicht sogar Monatscharts) verwenden, sodass Sie mit möglichst wenigen Zeiteinheiten des Marktes (Kursstäbe) arbeiten können. Nach einer optimalen Anzahl von Zeiteinheiten für das entsprechende System werden dessen Ergebnisse immer unzuverlässiger, und die Gewinne nehmen ab, je weiter man sich vom Einstiegssignal entfernt, was Tabelle 7.1 zeigt.

Tabelle 7.1 zeigt den Durchschnittsgewinn pro Trade anhand eines 20-Tage (Vier-Wochen)-Ausbruchsystems, das ausschließlich auf Long-Positionen im S&P 500 zugeschnitten wurde und über einen Zeitraum von Juni 1983 bis August 1999 untersucht worden ist. Alle Trades werden eine bestimmte Anzahl an Tagen (Wochen) gehalten, ganz gleich, was passiert. Im oberen Teil der Tabelle ist zu erkennen, dass in diesem Fall der Durchschnittsgewinn mit der Haltedauer steigt. Das bedeutet also: Je länger die Position gehalten wird, desto höher fällt der durchschnittliche Gewinn aus. Aber mit dem höheren Durchschnittsgewinn ist auch eine höhere Standardabweichung der Einzelergebnisse verbunden, was darauf hinweist, dass die Unsicherheit bezüglich der Ergebnisse ebenfalls zunimmt. Dies lässt sich durch das Verhältnis zwischen dem Durchschnittsgewinn und der Standardabweichung erfassen. Solange dieser Verhältniswert jedoch ebenfalls steigt, erhöht sich der Durchschnittsgewinn schneller als die Standardabweichung, was auf eine Verringerung des Risikos hindeutet. Im vorliegenden Fall nimmt der Verhältniswert nach etwa 50 Tagen ab, was besagt, dass nach dieser Zeit offenbar keine weitere Gewinnsteigerung mehr möglich ist, wenn die Position noch länger gehalten wird. Dies zeigt der Gewinn, der pro Tag erzielt wurde, da dieser nach 30 Tagen anfing abzunehmen. Ähnliches lässt sich auch im unteren Teil der Tabelle beobachten, der sich auf die Trade-Dauer in Wochen bezieht. Aber ganz besonders interessant ist der Vergleich zwischen den Wochendaten und den entsprechenden Tagesdaten, denn daraus wird ersichtlich, dass die Trades, die mehrere Wochen gehalten werden, lukrativer und zudem mit weniger Risiko verbunden sind, was wiederum durch den durchschnittlichen Gewinn und die Standardabweichung ermittelt wird. Infolgedessen werden wir die folgenden langfristigen Systeme sowohl auf Wochen- als auch auf Tagesdaten anwenden.

Tabelle 7.1: Zuverlässigkeitsvergleich zwischen Trades, die unterschiedliche Zeit gehalten werden.

Trade-Dauer in Tagen

	10	20	30	40	50	60
Durchschnittsgewinn(%)	0,152	0,462	0,854	0,886	1,193	1,304
Standardabweichung	2,033	2,822	3,368	3,842	4,913	4,982
Verhältnis	0,075	0,164	0,254	0,231	0,263	0,262
Gewinn / Tag	0,015	0,023	0,028	0,022	0,026	0,022

Trade-Dauer in Wochen

	2	4	6	8	10	12
Durchschnittsgewinn(%)	0,366	0,818	1,086	1,205	1,468	1,780
Standardabweichung	2,136	2,651	3,433	3,559	4,571	4,746
Verhältnis	0,171	0,309	0,316	0,339	0,321	0,375
Gewinn / Woche	0,183	0,205	0,181	0,151	0,147	0,148
Gewinn / Tag	0,037	0,041	0,036	0,030	0,029	0,030

Gleitende Durchschnitte

Über das Thema „Gleitende Durchschnitte" sind bereits viele Bücher und Artikel geschrieben worden, und die meisten davon sind auf Signale aufgrund einfacher Überschneidungen von gleitenden Durchschnitten ausgerichtet. Diese Überschneidungen entstehen entweder durch mehrere Überkreuzungen von einem oder mehreren gleitenden Durchschnitten oder dadurch, dass ein schnellerer einen langsameren gleitenden Durchschnitt schneidet. (Bei einem schnellen gleitenden Durchschnitt wird ein kürzerer Zeitraum für die Berechnung des Mittelwerts herangezogen, während für einen langsamen gleitenden Durchschnitt ein längerer Zeitraum zugrunde gelegt wird.) Wahrscheinlich haben die meisten Leute schon einmal mit einfachen gleitenden Durchschnitten phantastische Ergebnisse bei Untersuchungen anhand historischer Daten erzielt, mussten dann aber feststellen, dass die Realität anders aussieht, wenn diese Methode praktisch angewendet wird oder mit vorher unbekannten Daten getestet wurde. Daher versuchen viele, die aktuellen Kauf- und Verkaufssignale auszufiltern, indem sie entweder zusätzliche Bedingungen einführen und dem Signal beispielsweise erst nach einem Kursrücklauf (Korrektur) folgen und/oder eine zweite Überscheidung der gleitenden Durchschnitte abwarten oder weitere Durchschnitte oder andere Indikatoren hinzufügen.

Eine weitere Strategie, die zunächst auch recht viel versprechend aussieht, besteht darin, gleitende Durchschnitte vollkommen zu ignorieren, solange sich der Markt in einer Konsolidierungsphase befindet, um sie erst dann wieder aufzugreifen, wenn der Markt tendiert. Das Problem dabei ist jedoch, dass man erst im Nachhinein erkennen kann, ob ein Markt konsolidiert oder tendiert. Da aber einige Trader in Echtzeit handeln, dürfte diese Methode hinfällig sein. Ein stabiles, langfristig orientiertes Handelssystem muss folglich so konstruiert werden, dass ausreichend Spielraum vorhanden ist, sodass man in ungünstigen Phasen nicht immer wieder ausgestoppt wird.

Was die gleitenden Durchschnitte anbelangt, ist statt der Kreuzungsmethode eine andere Vorgehensweise vorzuziehen, bei der die Steigungsrichtung der Linie berücksichtigt wird, die durch die errechneten Mittelwerte entsteht. Wir können beispielsweise einen 100-Tage-GD (gleitenden Durchschnitt) auf den CRB-Index, der als äußerst wechselhafter Markt bekannt ist, anwenden. Im Zeitraum zwischen der Einführung dieses Index im Mai 1986 und Oktober 1999 hat der Schlusskurs in 214 Fällen den gleitenden Durchschnitt überschritten, aber nur in 160 Fällen hat der Schlusskurs seine Richtung von heute auf morgen geändert. In einem trendanfälligeren Markt wie dem Japanischen Yen traten im Zeitraum von Mai 1972 bis Oktober 1999 insgesamt 184 Überschneidungen und 187 Richtungswechsel auf. Mit einem 200-Tage-GD ergaben sich im CRB-Index 122 Überschneidungen und 82 Richtungswechsel und im Japanischen Yen 170 Überschneidungen sowie 92 Richtungswechsel. Woran liegt das? Wenn man vernünftigerweise davon ausgehen kann, dass sich der gleitende Durchschnitt in einem anhaltenden Trend der Richtung dieses Trends anschließen wird, so sollte man eigentlich die Anzahl der Fehlsignale beträchtlich reduzieren können, wenn man die Steigung des Durchschnitts als Auslöseimpuls für einen Trade einsetzt, anstatt sich auf dessen Kreuzungen zu verlassen.

Aber damit ist es nicht getan. Beachten Sie, dass im Fall des Japanischen Yen bei einem 200-Tage-GD die Anzahl der Überschneidungen größer ausfällt als die Anzahl der Richtungswechsel beim 100-Tage-GD. Mit der „Methode der Neigungsrichtung" lässt sich auch ein System konstruieren, das dennoch das gleiche Ergebnis erreicht, obwohl aktuelle und weniger aktuelle Daten verwendet wurden. Im Fall des CRB-Index stieg der Prozentanteil der Gewinn-Trades unter Einsatz eines 200-Tage-GD beispielsweise von 16 Prozent bei der Kreuzungsmethode auf 33 Prozent bei der Methode der Steigungsrichtung und von zehn Prozent auf 32 Prozent unter Verwendung eines 100-Tage-GD. Im Fall des Japanischen Yen stieg der Prozentsatz der Gewinn-Trades von 17 Prozent auf 36 Prozent, wenn ein 200-Tage-GD zugrunde gelegt wurde, und von 31 auf 40 Prozent, wenn ein 100-Tage-GD benutzt worden ist.

Eine weitere beliebte Tradingtechnik, die sich ebenfalls auf gleitende Durchschnitte stützt, besteht in der Verwendung von zwei gleitenden Durchschnitten, wobei ein Trade-Einstieg voraussetzt, dass der schnelle gleitende Durchschnitt den langsamen gleitenden Durchschnitt überkreuzt, während der Trade-Ausstieg lediglich erfordert, dass die Kurse den schnellen gleitenden Durchschnitt überschreiten. Was die Methode der Steigungsrichtung anbelangt, kann das gleiche Ziel erreicht werden, indem für den Einstieg die Steigung des langsameren GD (Einstieg-GD) benutzt wird, während man für den Ausstieg die Steigung des schnelleren GD (Ausstieg-GD) heranzieht. Falls beide Steigungsrichtungen einander widersprechen, halten Sie sich dem Markt fern. Eine weitere Möglichkeit besteht darin, dass man einen (oder mehrere) gleitenden Durchschnitt für Long-Positionen benutzt, während man einen anderen (oder mehrere) gleitenden Durchschnitt für Short-Positionen einsetzt. Diese Vorgehensweise eignet sich insbesondere für Märkte, die naturgemäß eine nach oben weisende Tendenz aufweisen, was zum Beispiel auf den Aktienmarkt zutrifft.

Wenn Sie diese GD-Kombinationen testen, sollten Sie die gleitenden Durchschnitte für die Long- und Short-Seite wie zwei unterschiedliche Märkte behandeln, für die jeweils zwei unterschiedlichen Systeme verwendet werden; wenn beide Systeme einander widersprechen, können Sie entweder dem Markt fernbleiben oder kleinere Positionen platzieren.

Nun werden wir uns der Entwicklung eines Modells zuwenden, das die Methode der Steigungsrichtung beinhaltet und zwei gleitende Durchschnitte enthält, die für die Long- und Short-Seite gleichermaßen gelten und in möglichst vielen Märkten gleich gut funktionieren. Gemäß unserer bisherigen Befunde ist es am besten, wenn wir bei der Untersuchung des Systems möglichst wenig Kursstäbe zugrunde legen, und daher werden wir Wochendaten verwenden und den 200-Tage-GD durch einen gleitenden Durchschnitt ersetzen, der 40 Kursstäbe umfasst. Am Ende des nun folgenden TradeStation-Codes finden Sie die Übertragungsfunktion für den Gewinnfaktor, den Prozentanteil an Gewinn-Trades und die Trade-Dauer, wobei es so eingerichtet wurde, dass auch die entsprechende GD-Kombination übertragen wird. Der TradeStation-Code für das besagte System lautet also folgendermaßen:

```
Input: EntryMA(10), ExitMA(5);
Vars: EntryVal(0), ExitVal(0), PFactor(0), WTrades(0), TotBars(0), TradeStr1("");
EntryVal = Average(Close, EntryMA);
ExitVal = Average(Close, ExitMA);
Condition1 = EntryVal > EntryVal[1];
Condition2 = ExitVal > ExitVal [1];
If Condition 1 = True and Condition2 = True Then
     Buy at Close;
If Condition1 = False and Condition2 = False Then
     Sell at Close;
If Condition2 = False Then
     ExitLong at Close;
If Condition2 = True Then
     ExitShort at Close;
If LastBarOnChart Then Begin
     PFactor = GrossProfit / – GrossLoss;
     WTRades = NumWinTrades * 100 / TotalTrades;
     TotBars = (TotalBarsLosTrades + TotalBarsWinTrades) * 100 /
     BarNumber;
     TradeStr1 = LeftStr(GetSymbolName, 2) + "," +
```

```
        NumToStr(EntryMA,0) + "," + NumToStr(ExitMA,0) + "," +
        NumToStr(PFactor, 2) + "," + NumToStr(WTrades, 2) + "," +
        NumToStr(TotBars, 0) + New Line;
        File Append("D:\Temp\MaDirect.txt", TradeStr1);
  End;
```

Das Modell wurde für alle GD-Kombinationen und 16 Märkte über einen Zeitraum von Januar 1979 bis Oktober 1994 getestet. Die übrigen Daten wurden einigen unabhängigen Stichproben (Out-of-sample-Daten) vorbehalten. Die 16 getesteten Märkte sind: T-Bonds, Lebendrinder, Japanischer Yen, Mais, Kanadischer Dollar, Rohöl, Dollar-Index, Bauholz, Orangensaft, S&P 500, Kupfer, Euro-Dollar, CRB-Index, Baumwolle, Gold und Kaffee. Die Kosten für Slippage und Brokerprovisionen wurden nicht berücksichtigt. Die Datenzusammenstellung erfolgte auf der Grundlage historischer Daten mit Hilfe der gebräuchlichen Punkte-Methode.

Mit den auf Excel übertragenen Daten bauen wir ein Grundgerüst auf, das als Basis für eine grafische Darstellung dient, sodass die Daten auf anschauliche Weise untersucht werden können, um die geeignete Kombination von gleitenden Durchschnitten ausfindig zu machen, die sich aller Wahrscheinlichkeit nach auch künftig bewähren wird.

Zuerst müssen Sie die Daten mit Hilfe der Ordnungsfunktion sortieren, wobei Sie mit dem Einstieg-GD beginnen und danach zum Ausstieg-GD übergehen. Anschließend geben Sie die folgende Formel in die beiden nächsten Spalten ein.

Zur Berechnung des Gewinnfaktors für jede der beiden GD-Kombinationen:

```
=IF(C17 <> C18;AVERAGE(D2:D17);"")
```

Spalte C bezieht sich auf den Ausstieg-GD und Spalte D auf den Gewinnfaktor für jede Kombination der gleitenden Durchschnitte und jeden Markt.

Zur Berechnung des Verhältnisses zwischen Gewinnfaktor und Standardabweichung:

=IF(G2<>"";G2/STDEV(D2:D17);"")

Spalte G bezeichnet den zuvor ermittelten Gewinnfaktor.

=INDEX(B:B;2+((ROW()-2)*16))

Spalte B bezeichnet den Einstieg-GD. Der Wert 16 bezieht auf die 16 untersuchten Märkte.

=INDEX(C:C;2+((ROW()-2)*16)),
=INDEX(G:G;2+((ROW()-2)*16))
=INDEX(H:H;2+((ROW()-2)*16))

H bezeichnet das Verhältnis zwischen dem Gewinnfaktor und der Standardabweichung.

Wenn Sie das getan haben, lassen Sie das obere Kästchen frei und geben die Werte von 0 bis 11 in die nächsten Spalten ein. Abbildung 7.1 zeigt, wie es aussehen sollte.

Abbildung 7.1 zeigt eine Matrix als Beispiel, die mit Hilfe eines Tabellenprogramms hergestellt wurde, nachdem die erforderlichen Daten von TradeStation übertragen und die oben aufgeführten Formeln eingegeben worden sind. In Kästchen Q2 geben Sie folgende Formel ein und setzen dies bis zum Kästchen AA2 fort:

=INDEX($K:$K;2+(P1*1))

Spalte K bezeichnet den Ausstieg-GD, und Kästchen P1 bezieht sich auf den Wert 0.

Abbildung 7.1: Durchschnittlicher Gewinnfaktor für unterschiedliche GD-Kombinationen.

O	P	Q	R	S	T	U	V	W	X	Y	Z	AA
	0	1	2	3	4	5	6	7	8	9	10	11
0		5	6	7	8	9	10	11	12	13	14	15
1	10	1,65	1,60	1,78	1,76	1,67	1,60	1,63	1,76	1,75	1,75	1,82
2	11	1,68	1,66	1,77	1,77	1,67	1,67	1,57	1,76	1,77	1,72	1,80
3	12	1,66	1,66	1,82	1,83	1,69	1,69	1,78	1,72	1,82	1,72	1,77
4	13	1,70	1,67	1,86	1,85	1,70	1,71	1,77	1,88	1,70	1,75	1,75
5	14	1,66	1,65	1,81	1,85	1,72	1,77	1,73	1,80	1,81	1,67	1,79
6	15	1,67	1,67	1,85	1,87	1,70	1,77	1,76	1,83	1,81	1,78	1,69
7	16	1,67	1,68	1,85	1,93	1,79	1,85	1,83	1,93	1,85	1,79	1,78
8	17	1,70	1,70	1,85	1,89	1,77	1,84	1,85	1,95	1,88	1,85	1,83
9	18	1,72	1,68	1,88	1,91	1,75	1,83	1,84	1,93	1,86	1,82	1,80
10	19	1,63	1,72	1,90	1,95	1,76	1,87	1,86	1,96	1,85	1,84	1,90
11	20	1,62	1,68	1,90	1,91	1,70	1,80	1,80	1,85	1,76	1,74	1,75

In Kästchen P3 geben Sie folgende Formel ein, und zwar bis Kästchen P13:

$$=INDEX(J:J;2+(O2*11))$$

J bezeichnet den Einstieg-GD, und Kästchen O2 bezieht sich auf den Wert 0.

Zum Schluss geben Sie in Kästchen Q3 die folgende Formel ein und fahren damit fort bis Kästchen AA13, um die Matrix zu vollenden (Abbildung 7.1):

$$=OFFSET(\$L\$1;(\$L\$1;(\$SO2*\$AA\$1)+Q\$1;0)$$

L bezeichnet den durchschnittlichen Gewinnfaktor.

Damit ist die Matrix fertig, und nun ist es einfach, eine grafische Darstellung zu erstellen, wie Sie in Abbildung 7.2 zu sehen ist, die zeigt, dass sich der durchschnittliche Gewinnfaktor mit der Länge der gleitenden Durchschnitte, aus denen sich das System zusammensetzt, verändert. Je höher der Gewinnfaktor ausfällt, desto besser ist das System. Derartige Grafiken können ebenso für die Anzahl der Gewinn-Trades oder für die im Markt verbrachte Zeit und sogar für die Standardabweichung von allen oben genannten Kennziffern hergestellt werden, was ein weiteres Messinstrument darstellt, die Robustheit eines Systems zu überprüfen.

Abbildung 7.2 ist zu entnehmen, dass der Einstieg-GD anscheinend im Bereich von 16 bis 20 Kursstäben bei fast allen Ausstieg-GD ab zehn Kursstäben einen sehr hohen Gewinnfaktor hervorbringt, aber das gilt auch für einen Ausstieg-GD im Bereich von sieben bis acht Kursstäben. Die lukrativsten Ausstieg-GD stellen offenbar die mit acht und zwölf Kursstäben dar. Abbildung 7.3 zeigt jedoch, dass das Verhältnis zwischen dem Gewinnfaktor und dessen Standardabweichung bei acht Kursstäben am höchsten zu sein scheint, und zwar entweder mit einem Einstieg-GD von etwa zwölf oder 18 Kursstäben. Das Verhältnis zwischen dem Gewinnfaktor und dessen Standardabweichung gibt über die Robustheit eines Systems Auskunft. Je höher dieser Verhältniswert ist, desto robuster ist das System. Diese beiden Abbildungen zeigen somit, dass mit einem Einstieg-GD von 18 Kursstäben und einem Ausstieg-GD von acht Kursstäben die besten Ergebnisse erzielt werden.

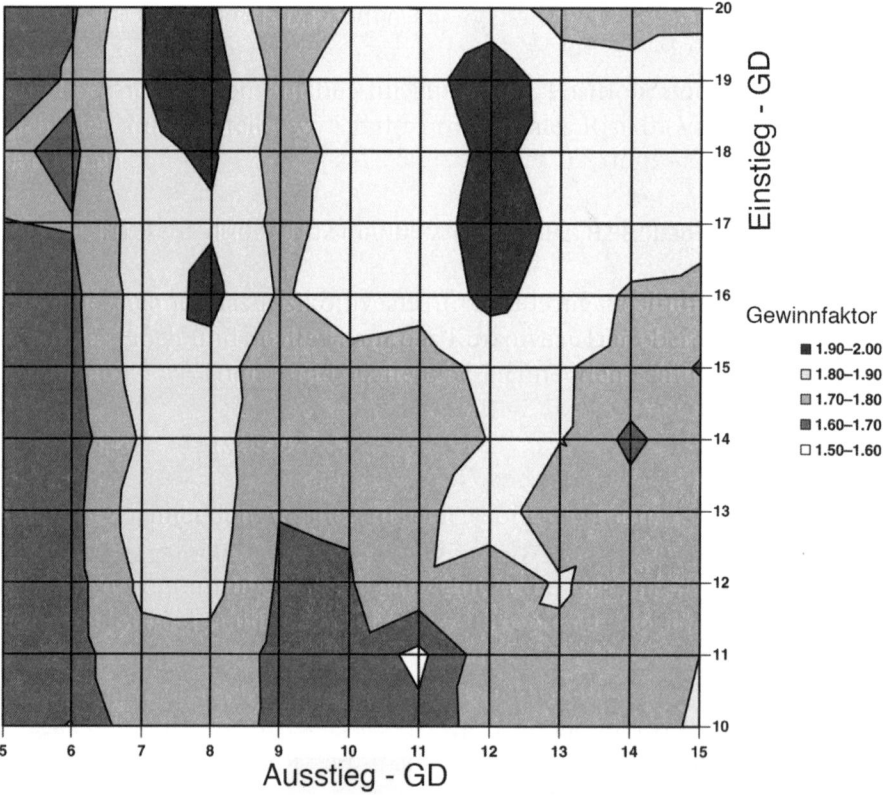

Abbildung 7.2: *Durchschnittlicher Gewinnfaktor bei unterschiedlichen GD-Kombinationen.*

Nach einer weiteren Methode wird berechnet, wie oft mit einer bestimmten GD-Verbindung beispielsweise die besten zehn Kombinationen pro Markt oder zum Beispiel die 200 Spitzenergebnisse, also die 200 höchsten Gewinnfaktoren aller Märkte, erreicht werden. Bezogen auf den Einstieg-GD lässt sich beispielsweise in Abbildung 7.4 erkennen, dass sämtliche Einstieg-GD zwischen 14 und 20 Kursstäben zu den 200 besten Verbindungen gehörten, wobei jede Kombination mindestens 15mal die Spitzenplätze belegte; Spitzenreiter war der gleitende Durchschnitt (GD) mit einer Länge von 16 Kursstäben, der insgesamt eine Auftretenshäufigkeit von 27 erreichte und somit den höchsten Rang belegte. Dieses Ergebnis bestätigt unsere Aussage, dass ein Einstieg-GD von 18 Kursstäben die beste Entscheidung darstellt, die sich aller Wahrscheinlichkeit nach auch in Zukunft als richtig erweisen und bewähren wird.

Abbildung 7.5 zeigt ein weiteres Beispiel für diese Methode, aber in diesem Fall wollen wir herausfinden, mit welchem Ausstieg-GD die meisten Gewinn-Trades erzielt werden. Wie die Tabelle zeigt, sollte man sich bezüglich des Ausstieg-GD auf den Bereich zwischen sechs und zehn Kursstäben konzentrieren, um die Anzahl der Gewinn-Trades zu erhöhen. Spitzenreiter unter den Ausstieg-GD ist der gleitende Durchschnitt mit einer Länge von acht Kursstäben.

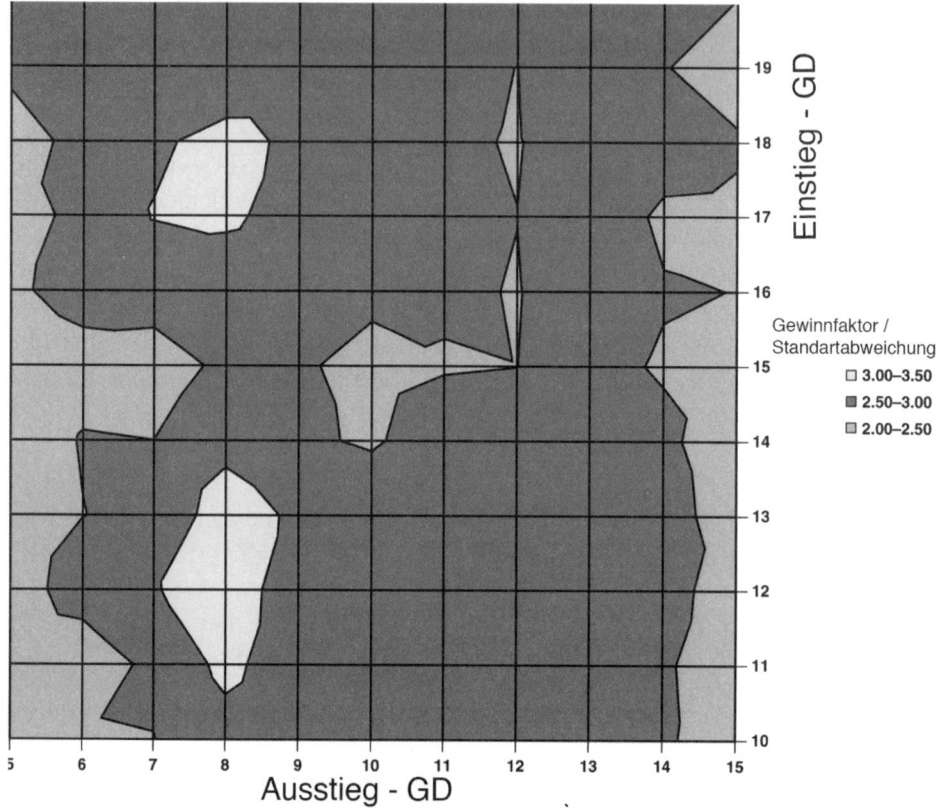

Abbildung 7.3: *Das Verhältnis zwischen dem durchschnittlichen Gewinnfaktor und dessen Standardabweichung gibt über die Robustheit eines Systems Auskunft.*

Die Abbildungen 7.2 und 7.3 zeigen, wie das „System der Steigungsrichtung" mit einem Einstieg-GD von 18 Kursstäben und einem Ausstieg-GD von acht Kursstäben in den jeweiligen Märkten im Zeitraum von Januar 1979 bis Oktober 1994 und im Zeitraum von Oktober 1994 bis Oktober 1999 abgeschnitten hätte. Im Zeitraum von Januar 1979 bis Oktober 1994 betrug der durchschnittliche Gewinnfaktor 1,91. Das Verhältnis zwischen dem Gewinnfaktor und dessen Standardabweichung betrug 3,13, wobei sich die Standardabweichung auf 0,61 (1,91 / 3,13) belief, was bedeutet, dass man mit einer Sicherheit von 68 Prozent sagen kann, dass der wahre durchschnittliche Gewinnfaktor nicht unter 1,30 (1,91 – 0,61) sinken wird. Im Zeitraum von Oktober 1994 bis Oktober 1999 betrug der durchschnittliche Gewinnfaktor 2,09. Da das Verhältnis zwischen dem Gewinnfaktor und dessen Standardabweichung 0,73 betrug, entsprach die Standardabweichung 2,86 (2,09 / 0,73), was bedeutet, dass nun keine Gewissheit mehr besteht, dass der wahre Gewinnfaktor über 1 angesiedelt sein wird. Der durchschnittliche Gewinnfaktor war zwar etwas höher als während des ersten Zeitraums, aber der Preis dafür war ein geringerer Verhältniswert zwischen dem Gewinnfaktor und dessen Standardabweichung, was besagt, dass das System an Robustheit eingebüßt hat.

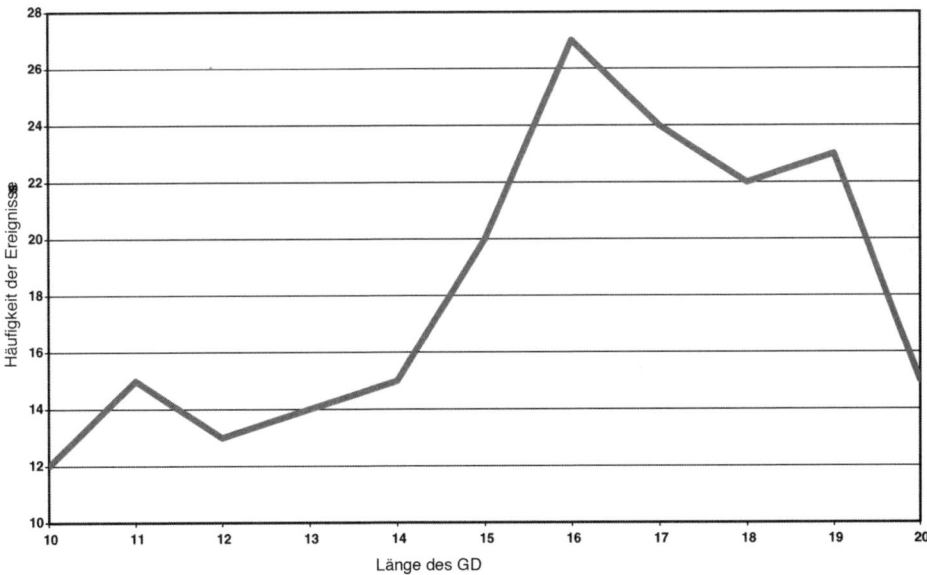

Abbildung 7.4: *Die Auftretenshäufigkeit der besten 200 Gewinnfaktoren bei unterschied-lichen Einstieg-GD.*

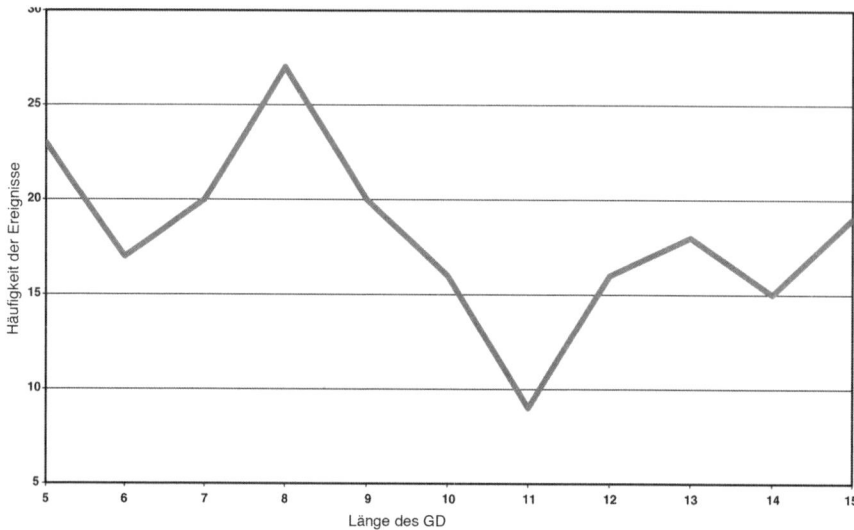

Abbildung 7.5: *Die Anzahl der besten 200 Gewinn-Trades (%) bei unterschiedlichen Ausstieg-GD. Unten: Länge des GD (Anzahl der Kursstäbe). Rechts senkr.: Häufigkeit der Ereignisse.*

Tabelle 7.2: *Ergebnisübersicht 1 für das „System der Steigungsrichtung".*

Daten von Januar 1979 bis Oktober 1994 mit einer Einstellung auf 18/8:

Markt	Einstieg-GD	Ausstieg-GD	Gewinnfaktor	Gewinn-Trades (%)	Trade-Dauer (%)
Mais	18	8	2,06	36,99	77,00
Kan. Dollar	18	8	1,29	46,25	77,00
Rohöl	18	8	2,73	54,35	77,00
CRB-Index	18	8	1,02	33,33	72,00
Baumwolle	18	8	2,28	45,71	81,00
Dollar-Index	18	8	2,07	42,86	76,00
Euro-Dollar	18	8	2,94	48,00	76,00
Gold	18	8	1,95	42,11	76,00
Kupfer	18	8	1,70	35,29	77,00
Jap. Yen	18	8	2,28	54,84	78,00
Kaffee	18	8	2,59	41,03	77,00
Bauholz	18	8	1,99	42,86	76,00
Lebendrinder	18	8	1,48	35,71	79,00
Orangensaft	18	8	1,96	44,16	78,00
S&P 500	18	8	0,63	33,33	81,00
T-Bonds	18	8	1,73	45,83	77,00
Durchschnitt			1,91	42,67	77,19
Verhältnis			3,13	6,43	36,68

Tabelle 7.3: Ergebnisübersicht 2 für das „System der Steigungsrichtung".

Daten von Oktober 1994 bis Oktober 1999 mit einer Einstellung auf 18/8:

Markt	Einstieg-GD	Ausstieg-GD	Gewinn-faktor	Gewinn-Trades (%)	Trade-Dauer (%)
Mais	18	8	12,16	69,23	75
Kan. Dollar	18	8	1,19	40	76
Rohöl	18	8	2,61	52,17	80
CRB-Index	18	8	2,5	40	71
Baumwolle	18	8	0,79	25,93	80
Dollar-Index	18	8	0,87	28,57	73
Euro-Dollar	18	8	0,58	37,5	74
Gold	18	8	1,72	47,62	80
Kupfer	18	8	0,85	26,92	85
Jap. Yen	18	8	4,37	66,67	76
Kaffee	18	8	0,92	25	83
Bauholz	18	8	1,36	52,38	76
Lebendrinder	18	8	1,13	45,45	74
Orangensaft	18	8	0,38	24,14	83
S&P 500	18	8	0,72	40,91	82
T-Bonds	18	8	1,23	41,67	78
Durchschnitt			2,09	41,51	77,88
Verhältnis			0,73	2,98	18,93

Aber die Tatsache, dass sich das System nicht mehr als robust erwiesen hat, besagt nicht, dass es nun nicht mehr gut funktioniert. Beim Erfassen der geeigneten Art von Kursbewegungen kann es sich dennoch ebenso gut bewähren wie bisher, aber im besagten Zeitraum gab es einfach keine derartigen Kursbewegungen. Eine Möglichkeit, sich darüber Klarheit zu verschaffen, besteht darin, den durchschnittlichen Gewinnfaktor insgesamt und dessen Verhältnis zur Standardabweichung für die verschiedenen GD-Verbindungen in beiden Stichproben zu ermitteln. Da es hierfür keine Abbildungen gibt, müssen Sie meinen Angaben vertrauen: Es hat sich gezeigt, dass der Gewinnfaktor für den Zeitraum von Januar 1979 bis Oktober 1994 (In-sample-Daten) 1,77 betrug, während er für den Zeitraum von Oktober 1994 bis Oktober 1999 (Out-of-sample-Daten) 1,73 betrug. Das ist zwar kein großer Unterschied, aber interessant ist dabei, dass sich das Verhältnis zwischen dem Gewinnfaktor und der Standardabweichung von 2,63 für den Zeitraum von Januar 1979 bis Oktober 1994 (In-sample-Daten) auf nur 1,07 für den Zeitraum von Oktober 1994 bis Oktober 1999 (Out-of-sample-Daten) verringert hat, was bedeutet, dass nicht nur die Verbindung von 18/8 (für Einstieg-GD und Ausstieg-GD) an Stabilität verloren hat, sondern dass die gesamte Logik, die dieser Trendfolgemethode zugrunde liegt, ihrer Tragfähigkeit beraubt wurde (und vielleicht gilt das sogar für alle Trendfolgemethoden).

Man könnte die Ergebnisse auch dahingehend interpretieren, dass die meisten Märkte während des Zeitraums von 1994 bis 1999 einfach nicht so viele Trends entwickelt haben, während andere Märkte hervorragende Trends ausgebildet haben, was einerseits zu einem höheren Gewinnfaktor, aber andererseits auch zu einer höheren Standardabweichung geführt hat. Dies lässt sich beispielsweise in Tabelle 7.3 feststellen, die zeigt, dass der Japanische Yen und Mais besonders hohe Gewinnfaktoren aufzuweisen haben – was insbesondere für den Maismarkt gilt –, während fast alle übrigen Märkte Verluste einbrachten, wobei ein Gewinnfaktors unter 1 oder im Bereich von 1 bereits auf diese Situation hindeutet; mit derart geringen Erträgen könnte man in der Praxis nicht einmal die Kosten für Slippage und Brokerprovisionen decken.

Das System scheint somit in der Lage zu sein, die ihm entsprechende Art von Kursbewegungen zu erfassen, aber in den meisten Märkten waren diese Kursbewegungen nicht ausgeprägt genug. Trotzdem hätte man auch im Zeitraum von 1994 und 1999 Gewinne erzielt, worauf der durchschnittliche Gewinnfaktor über 2 hinweist, und dies war ein paar günstigen Kursbewegungen in einigen Märkten zu verdanken – auch wenn der Ritt aufgrund der sprunghaften Kursbewegungen etwas holprig verlaufen ist.

Beachten Sie auch anhand der Tabelle 7.3, dass die Kursbewegungen nicht stark genug ausfielen, obwohl sie vorhanden waren. Diese Information kann man der Tatsache entnehmen, dass der Prozentsatz der Gewinn-Trades bei der Einstellung auf 18/8 lediglich von 43 Prozent für den Zeitraum von 1979 bis 1994 auf 42 Prozent für den Zeitraum von 1994 bis 1999 abnahm; insgesamt war ein Rückgang von 40 auf 39 Prozent zu verzeichnen (keine Abbildung). Die Stichprobe von 1994 bis 1999 wies jedoch gleichzeitig eine höhere Standardabweichung auf, was zusätzlich bestätigt, dass die wenigen lukrativen Märkte die schwachen Ergebnisse aller übrigen Märkte vollständig kompensieren konnten.

Dies kann man anhand der Abbildungen 7.6 und 7.7 erkennen, deren Ergebnisse aufgrund der gleichen Methoden gewonnen wurden wie die der Abbildungen 7.2 und 7.3, aber in diesem Fall sind ausschließlich Daten des Zeitraums von Oktober 1994 bis Oktober 1999 verwendet worden. Der Hauptunterschied zwischen Abbildung 7.2 und 7.6 besteht darin, dass der Gewinnfaktor während des untersuchten Zeitraums von 1994 bis 1999 uneinheitlicher ausfiel, wobei einige Märkte größere Gewinne aufwiesen als vorher, sodass die vielen kleinen Verluste, die durch andere Märkte zustande kamen, wieder ausgeglichen werden konnten. Dieser Unterschied wird auch durch die Abbildungen 7.3 und 7.7 bestätigt.

Der Vergleich zwischen den beiden Zeiträumen führt zu einer weiteren interessanten Beobachtung, da sich zeigt, wie gut sich der auf zwölf Kursstäben basierende Ausstieg-GD in beiden Stichproben bewährt hat. Daher sollten wir uns die 18/12-Kombination einmal eingehender anschauen. Wie sich herausstellt, stimmen diese Befunde mit denen der 18/8-Verbindung überein: Einige sehr lukrative Märkte sorgen für einen sehr hohen Gewinnfaktor, aber in allen übrigen Märkten wird nur ein geringer oder überhaupt kein Gewinn erzielt, was zu einer sehr geringen Stabilität (einer hohen Standardabweichung) führt.

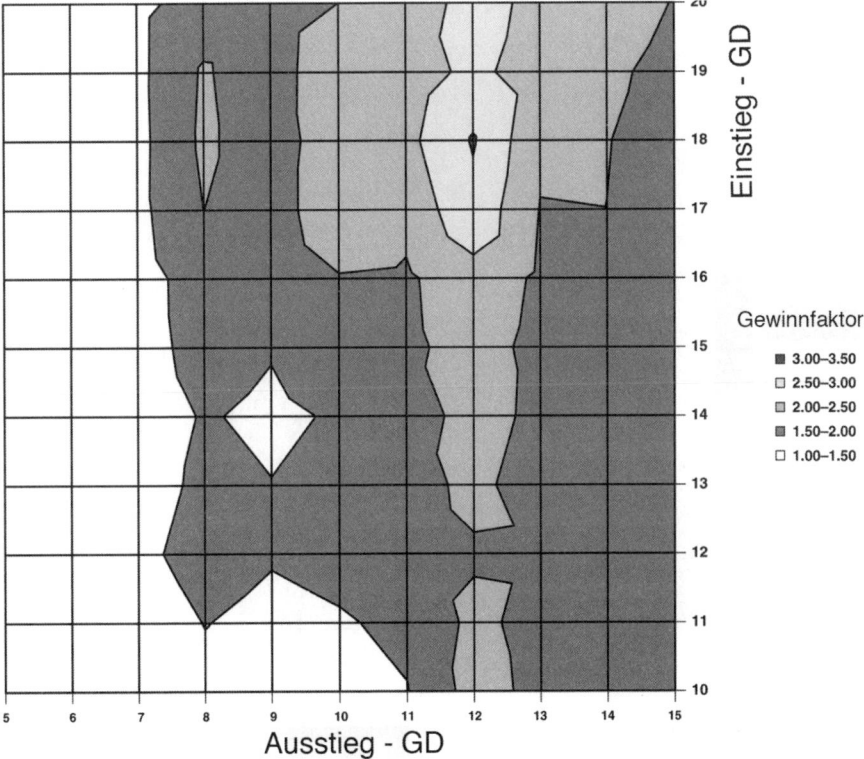

Abbildung 7.6: Der durchschnittliche Gewinnfaktor bei unterschiedlichen GD-Kombinationen für den Zeitraum von Oktober 1994 bis Oktober 1999.

Aber das sind nicht die wichtigsten Erkenntnisse, die durch den Vergleich aller vier Abbildungen gewonnen werden können. Man kann nämlich feststellen, dass die Ausstieg-GD im Bereich von sechs Kursstäben relativ stabil sind. Die Abbildungen 7.2 und 7.3 veranschaulichen, dass dieser gesamte Bereich einen hohen Gewinnfaktor aufweist, der bei einem Verhältniswert von 2,0 bis 3,0 etwa von 1,6 bis 1,9 reicht. Dies sind zwar keinesfalls Spitzenwerte, aber sie sind immerhin gut genug, was sich insbesondere aufgrund der Feststellung bestätigt, dass sich die entsprechenden Werte in den Abbildungen 7.6 und 7.7 kaum verändern, da die gleichen Werte von ungefähr 1,0 bis 2,0 beziehungsweise von 1,5 bis 2,5 reichen, aber die relativ konstanten Ergebnisse im Zeitverlauf machen diesen Bereich zu einem interessanten Beobachtungsfeld.

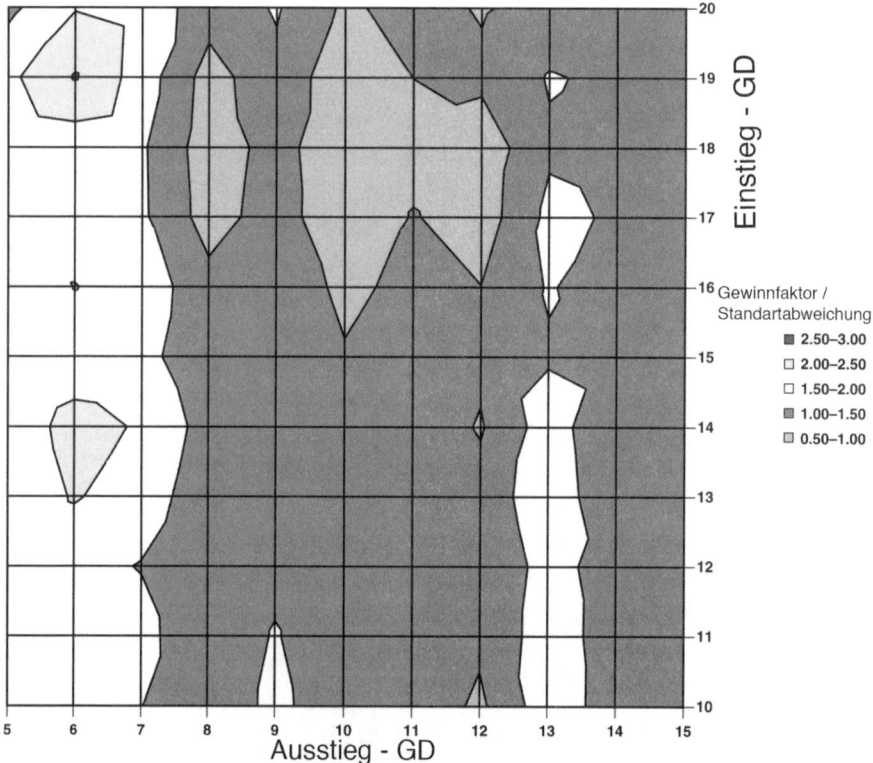

Abbildung 7.7: *Das Verhältnis zwischen dem durchschnittlichen Gewinnfaktor und der Standardabweichung für den Zeitraum von Oktober 1994 bis Oktober 1999.*

Noch eine abschließende Bemerkung zu den GD-Kombinationen 18/8 und 18/12: Die Tatsachen, dass diese GD-Verbindungen im Zeitraum 1994 bis 1999 nicht so gute Ergebnisse gebracht haben, bedeutet nicht, dass sie auf lange Sicht nicht funktionieren, sondern es heißt einfach, dass sie in letzter Zeit (also bis 1999) nicht so gut funktioniert haben. Bedenken Sie dabei auch, dass viele Trendfolgesysteme darauf ausgerichtet sind, einige große Kursbewegungen zu erfassen, die die vielen Verlust-Trades, die auftreten, wenn der Trend nicht stark genug ist, wieder ausgleichen, um darüber hinaus einen ordentlichen Gewinn zu erwirtschaften. Genau das ist auch während der zweiten Stichprobe von 1994 bis 1999 eingetreten.

Dynamische Ausbruchsysteme

Seit dem großen Erfolg von Richard Dennis und Bill Eckhardt Mitte der 80er-Jahre mit ihren „Turtle Traders[7]" sind Ausbruchsysteme sehr beliebt geworden. Das Grundprinzip dieser Systeme ist ganz einfach: Man kümmert sich nicht um Höchst- oder Tiefstpunkte des Marktes, sondern kauft, wenn der Markt steigt, und verkauft, wenn der Markt fällt. Anstatt zu versuchen, bei höchsten Kursständen zu verkaufen und bei tiefsten Kursen zu kaufen, tut man genau das Gegenteil. Wenn der Markt also aus dem höchsten Hoch der letzten n-Tage ausbricht, wird gekauft, und wenn der Markt das tiefste Tief der letzten n-Tage unterschreitet, wird verkauft. Mit diesem einfachen System befindet man sich ständig im Markt, und zwar entweder mit einer Long-Position, weil man nach einem Ausbruch nach oben einen Aufwärtstrend erwartet, oder mit einer Short-Position, weil man nach einem Ausbruch nach unten mit einem Abwärtstrend rechnet.

Dieses Grundsystem kann einigen Verbesserungen und Verfeinerungen unterzogen werden, die entweder einzeln oder zusammen mit anderen eingesetzt werden können. So kann man zum Beispiel die Long- und die Short-Trades unabhängig voneinander behandeln, indem man ihnen jeweils unterschiedliche historische Zeiträume zuordnet oder einen bestimmten historischen Zeitraum heranzieht, um die Ausstiege zu handhaben, was darauf hinausläuft, dass auch Seitwärtsbewegungen und Konsolidierungen mit dem entsprechenden System

---

[7] *Turtle Traders: eine Gruppe angehender junger Trader, die von Richard Dennis ausgebildet wurden. Dennis nannte die Gruppe die „Turtles" (Schildkröten), nachdem er eine Schildkrötenfarm in Singapur besucht hatte und beschloss, Trader zu züchten, so wie die besichtigten Farmen ihre Schildkröten züchteten.*

gehandelt werden können. Eine weitere Möglichkeit besteht darin, die historischen Zeiträume dynamisch zu gestalten und sie auf die historische Volatilität eines Marktes auszurichten. Man kann diese Zeitperiode auch konstant halten, aber den Volatilitätsfaktor auf dem Kursniveau berücksichtigen, auf dem der Ausbruch stattfindet, was beispielsweise durch das höchste Hoch der letzten n-Tage mal einem Volatilitätsfaktor bewerkstelligt werden könnte.

Ein System, das empfindlich auf die Volatilität reagiert, ist das „Dynamische Ausbruchsystem" (DAS), das ich in mehreren Artikeln im Futures Magazine in der Zeit zwischen 1996 und 1998 vorgestellt habe. Das DAS-System, wie es genannt wird, gründet auf der Vorannahme, dass die Zahl der „falschen" Ausbrüche in Zeiten relativ hoher Volatilität zunimmt, was mit „falschen" Trendwechseln und tieferen Korrekturen als erwartet einhergeht. Dadurch wird der Zeitraum ausgedehnt, der zum historischen Rückblick benutzt wird, und somit kommt es seltener vor, dass Einstiege und Ausstiege „zu früh" vorgenommen werden. Der TradeStation-Code für das DAS-System mit einem variablen Rückblickzeitraum von 20 bis 60 Tagen lautet folgendermaßen:

```
Inputs: MaxLB(60), MinLB(20)
Vars: HistVol(0), YestHistVol(0), DeltaHistVol(0), EntryLB(0), ExitLB(0),
YestEntryLB(0);
YestHistVol = HistVol;
HistVol = StdDev(C, 30);
DeltaHistVol = (HistVol – YestHistVol) / HistVol;
If CurrentBar = 1 Then
     EntryLB = 20;
YestEntryLB = EntryLB;
EntryLB = YestEntryLB * (1 + DeltaHistVol);
EntryLB = MaxList(EntryLB, MinLB);
EntryLB = MinList(EntryLB, MaxLB);
ExitLB = EntryLB * 0,5;
Buy Tomorrow at Highest(High, EntryLB) Stop;
Sell Tomorrow at Lowest(Low, EntryLB) Stop;
ExitLong Tomorrow at Lowest(Low, ExitLB) Stop;
ExitShort Tomorrow at Highest(High, ExitLB) Stop;
```

Dem Code (wir werden diese Version mit 1a bezeichnen) können Sie entnehmen, dass der Zeitraum für den Rückblick bei Ausstiegen immer die Hälfte des Rückblickzeitraums für Einstiege zu diesem bestimmten Zeitpunkt ausmacht.

Das Problem bei dieser Version ist jedoch, dass der variable Zeitraum für den Rückblick nicht immer so funktioniert, wie es wünschenswert wäre. Wenn zum Beispiel der CRB-Index über einen Zeitraum von Juni 1986 bis Oktober 1999 und der Japanische Yen über einen Zeitraum von Mai 1972 bis Oktober 1999 gehandelt werden, verringert sich die Anzahl der Trades für beide Märkte, wenn der variable Rückblickzeitraum durch einen unveränderbaren Rückblickzeitraum von 20 Tagen ersetzt wird. Beim CRB-Index reduzierte sich die Anzahl der Trades infolgedessen von 125 auf 112 Trades, und beim Japanischen Yen betrug die Anzahl der Trades 191, wenn ein variabler Rückblickzeitraum zugrunde gelegt wurde, und 181 Trades, wenn dies nicht der Fall war. Erfreulicherweise kamen aufgrund des variablen Rückblickzeitraums, zumindest beim Japanischen Yen, etwas mehr Gewinn-Trades zustande, und zwar 52 Prozent im Vergleich zu 46 Prozent bei einem festgelegten Rückblickzeitraum von 20 Tagen. Für den CRB-Index ergaben sich 26 Prozent bei variablem Rückblickzeitraum und 28 Prozent ohne diesen. Daher widerspricht der erste Teil dieser kleinen Studie den Vorannahmen, auf die das System gründet, während die Ergebnisse des zweiten Teils als nicht beweiskräftig betrachtet werden können.

Eine weitere, nicht wünschenswerte Eigenschaft des Systems besteht darin, dass mit einem größeren Zeitraum für den Rückblick die Gefahr verbunden ist, dass sich die Stopps vom aktuellen Kurs entfernen, anstatt sich ihm anzuschließen, falls sich der Markt in eine von beiden Richtungen in Gang setzt. Positiv ist allerdings, dass die Volatilität in der Regel zunimmt, wenn der Markt einen Trend entwickelt. Demzufolge gibt es zwei Arten von Volatilität: eine positive Volatilität, die sich günstig auf die entsprechende Position auswirkt, und eine negative Volatilität, die mit unerwünschten Folgen für die Position verbunden ist. Ein Beispiel für dieses Phänomen bietet der 7. Oktober 1998, als im Japanische Yen eine Kursbewegung in Gang kam, die fast 10.000 Dollar entsprach, und in den folgenden Tagen stieg der Yen weiter, wobei er insgesamt eine Strecke zurücklegte, die 14.000 Dollar entsprach. Abbildung 7.8 zeigt, wie sich diese Situation auf das Ausbruch- und Ausstiegsniveau des DAS-Systems auswirkte, was übrigens auf der Basis der üblichen Punktwerte dargestellt wurde. Als der Markt am 7. Oktober abhob, generierte das System beim Kurs von 0,822 ein Kaufsignal (was durch die durchgehende Linie dokumentiert wird), während der Verluststopp (gepunktete Linie) am Kurs von 1,781 platziert wurde, was einem Risikobetrag von 5.125 Dollar pro Kontrakt entspricht. Während der folgenden Tage erhöhte sich durch die Volatilität des Marktes der Rückblickzeitraum auf sein Maximum von 60 Tagen, was wiederum zur Folge hatte, dass der Verluststopp 0,174 erweitert (also nach unten verschoben) wurde, sodass nun aufgrund der Differenz zwischen Einstiegs- und Stoppkurs ein Risikobetrag von 7.250 Dollar entstand, der sich durch den Schlusskurs von 0,891 am 13. Oktober auf 15.875 erhöhte.

Eine Möglichkeit, dem Dilemma im Zusammenhang mit dem Verluststopp zu entkommen, bestünde darin, die gleiche Logik auf die Einstiege und die Ausstiege anzuwenden: Wenn höhere Volatilität – was auf zunehmende Unsicherheit und ein erhöhtes Risiko hinweist – den Einstieg in einen Markt erschwert (oder es einfacher macht, dem Markt fernzubleiben), wäre es doch eigentlich logisch, wenn aus dem gleichen Grund auch der Ausstieg aus dem Markt erleichtert (oder der weitere Verbleib im Markt erschwert) würde. Wenn Sie dieser Logik zustimmen, kann der TradeStation-Code für das DAS-System folgendermaßen umgeschrieben werden:

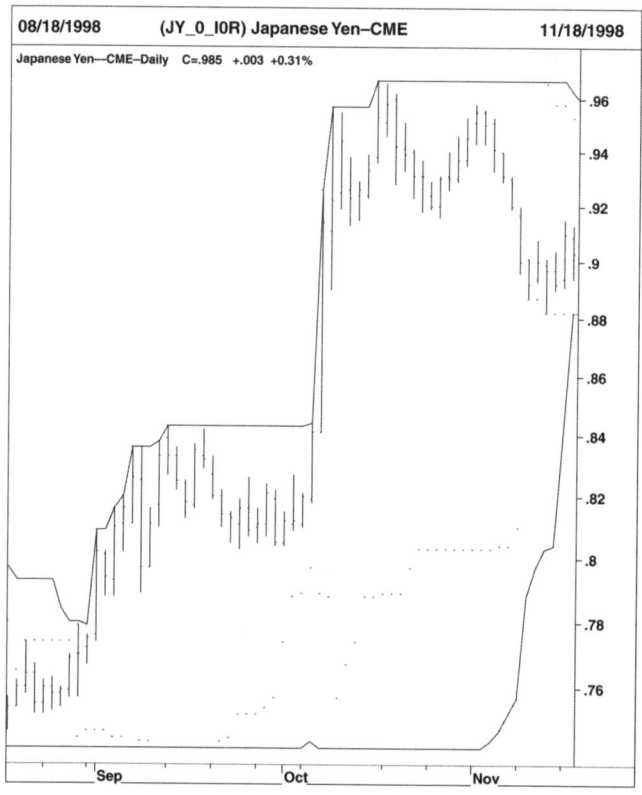

Abbildung 7.8: *Die Anwendung des DAS-Systems auf den Japanischen Yen.*

```
Inputs: MaxEntryLB(60), MinEntryLB(20), MaxExitLB(30), MinExitLB(10);
Vars: HistVol(0), YestHistVol(0), DeltaHistVol(0), EntryLB(0), ExitLB(0);
YestEntryLB(0), YestExitLB(0);
YestHistVol = HistVol;
HistVol = StdDev(C, 30);
DeltaHistVol = (HistVol – YestHistVol) / HistVol;
If CurrentBar = 1 Then
      EntryLB = 20;
YestEntryLB = EntryLB;
EntryLB = YestEntryLB * (1 + DeltaHistVol);
EntryLB = MaxList(EntryLB, MinEntryLB);
EntryLB = MinList(EntryLB, MaxEntryLB);
YestExitLB = ExitLB;
ExitLB = YestExitLB * (1 – DeltaHistVol);
ExitLB = MinList(ExitLB, MaxExitLB);
ExitLB = MaxList(ExitLB, MinExitLB);
Buy Tomorrow at Highest(High, EntryLB) Stop;
Sell Tomorrow at Lowest(Low, EntryLB) Stop;
ExitLong Tomorrow at Lowest(Low, ExitLB) Stop;
ExitShort Tomorrow at Highest(High, ExitLB) Stop;
```

Diese Version des Codes (Version 1 b) bezieht sich auch auf Situationen, in denen der Rückblickzeitraum für den Einstieg kürzer ist als der für den Ausstieg, was bedeutet, dass es auch mehrere Stopp-und-Umkehr-Situationen sowie einfache Ausstiege, die zu einer neutralen Position führen, geben kann. Somit dürfte diese Version etwas dynamischer sein als die ursprüngliche Version, bei der der Rückblickzeitraum für den Einstieg immer länger ausfällt als der für den Ausstieg. Bei dieser Version betrug die Anzahl der Trades im Japanischen Yen von Mai 1972 bis Oktober 1999 insgesamt 201 Trades, von denen 53 Prozent Gewinne einbrachten. Im CRB-Index wurden im Zeitraum zwischen Juni 1986 und Oktober 1999 bei insgesamt 114 Trades 31 Prozent Gewinn-Trades erzielt. Natürlich können einige der zusätzlichen Trades auf die Tatsache zurückgeführt werden, dass ein rascherer Ausstieg dem System auch einen zweiten Wiedereinstieg in die gleiche Richtung ermöglicht. Trotzdem sind diese Ergebnisse gegenüber dem, was wünschenswert wäre, nicht beweiskräftig, sodass folgende Frage bleibt: Gibt es eine Möglichkeit, die historische Volatilität einzusetzen, um sowohl die Anzahl der Trades zu reduzieren als auch die Anzahl der Gewinn-Trades zu erhöhen?

Da die Volatilität den Rückblickzeitraum verändert, brauchen wir lediglich eine Veränderung des Kursniveaus vorzunehmen, durch den das Einstiegssignal ausgelöst wird. Dies kann auch auf direktem Wege geschehen, indem man die Veränderung des Kursniveaus, das den Trade initiiert, der Volatilität überlässt. Der TradeStation-Code (Version 2a) für ein System dieser Art könnte folgendermaßen aussehen:

```
Inputs: VolMethod(1), VolFactor(0,5);
Vars: HistVol(0), HalfHistVol(0), LongEntry(0), ShortEntry(0), LongExit(0);
ShortExit(0);
If VolMethod > 0 Then
        HistVol = StdDev(C, 30) * VolFactor
Else
        HistVol =AvgTrueRange(30) * VolFactor;
HalfHistVol = HistVol * 0,5;
LongEntry = Highest(High, 20) + HistVol;
ShortEntry = Lowest(Low, 20) – HistVol;
LongExit = Lowest(Low, 20) – HalfHistVol;
ShortExit = Highest(High, 20) + HalfHistVol;
Buy Tomorrow at LongEntry Stop;
Sell Tomorrow at ShortEntry Stop;
ExitLong Tomorrow at LongExit Stop;
ExitShort Tomorrow at ShortExit Stop;
```

Bei diesem System addieren wir die historische Volatilität von 30 Tagen zum Kursniveau des Ausbruchs, zählen aber zum Kursniveau des Ausstiegs nur ein Viertel hinzu, um den Einstieg gegenüber dem Ausstieg zu erschweren. Somit räumen wir dem System nach wie vor ein wenig Spielraum ein, um nicht vorzeitig ausgestoppt zu werden, ermöglichen dem System aber gleichzeitig die Auflösung der Position, falls sich die Volatilität zu sehr erhöht. Eine andere Möglichkeit, im Prinzip die gleiche Wirkung zu erzielen, besteht darin, dass man alle historischen Volatilitätsfaktoren, die durch die Standardabweichung erfasst werden, durch den durchschnittlichen wahren Wert des jeweiligen Zeitabschnitts ersetzt. Dafür wird im TradeStation-Code die Eingabe für die VolMethod auf 0 abgeändert.

Um es dem System zu erleichtern, in Zeiten hoher Volatilität auszusteigen, tauschen Sie einfach das Pluszeichen durch ein Minuszeichen aus, wenn Sie den Ausstieg für eine Long-Position berechnen, und ersetzen bei einem Ausstieg für eine Short-Position das Minuszeichen durch ein Pluszeichen (dies entspricht Version 2b). Damit erreichen Sie jedoch, dass das System den Ausstieg aus einem Trade veranlasst, bevor der Markt am tiefsten Tief (höchsten Hoch) des Rückblickzeitraums angekommen ist, das als wichtigste Unterstützung (Widerstand) betrachtet wird.

Nun werden wir uns anschauen, welche Ergebnisse die Systeme, die bisher vorgestellt wurden, in einem Portfolio von 16 Märkten im Zeitraum von Januar 1980 bis Oktober 1999 erzielt hätten. Für die Untersuchung wurden folgende 16 Märkte verwendet: S&P 500, Kupfer, Rohöl, Lebendrinder, Baumwolle, Euro-Dollar, Kanadischer Dollar, Japanischer Yen, Gold, Bauholz, Orangensaft, Mais, Kaffee, Dollar-Index, CRB-Index und T-Bonds. Weil wir in diesem Zusammenhang nicht an Angaben in Prozent- oder Verhältniswerten interessiert sind, verwenden wir einen gewöhnlichen Kontrakt, der auf Punktwerten basiert. Die Kosten für Slippage und Brokerprovisionen wurden dabei nicht berücksichtigt, um zweitklassige Lösungen bei dieser Untersuchung zu vermeiden. Um dies zu bewerkstelligen, benutzen wir die Übertragungsfunktion für den Gewinnfaktor, den Prozentsatz an Gewinn-Trades und die Trade-Dauer, was in Teil 1 erörtert wurde.

Tabelle 7.4 zeigt, dass die ursprüngliche Version des DAS-Systems (Version 1a) tatsächlich den höchsten Gewinnfaktor aufwies, was aber im Vergleich zur Version 1b mit einer größeren Standardabweichung einherging. Dies wird durch die dritte Spalte veranschaulicht, die das Verhältnis zwischen dem Gewinnfaktor und dessen Standardabweichung enthält. Je größer dieses Verhältnis ausfällt, desto einheitlicher ist auch das Verhalten zwischen den Märkten. Bei einem Gewinnfaktor von 1,46 und einem Verhältniswert von 2,74 kann vom DAS-System der Version 1a beispielsweise keine Sicherheit von 68 Prozent erwartet werden, dass der Gewinnfaktor über 1 betragen wird (1,46 − 1,46 / 2,74 = 0,93). Dies gilt ebenso für Version 1b (1,36 − 1,36 / 3,52 = 0,97), aber der Vergleich zwischen den beiden Versionen zeigt, dass Version 1b aufgrund der höheren Stabilität besser abschneidet. Interessanterweise zeigen alle b-Versionen einen höheren Verhältniswert als die a-Versionen, was aber nicht für die Trade-Dauer gilt. Was die beiden wichtigsten Angaben, den Gewinnfaktor und den prozentualen Anteil an Gewinn-Trades, anbelangt, zeigen ferner auch alle 2b-Versionen bessere Ergebnisse. In den meisten Fällen weisen die b-Versionen nicht nur höhere Gewinne auf, sondern scheinen auch robuster zu sein, was den Vergleich zwischen verschiedenen Märkten anbelangt.

Nun werden wir uns mit Version b der Tabellen 7.5 und 7.6 beschäftigen, um herauszufinden, wie sich diese Version in den einzelnen Märkten verhält. Auch dafür benutzen wir wieder die Übertragungsfunktion für die einzelnen Trades, die ebenfalls in Teil 1 erläutert wurde. Damit müssen wir allerdings zu Kontrakten übergehen, die auf Verhältniswerten beruhen. Der TradeStation-Code für die Übertragungsfunktion lautet folgendermaßen:

```
Vars: FileName(""), TotTr(0), Prof(0), TradeStr2("");
If CurrentBar = 1 Then Begin
     FileName = "D:\Temp\" + LeftStr(GetSymbolName, 2) + ".txt";
     FileDelete(FileName);
     TradeStr2 = "Position" + "," + "Profit" + NewLine;
     FileAppend(FileName, TradeStr2);
End;
TotTr = TotalTrades;
If TotTr > TotTr[1] Then Begin
     Prof = 1 + PositionProfit(1) / (EntryPrice(1) * BigPointValue);
     TradeStr2 = NumToStr(MarketPosition(1),0) + "," +
     NumTotStr((Prof – 1) * 100, 2) + NewLine;
     FileAppend(FileName, TradeStr2);
End;
If LastBarOnChart Then Begin
     TradeStr2 = NumToStr(Close, 4) + "," +
NumToStr(BigPointValue, 2 + NewLine;
FileAppend(FileName, TradeStr2);
End;
```

Tabelle 7.4: *Statistische Auswertung der Trades für verschiedene DAS-Systeme.*

Version	Gewinn-faktor	Verhält-nis	Trades	Verhält-nis	Gewinn (%)	Verhält-nis (%)	Trade-Dauer	Verhält-nis
Vers. 1a	1,46	2,74	145	7,39	37,24	5,64	79	28,29
Vers. 1b	1,36	3,52	140	7,89	40,90	8,16	80	33,65
Vers. 2a (1)	1,36	2,64	100	7,10	39,21	5,72	88	27,67
Vers. 2b (1)	1,38	2,65	116	7,48	40,02	6,54	76	15,95
Vers. 2a (2)	1,35	2,71	107	6,78	39,24	5,73	90	42,50
Vers. 2b (2)	1,36	2,92	119	7,49	39,36	0,39	81	21,58

Tabelle 7.5: *Statistische Auswertung für DAS-System Version 1b.*

Markt	Gewinnfaktor	Trades	Gewinn-Trades (%)	Trade-Dauer (%)
Kan. Dollar	1,03	152	38,82	78
Kaffee	1,47	155	39,35	79
Kupfer	0,90	158	39,87	80
Mais	1,72	144	42,36	81
Baumwolle	1,27	148	35,14	84
CRB-Index	0,65	114	30,70	78
Rohöl	1,56	117	47,01	82
Dollar-Index	1,60	95	44,21	83
Euro-Dollar	1,78	127	46,46	83
Gold	1,53	141	43,26	80
Jap. Yen	2,05	144	50,00	78
Lebendrinder	0,83	157	35,03	79
Bauholz	1,38	147	40,14	78
Orangensaft	1,62	152	41,45	79
S&P 500	1,00	139	36,69	78
T-Bonds	1,33	146	43,84	85

Tabelle 7.6: *Statistische Auswertung für DAS-System Version 1b.*

	Durchschnittl. Trade		Durchschnittl. Gewinn		Durchschnittl. Verlust	
Markt	**(%)**	**($)**	**(%)**	**($)**	**(%)**	**($)**
Kan. Dollar	0,04	26	1,61	1.092	− 0,80	− 545
Kaffee	1,51	541	13,46	4.830	− 5,76	− 2.065
Kupfer	− 0,34	-67	5,91	1.178	− 4,25	− 848
Mais	1,00	100	7,47	749	− 3,48	− 349
Baumwolle	0,72	194	8,76	0,340	− 3,81	− 1.017
CRB-Index	− 0,52	− 532	2,74	2.793	− 1,78	− 1.814
Rohöl	2,38	545	10,74	2.463	− 5,40	− 1.239
Dollar-Index	0,67	663	3,13	3.100	− 1,44	− 1.427
Euro-Dollar	0,09	208	0,59	1.378	− 0,29	− 677
Gold	0,59	175	5,53	1.628	− 2,98	− 876
Jap. Yen	1,02	1.225	4,30	5.188	− 1,90	− 2.294
Lebendrinder	0,01	3	3,89	1.057	− 2,64	− 716
Bauholz	0,37	93	9,43	2.368	− 5,09	− 1.277
Orangensaft	1,21	162	8,64	1.156	− 4,43	− 592
S&P 500	− 0,33	− 1.093	3,94	12.848	− 2,78	− 9.060
T-Bonds	0,23	255	3,81	4.250	− 2,24	− 2.499

Nun werden wir ermitteln, wie Version 1b in zwei unterschiedlichen Zeiträumen abgeschnitten hätte, um herauszufinden, ob wir den bisherigen Ansatz ergänzen müssen oder die Schlussfolgerungen, die wir über das System der Steigungsrichtung im letzten Kapitel getroffen haben, bestätigen können. Wir werden uns die Zeiträume von Januar 1980 bis Oktober 1989 (Tabelle 7.7) und von Januar 1990 bis Oktober 1999 vornehmen (Tabelle 7.8). Tabelle 7.7 zeigt, dass der Gewinnfaktor im unteren Bereich angesiedelt ist, obwohl diese Version des DAS-Systems in den meisten Märkten Gewinne erzielte. Beachten Sie auch, dass sich der Gewinnfaktor aufgrund der unterschiedlichen Kontrakte, die benutzt wurden, vom ursprünglichen System unterscheidet. Hier wurde der auf Verhältniswerte angepasste Kontrakt verwendet, während der Gewinnfaktor mit Hilfe von durchschnittlich gewichteten Werten der Gewinn- und Verlust-Trades berechnet wurde. Wie Tabelle 7.8 zu entnehmen ist, scheinen die Ergebnisse der letzten zehn Jahre nicht gerade viel versprechend zu sein.

Wie es auch beim System der Steigungsrichtung der Fall war, trifft auch auf das DAS-System zu, dass die Ergebnisse des letzten Zeitabschnitts nicht so gut ausgefallen sind wie in der Vergangenheit. Dies kann man beispielsweise dem durchschnittlichen Gewinnfaktor für die beiden Zeiträume entnehmen. Dabei kann man feststellen, dass der durchschnittliche Gewinnfaktor im letzten Zeitabschnitt nicht nur geringer als im vorherigen Zeitraum ausgefallen ist, sondern darüber hinaus ist auch eine höhere Standardabweichung zu verzeichnen als im weiter zurückliegenden Zeitraum. Diese Ergebnisse sind also ebenfalls nicht so gut für den späteren Zeitabschnitt ausgefallen, und die gleiche Feststellung trifft auch auf alle übrigen Ergebnisse zu. Zum Beispiel ist die Anzahl der Gewinn-Trades geringfügig gesunken. Einen weiteren Hinweis darauf, dass die Gewinn-Trades zurückgegangen sind, kann man den Spalten entnehmen, die sich auf die Trade-Dauer und die Anzahl der Trades beziehen. Im Allgemeinen gilt: Je höher der Gewinnfaktor ist, desto weniger Trades gab es, und gleichzeitig nahm auch die im Markt verbrachte Zeit (Trade-Dauer) zu. Interessant wird sein, ob man diese Ergebnisse verbessern kann, was Gegenstand des nächsten Abschnitts sein wird.

Tabelle 7.7: *Statistische Auswertung für Version 1b (DAS-System) von Januar 1980 bis Oktober 1989.*

Markt	Gewinnfaktor	Trades	Gewinn-Trades (%)	Trade-Dauer (%)
Kan. Dollar	1,01	78	37,18	79
Kaffee	1,66	76	39,47	79
Kupfer	0,71	80	37,50	82
Mais	1,65	71	42,25	84
Baumwolle	1,32	68	36,76	86
CRB-Index	0,84	25	28	74
Rohöl	2,31	40	55	84

Dollar-Index	1,04	28	35,71	82
Euro-Dollar	1,91	41	51,22	82
Gold	1,48	68	42,65	77
Jap. Yen	2,44	71	56,34	78
Lebendrinder	0,97	70	40	77
Bauholz	1,38	70	40	81
Orangensaft	2,41	69	49,28	81
S&P 500	1,25	56	39,29	75
T-Bonds	1,35	73	42,47	85
Durchschnitt	1,48	61,50	42,07	80,38
Verhältnis	2,71	3,44	5,62	22,60

Tabelle 7.8: Statistische Auswertung für Version 1b (DAS-System) von Januar 1990 bis Oktober 1999.

Markt	Gewinnfaktor	Trades	Gewinn-Trades (%)	Trade-Dauer (%)
Kan. Dollar	0,95	72	38,89	75
Kaffee	1,33	76	39,47	78
Kupfer	1,11	74	41,89	76
Mais	1,9	68	45,59	76
Baumwolle	1,16	75	36	83
CRB-Index	0,57	83	33,73	78
Rohöl	1,24	74	43,24	80
Dollar-Index	2,37	58	51,72	80
Euro-Dollar	3,12	38	60,53	85
Gold	1,53	70	44,29	81
Jap. Yen	1,83	69	43,48	77
Lebendrinder	0,62	81	32,1	80
Bauholz	1,39	73	39,73	75
Orangensaft	0,85	80	33,75	76
S&P 500	0,92	79	34,18	79
T-Bonds	1,44	66	46,97	83
Durchschnitt	1,40	71,00	41,60	78,88
Verhältnis	2,11	6,57	5,58	25,84

Im Vergleich zum „System der Steigungsrichtung" ist der Gewinnfaktor erheblich geringer ausgefallen, während der Prozentsatz an Gewinn-Trades ungefähr gleich geblieben ist, allerdings bei einer geringeren Standardabweichung. Diese Beobachtung ist interessant, denn sie weist darauf hin, dass man für jedes System, für das man sich entscheidet, einen Preis zu zahlen hat, sodass es offenbar stets darauf hinausläuft, dass man letztlich mit jedem Vorteil, den man sich erarbeitet, gleichzeitig eine ungünstige Komponente in Kauf nehmen muss, die damit verbunden ist.

Das Dynamische Ausbruchsystem (DAS) und das System der Steigungsrichtung haben eine Gemeinsamkeit, die darin besteht, dass beide Systeme keine festgelegten Stopps aufweisen. Während es dem System der Steigungsrichtung vollkommen an einem natürlichen Stoppniveau mangelt, besitzt das DAS-System immerhin eine dynamische Stoppebene, aber bei dieser besteht die Gefahr, dass sie sich vom aktuellen Kursniveau entfernt, was den praktischen Einsatz dieses Systems mit einer festgelegten Geldmanagementstrategie erschwert, bei dem für jeden Trade ein festgelegter Prozentsatz des Trading-Kapitals eingesetzt wird. Diesen Ansatz nennt man übrigens „Fixed-Fractional"-Strategie.

Dies führt uns wieder zum Anfang dieses Kapitels zurück, wo es um die „Turtles" ging, denn für einen sogenannten „Turtle"-Trader ist eine Frage sogar noch wichtiger als die Fragen, wann und in welchen Märkten man handeln sollte, und zwar die Frage, wie viel Kapital für jeden Trade eingesetzt wird. Für einen Turtle-Trader ist es unerlässlich, in Phasen hoher Volatilität und bei einem Kapitalrückgang seine Positionsgröße zu reduzieren, um sein Kapital zu schonen, damit er für die nächste große Kursbewegung gerüstet ist, die in jedem Markt auftreten kann.

Standardabweichungsausbruch

Von allen Indikatoren gehören die Bollinger-Bänder zu den vielseitigsten Indikatoren, die es gibt. Sie können in kurzfristigen Systemen als eine Art von Oszillatoren eingesetzt werden, um Überkauft- und Überverkauft-Bedingungen zu ermitteln, oder in langfristig orientierten Systemen vom Typ der Ausbruchsysteme verwendet werden. Bollinger-Bänder bestehen aus einem mittleren Band, das aus dem gleitenden Durchschnitt der vergangenen n-Tage berechnet wird, und einem oberen und einem unteren Band, wobei das obere Band aus dem gleitenden Durchschnitt zuzüglich x Standardabweichungen und das untere Band aus dem gleitenden Durchschnitt abzüglich x Standardabweichungen errechnet wird. Zuerst müssen also die Länge des gleitenden Durchschnitts und anschließend die Anzahl der Standardabweichungen festgelegt werden. Die Erfahrung hat gezeigt, dass man bei einem langfristigen Ausbruchsystem einen Rückblickzeitraum für den gleitenden Durchschnitt und die Berechnung der Standardabweichung zwischen 50 und 100 Tagen wählen sollte. Bei einem kurzfristigen System sollte man sich an 20 bis 40 Tagen orientieren. Üblicherweise werden die Bollinger-Bänder im Zusammenhang mit den Preisen/Kursen dargestellt, wie in Abbildung 7.9 zu sehen ist. Bei der Betrachtung dieses Charts sollten Sie insbesondere Folgendes bedenken: Wenn die Kurse die Bollinger-Bänder berühren, bedeutet das nicht, dass die Kursentwicklung den Bändern folgt. Daher sollte der Berührung des Kurses mit dem oberen oder dem unteren Band keine besondere Bedeutung beigemessen werden, denn ebenso häufig sind es die Bänder, die sich den Kursen anschließen. Die Bollinger-Bänder bilden oft die Grundlage für hervorragende Ausbruchsysteme. Der entsprechende Trade-Station-Code lautet folgendermaßen:

```
Inputs: BandLen(60), NoStDev(2);
Vars: BandDevi(0), MidBand(0), UpBand(0), LoBand(0);
BandDevi = StdDev(Close, BandLen) * NoStDev;
MidBand =Average(Close, BandLen);
UpBand = MidBand + BandDevi;
LoBand = MidBand – BandDevi;
Plot1(MidBand,"MidBand");
Plot2(UpBand,"UpBand");
Plot3(LoBand,"LoBand");
```

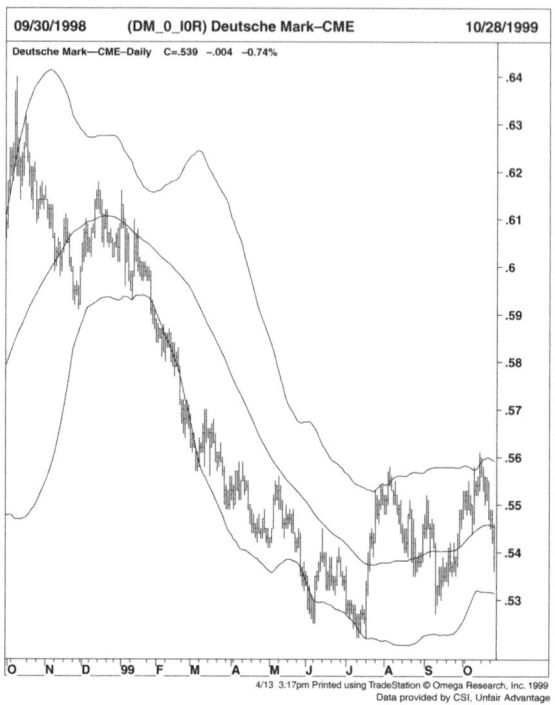

Abbildung 7.9: *Anwendung der Bollinger-Bänder auf einen Chart der "Deutschen Mark". Daten: 30.09.1998 – 28.10.1999*

Oft ist schwer zu erkennen, was tatsächlich geschieht, wenn sich die Kurse eines der Bänder berühren und sich dann mit einem Band verbinden, um eine gemeinsame Trendbewegung zu vollziehen. In diesem Fall könnte es vorteilhaft sein, den Bollinger-Indikator stattdessen als normalen Oszillator darzustellen, bei dem man das obere und das untere Band unverändert hält, beispielsweise bei 100 beziehungsweise 0. Diese Methode ist besonders nützlich, wenn man vor allem daran interessiert ist, eine kurzfristige Kursbewegung innerhalb eines vorherrschenden Trends zu erfassen. Dies wird in Abbildung 7.10 veranschaulicht, bei dem der gleiche Chart benutzt wurde wie in Abbildung 7.9, aber in Abbildung 7.10 sind die Bollinger-Bänder als Oszillator unter dem Chart dargestellt. Der TradeStation-Code für diesen Oszillator lautet folgendermaßen:

```
Inputs: BandLen(60), NoSstDev(2);
Vars: BandDevi(0), MidBand(0), UpBand(0), LoBand(0), BandPos(0);
BandDevi = StdDev(Close, BandLen) * NoStDev;
```

```
MidBand = Average(Close, BandLen);
UpBand = MidBand + BandDevi;
LoGand = MidBand − BandDevi;
BandPos = (AvgPrice − LoBand) * 100/(UpBand − LoBand);
Plot1(BandPos,"Position");
Plot2(100,"UpBand");
Plot3(0,"LoBand");
```

Wenn die Bollinger-Bänder als Oszillator verwendet werden, tritt ein interessantes Phänomen auf, und zwar, wie schnell er trotz des relativ langen Rückblickzeitraums die letzten Kursbewegungen zu erfassen vermag. Dies bedeutet, dass man viel mehr Daten in Betracht ziehen kann, aber dennoch das gleiche Ergebnis erzielt wie etwa mit einem gewöhnlichen RSI oder einem Stochastik-Indikator. Oder man benutzt die gleiche Datenmenge für einen schneller reagierenden Indikator. Abbildung 7.11 zeigt einen 20-Tage-Bollinger-Oszillator mit einem Zehn-Tage-RSI, die beide unter dem Chart separat dargestellt wurden und denen jeweils das gleiche Kursgeschehen im gleichen Markt zugrunde gelegt worden ist. In diesem Fall wurden die oberen und die unteren Begrenzungen für den Bollinger-Oszillator auf 70 beziehungsweise 30 eingestellt. Wie Sie sehen, berücksichtigt der Bollinger-Indikator zwar doppelt so viele Daten, bewegt sich aber dennoch viel schneller zwischen dem Überkauft- und dem Überverkauft-Bereich als der RSI-Indikator

Obwohl die Bollinger-Bänder im Vergleich zu den meisten anderen Indikatoren viele Vorteile aufzuweisen haben, teilt der Indikator aber auch viele Nachteile mit ihnen. Einer davon wurde bereits im Zusammenhang mit dem Meander-Indikator angesprochen: Man kann keine Vergleiche zwischen zwei unterschiedlichen Angaben durchführen, wenn man zwei unterschiedliche Zeitpunkte im gleichen Markt oder zwei unterschiedliche Märkte zum gleichen Zeitpunkt betrachtet.

Abbildung 7.10: *Die Bollinger-Bänder können auch als Oszillator dargestellt werden. Daten: 30.09.1998 – 29.10.1999*

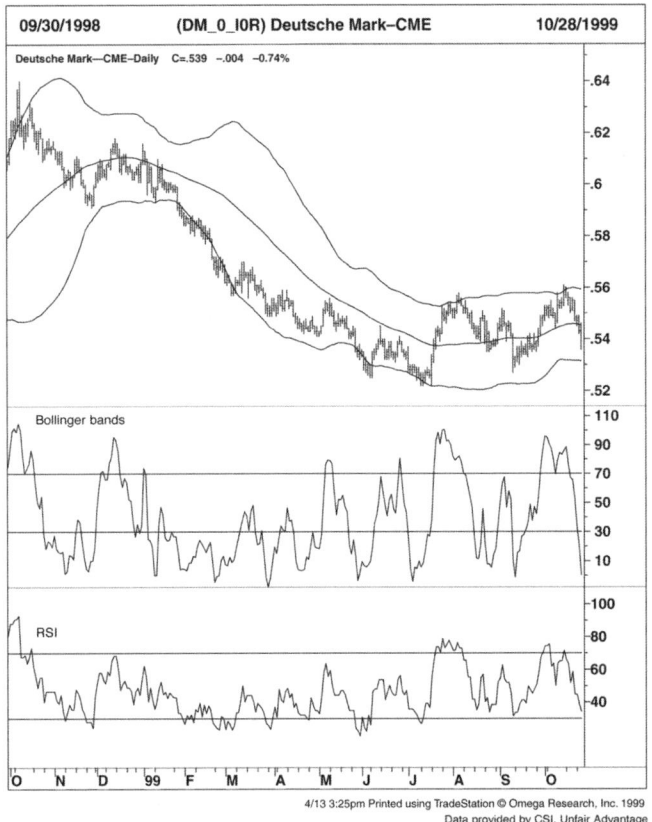

Abbildung 7.11: *Die Bollinger-Bänder reagieren viel schneller als der RSI.*
Daten: 30.09.1998 – 29.10.1999

Wenn man die Bollinger-Bänder in ein Handelssystem integriert, stößt man auf einen weiteren Nachteil, der darin besteht, dass man die Volatilität im Gegensatz zum einfachen Ausbruchsystem zweimal in Betracht zieht. Wenn man beispielsweise zurzeit keine Position hält, während sich der Markt in einer ziemlich umfangreichen Handelsspanne bewegt, die eine relativ hohe historische Volatilität aufweist, ist es bereits für ein gewöhnliches Ausbruchsystem schwierig, das auf dem höchsten Hoch/dem tiefsten Tief basiert, in den Markt zu gelangen, was auf die große Entfernung zwischen dem Einstiegskursniveau zurückzuführen ist. Aber bei einem System von der Art der Bollinger-Bänder muss man noch die Entfernung zu den oberen und unteren Bändern hinzuaddieren, sodass der Einstiegspunkt – aufgrund der Volatilität – wesentlich weiter vom höchsten Hoch beziehungsweise tiefsten Tief entfernt ist. Ebenso wie bei anderen Ausbruchsystemen berücksichtigen auch die meisten auf Bollinger-Bändern beruhenden Systeme die Volatilität offenbar nur beim Einstieg in den Markt, aber nicht beim Ausstieg. Stattdessen wird der Ausstieg im Allgemeinen lediglich durch die Kreuzung des mittleren Bandes bestimmt, das zumeist aus einem normalen gleitenden Durchschnitt besteht.

Hier haben wir es allerdings mit einer Variante eines langfristigen Systems zu tun, bei der es sogar noch mehr erschwert wird, in den Markt einzusteigen. Der entsprechende TradeStation-Code lautet folgendermaßen:

```
Inputs: BandLen(60);
Vars: UpBand(0), LoBand(0);
UpBand = XAverage(High, BandLen) + 2 * StdDev(High, BandLen);
LoBand =XAaverage(Low, BandLen) – 2 * StdDev(Low, BandLen);
Buy Tomorrow at UpBand Stop;
Sell Tomorrow at LoBAnd Stop;
ExitLong tomorrow at XAaverage(Low, BandLen) Stop;
ExitShort tomorrow at Xaverage(High, BandLen) Stop;
```

Wie Sie sehen, haben wir im Code für das obere Band den Schlusskurs durch das Hoch ersetzt, und für das untere Band wurde der Schlusskurs durch das Tief ersetzt. Dadurch wurde auch der Ausstieg ein wenig erschwert, indem wir für den Ausstieg aus einer Long-Position den Schlusskurs durch das Tief und für den Ausstieg aus einer Short-Position den Schlusskurs durch das Hoch ersetzt haben. Um die langsameren/verzögerten Einstiege und Ausstiege zu kompensieren, haben wir den einfachen gleitenden Durchschnitt durch einen exponentiellen gleitenden Durchschnitt ersetzt. Mit diesen geringfügigen Veränderungen wird beabsichtigt, einige Trades auszufiltern, die richtungslos versandeten, um nur jene Signale zu erfassen, bei denen die Schwungkraft (Momentum) ausreichte, um die Kursbewegung fortzusetzen, sodass ein Gewinn-Trade daraus resultiert. Der Berechnungszeitraum wurde auf 60 Tage festgelegt, und ansonsten wurden keinerlei Optimierungen vorgenommen. Um ein tragfähiges Setting zu ermitteln, kann man die gleiche Technik anwenden, wie wir es für das System der Steigungsrichtung getan haben, bei dem wir die unterschiedlichen GD-Kombinationen übertragen haben, um dann einige sogenannte Flächencharts herzustellen.

Das zuvor besprochene Modell wurde für den Zeitraum von Januar 1980 bis Dezember 1992 getestet. Den Zeitraum von Januar 1993 bis Oktober 1999 haben wir uns für eine unabhängige Untersuchung vorbehalten, nachdem wir einige Stopps und eine Art Filter hinzugefügt hatten. Die 16 untersuchten Märkte sind folgende: D-Mark, Rohöl, Bauholz, Kupfer, Gold, Dollar-Index, Lebendrinder, T-Bonds, Baumwolle, Japanischer Yen, Erdgas, Weizen, Nikkei-Index, Kaffee, T-Bills und Grober Reis. Weil wir für die Untersuchung den normalen, auf Punktwerte bezogenen nachträglich angepassten Kontrakt verwendet haben, wurde die Übertragungsfunktion für den Gewinnfaktor, die Trade-Dauer und den Prozentsatz der Gewinn-Trades dem obigen Code beigefügt, um eine weitere Analyse durch das Tabellenprogramm zu ermöglichen. Tabelle 7.9 zeigt die entsprechenden Ergebnisse. Die Kosten für Slippage und Brokerprovisionen blieben dabei unberücksichtigt.

Wie Tabelle 7.9 zeigt, besitzt diese Version des Bollinger-Band-Systems einige wünschenswerte Eigenschaften, wie zum Beispiel einen hohen Gewinnfaktor in den meisten Märkten, einen hohen Prozentanteil an Gewinn-Trades und eine recht geringe Trade-Dauer. Wie man Tabelle 7.9 entnehmen kann, wurden in allen Märkten Gewinne erzielt, wobei der Gewinnfaktor in vielen Fällen weit über 1 lag und der durchschnittliche Gewinnfaktor sogar einen Wert von 3,82 erreichte, was den geringfügigen Veränderungen zuzuschreiben ist, die gegenüber dem ursprünglichen System vorgenommen wurden. Für ein langfristig ausgerichtetes System zeigten die meisten Märkte auch einen sehr hohen Prozentsatz an Gewinn-Trades mit 51,74% Gewinn-Trades pro Markt.

Tabelle 7.9: *Langfristiges System mit Bollinger-Bändern von Januar 1980 bis Dezember 1992.*

Markt	Gewinnfaktor	Trades	Gewinn-Trades (%)	Trade-Dauer (%)
D-Mark	3,62	34	61,76	59
Rohöl	5,41	23	73,91	61
Bauholz	1,21	46	32,61	53
Kupfer	2,29	37	40,54	52
Gold	1,67	43	41,86	55
Dollar-Index	3,92	17	64,71	54
Lebendrinder	1,32	34	38,24	44
T-Bonds	1,94	33	45,45	52
Baumwolle	2,32	39	43,59	59
Jap. Yen	3,01	40	60	62
Erdgas	10,28	6	66,67	82
Weizen	2,37	38	34,21	53
Grober Reis	12,65	15	66,67	59
Nutzholz	3,41	33	60,61	62
Kaffee	3,3	34	47,06	50
Nikkei-Index	2,42	6	50	63

Schlussgedanken zu Teil 2

In Teil 2 haben wir einige einfache Handelssysteme konzipiert, mit denen wir uns auch in den nächsten Abschnitten beschäftigen werden, indem wir sie weiterentwickeln. Obwohl die bisher behandelten Systeme sehr einfach sind und nur wenige Regeln enthalten, haben wir festgestellt, dass es möglich ist, ganz unterschiedliche Arten von Märkten abzudecken und ein System zu schaffen, das aller Wahrscheinlichkeit nach auch künftig in unterschiedlichen Märkten weiterhin gut funktionieren wird – und mitunter sogar in Märkten, in denen das System bisher noch nicht getestet wurde.

Um ein robustes System zu schaffen, ist es einerseits von entscheidender Bedeutung, es so einfach wie möglich zu halten, während man sich andererseits vergewissert, dass es in mehreren unterschiedlichen Märkten gut arbeitet. Beachten Sie dabei, dass die Schlüsselworte „gut funktionieren" oder „gut arbeiten" heißen und nicht „gewinnbringend". Wenn ein gut funktionierendes System gewinnbringend sein soll, muss es in einem Markt eingesetzt werden, der einen ausreichend hohen Dollar-Wert in Relation zur Kursbewegung aufweist, für die das System konzipiert wurde. Das muss zwar nicht immer der Fall sein, aber das bedeutet nicht, dass es sich um ein schlechtes System handelt.

Bevor wir zu Teil 3 übergehen, möchte ich Ihnen gerne einige Fragen stellen und Ihnen einige Denkanstöße geben. Gibt es eine Möglichkeit, Systemoptimierungen auf die Spur zu kommen? Ist es so einfach, dass man sagen kann: Je bessere Ergebnisse ein System im Test zeigt, desto mehr ist es optimiert worden? Oder: Je mehr Regeln ein System hat, desto mehr hat man es optimiert? Angenommen, Sie sind gerade mit der Entwicklung eines Systems fertig geworden, das unzählige Regeln enthält, durch das Sie jede Kursbewegung historischer Tagescharts im S&P 500 vollständig erfassen können. Dieses System ist zweifellos optimiert, aber was geschieht, wenn Sie alle Regeln umkehren? Mit anderen Worten: Jeder Regel, die Sie aufgestellt haben, fügen Sie eine Regel hinzu, sodass Sie letztendlich doppelt so viele Regeln haben. Wie würden die historischen Ergebnisse dieses Systems aussehen? Sie wären katastrophal. Ist also das zweite System „optimierter" als das erste?

Und nun eine Anregung, wie man Systemoptimierungen erkennen könnte: Wählen Sie einen oder mehrere Märkte aus, und suchen Sie alle Marktbereiche heraus, die Ihr System erfassen soll, die Sie anschließend zusammenstellen, um eine fiktive Kapitalkurve oder mehrere Kurven zu erstellen. Daraufhin beginnen

Sie mit dem Aufbau des Systems, indem Sie so lange durch Hinzufügen oder Beseitigen von Regeln herumexperimentieren, bis das System mit den Phantasieergebnissen übereinstimmt. Nach jeder Modifikation, die Sie vornehmen, überprüfen Sie die Differenz zwischen der Phantasiekurve und dem von Ihnen bearbeiteten System, indem Sie die entsprechende Korrelation ermitteln. Als negativ zu werten ist es, wenn Sie das System mit einer weiteren Regel versehen müssen, um eine höhere Korrelation zu erreichen, aber wenn Sie es schaffen, den Korrelationskoeffizienten zu erhöhen, indem Sie eine Regel beseitigen, ist das positiv.

Bin ich ebenso vorgegangen? Nein. Aber da ich darüber nachgedacht habe, kann ich Ihnen sagen, dass ich Folgendes unter einer Regel verstehe: Jedes Mal, wenn ich ein Zeichen verwenden musste wie „gleich" (=), größer als (>) oder kleiner als (<), habe ich eine Regel aufgestellt. Mir kam es darauf an, die Anzahl dieser Zeichen so gering wie möglich zu halten, sodass ich für die gesamte Strategie weniger als fünf Zeichen verwendet habe, was wünschenswert ist. In Bezug auf die Frage, was man als Zeichen bezeichnen kann, werden Sie – wenn Sie ehrlich sind – selbst feststellen, dass es äußerst schwierig ist, diese Frage zu beantworten.

Im nächsten Teil werden wir uns damit beschäftigen, ob man die Performance eines Systems weiter verbessern kann, indem man einige Stopps hinzufügt, die dem Kapitalschutz bei schwer wiegenden Verlusten sowie der Gewinnsicherung dienen. Obgleich es zutrifft, dass man mit jeder Regel, die man in das System integriert, möglicherweise eine Optimierung vornimmt, stellen Verlust-, Gewinnsicherungs- und Ausstiegsstopps ein notwendiges Übel dar und sollten als eine Frage des gesunden Menschenverstandes und nicht als Optimierung betrachtet werden. Wenn Sie also eine Long-Position halten und der Markt eine für Sie ungünstige Richtung einschlägt, verlieren Sie Geld, was nicht gerade beglückend ist, aber zumindest muss man in einer solchen Situation planmäßig vorgehen, und genau darum geht es.

TEIL 3

AUSSTIEGE

Sobald Sie wissen, was Sie mit Ihrem System erreichen wollen und welche Art von Kursbewegungen erfasst werden sollen, können Sie sich mit verschiedenen Arten von Stopps und Ausstiegstechniken beschäftigen. In gewisser Weise können Sie alle einfachen Systeme, wie Sie bisher vorgestellt wurden, lediglich als Zusammenstellung von Einstiegsregeln betrachten. Das System in seiner einfachen Ausführung sagt Ihnen also, wann es Zeit ist, eine Long- oder eine Short-Position zu eröffnen, oder wann es angebracht ist, sich von dem jeweiligen Markt fernzuhalten. Natürlich ist mit einer Long-Position, die Sie eröffnet haben, eine entsprechende Short-Position für den Ausstieg verbunden. Dennoch handelt es sich bei einem einfachen System um einen Satz von Einstiegsregeln, von denen Sie sich Handelsgelegenheiten erhoffen, die Ihnen hohe Erträge ermöglichen. Viele erfolgreiche Trader drücken dies sinngemäß folgendermaßen aus: „Jeder, der in einen Markt einsteigt, wird auf lange Sicht nur dann erfolgreich sein können, wenn es ihm gelingt, beim Ausstieg größere Gewinne als Verlust aufzuweisen."

Daraus folgt, dass die Ausstiege meist wichtiger sind als die Einstiege. Daher ist es nicht unbedingt am besten, wenn man sich zunächst in erster Linie auf die Einstiege konzentriert. Selbstverständlich braucht man zuerst einige hervorragende Einstiegstechniken, bevor man überhaupt an die Ausstiege denkt. Danach geht es im Grunde „nur" noch darum, entsprechende Ausstiegsregeln in das System zu integrieren, um die Ergebnisse weiter zu verbessern.

Aber mitunter ist es sogar viel besser, wenn man im umgekehrten Sinne zuerst mit den Stopps und den Ausstiegsregeln beginnt, um erst danach einfache Einstiegstechniken einzusetzen, die mit den eigenen Vorstellungen übereinstimmen und logisch begründet sind. Beachten Sie jedoch, dass die Arbeit, die Sie für die

Suche nach verschiedenen Einstiegen aufwenden, auf keinen Fall als Zeitverschwendung betrachtet werden darf, denn Sie werden oft die Erfahrung machen, dass es noch bessere Einstiegstechniken gibt als die, für die Sie sich zunächst entschieden haben. Dies setzt jedoch voraus, dass Sie zuvor verschiedene Möglichkeiten untersucht und getestet haben.

In Teil 4 setzen wir den Entwicklungsprozess fort, indem wir eine Art Filtertechnik anwenden. Diese Filter dienen dem Zweck, Sie möglichst oft vom Markt fernzuhalten, um Sie erst dann zur Platzierung eines Trades zu veranlassen, nachdem Sie die Ausstiegstechniken überprüft und eingerichtet haben, die mit den ursprünglichen oder modifizierten Einstiegssignalen übereinstimmen. In gewissem Maße beziehen sich Filter und Einstiege immer auf die künftige Kursentwicklung, aber sie sagen Ihnen im Grunde nur, ob die Position, wie sie sich derzeit darstellt, mit dem übereinstimmt, was Sie beabsichtigen, und Ihrem Konto keinen Schaden zufügt. Eine gute Ausstiegstechnik sollte es auch ermöglichen, die Einstiegs- und Filtertechniken möglichst oft zum Einsatz kommen zu lassen, ohne dass dadurch die Ergebnisse beeinträchtigt werden. Der übliche Arbeitsablauf könnte folgendermaßen aussehen:

• Man beginnt mit einem einfachen, stabilen und robusten Set von Einstiegsregeln, sodass der Einstieg für eine Long- oder Short-Position gleichzeitig mit dem Ausstieg verbunden ist.

• Danach wird ein Regelsatz von Ausstiegsregeln zusammengestellt, die ein zufrieden stellendes Chance-Risiko-Verhältnis bieten.

• Falls erforderlich, wird die Einstiegstechnik abgeändert und/oder ein Filter hinzugefügt, um Trades auszufiltern, die nur eine geringe Gewinnwahrscheinlichkeit bieten.

KAPITEL 8

Rentable Trades

Die Grundüberlegung lautet, bei jedem Trade eine möglichst hohe Rentabilität zu erreichen. Dieses Konzept wurde durch „RINA Systems" bekannt. Mit der enorm verbesserten Ergebnisübersicht und Auswertung von TradeStation 2000i kann man inzwischen Informationen über die Rentabilität des Ausstiegs und der Trades insgesamt erhalten, wie sie durch die Analysesoftware von RINA Systems und Omega Research zur Verfügung gestellt werden.

Die Rentabilitätsberechnungen von TradeStation sind recht gut als Vorabinformation geeignet, aber wenn Sie Ihre Untersuchungen erweitern und die Möglichkeiten, die diese Techniken bieten, optimieren wollen, reicht die Ergebnisübersicht von TradeStation nicht aus. Auch hier macht TradeStation wieder den Fehler, alle Kursbewegungen in Dollar-Beträgen und nicht in Prozentwerten zu berechnen. In Bezug auf die Rentabilitätsanalyse mag dies in Ordnung sein, was die Zahlen anbelangt, aber nicht darüber hinaus. TradeStation geht folgendermaßen vor:

Bei Long-Trades:
• Gesamtrentabilität =
(Ausstiegspreis – Einstiegspreis) / (Höchstpreis – Tiefstpreis)

• Rentabilität des Einstiegs =
(Höchstpreis – Einstiegspreis) / (Höchstpreis – Tiefstpreis)

• Rentabilität des Ausstiegs =
(Ausstiegspreis – Tiefstpreis) / (Höchstpreis – Tiefstpreis)

Bei Short-Trades:
- Gesamtrentabilität =
  (Einstiegspreis – Ausstiegspreis) / (Höchstpreis – Tiefstpreis)

- Rentabilität des Einstiegs =
  (Einstiegspreis – Tiefstpreis) / (Höchstpreis – Tiefstpreis)

- Rentabilität des Ausstiegs =
  (Höchstpreis – Ausstiegspreis) / (Höchstpreis – Tiefstpreis)

Alle Trades:
- Durchschnittliche Gesamtrentabilität =
  Summe der Gesamtrentabilität / Anzahl der Trades

- Durchschnittliche Einstiegsrentabilität =
  Summe der Einstiegsrentabilität / Anzahl der Trades

- Durchschnittliche Ausstiegsrentabilität =
  Summe der Ausstiegsrentabilität / Anzahl der Trades

Abbildung 8.1 zeigt die einzelnen Long-Trades. In vorliegenden Fall erfolgte der Einstieg beim Kurs von 1.350, der Markt erreichte ein Tief bei 1.330 und ein Hoch bei 1.390, bevor der Ausstieg beim Kurs von 1.380 stattfand. Wenn man diese Zahlen in die obigen Gleichungen einsetzt, ergeben sich eine Einstiegsrentabilität von 67 Prozent, eine Ausstiegsrentabilität von 83 Prozent und eine Gesamtrentabilität von 50 Prozent. Bei einem Short-Trade betragen die Einstiegsrentabilität 33 Prozent, die Ausstiegsrentabilität 17 Prozent und die Gesamtrentabilität – 50 Prozent.

Bedenken Sie aber, dass wir bei einem Short-Trade zunächst einen Gewinn aufzuweisen hatten, und daraufhin stellte sich ein erheblicher Verlust ein, wobei anschließend allerdings ein Teil dieses Buchverlustes wieder ausgeglichen werden konnte. Der Ausstieg fiel jedoch recht gut aus, was auch auf den Einstieg zutrifft. Der mittlere Teil des Trades lief schief. In der Ergebnisauswertung ist aber davon nichts zu sehen, was darauf hinweist, wie wichtig es ist, den Trade und insbesondere den Kapitalrückgang in mehrere Untergruppen aufzuteilen, was bereits in Teil 1 (Kapitel 1) angesprochen wurde, nämlich in den anfänglichen Kapitalrückgang eines Trades (AKT), den Kapitalrückgang beim Abschluss des Trades (KAT), den Kapitalrückgang beim geschlossenen Trade

(KGT) und den gesamten Kapitalrückgang eines Trades (GKT). Fast jeder Trade kann in drei Etappen unterteilt werden: Zuerst findet der anfängliche Kapitalrückgang eines Trades (AKT) statt, der bis zum Tief führt. Danach gibt es eine Phase, in der Gewinne erzielt werden, was zum Hoch führt. Zum Schluss kommt der Trade in eine Phase, in der sich der Kapitalrückgang beim Abschluss des Trades zeigt (KAT), wobei diese Phase zum Ausstiegspunkt und Endergebnis des Trades führt.

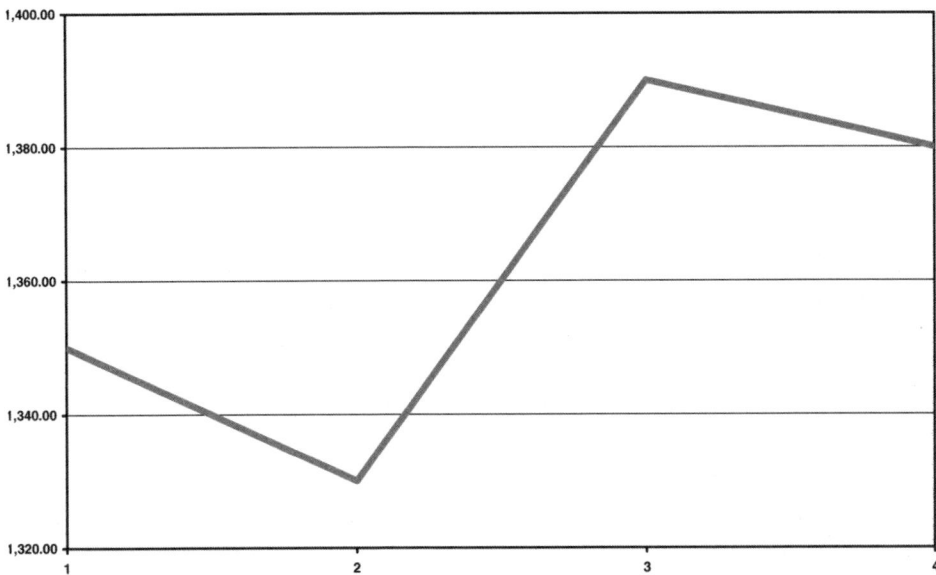

Abbildung 8.1: Ein einzelner Long-Trade.

Die zuletzt angesprochenen Hinweise sind äußerst wichtig, aber diese Faktoren stellen nicht den eigentlichen Grund dafür dar, dass die Rentabilitätsberechnungen zwar recht informativ, aber nicht ausreichend sind, um damit zu experimentieren. Wie Sie der Abbildung entnehmen können, erfolgten alle Angaben als Prozent- oder Verhältniswerte der Entfernung zwischen dem Tief und dem Hoch des jeweiligen Trades. Weil es sich dabei um Verhältniswerte handelt, eignen sie sich gut für Vergleiche zwischen verschiedenen Märkten und Zeitrahmen. Aber wenn Sie beispielsweise verschiedene Ausstiegstechniken verwenden oder Ergänzungen zum Einstieg vornehmen wollen, müssen Sie zudem alle Preisveränderungen und Verhältnisse in Prozentwerten berücksichtigen.

Wenn Sie das System zum Beispiel durch einen Verluststopp ergänzen wollen, können Sie den Stopp nicht in Dollar-Beträgen berechnen, sondern müssen ihn in Prozenten angeben. Wie bereits erörtert, liegt dies daran, dass die Stopps für alle Trades gleichermaßen gelten sollen, und zwar soll der Stopp ebenso auf einen stark tendierenden Markt angewendet werden als auch auf unterschiedliche Märkte, die zu verschiedenen Kursniveaus und Punktwerten gehandelt werden. Damit ist auch die Notwendigkeit verbunden, am Tag des Übertragungsvorgangs von einem Kontrakte zum nächsten („Roll-over") Kontrakte zu verwenden, die auf Prozent- und nicht auf Punktunterschieden basieren.

Kapitalrückgänge

Zu diesem fesselnden Thema könnte viel gesagt werden. Aber die meisten Trader wissen nicht, dass der Kapitalrückgang als Variable zum Testen eines Systems im Allgemeinen völlig überschätzt wird. Natürlich darf der mögliche Kapitalrückgang weder vernachlässigt noch oberflächlich behandelt werden, aber man muss sich darüber im Klaren sein, was man tut und was man untersucht. Einerseits gibt der errechnete größte Kapitalrückgang Auskunft über die erforderliche Kontengröße und auch darüber, ob man die persönlichen Voraussetzungen erfüllt, um ein in Frage kommendes System anzuwenden. Andererseits sind die Informationen, die eine Analysesoftware zur Verfügung stellt, leider nicht hinreichend, weil die Angaben in Dollar-Beträgen erfolgen und somit keinerlei Hinweise darauf bieten, wann und wo diese negative Phase des Trades eingetreten ist.

Abgesehen von der Vorgehensweise, den Kapitalrückgang nicht im Zusammenhang mit den derzeitigen Gegebenheiten des Marktes zu betrachten, begehen die meisten Systementwickler beim Aufbau und bei der Analyse eines Systems einen weiteren großen Fehler, indem sie nur auf den gesamten Kapitalrückgang (GKT) achten. Dieser errechnet sich aus dem Kontostand aufgrund der offenen und der geschlossenen Positionen. Nehmen wir zum Beispiel an, dass Sie zu einem bestimmten Zeitpunkt keine offenen Positionen halten und dass Ihr letzter Trade einen Gewinn von 3.000 Dollar einbrachte, was Ihrem Konto einen neuen Höchststand von 9.000 Dollar bescherte. Aber bevor Sie den Trade glattstellen konnten, mussten Sie 1.000 Dollar Ihres Buchgewinnes wieder abgeben.

Nach den meisten Softwareanalyseprogrammen bedeutet dies Folgendes: Obgleich Sie es nach Abschluss aller Positionen geschafft hatten, Ihr Trading-Konto um 3.000 Dollar zu erhöhen, sind Sie gegenüber Ihrem letzten Kapitalhöchststand um 1.000 Dollar im Rückstand. Falls sich Ihr nächster Trade als Verlust-Trade erweisen sollte, bei dem Sie sofort mit einem Verlust von 4.500 Dollar ausgestoppt wurden, betrügen Ihr Kontostand nach Auflösung der Position nunmehr 4.500 Dollar und Ihr Kapitalrückstand somit 5.500 Dollar. Anschließend folgt ein Gewinn-Trade von 5.000 Dollar, der sich anfangs negativ entwickelte, da sich der Markt in die entgegengesetzte Richtung bewegte, sodass Sie einen weiteren Minusbetrag von 1.000 Dollar zu verbuchen haben, was Ihnen insgesamt einen Rückstand von 6.500 Dollar einbringt. Daraufhin mussten Sie 1.500 Dollar Ihres Buchgewinnes wieder abgeben, sodass Ihr Kapitalrückstand inzwischen 1,500 Dollar beträgt. Abbildung 8.2 veranschaulicht, wie die beschriebenen Trades ausgesehen haben könnten.

Wenn Sie sich diese Zahlen jedoch genauer anschauen, können Sie feststellen, dass sie sich aus drei unterschiedlichen Arten von Kapitalrückgängen zusammensetzen. An Punkt drei haben wir es mit einem Kapitalrückgang beim Abschluss des Trades (KAT) zu tun, der angibt, wie viel Buchgewinne wieder abgegeben werden mussten, bevor man den entsprechenden Trades glattstellen konnte. Punkt vier bezieht sich auf den Kapitalrückgang, nachdem der Trade geschlossen worden ist (KGT = Kapitalrückgang bei geschlossenen Trades), der die Entfernung zwischen den Einstiegs- und den Ausstiegspunkten umfasst, wobei unberücksichtigt bleibt, was sich während des Trades abgespielt hat. An Punkt fünf sehen wir den anfänglichen Kapitalrückstand des Trades (AKT), der sich auf den Umfang bezieht, um den sich der Markt gegen uns bewegt hat, bevor er sich wieder in die erwünschte Richtung in Gang setzte. An Punkt sieben haben wir es schließlich wieder mit dem Kapitalrückgang beim Abschluss eines Trades (KAT) zu tun.

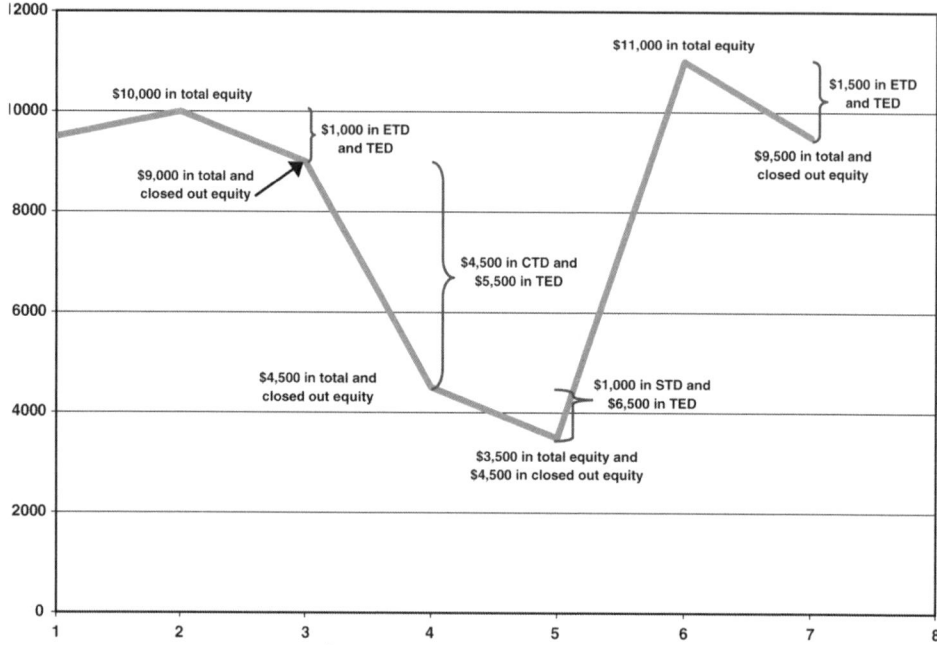

Abbildung 8.2: *Verschiedene Arten von Kapitalrückgängen.*

Abkürzungen:

ETD = KAT (Kapitalrückgang beim Abschluss des Trades)
CTD = KGT (Kapitalrückgang bei geschlossenen Trades)
STD = AKT (anfänglicher Kapitalrückgang eines Trades)
TED = GKT (gesamter Kapitalrückgang eines Trades)

Sicherlich wäre es uns am liebsten, wenn sich die auf den Kapitalrückgang bezogenen Zahlen möglichst gering halten lassen. Aber wenn man nur auf den gesamten Kapitalrückgang eines Trades (GKT) achtet und blindlings versucht, etwas daran zu ändern, kann man nicht erfahren, was sich wirklich vollzogen hat und was sich überhaupt am System verändert, wenn man die Input-Parameter abändert.

In den vergangenen Jahren haben sich einige Systementwickler und Marktanalysten ausgiebig mit diesem Thema beschäftigt, aber so viel ich weiß, konnte niemand herausfinden, wie man vorgehen muss, um die Märkte und Systeme auf wissenschaftliche Weise zu untersuchen. Einer dieser Analysten ist John

Sweeney, Redakteur einer Zeitschrift für Trader namens Technical Analysis of Stocks and Commodities, der in seinen beiden Büchern Compaign Trading (Wiley Finance Editions, 1996) und Maximum Adverse Excursion (Wiley Trader`s Advantage Series, 1997) ein Konzept vorgestellt hat, das er „größte ungünstige Abweichung (GUA) und „größte günstige Abweichung" (GGA) nannte. Dieses Konzept wurde danach von David Stendahl von „RINA Systems" aufgegriffen und weiterentwickelt, der eine Methode zur Berechnung der Rentabilität eines Trades vorlegte.

In der TradeStation-Version 2000i von Omega Research wurde die Rentabilitätsanalyse eines Trades als weiterer Parameter zur Systemanalyse und -optimierung in das Softwareprogramm integriert. Dabei stellt sich allerdings die Frage, ob diese Analyse notwendig ist und was sie bringt. Falls diese Analyse tatsächlich wichtig sein sollte, bleibt die Frage offen, wie man sie optimal nutzen kann.

Der gesamte Kapitalrückstand eines Trades (GKT) besteht zu jedem Zeitpunkt aus dem anfänglichen Kapitalrückstand (AKT), dem Kapitalrückstand beim Abschluss des Trades (KAT) und dem Kapitalrückgang bei geschlossenen Trades (KGT). Um also mit dem gesamten Kapitalrückstand eines Trades (GKT) zurechtzukommen, muss man zunächst mit dem anfänglichen Kapitalrückgang (AKT), dem Kapitalrückgang beim Abschluss des Trades (KAT) und dem Kapitalrückgang bei geschlossenen Trades (KGT) klarkommen.

Je nach eingesetzter Technik werden viele Trades einen anfänglichen Kapitalrückgang (AKT) aufweisen, bevor die erwünschte Kursentwicklung eintritt. Dies gilt insbesondere für Systeme, die kurzfristig auf den Kurshöchst- und -tiefststand ausgerichtet sind (die man im Allgemeinen als „Top- und Bottom-Picking-Systeme" bezeichnet) und mit einer Limitorder eröffnet werden. In diesem Fall besteht die einzige Möglichkeit, einen anfänglichen Kapitalrückgang (AKT) zu vermeiden, darin, am absoluten Hoch oder Tief einzusteigen, was natürlich nur ganz selten gelingt.

Wir werden zunächst das Intraday-Meander-System vereinfachen und beispielsweise dahingehend abändern, dass wir eine Long-Position zur Eröffnung platzieren. Wenn wir den Trade unter der mittleren VS-Ebene eröffnen und diese Position den ganzen Tag bis zum Handelsschluss halten, wird unser anfänglicher Kapitalrückgang (AKT) die Entfernung zwischen dem Einstiegspunkt (der Eröffnung) und dem Tagestief darstellen. Dies wird durch Abbildung 8.3 veranschaulicht, in der der anfängliche Kapitalrückgang (AKT) auf der waagerechten x-Achse und das Ergebnis des Trades auf der senkrechten y-Achse zu sehen sind. Diese Abbildung zeigt, dass nur ein Trade mit einem AKT/GUA (anfänglicher Kapitalrückstand/größte ungünstige Abweichung) von drei Prozent oder darüber einen geringen Gewinn erzielt hat. Die meisten Trades mit einem AKT/GUA unter zwei Prozent erwiesen sich als Verlust-Trades, während sich die meisten Trades mit einem AKT/GUA von unter einem Prozent doch noch günstig entwickelten und letztlich einen Gewinn erzielten. Beachten Sie jedoch, dass wir in diesem Fall davon ausgegangen sind, dass das Tief vor dem Hoch eintritt, was bei einem System wie diesem nicht immer der Fall ist.

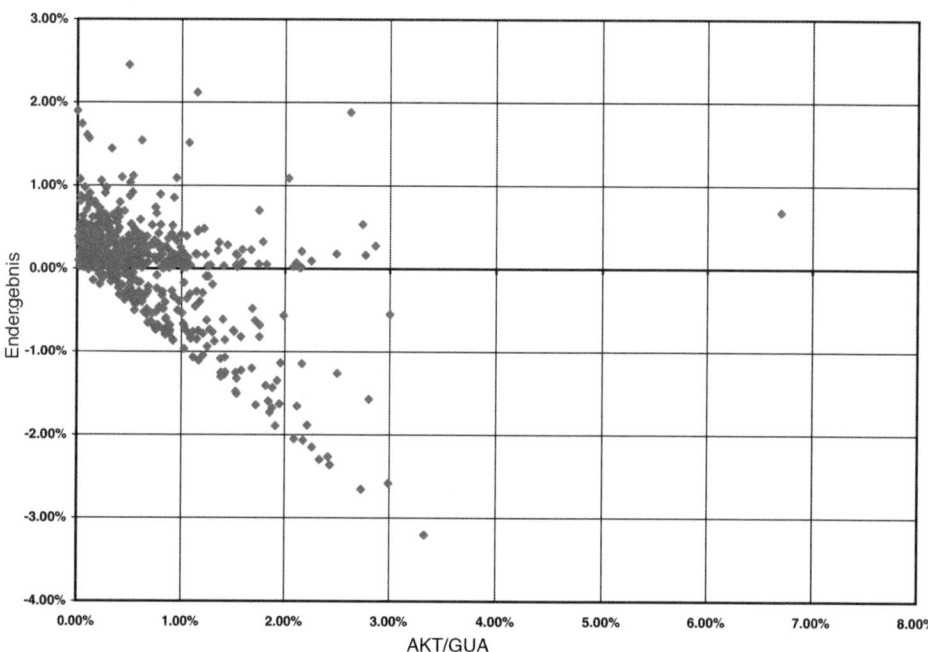

Abbildung 8.3: *Der Gewinn des Intraday-Meander-Systems im Bezug auf den AKT/GUA (anfänglicher Kapitalrückstand/größte ungünstige Abweichung).*

Längerfristige Ausbruchsysteme zeigen häufig einen anfänglichen Kapitalrückgang (AKT), wenn der Einstieg mittels Stopporder am höchsten Hoch oder am tiefsten Tief innerhalb des historischen Betrachtungszeitraums erfolgte. Üblicherweise ist dieses Kursniveau mit dem wichtigsten Widerstandsbereich beziehungsweise dem wichtigsten Unterstützungsbereich des entsprechenden Marktes identisch. Nachdem dieses Kursniveau vom Markt getestet wurde, vollzieht dieser für gewöhnlich nach dem Einstieg in den Trade eine weitere Korrektur, bevor der Markt schließlich (wie wir hoffen) nach einer letzten Station am besagten Kursbereich abhebt und einen ausgeprägten Trend entwickelt. Bei anderen Systemen kann es hingegen vorkommen, dass sie überhaupt keine spezifischen Kursbereiche aufzuweisen haben, die eine natürliche Orderplatzierung ermöglichen. Bei unserem „System der Steigungsrichtung" (bei dem die Einstiege vor allem auf der Steigungsrichtung des gleitenden Durchschnitts und weniger auf seinen Überschneidungen beruhen) ist der anfängliche Kapitalrückgang beispielsweise von entscheidender Bedeutung, weil das System in der bislang vorliegenden Form nicht nur vollständig ohne die Berücksichtigung der natürlichen Kursbereiche des Marktes arbeitet, wenn ein Signal ausgelöst wird, sondern auch ohne Ausstiegsregeln, wie wir sie definieren, auskommt. Abbildung 8.4 zeigt, dass keinerlei Zusammenhang zwischen dem Kursbereich oder dem gleitenden Durchschnitt einerseits und dem Grund für die Auslösung eines Trades andererseits besteht. (Denken Sie daran, dass wir in diesem Abschnitt mit einem gleitenden Durchschnitt für den Einstieg von 18 Kursstäben und einem gleitenden Durchschnitt für den Ausstieg von zwölf Kursstäben arbeiten.)

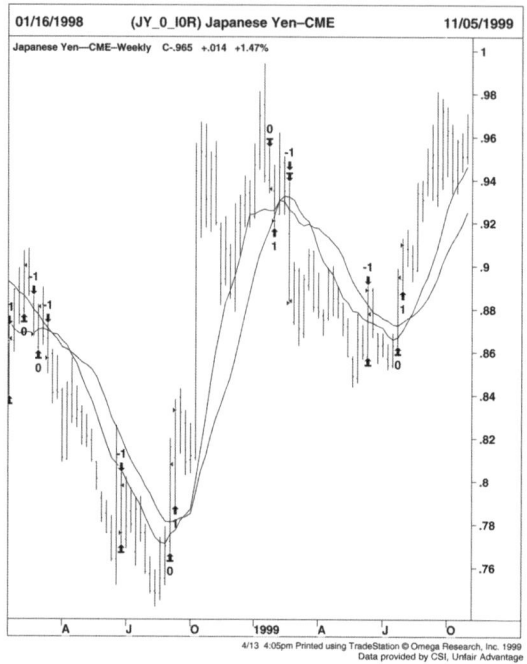

Abbildung 8.4: *Das „System der Steigungsrichtung", das auf den Japanischen Yen angewandt wurde. Daten: 16. 01.1998 – 05.11.1999*

Bevor wir uns mit dem Bereichen für den AKT/GUA (anfänglicher Kapitalrückgang / größte ungünstige Abweichung) und den KAT/GGA (Kapitalrückgang beim Abschluss des Trades / größte günstige Abweichung) beschäftigen, die sich gut in verschiedenen Märkten und Zeitrahmen bewähren dürften, müssen wir unsere gesamten Untersuchungen auf Kontrakte abstimmen, die auf Verhältniswerten beruhen. Um die erforderlichen Daten für das System der Steigungsrichtung in ein Tabellenprogramm zu übertragen, werden folgende TradeStation-Codes verwendet: Input: EntryMA(18), ExitMA(12);

   Vars: EntryAvg(0), ExitAvg(0), LongEntry(0), ShortEntry(0), LongExit(0), ShortExit(0), LongEntryDate(0), ShortEntryDate(0), LongExitDate(0),

   ShortExitDate(0), LongEntryBar(0), ShortEntryBar(0), LongExitBar(0)
   ShortExitBar(0), MP(0), TotTr(0), LowestLow(Low), HighestHigh(High);
   HighToLow(0), LowToHigh(0), PosProf(0), MAE(0), MFE(0), MFEBar(0),
   PrelMAEfe(0), MAEfe(0), FTE(0), ETD(0), BarsForTrade(0),
   PriceForEntry(0), PriceForExit(0), DateForEntry(0), DateForExit(0),
   TradeStr1(""), TradeStr2(""), TradeStr3("");

```
EntryAvg = Average(Close, EntryMA);
ExitAvg = Average(Close, ExitMA);
Condition1 = EntryAvg > EntryAvg[1];
Condition2 = ExitAvg > ExitAvg [1];
If MarketPosition <> 1 Then Begin
      LongEntry = Close;
      LongEntryDate = Date;
      LongEntryBar = BarNumber;
End;

If MarketPosition <> -1 Then Begin
      ShortEntry = Close;
      ShortEntryDate = Date;
      ShortEntryBar = BarNumber;
End;

If MarketPosition = 1 Then Begin
      LongExit = Close;
      LongExitDate = Date;
      LongExitBar = BarNumber;
End;

If MarketPosition = -1 Then Begin
      ShortExit = Close;
      ShortExitDate = Date;
      ShortExitBar = BarNumber;
End;

If Condition1 = True and Condition2 = True and MarketPosition = 0 Then
      Buy at Close;
If Condition1 = False and Condition2 = False and MarketPosition = 0 Then
      Sell at Close;
If Condition2 = False Then
      ExitLong at Close;
If Condition2 = True Then
      ExitShort at Close;
MP = MarketPosition;
TotTr = TotalTrades;
If MarketPosition = 1 Then Begin
```

```
        If BarsSinceEntry = 1 Then Begin
                LowestLow = LongEntry;
                HighestHigh = LongEntry;
                HighToLow = 0;
                TradeStr2 = NumToStr(PosProf, 4);
                MAE = 0;
                MFE = 0
                MFEBar = BarNumber;
                MAEfe = 0;
End;

PosProf = (Close – LongEntry) / LongEntry;
TradeStr2 = TradeStr2 + "," + NumToStr(PosProf, 4);
If Low < LowestLow Then Begin
        LowestLow = Low;
        MAE = (LowestLow – LongEntry) / LongEntry;
End;

If High > HighestHigh Then Begin
        HighestHigh = High;
        MFE = (HighestHigh – LongEntry) / LongEntry;
        MFEBar = BarNumber;
        HighToLow = Lowest(Low, (MFEBar –
        MaxList(MFEBar[1], LongEntryBar)));
        PrelMAEfe = (HighToLow – HighestHigh[1] / HighestHigh[1];
        If PrelMAEfe < MAEfe Then
                MAEfe = PrelMAEfe;
End;

End;

If MarketPosition = -1 Then Begin
        If BarsSinceEntry = 1 Then Begin
                LowestLow = ShortEntry;
                HighestHigh = ShortEntry;
                LowToHigh = 0;
                TradeStr2 = NumToStr(PosProf, 4);
                MAE = 0;
                MFE = 0;
```

```
                MFEBar = BarNumber;
                MAEfe = 0;
        End;
        PosProf = (ShortEntry − Close) / ShortEntry;
        TradeStr2 = TradeStr2 + "," + NumToStr(PosProf, 4);
        If High > HighestHigh Then Begin
                HighestHigh = High;
                MAE = (ShortEntry − HighestHigh) / ShortEntry;
        End;

        If Low < LowestLow Then Begin
                LowestLow = Low;
                MFE = (ShortEntry − LowestLow) / ShortEntry;
                MFEBar = BarNumber;
                LowToHigh = Highest(High, (MFEBar −
                MaxList(MFEBar[1], ShortEntryBar)));
                PrelMAEfe = (LowestLow[1] − LowToHigh) / LowestLow[1];
                If PrelMAEfe < MAEfe Then
                        MAEfe = PrelMAEfe;
        End;

End;

If TotTr > TotTr[1] Then Begin
    If MP[1] = 1 Then Begin
                PriceForEntry = LongEntry[1];
                PriceForExit = LongExit[1];
                FTE = (PriceForExit − PriceForEntry) / PriceForEntry;
                ETD = (PriceForExit − HighestHigh[1] / HighestHigh[1];
                DateForEntry = LongEntryDate[1];
                DateForExit = LongExitDate [1];
                BarsForTrade = LongExitBar[1] − LongEntryBar[1];
                If MAEfe[1] > (PriceForExit − HighestHigh[1] / HighestHigh[1]
Then
                        MAEfe = (PriceForExit − HighestHigh[1]/HighestHigh[1];
End;
```

```
If MP[1] = – 1 Then Begin
     PriceForEntry = ShortEntray[1];
     PriceForExit = ShortExit[1];
     FTE = (PriceForEntry – PriceForExit) / PriceForEntry;
     ETD = (LowestLow[1] – PriceForExit) / LowestLow [1];
     DateForEntry = ShortEntryDate[1];
     DateForExit = ShortExitDate[1];
     BarsForTrade = ShortExitBar[1] – ShortEntryBar[1];
     If MAEfe[1] > (LowestLow[1] – PriceForExit) / LowestLow[1]
     Then
               MAEfe = (LowestLow[1] – PriceForExit) / LowestLow[1];
End;

If FTE < MAE[1] Then
     MAE = FTE Else MAE = MAE[1];
If FTE > MFE[1] Then
     MFE = FTE Else MFE = MFE[1];

TradeStr1 = LeftStr(GetSymbolName, 2) + "," + NumToStr(MP[1],
0)+ "," + NumToStr(DateForEntry, 0) + "," +
NumToStr(PriceForEntry,4) + "," + NumToStr(MAE, 4)
+ "," + NumToStr(MAE, 4) + "," + NumToStr(MFE, 4) + "," +
NumToStr(FTE, 4 + "," + NumToStr(ETD, 4) + "," +
NumToSTr(MAEfe, 4) + "," + NumToStr(BarsForTrade, 0);

TradeStr3 = TradeStr1 + "," + TrdeStr2 [1] + NewLine;
FileAppend ("D:\Temp\DSS.csv", TradeStr3);

End;
```

Einige Bezeichnungen der obigen Formel und deren deutsche Entsprechungen zum besseren Verständnis:

ETD = end trade drawdown	= KAT (Kapitalrückgang beim Abschluss des Trades)	
CTD = closed trade drawdown	= KGT (Kapitalrückgang bei geschlossenen Trades	
STD = start trade drawdown	= AKT (anfänglicher Kapitalrückstand eines Trades)	
TED = total equity drawdown	= GKT (gesamter Kapitalrückstand eines Trades)	

MAE = maximum adverse excursion = GUA (größte ungünstige Abweichung)
MFE = maximum favorable excursion = GGA (größte günstige Abweichung)

Leider bin ich nicht der beste Programmierer, was man wahrscheinlich an den obigen Codes erkennen kann. Aber deren Länge ist auch auf die Eigenschaften von TradeStation und deren Art und Weise zurückzuführen, einen offenen Trade und dessen Preis zu erfassen. TradeStation nimmt einen offenen Trade erst nach dem ersten vollständigen Kursstab wahr und errechnet infolgedessen auch die Anzahl der Kursstäbe eines Trades nicht genau. Verwenden Sie beispielsweise den folgenden Code für den jeweiligen Markt:

```
Buy at Close;
ExitLong ("Loss") tomorrow at EntryPrice * 0,98 stop;
ExitLong ("Profit") tomorrow at EntryPrice * 1,02 limit;
```

Das hat zur Folge, dass TradeStation jeden Ausstieg aus einem Trade zur Eröffnung des nächsten Kursstabes vornehmen wird, wobei die jeweilige Marktsituation keine Rolle spielt. Aber was geschieht, wenn Sie den Code folgendermaßen verändern?

```
Buy at Open;
ExitLong ("Loss") tomorrow at EntryPrice * 0,98 stop;
ExitLong ("Profit") tomorrow at EntryPrice * 1,02 limit;
```

TradeStation nimmt die Einstiege und Ausstiege jedes Trades zur gleichen Eröffnung vor, was Ihnen einige Null-Kursstäbe und Null-Trades einbringt. Diese werden übrigens in der Auswertung als Gewinn-Trades erfasst. Ich weiß nicht, wie Sie es halten, aber für mich ist ein Gewinn-Trade ein Trade, der mit einem Gewinn abschließt; alles andere werte ich als Verlust. Eine Möglichkeit, damit umzugehen, besteht darin, den Code umzuschreiben:

```
Buy at Close;
If BarsSinceEntry > = 1 Then Begin
        ExitLong ("Loss") tomorrow at EntryPrice * 0,98 stop;
ExitLong ("Profit") tomorrow at EntryPrice * 1,02 limit;
End;
```

Aber nun wird TradeStation einfach einen Kursstab überspringen, bevor die Trades gezählt werden, wobei der Ausstieg erst nach Kursstab 3 möglich ist (der

Kursstab, der den Einstieg bezeichnet, zählt als Kursstab 1), und daran ändert sich auch dann nichts, wenn Sie sich entschließen, zur Eröffnung und nicht zum Schlusskurs einzusteigen. Die Eingabe „BarsSinceEntry = oder > 0" funktioniert ebenfalls nicht.

Ein weiteres Beispiel für diese Schwachstelle von TradeStation bietet ein Intraday-Einstieg in einen Trade, der aufgrund eines Ausbruchs erfolgt. In diesem Fall könnten Sie nicht zum Schlusskurs oder innerhalb des gleichen Kursstabes aussteigen, sollte sich der Markt auch noch so sehr gegen Sie bewegen, was Sie am Schlusskurs dieses Kursstabes erkennen können. (Aus diesem Grund habe ich mich entschlossen, diese Untersuchungen für die Intraday-Version des Meander-Systems mit Hilfe des Tabellenprogramms Excel und nicht mit Trade-Station durchzuführen.)

Ebenso ist es mit der Behauptung, dass sich mit Excel angeblich alles korrekt berechnen lässt, aber Microsoft sagt Ihnen nicht, dass dieses Programm bei komplizierteren Formeln den Bezug verliert, sodass die Berechnungen keine verlässlichen Ergebnisse mehr liefern. Hier geht es jedoch um mein (und Ihr) Geld, und daher sollte man erwarten können, dass die Berechnungen stimmen. Um das zu erreichen, muss leider ein Weg gefunden werden, um dieses Problem zu umgehen. Demzufolge erweitert sich der Code erheblich, was wiederum zahlreiche Fehler verursacht. So viel zur Problemlage, und nun müssen wir mit diesen Gegebenheiten arbeiten.

Mit Hilfe des Tabellenprogramms lässt sich auf einfache Weise ein Streudiagramm herstellen, wie es in den Abbildungen 8.3 und 8.5 zu sehen ist. Abbildung 8.5 zeigt den Vergleich zwischen dem anfänglichen Kapitalrückstand (AKT) sowie der größten ungünstigen Abweichung (GUA) und dem Endergebnis eines Trades. Wichtig dabei ist, dass zwar die gleichen Methoden verwendet werden, um den anfänglichen Kapitalrückstand (AKT) und die größte ungünstige Abweichung (GUA) zu ermitteln, obgleich sich beide Angaben durchaus voneinander unterscheiden. Beide unterscheiden sich auch in Bezug auf die Einstiegseffizienz von RINA-Systems. Der Unterschied besteht darin, dass der anfängliche Kapitalrückgang (AKT) in erster Linie auf die Einstiegsmethoden abgestimmt werden sollte, während die größte ungünstige Abweichung (GUA) vornehmlich an eine spezifische Ausstiegstechnik, wie zum Beispiel den Verluststopp, angepasst werden sollte. Die Effizienz des Einstiegs wird sowohl durch den anfänglichen Kapitalrückgang (AKT) als auch durch die größte ungünstige Abweichung (GUA) bestimmt.

Achten Sie darauf, dass von „in erster Linie" und „vornehmlich" die Rede war, denn bei einem funktionierenden System sollten alle Bestandteile zum Tragen kommen, sodass ein Ganzes entsteht, das sozusagen größer ist als die Summe seiner Teile. Oft ist es jedoch schwierig, beides voneinander zu unterscheiden. Sie sollten sich allerdings der Unterschiede bewusst sein und wissen, was Sie bezwecken. Immerhin geht es dabei um Ihr Geld.

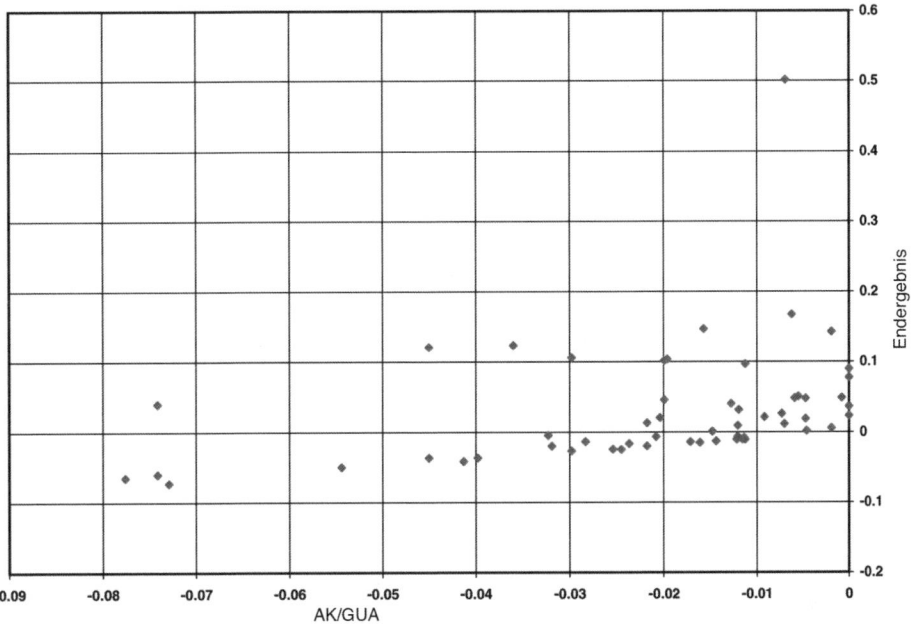

Abbildung 8.5: *Das Endergebnis eines Trades in Verbindung mit dem anfänglichen Kapital-rückstand (AKT) und der größten ungünstigen Abweichung (GUA) für das „System der Nei-gungsrichtung".*

Abbildung 8.5 zeigt den AKT/GUA (anfänglicher Kapitalrückstand / größter ungünstige Abweichung) für das „System der Steigungsrichtung" im Japanischen Yen. Dieses Diagramm zeigt, dass von allen Trades mit einem AKT/GUA von vier Prozent und mehr lediglich zwei Trades keine Verlust-Trades waren, während die meisten Trades mit einem AKT/GUA von zwei Prozent oder darunter als Gewinn-Trades endeten.

Nun kommen wir zum Meander-System: Nachdem Sie Ihre Ausstiegstechniken optimiert und alle anderen erforderlichen Maßnahmen vorgenommen haben, müssen Sie wahrscheinlich nur noch einige Ticks (Mindestkursschwankungen) vor dem Einstieg abwarten oder bei hoher Volatilität zumindest nicht gleich zur Eröffnung einsteigen. Im Fall des Systems der Steigungsrichtung könnten Sie eventuell warten, bis eine Korrektur stattgefunden hat, um daraufhin aufgrund eines Ausbruchs aus dem Kursniveau einzusteigen, das den Einstieg-GD zu einem Richtungswechsel veranlasst hat.

Ebenso wie der anfängliche Kapitalrückstand (AKT) nicht dasselbe ist wie die größte ungünstige Abweichung (GUA), ist auch der Kapitalrückgang beim Abschluss des Trades (KAT) nicht dasselbe wie die größte günstige Abweichung (GGA), obwohl im Wesentlichen die gleichen Techniken verwendet wurden, um die entsprechenden Informationen zu erlangen. Die GGA bezieht sich auf den maximalen Buchgewinn einer Position. Der KAAT (Kapitalrückstand beim Abschluss des Trades) bezeichnet die Differenz zwischen der GGA (größte günstige Abweichung) und dem Ausstiegspunkt und somit den Geldbetrag, den Sie dem Markt wieder zurückgeben, bevor Ihnen das System den Ausstieg signalisiert. Die GGA und das Endergebnis sollten sich daher mit der investierten Geldsumme und der Anzahl der gehandelten Kontrakte erhöhen. Der KAT (Kapitalrückstand beim Abschluss des Trades) sollte hingegen mit unterschiedlichen Ausstiegstechniken und Stopps, wie beispielsweise Stopps zur Gewinnsicherung (Trailingstopps) und Zeitstopps, angegangen werden. Die einzige Möglichkeit, um einen KAT (Kapitalrückgang beim Abschluss des Trades) vollkommen zu vermeiden, besteht in der Verwendung einer Limitorder für alle Ausstiege, die auf dem Höchststand der Kapitalkurve ausgelöst wird. Abbildung 8.6 zeigt die Beziehung zwischen dem Kapitalrückstand beim Abschluss des Trades (KAT) und dem Endergebnis beim einfacheren Meander-System, während Abbildung 8.7 den Zusammenhang zwischen der größten günstigen Abweichung (GGA) und dem Endergebnis anhand des Systems der Steigungsrichtung veranschaulicht. Abbildung 8.6 kann man entnehmen, dass ein Kapitalrückgang beim Abschluss des Trades (KAT) von über 0,5 Prozent sehr häufig einen Verlust von über einem Prozent zur Folge hatte. Dies tritt dann ein, wenn der Markt sofort eine für die Position ungünstige Richtung einschlägt, sodass der anfängliche (AKT) und der endgültige Kapitalrückstand übereinstimmen. Bei der richtigen Platzierung des Verlust- und Gewinnsicherungsstopps (was den KAT anbelangt) oder bei einer konservativeren Einstiegstechnik (was den AKT anbelangt) hätten die Verluste beträchtlich reduziert werden können.

Abbildung 8.7 zeigt das Endergebnis im Verhältnis zur größten günstigen Abweichung (GGA) des Systems der Steigungsrichtung, bezogen auf den Japanischen Yen. Die Abbildung lässt erkennen, dass das System erst bei einer größten günstigen Abweichung (GGA) von etwa fünf Prozent ein Ausstiegssignal gibt, bevor der gesamte Buchgewinn wieder zurückgegeben werden musste. Aufgrund der Abbildungen 8.6 und 8.7 wird klar, dass es einfacher ist, mit der Information von Abbildung 8.6 umzugehen. Natürlich wird sofort klar, dass beim System der Steigungsrichtung im Bereich von fünf Prozent etwas unternommen werden muss. Die Frage ist nur: Was? Um ein Gefühl dafür zu bekommen, müssen wir zunächst den Kapitalrückgang beim Abschluss des Trades (KAT) in Verbindung mit der größten günstigen Abweichung (GGA) statt dem Endergebnis betrachten. Dies ist in den Abbildungen 8.8 und 8.9 geschehen.

Da die modifizierte Version des Meander-Systems mit einem dynamischen Gewinnziel arbeitet, das den Ausstieg mit Hilfe einer Limitorder auslöst, fällt die größte günstige Abweichung (GGU) umso höher aus, je niedriger der Kapitalrückgang beim Abschluss des Trades (KAT) ist. Abbildung 8.6 zeigt jedoch, dass es unter den Trades mit einem GGU über 0,5 Prozent mehrere gibt, die einen höheren KAT (Kapitalrückgang beim Abschluss des Trades) als die GGA (größte günstige Abweichung) aufzuweisen haben. Mit einem Schutzstopp oder einem Stopp an der Gewinnschwelle können viele dieser Verluste vermieden werden.

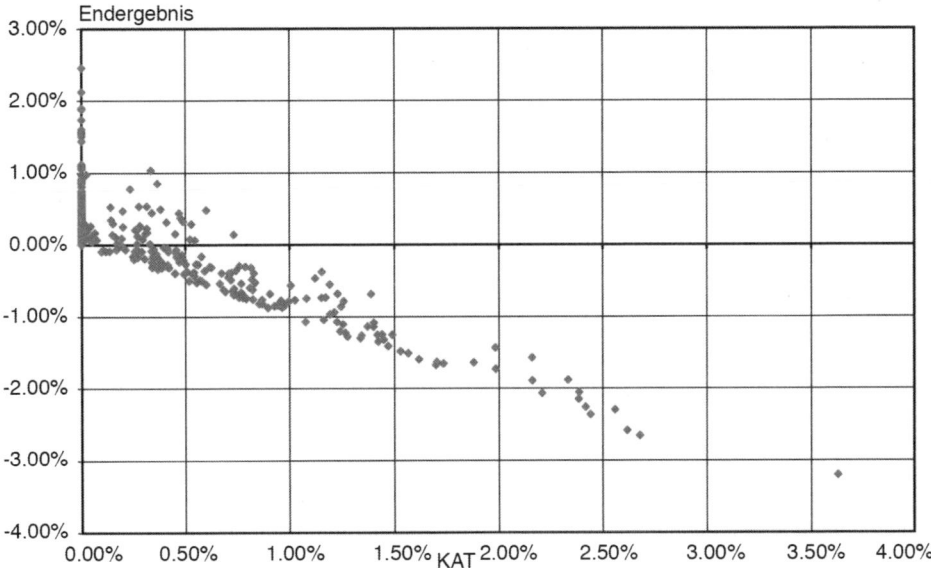

Abbildung 8.6: *Das Endergebnis eines Trades in Verbindung mit dem Kapitalrückgang beim Abschluss des Trades (KAT) für das „Meander-System".*

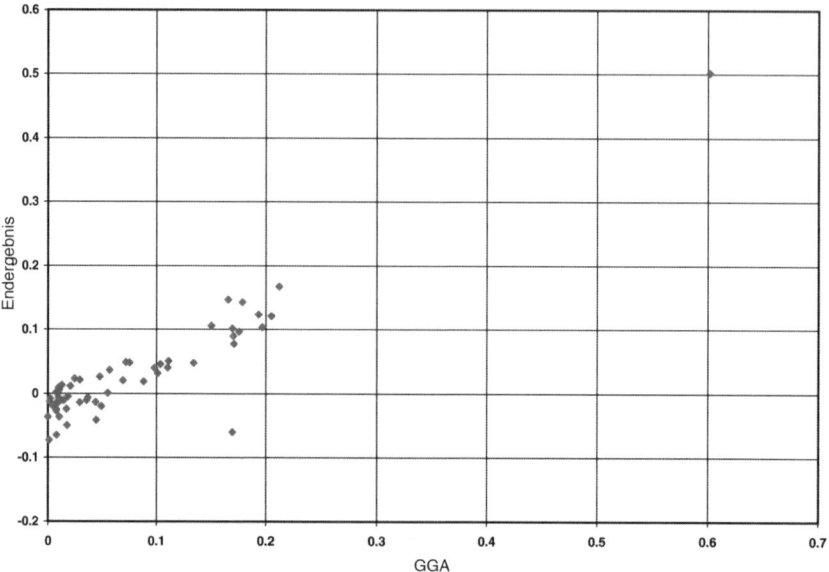

Abbildung 8.7: *Das Endergebnis eines Trades in Verbindung mit der größten günstigen Abweichung (GGA) für das „System der Steigungsrichtung".*

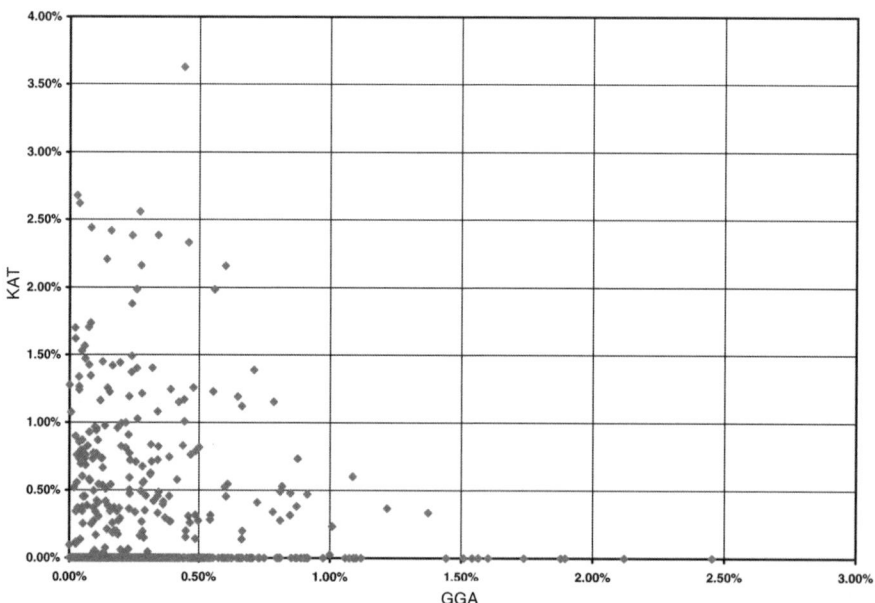

Abbildung 8.8: *Der Kapitalrückstand beim Abschluss eines Trades (KAT) in Verbindung mit der größten günstigen Abweichung (GGA) für das „Meander-System".*

Wie es bei vielen langfristigen Trendfolgesystemen der Fall ist, gibt das System der Steigungsrichtung offenbar einen beträchtlichen Teil des Gewinns wieder ab, bevor es einen Ausstieg signalisiert. Abbildung 8.9 zeigt, dass es bei beiden Trades, die sofort eine größte günstige Abweichung (GGU) von über 20 Prozent erreichen, nicht möglich war auszusteigen, bis der Markt fast ein Drittel der Buchgewinne wieder vereinnahmt hatte. Beachten Sie, dass der Kapitalrückgang beim Abschluss des Trades (KAT) in diesem Fall einen negativen Wert aufweist.

Der Kapitalrückgang bei geschlossenen Trades (KGT) bezieht sich auf den Minusbetrag, der aufgrund sämtlicher Verlust-Trades von einem Trade auf den nächsten übertragen wird. Wichtig ist auch, den Kapitalrückgang bei geschlossenen Trades (KGT) vom gesamten Kapitalrückstand eines Trades (GKT) zu unterscheiden, da diese Differenz recht beachtlich ausfallen kann, was insbesondere für langfristige Trendfolgesysteme gilt, die dazu neigen, einen beträchtlichen Teil der Buchgewinne eines Trades wieder abzugeben, bevor der Ausstieg erfolgt. Weil der Kapitalrückstand bei geschlossenen Trades (KGT) häufig mit dem anfänglichen Kapitalrückstand (AKT) übereinstimmt, muss man mit dem Kapitalrückgang bei geschlossenen Trades (KGT) umgehen können, indem man die Anzahl der Trades mit Hilfe eines Filters begrenzt, der nur jene Konstellationen und Marktsituationen zulässt, die eine hohe Wahrscheinlichkeit bieten, dass sie aufgrund der eingesetzten Einstiegssignale zu Gewinn-Trades führen. Insbesondere bei langfristigen Trendfolgesystemen kann der KGT (Kapitalrückgang bei geschlossenen Trades) auch vom KAT (Kapitalrückstand beim Abschluss eines Trades) abhängig sein, was bedeutet, dass auch dieser auf die jeweilige Ausstiegstechnik, wie zum Beispiel auf einen Gewinnsicherungsstopp (Trailingstopp), abgestimmt werden sollte.

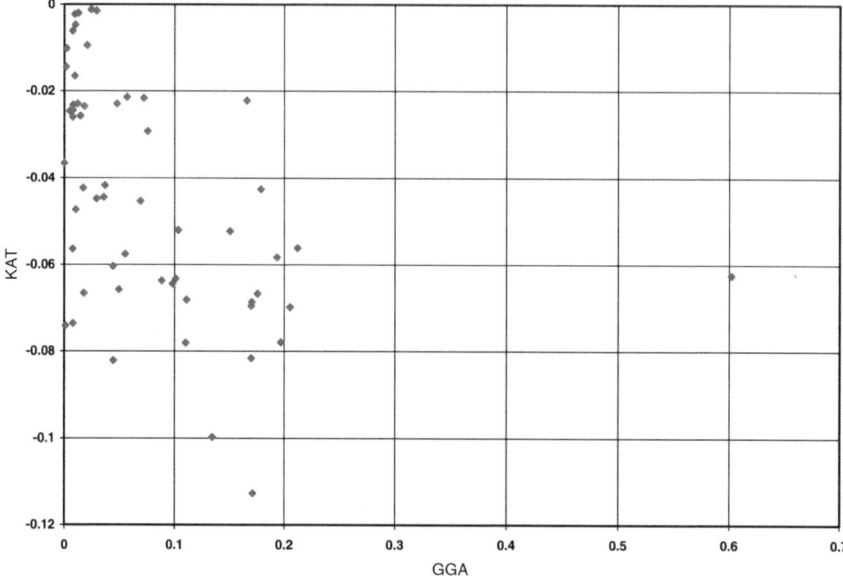

Abbildung 8.9: *Der Kapitalrückgang beim Abschluss des Trades (KAT) in Verbindung mit der größten günstigen Abweichung (GGA) für das „System der Steigungsrichtung".*

Um den KGT (Kapitalrückgang bei geschlossenen Trades) besser zu erfassen, können Sie das Endergebnis in Gewinn- und Verlust-Trades unterteilen, um den AKT/GUA (anfänglicher Kapitalrückstand / größte ungünstige Abweichung) für die Gewinn-Trades und den AKT/GGA für die Verlust-Trades als Chart darzustellen. Abbildung 8.10 veranschaulicht Folgendes: Wenn sich ein Trade beim System der Steigungsrichtung als Verlust-Trade erwies, unterschieden sich Endergebnis/KGT nur in wenigen Situationen vom AKT/GUA (anfänglicher Kapitalrückgang / größte ungünstige Abweichung). Daraus kann geschlossen werden, dass ein Trade, der schlecht läuft, von Anfang an als solcher zu erkennen ist. Abbildung 8.11 zeigt, dass die Beziehung zwischen Endergebnis und AKT/GUA (anfänglicher Kapitalrückgang / größte ungünstige Abweichung) bei Gewinn-Trades kein so klares Bild bietet, wie es bei Verlust-Trades der Fall ist, was darauf hinweist, wie wichtig es ist, die Analyse des KGT (Kapitalrückgang bei geschlossenen Trades) getrennt von den Gewinn-Trades vorzunehmen, um die Analyse nicht mit unwesentlichen Informationen zu überfrachten.

Die Abbildungen 8.10 bis 8.11 lassen erkennen, dass nur sechs von allen Gewinn-Trades einen anfänglichen Kapitalrückstand (AKT) von über zwei Prozent aufwiesen, wobei nur drei dieser Trades einen Gewinn von über zehn Prozent zu verbu-

chen hatten. Andererseits gab es bei 16 Verlust-Trades einen anfänglichen Kapital-
rückstand (AKT) von über zwei Prozent, was in den meisten Fällen auch zu einem
Verlust-Trade von jeweils über zwei Prozent führte. Wenn sich ein Trade als Verlust-
Trade herausstellte, wurde dieser in den meisten Fällen auch am oder beim tiefsten
Kursstand des Trades geschlossen.

Das gleiche Phänomen kann man auch in den Abbildungen 8.12 und 8.13 erkennen, die den KGT (Kapitalrückgang bei geschlossenen Trades) beziehungsweise
das Endergebnis für das Meander-System in Verbindung mit dem AKT/GUA
zeigen. Wie Sie der Abbildung 8.12 entnehmen können, unterschieden sich
Endergebnis/KGT und AKT/GUA nur in wenigen Situationen wesentlich voneinander, wenn es sich um einen Verlust-Trade handelte. Dies zeigt, dass ein Trade, der
schlecht läuft, meist sofort als solcher in Erscheinung tritt. Anhand der Abbildung
können Sie wieder die Ähnlichkeit zwischen dem langfristigen System der
Steigungsrichtung und dem Meander-System erkennen. Die Beziehung zwischen
Endergebnis und AKT/GUA (anfänglicher Kapitalrückgang / größte ungünstige
Abweichung) ist bei Gewinn-Trades nicht so klar zu erkennen wie es bei Verlust-
Trades der Fall ist, was bestätigt, wie wichtig es ist, die Analyse des KGT
(Kapitalrückgang bei geschlossenen Trades) getrennt von den Gewinn-Trades vor-
zunehmen, um keine unnötigen Informationen in die Analyse aufzunehmen.

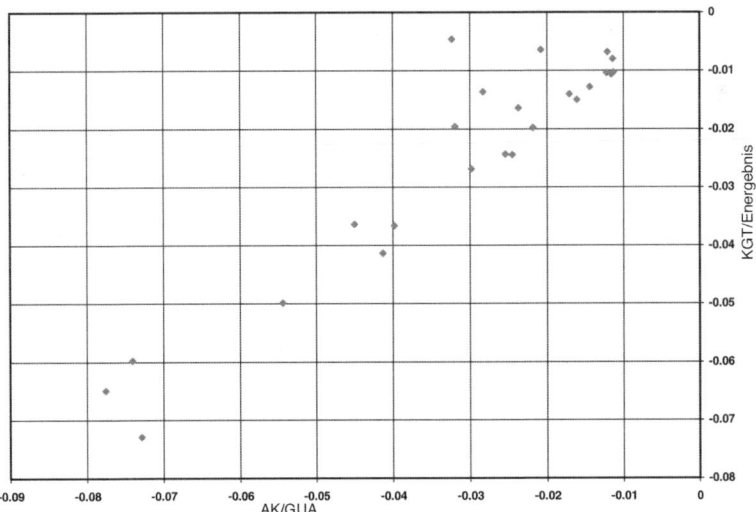

Abbildung 8.10: *Das Endergebnis aller Verlust-Trades in Beziehung zum AKT/GUA für das*
„System der Steigungsrichtung".

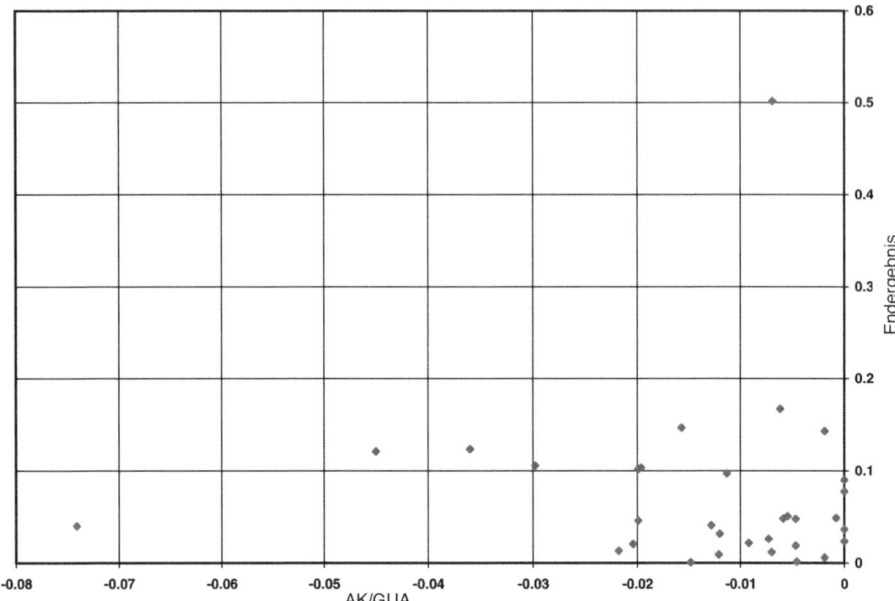

Abbildung 8.11: *Das Endergebnis aller Gewinn-Trades in Beziehung zum AKT/GUA für das „System der Steigungsrichtung".*

Aus den Abbildungen 8.12 und 8.13 können wir auch ersehen, dass einerseits sehr wenige Trades mit einem anfänglichen Kapitalrückgang (AKT) von über zwei Prozent einen Gewinn von über 0,5 Prozent erzielen konnten, wobei nur ein Trade einen Gewinn von etwa zwei Prozent erreichte. Andererseits gab es auch viele Trades mit einem AKT von über einem Prozent, die ebenfalls einen Gesamtverlust von mehr als ein Prozent produziert haben. Und wie es auch beim System der Steigungsrichtung der Fall war, wurden viele Trades offensichtlich am oder beim Tiefststand der Kapitalkurve geschlossen. Dies wirft die Frage auf, welche Marktsituationen zu diesen negativen Trades geführt haben und ob diese möglicherweise auf einen Faktor zurückzuführen sind, der bereits vor dem Trade-Einstieg zum Tragen kam.

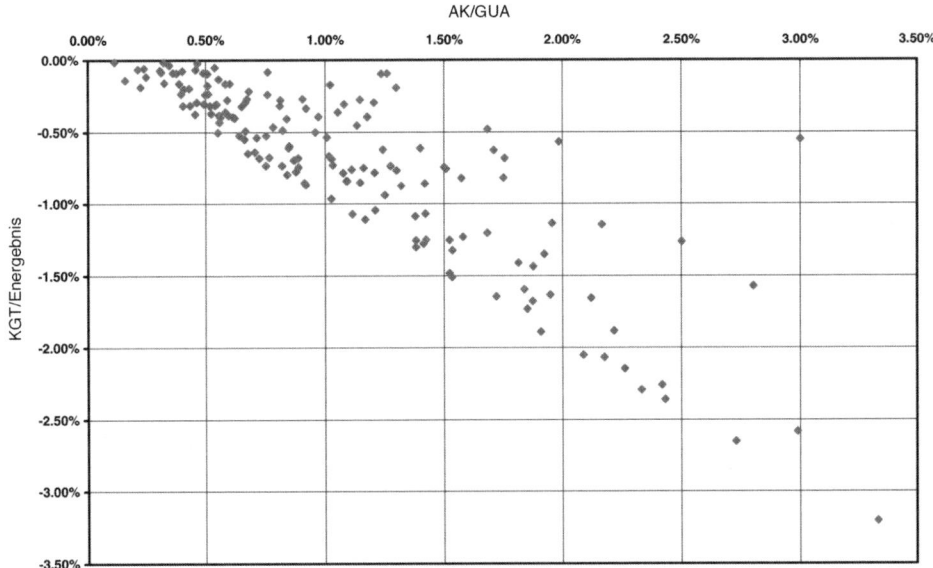

Abbildung 8.12: *Der KGT in Beziehung zum AKT/GUA für das „Meander-System".*

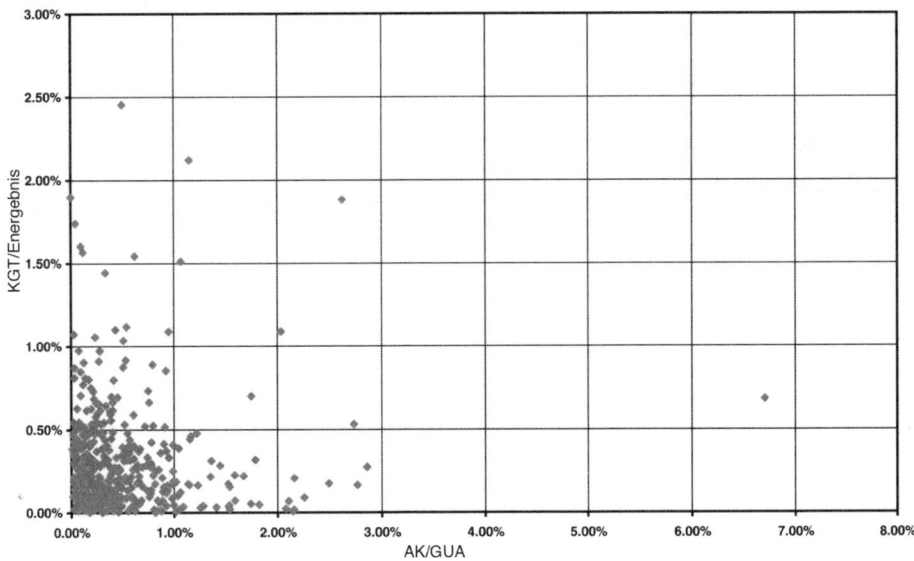

Abbildung 8.13: *Das Endergebnis aller Gewinn-Trades in Beziehung zum AKT/GUA für das „Meander-System".*

Wenn man das Endergebnis der Trades beim System der Steigungsrichtung mit der GGA (der größten günstigen Abweichung) vergleicht, ist festzustellen, dass es einige Trades gab, die nicht ausgestoppt wurden, bevor es zu einer entgegengesetzten Kursbewegung im Bereich von fünf Prozent und mehr gekommen ist. Es sind also zu viele Buchgewinne wieder verloren gegangen, sodass es ratsam scheint, eine Möglichkeit zur Integration eines Gewinnsicherungsstopps (Trailingstopps) zu finden. Abbildung 8.14 führt uns auch vor Augen, dass 17 von insgesamt 24 Verlust-Trades des Systems der Steigungsrichtung lediglich einen GGA (größte günstige Abweichung) von zwei Prozent oder darunter erreichten. Mit einem guten Filter hätten ebenfalls viele dieser Trades vermieden werden können. Auch dies deutet darauf hin, dass die meisten Verlust-Trades von Anfang an (oder kurz danach) eine negative Entwicklung nehmen. Dies zeigt, dass ein Trend, wenn er sich erst einmal durchgesetzt hat, aller Wahrscheinlichkeit nach bestehen bleibt und zu einem Gewinn-Trade führt. Je höher die größte günstige Abweichung (GGA) ausfällt, desto geringer ist auch der Endverlust.

Das trifft ebenfalls auf das Meander-System in Abbildung 8.15 zu, das recht viele Trades aufweist, die bereits zu Beginn Gewinne zu verzeichnen hatten, aber anschließend kam es zu einer Kursbewegung in die entgegengesetzte Richtung von 1,5 Prozent oder darüber, bevor das System einen Ausstieg zum Schlusskurs des entsprechenden Kursstabes ermöglichte. Es gab auch viele Trades, von denen die meisten Verlust-Trades keine GGA (größte günstige Abweichung) über 0,2 Prozent aufwiesen. Einige Verlust-Trades hätten allerdings durch die Verwendung eines Verluststopps vermieden werden können. Insgesamt hätte man viele dieser Trades durch die Verwendung eines Filters wahrscheinlich völlig umgehen können. Auch hier gilt wieder: Je größer die GGA (größte günstige Abweichung) ausfällt, desto geringer ist auch der Endverlust. Dass ein Trend, wenn er sich erst einmal durchgesetzt hat, aller Wahrscheinlichkeit nach bestehen bleibt und zu einem Gewinn-Trade führt, trifft sowohl auf langfristig orientierte Systeme als auch auf Intraday-Systeme zu, denn der jeweilige Zeitrahmen spielt dabei keine Rolle.

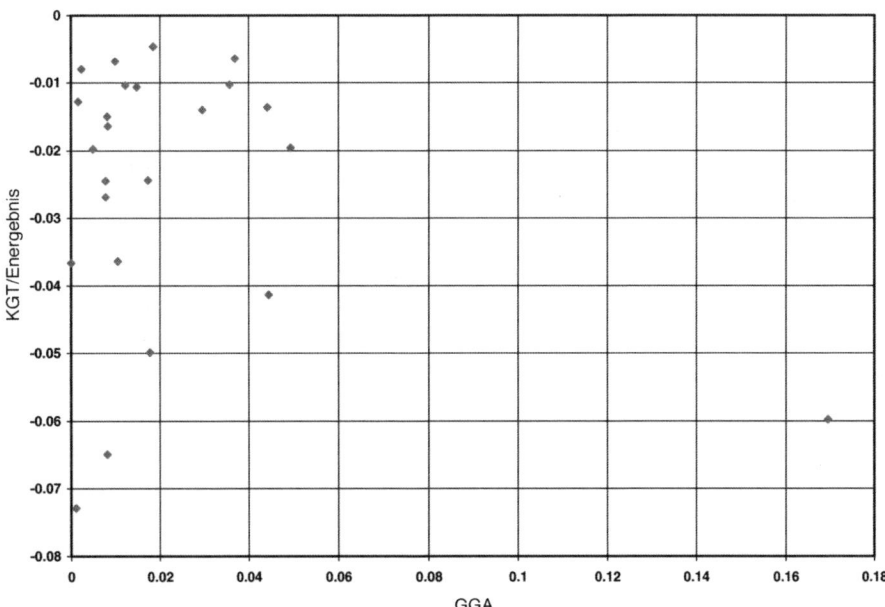

Abbildung 8.14: Der KGT in Beziehung zum GGA für das „System der Steigungsrichtung".

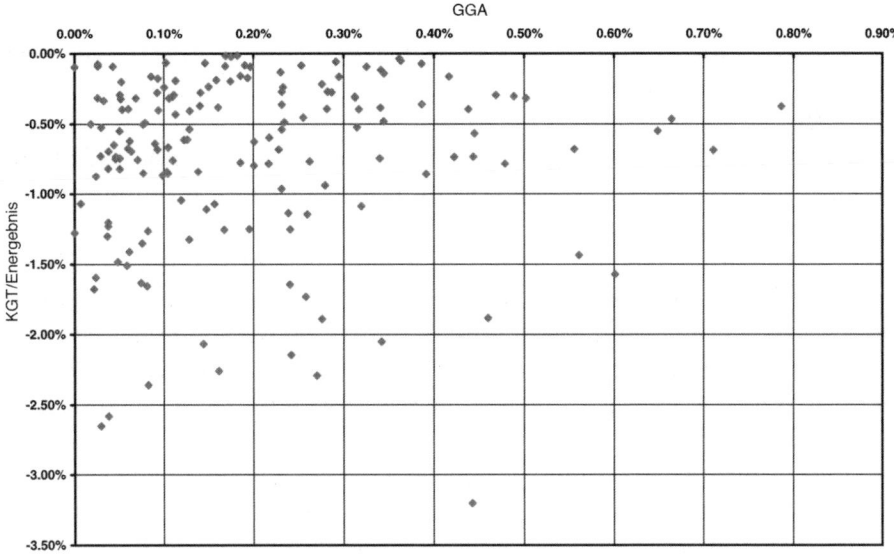

Abbildung 8.15: Der KGT in Beziehung zum GGA für das „Meander-System".

Die gesamte Lebensdauer eines Trades kann man auch erfassen, indem man den AKT/GUA, den GGA und den KAT/Endergebnis in dieser Reihenfolge als Chart darstellt. Abbildung 8.16 zeigt einen gesamten Trade für das System der Steigungsrichtung. Die Grundannahme lautet: Je weiter wir uns vom Ausgangspunkt entfernen, desto unvorhersehbarer ist der Weg, den der Trade einschlagen könnte, was eine höhere Standardabweichung der Ergebnisse zur Folge hat. Daraus ergibt sich im Fall des Systems der Steigungsrichtung die Annahme, dass die größten günstigen Abweichungen hauptsächlich nach den anfänglichen Kapitalrückgängen eines Trades stattfinden. Das ist zwar nicht ganz richtig, weil nicht alle Trades ihre größten günstigen Abweichungen (GGA) nach den größten ungünstigen Abweichungen (GUA) aufzuweisen haben. Aber vorausgesetzt, dies ist der Fall, so können wir in Abbildung 8.16 erkennen, dass sich der durchschnittliche Trade bei der Anwendung des Systems der Steigungsrichtung in Bezug auf den Japanischen Yen zunächst negativ hinsichtlich unserer Position entwickelt, indem der Markt eine Kursbewegung von zwei Prozent in die unerwünschte Richtung vollzieht, bevor er abhebt und wieder die richtige Richtung einschlägt, was sich in der größten günstigen Abweichung (GGA) von 7,5 Prozent zeigt. Von da an bewegt er sich jedoch wieder nach unten, bevor wir mit einem Gesamtgewinn von etwa drei Prozent ausgestoppt werden, nachdem wir 50 Prozent des vorher erworbenen Buchgewinns wieder abgeben mussten.

Dies lässt sich auch in Abbildung 8.17 beobachten, die den gesamten Verlauf eines Trades von Anfang bis Ende für das Meander-System zeigt.

Diese Beobachtung legt die begründete Annahme nahe, dass ein Trade immer mehr vom vorhergesehenen Weg abweicht, je größer die Entfernung vom Ausgangspunkt ist, was eine höhere Standardabweichung der Ergebnisse zur Folge hat. Diese Annahme scheint auf das Meander-System zuzutreffen, was besagt, dass wir bei der Interpretation des AKT (anfänglicher Kapitalrückgang) und des KAT (Kapitalrückgang beim Abschluss des Trades) ein wenig sorgfältiger vorgehen müssen. Abbildung 8.17 zeigt, dass der durchschnittliche Trade mit einer unerwünschten Kursbewegung von etwa 0,6 Prozent beginnt, bevor sich der Markt wieder in die gewünschte Richtung in Bewegung setzt, sodass wir eine GGA (größte günstige Abweichung) von etwa 0,6 Prozent und einen Gesamtgewinn von ungefähr 0,1 Prozent verzeichnen können. Dies setzt allerdings voraus, dass der Gang der Dinge so verläuft, wie es gerade beschrieben wurde.

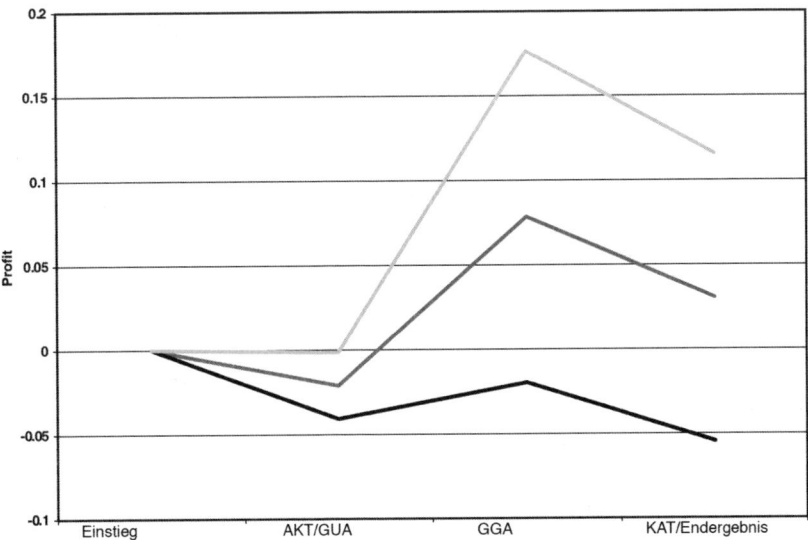

Abbildung 8.16: *Ein Trade von Anfang bis Ende unter Einsatz des Systems der Steigungs-richtung.*

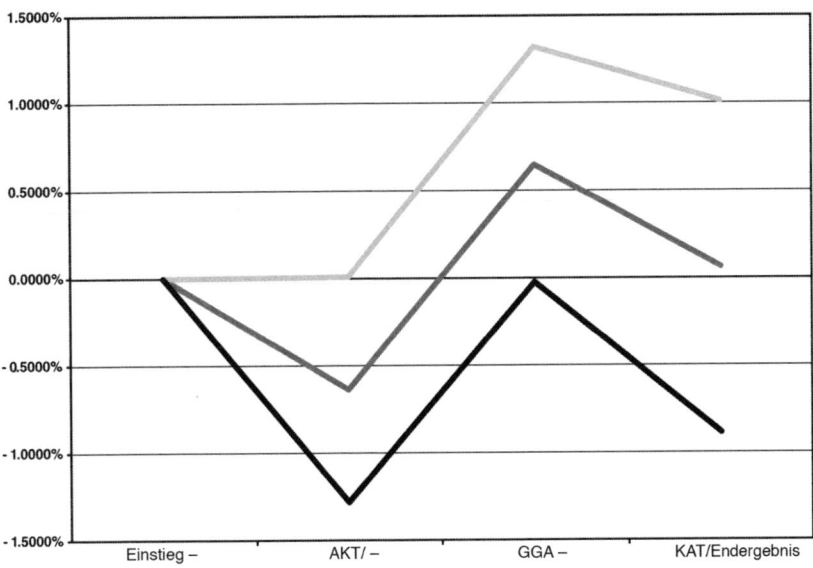

Abbildung 8.17: *Ein Trade von Anfang bis Ende unter Einsatz des Meander-Systems.*

Dass dies nicht immer der Fall ist, zeigt sich an den Abständen der Standardabweichung (die oberen und unteren Linien), die sich wahrscheinlich mit der Entfernung vom Ausgangspunkt noch weiter voneinander entfernen. Auf Abbildung 8.17 trifft dies allerdings nicht zu.

Trotzdem sollte man jeden einzelnen Punkt und die entsprechende Standardabweichung untersuchen, denn so erhält man einen Hinweis darauf, wo und wie die Stopps zu platzieren sind. Beim System der Steigungsrichtung kann man beispielsweise erwarten, dass 68 Prozent aller Trades einen AKT/GUA zwischen – 3,7 und 0 Prozent, einen GGA zwischen – 2 bis 17 Prozent und ein Endergebnis zwischen – 5,5 und 11,5 Prozent aufzuweisen haben. Trades, die nicht diesen Kriterien entsprechen, können als besser oder schlechter als erwünscht betrachtet werden. Wie bereits in Teil 2 erörtert wurde, ist ein Trade, der sozusagen zu schön ist, um wahr zu sein, nicht unbedingt positiv zu bewerten. Im nächsten Kapitel werden wir uns mit verschiedenen Methoden zum Umgang mit diesen Trades und mit besseren Möglichkeiten beschäftigen, um einen Trade von Anfang bis Ende darzustellen, und außerdem werden wir uns auch eingehender mit der GUA und der GGA von Sweeney auseinandersetzen. Obgleich sich die Redensart „Dein schlimmster Kapitalrückgang steht dir noch bevor" früher oder später bewahrheiten wird, muss er doch nicht schon morgen eintreten, was aber voraussetzt, dass Sie die entsprechende Vorarbeit geleistet haben.

KAPITEL 9

GUA/GGA (von John Sweeney)

Ihr Trading-Stil entscheidet letztlich darüber, ob Sie erfolgreich sind oder scheitern. Daher ist es von ausschlaggebender Bedeutung, ob Sie verwegen oder besonnen vorgehen. Um in den Märkten zu überleben, müssen Sie genau wissen, wann Sie aktiv werden und wann Sie sich zurückhalten sollten.

Wenn Sie ein Ziel anvisieren, müssen Sie die Flugbahn der Kugel genau einschätzen können, um Ihr Ziel zu treffen. Je nach Situation ist dies nicht möglich, weil die Reaktion in Sekundenbruchteilen erfolgen muss, aber in den Finanzmärkten sind Sie durchaus dazu in der Lage, denn Sie können sozusagen die Flugbahn Ihrer Trades in Bezug auf Ihre Ziele berechnen.

Zuerst müssen Sie sich an den Zielen im historischen Zusammenhang orientieren, um zu ermitteln, wie die Ergebnisse in der Vergangenheit ausgefallen sind. Dazu müssen Sie sich der Gesamtheit aller Trades widmen und jeden einzelnen Trade gründlich untersuchen. Dabei werden Sie feststellen, dass es gewisse Ähnlichkeiten zwischen den einzelnen Trades gibt, aber dass auch jeder Trade per se einzigartig in Bezug auf seine Merkmale und Eigenschaften ist, die die Gewinn-Trades von den Verlust-Trades unterscheiden. Diese spezifischen Eigenschaften lassen sich oft durch die GUA/GGA-Techniken von John Sweeney erkennen, was in Abbildung 9.1 veranschaulicht wird. Gegenstand dieses Kapitels ist eine Interpretationsmöglichkeit zur besseren Nutzung von John Sweeneys hervorragender Arbeit.

Die GUA (größte ungünstige Abweichung) bezeichnet die negativste Intraday-Kursbewegung in die der Position entgegengesetzte Richtung, die dem tiefsten Kapitalstand während der Dauer eines Trades entspricht. Die GUA berücksichtigt aber nicht, ob dies unmittelbar nach der Eröffnung des Trades oder erst kurz vor dem Ausstieg eintritt, nachdem man zuvor bereits den gesamten Buchgewinn wieder verloren haben kann, sodass sich der Trade letztlich als Verlust-Trade erweist. Die GGA (größte günstige Abweichung) bezeichnet die positivste Intraday-Kursbewegung in die mit der Position übereinstimmende Richtung, die dem höchsten Kapitalstand während der Dauer eines Trades entspricht. Die GGA zieht jedoch nicht in Betracht, ob dies bereits unmittelbar nach der Eröffnung des Trades oder erst kurz vor dem Ausstieg eintritt, wobei der Trade mit oder ohne Gewinn abgeschlossen werden kann. Beachten Sie, dass in Abbildung 9.1 beide ungünstigen Abweichungen (GUA) nach den günstigen Abweichungen (GGA) aufgetreten sind, während sie bei der Short-Position in Verbindung mit dem Ausstieg auftraten.

Wenn wir den Long-Trade betrachten und uns die unterschiedlichen Kapitalrückgänge beziehen, die zuvor erörtert wurden, ist zu erkennen, dass die Entfernung zwischen dem Einstieg und dem GUA-Bereich genau dem anfänglichen Kapitalrückstand (AKT) entspricht, der durch den Einsatz eines Filters zu vermeiden gewesen wäre. Die nachteilige Kursbewegung, die auf den GGA folgte, hätte durch einen Gewinnsicherungsstopp (Trailingstopp) oder durch einen Verluststopp begrenzt werden können. Mit den Möglichkeiten, die uns die Technik des GUA und GGA zur Verfügung stellt, können wir Systeme in Bezug auf Ausstiegstechniken untersuchen, die eine hohe Erfolgswahrscheinlichkeit bieten, und wir können sogar herausfinden, wann es ratsam ist, eine Position aufzustocken oder gar gegen den Trend und somit gegen das vorgegebene Signal zu handeln.

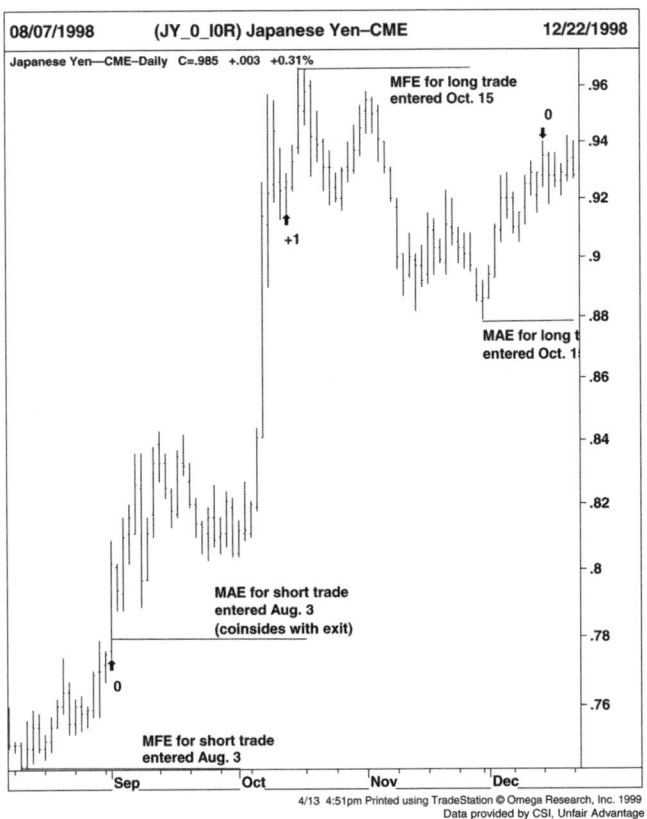

Abbildung 9.1: *GUA- und GGA-Bereiche für zwei Trades im Japanischen Yen.*
Daten oben: 07.08.1998 – 22.12.1998

Abbildung, von oben nach unten:

GGA eines Long-Trades, Einstieg 15. Oktober
GUA eines Long-Trades, Einstieg 1. Oktober
GUA eines Short-Trades, Einstieg 3. August (fiel mit dem Ausstieg zusammen)
GGA eines Short-Trades, Einstieg 3. August

Ergänzend und als Ausgangspunkt für die GUA/GGA-Analyse schauen wir uns die Dauer und Entwicklung des Trades genauer an (was sozusagen der Analyse der Flugbahn entspricht). Damit untersuchen wir unser System auf zusätzliche Trading-Regeln, die damit zusammenhängen, ob sich der Trade innerhalb der durch die GUA/GGA-Analyse vorgegebenen Begrenzungen befindet. Zum besseren Verständnis könnte man die GUA/GGA-Werte mit den Zielscheiben auf einem Schießplatz der Polizei vergleichen. In diesem Fall wären die GUA-Ziele mit den „Bösen" vergleichbar, auf die gezielt wird, während es sich bei den GGA-Zielen um „unschuldige Menschen" handelt, bei denen man unbedingt vermeiden muss, dass sie gefährdet werden.

Mit Hilfe der Analyse der Flugbahn können wir bestimmen, ob die Gewehrkugel (der Trade) sozusagen noch während des Flugs „fixiert" werden muss, wenn man versehentlich auf einen der „Unschuldigen" geschossen oder sogar in die völlig falsche Richtung gezielt hat, oder ob es besser wäre, noch einige Schüsse in die gleiche Richtung abzugeben, falls man einen der „Bösen" im Visier hat. Bei der Flugbahnanalyse ist jede Kapitalkurve einer offenen Position ein Spiegelbild der Preisentwicklung des jeweiligen Marktes, was es ermöglicht, die aktuelle Preistätigkeit jedes Trades mit dem zu vergleichen, was in der Vergangenheit in ähnlichen Situationen stattgefunden hat. Wenn man davon ausgeht, dass sich die technische Analyse auf die vergangene Preistätigkeit bezieht, von der man annimmt, dass sie sich künftig wiederholen wird, stellt sich die Frage, ob es sich dabei um den besten Weg handelt, um dies zu erreichen. Um alle erforderlichen Daten auf das Tabellenprogramm zu übertragen, verwenden wir wieder den Code des letzten Kapitels.

Wir werden diesen Code für alle Märkte und den Zeitraum von Januar 1980 bis Oktober 1999 für das System der Steigungsrichtung aus Teil zwei verwenden. Folgende Märkte werden untersucht: T-Bonds, Lebendrinder, Japanischer Yen, Mai, Kanadischer Dollar, Rohöl, Dollar-Index, Bauholz, Orangensaft, S&P 500, Kupfer, Euro-Dollar, CRB-Index, Baumwolle, Gold und Kaffee. Wenn Sie diese Märkte bereits gespeichert haben, dürfen Sie nicht vergessen, die Kontrakte von Punktwerten auf Verhältniswerte zu ändern. Und wie bisher werden weder Brokerprovisionen noch Slippage dabei berücksichtigt, weil sich dies negativ auf den Lösungsansatz auswirkt.

Wir beginnen also damit, alle Trades (Gewinn- und Verlust-Trades, Long- und Short-Positionen) für alle Märkte zu sondieren, um unsere Analyse in Gewinn- und Verlust-Trades aufzuteilen. Anschließend fertigen Sie drei Kopien der Angaben an, die Sie in das Tabellenprogramm eingegeben haben. Wenn Sie auch die Long- und Short-Trades separat aufführen wollen, ist es empfehlenswert, auch davon Kopien anzufertigen. Aufgrund der Daten des Tabellenprogramms kann ein Chart erstellt werden, wie er in Abbildung 9.2 zu sehen ist, in der die Entwicklung einiger Trades gezeigt wird.

Obwohl es wenig Sinn macht, die Trades nacheinander darzustellen, was eher wie ein Vogelnest von innen aussehen würde, können wir dennoch bereits an dieser Stelle eine Unterscheidung zwischen Gewinn- und Verlust-Trades vornehmen. So kann man zum Beispiel recht leicht erkennen, dass die Trade-Dauer für einige Verlust-Trades ziemlich kurz ist, während Gewinn-Trades eine viel längere Lebensdauer aufweisen. Im zweiten Fall scheint auch ein Muster (Trend) erkennbar zu werden, je länger ein Trade dauert. Um diese Tendenz besser erkennen zu können, kann der Chart durch zwei parallele Linien als Trendkanal dargestellt werden. Es lassen sich auch schon einige Tendenzen erkennen, die einige einfache Richtlinien ermöglichen wie „Ein Gewinn-Trade sollte sich im positiven Bereich von etwa 18 Kursstäben befinden" oder „Im Bereich von etwa 30 Kursstäben dürften die meisten Trades einen Gewinn zwischen zehn und 30 Prozent aufweisen"; aber das reicht noch nicht aus, um systematische und mechanische Regeln zu formulieren, mit denen die „rein gefühlsmäßige Vorgehensweise" überwunden werden kann.

Dazu müssen allerdings Vereinfachungen vorgenommen werden. Zunächst müssen wir den Prozentsatz einer durchschnittlichen Kursbewegung jedes Kursstabes und dessen Standardabweichungsbegrenzungen ermitteln. In der Tabelle geben Sie ganz unten die folgende Formel ein und tragen sie rechts ein, solange Sie die offenen Positionen halten:

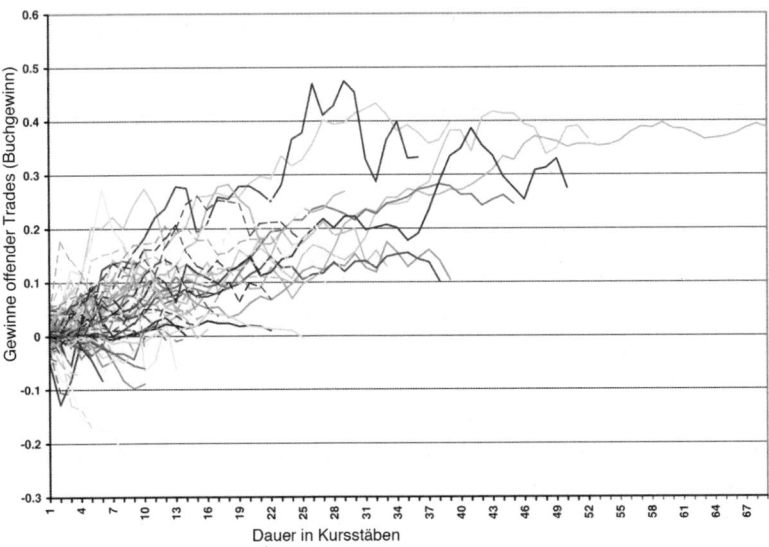

Abbildung 9.2: *Die Entwicklung einiger Trades des Systems der Steigungsrichtung.*

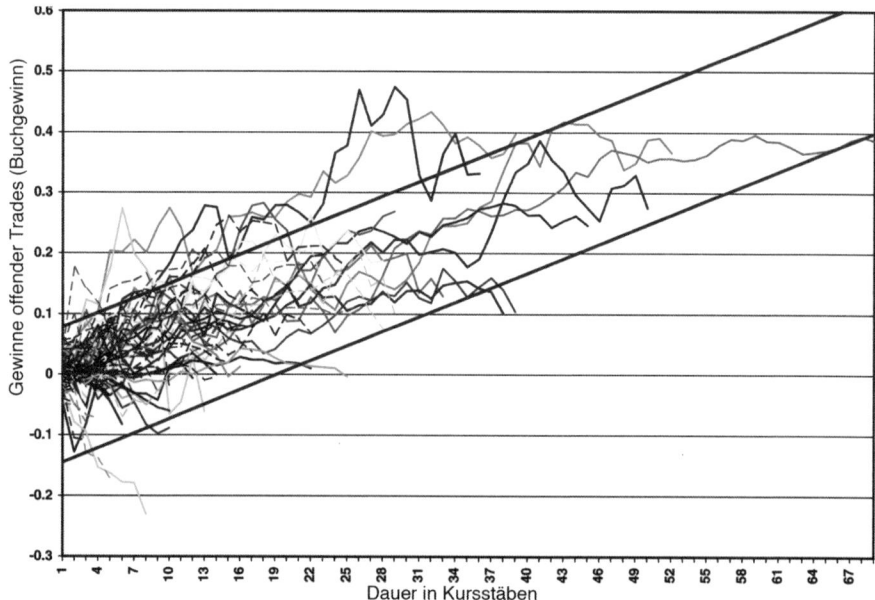

Abbildung 9.3: *Die Entwicklung einiger Trades mit einer manuell eingefügten Trendlinie.*

$$=AVERAGE(H1:H1240)$$

H bezeichnet die Spalte, in der die Kursbewegung für Kursstab eins in Prozent angegeben wird.

$$=H1246 + STDEV(H1:H1240)$$
$$=H1246 - STDEV(H1:H1240)$$

Danach sollten Sie in der Lage sein, einen Chart herzustellen, wie er in Abbildung 9.4 zu sehen ist, der die Entwicklung eines durchschnittlichen Trades (die mittlere geschwungene Linie) sowie die oberen (plus Standardabweichung) und unteren (minus Standardabweichung) Begrenzungen der Standardabweichung zeigt. Die Grenzen der Standardabweichung dienen dazu, den Bereich zu bezeichnen, in dem sich erwartungsgemäß 68 Prozent der Trades befinden. Sie können auch eine Regressionsgerade für den durchschnittlichen Trade hinzufügen. Statt mit unzähligen und überflüssigen Linien zu arbeiten, haben wir diese nun auf vier Geraden reduziert, was die Interpretation und die Aufstellung von Regeln erleichtert.

Mit der Entfernung vom Einstiegspunkt erhöht sich die Anzahl der geschlossenen Trades. Aber das bedeutet auch, dass die Ergebnisse umso unzuverlässiger
werden, je weniger Trades vorliegen. Die senkrechte gestrichelte Linie bezeichnet den Punkt, an dem es weniger als 20 offene Trades gab. Im vorliegenden Fall
trat dies bei 48 Kursstäben ein. Der Chart in Abbildung 9.4 enthält auch die
Regressionsgleichung dieser Linie (die mittlere Gerade) für den durchschnittlichen Trade. Die Regressionsgleichung dieser Geraden lautet y = 0,0077x, was
besagt, dass der Wert des durchschnittlichen Trades um etwa 0,74 Prozent pro
Tag steigt.

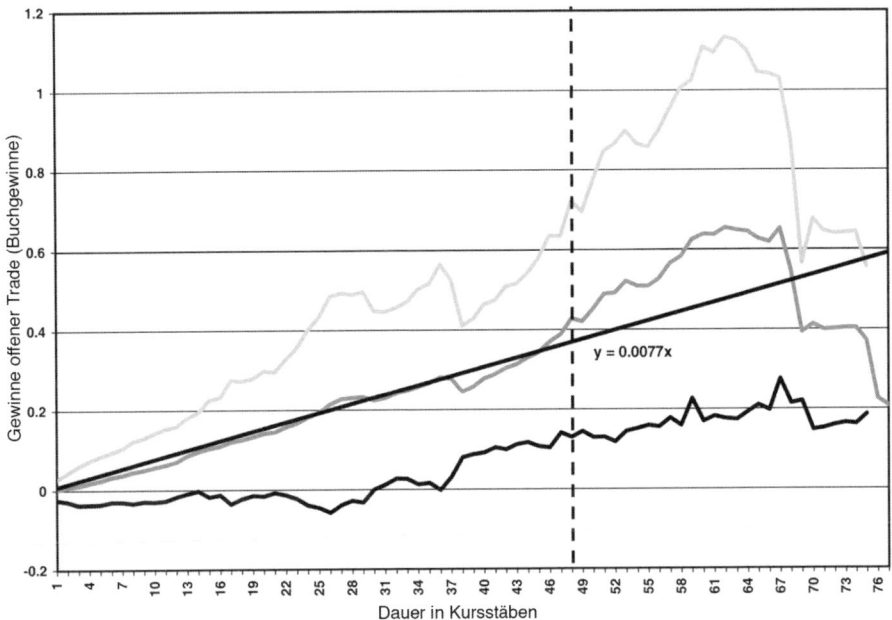

Abbildung 9.4: *Die Entwicklung des durchschnittlichen Trades (die geschwungene Linie in
der Mitte) mit der oberen und unteren Begrenzung der Standardabweichung (obere Grenze:
+ Standardabweichung; untere Grenze: – Standardabweichung).*

Mit einem Chart dieser Art können wir einige grundlegende Richtlinien aufstellen, wie „Wenn die Durchschnittslinie von unten gekreuzt wird, verbessert sich
der durchschnittliche Wert eines Trades, sodass die Position aufgestockt werden
könnte" oder „Wenn die Linie der Standardabweichung von unten gekreuzt
wird, ist es ratsam, einen Teil der Buchgewinne zu realisieren". Wenn wir alle
Trades zudem in Gewinn- und Verlust-Trades unterteilen, wird es einfacher,
entsprechende Regeln aufzustellen. Abbildung 9.5 zeigt die Entwicklung eines

durchschnittlichen Verlust-Trades. Die gestrichelte Linie beim 14. Kursstab bezeichnet den Tag, ab dem nur noch 20 Trades offen sind. Für eine statistisch begründete Aussage reichen diese Fakten allerdings nicht aus. Wenn ein Trade zu diesem Zeitpunkt nicht mindestens einen geringen Gewinn erwirtschaftet, ist es wohl besser, wenn Sie Ihr Geld anderweitig anlegen.

Wie Sie anhand der Abbildung sehen können, konnte ein durchschnittlicher Verlust-Trade nur selten die Zwei-Prozent-Gewinnmarke überschreiten, wobei nur ungefähr 16 Prozent aller Verlust-Trades ((1 – 0,68) / 2) einen Buchgewinn von mehr als sieben Prozent erbrachten, was der oberen Standardabweichungslinie bei etwa 16 Kursstäben zu entnehmen ist. Die Abbildungen 9.4 und 9.5 bilden die Grundlage für Richtlinien wie: „Wenn nach 14 Kursstäben noch keine Gewinne erzielt wurden, wird der Trade wahrscheinlich ein Verlust-Trade und sollte glattgestellt werden".

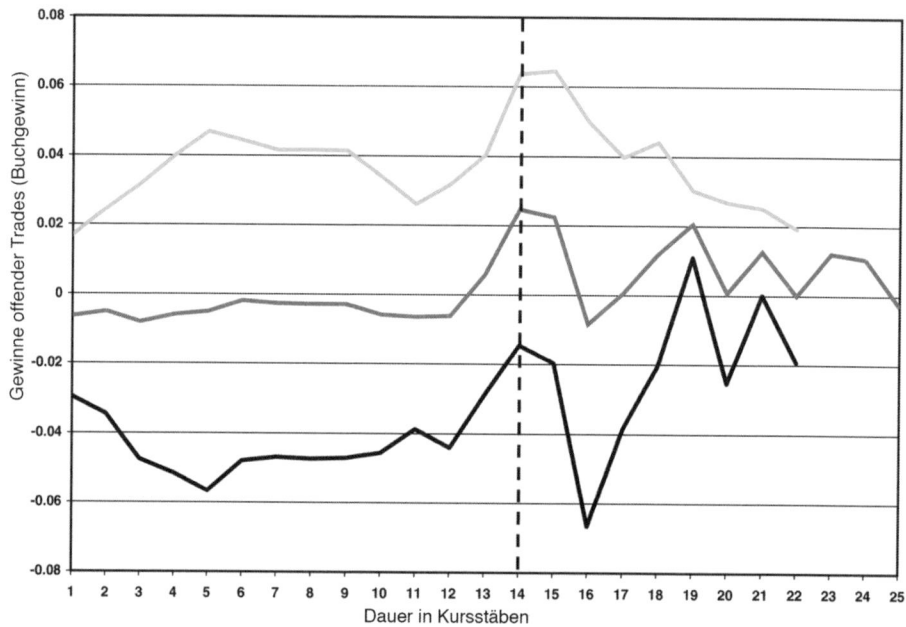

Abbildung 9.5: *Die Entwicklung des durchschnittlichen Verlust-Trades.*

Übrigens untermauert Abbildung 9.4 die Annahme des letzten Kapitels, die sich auf das typische Aussehen eines Trades bezieht, bei dem die GUA (größte günstige Abweichung) vor der GGA (größte günstige Abweichung) auftritt. Wie dies bei sämtlichen Trades für das System der Steigungsrichtung aussieht, ist der

Abbildung 9.6 zu entnehmen, die uns auch zusätzliche Einsichten in das System vermittelt wie etwa: „Ein Trade, der eine GUA (größte günstige Abweichung) unter 7,5 Prozent aufweist, was bei einer Standardabweichung von 1 die untere Begrenzung für die GUA darstellt, unterscheidet sich deutlich vom durchschnittlichen Trade, sodass anzunehmen ist, dass dieser Trade ein Verlust-Trade wird". Der Abstand zwischen den beiden Begrenzungslinien der Standardabweichung bis zum Ausstieg ist geringer als bis zum Punkt der größten günstigen Abweichung (GGA), weil der Ausstieg bei vielen Verlust-Trades viel häufiger gleich nach dem Einstieg erfolgt, während es bei Gewinn-Trades oft länger dauert, bis überhaupt erst eine GGA erreicht wird. Weil viele dieser Trades oft nur einen geringen Weg nach dem Einstieg zurücklegen, kann der Streuungswert der Erträge auch nicht so groß sein. Zusammenfassend kann man also sagen, dass für die Dauer eines Trades lediglich drei Linien mit jeweils nur einem Messwert benötigt werden.

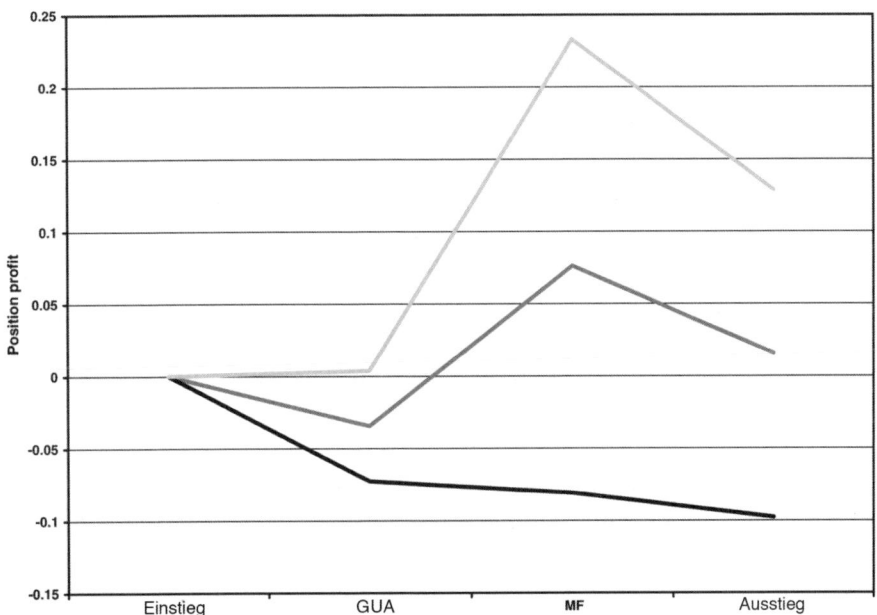

Abbildung 9.6: *Die gesamte Trade-Dauer eines durchschnittlichen Trades beim System der Steigungsrichtung.*

Dass ein eindeutiger Unterschied zwischen Gewinn- und Verlust-Trades besteht, kann man aufgrund der Abbildungen 9.7 und 9.8 erkennen, die den gleichen Sachverhalt zeigen wie Abbildung 9.3, wobei allerdings die Gewinn-

und Verlust-Trades getrennt voneinander behandelt werden. Beim Vergleich dieser Charts fällt auf, wie schwierig es für die Verlust-Trades ist, irgendeine Richtung zu verfolgen, während die Gewinn-Trades eine klare Aufwärtstendenz erkennen lassen; es gibt viel mehr Gewinn-Trades, die sich in höhere Gefilde erheben, als Verlust-Trades, die sich mit einem Eilaufzug ins Untergeschoss begeben. Tatsächlich schlagen nur wenige Verlust-Trades überhaupt eine Richtung ein, und jene Trades, die rasch in den positiven Bereich zu gelangen vermögen, enden in einem Kurswechsel in die falsche Richtung. Bei den Gewinn-Trades lässt sich hingegen beobachten, dass sie sich schnell mittels einer erheblichen Kursbewegung in die erwünschte Richtung aufmachen. Häufig müssen die Gewinn-Trades jedoch ihre Buchgewinne wieder zurückgeben, bevor es möglich ist, beim Ausstieg einen Teil der Gewinne zu sichern. Ein weiterer Unterschied besteht in der Dauer der Trades. Während sich nämlich viele Gewinn-Trades auf über 20 Kursstäbe erstrecken, dauern die meisten Verlust-Trades nicht einmal halb so lang. Gewinn-Trades kommen normalerweise sofort in Gang und entwickeln sich eine gewisse Zeit lang positiv, während Verlust-Trades für gewöhnlich richtungslos vor sich hindümpeln.

Die GUA/GGA-Analyse dient dem Zweck, diese Punkte mit der höchsten Wahrscheinlichkeit aufgrund historischer Erfahrungen ausfindig zu machen, sodass man die Erträge eines Trades abschätzen kann, indem man das System ohne Stopps und Ausstiege arbeiten lässt. Dazu müssen wir die gleiche Analyse anwenden, wie es im vorangegangenen Kapitel in Bezug auf die unterschiedlichen Arten der Kapitalrückgänge geschehen ist. Für das System der Steigungsrichtung könnte dies so aussehen wie in den Abbildungen 9.9 und 9.10, die Auskunft über die Gesamterträge aller Trades (insegsamt 1.240 Trades) in allen 16 Märkten im Verhältnis zur GUA und GGA jedes einzelnen Trades geben. Abbildung 9.9 zeigt die Least-Square-Regressionsgerade für den GUA, die darauf hindeutet, dass die GUA umso größer ist, je größer der Verlust-Trade ausfällt. Der tatsächliche Zusammenhang scheint jedoch eher ein exponentieller zu sein, worauf die per Hand eingezeichnete, gestrichelte Trendlinie hinweist. Solange sich also die GUA (größte ungünstige Abweichung) über einem bestimmten Bereich befindet, erzielt der Trade aller Wahrscheinlichkeit nach Gewinne. Bei der GGA-Analyse in Abbildung 9.10 weist die LS-Regressionsgerade darauf hin, dass die GGA umso größer ist, je höher der Gewinn-Trade ausfällt. Dies kann man auch der Regressionsgleichung entnehmen, die zeigt, dass der letztlich zu erwartende Gewinn ungefähr 57 Prozent des GGA-Wertes beträgt. Somit muss man beim System der Steigungsrichtung damit rechnen, dass 40 bis 50 Prozent der Buchgewinne eines Trades wieder verloren gehen, bevor man aussteigen kann. Dies wirft die Frage auf, ob es einen Weg geben könnte, einen größeren Anteil dieser Buchgewinne zu sichern.

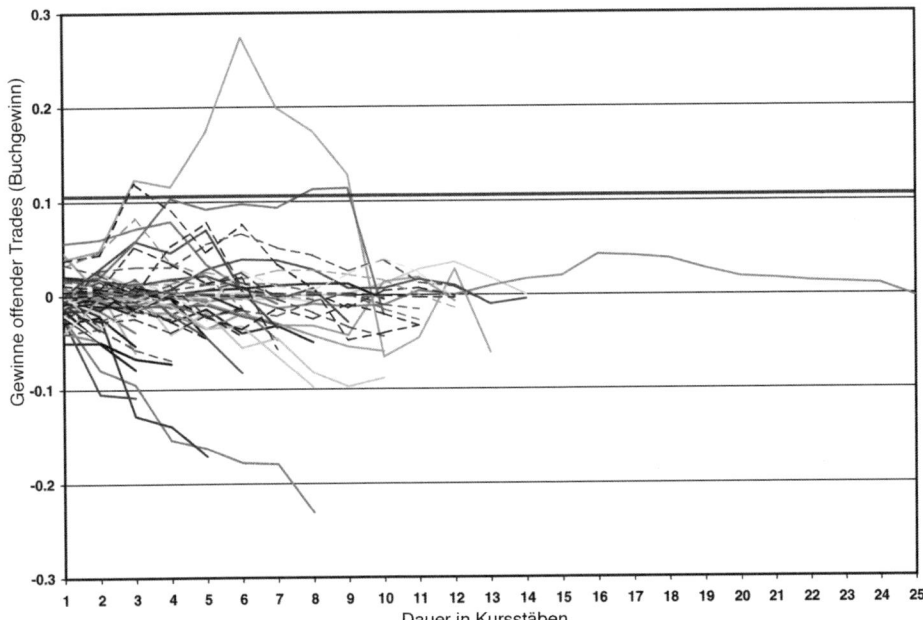

Abbildung 9.7: *Die Entwicklung einiger Verlust-Trades.*

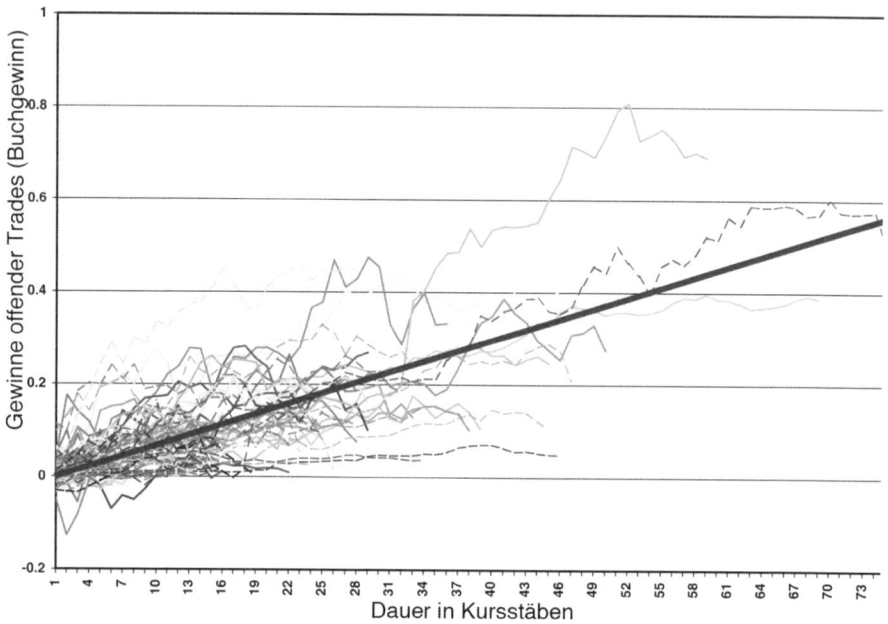

Abbildung 9.8: *Die Entwicklung einiger Gewinn-Trades.*

Abbildung 9.9 veranschaulicht, dass sich nur wenige Trades mit einer GUA von mehr als zehn Prozent als Gewinn-Trades erwiesen haben. Wenn man einen Verluststopp von zehn Prozent festlegt, wären zehn Prozent aller Trades zu Verlust-Trades geworden. Der genaue Punkt, ab dem der kumulierte Wert aller Verlust-Trades größer ist als der aller Gewinn-Trades, kann errechnet werden, indem man den Wert aller ausgestoppten Verlust-Trades vom Wert aller Gewinn-Trades subtrahiert. Wenn der Verluststopp näher an den Einstiegs-punkt herangezogen wird, sinkt dieser Wert unter 0, was dann einträte, wenn der Wert der Verlust-Trades größer geworden ist als der Wert aller Gewinn-Tra-des. Dies besagt, dass man überhaupt nichts gewinnt, wenn man den Verlust-stopp verringert. Um dies zu bewerkstelligen, geben Sie folgende Formel in das Tabellenprogramm ein:

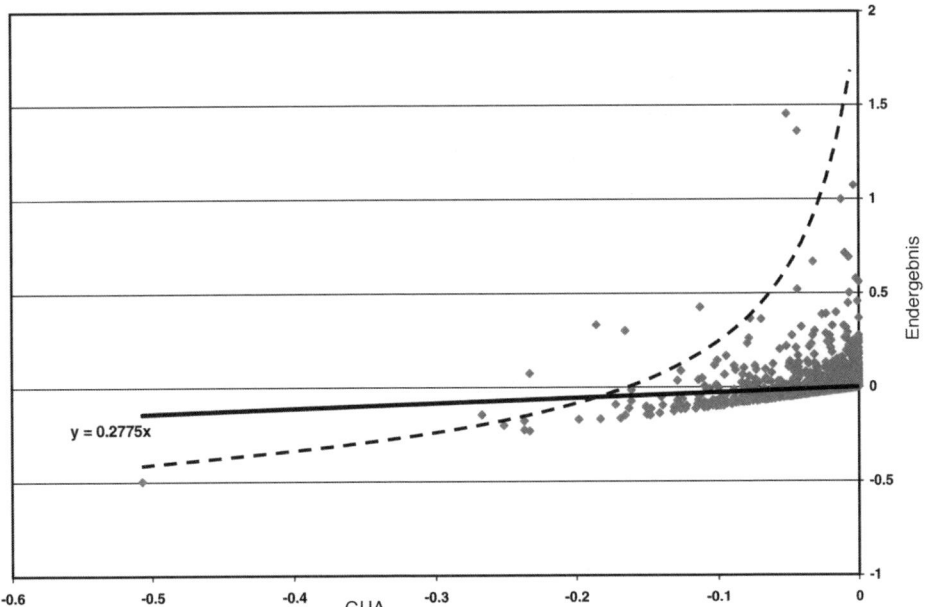

Abbildung 9.9: *Die Gesamterträge von 16 Märkten im Verhältnis zur GUA für das System der Steigungsrichtung.*

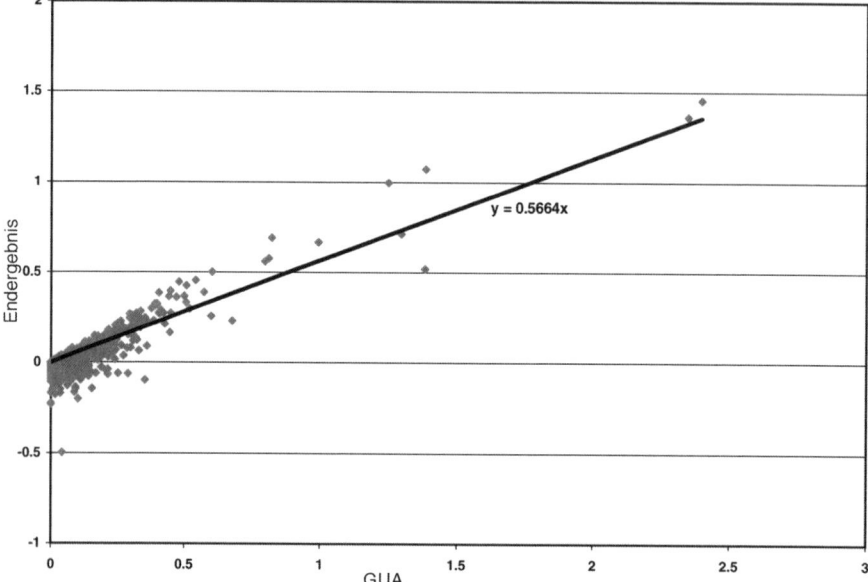

Abbildung 9.10: *Die Gesamterträge von 16 Märkten im Verhältnis zur GGA für das System der Steigungsrichtung.*

=SUMIF(G$1:G$1240;"<=-0,005";I$1:I$1240)/
COUNTIF(G$1:G$1240;"<=-0,005")

Dabei bezeichnet Spalte G den Wert der GUA, und Spalte I bezeichnet den Wert des Gesamtertrages.

Beachten Sie, dass es sich hierbei um einen rechnerisch ermittelten Wert handelt. Einfach nur den GUA-Punkt zu errechnen, ab dem die Anzahl der Verlust-Trades voraussichtlich größer wird als die der Gewinn-Trades (in diesem Fall wird dieser Punkt dann erreicht, wenn der GUA größer als 1,5 oder = 1,5 ist), reicht nicht aus. Der nächste Schritt besteht im Errechnen der Differenz zwischen dem, was eingetreten wäre, wenn die entsprechenden Trades ausgestoppt worden wären, und dem, was geschehen wäre, wenn dies nicht der Fall gewesen wäre. Wären diese Trades auf der Höhe der GUA ausgestoppt worden, so hätte der Durchschnittsgewinn aller Trades ebenfalls diesem GUA-Bereich entsprochen. Um also die Differenz zwischen den Ergebnissen an einem bestimmten GUA-Level zu errechnen, wird die obige Formel einfach folgendermaßen modifiziert:

=SUMIF(G$1:G$1240;"<=-0,005";I$1:I$1240)/

COUNTIF(G$1:G$1240;"<=-0,005")+0,005

Durch die Anwendung dieser Methode kann man eine Tabelle erstellen, wie sie in Tabelle 9.1 zu sehen ist, in der die Differenzen der Durchschnittsgewinne aller Trades gezeigt werden, die jeweils einem bestimmten GUA-Wert entsprechen, wobei dieser Wert davon abhängt, ob man davon ausgegangen ist, dass die Trades ausgestoppt werden oder nicht.

Tabelle 9.1: GUA-Bereiche, ursprüngliche Gewinne und die Differenzen der Erträge von 16 Märkten für das System der Steigungsrichtung.

GUA	Ursprünglicher Gewinn	Differenz
− 0,50%	0,84%	1,34 Punkte
− 1,00%	0,25%	1,25 Punkte
− 1,50%	− 0,24%	1,26 Punkte
− 2,00%	− 0,56%	1,44 Punkte
− 2,50%	− 0,95%	1,55 Punkte
− 3,00%	− 1,05%	1,95 Punkte
3,50%	− 1,54%	1,96 Punkte
− 4,00%	− 1,66%	2,34 Punkte
− 4,50%	− 2,47%	2,03 Punkte
− 5,00%	− 3,07%	1,93 Punkte
− 5,50%	− 3,75%	1,75 Punkte
− 6,00%	− 3,94%	2,06 Punkte
− 6,50%	− 4,08%	2,42 Punkte
− 7,00%	− 4,16%	2,84 Punkte
− 7,50%	− 4,65%	2,85 Punkte
− 8,00%	− 5,29%	2,71 Punkte
− 8,50%	− 6,12%	2,38 Punkte
− 9,00%	− 6,53%	2,47 Punkte
− 9,50%	− 6,69%	2,81 Punkte
− 10,00%	− 6,74%	3,26 Punkte

Mit diesen Werten können wir nun die ursprünglichen Gesamtergebnisse aller Trades, die einem bestimmten GUA-Bereich entsprechen, mit den gleichen Trades vergleichen, die man so behandelt, als seien sie auf diesem Niveau ausgestoppt worden. Bei einer GUA von mindestens drei Prozen bei allen Trades hätte der errechnete Durchschnittsgewinn beispielsweise − 1,05 Prozent betragen, während er beim Einsatz eines Verluststopps auf − 3,0 Prozent gesunken wäre. Demnach hat sich der Durchschnittsgewinn deutlich verschlechtert, wenn ein Verluststopp verwendet wurde. Aber wie Sie der Tabelle 9.1 entnehmen können, spielte es überhaupt keine Rolle, wo Sie den Verluststopp platziert hätten, denn Sie wären in jedem Fall schlechter damit gefahren, als wenn Sie überhaupt keinen Stopp verwendet hätten. Eine interessante Beobachtung ist folgende: Je größer die GUA (größte ungünstige Abweichung) ist, desto höher fällt die prozentuale Punktdifferenz zwischen den Ergebnissen mit Verluststopp und ohne Verluststopp aus.

Dies liegt in der Natur der Dinge begründet. Wenn Sie im Voraus genau wissen wollen, wie viel Sie schlimmstenfalls verlieren, verringern Sie einerseits die Standardabweichung der Systemergebnisse und erhöhen andererseits Ihre innere Sicherheit in Bezug auf den jeweiligen Trade. Für diese größere Sicherheit zahlen Sie allerdings einen Preis, der darin besteht, dass Ihre Gesamtergebnisse auf längere Sicht geringer ausfallen werden.

Wie Tabelle 9.2 zeigt, gilt dies aber auch für einen anderen Aspekt: Wenn Buchgewinne realisiert werden, sobald ein bestimmtes Kursniveau erreicht wurde, wird dies ebenfalls zu einer geringeren Standardabweichung der Erträge, was auch mit einem geringeren Risiko verbunden ist. Der Preis dafür besteht jedoch auf längere Sicht in einer geringeren Gesamtrendite, wobei es egal ist, wo man den Stopp für das Gewinnziel platziert.

Worum geht es eigentlich? Es geht darum, dass wir durch die Geringhaltung der Standardabweichung der Erträge, die gleichzeitig mit einem geringeren Verhältnis zwischen Buchgewinnen und realisierten Gewinnen einhergeht, im Rahmen einer „Fixed-Fractional"-Geldmanagement-Strategie aggressiver vorgehen können, was die Anzahl der zu platzierenden Kontrakte anbelangt.

Wo sollte man also die Stopps platzieren – falls man überhaupt welche verwendet? Das ist im Grunde eine Frage, die Sie nur für sich selbst beantworten können, was davon abhängt, wie Sie das Verhältnis zwischen Risiko und Ertrag zwischen den verschiedenen Stopp- und Gewinnzielbereichen des Systems, an dem Sie gerade arbeiten, festlegen. Im vorliegenden Fall gehen wir möglichst weit „zurück" und platzieren einen Verluststopp bei vier Prozent und ein Gewinnziel bei 60 Prozent, was damit begründet werden kann, dass dieser Bereich auf lange Sicht die meisten Verluste zu verzeichnen hat, wie in den Tabellen 9.1 und 9.2 zu erkennen ist. Dies bedeutet aber auch, dass wir mit Hilfe dieser Bereiche die beste Rendite erwirtschaften, wenn wir eine Fixed-Fractional"-Geldmanagement-Strategie anwenden.

Tabelle 9.2: *GGA-Bereiche, ursprüngliche Gewinne und die Differenzen der Erträge von 16 Märkten für das System der Steigungsrichtung.*

GGA	Ursprüngl. Gewinn	Differenz
0,05%	8,08%	3,08 Punkte
0,10%	12,93%	2,93 Punkte
1,15%	18,72%	3,72 Punkte
0,20%	23,98%	3,98 Punkte
0,25%	30,93%	5,93 Punkte
0,30%	36,45%	6,45 Punkte
0,35%	43,62%	8,62 Punkte
0,40%	50,34%	10,34 Punkte
0,45%	60,44%	15,44 Punkte
0,50%	63,98%	13,98 Punkte
0,55%	71,44%	16,44 Punkte
0,60%	77,94%	17,94 Punkte
0,65%	80,47%	15,47 Punkte
0,70%	86,19%	16,19 Punkte
0,75%	86,19%	11,19 Punkte
0,80%	89,53%	9,53 Punkte
0,85%	97,00%	12,00 Punkte
0,90%	97,00%	7,00 Punkte
0,95%	97,00%	2,00 Punkte
1,00%	102,05%	2,05 Punkte

Nach der GUA/GGA-Analyse

Nach dem Verluststopp und dem Gewinnziel richten wir unsere Aufmerksamkeit nun auf den Trailingstopp, der zur Gewinnsicherung dient. Wir wollen die größte ungünstige Abweichung (GUA) der letzten „günstigen Abweichung" (GA) eines Trades herausfinden, die wir kurz GUA/GA nennen werden. Beachten Sie, dass es sich hierbei nicht um den Punkt der „größten günstigen Abweichung" (GGA) handeln muss, der wahrscheinlich die allerletzte günstige Abweichung darstellt, die schließlich in den Kapitalrückgang beim Abschluss eines Trades (KAT) übergeht, sondern um die vorher stattfindende größte günstige Abweichung (GGA), die dem größten Kursrücklauf in die entgegengesetzte Seite vorausgeht, der zum Ausstieg führen kann oder nicht. Diesen Punkt bezeichnen wir als GUA/GA (die größte ungünstige Abweichung innerhalb der letzten günstigen Abweichung eines Trades).

Schwierig bei der GUA/GA ist, dass man nicht weiß, wo der Markt vor der GUA/GA gehandelt wurde (zumindest nicht bei dieser Analyse). Um sinnvolle Ergebnisse zu erhalten, muss man daher anders vorgehen als bei der Analyse des Gewinnziels und des Verluststopps. In diesem Fall vergleichen wir die GUA/GA mit der entsprechenden durchschnittlichen GGA aller Trades und errechnen danach die theoretischen Ergebnisse, als hätte es sich bei der GUA/GA um den Kapitalrückstand beim Abschluss eines Trades (KAT) gehandelt. Die grundlegenden Excel-Formeln sind die gleichen wie für den Verluststopp und das Gewinnziel in Tabelle 9.3.

Tabelle 9.3: GUA/GA-Bereiche, durchschnittliche GUA-Bereiche und theoretische Gewinne für das System der Steigungsrichtung.

GUA/GA	Durchschnittliche GGA	Gewinne
− 2,50%	9,78%	7,04%
− 3,00%	10,28%	6,98%
− 3,50%	10,85%	6,97%
− 4,00%	11,39%	6,94%
− 4,50%	12,02%	6,98%
− 5,00%	12,66%	7,03%
− 5,50%	13,34%	7,10%
− 6,00%	13,71%	6,89%
− 6,50%	14,31%	6,88%
− 7,00%	14,86%	6,82%
− 7,50%	15,33%	6,68%
− 8,00%	16,02%	6,74%
− 8,50%	16,96%	7,02%
− 9,00%	17,24%	6,69%
− 9,50%	18,06%	6,84%
− 10,00%	19,24%	7,32%
− 10,50%	10,14%	7,53%
− 11,00%	10,92%	7,62%
− 11,50%	21,51%	7,54%
− 12,00%	22,08%	7,43%

Tabelle 9.3 zeigt, dass die Gewinne bei einer GUA von vier Prozent einen Tiefststand erreichen. Bei einem Gewinnsicherungsstopp (Trailingstopp) auf diesem Niveau und unter der Voraussetzung einer logischen Begründung dürfte der durchschnittliche Gewinn aller ausgestoppten Trades fast sieben Prozent betragen. Alle Trades, die keinen Kursrücklauf von vier Prozent aufweisen, werden dennoch den gleichen Gesamtgewinn erreichen.

Ein Trailingstopp von vier Prozent ab der letzten günstigen Abweichung (GGA) ist auch in Hinblick auf die Symmetrie sinnvoll, wenn man den Verluststopp mit dem vergleicht, was dem allgemeinen Marktverhalten entsprechen könnte, wenn man davon ausgeht, dass Ausbruch und Einstieg üblicherweise mit einem Test des letzten Hochs (Tiefs) zusammenfallen, das als wichtiger Widerstandsbereich (oder Unterstützungsbereich) fungiert. Beachten Sie auch, dass sich der nächste negative Bereich für den Verluststopp und den Trailingstopp bei etwa acht Prozent zu befinden scheint, was ebenfalls die Annahme einer wechselseitigen Entsprechung bestätigt, die zu einem Rückgang von vier Prozent (oder einem Vielfachen davon) führt, nachdem der Markt ein neues Hoch/Tief ausgebildet hat, das dem vorherrschenden Trend entspricht.

Eine weitere Möglichkeit, die Standardabweichung der Erträge eines Trades zu reduzieren, besteht in der Verwendung von Zeitstopps als Ergänzung zu den bisher erörterten Stopps. Wenn die Annahme begründet ist, dass ein Markt, der zuerst den letzten Widerstands-/Unterstützungsbereich durchbrochen hat, nun die Bereitschaft signalisiert, sich in eine Richtung in Bewegung zu setzen, dann jedoch richtungslos wird, so ist damit zu rechnen, dass es zu einem Richtungswechsel kommt, der sich möglicherweise nach einer längeren Trendbewegung in die gleiche Richtung einstellt. In diesem Fall könnte es ratsam sein, den anfänglichen Verluststopp durch einen Zeitstopp zu ergänzen, der dann ausgelöst wird, wenn der Trade nach einer festgelegten Anzahl von Kursstäben einen bestimmten Gewinn aufweist.

Tabelle 9.4 zeigt Folgendes: Wenn wir den erwarteten Kapitalrückgang beim Abschluss eines Trades (KAT) in Betracht ziehen wollen, um den Gesamtgewinn für den entsprechenden Trade zu ermitteln, werden wir feststellen, dass ein durchschnittlicher Buchgewinn von 8,59 Prozent notwendig ist, bevor wir damit rechnen können, dass der durchschnittliche Trade zumindest mit einem geringen Gewinn an irgendeinem künftigen Kursstab beendet wird. Dieser Buchgewinn des durchschnittlichen Trades wird im Allgemeinen mit dem 14. Kursstab erreicht.

Diese Erkenntnis und die bereits erörterten Faktoren bieten die Grundlage dafür, den Zeitstopp bei diesem Kursstab zu platzieren. Wenn ein Trade also im Minus ist oder nach diesem Kursstab in diesen Bereich gerät, lösen wir die Position mittels einer MOC-Order (Market-on-Close-Order; sie wird zum Schlusskurs ausgeführt) auf. Da wir am Gesamtergebnis interessiert sind, sollte dieses nach 14 Kursstäben positiv sein. Das bedeutet jedoch, dass wir einen Trade, der beim 14. Kursstab einen durchschnittlichen Buchgewinn von 8,58 Prozent erreicht, unangetastet lassen, wenn er unter diesem Prozentsatz bleibt, solange sich kein Minus einstellt.

In der Endphase eines Trades kann ein Zeitstopp auch als Ergänzung zum Gewinnziel eingesetzt werden, um die Standardabweichung für die Erträge aller Trades noch weiter zu reduzieren. Wenn man den Trade zu lange aufrechterhält, geht außerdem ein Großteil der Buchgewinne wieder verloren, bevor das System einen Ausstieg signalisiert. Um dies zu untersuchen, wenden wir eine Methode an, die wir bereits für den Verluststopp und das Gewinnziel eingesetzt haben, sodass eine Tabelle entsteht, wie sie in Abbildung 9.3 zu sehen ist.

Tabelle 9.5 zeigt, dass alle Trades, die sich über 40 Kursstäbe oder mehr erstrecken, einen durchschnittlichen Buchgewinn von 25,74 Prozent aufweisen, aber zu einem künftigen Zeitpunkt einen Gesamtgewinn von 31,96 Prozent erzielen. Wir stellen also fest, dass uns der Markt keine Geschenke macht. Alle Trades zu begrenzen bedeutet auch, dass sich die Erträge der Trades auf längere Sicht verringern. Was man also auf der einen Seite aufgrund größerer Sicherheit in Bezug auf die einzelnen Erträge und eine geringere Standardabweichung gewinnt, geht auf der anderen Seite hinsichtlich des zu erwartenden Gesamtgewinns wieder verloren.

Tabelle 9.4: Trade-Dauer, Buchgewinne, KAT (Kapitalrückgang beim Abschluss eines Trades) und Unterschiede in 16 Märkten für das System der Steigungsrichtung.

Trade-Dauer in Kursstäben	Buchgewinn	KAT	Differenz
2	0,17%	− 5,74%	− 5,58 Punkte
4	1,16%	− 7,20%	− 6,04 Punkte
6	2,43%	− 7,78%	− 5,34 Punkte
8	3,75%	− 7,94%	− 4,18 Punkte
10	5,07%	− 8,11%	− 3,04 Punkte
12	6,31%	− 8,22%	− 1,91 Punkte
14	8,59%	− 8,24%	0,35 Punkte
16	10,36%	− 8,20%	2,16 Punkte
18	11,98%	− 7,90%	4,08 Punkte
20	13,25%	− 7,96%	5,29 Punkte
22	14,42%	− 8,06%	6,35 Punkte
24	16,66%	− 8,20%	8,46 Punkte
26	19,37%	− 8,59%	10,79 Punkte
28	22,67%	− 8,91%	13,76 Punkte
30	23,16%	− 8,66%	14,50 Punkte
32	22,90%	− 9,04%	13,86 Punkte
34	24,83%	− 9,28%	15,55 Punkte
36	26,66%	− 9,55%	17,10 Punkte
38	27,78%	− 8,60%	19,18 Punkte
40	25,74%	− 8,11%	17,63 Punkte

Ein Zeitstopp kann auch als Ergänzung zum Gewinnmitnahmestopp (Trailingstopp) eingesetzt werden. Dazu könnte man die Ergebnisse einer Aufstellung verwenden, wie sie in Tabelle 9.4 zu sehen sind. Wenn der aktuelle Trade beispielsweise besser abschneidet, als erwartet wurde, was man der Least-Square-Regressionsgeraden entnehmen kann, dann könnte die Regressionslinie des Grundsystems ohne Stopps als Trailingstopp-Level benutzt werden. Bei einem Trade, der sich momentan nicht so gut entwickelt und schlechter als der durchschnittliche Trade abschneidet, aber bisher noch nicht ausgestoppt worden ist, könnte man einen normalen Trailingstopp einsetzen. Man könnte jedoch auch mehrere Techniken miteinander kombinieren, wobei zum Beispiel alle Trades ausgestoppt würden, die sich stärker zurückentwickelt haben, als es der Trailingstopp erlaubt, allerdings nur dann, wenn der Trade unter die Regressionslinie des ursprünglichen und nicht angepassten Trades zurückgegangen ist. Wenn Sie zudem einen Verluststopp oder einen Zeitstopp verwenden, wie es beim 14. Kursstab der Fall ist, sollten Sie diesen Stopps auch ausreichenden Spielraum zugestehen. Wenn Sie das unterlassen, werden Sie wahrscheinlich bereits in der dafür besonders anfälligen Anfangsphase des Trades durch den Trailingstopp ausgestoppt.

Tabelle 9.5: *Trade-Dauer, Buchgewinne und Unterschiede in 16 Märkten für das System der Steigungsrichtung.*

Trade-Dauer in Kursstäben	Enderträge	Buchgewinn	Differenz
12	8,84%	6,31%	− 2,53 Punkte
14	11,35%	8,59%	− 2,76 Punkte
16	12,69%	0,36%	− 2,33 Punkte
18	14,30%	11,98%	− 2,32 Punkte
20	15,94%	13,25%	− 2,69 Punkte
22	17,67%	14,42%	− 3,25 Punkte
24	19,94%	16,66%	− 3,28 Punkte
26	22,73%	19,37%	− 3,35 Punkte
28	24,70%	22,67%	− 2,03 Punkte
30	25,18%	23,16%	− 2,02 Punkte
32	27,69%	22,90%	− 4,79 Punkte
34	28,63%	24,83%	− 3,79 Punkte
36	31,08%	26,66%	− 4,43 Punkte
38	27,97%	26,66%	− 1,31 Punkte
40	31,96%	25,74%	− 6,22 Punkte
42	33,96%	28,90%	− 5,06 Punkte
44	35,84%	31,37%	− 4,47 Punkte
46	37,50%	34,26%	− 3,24 Punkte
48	42,98%	38,81%	− 4,18 Punkte
50	44,33%	42,00%	− 2,33 Punkte

Nun werden wir die Ergebnisse des ursprünglichen Systems der Steigungsrichtung mit einigen Erkenntnissen vergleichen, die wir in diesem Abschnitt gewonnen haben. Die Regeln für das modifizierte System lauten folgendermaßen:

• Long-/Short-Einstieg, wenn der gleitende Durchschnitt aus 18 Kursstäben nach oben/unten abdreht.

• Ausstieg mit einem Verlust, wenn sich der Markt um vier Prozent in die falsche Richtung bewegt.

• Ausstieg mit einem kleinen Verlust oder an der Gewinnschwelle (weder Gewinn noch Verlust), wenn der Markt nach dem oder beim 14. Kursstab in den negativen Bereich eintritt oder dort bleibt.

• Ausstieg mit einem Trailingstopp (Gewinnmitnahmestopp) nach dem 14. Kursstab, wenn sich der Markt um vier Prozent oder mehr in die falsche Richtung bewegt und sich unter der Regressionsgeraden des ursprünglichen Durchschnitts-Trades aufhält.

• Ausstieg mit einem Gewinn, wenn der Markt eine Kursbewegung von 50 Prozent oder mehr vollzieht.

• Ausstieg mit einem Gewinn, wenn die Trade-Dauer 40 Kursstäben oder mehr entspricht.

• Einnahme einer neutralen Position, wenn der gleitende Durchschnitt von zwölf Kursstäben seine Richtung verändert.

Der TradeStation-Code für die zusätzlichen Ausstiegstechniken lautet:

```
If MarketPosition = 1 Then Begin
        ExitLong at EntryPrice * 1,60 Limit;
        If BarsSinceEntry > = 40 Then
                ExitLong at Close;
        If BarsSinceEntry > = 14 Then Begin
If Highest(High, BarsSinceEntry) * 0,96 < EntryPrice * (1 + 0,0074 *
BarsSinceEntry) Then
                        ExitLong at Highest(High, BarsSinceEntry) * 0,96 Stop;
                ExitLong at EntryPrice Stop;
        End;

        ExitLong at EntryPrice * 0,96 Stop;
    End;

If Market Position = -1 Then Begin
        ExitShort at EntryPrice * 0,40 Limit;
        If BarsSinceEntry > = 40 Then
                ExitShort at Close;
        If BarsSinceEntry > = 14 Then Begin
If Lowest (Low, BarsSinceEntry) * 1,04 > EntryPrice * (1 – 0,0074 *
BarsSinceEntry) Then
                        ExitShort at Lowest(Low, BarsSinceEntry) * 1,04 Stop;
                ExitShort at EntryPrice Stop;
```

```
        End;
            ExitShort at EntryPrice * 1,04 Stop;
    End;
```

Der obige Code muss noch durch die Exportfunktion von Teil 1 ergänzt werden, die der Übertragung jedes Trades dient. Diese Übertragungsfunktion wird benötigt, da wir es nun mit Verhältniswerten zu tun haben und uns daher nicht mehr auf die Ergebnisübersicht von TradeStation stützen können.

Aufgrund einer weiteren Eigenschaft von TradeStation müssen einige Trades manuell im Tabellenprogramm angepasst werden. Dies ist dann erforderlich, wenn sich der Markt plötzlich und unverhofft gegen unsere Position in Bewegung setzt, sodass der Trade infolgedessen eher ausgestoppt wurde, als es durch TradeStation vorgesehen wird. Wir laufen dabei auch Gefahr, die Ergebnisse einiger Trades unbeabsichtigterweise besser darzustellen, während sie uns in Wirklichkeit aufgrund von Kurslücken zur Eröffnung der Handelssitzung einen Verlust von vier Prozent beschert haben. Außerdem müssen wir den kumulativen Gewinn, das letzte Kapitalhoch sowie den Kapitalrückgang neu errechnen. In diesem Fall sind wir davon ausgegangen, dass alle Verluste über fünf Prozent fehlerhaft sind, sodass diese infolgedessen auf vier Prozent korrigiert wurden. Offensichtlich schummle ich dabei ein wenig, und selbstverständlich müssen Sie bei Ihrer Arbeit sorgfältiger vorgehen, aber noch weiter ins Detail zu gehen würde den Rahmen dieses Buchs sprengen.

Um den kumulierten Gewinn durch Excel zu berechnen, geben Sie die folgende Formel oben in die Gewinnspalte ein:

In Kästchen G2:

    $=M2$

In Kästchen G3:

    $=((1+G2/100)*(1+F3/100)-1)*100$

Anschließend gehen Sie im Tabellenprogramm nach unten, um alle Kästchen der Spalte auszufüllen.

Um den höchsten Kapitalwert zu berechnen, geben Sie Folgendes ein:

In Kästchen H2

=MAX(G2,0)

In Kästchen H3:

=MAX(H2,G3)

Anschließend gehen Sie im Tabellenprogramm nach unten, um alle Kästchen der Spalte auszufüllen.

Um den Kapitalrückgang zu berechnen, geben Sie Folgendes in Kästchen L2 ein:

=((1+G2/100)/(1+H2/100) – 1) * 100

Danach gehen Sie im Tabellenprogramm nach unten, um alle Kästchen der Spalte auszufüllen.

Damit sind Übertragung und Berechnung in Excel beendet, sodass Sie eine Reihe von Tabellen erstellen können, die so aussehen wie die Tabellen 9.6 und 9.7, die jeden einzelnen Markt umfassen, während die Tabellen 9,8 und 9.9 eine Zusammenstellung der wichtigsten Messwerte enthalten. In Tabelle 9.10 sind die Unterschiede zwischen den einzelnen Märkten zusammengefasst.

Tabelle 9.6 zeigt, dass das ursprüngliche System einen Gewinnfaktor von 1,60 aufwies. Der größte Gewinn-Trade betrug 71,4 Prozent, was nach heutigem Marktwert 13.692 Dollar entspricht. Der größte Verlust-Trade betrug 16,8 Prozent, was nach heutigem Marktwert 3.231 Dollar entspricht. Tabelle 9.7 zeigt, dass Kupfer beim abgeänderten System einen Gewinnfaktor von 2,01 erreichte, was aufgrund des Prozentwertes der Gewinn- und Verlust-Trades errechnet und dann auf den heutigen Marktwert übertragen wurde. Der größte Gewinn-Trade betrug (dank Gewinnmitnahmestopp) 60 Prozent, nach heutigem Marktwert 11.513 Dollar. Der größte Verlust-Trade belief sich (dank Verluststopp) auf 4,7 –, was nach heutigem Marktwert – 900 Dollar ausmacht.

Tabelle 9.6: *Beispiel einer Ergebnisauswertung.*

Kupfer, vor den Ausstiegen (ursprüngliches System)

Trades insgesamt		96
Gewinnfaktor		1,60
Durchschnittlicher Gewinn	1,49%	288,05
Standardabweichung	12,67%	2.429,91
Gewinn-Trades	37	38,54%
Größter Gewinn-Trade	71,36%	13.692,20
Durchschnittlicher Gewinn-Trade	10,32%	1.980,46
Kumulierter Gewinn	128,72%	24.698,15
Verlust-Trades	59	61,46%
Größter Verlust-Trade	− 16,84%	− 3.231,18
Durchschnittlicher Verlust-Trade	− 4,05%	− 776,54
Kapitalrückgang	− 43,02%	− 8.254,46

Tabelle 9.7: *Ergebnisauswertung der einzelnen Märkte.*

Kupfer, nach den Ausstiegen (modifiziertes System)

Trades insgesamt		113
Gewinnfaktor		2,01
Durchschnittlicher Gewinn	1,76%	337,90
Standardabweichung	9,96%	1.944,14
Gewinn-Trades	46	40,71%
Größter Gewinn-Trade	60,00%	11.512,50
Durchschnittlicher Gewinn-Trade	8,62%	1.653,17
Kumulierter Gewinn	363,64%	69.772,90
Verlust-Trades	67	59,29%
Größter Verlust-Trade	− 4,69%	− 899,89
Durchschnittlicher Verlust-Trade	− 2,95%	− 565,11
Kapitalrückgang	− 40,88%	− 7.843,57

Tabelle 9.8 ist zu entnehmen, dass alle Märkte außer mit dem ursprünglichen System einen Gewinnfaktor von über 1 erreicht haben. Ein hoher Gewinnfaktor bedeutet aber nicht, dass sich ein Engagement im jeweiligen Markt gelohnt hätte. Um zu einer solchen Schlussfolgerung zu gelangen, müssen wir den Wert des durchschnittlichen Trades nach heutigem Marktwert betrachten und anschließend einen angemessenen Betrag für Slippage und Brokerprovisionen abrechnen. Man könnte sich an folgender Faustregel orientieren: Der verblei-

bende Gewinnbetrag des durchschnittlichen Trades sollte mindestens doppelt so groß sein wie die Kosten für Slippage und Brokerprovisionen, sodass eine Reduktion der Gesamtergebnisse verkraftet werden kann und damit das System auch dann Gewinne erzielt, wenn sich der Markt ungünstig entwickelt und sich der Wert des durchschnittlichen Trades infolgedessen verringert. Die Tabellen 9.8 und 9.9 basieren auf elf beziehungsweise zwölf Märkten, die sich lohnen, gehandelt zu werden, wobei 75 Dollar pro Trade für Slippage und Brokerprovisionen abgezogen wurden. Tabelle 9.8 zeigt, dass es sich in folgenden Märkte nicht zu handeln lohnt: S&P 500, Orangensaft, Lebendrinder, CRB-Index und Kanadischer Dollar. Drei dieser fünf Märkte wiesen auch einen geringeren Gewinnfaktor sowie einen niedrigeren Durchschnitts-Trade auf, nachdem die Ausstiege in das System integriert worden waren. Besonders erwähnenswert ist, dass der Markt für Orangensaft von einem nicht handelbaren zu einem handelbaren Markt geworden ist.

Tabelle 9.8: *Analysefaktoren für alle Märkte aufgrund des ursprünglichen Systems.*

Vor den Ausstiegen (ursprüngliches System)

Markt	Gewinnfaktor	Durchnittlicher Trade	2-Std.- Abweichungen	Kapital- rückgang
Mais	2,43	285,7	62.254,95	− 3.604,93
S&P 500	1,01	31,63	37.680,83	− 136.839,38
Orangensaft	1,58	218,63	3.126,66	− 6.671,28
Lebendrinder	1,34	149,33	3.285,72	− 8.007,16
Bauholz	2,20	816,09	7.019,19	− 4.383,49
Kaffee	2,00	1.443,41	19.797,92	− 22.991,64
Jap. Yen	3,88	3.462,79	19.158,31	− 11.891,25
Kupfer	1,60	286,05	4.859,82	− 8.254,46
Gold	1,51	243,21	4.174,29	− 9.413,32
Euro-Dollar	1,74	239,40	3.375,29	− 5.953,72
Dollar-Index	2,22	1.004,14	7.502,97	− 7.436,68
Baumwolle	2,47	681,00	5.227,15	− 4.309,28
CRB-Index	0,70	-390,33	7.135,96	− 38.390,04
Rohöl	2,46	584,00	5.540,84	− 6.996,26
Kan. Dollar	1,59	194,31	2.617,40	− 4.331,60
T-Bonds	1,34	521,24	10.826,72	− 37.845,11

Tabelle 9.9: *Analysefaktoren für alle Märkte.*

Nach den Ausstiegen (modifiziertes System)

Markt	Gewinnfaktor	Durchschnittlicher Trade	2 Standard-abweichungen	Kapitalrückgang
Mais	2,62	266,72	2.036,38	– 2.384,17
S&P 500	0,67	– 1.947,59	26.215,82	– 177.550,12
Orangensaft	2,04	234,21	2.346,97	– 3.544,32
Lebendrinder	1,23	93,94	2.707,90	– 6.913,48
Bauholz	2,38	758,44	6.289,95	– 11.438,38
Kaffee	2,08	917,67	10.271,95	– 15.742,83
Jap. Yen	2,72	2.000,98	11.427,63	– 8.938,80
Kupfer	2,01	337,90	3.822,28	– 7.843,57
Gold	1,54	248,07	3.822,21	– 10.208,43
Euro-Dollar	1,74	238,78	3.373,71	– 6.416,68
Dollar-Index	2,00	829,42	7.282,08	– 8.200,28
Baumwolle	2,02	462,77	4.669,08	– 6.965,14
CRB-Index	0,78	– 258,75	5.991,32	– 33.982,87
Rohöl	4,21	1.363,21	7.898,06	– 5.875,78
Kan. Dollar	1,36	116,00	2.204,25	– 5.551,04
T-Bonds	1,28	399,42	9.802,15	– 28.461,80

Von den verbleibenden elf Märkten, die sich mit dem ursprünglichen System als handelbar erwiesen haben, zeigten fünf Märkte mit dem modifizierten System einen besseren Gewinnfaktor, aber in nur drei Märkten konnte auch ein höherer Durchschnittswert pro Trade erreicht werden. Das bedeutet also, dass man mit dem modifizierten System nicht so viel Geld pro gehandeltem Kontrakt verdient wie mit dem ursprünglichen System, aber gleichzeitig reduzieren sich auch die Kosten, die das Trading-Geschäft verursacht. Lediglich auf den durchschnittlichen Trade zu achten ist also nicht gerade aufschlussreich. Dieser sollte stattdessen mit der Standardabweichung der Erträge verglichen werden; im vorliegenden Fall zeigten 15 von insgesamt 16 Märkten eine geringere Standardabweichung, was vermuten lässt, dass das System stabiler geworden ist und weniger Risiko in sich birgt. Meistens hat sich auch der Kapitalrückgang drastisch reduziert.

Tabelle 9.10 veranschaulicht, dass von zwölf handelbaren Märkten (einschließlich des Markts für Orangensaft) sieben (Mais, Orangensaft, Bauholz, Kupfer, Euro-Dollar, Rohöl und T-Bonds) einen positiven Zusammenhang aufweisen, was das Ausmaß der Veränderung des durchschnittlichen Trades im Verhältnis zur Standardabweichung anbelangt. Auch der Kapitalrückgang hat sich in acht

(Mais, Orangensaft, Bauholz, Kaffee, Japanischer Yen, Kupfer, Rohöl, T-Bonds) von insgesamt zwölf Märkten, die es wert sind, gehandelt zu werden, reduziert. Beim modifizierten System konnten die erforderlichen Kosten für das Trading-Geschäft verringert werden, während man sich gleichzeitig sicherer in Bezug auf die zu erwartenden Erträge fühlen und daher besser schlafen konnte, was dem geringeren Kapitalrückgang zu verdanken ist, der erwartet werden kann. Der Nachteil dabei ist allerdings, dass sich auch der durchschnittliche Trade reduziert hat, aber in Anbetracht der Vorteile dürfte dennoch nach einem gewissen Zeitraum mehr Geld zu verdienen sein. Dies ist der Tatsache zu verdanken, dass uns ein stabileres System ermöglicht, aggressiver vorzugehen und mit Hilfe der sogenannten „Fixed-Fractional-Geldmanagement-Strategie mehrere Kontrakte pro Position zu handeln, bei der ein fester Prozentsatz des zur Verfügung stehenden Kapitals pro Trade eingesetzt wird.

Tabelle 9.10: *Die Unterschiede im Überblick, und zwar vor und nach den Ausstiegen.*

Differenzen

Markt	Gewinn-Faktor	Durchschnittlicher Trade	2 Standard-Abweichungen	Kapital-rückgang	Besser
Mais	7,92%	− 6,66%	− 9,69%	− 33,86%	3
S&P 500	− 33,35%	− 6.257,25%	− 30,43%	29-75%	1
Orangensaft	29,11%	7,13%	− 24,94%	− 46,87%	4
Lebendrinder	− 8,70%	− 37,09%	− 17,59%	− 13,66%	2
Bauholz	8,59%	7,06%	− 10,39%	− 20,48%	3
Kaffee	4,03%	− 36,42%	− 48,12%	− 31,53%	3
Jap. Yen	− 29,99%	− 42,21%	− 40,35%	− 24,83%	2
Kupfer	25,58%	18,13%	− 21,35%	− 4,98%	4
Gold	1,68%	2,00%	− 7,00%	8,45%	3
Euro-Dollar	0,47%	− 0,26%	− 0,05%	7,78%	2
Dollar-Index	− 10,11%	− 17,40%	− 2,94%	10,27%	1
Baumwolle	− 18,19%	− 32,05%	− 10,68%	61,63%	1
CRB-Index	11,48%	− 33,71%	− 16,04%	− 11,48%	3
Rohöl	71,19%	133,43%	42,54%	− 16,02%	3
Kan. Dollar	− 14,68%	− 40,30%	− 15,78%	28,15%	1
T-Bonds	− 4,11%	− 23,37%	− 9,46%	− 24,79%	2
Besser	9	4	15	10	−

Abschließend möchte ich noch darauf hinweisen, dass es sich bei diesem System lediglich um ein Muster handelt, für das alle bisher erörterten Ausstiegstechniken eingesetzt wurden. Dies ist vielleicht nicht die optimale Lösung, denn eventuell ist es besser, eine oder mehrere dieser Techniken wegzulassen. In diesem

Beispiel (und in den folgenden Beispielen) habe ich alle Ausstiege direkt über die Ergebnisse des ursprünglichen Systems bezogen. Dies ist jedoch nicht unbedingt empfehlenswert, da sich die statistischen Eigenschaften des Systems mit jeder Maßnahme verändern. Stattdessen könnte es besser sein, jeweils nur eine Ausstiegstechnik zu untersuchen und das System nach jeder weiteren Veränderung erneut zu testen. Oder man könnte auch das modifizierte System heranziehen, wie wir es getan haben, und damit sozusagen im umgekehrten Sinne vorgehen, indem jeweils eine Ausstiegstechnik verändert oder beseitigt wird. Für dieses und die anderen langfristigen Systeme musste ich einige Veränderungen des TradeStation-Code vornehmen, was auf diverse unerwünschte Eigenschaften von TradeStation zurückzuführen ist, und außerdem musste die Excel-Tabelle vereinfacht werden, um die Ergebnisse nicht zu beeinträchtigen.

KAPITEL 10

Langfristige Ausstiege

Es gibt wahrscheinlich mehrere Möglichkeiten, Gewinne zu sichern oder einen Verlust zu realisieren, aber eine Technik, die eine große wissenschaftliche Relevanz besitzt, ist die der größten ungünstigen Abweichung (GUA) und der größten günstigen Abweichung (GGA) von John Sweeney. Aber selbst diese Methode kann zu katastrophalen Ergebnissen führen, wenn man sie nicht richtig anzuwenden versteht. Ich habe in diesem Buch immer wieder darauf hingewiesen, dass es von ausschlaggebender Bedeutung ist, genau zu wissen, was man bei der Untersuchung erfasst und wie man dabei vorzugehen hat. In den nächsten Kapiteln werde ich rekapitulieren, was wir bereits gelernt haben, um dies dann auf die beiden langfristigen Systeme anzuwenden, mit denen wir bisher gearbeitet haben. Ich bin mir dabei jedoch der Tatsache bewusst, dass dies nicht die beste Lösung darstellt, und daher täten Sie gut daran, einen oder mehrere Ausstiege, die wir bisher behandelt haben, auszulassen. Wichtig ist, dass Sie sich darüber im Klaren sind, was Ihr System leisten soll. Wenn Sie beispielsweise ein langfristiges Trendfolgesystem anstreben, müssen Sie es als solches behandeln und ihm bei jedem Trade den notwendigen Spielraum zugestehen, damit Sie es nicht versehentlich zu einem kurzfristig orientierten System machen.

Aufgrund der GUA-/GGA-Technik ist es auch möglich, Positionen aufzustocken, die erkennen lassen, dass sie sich besser entwickelt haben, als zu erwarten war. Sie können mich natürlich als schlechten Systemerfinder bezeichnen, aber mir ging es darum, ein System zu entwickeln, das äußerst robust und stabil ist. Daher habe ich mich entschlossen, diese Technik nicht in den Beispielen dieses Buches zu berücksichtigen.

Eine andere Möglichkeit, mit der ich mich nicht beschäftigt habe, besteht darin, das ursprüngliche System zu verlassen und gegen den Trend zu handeln, wenn der Markt eine Kursbewegung eines bestimmten Ausmaßes gegen die eigene Position vollzogen hat. Dies hat zwar Vorteile, aber ich bin dennoch der Überzeugung, dass man sich damit der verpönten Systemoptimierung annähern würde. Dies wird offensichtlich, wenn man die Regeln in einfacher Sprache formuliert. Zum Beispiel wollen wir, dass das System Long-Trades signalisiert, was bereits ein sehr spezielles Anliegen ist. Außerdem verlangen wir, dass sich der Markt innerhalb eines begrenzten Zeitrahmens eine bestimmte Kursstrecke gegen unsere Position bewegt, was zwei weitere sehr spezifische Anforderungen sind. Darüber hinaus muss man alle übrigen Ausstiegs- und Risiko-Levels in Betracht ziehen und sogar noch weitere Kriterien hinzufügen, die das Verhalten des Marktes noch weiter eingrenzen, und das ist für meine Begriffe ein wenig zu viel.

Das Dynamische Ausbruchsystem

In Teil 2 wurden mehrere Versionen des Dynamischen Ausbruchsystems (DAS-System) erörtert, bevor wir uns auf Version 1b festgelegt haben, die ein „umgekehrtes" Volatilitätsverhältnis zu den Ausstiegen aufweist: Wenn die historische Volatilität zunimmt, verringert sich der Rückblickzeitraum für den Ausstieg. Die Grundüberlegung dabei war folgende: Wenn höhere Volatilität als Anzeichen für eine Erhöhung des Risikos den Einstieg in den Markt erschwert, dann sollte es die höhere Volatilität auch erschweren, die Position aufrechtzuerhalten (oder den Ausstieg vereinfachen).

In diesem Kapitel werden wir dieses System (Version 1b) wieder auf die gleichen Märkte anwenden wie in Teil 2, um die Möglichkeiten zur Verbesserung der Ergebnisse auszuloten, indem aufgrund der Erkenntnisse von John Sweeneys GUA/GGA-Methoden einige Stopps und Ausstiegstechniken integriert werden. Die Untersuchungen umfassen den Zeitraum von Januar 1980 bis Oktober 1999. Ein weiterer Grund für die Auswahl dieses Systems besteht einfach darin, dass das Originalsystem dem DAS-System (Dynamisches Ausbruchsystem), mit dem wir uns nun beschäftigen, ähnlicher ist. Der Übertragungsvorgang von TradeStation in Excel ist für das DAS-System derselbe wie für das System der Steigungsrichtung.

Abbildung 10.1 zeigt den durchschnittlichen Buchgewinn aller Trades im Verhältnis zur Anzahl der Kursstäbe für die Trade-Dauer. Statt unzählige Linien zu verfolgen, die keinen praktischen Nutzen besitzen, haben wir uns auf vier Linien beschränkt, was die Interpretation und die Entwicklung der Regeln erleichtert. Abbildung 10.1 ist zu entnehmen, dass der voraussichtlich zu erwartende Gewinn mit etwas 0,23 Prozent pro Kursstab steigt. Rechts der gepunkteten Linie sind nur noch weniger als 20 Trades offen, und das ist viel zu wenig, um eine aussagekräftige statistische Aussage daraus abzuleiten.

Zuerst werden wir uns mit dem Verluststopp im Zusammenhang mit der größten ungünstigen Abweichung (GUA), mit dem Trailingstopp in Verbindung mit der größten günstigen Abweichung (GGA) und der Least-Square-Regressionsgeraden von Abbildung 10.1 beschäftigen. Um das optimale Niveau für den Verluststopp und den Trailingstopp (Gewinnmitnahmestopp) ausfindig zu machen, kann man Auflistungen heranziehen, wie sie in Tabelle 10.1 und 10.2 zu sehen sind. Wie man aus der Tabelle 10.1 erkennen kann, hätte man den Verluststopp auf fast jedem Niveau platzieren können. Je größer die GUA ausfällt, desto höher wäre der Gewinn ausgefallen, wenn der Stopp am entsprechenden Niveau platziert worden wäre. Da es anscheinend kein bestimmtes Niveau gibt, an dem das Minimum erzielt wird und das auf eine Art Unwirtschaftlichkeit des Marktes hinweisen könnte, müssen wir den Stopp einfach dort platzieren, wo es logisch begründbar ist.

Tabelle 10.3 zeigt, dass für den Trailingstopp grundsätzlich die gleiche Grundüberlegung angebracht ist wie für den Verluststopp. Dabei gilt: Je größer der GUA/GA-Wert (die größte ungünstige Abweichung [GUA] der letzten günstigen Abweichung [GA], kurz: GUA/GA) ist, desto weniger können wir vom Stopp am entsprechenden Niveau profitieren. Da es offensichtlich kein Niveau gibt, das auf eine Schwäche des Marktes hindeutet, müssen Sie also den Stopp dort platzieren, wo es Ihnen logisch erscheint. Der Einfachheit halber platzieren wir den Verluststopp und den Trailingstopp bei vier Prozent. Der Trailingstopp kommt zeitgleich mit der Verschiebung des Verluststopps an die Gewinnschwelle (Break-even-Punkt) in Spiel und tritt nur dann in Kraft, wenn ein Rückgang unter die Regressionsgerade erfolgt, die in Abbildung 10.1 zu sehen ist. Wir wissen zwar nicht, wie weit dieser Rückgang gehen muss, bevor es zum Ausstieg kommt, aber wir wissen, dass der Trade immer noch über dem Durchschnitt liegt und es wert ist, gehalten zu werden, solange kein Rückgang unter die Regressionsgerade stattfindet.

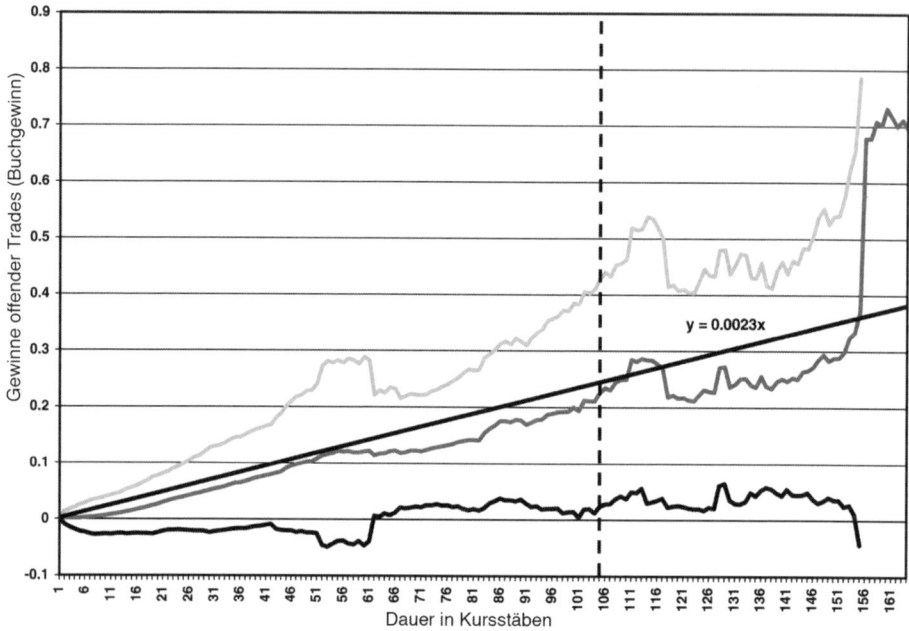

Abbildung 10.1: *Der durchschnittliche Buchgewinn offener Trades im Zusammenhang mit der Trade-Dauer in Kursstäben.*

Tabelle 10.1: *GUA-Bereiche, ursprüngliche Gewinne und die Ertragsunterschiede von 16 Märkten für das DAS-System.*

GUA	Ursprünglicher Gewinn	Differenz
− 0,50%	− 0,92%	− 0,42 Punkte
− 1,00%	− 1,35%	− 0,35 Punkte
− 1,50%	− 1,98%	− 0,48 Punkte
− 2,00%	− 2,64%	− 0,64 Punkte
− 2,50%	− 3,43%	− 0,93 Punkte
− 3,00%	− 4,20%	− 1,20 Punkte
− 3,50%	− 4,67%	− 1,17 Punkte
− 4,00%	− 5,29%	− 1,29 Punkte
− 4,50%	− 5,89%	− 1,39 Punkte
− 5,00%	− 6,58%	− 1,58 Punkte
− 5,50%	− 7,27%	− 1,77 Punkte
− 6,00%	− 7,76%	− 1,76 Punkte
− 6,50%	− 8,46%	− 1,96 Punkte
− 7,00%	− 9,00%	− 2,00 Punkte
− 7,50%	− 9,65%	− 2,15 Punkte

− 8,00%	− 10,08%	− 2,08 Punkte
− 8,50%	− 10,39%	− 1,89 Punkte
− 9,00%	− 11,08%	− 2,08 Punkte
− 9,50%	− 11,71%	− 2,21 Punkte
− 10,00%	− 12,56%	− 2,56 Punkte

Tabelle 10.2: *GUA/GA-Niveaus, durchschnittliche GGA-Bereiche und theoretische Gewinne von 16 Märkten für das DAS-System.*

GUA/GA	Ursprüngliche GGA	Gewinne
− 2,50%	6,68%	4,02%
− 3,00%	7,08%	3,87%
− 3,50%	7,51%	3,75%
− 4,00%	8,02%	3,70%
− 4,50%	8,53%	3,65%
− 5,00%	8,98%	3,54%
− 5,50%	9,44%	3,42%
− 6,00%	9,75%	3,17%
− 6,50%	10,07%	2,91%
− 7,00%	10,49%	2,75%
− 7,50%	10,84%	2,52%
− 8,00%	11,01%	2,13%
− 8,50%	11,59%	2,11%
− 9,00%	11,83%	1,76%
− 9,50%	12,11%	1,46%
− 10,00%	12,49%	1,24%
− 10,50%	12,49%	0,68%
− 11,00%	13,13%	0,69%
− 11,50%	13,53%	0,47%
− 12,00%	14,29%	0,58%

Eine weitere Möglichkeit zur Analyse des erwarteten Gewinns besteht in der Betrachtung des durchschnittlichen Buchgewinns der offenen Trades an einem bestimmten Kursstab, wobei der erwartete KAT (Kapitalrückgang beim Abschluss des Trades) für länger gehaltene Trades abgezogen wird. Dies ist in Tabelle 10.3 zu sehen, die zeigt, dass erst ab dem 30. Kursstab mit einem positiven Endertrag zu rechnen ist. Mit den Informationen der Abbildung 10.1 und der Tabelle 10.3 kann nun eine dritte Ausstiegsregel formuliert werden, die folgendermaßen lautet: Wenn der Buchgewinn eines offenen Trades mit dem 30. Kursstab negativ ist oder wird, steigen wir per Marketorder zum Schlusskurs aus.

Tabelle 10.4 zeigt, dass uns die Platzierung eines Gewinnziels keine Vorteile gebracht hätte. Wenn wir aber die gleiche umgekehrte Schlussfolgerung anwenden, wie wir es beim Verluststopp und beim Gewinnziel in Verbindung mit dem System der Steigungsrichtung getan haben, scheint das „beste" Ergebnis ungefähr im Bereich zwischen 35 und 40 Prozent zu liegen. Weil dies offensichtlich etwas zu nah am Einstiegspunkt ist, entscheiden wir uns für die zweitbeste Möglichkeit bei etwa 70 Prozent. Sobald wir also einen Buchgewinn von 70 Prozent oder mehr erreichen, steigen wir mit einer Limitorder aus. Dies dient einerseits der Strukturierung aller Trades, und andererseits wird damit beabsichtigt, die Standardabweichung so gering wie möglich zu halten. Durch eine geringe Standardabweichung verringert sich auch das Risiko des Systems, sodass man aggressiver vorgehen kann, um im Rahmen der Fixed-Fractional-Geldmanagement-Strategie, bei der ein fester Prozentsatz des zur Verfügung stehenden Kapitals pro Trade eingesetzt wird, mehr Kontrakte zu handeln. Damit erhoffen wir uns, die Verluste durch den Gewinnzielstopp durch eine aggressivere Vorgehensweise wieder auszugleichen.

Tabelle 10.3: *Trade-Dauer in Kursstäben, Endertrag (entspricht KAT), Buchgewinn und Differenz zwischen beiden von 16 Märkten für das DAS-System.*

Trade-Dauer in Kursstäben	Endertrag	Buchgewinn	Differenz
2	0,12%	− 5,31%	− 5,19 Punkte
4	0,26%	− 5,33%	− 5,07 Punkte
6	0,38%	− 5,33%	− 4,94 Punkte
8	0,65%	− 5,36%	− 4,71 Punkte
10	0,97%	− 5,32%	− 4,35 Punkte
12	1,34%	− 5,30%	− 3,97 Punkte
14	1,72%	− 5,31%	− 3,59 Punkte
16	2,14%	− 5,28%	− 3,13 Punkte
18	2,69%	− 5,30%	− 2,61 Punkte
20	3,25%	− 5,31%	− 2,07 Punkte
22	3,75%	− 5,27%	− 1,52 Punkte
24	4,21%	− 5,28%	− 1,08 Punkte
26	4,61%	− 5,36%	− 0,75 Punkte
28	5,15%	− 5,38%	− 0,23 Punkte
30	5,54%	− 5,48%	0,06 Punkte
32	6,13%	− 5,52%	0,61 Punkte
34	6,48%	− 5,58%	0,90 Punkte
36	7,02%	− 5,59%	1,44 Punkte
38	7,50%	− 5,67%	1,83 Punkte
40	7,92%	− 5,61%	2,31 Punkte

Dies lässt sich, zumindest teilweise, auch durch einen Zeitstopp erreichen.

Wie im Fall des Gewinnziels zeigt Tabelle 10.5, dass das DAS-System zwei unterschiedliche Trade-Längen aufweist, die sich als besonders ungünstig herausstellten. Das erste Trade-Ende erfolgt nach etwa 50 Kursstäben und das zweite nach etwa 100 Kursstäben, was übrigens wieder auf eine gewisse Ähnlichkeit im Verhalten der Märkte hinweist. Ausgehend vom gleichen Denkansatz wie für das Gewinnziel und in Anbetracht der Notwendigkeit, den Stopp nicht zu nah am Einstiegspunkt zu platzieren, entscheiden wir uns für einen Zeitstopp nach 100 Kursstäben. Bedenken Sie aber, dass diesem Ansatz keine stringente Überlegung zugrunde liegt, da er lediglich Demonstrationszwecken dient, um Sie zu motivieren, diese Art von Stopp einzubeziehen.

Tabelle 10.4: *GGA-Bereiche, ursprüngliche Erträge und deren Unterschiede in 16 Märkten für das DAS-System.*

GGA	Ursprünglicher Gewinn	Differenz
5,00%	6,14%	1,14 Punkte
10,00%	11,61%	1,61 Punkte
15,00%	16,27%	1,27 Punkte
20,00%	22,86%	2,86 Punkte
25,00%	28,20%	3,20 Punkte
30,00%	35,08%	5,08 Punkte
35,00%	44,54%	9,54 Punkte
40,00%	48,30%	8,30 Punkte
45,00%	51,77%	6,77 Punkte
50,00%	53,96%	3,96 Punkte
55,00%	55,96%	0,96 Punkte
60,00%	61,49%	1,49 Punkte
65,00%	70,85%	5,85 Punkte
70,00%	78,62%	8,62 Punkte
75,00%	81,24%	6,24 Punkte
80,00%	81,24%	1,24 Punkte
85,00%	95,07%	10,07 Punkte
90,00%	95,07%	5,07 Punkte
95,00%	95,07%	0,07 Punkte
100,00%	150,62%	50,62 Punkte

Die empfohlenen Ausstiegsregeln des DAS-Systems lauten folgendermaßen:

• Steigen Sie mit einem Verlust aus, wenn sich der Markt um vier Prozent in die falsche Richtung bewegt.

• Steigen Sie mit einem kleinen Verlust oder an der Gewinnschwelle (Break-even-Punkt) aus, wenn der Markt bei oder nach 30 Kursstäben in den negativen Bereich gerät oder in diesem verharrt.

• Steigen Sie nach 30 Kursstäben mittels eines Trailingstopps (Gewinnmitnahmestopp) aus, wenn der Markt eine ungünstige Kursbewegung von vier Prozent oder mehr vollzieht und der durchschnittliche Trade unter die Regressionsgerade sinkt.

• Steigen Sie mit einer Limitorder aus, wenn der Buchgewinn 70 Prozent übersteigt.

• Steigen Sie mit einem Gewinn aus, wenn die Trade-Dauer 100 Kursstäbe überschreitet.

Wenn Sie die Übertragung und die Berechnung in Excel vollzogen haben, können Sie eine Reihe von Übersichten anfertigen, wie sie in den Tabellen 10.6 und 10.7 für die einzelnen Märkte und in den Tabellen 10.8 und 10.9 als Auswertung der wichtigsten Analysefaktoren aller Märkte zu sehen sind. In Tabelle 10.10 finden Sie eine Zusammenfassung der Unterschiede für die einzelnen Märkte. Tabelle 10.6 zeigt, dass der Japanische Yen auf der Grundlage des ursprünglichen Systems einen Gewinnfaktor von 2,00 erreicht hat. Der größte Gewinn-Trade betrug 21,5 Prozent, was nach dem heutigen Marktwert 25.263 Dollar entspricht. Der größte Verlust-Trade beträgt 5,71 Prozent, nach heutigem Marktwert 6.709 Dollar. Tabelle 10.7 zeigt, dass mit dem modifizierten System im Markt des Japanischen Yen ein Gewinnfaktor von 2,21 erreicht worden wäre, was man mit Hilfe des durchschnittlichen Prozentwertes für die Gewinn- und die Verlust-Trades errechnet und anschließend auf den aktuellen Marktwert überträgt. Der größte Gewinn-Trade hätte 17,6 Prozent oder nach heutigem Marktwert 20.668 Dollar betragen. Der größte Verlust-Trade würde mit 4,20 zu Buche schlagen, was nach heutigem Marktwert 4.935 Dollar wären.

Tabelle 10.5: *Trade-Dauer in Kursstäben, Enderträge, Buchgewinne und deren Unterschiede in 16 Märkten für das DAS-System.*

Trade-Dauer in Kursstäben	Endertrag	Buchgewinn	Differenz
30	5,56%	5,54%	− 0,02 Punkte
35	6,70%	6,74%	0,03 Punkte
40	7,97%	7,92%	− 0,05 Punkte
45	9,62%	9,73%	0,10 Punkte
50	10,74%	11,32%	0,58 Punkte
55	11,72%	12,12%	0,41 Punkte
60	12,43%	11,38%	− 1,05 Punkte
65	12,56%	11,84%	− 0,73 Punkte
70	12,91%	12,36%	− 0,55 Punkte
75	13,91%	13,42%	− 0,49 Punkte
80	14,43%	14,12%	− 0,31 Punkte
85	16,95%	17,56%	0,61 Punkte
90	16,66%	17,29%	0,63 Punkte
95	18,52%	19,12%	0,60 Punkte
100	18,35%	21,25%	2,90 Punkte
105	22,76%	23,05%	0,29 Punkte
110	27,06%	28,14%	1,07 Punkte
115	28,67%	26,91%	− 1,75 Punkte
120	24,36%	21,29%	− 3,07 Punkte
125	24,36%	22,70%	− 1,66 Punkte

Tabelle 10.6: *Ergebnisauswertung der einzelnen Märkte.*

Japanischer Yen, ohne Ausstiege (ursprüngliches System):

Trades insgesamt		140
Gewinnfaktor		2,00
Durchschnittlicher Gewinn	1,00%	1.173,83
Standardabweichung	4,41%	5.178,98
Gewinn-Trades	65	46,43%
Größter Gewinn-Trade	21,50%	25.262,50
Durchschnittlicher Gewinn-Trade	4,31%	5.060,09
Kumulierter Gewinn	254,60%	299.155,00
Verlust-Trades	75	53,57%
Größter Verlust-Trade	− 5,71%	− 6.709,25
Durchschnittlicher Verlust-Trade	− 1,87%	− 2.194,27
Kapitalrückgang	− 12,04%	− 14.147,00

Tabelle 10.7: *Ergebnisauswertung der einzelnen Märkte.*

Japanischer Yen, mit Ausstiegen (modifiziertes System):

Trades insgesamt		143
Gewinnfaktor		2,21
Durchschnittlicher Gewinn	1,05%	1.236
Standardabweichung	4,13%	4.848
Gewinn-Trades	66	46,15%
Größter Gewinn-Trade	17,59%	20.668
Durchschnittlicher Gewinn-Trade	4,17%	4.898
Kumulierter Gewinn	298,86%	351.159
Verlust-Trades	77	53,85%
Größter Verlust-Trade	– 4,20%	– 4.935
Durchschnittlicher Verlust-Trade	– 1,62%	– 1.902
Kapitalrückgang	– 11,66%	– 13.701

Aufgrund der Tabelle 10.8 kann man erkennen, dass das DAS-System im Vergleich zum System der Steigungsrichtung mehrere Märkte mit erheblich niedrigeren Gewinnfaktoren aufweist, und außerdem wurde in einigen Märkten ein zu geringer Durchschnitts-Trade erzielt, sodass es sich nach Abzug der Kosten für Slippage und Brokerprovisionen nicht mehr lohnt, in diesen Märkten zu handeln. Von allen 16 Märkten, in denen das ursprüngliche System zum Einsatz kam, zeigten nur drei Märkte (S&P 500, Kupfer und der CRB-Index) einen Gewinnfaktor über eins. Damit ein System jedoch in einem Markt als gewinnbringend betrachtet werden kann, muss der Wert des durchschnittlichen Trades eine ausreichende Höhe erreichen. Um sicherzugehen und künftige Wertveränderungen des durchschnittlichen Trades in Betracht zu ziehen, die vom aktuellen Kursniveau, an dem der Markt gehandelt wird, und vom jeweiligen Punktwert abhängig sind, kann man sich an folgender Faustregel orientieren: Der Wert des durchschnittlichen Trades sollte nach Abzug aller Kosten doppelt so hoch sein wie die erwarteten Kosten. Wenn Sie zum Beispiel mit einem Betrag von 75 Dollar für Slippage und Brokerprovisionen rechnen, sollte der Bruttobetrag des durchschnittlichen Trades 225 Dollar betragen. Wenn man diese Regel auf diese Version des DAS-Systems anwendet, würde sich der Handel in fünf Märkten lohnen, was sowohl für das ursprüngliche als auch für das modifizierte System gilt.

Tabelle 10.8: *Analysefaktoren für alle Märkte.*

Ohne Ausstiege (ursprüngliches System):

Markt	Gewinnfaktor	Durchnittlicher Trade	2-Std.- Abweichungen	Kapital- rückgang
Mais	2,51	113,34	1.549,46	− 2.865,10
S&P 500	0,80	− 1.220,96	29.455,57	− 166.159,78
Orangensaft	1,50	173,24	2.808,58	− 9.319,17
Lebendrinder	1,06	26,23	2.388,86	− 9.217,80
Bauholz	1,07	55,70	5.022,72	− 16.904,45
Kaffee	1,44	509,15	11.095,92	− 16.446,50
Jap. Yen	2,00	1.173,83	10.357,98	− 14.147,00
Kupfer	0,91	− 46,29	2.705,02	− 12.075,74
Gold	1,34	174,87	3.470,76	− 9.157,20
Euro-Dollar	1,61	226,78	3.057,64	− 8.576,59
Dollar-Index	2,04	737,82	5.972,58	− 9.281,08
Baumwolle	1,27	178,81	5.137,79	− 14.027,04
CRB-Index	0,59	− 517,88	5.032,53	− 56.549,59
Rohöl	1,84	569,80	5.974,32	− 10.282,72
Kan. Dollar	1,09	28,86	1.931,03	− 7.990,08
T-Bonds	1,11	161,90	8.898,80	− 30.230,08

Tabelle 10.9 zeigt, dass sich nach der Einführung der Stopps keine allzu großen Veränderungen beim Gewinnfaktor und dem durchschnittlichen Trade ergaben. Aber wenn man sich die Standardabweichung der Tades und den Kapitalrückgang anschaut, kann man erkennen, dass die Verbesserungen für das gesamte Portfolio ganz beträchtlich sind.

An dieser Stelle ist Folgendes erwähnenswert: Auch wenn ein Markt an sich nicht gewinnbringend ist, kann es sich dennoch lohnen, ihn im Rahmen einer angemessenen Geldmanagementstrategie in ein Portfolio von mehreren Märkten aufzunehmen, denn wenn dieser Markt keine Korrelationen zu allen oder einigen anderen Märkten aufweist und gute Ergebnisse erzielt, während die anderen Märkte schlecht abschneiden, vermag er das allgemeine Ertragsniveau zu heben, bis sich die anderen Märkte wieder erholen und bessere Ergebnisse erwirtschaften. Wenn man Untersuchungen anhand historischer Futuresdaten durchführt, kann man diese Tendenz insbesondere in Märkten für kurzfristige Zinsen, Bauholz, Lebendrinder und Edelmetalle feststellen.

Tabelle 10.9: *Analysefaktoren für alle Märkte.*

Mit Ausstiegen (modifiziertes System):

Markt	Gewinnfaktor	Durchnittlicher Trade	2-Std.- Abweichungen	Kapital- rückgang
Mais	1,38	82,76	1.431,65	– 3.203,35
S&P 500	0,83	– 886,14	26.848,42	– 167.873,90
Orangensaft	1,49	141,62	2.442,96	– 8.684,48
Lebendrinder	1,02	7,54	2.289,34	– 10.738,53
Bauholz	1,13	74,29	3.581,20	– 12.035,95
Kaffee	1,01	10,65	4.635,90	– 23.150,08
Jap. Yen	2,21	1.236,13	9.969,50	– 13.700,98
Kupfer	0,94	– 25,61	2.249,53	– 10.131,14
Gold	1,45	194,71	2.964,58	– 8.556,81
Euro-Dollar	1,69	248,93	3.018,58	– 8.578,04
Dollar-Index	2,10	702,19	5.733,17	– 7.862,49
Baumwolle	1,24	131,13	3.843,48	– 10.841,46
CRB-Index	0,60	– 502,97	5.123,84	– 56.819,25
Rohöl	2,23	544,72	4.662,18	– 7.504,91
Kan. Dollar	1,12	40,08	1.938,18	– 7.202,11
T-Bonds	1,24	332,91	8.688,05	– 25.087,24

Tabelle 10.10: *Die Unterschiede im Überblick, und zwar ohne Ausstiege und mit Ausstiegen.*

Differenzen:

Markt	Gewinn-Faktor	Durchnittlicher Trade	2 Standard- Abweichungen	Kapital- rückgang	Besser
Mais	– 8,31%	– 26,98%	– 7,60%	11,81%	1
S&P 500	4,47%	– 27,42%	– 8,85%	1,03%	2
Orangensaft	– 0,04%	– 18,25%	– 13,02%	– 6,81%	2
Lebendrinder	– 4,29%	– 71,23%	– 4,17%	16,50%	1
Bauholz	5,79%	33,38%	– 28,70%	– 28,80%	4
Kaffee	– 29,65%	– 97,91%	– 58,22%	40,76%	1
Jap. Yen	10,41%	5,31%	– 6,39%	– 3,15%	4
Kupfer	3,46%	– 44,68%	– 16,84%	– 16,10%	3
Gold	7,61%	11,34%	– 14,58%	– 6,56%	4
Euro-Dollar	5,14%	9,77%	– 1,28%	0,02%	3
Dollar-Index	2,81%	– 4,83%	– 4,01%	– 15,28%	3
Baumwolle	– 2,33%	– 26,67%	– 25,19%	– 22,71%	2
CRB-Index	0,90%	– 2,88%	1,81%	0,48%	1
Rohöl	21,16%	– 4,40%	– 21,96%	– 27,01%	3
Kan. Dollar	3,34%	38,90%	0,37%	9,86%	3
T-Bonds	11,90%	105,63%	– 2,37%	– 17,01%	4
Besser	11	6	14	10	–

Tabelle 10.10 zeigt, dass wir den Kapitalrückgang in zehn von insgesamt 16 untersuchten Märkten und die Standardabweichung der Trades in 14 Märkten reduzieren konnten. Nur in vier von insgesamt 16 Märkten konnten die Ergebnisse von lediglich einem Analysefaktor erhöht werden, während sich in neun Märkten mindestens drei Faktoren verbessert haben. Von allen untersuchten Märkten schlossen sechs mit einem höheren Durchschnittsgewinn pro Trade ab, nachdem die Ausstiege in das System integriert worden waren, während es bei 14 Märkten sogar gelang, die Standardabweichung zu verringern. Dies sind sehr gute Nachrichten, die darauf hindeuten, dass das System stabiler wurde und nun einfacher zu handeln war. Dies wird auch durch den Gewinnfaktor bestätigt, der nach der Integration der Ausstiege in 14 Märkten erhöht werden konnte. Dies bedeutet, dass die Kosten, die das Trading-Geschäft mit sich bringt, erheblich reduziert worden sind.

Obwohl das System offenbar insgesamt nicht so lukrativ ist wie das System der Steigungsrichtung und auch der durchschnittliche Gewinn pro Trade nicht so deutlich erhöht werden konnte, wie es wünschenswert gewesen wäre, können wir dennoch feststellen, dass die Ausstiege ihre Funktion erfüllen, indem sie zu Verbesserungen geführt haben, was es ermöglicht, auf der Grundlage eines korrekten Geldmanagements aggressiver zu handeln. Eine Verbesserung der Performance kann auch dadurch erreicht werden, dass man wieder zum ursprünglichen DAS-Sytem (Version 1a) zurückkehrt, denn damit wird dem einzelnen Trade mehr Spielraum gegeben, aber außer dem auf Gewinnzielen basierenden Gewinnmitnahmestopp oder dem Zeitstopp könnte man auch andere Stopparten ausprobieren.

Das System des Standardabweichungsausbruchs (SAA)

Nun werden wir uns mit einem längerfristigen System beschäftigen und dabei ebenso minutiös vorgehen wie bisher, bevor wir uns mit den kurzfristigen Systemen und einer weiteren Methode befassen, wie man den besten Trade-Ausstieg ermittelt. Wie im letzten Kapitel erwähnt wurde, ist das System des Standardabweichungsausbruchs (SAA) dem ursprünglichen DAS-System (Version 1a) sehr ähnlich, aber trotz zahlreicher Übereinstimmungen weist es einige besondere Eigenschaften auf, die es geradezu prädestinieren, als Grundlage für ein Portfolio, das aus mehreren Systemen besteht, oder als Ausgangspunkt für die Umwandlung in andere Systeme zu fungieren, wie beispielsweise kurzfristige Systeme, die sowohl mit dem als auch gegen den vorherrschenden Trend ausgerichtet sind.

Ein Hauptmerkmal dieses Systems besteht darin, dass es in sehr vielen Märkten unglaublich robust und lukrativ ist, wobei der historische Betrachtungszeitraum für die Indikatoren und Ausbruchniveaus keine nennenswerte Rolle spielt. Eine nicht ganz so erfreuliche Eigenschaft stellt die verhältnismäßig geringe Anzahl von Gewinn-Trades dar. Aber dieses Merkmal ist für den professionellen Trader, der sich bei einem System, das in mehreren Märkten eingesetzt wird, vor allem für die gewinnbringenden Monate interessiert, nicht so wichtig. Da sich das einfache Ausbruchsystem normalerweise recht gut bewährt, indem es die Gewinne laufen lässt, während es die Verluste begrenzt, werden häufig etwa 70 Prozent Gewinn-monate erreicht, und zudem sind die Zeiträume zwischen zwei Kapitalhochs recht kurz. Für unsere Zwecke habe ich mich für ein System entschieden, das auf einen historischen Zeitraum von 60 Kursstäben ausgerichtet ist, da ich wusste, dass diese Zeitperiode gut funktioniert. Optimierungen hatten keinen Anteil an dieser Entscheidung.

Als das System im Zeitraum von Januar 1980 bis Oktober 1992 in 16 Märkten unter Verwendung von an Verhältniswerte angepassten Kontrakten eingesetzt wurde, konnten in allen 16 Märkten Gewinne erzielt werden. Es handelte sich dabei um folgende Märkte: Rohöl, T-Bonds, T-Bills, Grober Reis, Nikkei-Index, Erdgas, Lebendrinder, Bauholz, Kaffee, Kupfer, Gold, Dollar-Index, Japanischer Yen, Deutsche Mark, Baumwolle und Weizen. Der Vorgang der Übertragung von TradeStation in Excel ist für das System des Standardabweichungsausbruchs (SAA) im Wesentlichen der gleiche wie für das System der Steigungsrichtung. Die Daten von November 1992 bis Oktober 1999 sind einigen unabhängigen Unter-suchungen vorbehalten, mit denen wir uns später beschäftigen werden. Abbildung 10.2 zeigt, dass die Buchgewinne des durchschnittlichen Trades für historische Daten, die bis auf 150 Kursstäbe zurückgehen, ungewöhnlich gleichmäßig ausge-fallen sind, sodass wir davon ausgehen können, dass sich der Buchgewinn des durchschnittlichen Trades um etwa 0,18 Prozent pro Kursstab erhöhen wird. Dieses Ergebnis werden wir später verwerten, wenn wir uns mit dem Trailingstopp beschäftigen. Die gestrichelte senkrechte Linie bezeichnet die Anzahl der Kursstäbe, ab der es nur noch weniger als 20 offene Trades gab. Dies trat am 132. Kursstab ein. Wie Sie sehen, gab es einige Trades, die noch wesentlich länger andau-erten.

Ein Nachteil dieses Systems besteht darin, dass es seine Ausstiege an einem gleiten-den Durchschnitt orientiert, der sich vom derzeitigen Kursniveau entfernen kann, bevor das System einen Ausstieg signalisiert. Dies ist insbesondere zum Zeitpunkt des Einstiegs wichtig, denn der höchste Verlust, der in dieser Phase vom System vorgegebene Höchstverlust, könnte sich nach einigen Tagen ändern; bei einer Geldmanagementstrategie, bei der ein fester Prozentsatz des zur Verfügung stehenden Kapitals pro Trade eingesetzt wird (Fixed-Fractional-Ansatz), bleibt immer ungewiss, welches Risiko man eingehen und wie viele Kontrakte man handelt wird.

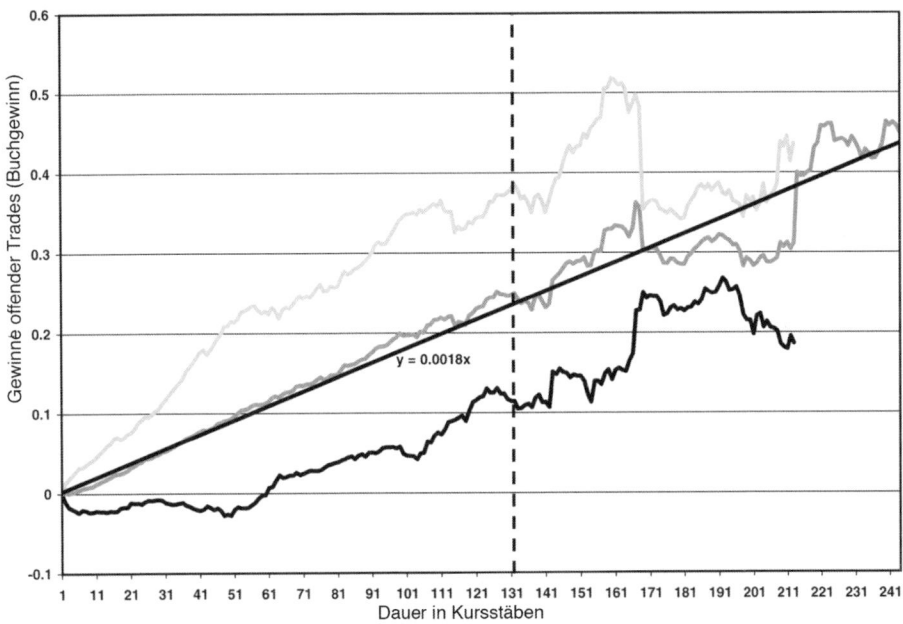

Abbildung 10.2: *Der durchschnittliche Gewinn aller offenen Trades im Verhältnis zur Trade-Dauer in Kursstäben.*

Daher ist es äußerst wichtig, logische Kursbereiche für die Verluststopps in Form von Prozentwerten zu ermitteln. Tabelle 10.11 zeigt, dass alle Trades mit einer GUA (größte ungünstige Abweichung) von 5,5 Prozent oder darüber mit einem durchschnittlichen Ergebnis von – 1,90 Prozent abgeschlossen werden. Wenn wir den Stopp also in diesem Bereich platziert hätten, wäre ein durchschnittlicher Ertrag von – 5,5 Prozent herausgekommen, was zu einer Verschlechterung der Performance um 3,60 Prozent geführt hätte. Bei allen Trades mit einer GUA von zwei Prozent hätte der gesamte Rückgang der Erträge dieser Trades 0,99 Prozent betragen. Es hat einerseits den Anschein, als stellte die GUA von zwei Prozent den kleinsten Prozentwert dar, wobei alle Werte über oder unter zwei Prozent größer ausfallen. Andererseits handelt es sich beim GUA-Bereich von 5,5 Prozent offenbar um ein Maximum, sodass alle Werte über oder unter 5,5 Prozent kleiner ausfallen. Ein logisch begründeter und natürlicher Verluststopp würde demnach bei zwei

Prozent platziert werden, was allerdings noch genauer untersucht werden sollte. Entsprechend der früheren Aussage, dass beim Trading alles sein Für und Wider hat, entschließen wir uns für einen Stopp von 5,5 Prozent, und zwar deshalb, weil dies offenbar der Bereich ist, in dem man den Stopp nicht platzieren sollte in der Hoffnung, dass man die Verluste, die einige Trades einbringen, durch ein angemessenes Geldmanagement wieder ausgleichen kann. Die nahe liegende Lösung muss zwar auf lange Sicht nicht unbedingt die beste sein, aber wir hoffen, die Verluste in besonders günstigen Phasen wieder wettzumachen.

Tabelle 10.12 zeigt Folgendes: Je höher die GUA/GA – die größte ungünstige Abweichung (GUA) der letzten günstigen Abweichung (GA) – ausfällt, desto größer ist der erwartete Gewinn, vorausgesetzt, dass die GUA/GA dem KAT (Kapitalrückgang beim Abschluss des Trades) entspricht, der den letzten Kursrücklauf ab der größten günstigen Abweichung (GGA) darstellt. Daher wäre es wahrscheinlich besser für uns, ohne Trailingstopp zu arbeiten, aber weil wir diese Technik einsetzen wollen, platzieren wir einen Trailingstopp im Bereich von 5,5 Prozent, sofern ein so großer Kursrücklauf auch zu einem Ausbruch unter die Regressionsgerade des Durchschnitts-Trades führt.

Tabelle 10.11: *GUA-Bereiche, ursprüngliche Gewinne und deren Unterschiede in 16 Märkten für das SAA-System.*

GGA	Ursprünglicher Gewinn	Differenz
− 0,50%	− 1,00%	1,50 Punkte
− 1,00%	− 0,52%	1,52 Punkte
− 1,50%	− 0,23%	1,27 Punkte
− 2,00%	− 1,01%	0,99 Punkte
− 2,50%	− 1,17%	1,33 Punkte
− 3,00%	− 1,52%	1,48 Punkte
− 3,50%	− 1,89%	1,61 Punkte
− 4,00%	− 2,40%	1,60 Punkte
− 4,50%	− 2,45%	2,05 Punkte
− 5,00%	− 2,24%	2,77 Punkte
− 5,50%	− 1,90%	3,60 Punkte
− 6,00%	− 3,38%	2,62 Punkte
− 6,50%	− 2,64%	3,86 Punkte
− 7,00%	− 4,16%	2,84 Punkte
− 7,50%	− 4,73%	2,77 Punkte
− 8,00%	− 4,15%	3,85 Punkte
− 8,50%	− 3,53%	4,97 Punkte
− 9,00%	− 8,02%	0,98 Punkte
− 9,50%	− 7,65%	1,85 Punkte
− 10,00%	− 12,57%	− 2,57 Punkte

Wegen des erwarteten KAT (Kapitalrückgang beim Abschluss des Trades) muss ein Trade einen bestimmten Buchgewinn aufweisen, damit er mit einem Gewinn abschließen kann. Was den Zeitstopp anbelangt, zeigt Tabelle 10.13, dass der durchschnittliche Gewinn am 40. Kursstab für alle Trades, die länger als 40 Kursstäbe gehalten werden, 7,74 Prozent beträgt, aber bei einem Trade, der so lange dauert, bis schließlich ein Ausstiegssignal erfolgt, müssen durchschnittlich 7,63 Prozent des Gewinns wieder abgegeben werden. Somit kann man erst ab dem 40. Kursstab damit rechnen, dass der durchschnittliche Trade einen Gewinn aufweist. Daher werden wir alle Trades abbrechen, die bis dahin noch keine Gewinne erzielt haben, da wir davon ausgehen, dass sich diese Trades weiter verschlechtern werden, weil der KAT, also der Kapitalrückgang beim Abschluss des Trades, wahrscheinlich noch bevorsteht.

Außerdem wollen wir ja auch nicht, dass die Trades zu lange gehalten werden, denn je größer der Buchgewinn ist, desto größer wird wahrscheinlich auch der darauf folgende Kursrücklauf ausfallen, was dann zu einem unbefriedigenden Gesamtgewinn führen kann. Es hat sich herausgestellt, dass die ungünstigste Eigenschaft des SAA-Systems seine Neigung ist, einen wesentlichen Teil seiner Buchgewinne wieder abzugeben, bevor das Ausstiegssignal erfolgt. Dies wird in Tabelle 10.14 ersichtlich, die zeigt, dass alle Trades mit einer GGA (größten günstigen Abweichung) von 60 Prozent oder darüber aller Wahrscheinlichkeit nach nur einen Durchschnittsgewinn von 45,63 Prozent erzielen. Beim SAA-System spielt es offenbar keine Rolle, wo man das Gewinnziel ansetzt. Es gibt anscheinend keinen Mindest- oder Höchstwert, an dem eine logische Platzierung der Stopps möglich wäre, sodass wir ihn einfach auf 75 Prozent festlegen, was eine Verbesserung der Ergebnisse von etwa 25,58 Prozent zur Folge hat. (Bedenken Sie dabei, dass sämtliche in diesem Buch vorgestellten Systeme lediglich der Veranschaulichung dienen.)

Tabelle 10.12: *GUA/GA-Bereiche, durchschnittliche GGA-Bereiche und theoretische Gewinne in 16 Märkten für das SAA-System.*

GUA/GA	Durchschnittl. GGA	Gewinne
− 2,50%	9,96%	7,21%
− 3,00%	10,47%	7,15%
− 3,50%	11,11%	7,22%
− 4,00%	11,79%	7,32%
− 4,50%	12,68%	7,61%
− 5,00%	13,44%	7,77%
− 5,50%	14,07%	7,80%
− 6,00%	14,65%	7,77%
− 6,50%	15,52%	8,01%
− 7,00%	16,42%	8,27%
− 7,50%	17,35%	8,55%
− 8,00%	18,65%	9,16%
− 8,50%	20,06%	9,35%
− 9,00%	20,81%	9,94%
− 9,50%	21,50%	9,96%
− 10,00%	22,86%	10,58%
− 10,50%	23,15%	10,22%
− 11,00%	24,39%	10,71%
− 11,50%	26,12%	11,62%
− 12,00%	27,05%	11,80%

Beachten Sie auch die Unterschiede zwischen diesem System und dem recht ähnlichen DAS-System aus dem vorangegangenen Kapitel. Beim SAA-System haben sich die Ergebnisse offensichtlich verschlechtert, wenn ein Verluststopp oder ein Trailingstopp integriert wurde, aber ein Gewinnziel hat zur Verbesserung beigetragen, was im Gegensatz zum DAS-System steht, obwohl wir es in beiden Fällen mit Trendfolgestrategien zu tun haben, sodass man annehmen könnte, dass sich beide Systeme ähnlich verhalten. Wenn Sie Ihr eigenes System zusammenstellen, müssen Sie über diese Feinheiten nachdenken und dafür sorgen, dass sie auf Ihre Vorstellungen abgestimmt sind und Ihnen sinnvoll erscheinen. Diese Entscheidung kann Ihnen niemand abnehmen. Ich weise Sie lediglich darauf hin und führe Ihnen Beispiele vor, aus denen Sie lernen können.

Tabelle 10.13: *Trade-Dauer in Kursstäben, Buchgewinne, KAT (Kursrückgang beim Abschluss des Trades) und deren Unterschiede in 16 Märkten für das SAA-System.*

Trade-Dauer in Kursstäben	Buchgewinn	KAT	Differenz
12	1,56%	− 6,91%	− 5,35 Punkte
14	2,01%	− 6,92%	− 4,91 Punkte
16	2,42%	− 6,97%	− 4,55 Punkte
18	2,64%	− 7,02%	− 4,38 Punkte
20	3,23%	− 7,10%	− 3,87 Punkte
22	3,81%	− 7,12%	− 3,41 Punkte
24	4,29%	− 7,28%	− 2,98 Punkte
26	4,49%	− 7,44%	− 2,95 Punkte
28	4,89%	− 7,47%	− 2,59 Punkte
30	5,26%	− 7,53%	− 2,27 Punkte
32	5,72%	− 7,60%	− 1,88 Punkte
34	6,30%	− 7,61%	− 1,30 Punkte
36	6,88%	− 7,60%	− 0,72 Punkte
38	7,24%	− 7,63%	− 0,40 Punkte
40	7,74%	− 7,63%	0,11 Punkte
42	7,86%	− 7,62%	0,24 Punkte
44	8,25%	− 7,69%	0,55 Punkte
46	8,83%	− 7,76%	1,07 Punkte
48	9,13%	− 7,83%	1,30 Punkte
50	9,68%	− 7,70%	1,98 Punkte

Wenn man einen Gewinn-Trade nicht zu lange laufen lassen möchte, kann man auch alle Gewinn-Trades auf eine bestimmte Anzahl von Kursstäben begrenzen. Ein Trade, der zu lange andauert, erhöht nicht nur die Standardabweichung der Erträge für das gesamte System; vielmehr baut sich dadurch auch ein zu großer Buchgewinn auf, von dem wahrscheinlich ein Großteil wieder abgegeben werden muss, bevor das System den Ausstieg signalisiert. Daher ist es ratsam, alle Gewinn-Trades abzubrechen, die eine bestimmte Anzahl an Kursstäben überschreiten. Um diese Anzahl zu ermitteln, können wir den durchschnittlichen Buchgewinn eines bestimmten Kursstabes mit dem durchschnittlichen Gesamtgewinn aller Trades, die länger andauern, vergleichen. Tabelle 10.15 veranschaulicht, dass es offenbar eine Art Höchstwert gibt, der sich im Bereich von 105 Tagen befindet, und daher entscheiden wir uns für eine maximale Trade-Dauer von 105 Tagen.

Nachdem alle Ausstiegsbereiche festgelegt wurden, lauten die Ausstiegstechniken für das SAA-System folgendermaßen:

• Ausstieg mit einem Verlust, wenn sich der Markt um 5,5 Prozent in die falsche Richtung bewegt.

• Ausstieg mit einem kleinen Verlust/an der Gewinnschwelle, wenn sich der Markt nach 40 oder mehr Kursstäben in den negativen Bereich begibt (oder dort verharrt).

• Ausstieg mit einem Trailingstopp nach dem 40. Kursstab, wenn sich der Markt um 5,5 Prozent in die falsche Richtung bewegt und der ursprüngliche Durchschnitts-Trade unter die Regressionsgerade gerät.

• Ausstieg mit einer Limitorder, wenn der Buchgewinn 75 Prozent überschreitet.

• Ausstieg mit einem Gewinn, wenn der Trade mehr als 105 Kursstäbe andauert.

Tabelle 10.14: *GGA-Bereiche, ursprüngliche Gewinne und deren Unterschiede in 16 Märkten für das SAA-System.*

GGA	Ursprünglicher Gewinn	Differenz
5,00%	7,34%	2,34 Punkte
10,00%	12,03%	2,03 Punkte
15,00%	16,16%	1,16 Punkte
20,00%	20,02%	0,02 Punkte
25,00%	24,88%	− 0,12 Punkte
30,00%	32,25%	2,25 Punkte
35,00%	34,60%	− 0,40 Punkte
40,00%	37,65%	− 2,35 Punkte
45,00%	41,65%	− 3,35 Punkte
50,00%	42,97%	− 7,03 Punkte
55,00%	45,63%	− 9,37 Punkte
60,00%	45,63%	− 14,37 Punkte
65,00%	47,10%	− 17,90 Punkte
70,00%	47,52%	− 22,48 Punkte
75,00%	49,42%	− 25,58 Punkte
80,00%	49,42%	− 30,58 Punkte
85,00%	45,69%	− 39,31 Punkte
90,00%	45,69%	− 44,31 Punkte
95,00%	49,41%	− 45,59 Punkte
100,00%	49,41%	− 50,59 Punkte

Die Tabellen 10.16 und 10,17 zeigen die hypothetischen Ergebnisse für Weizen, und zwar mit und ohne Ausstiege. Ohne Ausstiege wurden im Weizenmarkt ein Gewinnfaktor von 1,66 und ein Durchschnittsgewinn von 1,27% pro Trade erreicht, was nach heutigem Marktwert 277 Dollar entspricht. Mit den Ausstiegen wies Weizen einen Gewinnfaktor von 1,85 und einen Durchschnittsgewinn von 1,48 pro Trade auf, was 307 Dollar nach heutigem Marktwert entspricht. Die Tabellen 10.16 und 10.17 zeigen auch, dass durch die Integration der Ausstiege sowohl der Kapitalrückgang als auch die Standardabweichung verringert werden konnten, was sehr positiv ist. Beim modifizierten System hätte der größte Gewinn-Trade 32,13 Prozent betragen, was nach heutigem Marktwert 6.665 Dollar entspricht. Der größte Verlust-Trade hätte (dank Verluststopp) 5,50 Prozent betragen, was einem heutigen Marktwert von 1.141 Dollar entspricht.

Dass das SAA-System sehr robust ist, kann man in Tabelle 10.18 erkennen, die zeigt, dass in keinem Markt ein Gewinnfaktor unter 1 oder ein Durchschnitts-Trade unter einem Wert, der dreimal die erwarteten Kosten pro Trade von 75 Dollar ausmacht, erreicht wurde. Einige Märkte zeigten sogar ganz erstaunliche Ergebnisse mit einem Gewinnfaktor über zehn, und dazu gehört der Markt für groben Reis und Erdgas.

Tabelle 10.15: *Trade-Dauer in Kursstäben, Endgewinn, Buchgewinn und Unterschiede.*

Trade-Dauer in Kursstäben	Endgewinn	Buchgewinn	Differenz
55	10,92%	10,93%	0,02 Punkte
60	11,90%	11,51%	– 0,39 Punkte
65	12,36%	12,62%	0,26 Punkte
70	13,00%	13,44%	0,43 Punkte
75	13,87%	14,49%	0,62 Punkte
80	14,21%	14,85%	0,64 Punkte
85	15,35%	16,12%	0,77 Punkte
90	16,50%	17,57%	1,07 Punkte
95	17,71%	18,76%	1,04 Punkte
100	18,10%	19,75%	1,65 Punkte
105	18,71%	20,05%	1,34 Punkte
110	20,41%	21,93%	1,52 Punkte
115	20,37%	21,34%	0,97 Punkte
120	22,78%	23,00%	0,22 Punkte
125	23,09%	24,46%	1,37 Punkte
130	23,81%	24,69%	0,88 Punkte
135	23,47%	23,71%	0,24 Punkte
140	23,43%	23,16%	– 0,27 Punkte
145	27,17%	28,02%	0,85 Punkte
150	27,17%	28,99%	1,82 Punkte

Tabelle 10.19 zeigt, dass alle Märkte mit den integrierten Ausstiegen immer noch einen Gewinnfaktor über 1 aufweisen, aber leider geht die größere Sicherheit hinsichtlich der Erträge jedes einzelnen Trades bei den meisten Märkten auch mit einem geringeren Durchschnittsgewinn einher. Aber da kein Markt katastrophale Ergebnisse aufwies, bestätigt das Gesamtergebnis die Stabilität des SAA-Systems, was auch auf das System nach dem Hinzufügen aller Ausstiegstechniken zutrifft. Interessanterweise handelte es sich bei den Märkten, in denen ein höherer Gewinnfaktor erreicht wurde, um Märkte, die normalerweise gute Ergebnisse mit Trendfolgesystemen erzielen. Von folgenden Märkten ist dabei die Rede: T-Bonds. Nikkei-Index, Japanischer Yen und Weizen; bei Dollar-Index und D-Mark konnte nur eine Erhöhung des durchschnittlichen Trades und bei Rohöl und Baumwolle ein jeweils höherer Gewinnfaktor erreicht werden.

Tabelle 10.16: *Ergebnisauswertung der einzelnen Märkte.*

Weizen, ohne Ausstiegstechniken (ursprüngliches System):

Trades insgesamt		3
Gewinnfaktor		1,6
Durchschnittlicher Gewinn	1,27%	276,5
Standardabweichung	7,73%	1.678,7
Gewinn-Trades	15	39,47%
Größter Gewinn-Trade	31,11%	6.762,54
Durchschnittlicher Gewinn-Trade	8,09%	1.759,29
Kumulierter Gewinn	46,50%	10.107,94
Verlust-Trades	23	60,53%
Größter Verlust-Trade	− 7,59%	− 1.649,88
Durchschnittlicher Verlust-Trade	− 3,18%	− 690,40
Kapitalrückgang	− 25,76%	− 5.599,58

Tabelle 10.17: *Ergebnisauswertung der einzelnen Märkte.*

Weizen, mit Ausstiegstechniken (modifiziertes System):

Trades insgesamt		3
Gewinnfaktor		1,8
Durchschnittlicher Gewinn	1,48%	307,3
Standardabweichung	7,52%	1.559,5
Gewinn-Trades	16	41,03%
Größter Gewinn-Trade	32,13%	6.665,05
Durchschnittlicher Gewinn-Trade	7,84%	1.626,46
Kumulierter Gewinn	61,39%	12.734,93

Verlust-Trades	23	59,97%
Größter Verlust-Trade	− 5,50%	− 1.140,92
Durchschnittlicher Verlust-Trade	− 2,94%	− 610,23
Kapitalrückgang	− 23,06%	− 4.784,24

Der Tabelle 10.20 kann man entnehmen, dass insgesamt sechs Märkte ihre Ergebnisse in mindestens einem Analysefaktor verbessern konnten, aber in sieben Märkten zeigte nur ein Faktor bessere Ergebnisse, und darunter waren sogar Märkte, die überhaupt keine Verbesserung aufzuweisen hatten, beispielsweise der Markt für Erdgas; dieser Markt brachte jedoch mit und ohne Ausstiegstechniken Gewinne. Von allen 16 Märkten konnten hingegen die Standardabweichung in 13 Märkten und der Kapitalrückgang in acht Märkten verringert werden. Allerdings gelang es nicht, den Gewinnfaktor und den durchschnittlichen Gewinn pro Trade in den meisten Märkten zu erhöhen, wie es wünschenswert gewesen wäre.

Tabelle 10.18: Analysefaktoren für alle Märkte.

Ohne Ausstiegstechniken (ursprüngliches System):

Markt	Gewinnfaktor	Durchnittlicher Trade	2-Std.- Abweichungen	Kapital- rückgang
Rohöl	3,08	987,94	5.524,19	− 4.275,06
T-Bonds	1,23	378,11	10.932,67	− 28.771,85
T-Bills	2,65	917,62	6.513,73	− 5.750,25
Roher Reis	10,07	1.678,34	6.042,87	− 2.181,27
Nikkei-Index	2,16	2.847,55	20.787,00	− 6.747,19
Erdgas	17,11	2.200,72	4.964,46	− 546,27
Lebendrinder	1,45	228,30	3.596,36	− 7.212,76
Bauholz	1,49	333,37	5.089,97	− 6.816,53
Kaffee	2,95	639,42	3.918,96	− 3.958,94
Jap. Yen	2,29	1.675,54	14.463,96	− 11.781,00
Kupfer	1,89	535,64	5.825,51	− 6.583,29
Gold	1,85	662,89	5.732,22	− 7.241,86
Dollar-Index	2,51	1.444,03	7.693,95	− 4.357,46
D-Mark (Euro)	3,11	1.818,71	9.699,02	− 8.303,75
Baumwolle	2,35	755,11	5.557,00	− 4.430,03
Weizen	1,66	276,58	3.357,54	− 5.599,58

Abschließend kann festgestellt werden, dass wir beim SAA-System zu den gleichen Schlussfolgerungen gelangt sind wie beim DAS-System: Obwohl der durchschnittliche Gewinn pro Trade nicht so verbessert werden konnte, wie wir es uns vorgestellt hatten, haben die Ausstiegstechniken ihre Aufgabe erfüllt, was man daran erkennt, dass der Kapitalrückstand in acht Märkten und die Standardweichung in 13 Märkten reduziert werden konnten. Auf dieser Grundlage sind wir in der Lage, mit dem entsprechenden Geldmanagement auch aggressiver zu traden. Um die Ergebnisse möglicherweise noch zu verbessern, kann man den historischen Untersuchungszeitraum optimieren und/oder weitere Tests mit unterschiedlichen Stopparten und Ausstiegsniveaus durchführen.

Tabelle 10.19: *Analysefaktoren für alle Märkte.*

Mit Ausstiegstechniken (modifiziertes System):

Markt	Gewinnfaktor	Durchnittlicher Trade	2-Std.- Abweichungen	Kapital- rückgang
Rohöl	3,44	747,03	4.182,98	– 1.803,36
T-Bonds	1,29	440,87	10.925,97	– 19.886,70
T-Bills	2,15	676,68	6.451,11	– 5.626,32
Roher Reis	1,26	125,77	3.042,76	– 5.176,72
Nikkei-Index	4,09	6.118,78	24.009,93	– 4.904,47
Erdgas	6,98	1.557,54	6.441,10	– 1.041,45
Lebendrinder	1,09	48,38	3.018,49	– 8.610,89
Bauholz	1,42	267,40	4.768,68	– 5.572,99
Kaffee	1,25	87,68	2.458,44	– 4.157,51
Jap. Yen	2,41	1.711,84	12.882,49	– 10.575,98
Kupfer	1,15	96,01	4.049,64	– 6.919,10
Gold	1,27	248,28	5.376,98	– 8.558,86
Dollar-Index	2,43	1.447,94	8.019,24	– 4.357,46
D-Mark (Euro)	2,96	1.829,22	9.472,23	– 12.074,73
Baumwolle	2,72	670,49	4.529,95	– 3.890,78
Weizen	1,85	307,38	3.119,04	– 4.784,24

Tabelle 10.20: Die Unterschiede im Überblick, und zwar mit und ohne Ausstiegstechniken.

Differenzen:

Markt	Gewinn-Faktor	Durchnittlicher Trade	2 Standard-Abweichungen	Kapital-rückgang	Besser
Rohöl	11,49%	− 24,39%	− 24,28%	− 57,82%	3
T-Bonds	4,68%	16,60%	− 0,06%	− 30,88%	4
T-Bills	− 18,76%	− 26,26%	− 0,96%	− 2,16%	2
Roher Reis	− 87,45%	− 92,51%	− 49,65%	137,33%	1
Nikkei-Index	89,12%	114,88%	15,50%	− 27,31%	3
Erdgas	− 59,20%	− 29,23%	29,74%	90,65%	0
Lebendrinder	− 24,96%	− 78,81%	− 16,07%	19,38%	1
Bauholz	− 4,77%	− 19,79%	6,31%	− 18,24%	2
Kaffee	− 57,55%	− 86,29%	− 37,27%	5,02%	1
Jap. Yen	4,95%	2,17%	− 10,93%	− 10,23%	4
Kupfer	− 39,40%	− 82,08%	− 30,48%	5,10%	1
Gold	− 31,25%	− 62,55%	− 6,20%	18,19%	1
Dollar-Index	− 3,24%	0,27%	4,23%	0,00%	1
D-Mark (Euro)	− 4,80%	0,58%	− 2,34%	45,41%	2
Baumwolle	15,70%	− 11,21%	− 18,48%	− 12,17%	3
Weizen	11,57%	11,14%	− 7,10%	− 14,56%	4
Besser	6	4	13	8	−

KAPITEL 11

Der Umgang mit willkürlichen Einstiegen

Für die kurzfristig orientierten Systeme werden wir einen etwas anderen Ansatz verwenden. Wir werden uns dabei eingehender mit der deskriptiven Statistik beschäftigen und in diesem Rahmen einige Messwerte kennen lernen, die nicht nur dem Aufbau von Systemen, sondern auch der allgemeinen Analyse der Märkte dienen. Mit Hilfe der deskriptiven Statistik können wir die Wahrscheinlichkeit für das Eintreten bestimmter Ereignisse berechnen, wie wir es auch am Beispiel der Körpergröße von Männern im Zusammenhang mit dem Meander-System in Teil 2 getan haben. Auf dieser Grundlage könnten wir zum Beispiel sagen: „Unter normalen Bedingungen und unter der Voraussetzung, dass die Größe der Männer der Normalverteilung entspricht; es besteht nur eine Wahrscheinlichkeit von 2,27 Prozent, dass der nächste Mann, dem ich zufällig begegnen werde, sehr groß sein wird, und die Chance, dass ich zufällig zwei dieser großen Männer hintereinander treffen werde, beträgt nur 0,05." Dabei setzen wir die Zufallsvariable direkt zu ihrem arithmetischen Mittelwert und ihrer Standardabweichung in Beziehung.

Als wir mehrere statistische Messwerte wie zum Beispiel den Durchschnittsgewinn und die Standardabweichung der Erträge einsetzten, gingen wir davon aus, dass alle Variablen, wie beispielsweise der prozentuale Gewinn pro Trade, normalverteilt sind und statistisch unabhängige, konstante Zufallsgrößen darstellen. Diese Annahme ist interessant, weil die bekannte glockenförmige Normalverteilung einfach zu verstehen ist und gleichzeitig den anderen, nahezu normalverteilten Variablen ähnelt. Abbildung 11.1 zeigt, wie eine derartige Verteilung aussieht.

Beachten Sie jedoch, dass eine Zufallsvariable nicht normalverteilt sein muss, wie Abbildung 11.2 erkennen lässt. Dieser Chart wurde einfach durch die Zufallsgeneratorfunktion von Excel hergestellt. Abbildung 11.1 ist wiederum mit Hilfe eines Zehn-Perioden-Durchschnitts der Zufallsvariablen von Abbildung 11.2 zustande gekommen. In den meisten Fällen ist eine Zufallsvariable (wie in Abbildung 11.2), die aus dem Durchschnitt einer anderen Variablen (wie in Abbildung 11.1) entstanden ist, ungefähr wie eine normale Zufallsvariable verteilt, wobei die Verteilung der ursprünglichen Variablen keine Rolle spielt.

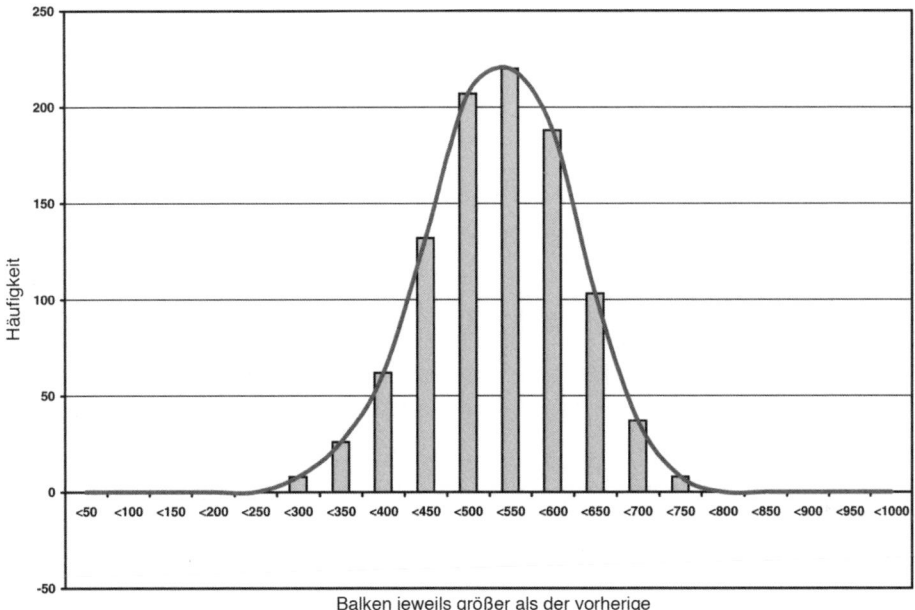

Abbildung 11.1: *Die Glockenkurve einer Normalverteilung.*

Eine Normalverteilung kann allerdings auch höher und begrenzter oder niedriger und breiter sein, als in Abbildung 11.1 zu sehen ist. Wichtig dabei ist, dass diese Kurven gleich aussehen (da ein Wert häufiger auftritt als die anderen) und eine symmetrische Form haben, wobei sie ebenso viele Werte auf der linken wie auf der rechten Seite des Mittelwerts aufweisen. Für jede normalverteilte Variable gilt, dass sich 68,27 Prozent aller Werte innerhalb einer Standardabweichung des Mittelwerts befinden; 95,46 Prozent der Werte liegen innerhalb von zwei Standardabweichungen, und 99,73 Prozent der Werte liegen innerhalb von drei Standardabweichungen des Mittelwerts. Um die Standardabweichung einer

Stichprobe zu ermitteln, kann man die Formel für die Standardabweichung in Excel verwenden.

Lange Zeit war die Normalverteilung die statistische Verteilung, die von den meisten Analysten für die Berechnung der Markterträge benutzt wurde, obgleich längst erwiesen war, dass der Markt keiner Normalverteilung folgt. Dies kann man in Abbildung 11.3 erkennen, in der die tägliche Rendite des S&P 500 Index im Zeitraum von April 1982 bis Oktober 1999 gezeigt wird.

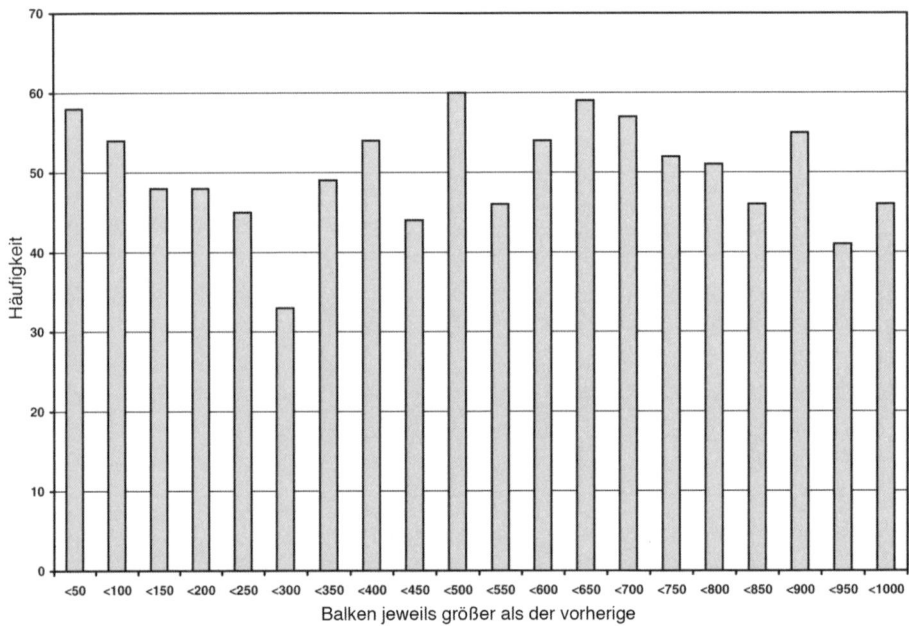

Abbildung 11.2: *Die Zufallsvariable, die nicht normalverteilt ist.*

Wie Sie in Abbildung 11.3 sehen können, ist diese Kurve nicht ganz symmetrisch und viel breiter als die Normalverteilung in Abbildung 11.1. Wenn eine Verteilung verhältnismäßig spitz verläuft und wenn deren Balken begrenzt und schmal sind und breitere Ausläufer aufweisen als eine Normalverteilung, nennt man sie aufgrund der Höhe und Schmalheit der Balken „leptokurtisch". Wenn das Gegenteil zutrifft, nennt man die Verteilung aufgrund der geringen Höhe und Breite der Balken „platykurtisch". Um die Kurtosis[8] (die Wölbung einer statistischen Verteilung) einer Variablen zu ermitteln, können Sie die „kurt"-Funktion in Excel benutzen. Im Fall des S&P 500-Index entspricht die Kurtosis 56.

Ein positiver Wert bedeutet, dass die Verteilung leptokurtisch ist; ein negatives Ergebnis weist auf eine platykurtische Verteilung hin, sodass man sicherstellen muss, dass das System nicht durch jeden Ausreißer-Trade ins Wanken gerät. Das ist allerdings ein zweischneidiges Schwert, denn ein positiver Kurtosis-Wert kann auch darauf hindeuten, dass wir gut beraten sind, sämtliche Trades möglichst genau am durchschnittlichen Trade auszurichten. Wenn das der Fall ist, sollte die Kurtosis mit der Anzahl der Trades steigen, aus der wir eine statistische Aussage ableiten können, während sich die Streuung der Trades nicht verändert. Wir ändern also nicht die Bereiche, in denen wir unsere Gewinne und Verluste realisieren.

Anhand der Abbildung 11.3 kann man wahrscheinlich nicht erkennen, dass die Verteilung leicht nach links geneigt ist (negative Schiefe), wobei der Durchschnitt kleiner ist als der in der Mitte gelegene Wert (der mittlere Wert, falls alle Werte vom kleinsten zum größten Wert geordnet sind). Die linken Ausläufer der Balken erstrecken sich weiter als die Ausläufer auf der rechten Seite. Um den Grad der Schrägung der Verteilung zu ermitteln, können Sie die entsprechende Funktion in Excel benutzen. In diesem Fall entspricht die Schrägung – 2,01, wobei der durchschnittliche Ertrag pro Tag 0,0296 Prozent und der mittlere Wert 0,0311 Prozent betragen. Beim Aufbau eines Handelssystems würden wir es vorziehen, wenn die Verteilungskurve der Erträge nach rechts geneigt ist (positive Schiefe), wobei sich die rechten Ausläufer weiter von der Mitte entfernen, als es bei den linken Ausläufern der Fall ist, sodass wir dafür sorgen sollten, dass wir unsere Verlust begrenzen und unsere Gewinne laufen lassen.

---

[8] *Kurtosis bezeichnet die Wölbung einer statistischen Verteilung. Eine Wölbung beschreibt die Abweichung des Verlaufs der gegebenen Wahrscheinlichkeitsverteilung zum Verlauf einer Normalverteilung.*

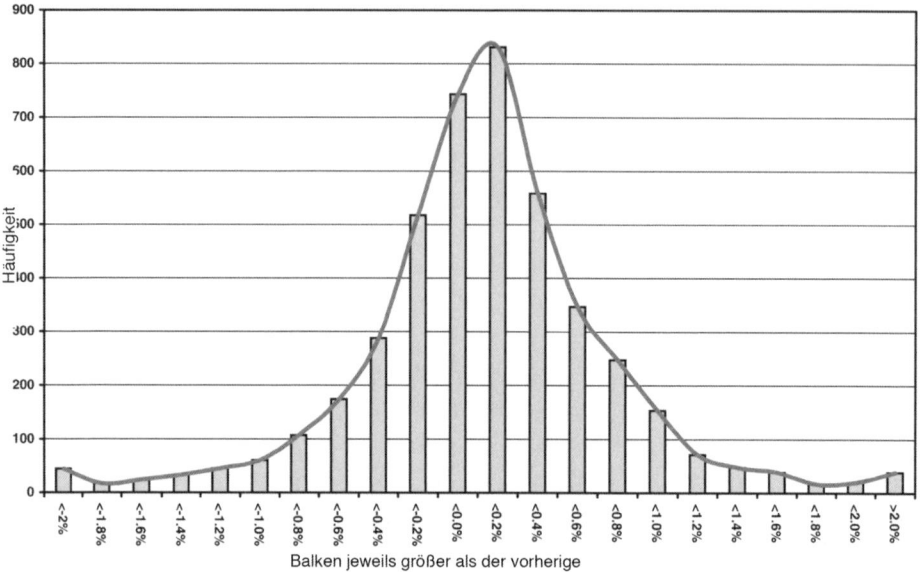

Abbildung 11.3: *Die Zufallsvariable, die eine Schiefe nach links aufweist (negative Schiefe), wobei der Durchschnitt kleiner ist als der mittlere Wert (Median).*

Um die Anfälligkeit des Systems gegenüber Ausreißern einzuschränken, kann man diese Werte bei der Ermittlung des durchschnittlichen Gewinns ausschließen. Diese Kalkulation können Sie mit Hilfe der entsprechenden Excel-Funktion (Zuordnung der Trimmean Function) durchführen, wobei die oberen und unteren Extremwerte der Wahrscheinlichkeitsverteilung ausgesondert werden. Durch diese Maßnahme entsteht ein sogenannter „verkürzter" (oder „geglätteter") Mittelwert.

Zunächst eine kurze Definition dieses Messwertes: Ein „verkürzter" oder „geglätteter Mittelwert" ist ein statistischer Messwert, der dem normalen Durchschnitt oder dem mittleren Wert (Mean) ähnlich ist. Er lässt allerdings entsprechende Teile der Wahrscheinlichkeitsverteilung einer Stichprobe am oberen oder unteren Ende außer Acht, wobei normalerweise die gleiche Strecke auf beiden Seiten unberücksichtigt bleibt. Die höchsten und die niedrigsten Werte werden also ausgelassen, und anschließend wird der Mittelwert der noch verbleibenden Werte errechnet. Der verkürzte Mittelwert ist nicht so anfällig gegenüber Ausreißern, aber er benötigt mehr Informationen in Bezug auf die Verteilung als der mittlere Wert (Median). Wenn die zugrunde liegende Verteilung nicht symmetrisch ist, stellt der verkürzte Mittelwert wahrscheinlich ein unvoreingenommenes Schätzverfahren für den normalen Mittelwert und den Median dar. Der verkürzte Mittelwert (Zuordnung für die Tabellenkalkulation: trimmean) ist ein nützliches Verfahren, weil es eine Einschätzung der zentralen Tendenz oder des Mittelwerts für fast alle statistischen Modelle ermöglicht und daher als sinnvoll betrachtet werden kann. Bei den meisten statistischen Anwendungen wird ein verkürzter Mittelwert von zehn bis 20 Prozent benutzt.

Beim Aufbau eines Systems gehen wir im Idealfall davon aus, dass sich dieser verkürzte Mittelwert über 0 befindet, sodass sich die meisten Trades vermutlich im normalen Rahmen bewegen. Wenn der verkürzte Mittelwert größer ist als der Durchschnittsgewinn, so bedeutet dies, dass aufgrund der historischen Daten weniger positive als negative Ausreißer aufgetreten sind. Wenn der verkürzte Mittelwert kleiner ist als der durchschnittliche Ertrag, so besagt dies, dass aufgrund der historischen Daten mehr positive als negative Ausreißer vorgekommen sind. Was Sie in dieser Hinsicht für das Beste halten, hängt davon ab, was Sie erwarten und welche Ergebnisse Sie sich in Zukunft von Ihrem System wünschen. Nach einigen negativen Trades ist es jedenfalls beruhigend zu wissen, dass die positiven Ausreißer im historischen Zusammenhang zahlreicher sind als die negativen Ausreißer. Allerdings sollte man sich nicht ausschließlich auf statistische Angaben verlassen, denn dies käme fast der schrecklichen Vorstellung gleich, dass man als Ausweg aus einem Kapitalrückgang nur noch auf das Glück als letzte Rettung hofft, was ein höchst gefährliches Spiel wäre.

Wenn wir nicht genau wissen, ob es sich um eine Normalverteilung handelt, können wir die normalen Messwerte nicht einsetzen und beispielsweise sagen, dass sich 68,27 Prozent der Trades innerhalb einer Standardabweichung des Mittelwerts befinden, sondern wir müssen stattdessen auf den Lehrsatz von Tschebyschow zurückgreifen, der Folgendes besagt: Wenn k größer oder gleich eins ist (k 1), wird mindestens $(1 - 1 / k^2)$ innerhalb k Standardabweichungen ihrer Mittelwerte liegen. Beachten Sie, dass diese Methode keinen genauen Wert angibt.

Bei einer Normalverteilung wissen wir, dass 95,46 Prozent aller Werte innerhalb von zwei Standardabweichungen liegen, aber wenn wir nicht genau wissen, wie die Verteilung aussieht, können wir lediglich sagen, dass mindestens 75 Prozent $(1 - 1 / 2^2)$ der Werte innerhalb von zwei Standardabweichungen liegen werden. Ohne die genaue Kenntnis der Verteilung können wir auch nicht sagen, ob diese gleichmäßig um den Mittelwert herum verteilt ist. Das können wir nur durch den Kurtosis-Wert und den Schiefe-Wert herausfinden. Um 50, 67 und 90

Prozent aller Werte abzugrenzen, muss die Standardabweichung 1,41 beziehungsweise 1,74 und 3,16 betragen.

Nun werden wir uns wieder den kurzfristig orientierten Systemen zuwenden, um herauszufinden, wie man deren Ausstiegstechniken aufgrund der neu erworbenen Erkenntnisse verbessern kann.

Das Goldgräber-System

Die zweite Version unseres Systems „Goldgräber 2" besagt, dass wir eine Long-Position eröffnen, sobald zwei Tage und zwei Wochen in Folge Kursverluste aufgetreten sind. Um eine Short-Position zu eröffnen, müssen zwei Tage und zwei Wochen in Folge Kursgewinne aufgetreten sein. Die Grundüberlegung bei dieser Strategie ist die, dass eine Kursbewegung nicht unaufhörlich in eine Richtung verlaufen kann, sodass aller Wahrscheinlichkeit nach früher oder später eine Korrekturbewegung auftreten wird. Auch die Ausstiegstechniken sind sehr einfach. Wenn der Markt unsere Einschätzung bestätigt hat, indem er an zwei aufeinanderfolgenden Tagen die von uns gewünschte Richtung einschlug, werden wir die Long- oder Short-Position zum ersten Schlusskurs auflösen, wenn sich der Markt bisher in die für uns günstige Richtung bewegt hat. Bei dieser Strategie besteht allerdings die Gefahr, dass es außer dem anfänglichen Verluststopp überhaupt keine Absicherung in Form anderer Stopps gibt, sodass es sich um einen beträchtlichen Risikobetrag handeln kann.

Der Vorteil dieser Systemversion gegenüber Version 1 des Goldgräber-Systems besteht darin, dass das Goldgräber-2-System an sich gleichmäßiger ist – ein Vorteil, der aber aufgrund der Ausstiegstechniken ganz verloren geht, weil das System dann nicht mehr symmetrisch ist. Daher werden wir nun herauszufinden versuchen, ob es vollkommen symmetrisch zu machen ist, wobei wir gleichzeitig untersuchen, ob man das System auch mit Verluststopps versehen kann. Um ein System sowohl auf der Long- als auch auf der Short-Seite völlig symmetrisch zu gestalten, sollten sich die Long- und die Short-Ausstiege spiegelbildlich zueinander verhalten. Ein teilweise symmetrisches System wie Goldgräber 2 (von Teil 2) weist entweder symmetrische Einstiege oder Ausstiege auf. Den TradeStation-Code für das ursprüngliche System finden Sie in Teil 2. Weil wir dieses System als kurzfristig orientierte Strategie erhalten wollen, werden wir von der Bedingung ausgehen, dass kein Trade länger als fünf Tage dauern darf. Der erste Schritt besteht in folgender Modifikation des TradeStation-Codes:

```
Condition1 = CloseW(2) > CloseW(1) and CloseW(1) > C and C[2]
> C[1 and C[1] > C;

Condition2 = CloseW(2) < CloseW(1) and CloseW(1) < C and C[2]
< C[1] and C[1] < C;

If Condition1 = True and MarketPosition = 0 Then
     Buy ("Go long") at open;

If Condition2 = True and MarketPosition = 0 Then
     Sell ("Go short") at open;

If BarsSinceEntry ≥ 5 Then Begin
     ExitLong ("Exit long") at close;
     ExitShort ("Exit short") at close;

End;
```

Natürlich hätten wir uns auch für unterschiedliche Trade-Längen entscheiden und beispielsweise auf die gleiche Weise nach einem optimalen Wert suchen können, wie wir es auch beim Black-Jack-System in Teil 2 getan haben. In diesem Fall hätten wir auch die Messwerte für den Schrägverlauf und die Kurtosis (Wölbung) der Verteilung heranziehen können, die offenbar zu den stabilsten Ergebnissen geführt haben. Vorläufig werden wir uns jedoch dafür entscheiden, einen Trade auf fünf Tage zu begrenzen. Wir werden diese Strategie mit auf Verhältniswerte angepassten Kontrakten im S&P-500-Aktienindex im Zeitraum von Januar 1995 bis Oktober 1999 testen, wie wir es auch beim ursprünglichen System gehandhabt hatten.

Mit Hilfe der Übertragungsfunktion von Teil 1 kamen die Ergebnisse zustande, die in Tabelle 11.1 zu sehen sind. Wenn wir diese Version mit der ursprünglichen Version des Goldgräber-2-Systems vergleichen, können wir feststellen, dass die Standardabweichung dieser Version viel größer ausgefallen ist, während der durchschnittliche Gewinn zurückgegangen ist, was besagt, dass die vorliegende Version viel riskanter ist. Ein geringer Gewinnfaktor deutet auch darauf hin, dass sich die Kosten, die mit dem Trading-Geschäft verbunden sind, erhöht haben. Auch der Kapitalrückgang ist wesentlich größer geworden. Man kann also sagen, dass die neue Version des Goldgräber-Systems nicht so gut ist wie die Originalversion. Außerdem macht die modifizierte Version insgesamt nicht so einen guten Eindruck wie deren Vorgänger, obgleich sie auch ihre Vorteile hat und vielleicht sogar einige Stärken besitzt, auf denen man weiter aufbauen kann.

Wie man Tabelle 11.2 und Abbildung 11.4 entnehmen kann, weisen die Ergebnisse überhaupt keine Normalverteilung auf. Wir haben es vielmehr mit einem mittleren Wert (Median) zu tun, der kleiner als der Durchschnitt ist und eine positive Schiefe zeigt, was darauf hinweist, dass sich die rechten Ausläufer der Verteilung weiter ausdehnen als die Ausläufer auf der linken Seite. Dies ist positiv zu bewerten, weil das System trotz der Tatsache, dass wir alle Trades auf fünf Tage begrenzt haben, gezeigt hat, dass es dennoch in der Lage ist, die Verluste gering zu halten und die Gewinne laufen zu lassen. Weniger günstig ist hingegen der positive Kurtosis-Wert, der darauf hindeutet, dass das System bislang leptokurtisch ist und somit keine stabilen Erträge produziert. Aber mit geeigneten Ausstiegstechniken dürfte es gelingen, den Kurtosis-Wert so zu reduzieren, dass er negativ wird, während der Wert für die Schiefe positiv bleibt.

Tabelle 11.1: *Ergebnisauswertung der abgewandelten Version des Goldgräber-2-Systems von Januar 1995 bis Oktober 1999.*

Trades insgesamt		80
Gewinnfaktor		1,18
Durchschnittlicher Gewinn	0,13%	453
Standardabweichung	2,22%	7.483
Gewinn-Trades	4	53,75%
Größter Gewinn-Trade	8,54	28.823
Durchschnittlicher Gewinn-Trade	1,65	5.559
Kumulierter Gewinn	9,18	30.983
Verlust-Trade	3	46,25%
Größter Verlust-Trade	− 4,33	− 14.614
Durchschnittlicher Verlust-Trade	− 1,62	− 5.480
Kapitalrückgang	− 17,47	− 58.961

Tabelle 11.2: *Deskriptive Statistik des „Goldgräber-2-Systems (modifizierte Version).*

Mittelwert	0,13
Median (mittlerer Wert)	0,21
Kurtosis (Wölbung)	2,49
Schiefe	0,83
Verkürzter Mittelwert (20%)	0,04

Wir müssen versuchen, die Ergebnisse ein wenig zu verbessern, sodass auch die Verteilung der Erträge weniger leptokurtisch wird und vielleicht einen Schrägverlauf nach rechts erhält. Dass dies möglich ist, zeigt der verkürzte Mittelwert von 20 Prozent, da dieser kleiner ist als der normale Mittelwert, was zeigt, dass im historischen Kontext mehr positive als negative Ausreißer aufgetreten sind. Aufgrund der Abbildung 11.3 können wir auch erkennen, dass die Verteilung der Gewinne auf weiter ausgedehnte Ausläufer nach rechts hinweist, als es bei den Ausläufern auf der linken Seite der Fall ist. Das ist wiederum ein gutes Zeichen und ein Hinweis darauf, dass wir der Forderung, die Gewinne laufen zu lassen, entsprochen haben. Der positive Kurtosis-Wert lässt allerdings vermuten, dass die Ergebnisse ein wenig kopflastig sind, was auf Instabilität hinweist.

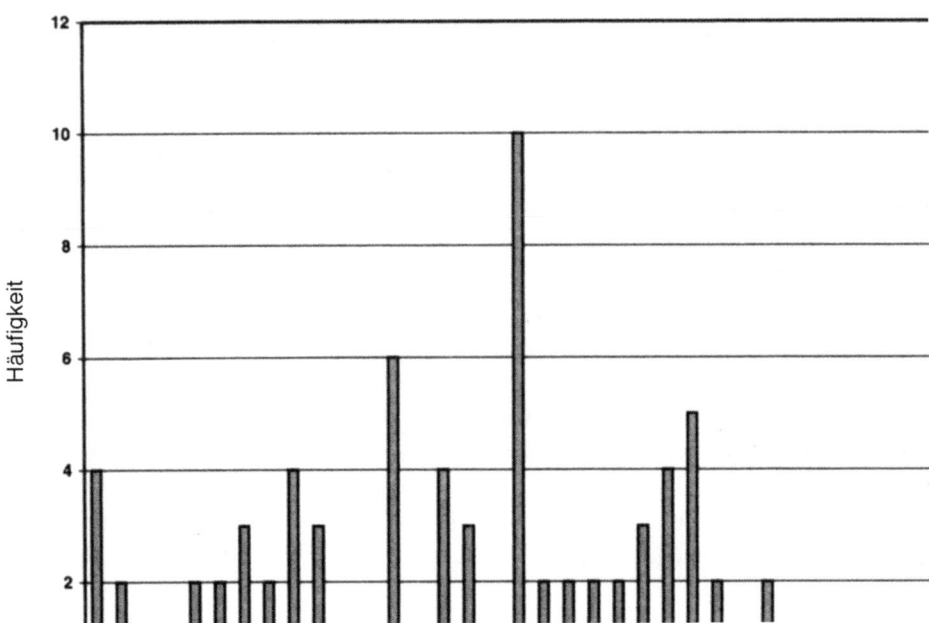

Abbildung 11.4: *Die Verteilung der Erträge für das modifizierte Goldgräber-2-System.*

Nehmen wir an, wir wollten alle Trades aussondern, die um mehr als zwei Standardabweichungen vom erwünschten Kurs abweichen. Da wir wissen, dass die Gewinne, die von dieser Version des Goldgräber-Systems erreicht werden, nicht normalverteilt sind, können wir nicht einfach alle Trades ausschließen, die um einen bestimmten Wert von unserer Position abweichen, wie es die normale Standardabweichung vorgibt. Wir benutzen stattdessen dem Lehrsatz von Tschebyschow, der besagt, dass die Begrenzungen von zwei Standardabweichungen mindestens 75 Prozent der Werte umfassen. Weil wir aber die genaue Verteilung nicht kennen, können wir auch nicht wissen, ob sich die restlichen 25 Prozent vorwiegend als Ausläufer auf der rechten oder auf der linken Seite der Verteilung befinden. Dies können wir nur mit Hilfe anderer Messwerte abschätzen. Wir stellen dabei folgende Überlegung an: Aufgrund der positiven Schiefe dürften die restlichen 25 Prozent der Trades vorwiegend auf der linken Seite des Mittelwerts lokalisiert sein. Wir könnten also sagen, dass sich 20 Prozent der Trades am rechten Ende der Verteilung befinden, während man die restlichen für Prozent auf der linken Seite vermuten würde.

Eine andere Methode bestünde darin, dass man eine bestimmte Anzahl von Trades sucht, die sich innerhalb der Grenzen der Standardabweichungen befinden. Wir können uns zum Beispiel auf 68 Prozent aller Trades festlegen, sodass noch etwa 16 Prozent der Trades für jede der beiden Seiten übrig bleiben. Wir nehmen einmal an, dass wir von diesen Trades viermal so viele Gewinn-Trades wie Verlust-Trades abgrenzen, was in diesem Fall 21 Verlust-Trades (80 x 0,33 x 0,80) und fünf Gewinn-Trades (80 x 0,33 x 0,20) bedeuten würde. Somit müssten wir in Bezug auf das Goldgräber-2-System einen Verluststopp bei etwa 1,0 Prozent und einen Gewinnziel bei etwa 3,8 Prozent platzieren. Wir werden sehen, was sich daraus ergibt, wenn wir diese Stopps als TradeStation-Code formulieren. Wir könnten auch ein maximales Gewinnziel integrieren, aber da der Durchschnittsgewinn des Originalsystems ohnehin recht gering ist, werden wir darauf verzichten und uns stattdessen auf die halbe Strecke zwischen Verluststopp und Gewinnziel ausrichten. Dabei handelt es sich um einen Buchgewinn von 1,4 Prozent, sodass dieser Stopp ausgelöst werden würde, wenn der Markt zum ersten Mal mit einem größeren Gewinn schließt, sich aber daraufhin nach unten bewegt und diesen Bereich wieder unterschreitet. Der entsprechende TradeStation-Code lautet:

```
If MarketPosition = 1 Then Begin
      ExitLong („Long profit") tomorrow at 1,038 * EntryPrice limit;
      ExitLong ("Long loss") tomorrow at 0,99 * EntryPrice stop;
```

```
    If Close > 1,014 * EntryPrice Then
                ExitLong ("Long prot.") tomorrow at 1,014 * EntryPrice stop;
End;


If MarketPosition = − 1 Then Begin
        ExitShort / ("Short profit") tomorrow at 0,962 * EntryPrice limit;
        ExitShort ("Short loss") tomorrow at 1,01 * EntryPrice stop;
        If Close < 0,986 * EntryPrice Then
                ExitShort ("Short prot.") tomorrow at 0,986 * EntryPrice stop;
End;
```

Tabelle 11.3 zeigt die Ergebnisse mit den entsprechenden Stopps. Wie Sie sehen, haben diese Stopps keinesfalls zur Verbesserung der Ergebnisse beigetragen. Es sieht wirklich nicht gut aus, denn der Durchschnittsgewinn betrug nur 0,07 Prozent und der kumulierte Gewinn nach fünf Jahren Trading 4,72 Prozent. Der einzige Lichtblick war, dass wir es geschafft haben, den Kapitalrückgang ein wenig zu reduzieren, obgleich sich die Standardabweichung nicht nennenswert verändert hat. Aber weil wir dem Originalsystem trauen, werden wir nicht kapitulieren. Vielleicht lassen sich die Gewinne doch noch ein wenig erhöhen, indem wir die Ausstiege durch allgemeinere und weniger optimierte Maßnahmen ersetzen, aber möglicherweise waren die Einstiegskriterien einfach zu streng. Wir werden sehen.

Tabelle 11.4 und Abbildung 11.5 lassen erkennen, dass die negativen Überraschungen weitergehen, was den statistischen Ergebnissen zu entnehmen ist. Die Stopps, Ausstiegstechniken und Gewinnziele haben sich nicht nur nachteilig auf die Ergebnisse ausgewirkt, sondern auch die statistischen Werte verschlechtert, was insbesondere für die immer noch positive Kurtosis und die kaum positive Schiefe gilt. Abbildung 11.5 lässt klar erkennen, dass sich die meisten Trades gleich am Anfang negativ entwickelt haben, was deutlicher zum Vorschein kommt, weil wir die Enderträge in einige Untergruppen aufgeteilt haben. Wie diese Untersuchung gezeigt hat, sind die meisten Trades durch den Verluststopp ausgestoppt worden. Der Ausstieg aufgrund des Trailingstopps zur Gewinnsicherung hat auch verdeutlicht, dass sich die Erträge vieler Trades im Bereich von 1,5 Prozent bewegen. Da sich der Markt in dem meisten Fällen unmittelbar nach dem Einstieg gegen unsere Position in Gang gesetzt hat, scheinen der Verluststopp und der Gewinnsicherungsstopp vollkommen nutzlos zu sein. Nun geht es darum herauszufinden, warum das so ist. Diese Frage wird uns in den nächsten Kapiteln beschäftigen.

Bevor wir uns der nächsten Strategie zuwenden, wollen wir herausfinden, wie das System aufgrund älterer Daten vor dem Untersuchungszeitraum abgeschnitten hätte. Wir werden uns vor allem mit dem Zeitraum von Januar 1985 bis Dezember 1994 beschäftigen. Die Ergebnisse finden Sie in den Tabellen 11.5 und 11.6 und in der Abbildung 11.6.

Welch eine Überraschung! Plötzlich scheint das System einwandfrei zu funktionieren, da es einen Durchschnittsgewinn von 0,25 Prozent und einen Kapitalrückgang aufweist, der 15 Prozent nicht überschreitet. Im Vergleich zum Originalsystem, das im Zeitraum zwischen Januar 1995 bis Oktober 1999 (siehe Tabelle 5.6) untersucht wurde, sind jedoch die meisten Ergebnisse ein wenig schlechter ausgefallen, wie in Tabelle 11.5 zu sehen ist. Ein einfacher Grund dafür ist der Untersuchungszeitraum, der doppelt so lang war und somit natürlich mehr Möglichkeiten für schlechte Trades bot.

Tabelle 11.3: Ergebnisauswertung für die zweite abgewandelte Version des Goldgräber-2-Systems von Januar 1995 bis Oktober 1999.

Trades insgesamt		106
Gewinnfaktor		1,08
Durchschnittlicher Gewinn	0,07%	229
Standardabweichung	2,21%	7.446
Gewinn-Trades	39	36,79%
Größter Gewinn-Trade	5,14%	17.348
Durchschnittlicher Gewinn-Trade	2,51%	8.462
Kumulierter Gewinn	4,72%	15.930
Verlust-Trade	67	63,21%
Größter Verlust-Trade	− 8,30	− 28.013
Durchschnittlicher Verlust-Trade	− 1,35	− 4.564
Kapitalrückgang	− 12,01	− 40.534

Tabelle 11.4: Deskriptive Statistik des „Goldgräber-2-Systems" (zweite modifizierte Version).

Mittelwert	0,07
Median (mittlerer Wert)	− 1,00
Kurtosis (Wölbung)	1,14
Schiefe	0,15
Verkürzter Mittelwert (20%)	0,00

Der positive Kurtosis-Wert von Tabelle 11.4 ist günstig, weil dies bedeutet, dass die meisten Erträge nun um den Mittelwert gruppiert sind, was besagt, dass das System seine Aufgabe gut erfüllt hat. Aber es ist einfach nicht lukrativ genug. Ein weiterer ungünstiger Faktor besteht in der Tatsache, dass der Wert für die Schiefe nun negativ geworden ist, was darauf hindeutet, dass das System zwar seine Aufgabe erfüllt und Situationen erfasst, in denen der Markt eine rasche Kursbewegung vollzieht, aber leider verläuft diese Kursbewegung offenbar in die falsche Richtung. Diese Entdeckung gründet auf Abbildung 11.6, in der die Verteilung der Erträge zu sehen ist.

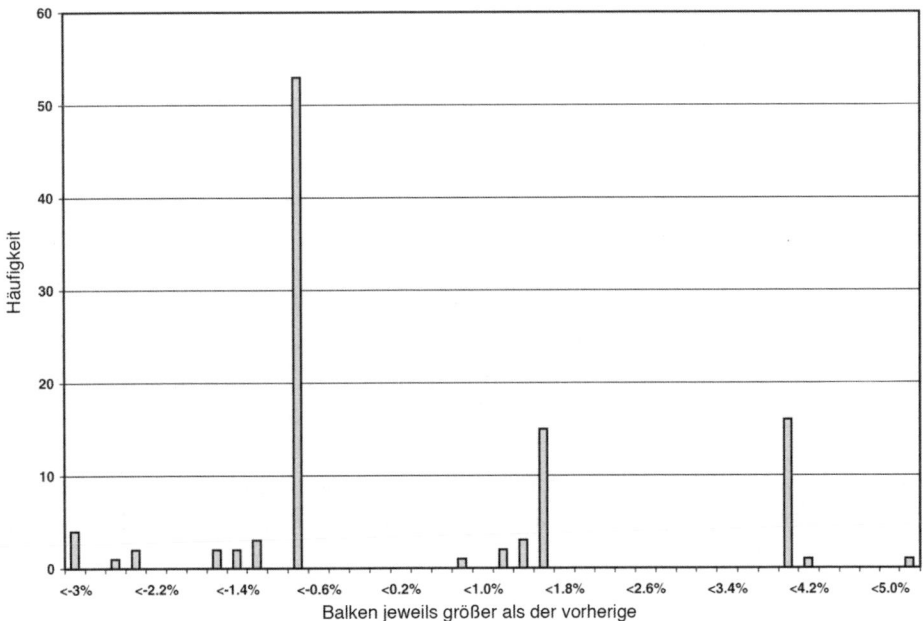

Abbildung 11.5: *Die Verteilung der Erträge für das zweite modifizierte Goldgräber-2-System.*

Tabelle 11.5: *Ergebnisauswertung für die zweite abgewandelte Version des Goldgräber-2-Systems von Januar 1985 bis Dezember 1994.*

Trades insgesamt		207
Gewinnfaktor		1,38
Durchschnittlicher Gewinn	0,25%	859
Standardabweichung	2,00%	6.745
Gewinn-Trades	11	42,96%
Größter Gewinn-Trade	7,62	25.718
Durchschnittlicher Gewinn-Trade	2,16	7.283
Kumulierter Gewinn	87,86	296.528
Verlust-Trade	15	57,04%
Größter Verlust-Trade	− 12,61	− 42.559
Durchschnittlicher Verlust-Trade	− 1,18	− 3.981
Kapitalrückgang	− 15,11	− 50.996

Bei der Betrachtung der Verteilung der Trades kann man zwei Feststellungen machen: Erstens werden die meisten Verlust-Trades durch den Verluststopp ausgestoppt, wobei nur ein Verlust-Trade auf andere Art beendet wird. Zweitens werden nur wenige Trades durch die Gewinnbegrenzung ausgestoppt. Die Diskrepanz zwischen den Trades, die mit einem Verlust ausgestoppt wurden, und den Trades, die mit dem festgelegten Höchstgewinn ausgestoppt worden sind, weist darauf hin, dass sich der Markt nach dem Einstieg nicht zugunsten der Position entwickelt hat. Wir werden später versuchen, etwas dagegen zu unternehmen. Übrigens werde ich der Einfachheit halber ab jetzt nur noch kurz vom Goldgräber-System sprechen.

Das Meander-System (Wochendaten)

Bisher haben wir das Meander-System nur anhand von Tagesdaten betrachtet. Nun werden wir uns eingehender mit diesem System beschäftigen und sowohl Wochen- als auch Tagesdaten benutzen. Wir werden also den Indikator und die entsprechenden Einstiegssignale auf der Grundlage von Wochendaten entwickeln, während wir für den Trade selbst und dessen Beobachtung Tagesdaten verwenden. Dies lässt sich am besten bewerkstelligen, indem man die Wochendaten in TradeStation als „Datensatz 2" bezeichnet. Da wir wieder versuchen, an den Höchstkursen zu verkaufen und an den Tiefstkursen zu kaufen, und den Trade fünf Tage lang aufrechterhalten, wobei die Signalebene auf zwei Standardabweichungen vom Mittelwert entfernt festgelegt wird, lautet der TradeStation-Code folgendermaßen:

```
Input: VSStd(2)
Vars: SumVS(0), AvgVS(0), DiffVS(0), StdVS(0), SetArr(0), SumArr(0),
DiffArr(0), VSLow(0), VSMid(0), VSHigh(0),
Array: VS[20](0);
For SetArr = 0 to 4 Begin
      VS[SetArr * 4 + 0] = (O[SetArr] Data2 – C[SetArr + 1] Data2) /
C[SetArr + 1] Data2;
      VS[SetArr * 4 + 1] = (H[setArr] Data2 – C[SetArr + 1] Data2) /
C[SetArr + 1] Data2;
      VS[SetArr * 4 + 2] = (L[SetArr] Data2 – C[SetArr + 1] Data2) /
C[SetArr + 1] Data2;
      VS[SetArr * 4 + 3] = (C[SetArr] Data2 – C[SetArr + 1] Data2) /
C[SetArr + 1] Data2;
End;
For SumArr = 0 To 19 Begin
      If SumArr = 0 Then
            SumVS = 0;
      SumVS = SumVS + VS[SumArr];
      If SumArr = 19 Then
            AvgVS = SumVS / 20;
      For DiffArr = 0 To 19 Begin
            If DiffArr = 0 Then
            DiffVS = 0;
      DiffVS = DiffVS + Square(VS[DiffArr] – AvgVS);
      If DiffArr = 19 Then
            StdVS = SquareRoot(DiffVS / 20);
      End;
```

Tabelle 11.6: *Deskriptive Statistik des „Goldgräber-2-Systems" (zweite modifizierte Version) für den Zeitraum von Januar 1985 bis Dezember 1994.*

Mittelwert	0,25
Median (mittlerer Wert)	− 1,00
Kurtosis (Wölbung)	6,00
Schiefe	− 0,19
Verkürzter Durchschnitt (20%)	0,06

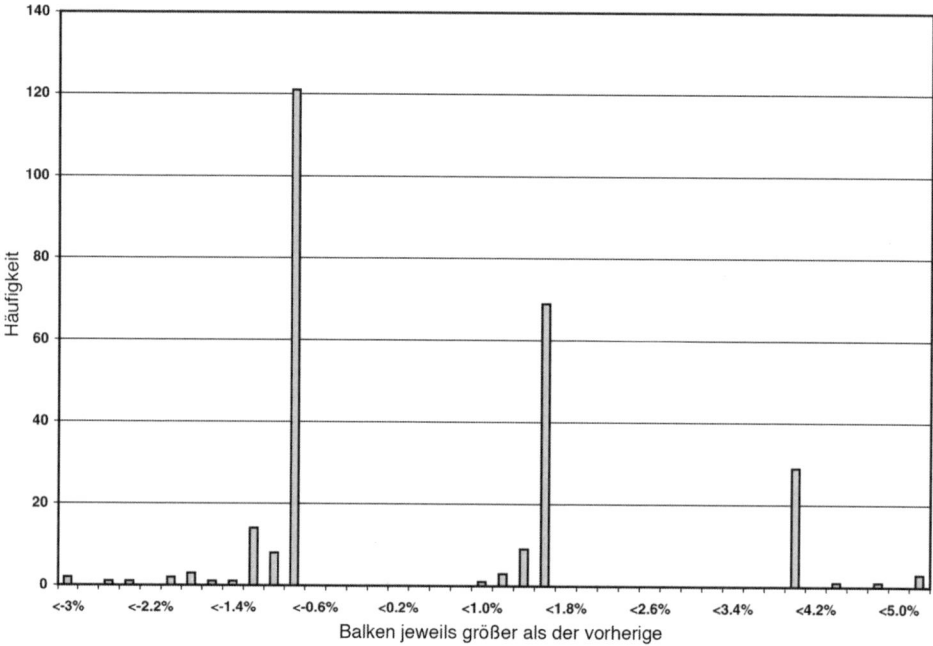

Abbildung 11.6: *Die Verteilung der Erträge für das zweite modifizierte Goldgräber-2-System für den Zeitraum von Januar 1985 bis Dezember 1994.*

```
End;
VSLow = C Data2 * (1 + (AvgVS − StdVS * VSStd));
VSMid = C Data2 * (1 + AvgVS);
VSHigh = C Data2 * (1 + (AvgVS + StdVS * VSStd));
If MarketPosition = 0 Then Begin
        Buy ("Go long") tomorrow at VSLow limit;
        Sell ("Go short") tomorrow at VSHigh limit;
End;
```

```
If BarsSinceEntry > = 5 Then Begin
        ExitLong ("Long time") at close;
        ExitShort ("Short time") at close;
    End;
```

Die Tabellen 11.7 und 11.8 und die Abbildung 11.7 zeigen die Ergebnisse dieser Version des Meander-Systems im Zeitraum von Januar 1995 bis Oktober 1999, wobei der Code mit der Übertragungsfunktion von Teil 1 verknüpft wurde.

Dass dies im Vergleich zum Goldgräber-2-System kein schlechter Anfang ist, sehen wir in Tabelle 11.7. Ein hoher Gewinnfaktor ist mit einem hohen Gewinn pro Trade verbunden. Die Standardabweichung ist zwar ziemlich hoch, aber das etwas geringere Verhältnis zwischen dem Durchschnittsgewinn und der Standardabweichung zeigt, dass das Meander-System in diesem Stadium einen höheren Ertrag erbrachte als das Goldgräber-System. Der Kapitalrückgang ist allerdings ein wenig hoch ausgefallen, was man jedoch mit einem gut funktionierenden Verluststopp und einer Art Filtertechnik (die später in das System integriert werden) beheben könnte. Ebenfalls günstig ist der positive Wert für die Schiefe der Verteilung in Tabelle 11.8, was bedeutet, dass das Meander-System die Gewinne laufen lässt, während es die Verluste begrenzt. Aber der recht hohe Kurtosis-Wert (für die Wölbung der Verteilung) stellt einen negativen Faktor dar, der darauf hindeutet, dass sich die einzelnen Erträge zu sehr um den Mittelwert gruppieren.

Tabelle 11.7: *Ergebnisauswertung für die abgewandelte Version des Meander-Systems von Januar 1995 bis Oktober 1999.*

Trades insgesamt		55
Gewinnfaktor		1,90
Durchschnittlicher Gewinn	0,67%	2.270
Standardabweichung	3,13%	10.569
Gewinn-Trades	29	52,73%
Größter Gewinn-Trade	13,93%	47,014
Durchschnittlicher Gewinn-Trade	2,70%	9.116
Kumulierter Gewinn	41,02%	138.443
Verlust-Trade	26	47,27%
Größter Verlust-Trade	− 4,65%	− 15.694
Durchschnittlicher Verlust-Trade	− 1,59%	− 5.365
Kapitalrückgang	− 15,33%	− 51.739

Tabelle 11.8: *Deskriptive Statistik des Meander-Systems (modifizierte Version).*

Mittelwert	0,67
Median (mittlerer Wert)	1,10
Kurtosis (Wölbung)	5,55
Schiefe	1,78
Verkürzter Mittelwert	0,37

Die Gruppierung der einzelnen Erträge um den Mittelwert oder genau unter diesem kann man in Abbildung 11.7 erkennen, in der die Verteilung der Trades zu sehen ist. Trades, die in diesem Bereich abschließen, werden wahrscheinlich nicht ausgestoppt, weil der Verluststopp oder das Gewinnziel erreicht wurde. Die einzige Möglichkeit, diese Verluste weiter zu reduzieren, besteht entweder darin, den Trade mit einem geringen Verlust zu beenden, oder im Einsatz eines Zeitstopps, der uns zum Ausstieg zwingt, bevor die Ergebnisse noch schlechter werden. Hoffentlich lässt sich durch einen Gewinnsicherungsstopp Abhilfe schaffen, da die hohe Anzahl von Gewinn-Trades im Bereich von 3,4 und fünf Prozent darauf hindeutet, dass das Meander-System das Momentum des Marktes recht gut nutzen kann.

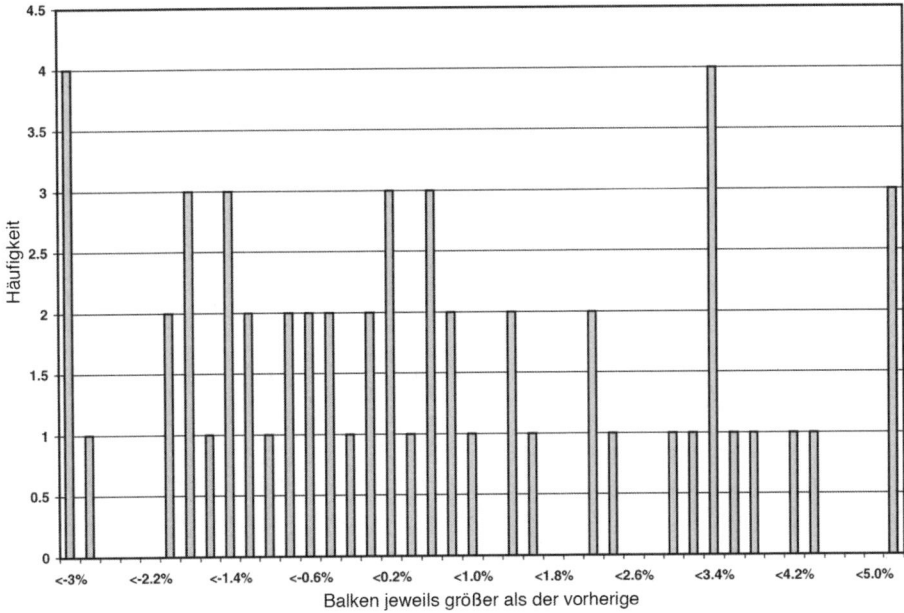

Abbildung 11.7: Die Verteilung der Erträge für die modifizierte Version des Meander-Systems.

Indem wir die gleiche Überlegung wie beim Goldgräber-System zugrunde legen, aber in diesem Fall davon ausgehen, dass alle Erträge gleichmäßig um den Mittelwert verteilt sind, platzieren wir nach etwa zwölf Trades am linken und am rechten Ende der Verteilung einen Verluststopp. Das heißt, dass wir den Verluststopp ungefähr bei 1,8 Prozent und den Gewinnsicherungsstopp bei etwa 3,2 Prozent platzieren, wobei der gleiche Code und die gleichen Richtlinien verwendet werden wie beim Goldgräber-System. Indem wir uns am durchschnittlichen Trade orientieren, setzen wir einen unteren Gewinnbereich von 0,64 Prozent fest. Die Tabellen 11.9 und 1.10 sowie die Abbildung 11.8 zeigen die Ergebnisse, die aufgrund dieser Stopps und Ausstiegstechniken erzielt werden und auf folgendem TradeStation-Code basieren:

```
If MarketPosition = 1 Then Begin
        ExitLong („Long profit") tomorrow at 1,032 * EntryPrice limit;
        ExitLong ("Long loss") tomorrow at 0,982 * EntryPrice stop;
        If Close > 1,0064 * EntryPrice Then
                ExitLong ("Long prot.") tomorrow at 1,0064 * EntryPrice stop;
    End;
```

```
If MarketPosition = -1 Then Begin
      ExitShort ("Short profit") tomorrow at 0,968 * EntryPrice limit;
      ExitShort ("Short loss") tomorrow at 1,018 * EntryPrice stop;
      If Close < 0,9936 * EntryPrice Then
              ExitShort ("Short prot.") tomorrow at 0,9936 * EntryPrice stop;
End;
```

Wie man der Tabelle 11.9 entnehmen kann, konnten eine geringere Standardabweichung von 2,19 Prozent und ein Kapitalrückgang von 10,81 Prozent erreicht werden, obgleich sich der durchschnittliche Gewinn pro Trade und der Gewinnfaktor ein wenig reduziert haben. Auch die Anzahl der Gewinn-Trades ist beträchtlich gestiegen, und zwar auf 65,75 Prozent. Diese günstigen Ergebnisse gehen allerdings mit einem negativen Kurtosis-Wert einher. Ein negativer Kurtosis-Wert bedeutet, dass die einzelnen Erträge etwas breiter gestreut sind, was so interpretiert werden könnte, dass sich der Gewinnzielbereich etwas erweitert hat, sodass die Gewinnziele einfacher zu erreichen sind. Bei einer negativen Schiefe kann man aber nicht mehr davon ausgehen, dass die Verluste so begrenzt werden, wie es notwendig wäre. Abbildung 11.8 zeigt, dass sich die Verteilung der Erträge der des Goldgräber-Systems angeglichen hat.

Jedoch ist dieses System sogar klarer, da sich Folgendes herauskristallisiert hat: Ein Trade war sehr lukrativ, einer brachte nur einen bescheidenen Gewinn, und ein Trade endete mit einem Verlust, wobei es nur wenige Trades gab, deren Streuung größer war. Aus einem Trade wurde entweder ein Verlust-Trade von 1,8 Prozent oder ein Gewinn-Trade von 3,2 Prozent.

Tabelle 11.9: Ergebnisauswertung für die zweite abgewandelte Version des Meander-Systems von Januar 1995 bis Oktober 1999.

Trades insgesamt		73
Gewinnfaktor		1,78
Durchschnittlicher Gewinn	0,52%	1.764
Standardabweichung	2,19%	7.388
Gewinn-Trades	48	65,75%
Größter Gewinn-Trade	4,88%	16.470
Durchschnittlicher Gewinn-Trade	1,81%	6.113
Kumulierter Gewinn	43,78	147.758
Verlust-Trade	25	34,25%
Größter Verlust-Trade	− 5,74%	− 19,373
Durchschnittlicher Verlust-Trade	− 1,95%	− 6.587
Kapitalrückgang	− 10,81%	− 36.484

Tabelle 11.10: Deskriptive Statistik des Meander-Systems (zweite modifizierte Version).

Mittelwert	0,52
Median (mittlerer Wert)	0,64
Kurtosis (Wölbung)	− 0,56
Schiefe	− 0,03
Verkürzter Mittelwert	0,49

Interessant ist in diesem Zusammenhang, dass sich die verschiedenen Szenarien so deutlich voneinander unterscheiden, dass wir sogar die Wahrscheinlichkeit, dass ein bestimmtes Ereignis eintreten wird, ermitteln können. Abbildung 11.8 veranschaulicht zum Beispiel, dass von insgesamt 73 Trades 21 Trades (was 28,8 Prozent entspricht) mit einem Gewinn von 3,2 Prozent oder darüber abschlossen; 28,8 Prozent der Trades erzielten einen Gewinn von 0,64 Prozent, und 32,9 Prozent der Trades führten zu einem Verlust von jeweils 1,8 Prozent oder höher, während lediglich 9,5 Prozent der Trades mit einem dazwischen liegenden Ergebnis beendet wurden. Somit wissen wir also, dass nahezu jeder dritte Trade oder mindestens jeder vierte Trade im Durchschnitt mit einem Gewinn von 3,2 Prozent abgeschlossen wird. Da der durchschnittliche Gewinn pro Trade 0,52 Prozent beträgt, kann auch der zu erwartende Durchschnittsgewinn für alle Trades errechnet werden, die sich außerhalb der genannten Kategorien befinden, der etwa 0,048 Prozent (was nach heutigem Marktwert etwa 161 Dollar entspricht) beträgt.

271

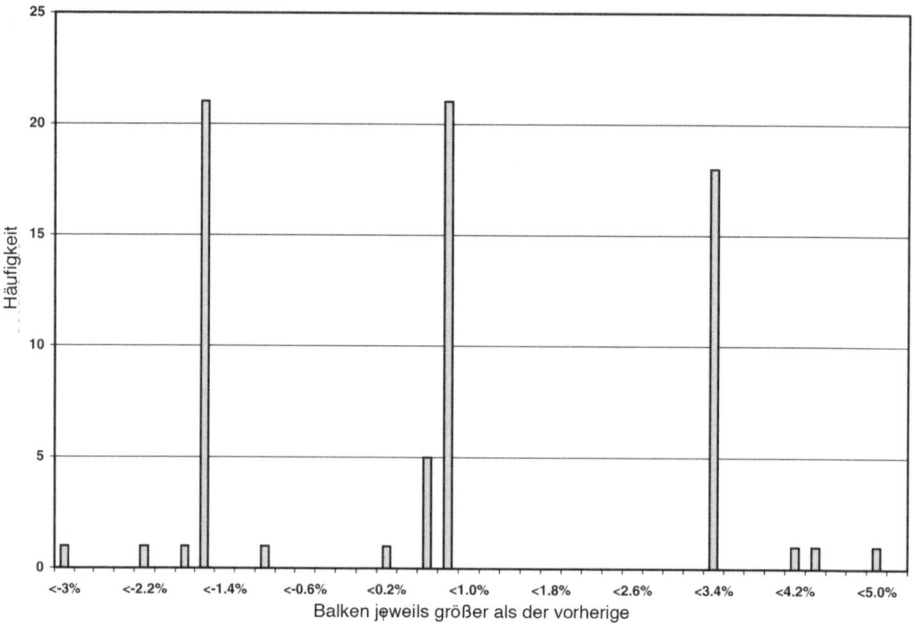

Abbildung 11.8: Die Verteilung der Erträge für die zweite modifizierte Version des Meander-Systems.

Bevor wir zum nächsten System übergehen, werden wir uns damit beschäftigen, welche Ergebnisse diese Strategie im Zeitraum von Januar 1985 bis Dezember 1994 erzielt hätte, die in Tabelle 11.11 gezeigt werden. Im Gegensatz zum Optimierungszeitraum hat das System in diesem Untersuchungszeitraum nicht ganz so gut abgeschnitten; dennoch konnten ein durchschnittlicher Gewinn pro Trade von 0,52 Prozent und eine Standardabweichung von 3,03 Prozent erreicht werden. Obgleich die Ergebnisse dieser Stichprobe also nicht mit den Ergebnissen des Optimierungszeitraums mithalten können, kommen sie doch beachtlich nahe an diese heran, was darauf hinweist, dass das System sehr robust ist und sich daher aller Wahrscheinlichkeit nach auch in Zukunft bewähren wird.

Die guten Nachrichten setzen sich auch in Tabelle 11.12 fort, die zeigt, dass der Wert für die Schiefe nun positiv geworden ist, was besagt, dass das System die Gewinne laufen lässt, während es die Verluste begrenzt. Der hohe Kurtosis-Wert in Tabelle 11.12 ist zudem positiv, was erkennen lässt, dass das System recht einheitliche Ergebnisse produziert. Der Mittelwert und der Median (mittlerer Wert) zeigen sowohl für die Stichprobe von Januar 1995 bis Oktober 1999 als auch für die Stichprobe von Januar 1985 bis Dezember 1994 genau den gleichen

Wert (siehe Tabelle 11.9 und 11.11), was darauf hinweist, dass das System in verschiedenen Untersuchungszeiträumen im Wesentlichen gleich abschneidet.

Dies zeigt auch Abbildung 11.9, in der die Verteilung der Erträge zu sehen ist. Im Testzeitraum von Januar 1985 bis Dezember 1994 erreichten die meisten Trades einen Mindestgewinn, während es bei nicht so vielen Trades gelang, sie mit einer Limitorder im Bereich des Gewinnziels abzuschließen. Offensichtlich hat sich das Verhalten des Marktes ein wenig verändert, da aber die wesentlichen Merkmale nach wie vor vorhanden sind, erscheinen die Ergebnisse recht robust und viel versprechend. Dass es viel mehr Verlust-Trades von 1,8 Prozent als Gewinn-Trades von 3,2 Prozent gab, ist dabei nicht von Bedeutung, solange die Gewinn-Trades die Verlust-Trades in Bezug auf den Dollar-Betrag deutlich übertreffen.

Was lernen wir aus den Erfahrungen mit dem Goldgräber- und dem Meander-System? Einerseits ist es durchaus möglich, ein lukratives System zu entwickeln, das voraussichtlich sowohl im Zeitraum von 1995 bis 1999 als auch im Zeitraum von 1985 bis 1994 gleichermaßen gut funktionieren wird, falls wir nicht nach den Sternen greifen, also unrealistische Erwartungen haben. Außerdem ist auch zu bedenken, dass die Ergebnisse der Stichprobe von 1995 bis 1999 ein wenig zu gut ausgefallen sind, sodass man damit rechnen muss, dass das System künftig nicht mehr die gleichen Ergebnisse erzielen wird. Andererseits hat sich gezeigt, dass wir selbst bei einem mäßigen System wie dem Goldgräber-System durch Hinzufügen eines Filters wahre Wunder bewirken konnten, zumal dadurch die meisten Verlust-Trades zu vermeiden gewesen wären. Es besteht also die berechtigte Hoffnung, dass dies auch beim Meander-System gelingen wird.

Tabelle 11.11: *Ergebnisauswertung für die zweite abgewandelte Version des Meander-Systems von Januar 1985 bis Dezember 1994.*

Trades insgesamt		121
Gewinnfaktor		1,71
Durchschnittlicher Gewinn	0,52%	1.745
Standardabweichung	3,03%	10.232
Gewinn-Trades	78	64,46%
Größter Gewinn-Trade	21,92%	73.980
Durchschnittlicher Gewinn-Trade	1,93%	6.597
Kumulierter Gewinn	69,28%	233.820
Verlust-Trade	43	35,54%
Größter Verlust-Trade	− 11,21%	− 37.834
Durchschnittlicher Verlust-Trade	− 2,04%	− 6.894
Kapitalrückgang	− 13,28%	− 44.820

Tabelle 11.12: *Deskriptive Statistik des Meander-Systems.*

Mittelwert	0,52
Median (mittlerer Wert)	0,64
Kurtosis (Wölbung)	21,27
Schiefe	2,62
Verkürzter Mittelwert	0,33

Das Black-Jack-System

In Teil 2 haben wir uns mit einem System auseinandergesetzt, das als Black-Jack-System bezeichnet wurde. Wie der Name des Systems bereits andeutet, sollte das System in der Lage sein, minütlich auftretende Kursveränderungen des Marktes zu nutzen, sodass man mit diesem System einen Gewinn erzielt, wenn man die Position nur lange genug hält. Dabei handelt es sich zwar nicht um einen großen Gewinn, doch er kann langsam, aber sicher ausgebaut werden, sodass die Aussicht besteht, sich eines Tages zur Ruhe setzen und von den erwirtschafteten Gewinnen leben zu können. Wir haben mit Einstiegssignalen begonnen, die auf dem gesunden Menschenverstand und der Kenntnis des Marktes gründen.

Nun werden wir den Vorgang umkehren und ohne Einstiegskriterien beginnen. Wir werden willkürliche Einstiege vornehmen, indem wir auf den Zufallsgenerator von TradeStation zurückgreifen. Bei zufälligen Einstiegen können alle

Märkte mehrmals getestet werden, wobei jedes Mal eine neue und einmalige Abfolge von Trades entsteht. Für diese Version des Black-Jack-Systems benutzen wir den gleichen Testzeitraum von Januar 1980 bis Dezember 1992 wie für das System des Standardabweichungsausbruchs (SAA). Um in etwa die Marktbedingungen abzubilden, unter denen sich der Markt etwa 60 Prozent der Zeit in einer Handelsspanne und etwa 20 Prozent der Zeit in einem Aufwärts- oder Abwärtstrend befindet, der in eine Richtung verläuft, legen wir den Zufallsgenerator so fest, dass ungefähr an jedem fünften Tag eine Long- oder Short-Position signalisiert wird, falls wir nicht bereits eine Position halten.

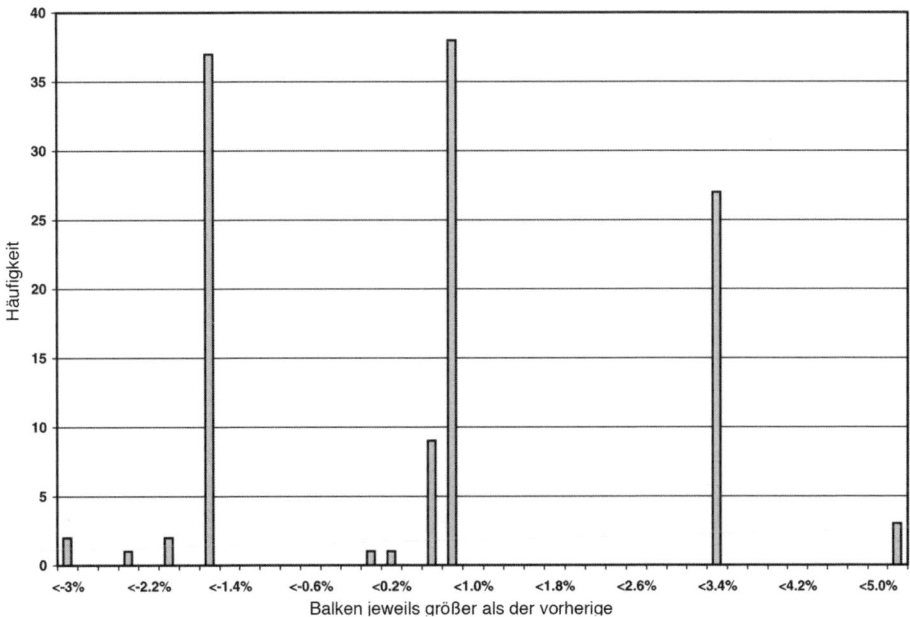

Abbildung 11.9: *Die Verteilung der Erträge für die zweite modifizierte Version des Meander-Systems im Zeitraum von Januar 1985 bis Dezember 1994.*

Grundsätzlich gibt es zwei etwas unterschiedliche Möglichkeiten, um ein solches System aufzubauen. Zum einen könnte man jeweils eine Ausstiegstechnik untersuchen, wobei man mit dem Zeitstopp beginnt, der später wieder entfernt werden kann. (Wenn alle Trades willkürlich eingegangen werden, wird es immer wieder Situationen geben, die einen von den derzeit vorherrschenden Marktbedingungen unabhängigen Ausstieg erforderlich machen, um eine Position aufzulösen.) Man könnte alle Ausstiege aber auch paarweise untersuchen, wobei man mit dem Zeitstopp und dem Verluststopp beginnen würde. Genau das werden wir im vorliegenden Fall tun. Dazu müssen wir den Wert des durchschnittlichen Trades für jeden Markt sowie jede Kombination zwischen Verluststopp und Trade-Dauer kennen, und zwar immer dann, wenn wir die entsprechende Kombination auf einen bestimmten Markt anwenden. Wie bereits erwähnt, können wir aufgrund der Willkür, die jedem Trade-Einstieg zugrunde liegt, jeden Markt so oft nach der gleichen Methode testen, wie wir wollen, wobei sich jedes Mal andere Ergebnisse einstellen werden.

Wir beginnnen am besten mit der Kombination Verluststopp/Trade-Dauer, denn wenn wir zufällig genau dann einsteigen, wenn der Markt in eine Richtung abhebt, die sich mit unserer Position deckt, zeigt uns die maximale Trade-Dauer, wie viele Kursstäbe (in Tagen, Stunden usw.) der Markt ein bestimmtes Ereignis – oder welcher externe Faktor auch immer die Kursbewegung auszulösen vermag – speichert. Dabei geht es um den Zeitraum, in dem wir den Trade aufrechterhalten wollen. Sobald der Markt andere Faktoren als wichtiger erachtet, wollen wir aussteigen und die nächste Kursbewegung abwarten, weil nach einem Ausstieg keine Veranlassung mehr für einen erneuten Einstieg besteht. Der Verluststopp ist offenbar notwendig, damit wir uns gegen die falsche Einschätzung der Marktrichtung absichern können.

Da dieses System kurzfristig ausgerichtet sein soll, beschränken wir unsere Suche auf den Bereich zwischen zwei und zehn Tagen. Aufgrund der TradeStation-Schwäche, die bereits erörtert wurde und auf die ich später noch einmal zurückkomme, werde ich mich für zwei Tage anstatt für einen Tag entscheiden. In Bezug auf den Verluststopp wissen wir bereits aus Erfahrung, dass wir wahrscheinlich am besten wegkommen, wenn wir uns am Bereich zwischen 0,5 und zwei Prozent orientieren, und dafür werden wir uns auch entscheiden.

Die Suche geht am schnellsten, wenn man sowohl die Trade-Dauer als auch die Verluststopps eingibt, danach den Optimierungsvorgang startet, um anschließend die Daten zur weiteren Analyse nach jedem Programmdurchgang in das Tabellenprogramm zu übertragen. Lassen Sie dabei den Optimierungsbericht von TradeStation außer Acht, weil dieser lediglich auf Punktwerte ausgerichtet ist. Wir geben der TradeStation-Software die Anweisung, jede Kombination unserer Input-Variablen durchlaufen zu lassen, und zwar von zwei bis zehn in Schritten von 1 für die maximale Trade-Dauer und von 0,5 bis zwei in Schritten von 0,1 für den Verluststopp.

Wir geben auch eine dritte Variable ein, die man für die gleiche Trade-Dauer/Verluststopp-Kombination benutzen und beliebig oft durchführen kann. Ich lasse jede Kombination zehnmal durchlaufen. Daraus ergeben sich 1.440 Durchgänge pro Markt. Bei 16 Märkten und den Daten von fast zehn Jahren werden insgesamt rund 230.000 einzelne Tradefolgen pro Jahr erzeugt. Ich habe mir nicht die Mühe gemacht, die Trades zu zählen, die sich daraus ergeben hätten, aber es werden vermutlich genug sein, um eine zuverlässige statistische Aussage daraus abzuleiten. (Anmerkung: Selbst mit dem schnellsten Computer dauert dieser Vorgang sehr lange. Ich arbeite mit einem Dual-Prozessor 500 MHz Pentium III mit 256 MB Arbeitsspeicher, und dennoch brauche ich sehr lange dafür, sodass ich mich in der Zeit mit anderen Dingen beschäftigen kann.)[9]

Bei der Durchführung der Analyse und der Übertragung jedes Trades verlangsamt sich der Testvorgang erheblich (dabei handelt es sich um Tage), aber dabei werden so viele Daten übertragen, dass ein einziges Excel-Tabellenprogramm überhaupt nicht dafür ausreicht (ein Tabellenprogramm umfasst knapp 17 Millionen Felder: 65.536 Zeilen mal 256 Spalten). Der TradeStation-Code für diesen und alle anderen Vorgänge lautet folgendermaßen:

```
Inputs: Counter(0), TradeLength(7), StopLoss(1,1), TrailingStop(0,1),
ProfitTarget(2);
Vars: PositionGenerator (0), TotTr(0), MP(0), LowestLow(0), Highest High(0),

MAE(0), MFE(0), FTE(0), ETD(0), SumMAE(0), SumMFE(0), SumFTE(0), SumETD(0),
Fname(""), TradeStr("");

PositionGenerator = IntPortion(Random(5));
If MarketPosition = 0 Then Begin
        If PositionGenerator = 3 Then
                Buy at Close;
        If PositionGenerator = 4 Then
                Sell at Close;
End;

If BarsSinceEntry > 1 Then Begin
```

---

[9] *Zeitaufwand basierend auf Rechnerleistung im Jahr 2000.*

```
{ Exit Long ("Long Target") at EntryPrice * (1 + (ProfitTarget * 0,01)) limit;
ExitShort ("Short Target") at EntryPrice * (1 – (ProfitTarget * 0,01)) limit;
If Close > EntryPrice * (1 + (TrailingStop * 0,01)) Then
      ExitLong ("Long Trailing") at EntryPrice * (1 + (TrailingStop
0,01)) stop;

      If Close < EntryPrice * (1 – (TrailingStop * 0,01)) Then
              ExitShort ("Short Trailing") at EntryPrice * (1 – (TrailingStop
              * 0,01)) stop; }
      ExitLong ("Long Loss") at EntryPrice * (1 – (StopLoss * 0,01)) stop;
      ExitShort ("Short Loss") at EntryPrice * (1 + (StopLoss * 0,01)) stop;
End;

If BarsSinceEntry > = TradeLength Then Begin
      ExitLong ("LongTime") at Close;
      ExitShort ("ShortTime") at Close;
End;

TotTr = TotalTrades;
MP = MarketPosition;
If MarketPosition = 1 Then Begin
      If BarsSinceEntry = 1 Then Begin
              LowestLow = EntryPrice;
              HighestHigh = EntryPrice;
              MAE = 0;
              MFE = 0;
      End;

      If Low < LowestLow Then Begin
              LowestLow = Low;
              MAE = (LowestLow – EntryPrice) / EntryPrice;
      End;

      If High > HighestHigh Then Begin
              HighestHigh = High;
              MFE = (HighestHigh – EntryPrice) / EntryPrice;
      End;
End;
```

```
If MarketPosition = -1 Then Begin
     If BarsSinceEntry = 1 Then Begin
             LowestLow = EntryPrice;
             HighestHigh = EntryPrice;
             MAE = 0;
             MFE = 0;
     End;

     If High > HighestHigh Then Begin
             HighestHigh = High;
             MAE = (EntryPrice – HighestHigh) / EntryPrice;
     End;

     If Low < LowestLow Then Begin
             LowestLow = Low;
             MFE = (EntryPrice – LowestLow) / EntryPrice; XXXXX
     End;

End;
If Current Bar = 1 Then Begin
     FName = "D:\Temp\BJS.csv";
End;

If TotTr > TotTr[1] Then Begin
     If MP[1] = 1 Then Begin
             FTE = (ExitPrice(1) – EntryPrice(1)) / EntryPrice(1);
             ETD = (ExitPrice(1) – HighestHigh[1]) / HighestHigh[1];
     End;

     If MP[1] = -1 Then Begin
             FTE = (EntryPrice(1) – ExitPrice(1)) / EntryPrice(1);
             ETD = (LowestLow[1] – ExitPrice(1)) / LowestLow[1];
     End;

     If FTE < MAE[1] Then
             MAE = FTE Else MAE = MAE[1];
     If FTE > MFE[1] Then
             MFE = FTE Else MFE = MFE[1];
     SumFTE = SumFTE + FTE;
```

```
        SumETD = SumETD + ETD;
        SumMFE = SumMFE + MFE;
        SumMAE = SumMAE + MAE;
    End;
    If LastBarOnChart Then Begin
        FTE = SumFTE / TotalTrades;
        ETD = SumETD / TotalTrades;
        MFE = SumMFE / TotalTrades;
        MAE = SumMAE / TotalTrades;
        TradeStr1 = LeftStr(GetSymbolName, 2) + "," + NumToStr(MAE, 4)
        + "," + NumToStr(MFE, 4) + "," + NumToStr(FTE, 4) + "," +
        NumToStr(EDT, 4) + "," + NumToStr(TradeLength, 2) + "," +
        NumToStr(StopLoss, 2) + "," + NumToStr(TrailingStop, 2) + "," +
        NumToStr(ProfitTarget, 2) + NewLine;
        FileAppend(FName, TradeStr1);
    End;
```

Dieser Code überträgt die GUA (größte ungünstige Abweichung = MAE = Maximum Adverse Excursion), die GGA (größte günstige Abweichung = MFE = Maximum Favorable Excursion) und den KGT (Kapitalrückgang bei geschlossenen Trades) sowie den durchschnittlichen Gewinn pro Trade und den Wert der Eingabeparameter. Zu unserem Zweck brauchen wir nur den durchschnittlichen Gewinn pro Trade und den Wert der Inputs, um alle Kombinationen zu berücksichtigen. Die übrigen Faktoren sind für andere, aber ähnliche Analysetechniken vorgesehen, zum Beispiel wenn man jeden einzelnen Trade überträgt oder jeweils eine Ausstiegstechnik untersucht. Sobald wir den Test beendet haben, ersetzen wir den Zufallsgenerator durch eine Einstiegstechnik, die eine hohe Erfolgswahrscheinlichkeit bietet, wobei wir wissen, dass es sich nun um ein System handeln sollte, das zumindest einen geringen Gewinn abwirft oder uns wenigstens nicht in eine allzu große Katastrophe hineinmanövriert, und zwar unabhängig von den zugrunde liegenden Marktbedingungen.

Der obige Code veranschaulicht auch ein weiteres Merkmal von TradeStation. Wie Sie sehen, benutzen wir für den Verluststopp das Kriterium „If BarsSinceEntry ≥ 1". Dies sollte nicht erforderlich sein, aber ohne diese Zeile wird TradeStation mitunter die Long-Positionen zum ersten Schlusskurs nach dem Einstieg beenden, wobei es keine Rolle spielt, ob es sich beim entsprechenden Trade um einen Gewinn- oder um einen Verlust-Trade handelt.

Aufgrund dieser zusätzlichen Code-Zeile werden wir mit einem weiteren Problem konfrontiert, über das ich mich bereits geäußert habe. Das besagte Problem ist folgendes: Am Tage, an dem Sie damit rechnen, dass diese Bedingungen eintreten (am ersten Tag nach dem Einstieg, falls dieser zum Schlusskurs des vorigen Tages stattgefunden hat), erkennt das System nicht, dass Sie bereits eine Position halten. Eine Möglichkeit, dieses Problem zu umgehen, besteht darin, dass Sie eigene Einstiegsvariablen festlegen, aber dies hat wiederum eine Menge anderer Probleme zur Folge, denen nicht zu entkommen ist.

Aber nun wollen wir fortfahren: Nachdem Sie die erforderlichen Daten für die Trade-Dauer und den Verluststopp in Ihr Tabellenprogramm übertragen haben, können Sie die gleiche Darstellungsmethode wie in Teil 2 anwenden, in dem unterschiedliche Längen gleitender Durchschnitte und deren Kombinationen untersucht wurden. Dieser „Flächenchart" bietet eine hervorragende Möglichkeit, einen Eindruck davon zu bekommen, wie die Ausgangsvariablen auf zwei verschiedene Input-Variablen reagieren und wie sich die Input-Variablen gegenseitig beeinflussen. Der erste dieser Charts in Abbildung 11.10 zeigt den prozentualen Durchschnittsgewinn als Funktion des Verluststopps in Prozent und der Trade-Dauer in Tagen. Bei einem Verluststopp von beispielsweise 1,3 Prozent und einer Trade-Dauer von acht Tagen beträgt der durchschnittliche Gewinn pro Trade zwischen – 0,1 und 0 Prozent. Man muss also versuchen, eine möglichst große quadratische Fläche und einen möglichst hohen Wert für den Gewinn-Trade zu finden. In Abbildung 11.10 gibt es zwei solcher Flächen, die viel versprechend aussehen. Die erste befindet sich im Verluststopp-Bereich von 0,7 Prozent und die andere im Verluststopp-Bereich von 1,1 bis 1,2 Prozent. Die Fläche, die der Trade-Dauer von acht Tagen entspricht, und der Verluststopp von 1,1 Prozent sehen recht interessant aus.

Abbildung 11.11 zeigt die Standardabweichung der Erträge. In diesem Chart suchen wir nach einer Fläche, die möglichst groß ist, aber einen Wert aufweist, der möglichst gering ist. Wir machen dabei folgende Feststellung: Je größer die Trade-Dauer ist, desto weiter ist der Verluststopp vom Einstiegspunkt entfernt und desto höher fällt die Standardabweichung aus. Offensichtlich muss die von uns ausgewählte Standardabweichung auch mit dem Bereich der positiven Erträge in Abbildung 11.10 übereinstimmen. Wenn wir uns für eine von zwei Möglichkeiten entscheiden müssen, zeigen diese beiden Charts, dass wir in Bezug auf den Durchschnittsgewinn pro Trade diejenige mit dem geringsten Verluststopp und der kürzesten Trade-Dauer auswählen sollten.

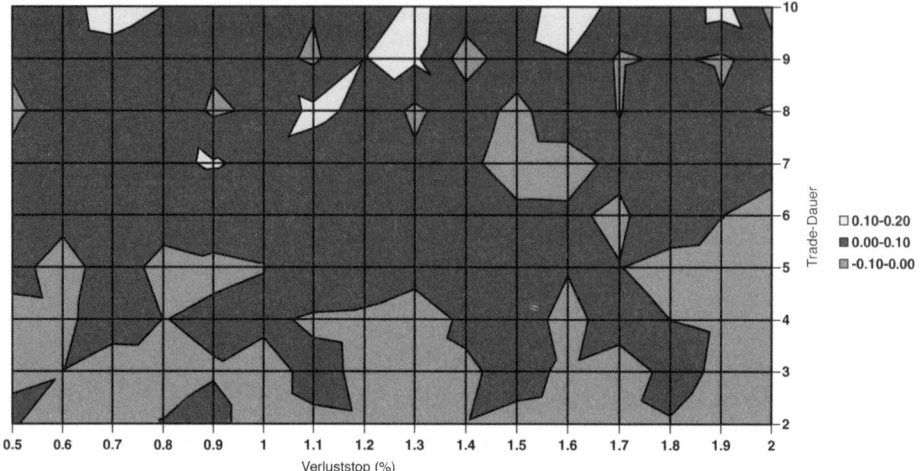

Abbildung 11.10: *Die prozentualen Erträge bei willkürlichen Einstiegen als Funktion der Trade-Dauer und des Verluststopps.*

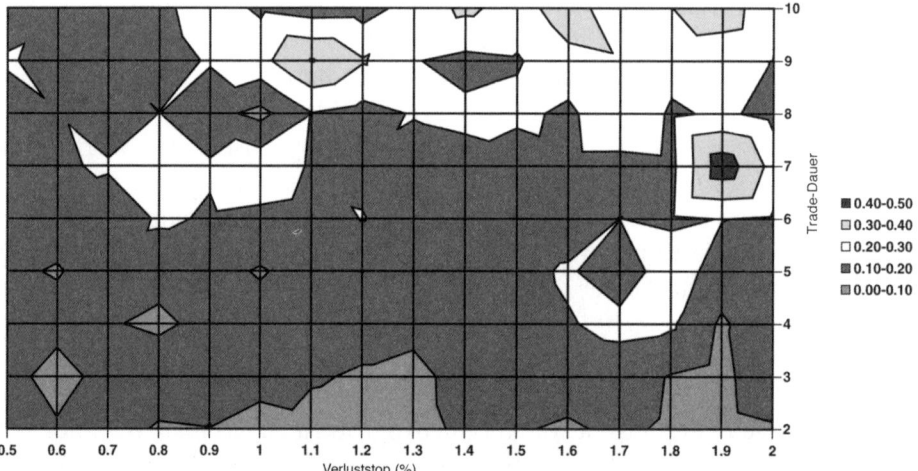

Abbildung 11.11: *Die Standardabweichung der prozentualen Erträge als Funktion der Trade-Dauer und des Verluststopp-Bereichs.*

Abbildung 11.12 zeigt den Kurtosis-Wert jeder Verluststopp-/Trade-Dauer-Kombination. Auch hier geht es darum, einen möglichst großen Bereich zu finden, dessen Wert möglichst klein ist und sich am besten im negativen Bereich befindet. Auch dabei gilt wieder: Je größer die Trade-Dauer und je weiter der

Verluststopp entfernt ist, desto höher ist der Kurtosis-Wert. Abbildung 11.13 zeigt schließlich den Wert für die Schiefe der Verteilung, der möglichst hoch sein sollte. Auch in diesem Fall scheint wieder der Verluststopp-Bereich von 1,2 Prozent am aussichtsreichsten zu sein. Es hat auch den Anschein, als verhalte sich die Kurtosis gegenüber der Standardabweichung genau umgekehrt. Meine Richtlinie lautet folgendermaßen: Man sollte der Standardabweichung die meiste Beachtung schenken und den Kurtosis-Wert am wenigsten beachten.

Um einen bestimmten Verluststopp und eine Trade-Dauer ausfindig zu machen, die sich als beste Input-Parameter erweisen, können wir auch die Tabellen der Kurtosis- und Schiefe-Werte für jeden Input einzeln betrachten. Die Tabellen 11.13 und 11.14 zeigen, welche Messwerte sich für jede Trade-Dauer ergeben, wenn jede Trade-Dauer auf die verschiedenen Verluststopp-Werte beziehungsweise jeder Verluststopp auf jede Trade-Dauer angewendet wird. Der Tabelle 11.13 können wir entnehmen, dass der Schiefe-Wert mit der Trade-Dauer zunimmt, was besagt: Je länger der Trade dauert, desto besser ist es anscheinend für uns. Für die Kurtosis gibt es keine vergleichbare Beziehung. Im Bezug auf den Verluststopp erreichen sowohl die Kurtosis als auch die Schiefe im Bereich von 1,2 Prozent ihren Höhepunkt. Das ist günstig, was die Schiefe anbelangt, aber ungünstig hinsichtlich der Kurtosis.

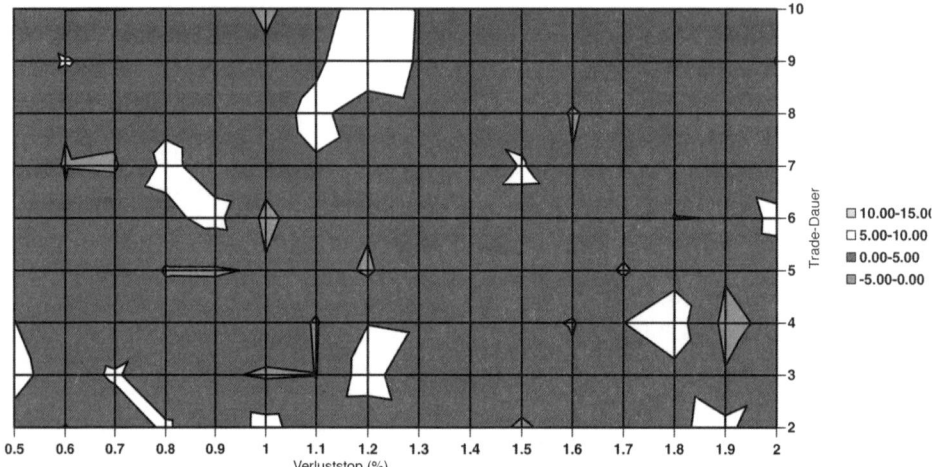

Abbildung 11.12: *Die Kurtosis der Erträge als Funktion der Trade-Dauer und des Verluststopp-Bereichs.*

Aufgrund der Abbildungen von 11.10 bis 11.13 und der Tabellen 11.13 und 11.14 scheint vieles für einen Verluststopp von 1,1 bis 1,2 Prozent und eine Trade-Dauer von sieben bis acht Tagen zu sprechen. Merken Sie sich diese Werte, wenn wir uns mit dem Vergleich des Verluststopps im Verhältnis zum Gewinnziel beschäftigen. Daran zeigt sich, dass der Aufbau eines Systems doch mehr eine Kunst als eine Wissenschaft ist, wobei sowohl die Erfahrung als Systementwickler als auch die Erfahrung als Trader letztlich über den Erfolg entscheiden wird. Wichtig ist auch, dass Sie sich selbst kennen und wissen, ob Sie tatsächlich in psychologischer Hinsicht in der Lage sind, das System, das Sie gerade zusammenstellen, auch praktisch umzusetzen, und ob es sich mit Ihrer Persönlichkeit vereinbaren lässt.

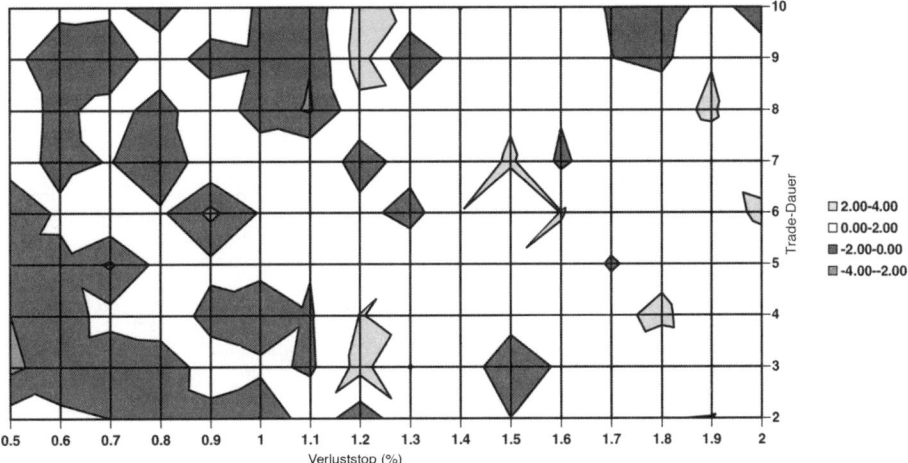

Abbildung 11.13: *Die Schiefe der Erträge als Funktion der Trade-Dauer und des Verlust-stopp-Bereichs.*

Tabelle 11.13: *Kurtosis und Schiefe der Trade-Dauer.*

Trade-Dauer	Kurtosis	Schiefe
2,0000	3,5569	-0,7034
3,0000	3,8781	-0,7326
4,0000	4,8803	-0,3035
5,0000	4,3825	-0,3015
6,0000	3,1974	0,6934
7,0000	7,0289	1,0748
8,0000	2,6979	1,0727
9,0000	4,4220	0,7154
10,0000	3,8914	1,2584

Tabelle 11.14: *Kurtosis und Schiefe des Verluststopps.*

Verluststopp	Kurtosis	Schiefe
0,5000	4,0508	1,0517
0,6000	3,8028	1,1058
0,7000	2,7710	0,9926
0,8000	3,7190	1,1055
0,9000	5,0752	1,0647
1,0000	7,9998	2,0985
1,1000	10,0930	0,3240
1,2000	11,6853	2,4169
1,3000	4,2248	1,0409
1,4000	3,1491	0,8757
1,5000	2,1659	0,9603
1,6000	9,7810	2,0154
1,7000	2,9646	0,5511
1,8000	4,1007	− 0,4604
1,9000	8,6028	1,2669
2,0000	4,8537	0,4595

Abbildung 11.14 zeigt die prozentualen Erträge als Funktion von Gewinnziel und Verluststopp. Wie Sie sehen, wurde das Gewinnziel für alle Werte zwischen einem und vier Prozent im Abstand von 0,2 Prozent getestet. Die Tests für Gewinnziel und Verluststopp wurden auf die gleiche Weise durchgeführt wie die Tests für Verluststopp und Trade-Dauer, aber in diesem Fall für über 400.000 einzelne Trade-Reihen jährlich, was in der Realität eine Ewigkeit dauern würde. Aus Abbildung 11.14 lässt sich eine allgemeine Feststellung ableiten: Je weiter das Gewinnziel und der Verluststopp vom Einstieg entfernt sind, desto besser fallen die Ergebnisse aus. Aber es gibt auch zwei Bereiche um den Verluststopp von einem Prozent, die eine Beachtung wert sind: einer beim Gewinnziel von etwa 2,8 Prozent und ein weiterer bei einem Gewinnziel von 3,4 Prozent. Es scheint dem durchschnittlichen Gewinn pro Trade zugute zu kommen, wenn der Abstand zwischen dem Verluststopp und dem Gewinnziel möglichst groß ist. Im Gegensatz zu einem angestrebten Gewinn unter 2,8 Prozent muss man jedoch bei einem höheren Gewinn auch ein verhältnismäßig größeres Risiko eingehen. Um zum Beispiel das Gewinnziel um 21 Prozent von 2,8 Prozent auf 3,4 Prozent zu erhöhen, muss man auch ein um 60 Prozent größeres Risiko von einem auf 1,6 Prozent in Kauf nehmen, was nicht gerade erstrebenswert ist.

Wenn Sie sich also mit den verschiedenen Möglichkeiten auseinandersetzen, müssen Sie genau ausrechnen, welche Ihnen das beste Verhältnis zwischen

Risiko und Ertrag bietet. Somit geht es um folgende Frage: Welche Kombination ermöglicht einerseits den höchsten Durchschnittsgewinn pro Trade und lässt gleichzeitig Spielraum für positive Ausreißer, während andererseits die Verluste in Grenzen gehalten werden? Ein Vorteil bei einem Gewinnziel von 3,4 Prozent und einem Verluststopp von 1,6 Prozent besteht darin, dass im Umfeld dieser Kombination auch andere, hochwertige Bereiche zu finden sind, was erwarten lässt, dass mit dieser Kombination weiterhin gute Ergebnisse erzielt werden, auch wenn sich die tatsächlichen Spitzenwerte an einer anderen Stelle zeigen können als dort, wo wir sie vermuten. Wie gesagt, alles hat seinen Preis, und letztlich können nur Sie alleine entscheiden, welche Gewinnziel-/Verluststopp-Kombination am besten zu Ihnen passt.

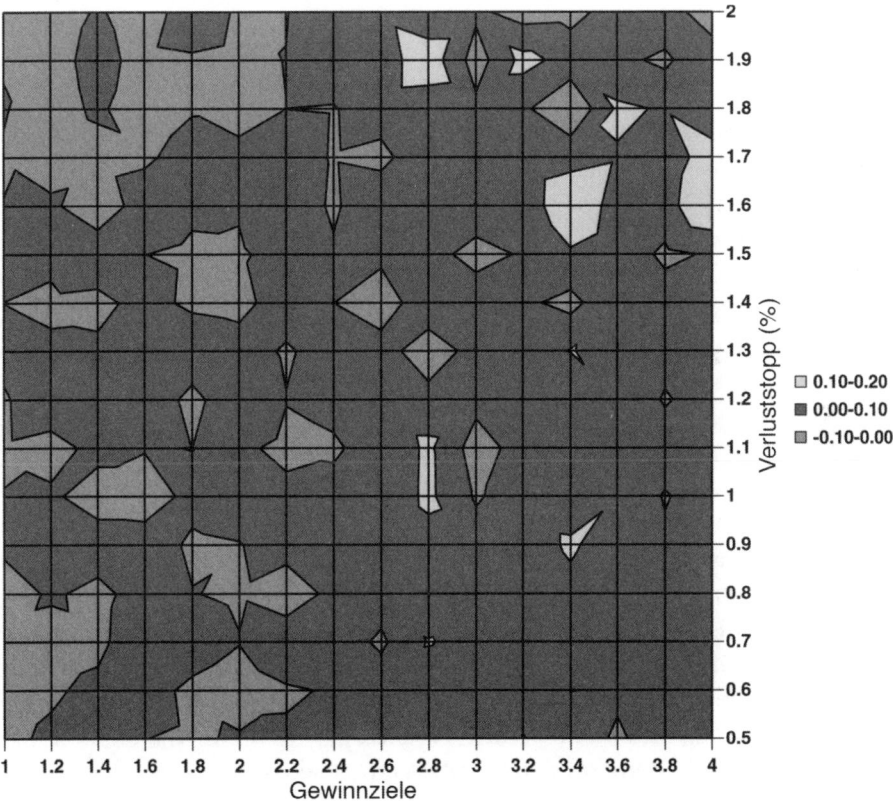

Abbildung 11.14: *Die prozentualen Erträge aufgrund willkürlicher Einstiege als Funktion von Verluststopp und Gewinnziel.*

Um eine Auswahl zu treffen, könnte es hilfreich sein, den Chart für die Standardabweichung zu berücksichtigen, denn im vorliegenden Fall hat sich gezeigt, dass die Standardabweichung ebenfalls zunimmt, je größer der Verluststopp ist und je weiter entfernt das Gewinnziel ist (keine Chartdarstellung). Auch andere Charts, wie zum Beispiel jener für die Kurtosis und die Schiefe, belegen, dass man mit einem Verluststopp im Bereich von 0,9 bis 1,1 Prozent zu besseren Ergebnissen kommt, was unsere Befunde aufgrund der Untersuchungen von Verluststopp und Trade-Dauer bestätigen. Wir werden uns für einen Verluststopp von 1,1 Prozent und ein Gewinnziel von 2,8 Prozent entscheiden.

Wir werden den Trailingstopp beziehungsweise das Mindestgewinnziel mit einem Zeitstopp verbinden und alle Werte von 0,2 bis einem Prozent im Abstand von 0,1 Prozent untersuchen. Daraus ergeben sich über 125.000 einzelne Trade-Sequenzen pro Jahr. Diese Ergebnisse sind teilweise in Abbildung 11.15 zu sehen, die den durchschnittlichen Gewinn im Verhältnis zu verschiedenen Stufen des Mindestgewinns und der Zeitstopps zeigt. Bei der Ermittlung des Mindestgewinnziels lautet das Kriterium, dass der Markt über einem bestimmten (Buch-)Gewinn geschlossen haben muss, um sich dann an einem der folgenden Kursstäbe unter diesen Bereich zu begeben, damit der Trade abgeschlossen werden kann. Ein Mindestgewinnziel von sechs Prozent führt zu recht robusten Ergebnissen, was unabhängig von der Trade-Dauer ist. Allerdings scheint eine maximale Trade-Dauer von sieben bis neun Tagen das beste Zeitfenster darzustellen. Dies bestätigt, was wir bereits bei der Analyse der Abbildung 11.10 vermutet hatten.

Was das Mindestgewinnziel anbelangt, könnte man auch sagen, dass der Markt am Tief über dem erwünschten Bereich im Fall einer Long-Position und am Hoch unter dem erwünschten Bereich im Falle einer Short-Position schließen muss. Dadurch wird dem Markt im Allgemeinen mehr Spielraum zugestanden, und zudem werden weniger Trades im Kursbereich des Mindestgewinnziels abgeschlossen, während mehr Trades im Bereich des maximalen Gewinnziels oder aufgrund des Zeitstopps irgendwo dazwischen beendet werden. Viele Trades werden auch mit einem Verlust ausgestoppt werden, weil sie nicht die Bedingungen erfüllt haben, um den Schutzstopp zu aktivieren.

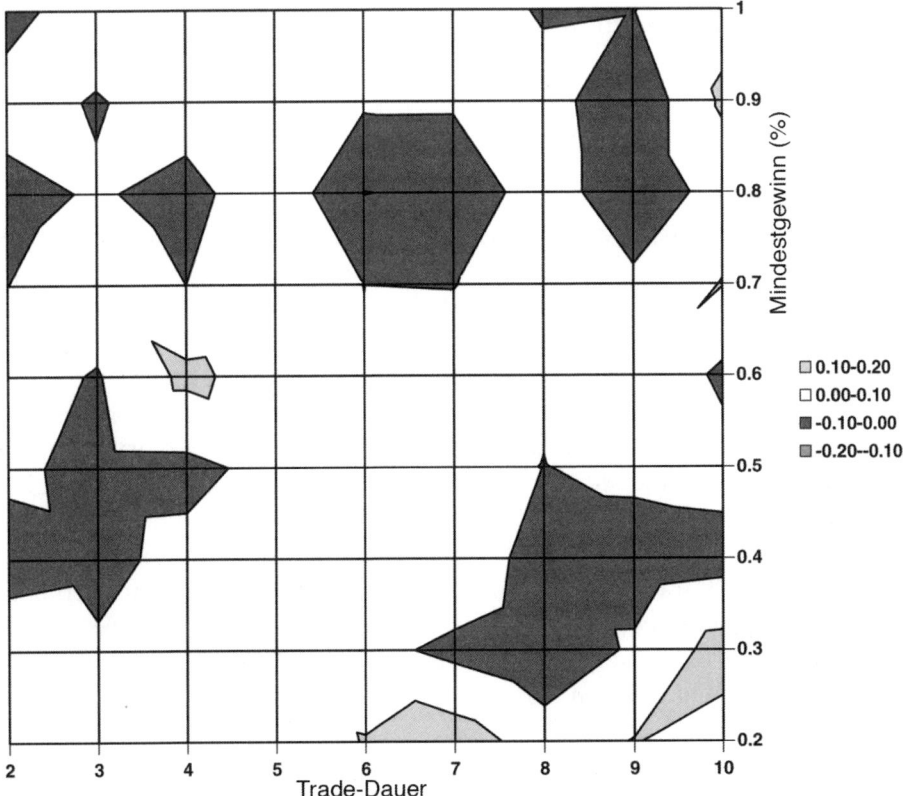

Abbildung 11.15: *Die prozentualen Erträge aufgrund willkürlicher Einstiege als Funktion von Trade-Dauer und Mindestgewinnziel.*

Wie Abbildung 11.15 veranschaulicht, scheinen ein Mindestgewinnziel von 0,6 Prozent und eine Trade-Dauer von sieben bis neun Tagen die beste Variante darzustellen. Dies bestätigt unsere letzten Befunde, mit Hilfe derer ein Zeitfenster von höchstens acht Tagen ermittelt wurde. Somit lauten die Ausstiegsregeln des Systems folgendermaßen:

• Ausstieg mit einem Verlust, wenn sich der Markt um 1,1 Prozent in die falsche Richtung bewegt.

• Ausstieg mit einem Gewinn, wenn der Markt mit einem Buchgewinn von 0,6 Prozent schließt und sich danach unter diesen Bereich begibt.

• Ausstieg mittels einer Limitorder, wenn der Buchgewinn 2,8 Prozent übersteigt.

• Nach einer Trade-Dauer von acht Tagen erfolgt immer ein Ausstieg.

Die Gesamtergebnisse, die aufgrund dieser Ausstiegsregeln und auf der Grundlage von Verhältniswerten erzielt wurden, sind in Tabelle 11.15 zu sehen. Wie die
Tabelle zeigt, beträgt der Endgewinn lediglich 1,4 Prozent. Das ist zwar nicht
viel, aber besser als gar nichts. Natürlich ist ein so geringer Ertrag nicht lohnenswert, aber es geht darum, dass einfach durch den Einsatz von logischen Aus-
stiegs- und Stoppmaßnahmen zumindest ein geringer Durchschnittsgewinn
erreicht werden konnte. Es ist zu hoffen, dass diese Ergebnisse durch die Verwendung einiger Ausstiegstechniken im Zusammenhang mit Einstiegen, die
eine hohe Erfolgswahrscheinlichkeit bieten, erhöht werden können. Eine
weitere interessante Beobachtung ist, dass die GGA (größte günstige Abweichung) um einiges größer ist als die GUA (größte ungünstige Abweichung). Insgesamt deutet dies darauf hin, dass die Stopps und Ausstiege tatsächlich eine
positive Ausgangslage geschaffen haben. Bitte denken Sie daran, dass es sich
hierbei um willkürliche Einstiege handelt und der zugrunde liegende Trend
dabei völlig außer Acht gelassen wird.

Abbildung 11.16 zeigt, wie der durchschnittliche Gewinn aussehen könnte
unter der Voraussetzung, dass die entsprechenden Gegebenheiten übereinstimmen. Dass dies nicht notwendigerweise so sein muss, zeigen die relativ geringen
Abstände der Standardabweichung der Schlusskurse und die Tatsache, dass
diese Abstände für den GUA und den GGA in etwa gleich zu sein scheinen.
(Denken Sie daran, dass sich die Standardabweichung mit zunehmendem
Abstand zum Einstieg erhöhen sollte.) Beachten Sie bitte, wie gering der
Abstand der Standardabweichung ist; dies bedeutet, dass die Ausstiegsmaß-
nahmen, unabhängig von den erzielten Erträgen, eine günstige Wirkung auf
den Trade haben.

Der nächste Schritt beim Aufbau des Systems, für das die Grundlagen der Black-
Jack-Strategie zum Einsatz kommen, besteht in der Verknüpfung mit einer Einstiegstechnik. Wir werden sehen, zu welchen Ergebnissen die Ausstiege im
Zusammenhang mit kurzfristigen Einstiegstechniken führen werden, die bereits
erörtert wurden. Tabelle 11.16 zeigt die Ergebnisse der Goldgräber-Einstiegs-
technik, die im S&P 500 im Zeitraum von Januar 1995 bis Oktober 1999 eingesetzt wurde. Diese Tabelle kann direkt mit Tabelle 11.3 verglichen werden, aber

zuvor muss man bedenken, dass wir den S&P 500 völlig ignoriert hatten, als die Ausstiege des Black-Jack-Systems konzipiert wurden. Wenn dieses System auch im S&P 500 funktioniert, so bedeutet dies, dass wir mit diesem System eine Marktabweichung erfassen, die der in anderen Märkten entspricht, und daher ist anzunehmen, dass dieses System in einer Vielzahl von Märkten Gewinne erzielt, solange die Punktwerte hoch genug sind.

Tabelle 11.15: Charakteristiken für Black Jack Systeme.

	MAE	MFE	Final Profit
Durchschnitt	-1,0841	1,3200	0,0140
Standardabweichung	0,3192	0,3652	0,1203

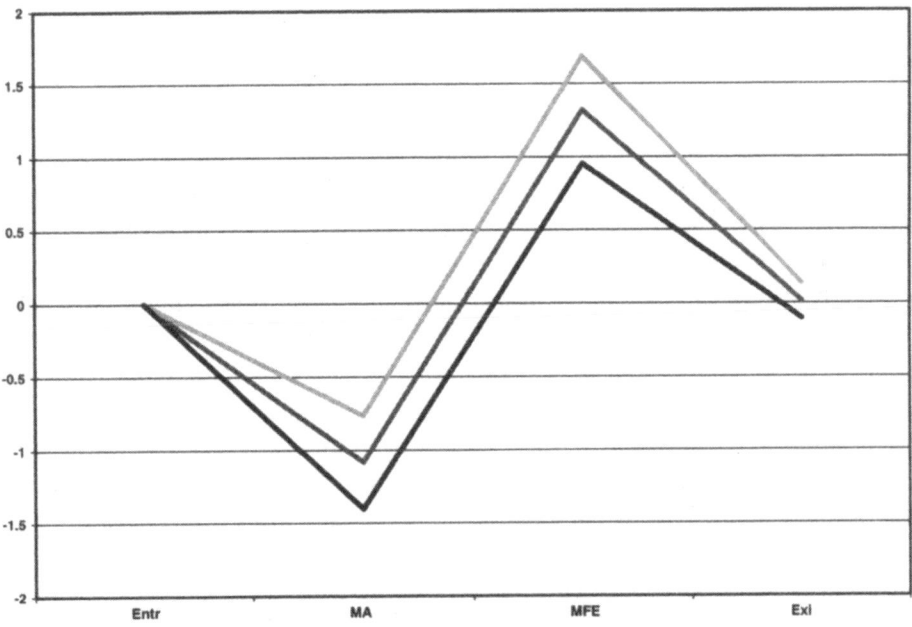

Abbildung 11.16: *Die Auswertung eines durchschnittlichen Trades auf der Grundlage der Ausstiege des Black-Jack-Systems.*

Das Ergebnis ist überraschend! Diese Ausstiege haben sich besser bewährt als die ursprünglichen. Zunächst ist der durchschnittliche Gewinn pro Trade viel höher, obwohl er immer noch gering ist, was allerdings durch die geringere Standardabweichung ausgeglichen wird, und das bedeutet, dass der dem Risiko entsprechende Ertrag nun viel höher ausgefallen ist. Der kumulierte Gewinn ist ebenfalls viel höher als der Prozentsatz der Gewinn-Trades. Allerdings ist festzustellen, dass auch der Kapitalrückgang geringfügig zugenommen hat.

Tabelle 11.16: Ergebnisauswertung für die Kombination Goldgräber-/Black-Jack-System von Januar 1995 bis Oktober 1999.

Trades insgesamt		141
Gewinnfaktor		1,26
Durchschnittlicher Gewinn	0,17%	569
Standardabweichung	1,88%	6.348
Gewinn-Trades	78	55,32%
Größter Gewinn-Trade	5,14%	17.348
Durchschnittlicher Gewinn-Trade	1,49%	5.031
Kumulierter Gewinn	23,68%	79.920
Verlust-Trade	63	44,68%
Größter Verlust-Trade	– 8,30%	– 28.013
Durchschnittlicher Verlust-Trade	– 1,47%	– 4.955
Kapitalrückgang	– 15,66%	– 52.853

Als wir das Goldgräber-System zusammenstellten, verwendeten wir den Zeitraum von Januar 1985 bis Dezember 1994 zur Untersuchung einer unabhängigen Stichprobe (Out-of-sample-Test), die natürlich im Vergleich mit der regulären Stichprobe (In-sample-Test) schwächere Ergebnisse gebracht hat. Die unabhängige Untersuchung umfasst zudem einen größeren Zeitraum, was bedeutet, dass sie vermutlich ungünstigere Marktbedingungen beinhaltet. Daher ist anzunehmen, dass wir durch einen Vergleich mit diesem Zeitraum der Wahrheit um einen großen Schritt näher kommen und erfahren, was die Verknüpfung zwischen dem Goldgräber- und dem Black-Jack-System tatsächlich wert ist. Vergleichen Sie hierzu die Tabellen 11.17 und 11.5.

Wir gelangen somit zu folgender Erkenntnis: Wenn Sie beim Aufbau eines Systems richtig vorgehen, werden sich alle Marktbedingungen, die nicht genau den Bedingungen entsprechen, die beim Aufbau des Systems maßgeblich waren, nachteilig auswirken. Wenn Sie nämlich beim Aufbau einen Systems richtig vorgehen, werden Sie dem Markt alle Informationen abgerungen haben, die er Ihnen zur Verfügung stellt, und daher wird das System eine positive Tendenz aufweisen, sich aber so verhalten, als seien die Ergebnisse zufällig zustande gekommen. Dies hat folgenden Grund: Solange sich das System nicht dem Zufall entsprechend verhält, sind die Ergebnisse vorhersagbar, und wenn etwas prognostizierbar ist, dann gibt es noch weitere Informationen, die man nutzen kann. Wenn sich die Bedingungen von Zeit zu Zeit verändern, gibt es auch weitere und neuere Informationen, die man ausfindig machen muss, sodass die Ergebnisse des Systems nun nicht mehr optimal sein werden, was auch dann gilt, wenn es zeitweilig bessere Ergebnisse produziert, als zu erwarten war.

Diese Schlussfolgerung führt zu einer weiteren interessanten Frage. Gibt es überhaupt ein System, das (anscheinend) zu gut abschneidet? Nehmen wir einmal an, dass Sie ein System zusammenstellen, von dem ein durchschnittlicher Gewinn von einem Prozent zu erwarten ist. Nachdem Sie dieses System jedoch eine Weile praktisch eingesetzt haben, erkennen Sie, dass es in Wirklichkeit fast zwei Prozent erzielt. Was ist dann zu tun? Die Antwort lautet: Untersuchen Sie das System eingehend, versuchen Sie herauszufinden, was für diese zusätzlichen Erträge verantwortlich ist, und passen Sie das System dann so an, dass diese Ursachen berücksichtigt werden. Wenn das System nämlich nicht so arbeitet, wie Sie es vorgesehen haben, wissen Sie auch nicht, was vor sich geht, denn die gleichen Ursachen, die heute zu zusätzlichen Gewinnen geführt haben, könnten dazu führen, dass Sie morgen Ihr Haus verkaufen müssen.

Während des Untersuchungszeitraums von Januar 1985 bis Dezember 1994 erzielte die Goldgräber/Black-Jack-Kombination einen geringeren Gewinnfaktor und einen geringeren Durchschnittsgewinn pro Trade als das Goldgräber-System alleine. Aber in Bezug auf die prozentualen Gewinn-Trades und die Standardabweichung hat die Kombination der beiden Systeme Goldgräber/Black-Jack besser abgeschnitten. Interessant ist auch, dass sich die Ergebnisse der beiden Stichproben – der regulären und der unabhängigen Stichprobe – nicht mehr wesentlich voneinander unterscheiden, was besagt, dass die Ergebnisse recht stabil sind, obgleich das Gewinnpotenzial ziemlich gering ist.

Tabelle 11.17: *Ergebnisauswertung für die Kombination Goldgräber/Black-Jack von Januar 1985 bis Dezember 1994.*

Trades insgesamt		292
Gewinnfaktor		1,20
Durchschnittlicher Gewinn	0,12%	407
Standardabweichung	1,74%	5.864
Gewinn-Trades	159	54,45%
Größter Gewinn-Trade	7,62%	25.718
Durchschnittlicher Gewinn-Trade	1,31%	4.412
Kumulierter Gewinn	35,80%	120.825
Verlust-Trade	133	45,55%
Größter Verlust-Trade	− 12,61%	− 42.559
Durchschnittlicher Verlust-Trade	− 1,30%	− 4.381
Kapitalrückgang	− 15,88%	− 53.595

Die Ergebnisse der Meander/Black-Jack-Kombination sind nicht gerade überzeugend. Tabelle 11.18 zeigt, wie das System im Zeitraum von Januar 1995 bis Oktober 1999 abgeschnitten hätte, was man mit Tabelle 11.9 vergleichen kann. Wie Sie sehen, erreichte das System einen etwas geringeren Gewinnfaktor und Durchschnittsgewinn pro Trade. Auch der Prozentsatz an Gewinn-Trades fiel geringer aus. Allerdings hat der Kapitalrückgang eine drastische Verbesserung erfahren und ist von einem bereits geringen Stand von 10,8 Prozent auf 7,8 Prozent gesunken, was äußerst positiv ist.

Als das Meander/Black-Jack-System für den Zeitraum von Januar 1985 bis Dezember 1994 untersucht wurde, sind zwei betrübliche Ereignisse eingetreten. Beim Vergleich zwischen Tabelle 11.19 und 11.11 stellt man fest, dass das ursprüngliche Meander-System bessere Ergebnisse gebracht hatte als dessen Kombination mit dem Black-Jack-System. Noch schlimmer ist allerdings, dass die Ergebnisse für den Zeitraum von Januar 1985 bis Dezember 1994 keinerlei Ähnlichkeit mehr mit den Ergebnissen für den Zeitraum von Januar 1995 bis Oktober 1999 haben. Wie Sie sehen, ist der durchschnittliche Gewinn pro Trade auf 0,22 Prozent gesunken, während sich der Gewinnfaktor auf 1,32 reduziert hat. Der Kapitalrückgang hat sich auf 15,8 Prozent erhöht. Positiv ist lediglich die etwas geringere Standardabweichung im Vergleich zum ursprünglichen System, aber da der Verhältniswert zwischen dem Durchschnittsgewinn pro Trade und der Standardabweichung noch viel geringer ausfiel, nützt dieser einzige Vorteil ansonsten nicht viel.

Die Ausstiege des Black-Jack-Systems sind in Verbindung mit dem Meander-System nicht so gut ausgefallen wie die Ausstiege, die speziell für das Black-Jack-System entwickelt wurden. Demzufolge müssen wir uns die Frage stellen, ob wir uns an unsere ursprünglichen Ausstiege halten sollten, von denen wir wissen, dass sie bei diesem System funktionieren, oder ob wir sie durch die Ausstiege des Black-Jack-Systems ersetzen sollten, weil diese im Allgemeinen mit jeder Art von Einstiegstechnik gut funktionieren.

Um diese Frage zu beantworten, müssen wir einen Schritt zurückgehen und uns die Unterschiede zwischen den beiden Ausstiegstechniken anschauen. Dabei stellen wir fest, dass es drei Hauptunterschiede gibt: Erstens ist das Gewinnziel bei den ursprünglichen Ausstiegsregeln viel weiter vom Einstieg entfernt. Zweitens kann man die ursprünglichen Ausstiege auch ohne Zeitstopps einsetzen. Das besagt, dass man die Gewinne mit den ursprünglichen Ausstiegen sozusagen „fließender" laufen lassen kann, um es einmal so auszudrücken, wodurch man die offenbar sehr starke Einstiegstechnik optimal nutzen kann. Drittens ist der Verluststopp bei den ursprünglichen Ausstiegen auch weiter vom Einstieg entfernt, was bedeutet, dass wir den Einstiegssignalen mehr Vertrauen entgegenbringen können. Dies bestätigt die Überlegung, die den Punkten eins und zwei zugrunde liegen, denn je besser die Einstiegssignale sind, desto mehr können wir ihnen vertrauen und brauchen uns keine Sorgen zu machen, wenn der Markt nicht sofort die von uns erwartete Richtung einschlägt.

Tabelle 11.18: *Ergebnisauswertung für die Kombination Meander/Black-Jack von Januar 1995 bis Oktober 1999.*

Trades insgesamt		79
Gewinnfaktor		1,67
Durchschnittlicher Gewinn	0,39%	1.321
Standardabweichung	1,90%	6.379
Gewinn-Trades	44	55,70%
Größter Gewinn-Trade	4,88%	16.470
Durchschnittlicher Gewinn-Trade	1,75%	5.902
Kumulierter Gewinn	34,24%	115.560
Verlust-Trade	35	43,30%
Größter Verlust-Trade	− 5,74%	− 19.373
Durchschnittlicher Verlust-Trade	− 1,32%	− 4.440
Kapitalrückgang	− 7,76%	− 26.190

Tabelle 11.19: *Ergebnisauswertung für die Kombination Meander/Black-Jack von Januar 1985 bis Dezember 1994.*

Trades insgesamt		136
Gewinnfaktor		1,32
Durchschnittlicher Gewinn	0,22%	731
Standardabweichung	2,76%	9.299
Gewinn-Trades	7	52,21%
Größter Gewinn-Trade	21,92%	73.980
Durchschnittlicher Gewinn-Trade	1,72%	5.793
Kumulierter Gewinn	25,64%	86.585
Verlust-Trade	6	47.79%
Größter Verlust-Trade	− 11,21%	− 37.834
Durchschnittlicher Verlust-Trade	− 1,42%	− 4.799
Kapitalrückgang	− 15,79%	− 53.291

Daher lautet die Antwort auf die gestellte Frage, dass es besser ist, sich an die ursprünglichen Ausstiege zu halten, was natürlich auch eine Frage der persönlichen Wahl ist. Was mich anbelangt, mag ich die logische Begründung, auf der die Black-Jack-Ausstiege basieren. Daher werde ich mich an diese Ausstiege halten, zumal diese Version des Black-Jack-Systems und dessen Ausstiege mit Sicherheit nicht optimiert sind. (Übrigens spricht überhaupt nichts dagegen, wenn Sie sich für irgendeine andere Einstiegstechnik und bestimmte Ausstiegstechniken entscheiden.)

Zum Schluss werden wir die neuen Ausstiege mit jenen vergleichen, die wir für das ursprüngliche Black-Jack-System in Teil 2 entwickelt haben. Tabelle 11.20 zeigt die Ergebnisse der Black-Jack/Black-Jack-Kombination im S&P 500 im Zeitraum von Januar 1995 bis Oktober 1999, während sich die Tabelle 11.21 auf den Zeitraum zwischen Januar 1985 und Dezember 1994 bezieht. Beachten Sie dabei, dass keine dieser Tabellen mit Tabelle 5.14 verglichen werden kann, denn Letztere zeigt die Ergebnisse für beide Zeiträume zusammen.

Wenn man jedoch die Tabellen 11.20 und 11.21 miteinander vergleicht, kann man einige interessante Beobachtungen machen, wobei vor allem eine besonders offensichtlich ist: Was in einem Zeitraum funktioniert, funktioniert mit Sicherheit nicht im anderen Zeitraum. Das ist eine bemerkenswerte Feststellung, zumal sie mit dem in Verbindung gebracht werden kann, was wir bereits über das ursprüngliche Goldgräber-System in Tabelle 11.3 und 11.5 erfahren haben, wo die Situation genau umgekehrt war.

Offensichtlich hatten wir eine Einstieg/Ausstieg-Kombination wie die des Black-Jack/Black-Jack-Systems zusammengestellt, die Anfang 1995 einen Gewinnfaktor von 1,03 und einen durchschnittlichen Gewinn pro Trade von – 0,08 aufwies, sodass wir es nicht praktisch eingesetzt hätten. Stattdessen wäre es vernünftig gewesen, uns für die Systemkombination Goldgräber/Black-Jack zu entscheiden. Inzwischen wissen wir allerdings, dass es besser gewesen wäre, das Goldgräber/Black-Jack-System wegzuwerfen um stattdessen die Black-Jack/Black-Jack-Kombination zu handeln.

Tabelle 11.20: *Ergebnisauswertung für die Kombination Black-Jack/Black-Jack von Januar 1995 bis Oktober 1999.*

Trades insgesamt		87
Gewinnfaktor		2,16
Durchschnittlicher Gewinn	0,50%	1.695
Standardabweichung	1,59%	5.352
Gewinn-Trades	59	67,82%
Größter Gewinn-Trade	3,09%	10.429
Durchschnittlicher Gewinn-Trade	1,38%	4.654
Kumulierter Gewinn	53,00%	178.875
Verlust-Trade	28	32,18%
Größter Verlust-Trade	– 2,90%	– 9.788
Durchschnittlicher Verlust-Trade	– 1,35%	– 4.541
Kapitalrückgang	– 4,01%	– 13.534

Tabelle 11.21: Ergebnisauswertung für die Kombination Black-Jack/Black-Jack von Januar 1985 bis Dezember 1994.

Trades insgesamt		202
Gewinnfaktor		0,89
Durchschnittlicher Gewinn	− 0,08%	− 257
Standardabweichung	1,54%	5.197
Gewinn-Trades	9	48,02%
Größter Gewinn-Trade	4,12%	13.905
Durchschnittlicher Gewinn-Trade	1,24%	4.199
Kumulierter Gewinn	− 16,35%	− 55.181
Verlust-Trade	10	51,98%
Größter Verlust-Trade	− 6,29%	− 21.229
Durchschnittlicher Verlust-Trade	− 1,30%	− 4.373
Kapitalrückgang	− 26,05%	− 87.919

Was lernen wir also daraus? Wir lernen daraus, dass es von entscheidender Bedeutung ist, sich zu vergewissern, dass das System gleich gut in verschiedenen Zeitrahmen und Märkten funktioniert, und dass die Input-Parameter robust genug sind, um ihnen vertrauen zu können. Wenn wir lediglich die Ergebnisse von Januar 1985 bis Dezember 1994 betrachtet hätten, wäre es nicht möglich gewesen, zu dieser Erkenntnis zu gelangen. Wir lernen außerdem daraus, dass auch ein verlässliches System in einem bestimmten Markt, dem wir vollkommen vertrauen, mitunter Durststrecken zu überwinden hat und dass wir nie alles auf eine Karte setzen sollten (darauf werden wir noch in Teil 5 zu sprechen kommen). Wie bereits dargelegt wurde, spielt es keine Rolle, ob ein System besser oder schlechter arbeitet als erwartet, weil Sie sich in beiden Fällen auf ein Abenteuer einlassen, denn das gleiche Marktumfeld, das Ihnen gerade so wohlwollend begegnet, kann Sie bereits fünf Minuten später lebendig verschlingen, falls Sie sich nicht vorsehen und keine Fluchtwege für den Fall kennen, dass Gefahr droht.

Schlussgedanken zu Teil 3

In Teil 3 wurden verschiedene Arten von Kapitalrückgängen erörtert, mit denen Sie vertraut oder derer Sie sich zumindest bewusst sein sollten, wenn Sie ein Handelssystem untersuchen. Wenn Sie nicht wissen, wo und wann der Kapitalrückgang auftritt, können Sie ihn auch nicht in den Griff bekommen. Wenn sich ein Kapitalrückgang entwickelt, nützt es Ihnen nichts, wenn Sie sich mit anderen damit verbundenen Themen auskennen, wie beispielsweise der Effizienz eines Trades, der größten ungünstigen oder der größten günstigen Abweichung (GUA und GGA).

Nach der Beschäftigung mit diesem Thema haben wir in Teil 2 jedes System mit einigen Stopps und Ausstiegen versehen, von denen viele auf unseren Erkenntnissen über willkürliche Einstiege beruhten, die wir mit Hilfe des Zufallsgenerators von TradeStation gewonnen haben. (Falls Sie übrigens eine ältere Version von TradeStation haben, können Sie einen Zufallsgenerator mit der freundlicher Genehmigung von Dave DeLuca bei TradeWorks Software auf folgender Internetseite herunterladen: www.mechtrading.com/tradestation/random.html.)

In Teil 3 wurde auch eine Reihe neuer statistischer Messwerte eingeführt, mit denen die Ergebnisse eines Systems schnell und effizient ausgewertet werden konnten. Wir haben uns insbesondere mit der Kurtosis (der Wölbung) und der Schiefe einer Verteilung befasst. Diese beiden Messwerte werden wir auch in Teil 4 verwenden, in dem wir uns mit unterschiedlichen Filtermethoden beschäftigen werden mit dem Ziel, günstige Marktsituationen unter langfristiger Perspektive ausfindig zu machen.

Ich hoffe, Sie haben auch bemerkt, dass fast jedes System auf eine breit angelegte Auswahl von Märkten angewendet wurde, wobei ich so gut wie keine marktspezifischen Abstimmungen der Parameter vorgenommen habe. Die meisten kurzfristig orientierten Systeme sind zwar im S&P 500 eingesetzt worden, aber das liegt daran, dass der S&P 500 einer der wenigen Märkte ist, in dem es sich lohnt, kurzfristig zu handeln.

Denken Sie immer daran, dass ein gut funktionierendes System kein gewinnbringendes System sein muss, aber ein gewinnbringendes System ist auch ein gut funktionierendes System. Der Unterschied besteht darin, wie man „gut funktionierend" und „gewinnbringend" definiert. Ein gut funktionierendes System zeichnet sich dadurch aus, dass es bestimmte Kursbewegungen in verschiedenen Märkten zu erfassen vermag und mit einem positiven Ertrag abschließt, der in Prozent angegeben wird. Wir verwenden Prozentangaben, weil sie allgemein gültige Werte darstellen, die es erlauben, andere Formalien wie Punktwerte oder Kurswerte außer Acht zu lassen.

Unter einem gewinnbringenden System verstehen wir letztlich auch alle Systeme die einen in Dollar und in Prozentwerten messbaren positiven Ertrag erwirtschaften. Da jedoch alle Märkte unterschiedlich notieren und unterschiedliche Punktwerte aufweisen, werden nicht alle gut funktionierenden Systeme in allen Märkten Gewinne erzielen. Was das System anbelangt, geht es letztlich darum, welche Art von Kursbewegung man erfassen möchte. Aber noch wichtiger ist vielleicht, dass kein System Gewinne bringen wird, wenn die erforderlichen Voraussetzungen nicht erfüllt sind, was einen ausreichend hohen Dollar-Betrag pro Punktwert im Verhältnis zum aktuellen Marktwert und möglichst geringe Kosten in Bezug auf diesen Wert bedeutet.

TEIL 4

FILTER, DIE EINE HOHE ERFOLGSWAHRSCHEINLICHKEIT BIETEN

Es ist äußerst schwierig, einem Handelssystem auch dann noch zu trauen, wenn eine große Durststrecke zu überwinden ist, was insbesondere dann gilt, wenn der entsprechende Markt gleichzeitig neue Rekordhochs oder -tiefs ausbildet. Dies ist der Hauptgrund, warum so viele Trader scheitern. Wenn es doch nur eine Möglichkeit gäbe, im Voraus zu wissen, wann man dem Signal folgen sollte und wann man es besser ignoriert oder wann es sogar angebracht sein könnte, eine dem Signal entgegengesetzte Position zu beziehen! Grundsätzlich gibt es zwei Möglichkeiten, um eine Trading-Gelegenheit, die eine hohe Erfolgswahrscheinlichkeit verspricht, auszufiltern. Daraus könnte sich Ihrerseits folgende Frage ergeben: „Ist es besser, sich dem langfristigen Trend anzuschließen, und kann die kurzfristige Volatilität nützlich sein, um das Ergebnis eines Trades zu bestimmen?" Das ist eine wichtige Frage, die sich alle Trader stellen sollten. Dies lässt sich nur durch die unerlässliche Analyse herausfinden.

KAPITEL 12

Filter

Neben dem Filtern ist das „Stapeln von Indikatoren" äußerst beliebt bei einer erschreckend hohen Anzahl von Verkäufern, die auf die eine oder andere Art von Ihnen und nicht von den Märkten leben. Der exzessive Gebrauch von Indikatoren ist mit der Hoffnung verbunden, dass eines Tages alle verwendeten Indikatoren miteinander übereinstimmen, sodass der Benutzer zum großen Gewinner wird. Jeder dieser Indikatoren wird Ihnen eine andere Botschaft vermitteln, und bei zehn Indikatoren auf Ihrem Computerbildschirm kann nur einer der „Richtige" sein, sodass die Wahrscheinlichkeit, dass Sie zur falschen Schlussfolgerung gelangen, 90 Prozent beträgt, falls Sie jeden Indikator separat betrachten, ganz zu schweigen von Ihren Chancen, wenn Sie sämtliche Indikatoren miteinander verbinden.

Dennoch wird diese wirkungslose und riskante Methode von den meisten Anbietern von Trading-Programmen bevorzugt. „Sind diese Leute denn keine Profis, die es besser wissen müssen?", werden Sie fragen. Ob sie tatsächlich etwas wissen oder nicht, sei dahingestellt, jedenfalls besteht für diese Möchtegern-Trader die einzige Möglichkeit, Geld zu verdienen, darin, Ihnen ihre Trading-Programme zu verkaufen. Und der schnellste Weg, das zu erreichen, besteht darin, Anfängern diese originell wirkende Technik des „Stapelns von Indikatoren" zu zeigen. (Jedenfalls ist das meine Erfahrung, da ich diese Leute und ihre Verkaufstaktik drei Jahre lang aus unmittelbarer Nähe beobachtet habe.) Wenn Sie noch recht neu im Trading-Geschäft sind, lassen Sie sich bitte nicht ködern und zum Kauf dieser Methode veranlassen. Sie brauchen diese Menge von Indikatoren nicht, wenn sich auch die meisten Systemanbieter gegenseitig übertreffen wollen, was die Entwicklung eines Systems anbelangt, das die meisten Indikatoren aufweist.

Sobald Sie dieses Stadium überwunden haben (und alles spricht dafür, weil Sie dieses Buch bereits bis zu dieser Stelle gelesen haben), können Sie sich den eigentlichen Dingen zuwenden. Zuerst sollte man herausfinden, ob es etwas bringt, ausschließlich dem langfristigen Trend zu folgen. Es gibt mehrere Möglichkeiten, einen längerfristigen Trend zu ermitteln. Allerdings ist der einfachste Weg, dies zu erreichen, nicht unbedingt der leichteste, denn er erfordert, dass Sie selbst beurteilen, welchen Kurs die Wirtschaft im Allgemeinen und die Märkte oder Aktien Ihrer Wahl im Besonderen einschlagen werden. Danach müssen Sie sich längere Zeit an Ihre Prognose halten. (Später werden wir uns eingehender damit beschäftigen, was einen Trend ausmacht und wie dieses Wissen dazu beitragen kann, dass Sie Ihre Rolle als Marktteilnehmer besser verstehen können.)

Sie könnten sich aber auch in die Richtung positionieren, die ein langfristiger gleitender Durchschnitt vorgibt. In einigen Artikeln für das Futures Magazine („Skimming the Trend", „Fading Away", Februar 1999, und „In the Pudding", März 1999) sowie in der Ausgabe von April 2000 für das Active Trader Magazine bin ich zu dem Schluss gekommen, dass man seine Ergebnisse tatsächlich wesentlich verbessert, wenn man sich beim Trading nur an die Richtung des gleitenden Durchschnitts von 200 Tagen hält. Diese Aussage trifft auch auf willkürliche Markteinstiege zu, solange man nur Positionen in Richtung des vorherrschenden Trends eingeht und sich bei allen Trades an die gleiche Ausstiegsstrategie hält.

Tabelle 12.1 zeigt die Ergebnisse aufgrund willkürlicher Einstiege in eine beliebige Richtung in 16 unterschiedlichen Märkten im Zeitraum von Januar 1980 bis Oktober 1999 im Vergleich zu ebenfalls willkürlichen Einstiegen, die aber nur in die gleiche Richtung wie der 200-Tage-GD vorgenommen wurden. In jedem Markt wurden je zwölf Trades durchgeführt, sodass sich insgesamt nahezu 3.500 einzelne Tradingsequenzen pro Strategie und Jahr ergaben. Die Trade-Dauer beider Strategien umfasste unabhängig von der Marktsituation je fünf Tage pro Trade. Folgende 16 Märkte wurden untersucht: D-Mark, Rohöl, Bauholz, Kupfer, Gold, Dollar-Index, Lebendrinder, T-Bonds, Baumwolle, Japanischer Yen, Erdgas, Weizen, Nikkei-Index, Kaffee, T-Bills und grober Reis.

Ohne Trendfilter wiesen nur sieben Märkte einen durchschnittlichen Gewinnfaktor über 1 auf, aber für keinen der Märkte können wir mit 68-prozentiger Sicherheit sagen, dass sich der wahre Gewinnfaktor über 1 befindet. Beispielsweise können wir bei einem durchschnittlichen Gewinnfaktor von 1 und einer Standardabweichung von 0,19 nicht mit 68-prozentiger Sicherheit angeben, dass sich der wahre Gewinnfaktor im Markt für groben Reis über 1 befindet. Für alle Märkte insgesamt liegt der wahre Gewinnfaktor mit 68-prozentiger Sicherheit irgendwo zwischen 0,88 und 1,12.

Mit Trendfilter erreichten alle Märkte außer einem (dem für Erdgas) einen durchschnittlichen Gewinnfaktor über 1, und bei insgesamt neun Märkten können wir auch mit 68-prozentiger Sicherheit sagen, dass sich der wahre Gewinnfaktor über 1 befindet. Für alle Märkte zusammen beträgt der durchschnittliche Gewinnfaktor 1,16 bei einer Standardabweichung von 0,13. Das bedeutet, dass wir mit 68-prozentiger Sicherheit davon ausgehen können, dass der wahre Gewinnfaktor aller Märkte irgendwo zwischen 1,03 und 1,29 liegt. (Ähnliche Beobachtungen, die die Befunde bezüglich des Gewinnfaktors bestätigen, kann man auch für den Prozentsatz an Gewinn-Trades anstellen.) Somit konnten durch einen einfachen Test die Vorteile nachgewiesen werden, die damit verbunden sind, wenn man immer mit dem langfristigen Trend tradet, und dies gilt selbst dann, wenn die Einstiege zufällig erfolgen und eine einfache Ausstiegstechnik benutzt wird, die besagt, dass man eine Position immer nach fünf Tagen auflöst. Stellen Sie sich einmal vor, was es bedeuten würde, wenn wir eine Trendfolgestrategie durch eine gut begründete Einstiegs- und Ausstiegstechnik optimieren könnten!

Trendfilter für kurzfristig orientierte Systeme

Die Grundlage für jedes mit Filtern arbeitende Testverfahren, bei dem Sie untersuchen, welcher historische Zeitraum am besten im Zusammenhang mit der ursprünglichen Einstiegstechnik in einer Vielzahl von Märkten funktioniert, sollte ein einfacher gleitender Durchschnitt darstellen.

Tabelle 12.1:

Markt	OHNE TRENDFILTER				MIT TRENDFILTER			
	Gewinn-faktor	Std.-Abw.	% Ertrag	Std.-Abw.	Gewinn-faktor	Std. Abw.	% Ertrag	Std.-Abw.
D-Mark	0,98	0,07	52,45	1,90	1,21	0,11	56,08	2,24
Rohöl	0,94	0,16	50,10	2,01	1,15	0,15	56,21	1,83
Bauholz	0,98	0,11	50,68	1,79	1,23	0,09	53,56	1,64
Kupfer	0,97	0,06	50,11	1,59	1,25	0,10	51,43	1,96
Gold	1,04	0,18	50,98	1,82	1,11	0,13	52,23	1,52
Dollar-Index	1,02	0,09	50,26	2,63	1,18	0,13	52,65	2,23
Lebendrinder	1,04	0,09	50,43	1,96	1,06	0,11	52,42	1,76
T-Bonds	1,04	0,11	50,14	2,21	1,22	0,09	54,81	1,75
Baumwolle	0,97	0,11	50,09	1,76	1,22	0,11	54,05	1,94
Jap. Yen	0,99	0,11	52,24	1,88	1,22	0,08	56,56	1,52
Erdgas	1,03	0,12	49,76	3,46	0,99	0,11	49,26	1,86
Weizen	1,03	0,10	51,15	1,64	1,11	0,11	53,03	1,57
Nikkei-Index	0,97	0,15	50,60	3,51	1,09	0,11	54,26	1,99
Kaffee	1,00	0,13	49,87	2,40	1,06	0,09	51,60	1,65
T-Bills	1,01	0,14	51,53	1,95	1,20	0,16	55,32	1,78
Grober Reis	1,00	0,19	50,19	2,62	1,26	0,13	55,26	2,25
Alle Märkte	1,00	0,12	50,66	2,32	1,16	0,13	53,67	2,65

Man kann auch den OBV-Indikator (On-Balance-Volume Indikator) einbeziehen, der Preisänderung und Volumen (Umsatz) in Relation setzt. Bei steigendem Preis wird der Umsatz zum Indikator addiert; fällt der Preis, wird der Umsatz subtrahiert. Beim Einsatz des OBV-Indikators entsteht eine neue Zeitreihe, die sowohl die Preis- als auch die Umsatzinformationen enthält. Je stärker die Zeitreihen im Wert steigen/fallen, umso mehr Volumen (Umsatz) verbirgt sich hinter der Kursbewegung; die Interpretation ist somit die gleiche wie beim gleitenden Durchschnitt der Preise. Wenn sich der OBV-Indikator also über dem langfristigen gleitenden Durchschnitt befindet, handelt es sich um einen Aufwärtstrend; befindet er sich jedoch unter dem langfristigen gleitenden Durchschnitt, so liegt ein Abwärtstrend vor. Ich halte diesen Indikator für den besten und vielseitigsten Indikator, den es gibt, weil er die Fähigkeit besitzt, durch eine einzige und einfache Berechnung alles abzudecken, was man wissen muss; außerdem bietet er Informationen im Bereich der technischen Analyse, nämlich der Massenpsychologie. Abbildung 12.1 zeigt, wie dies im S&P 500 aussehen kann, der mit dem OBV-Indikator und dem 200-Tage-GD grafisch dargestellt wird.

Wichtig im Zusammenhang mit Abbildung 12.1 ist, dass der Trend, wie Sie ihn eventuell definieren würden, nicht unbedingt mit dem tatsächlichen Trend des Charts übereinstimmt. Um wieder auf den OBV-Indikator zurückzukommen, der auch den Umsatz im Verlauf einer Kursbewegung berücksichtigt: Zum Beispiel befand sich der Aktienmarkt seit Juli des Jahres 1998 in einem Abwärtstrend, obgleich wir genau wissen, dass die Kurse kaum (wenn überhaupt) gefallen sind. Allerdings wurde durch den OBV-Indikator die Information vermittelt, dass das Volumen auf der Abwärtsseite zugenommen hatte, während das Volumen der Aufwärtsseite zurückging, was es zunehmend schwieriger machte, erfolgreich auf einen Kursanstieg zu setzen. Damit möchte ich Sie aber nicht davon abhalten, verschiedene Strategien zu verwenden, die auf unterschiedlichen Trendfiltern beruhen. Es ist wichtig, dass Sie Ihrer Überzeugung treu bleiben und dem vertrauen, was Ihre Analyse des jeweiligen Systems gezeigt hat.

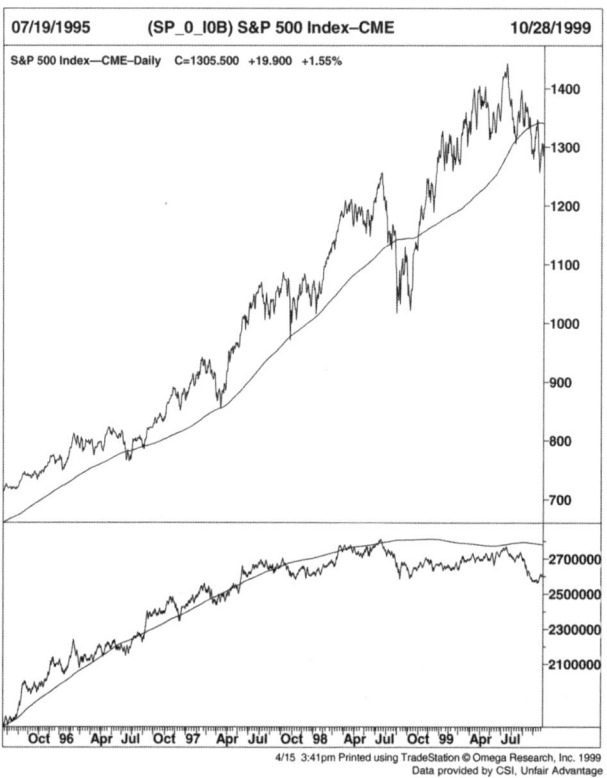

Abbildung 12.1: *S&P-500-Futures mit einem 200-Tage-GD und dem OBV-Indikator.*

Wenn Sie einen fundamentaleren Ansatz bevorzugen, können Sie auch das Verhältnis zwischen dem Markt Ihres Interesses und den kurzfristigen Zinsen, zum Beispiel T-Bills, berechnen. Dieser Ansatz gründet auf folgender Überlegung: Wenn die Kurse der T-Bills schneller steigen als der Kurs „Ihres Marktes", dann werden viele Marktteilnehmer die Sicherheit des Zinsmarktes vorziehen, anstatt in einen Markt zu investieren, dem sie nur ein sehr geringes Gewinnpotenzial zubilligen. Dies könnte eine gute Gelegenheit für eine Short-Position sein, und zwar insbesondere dann, wenn „Ihr Markt" ebenfalls fällt. Wenn jedoch das Gegenteil eintritt und die Kurse Ihres Marktes schneller steigen als die der T-Bills, dann werden es immer mehr Anleger vorziehen, in diesen Markt zu investieren, anstatt sich in den Zinsmärkten zu engagieren. Dies könnte eine gute Gelegenheit für eine Long-Position sein. Auch diese Methode ist die gleiche wie der einfache Filter durch einen gleitenden Durchschnitt. Mit Hilfe eines langfristigen gleitenden Durchschnitts können wir herausfinden, ob einem Markt Geld zufließt oder aus ihm abfließt.

Ich verwende jedoch eine andere Methode, die sozusagen die gesamte Logik umkehrt. Die drei soeben vorgestellten Methoden sind darauf abgestimmt, in die Richtung des vorherrschenden Trends zu traden, aber da zahlreiche kurzfristige Systeme Limitorders für den Einstieg benutzen, gibt es viele widersprüchliche Signale – das heißt, kurzfristige Einstiegssignale sind auf „Kauf" und langfristige Trendfilter auf „Verkauf" ausgerichtet. Um dies zu umgehen, könnte man folgende Regel formulieren: „Solange der Trend nicht nach unten zeigt, kann ich long gehen, und solange der Trend nicht nach oben zeigt, kann ich short gehen." Dies ließe sich durch einen einfachen Ausbruch-Indikator erreichen, der das höchste Hoch beziehungsweise das tiefste Tief beinhaltet. Dies besagt folgendes: Solange ein neues Hoch (Tief) entsteht, ist der langfristige Trend nach oben (nach unten) gerichtet, sodass wir den Trade eingehen können, falls das kurzfristige Limitorder-Verkaufssignal (-Kaufsignal) nicht mit einem neuen Hoch (Tief) in Konflikt gerät.

In diesem Kapitel werden wir einige Versionen mit verschiedenen Trendfiltern und unterschiedlicher Trade-Dauer anhand aller bisherigen kurzfristig orientierten Systeme in verschiedenen Märkten testen, um herauszufinden, ob der Einsatz dieser Filter Verbesserungen bringt.

Anhand einfacher Preisfilter, des OBV-Filters und des Filters aufgrund der T-Bill[10]-Ratio wird untersucht, ob es vorzuziehen ist, sich an der Schiefe der Verteilung oder an der Überschneidung der entsprechenden gleitenden Durchschnitte auszurichten. Es handelt sich dabei um sechs unterschiedliche Filtertechniken. Für jeden GD-Filter werden zehn verschiedene Längen der gleitenden Durchschnitte von 50 bis 250 Tage in Intervallen von 20 Tagen untersucht. Für den Ausbruchfilter wird ein historischer Zeitraum von 20 bis 120 Tagen in Abständen von zehn Tagen getestet. Jeder Trade-Einstieg erfolgt willkürlich, aber nur in die Richtung des vorherrschenden Trends, der durch den Filter gekennzeichnet wird. Jeder Markt durchläuft also zehn Durchgänge, was unzählige Trades zur Folge hat, die mit Sicherheit ausreichen, um sinnvolle Aussagen daraus abzuleiten. Die Ausstiegsstrategie für alle Märkte und Filter wurde der allgemeinen Kombination von Ausstiegen und Stopps aus Teil 3 entnommen. Die 16 untersuchten Märkte im Zeitraum von Januar 1980 bis Oktober 1992 sind folgende: D-Mark, Rohöl, Bauholz, Kupfer, Gold, Dollar-Index, Lebendrinder, T-Bonds, Baumwolle, Japanischer Yen, Erdgas, Weizen, Nikkei-Index, Kaffee, S&P 500 und grober Reis.

Der TradeStation-Code für eine Short-Position unter Anwendung aller genannten Filter und deren Übertragungsfunktion lauten folgendermaßen:

```
Inputs: Counter(0), SystemSwitch(0), OBVLen(0), MALen(0), RaLen(0), BOLen(0);
Vars: TotTr(0), MP(0), FTE(0), FirstInput(0), TradeStr1("");
If (SystemSwitch = 3 and OBV < Average(OBV, OBVLen)) Or
(SystemSwitch = 4 and Average(OBV, OBVLen) < Average
(OBV, OBVLen)[1]) Or
(SystemSwitch = 5 and Close < Average(Close, MALen)) Or
(SystemSwitch = 6 and Average(Close, MALen) < Average
Close, MALen)[1] Or
(SystemSwitch = 7 and Ratio < Average(Ratio, RaLen)) Or
(SystemSwitch = 8 and Average(Ratio, RALen) < Average (Ratio, RaLen)[1] Or
(SystemSwitch = 9 and Close < Highest(Close, BOLen)) Then
        Sell at Close;
```

---

[10] T-Bills: gehören zu den Geldmarktpapieren und sind kurzfristige Wechsel der US-Regierung, die abgezinst, aber ohne laufende Verzinsung mit Laufzeiten von 3,6 und zwölf Monaten emittiert werden.

```
If TotTr > TotTr[1] Then Begin
     If MP[1] = 1 Then
               FTE = (ExitPrice(1) – EntryPrice(1)) / EntryPrice(1);
     If MP[1] = -1 Then
               FTE = (EntryPrice(1) – ExitPrice(1)) / EntryPrice(1);
     SumFTE = SumFTE + FTE;
End;

If LastBarOnChart Then Begin
     If SystemSwitch = 3 or SystemSwitch = 4 Then
               FirstInput = OBVLen;
     If SystemSwitch = 5 or SystemSwitch = 6 Then
               FirstInput = MALen;
     If SystemSwitch = 7 or SystemSwitch = 8 Then
               FirstInput = RaLen;
     If SystemSwitch = 9 Then
               FirstInput = BOLen;
     FTE = SumFTE / TotalTrades;
     TradeStr1 = LeftStr(GetSymbolName, 2) + "," + NumToStr
     (FTE, 4) + "," + NumToStr(FirstInput, 2) + NewLine;
     FileAppend("D:\Temp\LT-Filter.csv", TradeStr1);
End;
```

Mit diesem Code können Sie eine Arbeitsgruppe zusammenstellen, die alle Märkte umfasst, die Sie untersuchen wollen, wobei Sie die Systemoptimierungen in allen Märkten auf einmal vornehmen können. Während der Computer seine Arbeit verrichtet, können Sie sich mit etwas anderem beschäftigen, denn dies könnte eine Weile dauern. Übrigens: Lassen Sie bei der Übertragung der Daten Vorsicht walten, solange Sie den Optimierer einsetzen. Sobald die Optimierung abgeschlossen ist, läuft das Programm noch einmal durch und überträgt die Ergebnisse der „besten" Kombination von Eingabevariablen, und zwar nicht nur einmal, sondern zwei- oder sogar dreimal! Sondern Sie diese zusätzlichen Durchgänge von Hand aus Ihrer Kalkulationstabelle aus, bevor Sie weitere Analysen vornehmen.

In Bezug auf die Volatilität ist Folgendes zu beachten: Höhere Volatilität bedeutet auch größeres Risiko, weil sich damit die Wahrscheinlichkeit erhöht, dass sich der Markt gegen Ihre Position bewegt. Was die Sicherheit anbelangt, ist es also besser, wenn die Volatilität möglichst gering ist. Das Problem dabei ist allerdings, dass eine höhere Volatilität insbesondere beim Kurzfrist-Trading auch mit einem größeren Gewinnpotenzial verbunden ist. Es geht also darum, jene kurzfristigen Trading-Gelegenheiten ausfindig zu machen, die eine ausreichend hohe Volatilität aufweisen, damit sich das Traden lohnt, aber die Volatilität sollte nicht so hoch sein, dass sich nur ein Narr diesem Risiko aussetzen würde. Da es mehrere Möglichkeiten gibt, die Volatilität zu erfassen, stellt sich die Frage, welche Methode die exaktesten Messwerte liefert.

Die Wahrheit kennt niemand, und Ihre Einschätzungen sind ebenso gut wie meine. Die wohl gebräuchlichste Methode, um dies zu erfahren, besteht in der Ermittlung der Standardabweichung aufgrund der Schlusskurse, was hauptsächlich Options-Trader tun, indem sie mit verschiedenen Optionspreismodellen wie beispielsweise dem von Black und Scholes oder dem Modell Black-76 arbeiten. Aber in den zurückliegenden Jahren hat sich vor allem eine Methode unter technischen Analysten durchgesetzt: die True-Range- oder Average-True-Range-Methode[11], die Folgendes besagt: Wenn die tatsächliche Kursbreite (True Range) zwischen dem heutigen Höchst- und Tiefstkurs niedriger ist als die durchschnittliche Kursbreite (Average-True-Range) eines historischen Betrachtungszeitraums (die mitunter mit einem beliebigen Faktor multipliziert wird), dann ist die derzeitige Volatilität geringer als erwartet, und daher wird sich der Markt demnächst beruhigen, sodass sich das Risiko beim Traden verringert, wobei es keine Rolle spielt, ob ein Long- oder ein Short-Trade intendiert wird. Die True Range wird definiert als Differenz zwischen dem heutigen Höchstkurs (Tiefstkurs) und dem heutigen Tiefstkurs (Höchstkurs) oder dem gestrigen Schlusskurs, je nachdem, welche Differenz größer ist.

Um zu erfahren, ob diese allgemein verwendete Technik zuverlässige Ergebnisse liefert, wird diese Methode für unterschiedliche historische Perioden eingesetzt, die jeweils zehn bis 40 Tage umfassen und in Intervallen von drei Tagen untersucht werden, wobei wieder die gleichen Märkte zugrunde gelegt werden wie

---

[11] *True Range: Bei der True Range handelt es sich um eine in vielen Indikatorberechnungen auftauchende Hilfsgröße, die man als Kursbreite bezeichnen kann. Wenn der heutige Höchstkurs niedriger ist als der gestrige Schlusskurs, dann ist die True Range die Differenz aus dem gestrigen Schlusskurs und dem heutigen Tiefstkurs. Ist der heutige Tiefstkurs höher als der gestrige Schlusskurs, dann ist die True Range die Differenz aus dem heutigen Höchstkurs und dem gestrigen Schlusskurs. Trifft keiner der beiden Fälle zu, dann ist die True Range die Differenz aus heutigem Höchst- und Tiefstkurs. Die Average-True-Range (ATR) ist die geglättete Variante.*

bei den langfristigen Filtern. Die Regel lautete, dass kein Trade eingegangen wird, wenn die gegenwärtige Volatilität (True Range) die durchschnittliche Volatilität im Betrachtungszeitraum übertrifft (ATR, Average True Range).

Der Nachteil ist jedoch, dass weder die Methode der Standardabweichung noch die True-Range-Methode die Richtung der Volatilität berücksichtigt. Beispielsweise wird bei einem Aufwärtstrend, der sich immer weiter nach oben fortsetzt, deutlich, dass sich die Volatilität größtenteils oder sogar ausschließlich in diese Richtung entwickelt. Wenn Sie eine Long-Position halten, ist dies natürlich äußerst vorteilhaft, aber falls Sie short positioniert sind, ist es nicht so erfreulich. Daher könnte es hilfreich sein, über ein Messinstrument der Volatilität zu verfügen, das zwischen aufwärts gerichteter und abwärts gerichteter Volatilität unterscheidet und sogar darauf hinweist, wenn ein Wechsel von einer ausgeprägten Volatilität nach unten zu einer Volatilität nach oben stattfindet oder umgekehrt.

Erfreulicherweise gibt es Methoden, die sich für diese Aufgabe eignen. Wenn Sie die mathematischen Grundlagen der meisten gebräuchlichen Oszillatoren studiert haben, die in den meisten technischen Analyseprogrammen enthalten sind, können Sie feststellen, dass zwei dieser Indikatoren dafür in Frage kommen: der RSI (Relative-Strength-Indikator) und der ADX (Average-Directional-Movement-Index).

Der RSI ist recht einfach zu handhaben: Wenn der Indikatorwert über 50 liegt, ist die nach oben gerichtete Volatilität stärker ausgeprägt als die nach unten gerichtete Volatilität; wird ein Wert unter 50 angezeigt, dann ist die nach unten gerichtete Volatilität stärker als die nach oben gerichtete Volatilität ausgeprägt. Beim ADX, der die Stärke eines Trends messen soll, ist es ein wenig komplizierter, weil ein hoher ADX-Wert eine starke Volatilität entweder nach oben oder nach unten anzeigt. Der Directional Movement Index (DMI) wird berechnet, indem die Differenz zwischen dem + DMI und dem − DMI durch die Summe dieser beiden Kennziffern dividiert wird. Bei einer + DMI-Linie über der − DMI-Linie ist die Volatilität nach oben stärker als die nach unten ausgeprägt und umgekehrt. Beim RSI kann man auch mit unterschiedlichen Trigger-Bereichen experimentieren und beispielsweise nur Long-Trades ermöglichen, wenn der RSI-Wert über 60 liegt, während Short-Trades nur bei einem RSI-Wert unter 40 zulässig sind, und dabei wird der Bereich zwischen diesen beiden Werte als neutraler Bereich betrachtet. Man könnte auch die Überkauft-/Überverkauft-Methode anwenden und keinen Long-Trade (Short-Trade) eröffnen, wenn man den RSI als zu hoch (zu niedrig) erachtet.

Um zu überprüfen, ob diese beiden Indikatoren als Filter für unser kurzfristig orientiertes Trading-Modell eingesetzt werden können, werde ich sie zuerst für einen Zeitraum von zehn bis 40 Tagen im Abstand von drei Tagen untersuchen. Die Regel lautete, dass nur Trades in eine bestimmte Richtung eingegangen werden, wenn die Volatilitätsangabe darauf hinweist, dass die Volatilität ebenfalls in der entsprechenden Richtung stärker ausgeprägt war. Dafür habe ich wieder die gleichen Märkte und Einstellungen wie für die langfristigen Filter und die ATR-Filter (Average True Range) verwendet. Der TradeStation-Code für sämtliche Volatilitätsfilter ist im Grunde der gleiche wie für die Trendfilter.

Die Ergebnisse dieser Filter werden in getrennten Übersichten zusammengefasst, was in den Tabellen 12.2 und 12.3 veranschaulicht wird, die die Ergebnisse der GD-Überschneidungen und des Ausbruchfilters zeigen. Bei der Überschneidung des 50-Tage-GD betrug der durchschnittliche Gewinn zum Beispiel 0,12 Prozent, wobei alle 16 Märkte jeweils zehnmal untersucht und willkürliche Ausstiege vorgenommen wurden, wie sie in Teil 3 eingeführt worden sind. Die stabilsten Ergebnisse wurden offenbar im Bereich zwischen 110 bis 170 Tagen erzielt, und dabei zeigten sich im Durchschnitt bei 110 Tagen die besten Ergebnisse. Weil sich diese aber verändern, habe ich mich für einen Durchschnitt von 130 Tagen entschieden. Diese Überlegungen sollten Sie bei allen Optimierungsmaßnahmen anstellen.

Die Ergebnisse für den normalen GD-Filter sehen viel versprechend aus, während das Gegenteil für den Ausbruchfilter zutrifft. Bei einem Betrachtungszeitraum von 60 Tagen und genau gleicher Einstellung wie für den GD-Filter hat der Ausbruchfilter beispielsweise lediglich einen Durchschnittsgewinn pro Trade von 0,05 Prozent erreicht, wobei es sich hierbei ebenfalls um die beste Alternative zu handeln scheint, was sich ergeben hatte, nachdem alle anderen Variablen – wie zum Beispiel die Standardabweichung, die Kurtosis und die Schiefe – gemessen worden waren. Aber wie wir noch sehen werden, hat es in dieser Phase des Testvorganges nicht viel zu besagen, dass ein Filter anscheinend zu schlechteren Ergebnissen geführt hat, und bedeutet nicht, dass dieser Filter nicht funktionieren wird.

Tabelle 12.2: *Der Einsatz von GD-Überschneidungen als Filter für den Zeitraum von Januar 1980 bis Oktober 1992.*

Länge	Durchschn.	Std.-Abw.	Verhältnis	Kurtosis	Schiefe
50	0,1201	0,2071	0,5799	6,2312	2,0777
70	0,1186	0,2116	0,5606	6,1378	1,3598
90	0,0821	0,1400	0,5863	4,5955	0,2875
110	0,1252	0,1766	0,7088	8,2450	1,3125
130	0,1131	0,1722	0,6568	4,6584	0,8590
150	0,1058	0,1718	0,6157	4,5265	0,1703
170	0,1139	0,1715	0,6641	10,4910	− 0,9180
190	0,0818	0,1578	0,5181	4,6071	− 0,5006
210	0,1001	0,1525	0,6563	18,6751	− 2,9483
230	0,1023	0,1538	0,6654	8,3662	0,6040
250	0,1202	0,2020	0,5950	13,4122	0,2106

Unter allen Betrachtungszeiträumen der verschiedenen Filter habe ich für jeden Filter einen Zeitraum herausgegriffen, um ihn für das vollständige System zu untersuchen. Die unterschiedlichen Filter und Betrachtungszeiträume, die ich für die weiteren Tests vorgesehen habe, sind in Tabelle 12,4 zu sehen. So hat sich zum Beispiel herausgestellt, dass der DMI-Indikator für den Betrachtungszeitraum von 34 Tagen zu den besten Ergebnissen geführt hat, was bedeutet, dass ein durchschnittlicher Gewinn pro Trade von fast 0,13 Prozent erzielt wurde.

Tabelle 12.3: *Ausbruch-Filter von Januar 1980 bis Oktober 1992.*

Länge	Durchschn.	Std.-Abw.	Verhältnis	Kurtosis	Schiefe
20	0,0460	0,1478	0,3112	5,3691	0,3835
30	0,0408	0,1385	0,2946	3,7634	1,2145
40	0,0309	0,1267	0,2437	6,0328	− 0,7399
50	0,0456	0,1475	0,3088	4,5719	0,7597
60	0,0511	0,1461	0,3499	7,2699	1,7590
70	0,0401	0,1578	0,2543	5,0591	− 0,1657
80	0,0317	0,1196	0,2649	7,2570	1,5680
90	0,0318	0,1486	0,2141	5,0252	− 1,1230
100	0,0293	0,1438	0,2034	10,8615	− 1,7311
110	0,0474	0,1597	0,2966	5,2053	− 0,4098
120	0,0419	0,1318	0,3182	4,0369	0,5033

Tabelle 12.4: Ausgewählte Eingabe-Parameter für verschiedene Filter.

Filter	Länge	Durchschn.	Std.-Abw.	Verhältnis	Kurtosis	Schiefe
DMI	34	0,1287	0,1860	0,6920	4,9766	1,8047
True Range	37	0,0467	0,1807	0,2583	6,1131	− 0,1240
RSI	28	0,1128	0,2165	0,5210	4,0422	0,1418
OBV-Kreuzung	70	0,1019	0,1686	0,6045	3,6123	1,0086
OBV-Steigung	70	0,1026	0,1767	0,5805	5,9592	1,4997
GD-Kreuzung	130	0,1131	0,1722	0,6568	4,6584	0,8590
GD-Steigung	70	0,1261	0,1679	0,7510	6,9234	1,7958
Verh. Kreuzung	70	0,1117	0,1984	0,5629	4,3042	1,6645
Verh. Steigung	90	0,0776	0,2137	0,3633	9,8603	− 0,9665
Ausbruch	60	0,0511	0,1461	0,3499	7,2699	1,7590

Überhaupt nicht funktioniert haben die Methoden True Range, das T-Bill-Steigungsverhältnis sowie die Ausbruch-Methode.

Einige Punkte, die bei dieser Analyse erwähnenswert sind, können Ihnen für Ihre eigenen Tests dienen: Der OBV-Indikator und die Verhältnisindikatoren hätten vermutlich in kürzeren Testzeiträumen besser abgeschnitten. Die nicht gerade erfreulichen Ergebnisse des Ausbruchfilters sind wahrscheinlich deshalb zustande gekommen, weil die Logik, die man für einen Filter dieser Art anwenden muss, im Zusammenhang mit den willkürlichen Einstiegen unter den vorliegenden Bedingungen eine Vielzahl von Trades ermöglicht haben, obwohl der Markt überhaupt keinen Trend aufwies oder sich in einer Konsolidierung befand. Das gilt ebenso für die True-Range-Methode im Vergleich zu den Ergebnissen des DMI und RSI. Interessant ist auch, dass die Methode der GD-Überschneidungen anscheinend nicht annähernd so gut funktioniert hat wie die Steigungsmethode der halben Länge. Dies bestätigen unsere Befunde von Teil 2, in dem wir das System der Steigungsrichtung zusammengestellt haben.

Das Goldgräber-System

Von allen Filtern, die im Zusammenhang mit dem Goldgräber-System über einen Zeitraum von Januar 1985 bis Dezember 1994 und von Januar 1995 bis Oktober 1999 untersucht worden sind, hat der Filter der Verhältnis-Indikatoren die besten Ergebnisse erzielt. Dies kann man anhand der Tabellen 12.5 und 12.6 erkennen und mit den Tabellen 11.16 und 11.17 vergleichen.

Vielleicht sind die Ergebnisse ein wenig zu gut ausgefallen: Ein hoher Gewinn-faktor und geringe Kapitalrückgänge besagen nicht viel, wenn nur wenige

Trades zur Verfügung stehen, um sinnvolle und aussagekräftige Schlussfolgerungen daraus abzuleiten. Der Grund für die geringe Anzahl an Trades besteht im ursprünglichen Entwurf der Einstiegstechnik, die modifiziert werden muss, damit es sich lohnt, sie zusammen mit einem Filter anzuwenden.

Tabelle 12.5: *Goldgräber-System (Original) / Filter Verhältnis-Indikator für den Zeitraum von Januar 1985 bis Dezember 1994.*

Trades insgesamt		30
Gewinnfaktor		1,32
Durchschnittlicher Gewinn	0,18%	593
Standardabweichung	1,51%	5.093
Gewinn-Trades	16	55,33%
Größter Gewinn-Trade	2,80%	9.450
Durchschnittlicher Gewinn-Trade	1,37%	4.613
Kumulierter Gewinn	5,06%	17.078
Verlust-Trade	14	46,67%
Größter Verlust-Trade	− 2,07%	− 6.986
Durchschnittlicher Verlust-Trade	− 1,19%	− 4.002
Kapitalrückgang	− 4,16%	− 14.040

Dies liegt größtenteils daran, dass die ursprünglichen Einstiegssignale zur Voraussetzung hatten, dass sich der Markt zwei Wochen in Folge in die gleiche Richtung bewegt, was befürchten lässt, dass zuerst ein Trendwechsel stattfinden muss, bevor uns das System einen Einstieg per Limitorder in die entgegengesetzte Richtung ermöglicht. Um den Einstieg zu erleichtern, können wir die ursprünglichen Einstiegskriterien ein wenig lockern, indem wir lediglich die Markttätigkeit der vergangenen Woche zugrunde legen. Dabei stellt sich allerdings heraus, dass der Ausbruchfilter im Zeitraum von Januar 1985 bis Dezember 1994 die besten Ergebnisse erzielt, was in Tabelle 12.7 zu sehen ist.

Nach der Veränderung der Einstiegstechnik erwies sich der Ausbruchfilter im Zeitraum von Januar 1985 bis Dezember 1994 als die lukrativste Methode mit einem Gewinnfaktor von 1,30 und einem durchschnittlichen Gewinn pro Trade von 0,17 −. Der Kapitalrückgang beläuft sich auf akzeptable 7,94 −. Auch im Zeitraum von Januar 1995 bis Oktober 1999 betrug der Gewinnfaktor 1,30, während der Durchschnittsgewinn pro Trade auf etwa 0,20 − stieg, wie Tabelle 12,8 zeigt. Die Erhöhung des durchschnittlichen Gewinns pro Trade war allerdings mit einer leichten Zunahme der Standardabweichung verbunden, was besagt, dass auch der dem Risiko entsprechende Ertrag leicht zurückgegangen ist. Der Kapitalrückgang hat sich ebenfalls erhöht, und zwar auf rund zwölf Prozent. Wenn Sie die Version des Goldgräber-Systems mit den etwas gelockerten Einstiegssignalen und dem integrierten Filter mit der Version vergleichen, die in den Tabellen 11.16 und 11.17 zu sehen sind, werden Sie feststellen, dass diese neue Version ihre Vorgänger in fast allen Punkten schlägt, und dazu gehört auch der Kapitalrückgang, der Ihnen Auskunft darüber gibt, wie gut Sie bei diesem System nachts schlafen können.

Alles, was getan werden muss, besteht also darin, sich zu vergewissern, ob die neue Filter/Einstieg-Kombination im Vergleich zur neuen Einstiegstechnik alleine tatsächlich bessere Ergebnisse bringt. Wenn dies nicht der Fall ist, bringt es auch nicht viel, den Filter zu integrieren. Die Ergebnisse für die neue Einstiegstechnik ohne Filter sind in den Tabellen 12.9 und 12.10 zu sehen, und wie Sie erkennen können, sind diese Resultate nicht so gut ausgefallen wie jene mit den Filtern, was insbesondere der Kapitalrückgang und der Prozentsatz der Gewinn-Trades zeigt. Der Gewinnfaktor und der durchschnittliche Gewinn pro Trade sind ohne Filter ebenfalls nicht so gut. Der geringere kumulierte Gewinn bei der Hinzufügung der Filter spielt an dieser Stelle keine allzu große Rolle, weil wir uns später damit befassen werden, wenn es um das geeignete Geldmanagement während des „Optimierungsvorgangs" geht.

Tabelle 12.6: Goldgräber-System (Original) / Filter Verhältnis-Indikator für den Zeitraum von Januar 1995 bis Oktober 1999.

Trades insgesamt		9
Gewinnfaktor		5,91
Durchschnittlicher Gewinn	1,20%	4.050
Standardabweichung	1,65%	5.584
Gewinn-Trades	7	77,78%
Größter Gewinn-Trade	2,80%	9.450
Durchschnittlicher Gewinn-Trade	1,86%	6.268
Kumulierter Gewinn	11,21%	37.834
Verlust-Trade	2	22,22%
Größter Verlust-Trade	− 1,10%	− 3.713
Durchschnittlicher Verlust-Trade	− 1,10%	− 3.713
Kapitalrückgang	− 1,10%	− 3.713

Tabelle 12.7: *Goldgräber-System (modifiziert) / Ausbruch-Filter für den Zeitraum von Januar 1985 bis Dezember 1994.*

Trades insgesamt		367
Gewinnfaktor		1,30
Durchschnittlicher Gewinn	1,17%	569
Standardabweichung	1,52%	5.135
Gewinn-Trades	193	52,59%
Größter Gewinn-Trade	5,03%	16.976
Durchschnittlicher Gewinn-Trade	1,38%	4.642
Kumulierter Gewinn	77,58%	261.833
Verlust-Trade	174	47,41%
Größter Verlust-Trade	− 4,48%	− 15.120
Durchschnittlicher Verlust-Trade	− 1,17%	− 3.949
Kapitalrückgang	− 7,94%	− 26.798

Tabelle 12.8: *Goldgräber-System (modifiziert) / Ausbruch-Filter für den Zeitraum von Januar 1995 bis Oktober 1999.*

Trades insgesamt		188
Gewinnfaktor		1,30
Durchschnittlicher Gewinn	0,20%	685
Standardabweichung	1,88%	6.329
Gewinn-Trades	101	53,72%
Größter Gewinn-Trade	5,14%	17.348
Durchschnittlicher Gewinn-Trade	1,62%	5.464
Kumulierter Gewinn	41,68%	140.670
Verlust-Trade	87	46,28%
Größter Verlust-Trade	− 8,30%	− 28.013
Durchschnittlicher Verlust-Trade	− 1,44%	− 4.862
Kapitalrückgang	− 12,11%	− 40.871

Wenn wir den Systemaufbau also so durchführen, wie er in Teil 3 vollzogen wurde, haben wir nicht nur eine Verbesserung des Originalsystems von Teil 2 erreicht, bei dem es sich lediglich um eine einfache Einstiegstechnik handelt, sondern wir konnten dies ohne einen Wust von Indikatoren und ohne Optimierungsmaßnahmen bewerkstelligen, bei der die Endversion auf einen bestimmten Markt abgestimmt worden wäre. Obgleich es sich hierbei um ein System handelt, das speziell für den S&P 500 konzipiert wurde, haben wir diesen Markt bei unseren Testläufen zumeist überhaupt nicht berücksichtigt, und wenn wir es getan hatten, war dieser Markt nur einer von insgesamt 16 Märkten. Ferner haben wir sogar noch einige Bestandteile des Originalsystems beseitigt, sodass sich ein Modell ergab, das viel häufiger zum Einsatz kam als seine Vorgänger.

Tabelle 12.9: *Goldgräber-System (modifiziert) / ohne Filter für den Zeitraum von Januar 1985 bis Dezember 1994.*

Trades insgesamt		454
Gewinnfaktor		1,26
Durchschnittlicher Gewinn	0,15%	513
Standardabweichung	1,68%	5.654
Gewinn-Trades	242	53,30%
Größter Gewinn-Trade	7,62%	25.718
Durchschnittlicher Gewinn-Trade	1,36%	4.595
Kumulierter Gewinn	86,55%	292.106
Verlust-Trade	212	46,70%
Größter Verlust-Trade	− 12,61%	− 45.552
Durchschnittlicher Verlust-Trade	− 1,23%	− 4.147
Kapitalrückgang	− 18,29%	− 61.729

Tabelle 12.10: *Goldgräber-System (modifiziert) / ohne Filter für den Zeitraum von Januar 1995 bis Oktober 1999.*

Trades insgesamt		236
Gewinnfaktor		1,23
Durchschnittlicher Gewinn	0,15%	520
Standardabweichung	1,81%	6.095
Gewinn-Trades	120	50,85%
Größter Gewinn-Trade	5,14%	17.348
Durchschnittlicher Gewinn-Trade	1,60%	5.401
Kumulierter Gewinn	38,37%	129.499
Verlust-Trade	116	49,15%
Größter Verlust-Trade	− 8,30%	− 28.013
Durchschnittlicher Verlust-Trade	− 1,34%	− 4.529
Kapitalrückgang	− 13,48%	− 45.495

Das Meander-System

Beim Meander-System hat sich herausgestellt, dass es sehr schwierig ist, einen Filter ausfindig zu machen, der zu gleich bleibenden Ergebnissen führt. Als bester Filter hat sich die Steigung des gleitende Durchschnitts (GD) erwiesen, denn mit Hilfe dieses Filters konnte ein sehr hoher Gewinnfaktor für den zweiten der beiden Testzeiträume erzielt werden, aber im Zeitraum von Januar 1985 bis Dezember 1994 hat er kläglich versagt. Die Tabellen 12.11 und 12.12 zeigen die Ergebnisse, die mit jenen der Tabellen 11.18 und 11.19 vergleichbar sind.

Der Grund dafür ist wahrscheinlich die Beschaffenheit der Einstiegstechnik des Originalsystems, bei der bereits der Trend berücksichtigt wird, indem die Kursstäbe der letzten fünf Wochen herangezogen wurden, um den Einstiegskurs zu bestimmen. Dies war sehr schwierig und konnte zum Beispiel durch die Modifikation der Einstiege erreicht werden, indem man die Anzahl der Standardabweichungen so verändert, dass sie sich vom Mittelwert entfernt, um ein Einstiegssignal zu erhalten. Es hat auch nichts gebracht, von den Black-Jack-Ausstiegen wieder zu den ursprünglichen Ausstiegen zurückzukehren, die ebenfalls in Teil 3 entwickelt wurden. Daher werden wir das Meander-System so beibehalten, wie es ist, und zwar mit den Ausstiegen des Black-Jack-Systems.

An dieser Stelle möchte ich darauf hinweisen, wie wichtig es ist, logische Überlegungen anzustellen, um zu verstehen, warum eine bestimmte Kombination von Filtern und Systemen nicht funktioniert. Bedenken Sie dabei, dass es kein nutzloses Experiment gibt, solange Sie etwas daraus lernen und zu einer Aussage gelangen, die Ihnen dabei hilft herauszufinden, was Sie unternehmen können, um die Ergebnisse künftiger Untersuchungen zu verbessern.

Tabelle 12.11: *Meander-System / GD-Steigung als Filter für den Zeitraum von Januar 1985 bis Dezember 1994.*

Trades insgesamt		60
Gewinnfaktor		0,89
Durchschnittlicher Gewinn	– 0,07%	– 250
Standardabweichung	1,68%	5.685
Gewinn-Trades	32	55,33%
Größter Gewinn-Trade	2,80%	9.450
Durchschnittlicher Gewinn-Trade	1,09%	3.672
Kumulierter Gewinn	– 4,13%	– 13.939
Verlust-Trade	28	46,67%
Größter Verlust-Trade	– 8,05%	– 27.169
Durchschnittlicher Verlust-Trade	– 1,40%	– 4.732
Kapitalrückgang	– 13,19%	– 44.516

Tabelle 12.12: *Meander-System / GD-Steigung als Filter für den Zeitraum von Januar 1995 bis Oktober 1999.*

Trades insgesamt		29
Gewinnfaktor		3,36
Durchschnittlicher Gewinn	0,77%	2.609
Standardabweichung	1,63%	5.498
Gewinn-Trades	21	72,41%
Größter Gewinn-Trade	4,21%	14.209
Durchschnittlicher Gewinn-Trade	1,52%	5.127
Kumulierter Gewinn	24,56%	82.890
Verlust-Trade	8	27,59%
Größter Verlust-Trade	– 1,64%	– 5.535
Durchschnittlicher Verlust-Trade	– 1,19%	– 3.999
Kapitalrückgang	– 3,41%	– 11.509

Das Black-Jack-System

Als wir in Teil 2 die Einstiege des Black-Jack-Systems entwickelt haben, hatten wir bereits einen Filter integriert, der aus einem gleitenden Durchschnitt (GD) von 200 Tagen bestand. Mit diesem Filter funktionierte das System im letzten der beiden Testzeiträume sehr gut, aber während des ersten Untersuchungszeitraums war dies überhaupt nicht der Fall. Um herauszufinden, ob eine der anderen Filtertechniken bessere und stabilere Ergebnisse erzielt, habe ich die ursprünglichen Filter durch jene ersetzt, die zuletzt besprochen wurden. Daraufhin produzierte das System recht gleich bleibende Ergebnisse mit der OBV-Steigung als Filter.

Die Ergebnisse für den Zeitraum von Januar 1985 bis Dezember 1999 sind in der Tabelle 12.13 zu sehen und können mit jenen in Tabelle 11.21 verglichen werden. Wie anhand dieser Tabelle zu erkennen ist, wurde aus einem negativen Durchschnittsgewinn pro Trade ein positiver und damit tatsächlicher Gewinn von 0,19 Prozent. Weitere positive Veränderungen bestehen in der geringeren Standardabweichung und im geringeren Kapitalrückgang. Auch der Prozentsatz an Gewinn-Trades ist sehr hoch ausgefallen.

Im Zeitraum von Januar 1995 bis Dezember 1999 wurden nicht so gute Ergebnisse erzielt, wie es beim Originalsystem der Fall war, was der Vergleich zwischen den Tabellen 12.14 und 11.20 zeigt. Aber im größeren Zusammenhang betrachtet hat dies nur geringe Bedeutung, weil das System nun stabiler und zuverlässiger ist, was vermuten lässt, dass es sich auch in Zukunft bewähren wird.

Tabelle 12.13: *Black-Jack-System (modifiziert) / OBV-Steigung als Filter für den Zeitraum von Januar 1985 bis Dezember 1994.*

Trades insgesamt		202
Gewinnfaktor		1,38
Durchschnittlicher Gewinn	0,19%	641
Standardabweichung	1,43%	4.838
Gewinn-Trades	117	57,92%
Größter Gewinn-Trade	4,12%	13.905
Durchschnittlicher Gewinn-Trade	1,20%	4.038
Kumulierter Gewinn	43,35%	146.981
Verlust-Trade	85	42,08%
Größter Verlust-Trade	−3,09%	−10.429
Durchschnittlicher Verlust-Trade	−1,20%	−4.036
Kapitalrückgang	−10,88%	−36.720

Tabelle 12.14: Black-Jack-System (modifiziert) / OBV-Steigung als Filter für den Zeitraum von Januar 1995 bis Oktober 1999.

Trades insgesamt		92
Gewinnfaktor		2,00
Durchschnittlicher Gewinn	0,46%	1.556
Standardabweichung	1,63%	5.485
Gewinn-Trades	60	62,22%
Größter Gewinn-Trade	4,04%	13.635
Durchschnittlicher Gewinn-Trade	1,41%	4.775
Kumulierter Gewinn	50,02%	168.818
Verlust-Trade	32	34,78%
Größter Verlust-Trade	− 2,90%	− 9.788
Durchschnittlicher Verlust-Trade	− 1,33%	− 4.478
Kapitalrückgang	− 5,03%	− 16.976

KAPITEL 13

Langfristige Volatilitätsfilter

Bei langfristig orientierten Systemen ist eine etwas andere Herangehensweise erforderlich. Die Aufgabe von Filtern bei kurzfristig orientierten Systemen besteht darin, einen Trend zu identifizieren, der möglichst viele kurzfristige Kursbewegungen aufweist. Bei einem langfristigen System steht der Trend laut Definition bereits fest, sodass man stattdessen so früh wie möglich einen günstigen Einstiegspunkt innerhalb des Trends finden muss. Dies bedeutet in erster Linie, dass keine willkürlichen Einstiege vorgenommen werden können. Das lässt sich am besten erreichen, indem man entweder nach Situationen Ausschau hält, die durch eine geringe Volatilität gekennzeichnet sind, oder Situationen ausfindig zu machen versucht, bei denen die Volatilitätsrichtung mit der erwarteten Kursbewegung des Marktes übereinstimmt. Merkwürdig daran ist, dass man bei Filtern für langfristig orientierte Systeme mit kurzfristigen Daten arbeiten muss, während man sich bei kurzfristigen Systemen auf langfristige Daten stützt.

Ein guter Indikator für langfristige Methoden stellt die ATR-Indikator (Average True Range) dar, den wir auch für kurzfristige Systeme eingesetzt haben. In diesem Fall werden wir jedoch anders vorgehen und sowohl den Range-Multiplikator als auch den Betrachtungszeitraum verändern. Ein Test mit zwei Variablen bedeutet, dass wir wieder von der Methode des Flächendiagramms Gebrauch machen können, die für das System der Steigungsrichtung in Teil 2 entwickelt wurde. Hinsichtlich des historischen Betrachtungszeitraums haben wir eine Länge von fünf bis 25 Tagen in Abständen von zwei Tagen verwendet. Der Range-Multiplikator reichte von 0,5 bis 2,5 in Abständen von 0,2. Die entsprechende Regel besagte, dass wir keinen Trade eingehen, wenn die True Range am

Tag des Ausbruchs den Wert der Durchschnittlichen True Range (ATR) mal deren Multiplikator übertraf.

Da bei langfristigen Systemen die Trendrichtung bereits festgelegt ist, können wir auch den ADX-Indikator einsetzen, der nicht für kurzfristige Systeme verwendet werden kann, weil er als eigenständiger Indikator nichts über die Volatilitätsrichtung aussagt. Wenn wir den ADX jedoch zusammen mit anderen langfristigen Indikatoren benutzen, können wir davon ausgehen, dass ein hoher ADX-Wert auf eine hohe Volatilität in die Richtung des Trends hinweist, was der zweite Indikator anzeigt, der in unserem Fall auch die ursprüngliche Einstiegsstrategie darstellt – oder zumindest scheint dies eine Theorie zu sein, derer sich viele Systemverkäufer bedienen, da der ADX-Indikator die Entwicklung der Trendstärke sichtbar machen soll und daher das Mittel erster Wahl ist. Der ADX-Test wurde auch mit zwei Variablen durchgeführt, in dem unterschiedliche historische Betrachtungszeiträume im Zusammenhang mit verschiedenen Einstiegsbereichen untersucht wurden. Der Betrachtungszeitraum umfasste zehn bis 20 Tage, der im Abstand von einem Tag untersucht wurde. Der Einstiegsbereich umfasste 15 bis 35 Tage in Abständen von zwei Tagen. Die entsprechende Regel lautete, den Trade nicht einzugehen, wenn sich der ADX-Wert am Ausbruchtag unter dem erforderlichen Einstiegssignalbereich befand. Bei beiden System-Filter-Kombinationen wurden auch die Stopps verwendet, die in Teil 3 entwickelt wurden.

Ein weiterer entscheidender Unterschied zwischen der Untersuchung langfristiger und kurzfristiger Systeme besteht darin, dass man sich bei langfristigen Systemen nicht nach dem Endgewinn eines Trades richten kann, weil damit zu viele Trades ausgesondert werden, was die Aussagekraft der Ergebnisse vermindern würde. Durch diese Vorgehensweise entstünde auch ein Widerspruch gegenüber dem Motiv, das der Verwendung des Filters zugrunde liegt und auf den optimalen Einstiegspunkt abzielt, um den Trade dem vorherrschenden Trend entsprechend zu platzieren, der bereits definiert wurde. Daher ist es am besten, wenn man versucht, den AKT (anfänglicher Kapitalrückstand eines Trades) in Relation zum Endergebnis des Trades zu minimieren, wie es detailliert in Teil 3 beschrieben wurde. Es wäre aber nicht sinnvoll, lediglich den AKT zu untersuchen, zumal wir ja daran interessiert sind, den Trade im Rahmen der Grenzen, die das ursprüngliche System vorgibt, möglichst lange laufen zu lassen. Dies bedeutet, dass wir die Effizienz des Trade-Einstiegs überprüfen müssen.

In Teil 3 haben wir festgestellt, dass man bei einem langfristigen System davon ausgehen sollte, dass der AKT (anfänglicher Kapitalrückstand) mit der GUA (größte ungünstige Abweichung) übereinstimmen wird, und daher kann man die GUA auf die gleiche Weise ermitteln, obgleich sich beide hinsichtlich ihrer Interpretation und Behandlung unterscheiden. Der Umgang mit der GUA besteht in erster Linie in der Anpassung der Stopps, wie es in Teil 3 durchgeführt wurde, wobei wir auch die übrigen Varianten von Kapitalrückgängen berücksichtigt haben. Mit dem AKT sollte man vor allem so verfahren, dass man die optimale Trading-Situation ausfindig macht, und damit werden wir uns jetzt beschäftigen.

Wir benutzen zwar die gleichen Techniken, um die erforderlichen Daten für den AKT und die GUA zu erhalten, aber man sollte sich darüber im Klaren sein, dass sich beide voneinander unterscheiden. Keiner der beiden Faktoren entspricht der Einstiegseffizienz des RINA-Systems. Der Unterschied besteht darin, dass der AKT hauptsächlich auf die Einstiegstechnik abgestimmt werden sollte, während die GUA hauptsächlich auf eine spezifische Ausstiegstechnik, wie zum Beispiel den Verluststopp, ausgerichtet wird. Aufgrund der GUA und des AKT ergibt sich die Effizienz des Einstiegs.

Folgende Märkte wurden analysiert: D-Mark, Rohöl, Bauholz, Kupfer, Gold, Dollar-Index, Lebendrinder, T-Bonds, Baumwolle, Japanischer Yen, Erdgas, Weizen, Nikkei-Index, Kaffee, T-Bills und Grober Reis. Der Test wurde im historischen Zeitraum von Januar 1980 bis Oktober 1992 durchgeführt.

Abbildung 13.1 (Flächendiagramm) zeigt, dass das Dynamische Ausbruchsystem (DAS) im Zusammenhang mit dem ATR-Filter (Average True Range) und einem Betrachtungszeitraum von sieben Tagen bei einem Multiplikator von 0,5 die höchste Einstiegseffizienz aufwies. Weil diese Methode aber nicht die optimale Lösung darstellt, ist sie nicht die Methode unserer Wahl. Wir sollten uns stattdessen an einem Betrachtungszeitraum im Bereich von neun Tagen und einem Multiplikator von 1,5 orientieren. Damit umgehen wir Bereiche mit geringer Effizienz wie beispielsweise den Multiplikator 1,1, obwohl die Kombination, die sich in Zukunft als die beste erweisen könnte, einer gewissen Veränderung unterworfen sein wird.

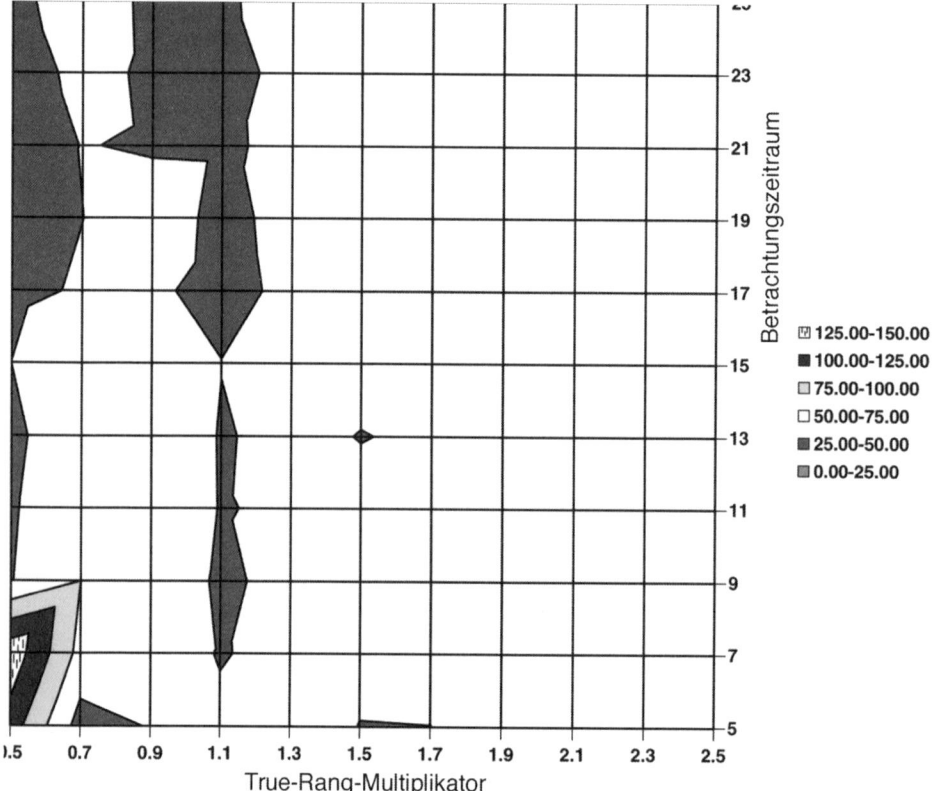

Abbildung 13.1: *Die Einstiegseffizienz für das DAS-System in Relation zum True-Range-Multiplikator und dem entsprechenden historischen Betrachtungszeitraum.*

Eine weitere Hilfestellung bietet die Abbildung 13.2, in der die Standardabweichung der Einstiegseffizienz dargestellt ist. Aufgrund der Abbildung 13.2 ist zu vermuten, dass wir in der Lage sein dürften, uns an den Multiplikator von 1,5 zu halten, ohne uns zu sehr den Bereichen der höheren Standardabweichungen anzunähern. Das bedeutet, dass wir uns auf einen Betrachtungszeitraum von neun Tagen und einen Multiplikator von 1,5 festlegen.

Abbildung 13.3 zeigt, dass das DAS-System mit dem ADX-Filter im Zusammenhang mit einem Betrachtungszeitraum von 20 Tagen und einem Triggerniveau von 33 die höchste Einstiegseffizienz aufweist. Aber da auch dies nicht die optimalste Lösung darstellt, werden wir uns nicht für diese Möglichkeit entscheiden. Wir sollten uns stattdessen an einen Betrachtungszeitraum von zwölf Tagen und ein Trigger-Niveau von 25 oder darüber halten. Auf diese Weise umgehen wir die Bereiche geringer Effizienz, wie beispielsweise das Trigger-Niveau von 21 und den Betrachtungszeitraum von elf Tagen, obschon die Kombination, die sich in Zukunft als die beste erweisen könnte, einer gewissen Veränderung unterworfen sein wird.

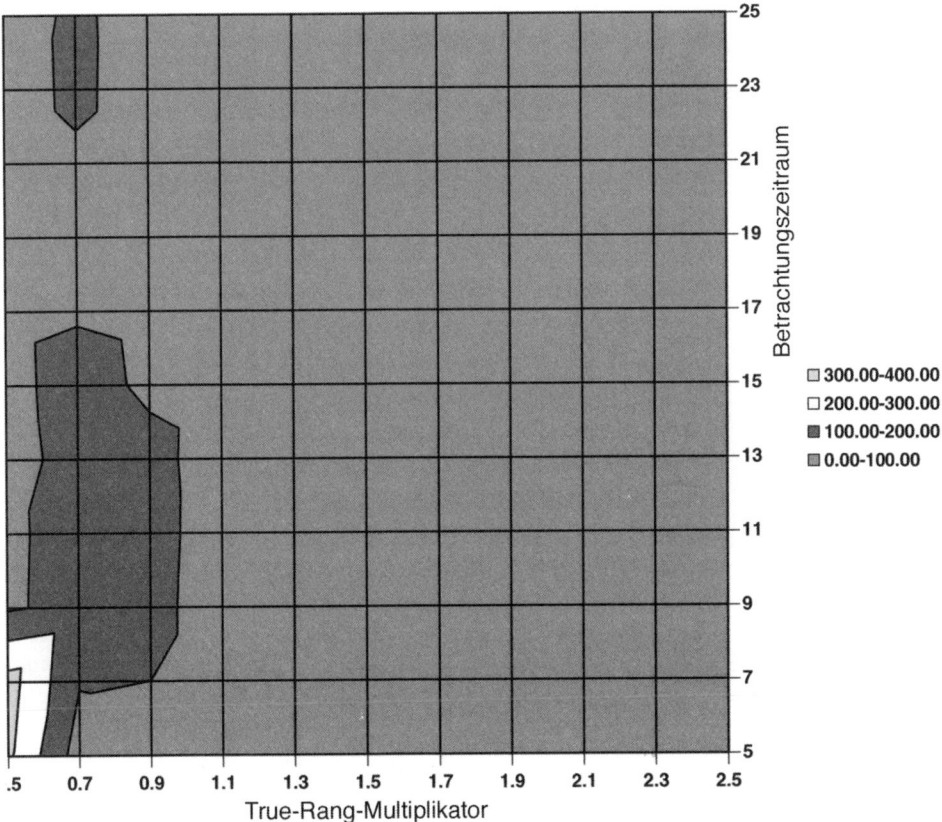

Abbildung 13.2: *Die Standardabweichung der Einstiegseffizienz für das DAS-System und den True-Range-Filter.*

Dies wird durch Abbildung 13.4 bestätigt, in der die Standardabweichung der Effizienz zu sehen ist. Abbildung 13.4 lässt vermuten, dass wir uns auf ein Trigger-Niveau von 25 und einen Betrachtungszeitraum vom elf Tagen beziehen sollten, ohne die Standardabweichung allzu sehr zu erhöhen. Da dies möglich zu sein scheint, ohne Gefahr zu laufen, die Effizienz zu beeinträchtigen, geben wir dieser Lösung den Vorzug.

In Tabelle 13.1 werden alle ausgewählten Lösungen für die drei langfristigen Systeme und Filter zusammengefasst. Das DAS-System und das System der Steigungsrichtung wurden für den Zeitraum von Januar 1980 bis Oktober 1999 untersucht, während das System des Standardabweichungsausbruchs (SAA) im Zeitraum von Januar 1980 bis Oktober 1992 analysiert wurde. Die Übertragungsfunktion von Teil 1 wurde zur Übertragung der Ergebnisse in das Tabellenprogramm Excel genutzt, um weitere Berechnungen und Vergleiche mit früheren Ergebnissen vor der Einführung der Filter durchzuführen.

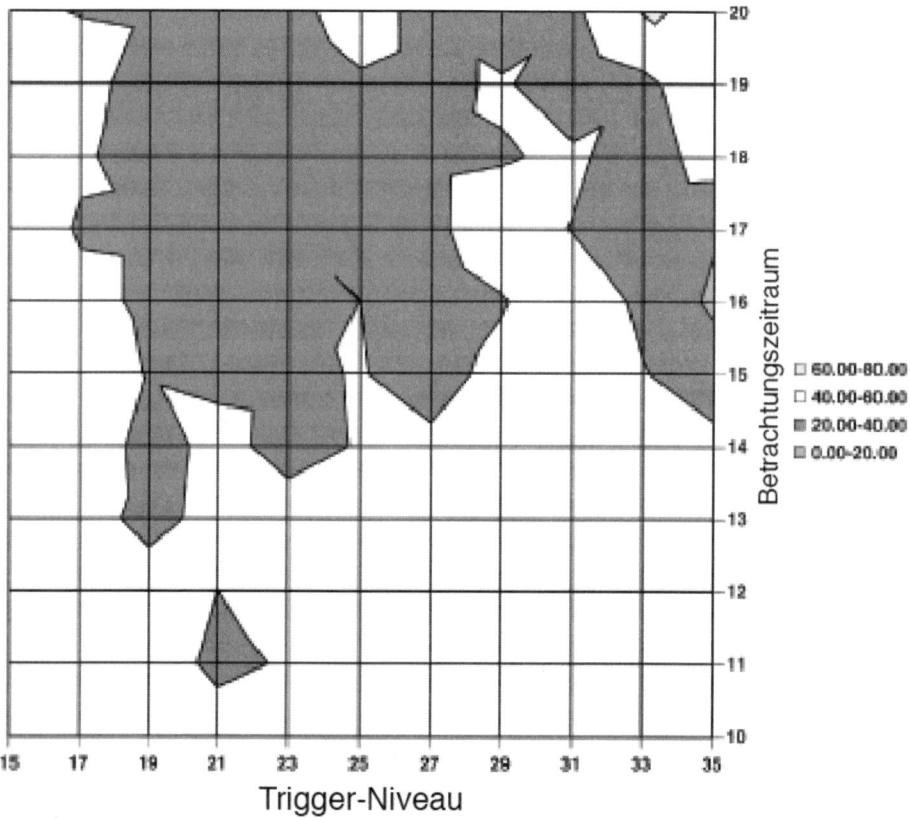

Abbildung 13.3: *Die Einstiegseffizienz für das DAS-System in Relation zum ADX-Trigger-Niveau und dem entsprechenden Betrachtungszeitraum.*

Tabelle 13.1: *Ausgewählte System-Filter-Kombinationen.*

System	ADX-Filter		True-Range-Filter	
	Zeitraum	Trigger	Zeitraum	Multiplikator
DAS-System[1]	11	25	9	1,5
SAA-System[2]	14	21	17	0,9
Steigungsrichtung[3]	11	25	11	1,7

[1] System des Dynamischen Ausbruchs (DAS)

[2] System des Standardabweichungsausbruchs (SAA)

[3] System der Steigungsrichtung

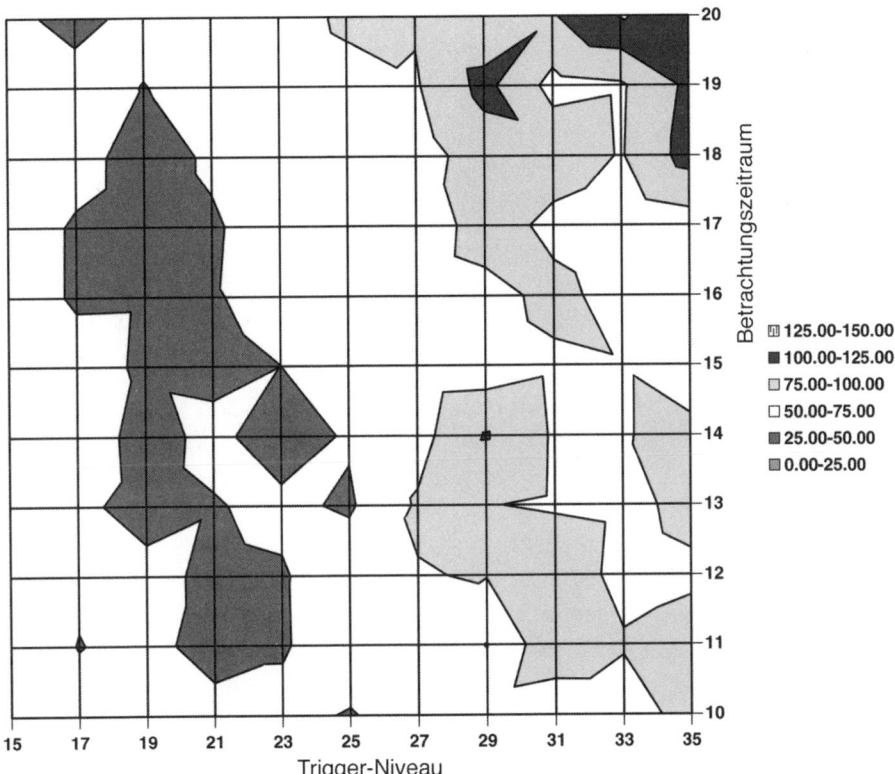

Abbildung 13.4: *Die Standardabweichung der Einstiegseffizienz für das DAS-System und den ADX-Filter.*

Das DAS-System

Die Tabellen 13.2 und 13.3 zeigen die Ergebnisse des DAS-Systems in Verbindung mit der True Range, die in Tabelle 13.1 zusammengefasst wurden. Diese Tabellen können direkt mit den Tabellen 10.9 und 10.10 verglichen werden. Tabelle 13.2 zeigt, dass sich ein Engagement nur in fünf von insgesamt 16 Märkten gelohnt hätte (wenn wir unsere Faustregel benutzen, die besagt, dass der durchschnittliche Bruttogewinn mindestens dreimal die erwarteten Kosten für Slippage und Brokergebühren, die mit 75 Dollar veranschlagt werden, betragen sollte). Dieses Resultat unterscheidet sich nicht von dem in Tabelle 10.9, was zeigt, dass sich der Filter in dieser Hinsicht nicht bewährt hat, obwohl er in neun Märkten zu einer Erhöhung des durchschnittlichen Gewinns pro Trade beigetragen hat.

Was den Gewinnfaktor anbelangt, hat der Filter in zwölf Märkten zu einem Gewinnfaktor von über 1 geführt. Dies macht zwar keinen Unterschied zur Testversion ohne Filter aus, aber da der Filter den Gewinnfaktor lediglich in sieben Märkten steigern konnte, während er in neun Märkten geringer ausfiel, hat sich deutlich gezeigt, dass das System durch den Einsatz des Filters nicht verbessert werden konnte. Die Tatsache, dass durch den Filter in neun Märkten eine Reduktion des Kapitalrückgangs erreicht wurde, ist dabei ohne Bedeutung.

Tabelle 13.2: Ergebnisauswertung aller Märkte für das DAS-System in Verbindung mit der True Range.

Mit Filter (modifiziertes System mit Ausstiegen und Filter):

Markt	Gewinnfaktor	Durchnittlicher Trade	2-Std.- Abweichungen	Kapital- rückgang
Mais	1,31	69,73	1.425,07	− 3.556,69
S&P 500	0,94	− 289,83	27.234,52	− 144.606,61
Orangensaft	1,35	104,50	2.407,67	− 9.192,10
Lebendrinder	0,98	− 6,81	2.293,99	− 12.059,97
Bauholz	1,20	114,27	3.630,98	− 11.792,83
Kaffee	1,19	153,91	5.558,24	− 19.517,05
Jap. Yen	2,13	1.207,82	9.862,45	− 13.700,98
Kupfer	0,87	− 52,83	2.224,48	− 11.294,01
Gold	1,23	107,37	2.799,42	− 9.348,00
Euro-Dollar	1,77	263,05	3.001,01	− 7.073,90
Dollar-Index	2,23	776,99	6.054,09	− 7.816,56
Baumwolle	1,32	165,24	3.923,99	− 10.654,24
CRB-Index	0,59	− 505,79	4.982,93	− 54.603,45
Rohöl	2,22	555,04	4.772,65	− 7.144,46
Kan. Dollar	1,20	62,68	2.055,76	− 7.899,86
T-Bonds	1,18	258,24	8.695,56	− 24.953,48

Die Kombination des DAS-Systems mit dem ADX brachte leider ebenso deprimierende Ergebnisse, wie die Tabellen 13.4 und 13.5 veranschaulichen. Die einzige positive Veränderung besteht darin, dass sich mit dieser Kombination ein weiterer Markt (Gold) als lohnend zum Traden erwiesen hat, aber ansonsten konnten lediglich ein höherer Durchschnittsgewinn pro Trade und in fünf Märkten ein höherer Gewinnfaktor erreicht werden (der sich jedoch in elf Märkten verringert hat), und außerdem wurden der Kapitalrückgang in fünf Märkten und die Standardabweichung in acht Märkten reduziert.

Das sind nicht gerade beeindruckende Ergebnisse, und mit Sicherheit rechtfertigen sie den Aufwand, der mit der Einführung zusätzlicher Regeln verbunden war, keinesfalls. Aufgrund dieser Tests gelangt man somit zur Schlussfolgerung, dass diese Version des DAS-Systems hinsichtlich der Gewinne und der Robustheit der Ergebnisse von keiner der beiden Filtertechniken, mit denen das Originalsystem versehen wurde, profitieren konnte.

Das System des Standardabweichungsausbruchs (SAA)

Die Verbindung des Systems des Standardabweichungsausbruchs (SAA) mit dem True-Range-Filter ist jedoch ermutigender. Von insgesamt 16 Märkten zeigten zwölf einen höheren Gewinnfaktor, und in elf Märkten wurde ein höherer Durchschnittsgewinn pro Trade erzielt. Die Tabellen 13.6 und 13.7 zeigen die Ergebnisse dieser System-Filter-Kombination, die auch mit den Auswertungen der Tabellen 10.19 und 10.20 verglichen werden können. Ebenfalls positiv ist, dass die Anzahl der handelbaren Märkte, die durch den durchschnittlichen Gewinn pro Trade erfasst wird, von zwölf auf 14 Märkte gestiegen ist.

Tabelle 13.3: Zusammenfassung der Unterschiede ohne/mit Filter für das DAS-System in Verbindung mit der True Range.

Unterschiede:

Markt	Gewinnfaktor	Durchnittlicher Trade	2-Std.- Abweichungen	Kapital- rückgang	Besser
Mais	5,02%	− 15,74%	− 0,46%	11,03%	1
S&P 500	12,99%	− 67,29%	1,44%	− 13,86%	2
Orangensaft	− 10,02%	− 26,22%	− 1,44%	5,85%	1
Lebendrinder	− 3,47%	− 190,30%	0,20%	12,31%	0
Bauholz	6,61%	53,80%	1,39%	− 2,02%	3
Kaffee	17,98%	1.344,93%	19,90%	− 15,69%	3
Jap. Yen	− 3,59%	− 2,29%	1,71%	0,00%	0
Kupfer	− 6,72%	106,33%	− 1,11%	11,48%	2
Gold	− 15,00%	− 44,85%	− 5,57%	9,25%	1
Euro-Dollar	4,77%	5,67%	− 0,58%	− 17,53%	4
Dollar-Index	6,45%	10,65%	5,60%	− 0,58%	3
Baumwolle	5,82%	26,01%	2,09%	− 1,73%	3
CRB-Index	− 1,00%	0,56%	− 2,75%	− 3,90%	3
Rohöl	− 0,47%	1,90%	2,37%	− 4,80%	2
Kan. Dollar	6,67%	56,39%	6,07%	9,69%	2
T-Bonds	− 4,43%	− 22,43%	0,09%	− 0,53%	1
Besser	7	9	6	9	–

Tabelle 13.4: Ergebnisauswertung aller Märkte für das DAS-System in Verbindung mit dem ADX als Filter.

Mit Filter (modifiziertes System mit Ausstiegen und Filter):

Markt	Gewinnfaktor	Durchnittlicher Trade	2-Std.- Abweichungen	Kapital- rückgang
Mais	1,26	58,29	1.396,50	− 3.355,61
S&P 500	0,86	− 732,10	27.240,46	− 170.608,33
Orangensaft	1,42	127,51	2.562,59	− 10.495,37
Lebendrinder	0,99	-4,31	2.293,65	− 11.805,89
Bauholz	1,12	68,83	3.572,99	− 13.732,89
Kaffee	1,10	79,02	4.792,56	− 19.299,50
Jap. Yen	2,14	1.205,34	9.841,21	− 16.746,74
Kupfer	0,87	− 54,77	2.166,07	− 11.078,56
Gold	1,58	237,19	2.916,27	− 6.728,37
Euro-Dollar	1,68	238,06	2.992,40	− 8.849,74
Dollar-Index	1,71	525,55	5.854,09	− 10.174,83
Baumwolle	1,25	131,08	3.910,42	− 11.709,41
CRB-Index	0,50	− 647,78	4.884,03	− 55.666,35
Rohöl	2,36	600,54	4.868,78	− 7.508,33
Kan. Dollar	1,11	37,30	1.929,15	− 6.386,36
T-Bonds	1,19	264,28	8.514,21	− 25.036,36

Tabelle 13.5: Zusammenfassung der Unterschiede ohne/mit Filter für das DAS-System in Verbindung mit dem ADX.

Unterschiede:

Markt	Gewinnfaktor	Durchnittlicher Trade	2-Std.- Abweichungen	Kapital- rückgang	Besser
Mais	8,80%	– 29,57%	– 2,46%	4,75%	1
S&P 500	3,28%	– 17,38%	1,46%	1,63%	1
Orangensaft	– 5,06%	– 9,97%	– 4,90%	20,85%	0
Lebendrinder	– 2,88%	– 157,13%	0,19%	9,94%	0
Bauholz	– 0,72%	– 7,36%	– 0,23%	14,10%	1
Kaffee	8,14%	641,83%	3,38%	– 16,63%	3
Jap. Yen	– 3,04%	– 2,49%	1,49%	22,23%	0
Kupfer	– 7,71%	113,89%	– 3,71%	9,35%	2
Gold	9,14%	21,81%	– 1,63%	– 21,37%	4
Euro-Dollar	– 0,97%	– 4,37%	– 0,87%	3,17%	1
Dollar-Index	– 18,38%	– 25,16%	2,11%	29,41%	0
Baumwolle	0,07%	– 0,04%	1,74%	8,01%	1
CRB-Index	– 16,57%	28,79%	– 4,68%	– 2,03%	3
Rohöl	5,58%	10,25%	4,43%	0,05%	2
Kan. Dollar	– 0,74%	– 6,92%	– 0,47%	– 11,33%	2
T-Bonds	– 4,06%	– 20,62%	– 2,00%	– 0,20%	2
Besser	5	9	8	5	–

Tabelle 13.6: Ergebnisauswertung aller Märkte für das System des Standardabweichungs-ausbruchs (SAA) in Verbindung mit der True Range.

Mit Filter (modifiziertes System mit Ausstiegen und Filter):

Markt	Gewinnfaktor	Durchnittlicher Trade	2-Std.- Abweichungen	Kapital- rückgang
Rohöl	4,22	808,63	4.276,38	– 2.192,25
T-Bonds	1,34	517,60	11.124,55	– 19.518,81
T-Bills	2,54	865,65	6.978,05	– 5.794,19
Reis	3,57	1.266,12	9.152,78	– 3.587,94
Nikkei-Index	1,21	770,16	22.715,90	– 9.832,09
Erdgas		8.817,78	21.619,06	0,00
Lebendrinder	1,28	160,80	3.353,59	– 9.101,18
Bauholz	1,50	376,28	5.895,38	– 4.591,37
Kaffee	1,73	274,34	4.278,94	– 4.998,12
Jap. Yen	1,64	966,81	12.290,12	– 13.073,75
Kupfer	2,29	765,87	7.659,45	– 5.704,59
Gold	1,92	693,90	5.423,84	– 5.592,07
Dollar-Index	2,89	1.418,88	7.538,99	– 4.611,68
D-Mark(Euro)	2,93	1.693,64	9.198,07	– 11.567,57
Baumwolle	4,03	948,52	4.829,12	– 2.639,46
Weizen	1,42	202,91	3.382,67	– 6.670,94

Tabelle 13.7: Zusammenfassung der Unterschiede ohne/mit Filter für das System des Standardabweichungsausbruchs in Verbindung mit der True Range.

Unterschiede:

Markt	Gewinnfaktor	Durchnittlicher Trade	2-Std.- Abweichungen	Kapital- rückgang	Besser
Rohöl	22,73%	8,25%	2,23%	21,56%	2
T-Bonds	3,77%	17,41%	1,82%	− 1,85%	3
T-Bills	18,00%	27,93%	8,17%	2,98%	2
Reis	182,47%	906,66%	200,80%	30,69%	3
Nikkei-Index	− 70,47%	− 87,41%	− 5,39%	100,47%	1
Erdgas		466,14%	235,64%	− 100,00%	3
Lebendrinder	17,43%	232,39%	11,10%	5,69%	2
Bauholz	5,31%	40,72%	23,63%	− 17,61%	3
Kaffee	38,21%	212,89%	74,05%	20,22%	2
Jap. Yen	− 31,83%	− 43,52%	− 4,60%	23,62%	1
Kupfer	99,84%	697,70%	89,14%	− 17,55%	3
Gold	50,94%	179,49%	0,87%	− 34,66%	3
Dollar-Index	18,80%	− 2,01%	− 5,99%	5,83%	2
D-Mark/Euro	− 1,15%	− 7,41%	− 2,89%	4,20%	2
Baumwolle	48,15%	41,47%	6,60%	− 32,16%	3
Weizen	− 23,62%	− 33,99%	8,45%	39,44%	0
Besser	12	11	4	8	-

Weniger optimistisch stimmt die Tatsache, dass das Risiko, das durch die Standardabweichung erfasst wird, in insgesamt zwölf Märkten gestiegen ist. Aber solange das Risiko nicht schneller steigt als der Wert des durchschnittlichen Trades, erhöht sich der risikobereinigte Ertrag dennoch, und zwar in elf von zwölf Fällen. Der einzige Markt, zu dem diese Filterstrategie offensichtlich nicht passt, ist der Weizenmarkt, in dem nicht eine einzige Verbesserung erzielt werden konnte.

In Anbetracht der guten Performance des Systems des Standardabweichungsausbruchs (SAA) in Verbindung mit dem True-Range-Filter und angesichts der Beliebtheit, die der ADX-Indikator bei den Systementwicklern genießt, ist man geneigt anzunehmen, dass die Kombination zwischen dem SAA-System und dem ADX zwangsläufig erfolgreich sein müsste. Das stimmt jedoch nicht! Wie die Tabellen 13.8 und 13.9 zeigen, hat sich der ADX-Filter nicht bewährt, zumal der Gewinnfaktor nur in sieben Märkten und der Durchschnittsgewinn pro Trade nur in acht von insgesamt 16 Märkten verbessert werden konnte. Im Gegensatz zu den Tabellen 10.19 und 10.20 hatte diese System-Filter-Kombination auch zur Folge, dass insgesamt vier Märkte nicht handelbar waren, was durch den Gewinnfaktor erfasst wird, der auf 1,0 oder noch weiter zurückging.

Es gab zwei Märkte, die mit dieser Kombination besonders schlecht abschnitten: der Reismarkt und der Nikkei-Index. Beim Nikkei-Index reduzierte sich der Gewinnfaktor beispielsweise von 4,09 ohne Filter auf 0,11 mit Filter. Da nur wenige Märkte insofern von dieser Kombination profitierten, dass sich die Standardabweichung der Erträge und der maximale Kapitalrückgang reduzierten, ist es auch nicht von Bedeutung, dass es Märkte gab (zum Beispiel Erdgas), die hervorragend abschnitten. Daher kann man schließen, dass der ADX in Verbindung mit diesem System nichts taugt und somit zugunsten des True-Range-Filters aufgegeben werden muss.

Tabelle 13.8: Ergebnisauswertung aller Märkte für das System des Standardabweichungsausbruchs (SAA) in Verbindung mit dem ADX als Filter.

Mit Filter (modifiziertes System mit Ausstiegen und Filter):

Markt	Gewinnfaktor	Durchnittlicher Trade	2-Std.- Abweichungen	Kapital- rückgang
Rohöl	2,91	685,61	4.302,23	− 1.738,02
T-Bonds	2,36	1.633,85	13.332,82	− 8.787,06
T-Bills	2,09	692,96	7.150,36	− 7.690,38
Reis	0,90	− 64,51	3.130,25	− 6.798,88
Nikkei-Index	0,11	− 3.477,53	6.978,33	− 13.336,11
Erdgas	25,96	6.892,23	20.012,22	− 1.104,33
Lebendrinder	1,00	0,27	3.378,56	− 8.096,56
Bauholz	1,27	191,77	5.353,82	− 6.417,54
Kaffee	0,90	− 34,70	2.004,95	− 4.677,28
Jap. Yen	2,47	2.000,98	13.937,97	− 13.918,76
Kupfer	2,59	920,57	8.005,03	− 5.594,21
Gold	1,52	416,74	5.333,78	− 7.406,50
Dollar-Index	2,47	1.427,69	7.923,35	− 4.357,46
D-Mark(Euro)	2,51	1.502,94	8.893,76	− 8.294,33
Baumwolle	3,38	877,76	5.145,42	− 3.821,89
Weizen	1,84	332,38	3.119,55	− 5.114,78

Tabelle 13.9: Zusammenfassung der Unterschiede ohne/mit Filter für das System des Standardabweichungsausbruchs in Verbindung mit dem ADX.

Unterschiede:

Markt	Gewinn-Faktor	Durchnittlicher Trade	2 Standard-Abweichungen	Kapital-rückgang	Besser
Rohöl	– 15,41%	– 8,22%	2,85%	– 3,62%	1
T-Bonds	83,31%	270,60%	22,03%	– 55,81%	3
T-Bills	– 2,59%	2,41%	10,84%	36,69%	1
Reis	– 28,76%	– 151,29%	2,88%	31,34%	0
Nikkei-Index	– 97,38%	– 156,83%	– 70,94%	171,92%	1
Erdgas	271,87%	342,51%	210,70%	6,04%	2
Lebendrinder	– 8,07%	– 99,44%	11,93%	– 5,97%	1
Bauholz	– 10,39%	– 28,29%	12,27%	15,15%	0
Kaffee	– 27,89%	– 139,58%	– 18,45%	12,50%	1
Jap. Yen	2,70%	16,89%	8,19%	31,61%	2
Kupfer	125,63%	858,83%	97,67%	– 19,15%	3
Gold	19,66%	67,85%	– 0,80%	– 13,46%	4
Dollar-Index	1,38%	– 1,40%	– 1,20%	0,00%	2
D-Mark/Euro	– 15,17%	– 17,84%	– 6,11%	– 31,31%	2
Baumwolle	24,14%	30,91%	13,59%	– 1,77%	3
Weizen	– 0,83%	8,13%	0,02%	6,91%	1
Besser	7	8	5	7	–

Das System der Steigungsrichtung (SSR)

Ich habe mich entschlossen, für das System der Steigungsrichtung (SSR) nur jene Tabellen zu zeigen, die die Zusammenfassung der Unterschiede zwischen dem System mit und ohne Filter veranschaulichen, und zwar einfach deshalb, weil es keinem der beiden Filter gelungen ist, zur Verbesserung des Systems beizutragen. Tabelle 13.10 zeigt die Unterschiede zwischen dem System mit und ohne den True-Range-Filter, während in Tabelle 13.11 die Unterschiede zu sehen sind, die das System mit und ohne ADX-Filter erzielt hat. Diese Tabellen können mit der Tabelle 9.10 verglichen werden.

Grundsätzlich ist der Einsatz des ADX-Indikators als Filter für Systeme dieser Art äußerst fragwürdig. Die jeweiligen Ergebnisse schließen jedoch nicht aus, dass sich dieser Indikator mitunter mit anderen Systemen und/oder Märkten durchaus positiv auswirken könnte. Aber was mich anbelangt, zeigt mir ein Test wie dieser, dass der besagte Indikator nicht robust und zuverlässig genug ist, sodass ich ihn in keines meiner Systeme einbauen möchte. Sollte mir aber einmal zu Ohren kommen, dass ein Systementwickler anlässlich eines Seminars über den ADX als Filter referiert, so würde ich mich fragen, ob dieser Mann wirklich weiß, wovon er redet.

Weil ich zuvor mit besseren Ergebnissen für die langfristigen Filter gerechnet hatte, habe ich mir natürlich Gedanken darüber gemacht, ob ich dieses Thema überhaupt erörtern soll. Der Grund, warum ich mich schließlich doch dafür und nicht dagegen entschlossen habe, hat mit meiner Überzeugung zu tun, dass es so etwas wie ein „gescheitertes" Experiment nicht gibt, denn selbst wenn die Hypothese, die der Untersuchung vorausging, nicht bestätigt werden konnte, sind es die Ergebnisse dennoch wert, mitgeteilt zu werden, weil dann andere ihre Zeit nicht mehr mit unnötigen Arbeiten verschwenden müssen.

Tabelle 13.10: *Zusammenfassung der Unterschiede mit/ohne Filter.*

Unterschiede:

Markt	Gewinnfaktor	Durchnittlicher Trade	2-Std.-Abweichungen	Kapital-rückgang	Besser
Mais	− 13,45%	− 23,14%	− 7,08%	36,24%	1
S&P 500	− 3,29%	2,66%	− 6,85%	4,38%	2
Orangensaft	− 10,60%	− 19,86%	− 8,11%	10,49%	1
Lebendrinder	− 10,81%	− 58,90%	− 7,21%	17,61%	1
Bauholz	− 23,44%	− 35,52%	− 6,53%	24,08%	1
Kaffee	10,44%	− 16,48%	− 2,38%	− 9,31%	2
Jap. Yen	− 3,00%	− 8,86%	− 4,06%	6,74%	1
Kupfer	− 27,55%	− 48,55%	− 1,50%	2,39%	1
Gold	− 28,93%	− 81,58%	− 4,25%	59,60%	1
Euro-Dollar	14,57%	22,10%	0,47%	− 9,70%	3
Dollar-Index	9,29%	18,43%	3,66%	− 8,42%	3
Baumwolle	4,16%	2,51%	− 1,36%	− 23,55%	4
CRB-Index	− 35,98%	154,00%	− 17,92%	26,24%	2
Rohöl	− 21,23%	− 19,88%	− 6,81%	− 10,99%	2
Kan. Dollar	6,42%	− 25,23%	1,04%	9,01%	1
T-Bonds	− 5,02%	− 19,99%	0,40%	12,35%	0
Besser	3	5	13	5	-

Tabelle 13.11: *Zusammenfassung der Unterschiede mit/ohne Filter.*

Unterschiede:

Markt	Gewinnfaktor	Durchnittlicher Trade	2-Std.- Abweichungen	Kapital- rückgang	Besser
Mais	− 38,94%	− 37,13%	4,30%	155,44%	0
S&P 500	− 10,60%	46,20%	4,39%	− 15,70%	2
Orangensaft	− 20,65%	− 19,25%	16,09%	86,99%	0
Lebendrinder	− 11,90%	− 62,62%	− 11,03%	28,56%	1
Bauholz	− 43,84%	− 67,32%	− 2,69%	17,19%	1
Kaffee	− 12,38%	− 14,32%	3,05%	8,34%	0
Jap. Yen	− 18,72%	− 30,38%	− 15,31%	− 67,02%	1
Kupfer	− 18,09%	− 18,57%	21,57%	− 11,58%	1
Gold	− 8,18%	− 12,10%	13,98%	− 23,63%	1
Euro-Dollar	− 2,30%	19,91%	12,07%	− 18,51%	2
Dollar-Index	− 36,89%	− 65,45%	− 13,76%	28,87%	1
Baumwolle	34,31%	60,46%	7,93%	− 45,17%	3
CRB-Index	− 58,62%	295,44%	− 25,85%	− 9,55%	3
Rohöl	− 25,59%	− 22,13%	− 1,74%	47,38%	1
Kan. Dollar	− 17,99%	− 60,76%	12,89%	48,30%	0
T-Bonds	6,22%	42,15%	8,42%	12,07%	2
Besser	2	5	6	6	−

339

Kapitel 14

Über das Wesen eines Trends

Dieses Kapitel wurde von Max von Liechtenstein mitverfasst, einem Studenten im Aufbaustudium, der im Hauptfach Wirtschaftswissenschaften an der Universität von Uppsala, Schweden, studiert, und es wurde durch die Gedanken folgender Menschen beeinflusst: Richard Werner, leitender Wirtschaftswissenschaftler, Profit Research Center, Tokio, Japan; Edgar Peters, leitender Stratege für Vermögensanlagen, Panagora Asset Management, Boston, USA; Dr. Henry Pruden, Professor, Golden Gate University, San Francisco, USA; Dr. Bruno Latour, Professor, École Nationale Supérieure des Mines, Paris, Frankreich; Dr. Knut Wicksell (gestorben 1926), Professor, Lund Universität, Schweden.

Die beliebtesten Geschichten der LaSalle Street (Chicago) und Wall Street (New York) handeln von Finanzmagnaten und Börsianern wie Nathan Rotschild, Jesse Livermore und George Soros. Aber diese Geschichten haben einen ernsthaften Hintergrund, der durch die Entwicklung des Finanzsystems als Herz der kapitalistischen Gesellschaft gekennzeichnet ist. Diese Geschichten ermöglichen auch Erkenntnisse, da sie zeigen, warum die technische Analyse und das auf Regeln basierende Trading gewinnbringend ist, wenn man sie versteht und richtig einsetzt.

Eine Lektion, die wir von den großen Tradern und Börsianern lernen können, ist die, dass der Misserfolg in den Finanzmärkten auf dem Mangel an Disziplin und Wissen beruht und dass Trading ein Geschäft und eine Tätigkeit ist, die nicht so sehr auf einzelnen Entscheidungen beruht, sondern eher als Arbeitsprozess betrachtet werden sollte. Jene, die nicht daran interessiert sind, die Märkte zu verstehen, und die sie als „willkürlich" und „regellos" bezeichnen, befinden sich in einer Sackgasse, denn die Chancen des Einzelnen auf nennenswerte Gewinne werden dadurch erheblich reduziert. Natürlich wird es immer wieder ahnungslose Trader geben, die unglaubliche Gewinne erzielen, aber dieser Erfolg gründet nicht auf Wissen, sondern auf Glück. So betrachtet, ist Trading, das auf einzelnen Entscheidungen beruht, ein reines Glückspiel, das entweder zu einem positiven oder zu einem negativen Ergebnis führt, während das auf Geschick aufbauende Trading einen Arbeitsvorgang darstellt, der mit Aufgaben verbunden ist wie zum Beispiel der technischen Analyse und dem Geld- und Portfoliomanagement.

Um mechanische Trading-Systeme zu handeln, muss man verstehen, dass der Arbeitsprozess nicht nur daraus besteht, die Kauf- und Verkaufsignale auszuführen, die das System vorgibt. Ein allgemeines Problem im Finanzwesen besteht darin, dass Personen zu einem bestimmten Zeitpunkt damit beschäftigt sind, Einzelentscheidungen zu treffen und umzusetzen. Besser wäre es, sich mit dem jeweiligen Arbeitsvorgang auseinanderzusetzen, sodass jede Entscheidung nicht nur eine Entscheidung an sich ist, sondern als Teil eines größeren Planes angesehen wird, der eine bestimmte Zeit in Anspruch nimmt. Wir verwenden ganz bewusst den Begriff „Arbeit", da man sich nach heutigem Verständnis des Finanzwesens nur auf die Einzelentscheidung und die Verteilung des Vermögens konzentriert, während die fehlende Variable darin besteht, nicht zu hinterfragen, wie dieses Vermögen überhaupt zustande gekommen ist. Eine Folge davon ist die weit verbreitete Vorstellung, dass die Fluktuationen des Marktes eine Quelle des Vermögens darstellt und dass ein Vermögen gemacht oder vernichtet wird, wenn sich die Kurse beziehungsweise Preise auf- und abbewegen. Das ist nicht der Fall. Die Preise sind das Produkt und nicht die Ursache des Vermögens. Preise und Umsätze (Volumen) sind daher lediglich materialisiertes Vermögen, das durch den gesamten Arbeitsvorgang der Akteure in der Wirtschaft verursacht und geschaffen wird. Daher muss man sich anstrengen, arbeiten und kämpfen, um aufgrund der Preisveränderungen zu einem Vermögen zu gelangen, denn sonst betreibt man lediglich ein Glückspiel und verliert letztendlich.

Wir sind davon überzeugt, dass das Konzept „Arbeit" eine bessere Ausgangsposition darstellt, um gewinnbringendes Trading zu erörtern, das auf Regeln gründet. Der Vorteil dieses Konzepts der Arbeit im Gegensatz zur Entscheidung ist der, dass Trading als eine Form von Problemlösung betrachtet werden kann. Wir haben es also mit Arbeit zu tun, wenn wir verschiedene Aufgaben im Rahmen eines Arbeitsablaufs ausführen. Wenn eine Person die Arbeit erlernen möchte, die mit dem auf Regeln basierenden Trading verbunden ist, muss sie die Fähigkeit entwickeln, das Problem des Geldverdienens in den Finanzmärkten zu lösen, indem sie sich auf Folgendes stützt: Philosophie, Prinzipien, Abläufe und Ergebnisse.

Schwerpunkt dieses Kapitels ist die Philosophie, während sich das Buch ansonsten mit Prinzipien und der Performance (Ergebnisse) beschäftigt. Die Philosophie beantwortet die Frage nach dem „Warum" und erklärt den Nutzen der Prinzipien und Abläufe dieses Buches. Allerdings ist es schwierig, ohne Bezugspunkte zur Philosophie Stellung zu nehmen. Aus diesem Grund ist es von entscheidender Bedeutung, den Aufbau einer Wissensgrundlage auf dem Gebiet der Finanzen zu verstehen und zu wissen, wo wir heute stehen. Wir werden dies im Zusammenhang mit der Frage, wie man lang- und kurzfristige Trends identifiziert, ansprechen.

In Bezug auf die Entwicklung von Grundwissen über die Finanzmärkte sind seit den 50er-Jahren des vergangenen Jahrhunderts merkwürdige Wege eingeschlagen worden. Während in der akademischen Welt nach allgemeinen und abstrakten Theorien gesucht wurde, die mathematisch begründet und bewiesen werden konnten, haben sich die Praktiker auf wichtige Prinzipien konzentriert, die sich in der Praxis ihres eigenen Arbeitsumfelds bewährt haben. Vor den 50er-Jahren des vergangenen Jahrhunderts haben sich sowohl Praktiker als auch Theoretiker mit der Entwicklung der Wissensgrundlage beschäftigt. Dies bedeutete, dass fachkundige Praktiker, insbesondere innerhalb der Untergruppe der Finanzanalytiker, durch das, was in höheren Bildungsanstalten gelehrt wurde, beeinflusst waren. Nach den 50er-Jahren schuf jedoch vor allem die akademische Welt die Wissensgrundlage bezüglich der Finanzmärkte; die wichtigen Kenntnisse über die Finanzmärkte, die Trader und technische Analysten besitzen, wurden dabei einfach ignoriert. Das Problem, das mit der Vorherrschaft der Wissenschaftler einhergeht, besteht im Mangel an wichtigen praktischen Prinzipien, die im täglichen Arbeitsprozess durch Praktiker an die realen Gegebenheiten angepasst werden.

Die Vorherrschaft der Wissenschaft bei der Definition der Wissensgrundlagen über die Finanzmärkte begann auf dem Gebiet der Portfoliotheorie. Anfang der 50er-Jahre des letzten Jahrhunderts führte Harry M. Markowitz vor, wie ein Aktienportfolio mit einer bestimmten Renditeerwartung so optimiert werden kann, dass die Schwankungen der Erträge möglichst gering gehalten werden. Anfang der 60er-Jahre verstärkte sich die Dominanz der Wissenschaft in der Finanztheorie durch William Scharpes „Capital Asset Pricing Model (CAPM)"

und Eugene Famas „Efficient Market Hypothesis (EMH)". Das CAPM (Preismodell des Anlagegegenstands) besagt, dass ein Anlagegegenstand mit einer
bestimmten Gewinnerwartung vom jeweiligen Marktrisiko abhängt. Die EMH
(Effiziente Markthypothese) postuliert, dass der Marktpreis eines Anlagegegenstandes auf großen und freien Märkten der einzig mögliche Preis ist, dass er alle
genauen und verfügbaren Informationen beinhaltet und dass es keine willkürliche Preiswahl gibt, denn solange es keine neuen Informationen gibt, bleiben die
Preise stabil. Wenn eine neue Information eintrifft, passen sich die Preise schnell
und korrekt dem neuen Gleichgewicht an. Wenn diese neuen Informationen
oder Ereignisse zufällig eintreffen/eintreten, entwickeln sich die Preise und
Gewinne auch dementsprechend. Mit einigen Optionsmodellen von Fisher
Black, Robert Merton und Myron Scholes konnte die Wissenschaft ihre Vor-
machtstellung weiter festigen.

Eckpfeiler des modernen Finanzwesens sind das „Arbitrage-Prinzip", das von
Merton Miller und Franco Modigliani entwickelt wurde, und die „Random-
Walk-Hypothese" (Zufallsprozesshypothese), die besagt, dass Kursveränderun-
gen nicht prognostizierbar sind. Im modernen Finanzwesen ist Arbitrage
immer möglich, weil Anleger jederzeit Kredite aufnehmen können. Nach der
Random-Walk-Hypothese bewegen sich Aktienkurse wie die zufällige Bewegung kleinster in ruhender Flüssigkeit suspendierter Teilchen, der Brownschen
Molekularbewegung. Nach dieser Anlagetheorie sind beispielsweise Aktienkurse nicht vorhersehbar. Diese Hypothese steht im Gegensatz zum Ansatz der
Charttechnik, da nach der Random-Walk-Hypothese vergangene Kurse keine
Relevanz für die künftige Entwicklung haben. Die Zufälligkeit der Kurse ergibt
sich aufgrund des Wettbewerbs zwischen Investoren, die versuchen, ihr Vermögen zu vergrößern. Die Arbitrage zwischen den Wettbewerbern schließt jegliche
Gewinnmöglichkeit aus, indem die zur Verfügung stehenden Informationen
unmittelbar in die Marktpreise beziehungsweisebeziehungsweise -kurse aufgenommen werden. Der wissenschaftlichen Position entsprechend besteht ein
effizienter Markt darin, dass die Preisveränderungen vollkommen zufällig und
unvorhersagbar sind. Dies beinhaltet, dass Anleger die Wahrscheinlichkeitsthe-
orie einsetzen sollten, um vernünftige Investitionsentscheidungen in den nach
dem Zufallsprinzip funktionierenden Märkten treffen zu können.

In den vergangenen Jahren haben einige Vertreter der Verhaltensökonomie
(Behavioral Finance), die die wissenschaftliche Forschung über menschliche
und gesellschaftliche Voreingenommenheiten im Denken und Fühlen anwenden, um Rückschlüsse auf wirtschaftliche Entscheidungen zu ziehen, das

moderne Finanzwesen angegriffen und wurden dabei massiv von Tradern und technischen Analysten der Wall Street unterstützt. Vertreter dieses Ansatzes sind der Überzeugung, dass sich die Preisveränderungen von Anlagegegenständen auf vorhersagbare Weise und nach dem Zufallsverfahren vollziehen und nicht Zufallsbewegungen folgen, die unberechenbar sind. Die Verhaltensökonomie vertritt demgegenüber die Hypothese, dass die dauerhaften Muster des Preis-/Kursverhaltens und die Art der Kursveränderungen durch soziale Faktoren, wie beispielsweise menschliche Denk- und Verhaltensgewohnheiten, zu erklären sind. Daher verändern sich die Preise/Kurse an den Finanzmärkten, und infolgedessen entwickeln sich aller Wahrscheinlichkeit nach von Zeit zu Zeit Trends. Die Verhaltensökonomie stellt zwar einen bedeutenden Fortschritt dar, ist aber auf die Entscheidungsprozesse beschränkt, indem sie sich vor allem an den sozialen Faktoren wie den Wünschen und Bedürfnissen von Individuen ausrichtet.

Wenn die Preisveränderungen von Anlageinstrumenten also nach einem Zufallsprozess ablaufen, sind sie in gewissem Maße vorhersagbar. Aus diesem Grund kann man die Fundamentalanalyse verwenden, um die Märkte zu besiegen. Dies hat sich vor allem bei kleineren Unternehmen und Wertstrategien als richtig erwiesen. Weitere Erkenntnisse bietet die Trading-Methode von Praktikern, die sich auf Regeln stützen. Es hat sich gezeigt, dass die Preise zu Überreaktionen neigen, was erklärt, dass zum Beispiel Strategien, die sich auf den RSI (Relative Strength Index) beziehen, recht lukrativ sein können. Auch dies widerspricht dem modernen Finanzwesen, das davon ausgeht, dass Preisveränderungen im Grunde unvorhersagbar sind.

Allerdings liefern soziale Faktoren nur Teilerklärungen und müssen durch konkrete Faktoren ergänzt werden, sodass umfassende Strukturen entstehen, die den Strom der erforderlichen Gelder erklären, um diese „Bedürfnisse" und „Wünsche" entstehen zu lassen. Die sozialen Faktoren (die Bedürfnisse) schaffen zusammen mit den umfassenden Strukturen (die Gelder oder Kapitalströme) die notwendige Nachfrage, um die verschiedenen Märkte für alle Arten von Gütern und Dienstleistungen sowie weitere Produktionsfaktoren und Vermögenswerte hervorzubringen. Aber das ist noch nicht alles. Sie setzen auch einen komplexen Prozess in Gang, der zumindest teilweise vorhersagbare Trends in verschiedenen Märkten ausbildet. Dies verdeutlicht, dass Trading als vernunftsorientierter Arbeitsprozess betrachtet werden muss und nicht als eine Reihe optimaler Entscheidungen, die zu unterschiedlichen Zeitpunkten getroffen werden. Diese Betrachtungsweise des Tradings unterstreicht auch die Notwendigkeit des Geld- und Portfoliomanagements, was sich außerhalb der Welt der rationell vorgehenden Anleger ganz anders darstellt und nicht darin besteht, einfach zu kaufen und das effizienteste Portfolio in Übereinstimmung mit dem CAPM und der EMH zu halten.

Der auf Regeln beruhende Trading-Ansatz ist im Wesentlichen auf die Vorstellung zurückzuführen, dass sich die Preise zumindest teilweise in vorhersagbaren Trends bewegen, sodass man sich größtenteils auf der richtigen Seite befindet und eher Geld gewinnt als verliert, wenn man sich an die entsprechende Strategie oder an den besagten Arbeitsprozess hält. Das folgende Beispiel soll veranschaulichen, was wir damit meinen, wenn wir sagen, der Trend sei teilweise vorhersagbar.

In seinem Buch *Pattern in the Dark* (Wiley, 1999) beschreibt Edgar Peters einen Richter, der dem Wahnsinn verfällt. Dieser Wahnsinn wird durch folgende einfache Beobachtung hervorgerufen: Jeden Tag sorgen böse Menschen dafür, dass schlimme Dinge passieren. Können die vielen Tragödien einfach auf zufällige Ereignisse zurückgeführt werden? Nein, denn nach diesem Richter können sie nur die Folge einer Verschwörung sein. Diese Geschichte handelt von unserer Fähigkeit und unserem Wunsch, eine stabile Ordnung herzustellen und eine Erklärung für das zu liefern, was sich in unserem täglichen Leben um uns herum abspielt. Die Beobachtung, dass schlimme Dinge durch böse Menschen hervorgerufen werden, setzt jedoch voraus, dass es eine bestimmte und dauerhafte Struktur gibt. Was der Richter aber nicht erkannte, ist, dass die meisten Opfer durch mehr oder weniger zufällige Ereignisse zu solchen werden. Daher werden gute Menschen aufgrund lokaler Zufallsprozesse im Zusammenhang mit einer allgemeinen Struktur zu Opfern.

In der Natur gibt es viele komplexe Vorgänge (beispielsweise das Wetter), an denen mehrere Faktoren beteiligt sind, die als Einheit fungieren und örtliche Zufallsprozesse im Verbund mit umfassenden Strukturen in Gang setzen. Dies trifft auch auf technische Systeme und Finanzsysteme zu. Einerseits wirken Individuen zusammen und bilden umfassende Strukturen, die auf ähnlichen konkreten Voraussetzungen und Bedingungen beruhen. Aber aufgrund unterschiedlicher sozialer Faktoren, wie zum Beispiel individueller Vorlieben und der unterschiedlichen Bereitschaft zu Veränderungen, entsteht ein lokaler Zufallsprozess. Diese Komplexität hat zur Folge, dass die sich entwickelnde Einheit wie eine Verschwörung aussieht, obwohl kein Genie oder Superhirn dahintersteckt.

In seinem Buch Aramis or the Love of Technology (Harvard University Press, 1996) zeigt Bruno Latour auf, dass wir soziale und konkrete Faktoren definieren und in das Modell integrieren müssen, wenn wir konkrete Veränderungen verstehen wollen, wie sie zum Beispiel die Veränderungen von Preis und Umsatz in gehandelten Vermögenswerten darstellen. Mit anderen Worten:

In der Wirtschaft entsteht in einem komplexen Prozess aus dem Zusammen-wirken zwischen lokaler Zufälligkeit und umfassender Struktur eine zumindest teilweise gesicherte und stabile Veränderung der Ereignisse. Durch diesen gemeinsamen Ablauf entwickelt sich gewissermaßen ein Trend, den wir vor-herzusagen oder zu erklären versuchen. Dies setzt voraus, dass wirtschaftliche Trends zum Teil durch uns selbst geschaffen werden, sodass wir aufgrund der gegenseitigen Beeinflussung durch unsere Vorhersagen und Erklärungen an die-sen Veränderungen beteiligt sind.

Bis vor kurzem haben die neoklassische Wirtschaftswissenschaften und das moderne Finanzwesen die wirtschaftlichen Veränderungen sowie das Wachs-tum des Bruttoinlandsprodukts (BIP) ausschließlich als Ergebnis sozialer Fak-toren betrachtet, indem die Anleger zum Beispiel aufgrund ihrer jeweiligen Kaufkraft zugeordnet wurden, ohne dabei zu berücksichtigen, wie diese Kauf-kraft überhaupt zustande kam. Dabei ging man von der Annahme aus, dass die Marktpreise und die Quantität der Marktgegenstände stets dem Wert entspre-chen, den sie dem einzelnen Investor ermöglichen. Diese Hypothese lässt sich auch auf die Märkte anwenden, indem der Kapitalwert dem inneren Wert eines Vermögensgegenstandes entspricht, weil die Arbitrage (Nutzung der Kursunter-schiede) sonst nicht möglich wäre. In beiden Fällen wird die Schlussfolgerung durch die Annahme gerechtfertigt, dass sich Personen ungehindert Geld auslei-hen können. Demzufolge wird eine Änderung des Bruttoinlandsprodukts aus-schließlich durch soziale Faktoren, wie beispielsweise die persönlichen Vorlieben von Individuen, erklärt, weil dies die einzige verbleibende Variable ist, die eine Erklärung für die Entscheidung der Porfolioverteilung in der Wirtschaft liefern kann. Dies beinhaltet, dass innere Werte Preise und Mengen in den Märkten bestimmen.

Wie wir jedoch alle wissen, können wir nicht unbegrenzt Geld leihen, und somit ist es ein gewaltiger Irrtum, wenn die neoklassischen Wirtschaftswissenschaft und das moderne Finanzwesen den Etat von Individuen beziehungsweisebezie-hungsweise deren Einkommen als Randbedingung einbezieht und in absolute Begriffe fasst, weil selbst der Normalbürger das Problem erkennt, das mit der

Verteilung einer nicht vorhandenen Kaufkraft verbunden ist. Das eigentliche Problem ist auf die Definition der neoklassischen Wirtschaftswissenschaft von Kaufkraft und Geld als Rücklage wie die Gesamtgeldmenge M1 und M2 usw. zurückzuführen, was wiederum auf einem zu einfachen Modell beruht, das eher auf Naturalwirtschaft als einer durch Darlehen bestimmten kapitalistischen Wirtschaft gründet. Da die Spareinlagen selbst auf die Schaffung und Bereitstellung von Kaufkraft zurückgehen, hat dies zur Schwierigkeit geführt, Finanzkrisen, Wachstum und die Schwankungen von Bruttoinlandsprodukt (BIP) und Preisen für Anlagegüter zu erklären und anzugeben, warum diese Vorgänge prognostizierbar sind.

Um dieses Problem zu lösen, haben einige Gelehrte, die durch das Buch von Knut Wicksell Interest and Prices (A. M. Kelley, 1965) inspiriert wurden, stattdessen die Schaffung von Kaufkraft mit der Schaffung von Darlehen und der Bereitschaft der Banken, diese zu gewähren, erklärt. Bei einer Betonung der materiellen Bedingungen der Gesellschaft können die Veränderungen der Transaktionsabläufe nicht ausschließlich mit der Portfolioverteilung von Personen erklärt werden, sondern auch mit dem Prozess der Kreditvergabe der Banken als zugrunde liegender Kraft, die Wünsche und Bedürfnisse in den Individuen weckt. Die Unterscheidung zwischen sozialen und materiellen Faktoren ist ebenfalls wichtig, weil Finanzkrisen und Spekulationsblasen andernfalls nur durch den irrationalen Entscheidungsfindungsprozess von Menschen und nicht durch Störungen im System selbst erklärt werden. Zwei wichtige materielle Faktoren, die einen Einfluss auf die Kaufkraft ausüben, stellen die demografischen Bedingungen und die Steuerpolitik dar. Diese Faktoren lassen auch Trends in den Märkten entstehen, weil sie das Angebot (die Zusammensetzung) der Fonds bestimmen.

Maschinen werden mit Hilfe von Darlehen angeschafft, in Betrieb gehalten und mit Rohmaterialien versorgt. Auch der Kauf der Produkte wird von den Konsumenten durch Darlehen beziehungsweise Kredite finanziert – Häuser und Autos werden gekauft, und auch im Ausland wird von ausländischen Kunden Geld ausgegeben. Dank der Bereitstellung von Krediten können einzelne Personen und die Wirtschaft als Ganzes das erforderliche Kapital beschaffen, das sie für die Erfüllung ihrer „Bedürfnisse" benötigen. All unsere „Bedürfnisse", wie sie von der Verhaltensökonomie definiert werden, können den Markt selbst nicht dazu veranlassen, Trends auszubilden. Die Fähigkeit des Marktes, Trends zu entwickeln, ist vielmehr davon abhängig, in welchem Umfang und in welcher Höhe er Darlehen/Kredite anzuziehen vermag. Das heißt also, dass sich kurz- und langfristige Trends dadurch voneinander unterscheiden, ob die Kaufkraft inner-halb des Marktes entstanden ist, da sich die Anleger auf die Margin stützen, oder ob sie außerhalb des Marktes ihre Grundlage hat.

Die Bedeutung von Darlehen für das Verständnis der Märkte kann durch den Vergleich zwischen unserer kapitalistischen Gesellschaft und der Naturalwirtschaft im alten Ägypten veranschaulicht werden. Die Naturalwirtschaft im Reich der Pharaos funktionierte auf recht einfache Weise. Der Pharao musste lediglich seine Peitsche und seine Macht einsetzen, um Arbeiter und Materialien für den Bau von Pyramiden bereitzustellen. Die Cheops-Pyramide erforderte 600.000.000 Tage menschlicher Arbeitkraft, und was schließlich nach 20 Jahren Bauzeit fertiggestellt wurde, stellte sozusagen einen gebundenen Vermögenswert dar.

In unserer Wirtschaft gibt es keinen Pharao, der durch die Macht seines Wortes ein Heer von Arbeitskräften befehligt. In unserer Gesellschaft werden Arbeits-kräfte und Materialen durch Geld beherrscht. In einer Naturalwirtschaft wird Geld als konkreter und „unvergänglicher" Bestand betrachtet, wobei sich dessen Menge nur dann verändern kann, wenn noch mehr Gold oder andere wertvolle Materialien aus dem Boden ausgegraben werden. Mit dem Lebenszyklus von Geld und Darlehen in einer modernen kapitalistischen Gesellschaft verhält es sich so, dass es mit der Ausgabe eines Bankkredits geboren wird und sein Leben beendet, wenn die Person, die den Kredit aufgenommen hat, diesen zurück-zahlt. Geld selbst stellt an sich weder einen Wert noch Macht dar, vielmehr besteht dieser Wert lediglich in dem, was durch Geld repräsentiert wird: die Macht über Arbeitskräfte und Materialien.

Im Gegensatz zur Herrschaft eines ägyptischen Pharaos haben wir es mit meh-reren Pharaonen zu tun, die Arbeitskräfte und Materialien mit Hilfe von Kredi-ten zu befehligen versuchen. Zunächst ist es ohne jegliche Bedeutung, wie dieses Geld beziehungsweise der Kredit eingesetzt wird, weil es eine Nachfragesitua-tion und Transaktionen in der Wirtschaft entstehen lässt. Somit stellt der Kredit oder das Geld also ein hervorragendes Mittel für Kreditnehmer und andere in der Gesellschaft dar. Wenn jedoch ein Darlehen beziehungsweise ein Kredit auf unproduktive Weise für Arbeitskräfte und Materialien eingesetzt wird (zum Beispiel um eine Pyramide bauen zu lassen), dann entspricht der damit verbun-dene Kapitalverlust tatsächlich einer Vergeudung der Arbeitskräfte. Außerdem schadet es der Gesellschaft, wenn Kredite, die nicht zurückbezahlt werden kön-nen, weil die Banken dadurch abgeschreckt werden, neue Kredite für Investitio-nen zu vergeben.

Was Kreditnehmer zu zahlen haben, um Arbeitskräfte und Materialien einsetzen zu können, sind die jährlichen Zinsen. Um die Wahrscheinlichkeit zu erhöhen, dass die Schulden getilgt werden, verlangen die Banken häufig eine Sicherheit für die Kreditgewährung. Diese Restriktionen haben eine funktionale Bedeutung, weil sie die Kreditnehmer dazu zwingen sicherzustellen, dass durch den Einsatz von Arbeitskräften und Materialien produktive Ergebnisse erzielt werden, damit genügend Erträge erwirtschaften werden können, um die Zahlung der Zinsen und die Rückzahlung des Kreditbetrages zu gewährleisten und außerdem noch einen Überschuss zu produzieren. Die Bedingungen für die Kreditvergabe würden also den Bau von Pyramiden unmöglich machen. Trotzdem gibt es in unserer modernen Welt Tausende von „Pyramiden", wobei die unsichtbaren noch gefährlicher sind, weil sie nur durch weitere Darlehen fortgeführt werden können.

In seinem Artikel „Towards a New Monetary Paradigm" (*Kredit und Kapital*, 1997) hat Richard Werner aufgezeigt, dass es einen grundlegenden Unterschied bezüglich der Ergebnisse zwischen Transaktionen in den realen Märkten und den Finanzmärkten gibt. Transaktionen in realen Märkten für Güter, Waren, Dienstleistungen und Produktionsfaktoren sind mit Einnahmen oder Produktionsabläufen verbunden. Transaktionen in Finanzmärkten beinhalten Vermögensbestände. Die Transaktionen in den realen Märkten stellen eine wirtschaftliche Aktivität dar, die im Bruttoinlandsprodukt erfasst wird. Die Transaktionen in den Finanzmärkten sind hingegen keine produktiven Aktivitäten, und somit haben sie keinen Anteil am Bruttoinlandsprodukt. Wenn also Veränderungen von Vermögenswerten oder des Bruttoinlandsprodukts mitgeteilt oder prognostiziert werden, muss die gesamte Kreditschöpfung in den realen und den Finanzteil aufgeteilt werden. Eine Anzahl von Aktien ist im Vergleich zu Produktionsabläufen relativ festgelegt. Daher wird eine größere Nachfrage im realen Markt vor allem durch ein größeres Angebot befriedigt, während das Angebot im Finanzmarkt beschränkter ist, sodass eine größere Nachfrage zwangsläufig zu einer Preiserhöhung führen wird.

Die Spekulation im Aktienmarkt mit ständig steigenden Kursen, wie es vor dem Börsencrash 1929 der Fall war, stellt eine unsichtbare Pyramide dar. Die Steine dieser Pyramide sind der Bestand an finanziellen Mitteln und die menschlichen Gefühle. Die Pyramide von 1929 verbrauchte unvorstellbare und unkontrollierbare Mengen an Kreditgeldern. In zwei Jahren stiegen die Darlehen von Brokern an der New York Stock Exchange auf fünf Milliarden Dollar, was die Aktienkurse in die Höhe trieb. Diese Pyramide verursachte unzählige Probleme. Die

Kreditgelder hätten auf produktivere Weise eingesetzt werden können, was aber nicht der Fall war. Vor allem führte es dazu, dass die Kreditgeber beträchtliche Verluste erlitten, was in der Folgezeit zum Rückgang der Produktion und zum Verlust von Arbeitsplätzen führte.

Heute spricht man aufgrund des Wachstums des Bruttoinlandsprodukts, des boomenden Aktienmarktes und der geringen Zunahme der Verbraucherpreise wieder von der „New Economy[11]", da es neue und verbesserte Technologien möglich gemacht haben, die gestiegene Nachfrage nach Gütern und Dienstleistungen durch eine Erhöhung der Produktion zu befriedigen, was zum Anstieg des Bruttoinlandsprodukts geführt hat, ohne die Inflationsrate zu erhöhen. Gleichzeitig hat sich eine demografische Veränderung vollzogen, die dazu führte, dass sich das Verhältnis zwischen Sparern und Menschen, die ihr Geld lieber ausgeben, zugunsten der Sparer verschoben hat. Viele Sparer haben ihr Geld in Investmentfonds angelegt, was bedeutet, dass enorme Geldströme aus den realen Märkten abfließen und den Finanzmärkten zugeführt werden.

„New Economy" bedeutet in wörtlicher Übersetzung „neue Wirtschaft" und geht davon aus, dass im Zuge der Entwicklung neuer Kommunikationsmedien eine neue Wirtschaftsform entsteht, die auch durch die Globalisierung geprägt ist. Sie geht im Gegensatz zu klassischen Wirtschaftstheorien nicht mehr davon aus, dass die Güterverknappung deren Preis bestimmt. Insbesondere in Anbetracht der weltweiten Vernetzung von Informationssystemen (Internet) forderte die New Economy, dass die Kommunikationsgeräte weltweit verfügbar sein müssen, um Nutzen zu stiften. Während der Wert von Gütern der klassischen Wirtschaft wie Rohstoffe und Fertigprodukte durch ihre Knappheit bestimmt war, bestimmen die Güter der New Economy ihren Wert in erster Linie durch deren Verbreitungsgrad und sind daher vor allem Kommunikationsmittel (Telefon, E-Mail, Fax, Internet), die sich erst dann als nützlich erweisen, wenn möglichst viele Menschen Zugang dazu haben. Ende der 1990er-Jahre spielte diese Idee aufgrund des Aufschwungs der informationstechnischen Unternehmen eine wichtige Rolle. Seinerzeit setzten Investoren große Summen ein, um sich dieser Innovation anzuschließen und so einen Vorsprung bei der Erschließung neuer Märkte zu erobern. Nach dem Ende dieses Booms setzte sich die Überlegung durch, dass die sogenannte digitale Revolution nicht in der Lage war, die Grundregeln des Kapitalismus außer Kraft zu setzen.

Dabei ist auch zu bedenken, dass mehrere Staaten weltweit einerseits die Steuern gesenkt haben und andererseits mit dem Rückkauf einer riesigen Anzahl von Staatsanleihen begonnen haben, die in den 1980er-Jahren herausgegeben worden waren (man geht davon aus, dass die USA im Jahr 2013 ihre gesamten Schulden zurückgezahlt haben werden)[12]. Damit ist auch verbunden, dass Geld, das in den realen Märkten ausgegeben worden wäre, in die Finanzmärkte übertragen wird. Insgesamt ist so eine Situation des rasanten Wirtschaftswachstums geschaffen worden, die mit einer sehr niedrigen Inflationsrate einerseits, aber mit aufgeblähten Finanzmärkten andererseits einhergeht. In den 1920er-Jahren wurden die Banken durch die boomenden Märkte veranlasst, beträchtliche Darlehen für spekulative Zwecke zur Verfügung zu stellen. Normalerweise hätte dies zu höheren Zinsen geführt, da die Zentralbanken die Aufgabe haben, die Inflationsgefahr zu bekämpfen, sodass die Privatbanken eine höhere Risikoprämie für entliehene Gelder verlangen können, die für die Spekulation verwendet werden. Die Erhöhung der Zinsen wird jedoch durch den Wettbewerb zwischen den Banken, durch Regierungen, die ihre Anleihenbestände verringern, und aufgrund der Tatsache, dass es keinen Grund zur Inflationsbekämpfung in der realen Wirtschaft gibt, verhindert.

In Zeiten, in denen die Banken viele Kredite für spekulative Zwecke (in Form der Margin, die für Börsengeschäfte und insbesondere für Leerverkäufe von Aktien als Sicherheitsleistung erforderlich ist und als Kredit von den Banken finanziert wird, bis die Aktienposition zum Bespiel durch das Gegengeschäft, also den Rückkauf, aufgelöst wird, was allerdings im Falle eines Verlustes einen Minusbetrag bedeutet.) gewähren, wie es in den 1920er-Jahren der Fall war und auch heutzutage zu beobachten ist, tritt eine realwirtschaftliche Inflation ein, obgleich die Verbraucherpreise überhaupt nicht davon betroffen zu sein brauchen. Die Banken weiten ihre Kredite oft auf die realen Vermögenswerte oder Finanzanlagen als gesicherte Darlehen aus, wobei eine Erhöhung der Sicherheit die Kreditvergabe erleichtert. Somit ist die unsichtbare Pyramide der extremen Veränderungen von Vermögenspreisen (meist Aktienkurse und Immobilienpreise) immer von der mit Vermögenswerten zusammenhängenden Erhöhung der Kreditvergabe durch die Bank abhängig. Eines ist jedoch paradox: Während einzelne Banken die Preise von Vermögenswerten als unabhängig von ihren Aktivitäten betrachten, führen steigende Preise von Vermögenswerten zu einer Ausweitung der mit den Vermögenswerten verbundenen Kredite, was eine gesteigerte Nachfrage nach finanziellen Vermögenswerten auslöst.

---

[12] *Ausgangspunkt Jahr 2000, als unter US-Präsident Bill Clinton Haushaltsüberschüsse erwirtschaftet wurden.*

Die technische Analyse wird zunehmend als Mittel zur Vorhersage der Preise/Kurse anerkannt, die auf den Aktivitäten von Anlegern beruht und sich auf die Entwicklung der Umsätze und Preise von Finanzanlagen stützt, die grafisch in Form von Charts dargestellt werden. Aufgrund dieses allgemeinen Ansatzes, was insbesondere für das auf Regeln basierende Trading gilt, wird das Marktverhalten sowohl als deterministisch als auch als zufällig betrachtet. Die technische Analyse kann in vier wichtige Bereiche unterteilt werden: Kapitalentstehung, Kapitalstrom, Marktstimmung und die Mikrostruktur des Marktes. Die Analyse der Kapitalentstehung und des Kapitalstroms bezieht sich auf die stabileren Trends, die sich in der Analyse der Marktstimmung und der Mikrostruktur widerspiegeln. Zu den Kapitalentstehungsindikatoren gehören das Offenmarktgeschäft der Zentralbanken und die Kreditgeschäfte der privaten Banken, wobei wiederum eine Unterteilung in Finanzsektoren und reale Sektoren vorgenommen wird. Die Kapitalströme-Indikatoren analysieren den Finanzstatus der vielen Anlegergruppen, was einen Versuch darstellt, deren Finanzkraft zu erfassen, die ihnen den Kauf und Verkauf von Aktien ermöglicht. Die Analyse der Kapitalströme befasst sich mit Trends der liquiden Mittel von Investmentfonds und anderen großen Institutionen wie zum Beispiel Pensionsfonds und Versicherungsgesellschaften. Andere Kapitalströme-Indikatoren beziehen sich auf neue Kapitalangebote, sekundäre Angebote und Kundenkonten, die normalerweise eine Bargeldquelle auf der Käuferseite sind. Die Nutzung der Margin (oder der Hebelwirkung) ist sowohl ein langfristiger Indikator für die Kapitalentstehung, da die Nutzung der Margin eine Form von Darlehen darstellt, als auch ein kurzfristiger Stimmungsindikator, da die regelmäßige Nutzung der Margin durch große Marktteilnehmer oftmals einen mehr kurzfristigen Einsatz dessen widerspiegeln kann, was normalerweise als stabiles oder langfristiges Geld erachtet wird.

Die Stimmungsindikatoren beziehen sich auf die unterschiedlichen Marktteilnehmer wie zum Beispiel die Investmentfonds und die Fachleute auf dem Börsenparkett. Diese Indikatoren sind auf die Gefühle oder Erwartungen von Anlegern ausgerichtet, die von einem Extrem am Tiefststand des Marktes bis zum anderen Extrem an dessen Höchststand reichen. Es wird angenommen, dass sich verschiedene Gruppen von Anlegern an Wendepunkten des Marktes immer gleich verhalten. Börsenberatungsdienste und Zeitungen stellen beispielsweise zwei Gruppen dar, von denen erwartet wird, dass ihre Einschätzung in den meisten Fällen genau vor großen Wendepunkten falsch ist. Ein sehr guter Stimmungsindikator an den Warenterminmärkten ist der Bericht über das Engagement der Trader (COT-Bericht), der wöchentlich von der „Commodity

Futures Trading Commission" (CFTC) veröffentlicht wird und alle meldepflichtigen Positionen von gewerblichen und nicht-gewerblichen Tradern zeigt.

Die konkreten Faktoren werden durch Indikatoren erfasst, die sich auf die Kapitalentstehung und den Kapitalfluss beziehen, während die sozialen Faktoren durch die Stimmungsindikatoren erfasst werden. Aber da es so schwierig ist, die jeweilige Bedeutung dieser Indikatoren zu messen, zu quantifizieren und zu klassifizieren und zu ermitteln, wie sie sich zu verschiedenen Zeitpunkten auf die verschiedenen Märkte auswirken, müssen wir häufig auf die sogenannten Mikrostruktur-Indikatoren des Marktes zurückgreifen. Im Grunde sind alle Indikatoren der technischen Analyse, die sich auf den Preis, den Umsatz, die Zeit, den Umfang und die Volatilität beziehen, Mikrostruktur-Indikatoren.

In seinem Artikel „Live Cycle Model of Crowd Behavior" (*Technical Analysis of Stocks and Commodities*, Januar 1999) hat Henry Pruden beschrieben, wie man das Adoption-Diffusion-Modell, das auf der Verhaltensökonomie basiert, einsetzen kann, um den Kursanstieg und den Kursrückgang von Vermögenspreisen zu erklären. Pruden erläutert, dass das Adoption-Diffusion-Modell erfasst, wie Neuerungen im Laufe der Zeit in ein technisches Finanzsystem übernommen werden können, was durch die bekannte glockenförmige Normalverteilungskurve veranschaulicht wird. Wir haben den Ansatz von Pruden weiterentwickelt, um weitere konkrete Faktoren zu erfassen, indem wir das Vorhandensein lang- und kurzfristiger Trends des sich verändernden Angebot-Nachfrage-Verhältnisses in einem bestimmten Markt erklären.

Ein idealisierter Marktzyklus beginnt mit einer Konsolidierungsphase, die als Akkumulations- oder Distributionsbereich bekannt ist. Die S-förmige kumulierte Normalverteilungskurve in Abbildung 14.1 zeigt, wie das aussehen könnte. Während einer Konsolidierungsphase sind Angebot und Nachfrage relativ ausgewogen. In der Akkumulierungsphase (Distributionsphase) geht das Anlageinstrument von schwächeren (stärkeren) Händen in stärkere (schwächere) Hände über. Aber die Preise der Vermögenswerte können sich nur dann verbessern, wenn die Anleger die Kaufkraft und den Mut zum Kauf besitzen. Das heißt, dass der Kreditschöpfungsprozess im Verbund mit anderen materiellen Faktoren, wie zum Beispiel die Demografie und die Steuerpolitik, das erforderliche Kapital erzeugen, während gleichzeitig die sozialen Faktoren, wie zum Beispiel die Wünsche und Bedürfnisse, stark genug sind, um zu Käufen zu veranlassen.

Kurzfristige Trends werden durch Anleger hervorgerufen, die sich auf die Margin stützen, was dazu führt, dass die Marktpreise über das hinausgelangen, was die Wirtschaft auf lange Sicht verkraften kann. Daher betrachtet man einen Trader, der eine beträchtliche Hebelkraft nutzt, als schwache Hand. Immer dann, wenn der Bestand eines Traders, der eine starke Hebelkraft einsetzt, in seinem Wert schrumpft, muss er einen Teil seiner Position verkaufen. Wenn der Anteil an Aktien, die sich in starken Händen befinden, ungewöhnlich hoch ist, nimmt der Markt eine starke Position ein. Je länger also die Akkumulationsphase dauert, desto größer ist die Anzahl der starken Hände, und umso breiter ist die Basis, die den Anstieg der Preise ermöglicht. In der Praxis kann man diese Basis mit Hilfe eines langfristig orientierten gleitenden Durchschnitts ermitteln, der entweder direkt auf den Preis oder auf den inzwischen vertrauten OBV-Indikator angewendet werden kann, wie Abbildung 12.1 zeigt. Der Vorteil, den die Anwendung dieser Art von Analyse auf den OBV-Indikator und nicht unmittelbar auf den Preis bietet, besteht darin, dass der OBV-Indikator, wie der Name schon sagt, die tägliche Preisaktivität auf das jeweilige Handelsvolumen abstimmt, sodass man besser erfassen kann, wie viele Marktteilnehmer hinter dem Trend stehen.

Es ist auch möglich, die kurzfristige Bereitschaft einer Gesellschaft zu ermitteln, Gelder in ein bestimmtes Anlageinstrument zu investieren, indem man die entsprechende Performance einer anderen zur Disposition stehenden Anlagemöglichkeit mit den Zinsen vergleicht. Ob die Zinsen zum jeweiligen Zeitpunkt steigen oder fallen, ist bei dieser Analyse nicht von Belang, solange dies nicht in einem Umfang geschieht, der sich von der anderen Anlagemöglichkeit unterscheidet. Wenn zum Beispiel die Zinsen langsamer fallen (während die Bondpreise steigen), während der Maispreis steigt, wobei sich dieser Preisanstieg aber schneller vollzieht als der im Weizenmarkt, so würde man logischerweise davon ausgehen, dass es die Anleger vorziehen, sich im Bond- anstatt im Weizenmarkt zu engagieren, aber es ist auch zu vermuten, dass die Anleger Mais gegenüber den Zinsen bevorzugen werden. Dies bedeutet, dass man in diesem speziellen Fall nach Möglichkeiten Ausschau halten sollte, eine Short-Position im Weizenmarkt und eine Long-Position im Maismarkt zu eröffnen.

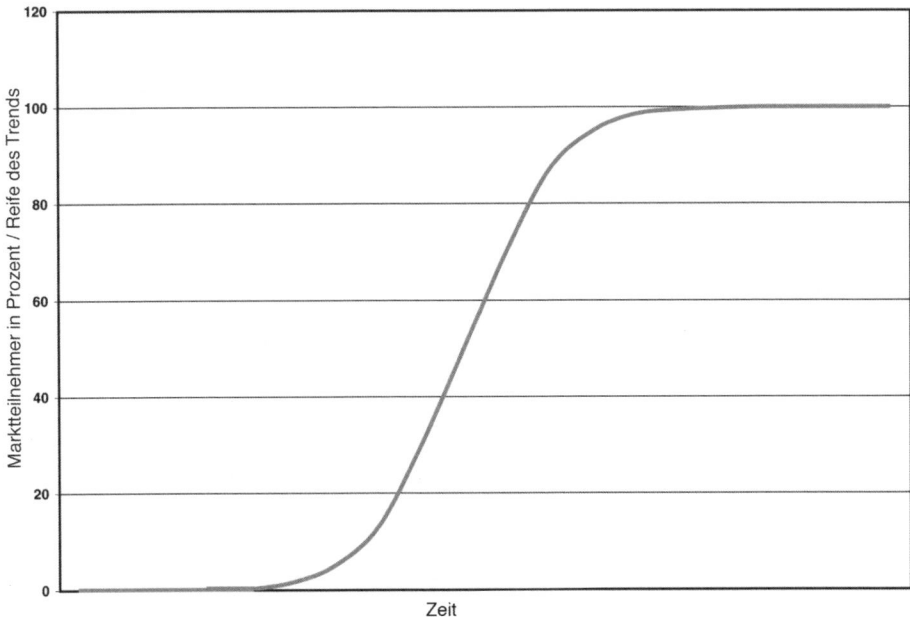

Abbildung 14.1: *Kumulierte Normalverteilung einer unabhängigen Variablen.*

Für Sie als Trader bedeutet dies Folgendes: Solange Sie bei Ihrer Anlage oder Ihrem Trading-Konto eine Steigerungsrate erzielen können, die höher ist als der Zinssatz, zu dem das angelegte Geld voraussichtlich als Kredit hätte aufgenommen werden müssen, und solange diese Steigerungsrate auch höher ist als die Inflationsrate und eine annehmbare Prämie für das Risiko abwirft, das Sie eingehen, ist alles in Ordnung. Aber um konkurrenzfähig zu sein, müssen Sie besser abschneiden, als wenn Sie sich für eine andere Anlagemöglichkeit oder Methode entschieden hätten. Um dieses Thema geht es auf den restlichen Seiten dieses Buches.

Was die Analyse des Trends anbelangt, ist es leider selten so einfach, einen Trend von allen anderen zu unterscheiden, um dann auf dieser Welle mitzuschwimmen. Wenn sich mehrere unterschiedliche Gedanken, Vorlieben und Normen überlagern, besteht ein größerer Trend natürlich aus mehreren kleineren Trends, was jedem Trader das Leben schwer macht. Die theoretische Erklärung für diese kurzfristigen Trends und die Momentum-Veränderungen werden durch die Abbildungen 14.2 und 14.3 veranschaulicht, in denen man sehen kann, dass der langfristige Trend tatsächlich zwei deutlich unterscheidbare

Arten des Marktverhaltens aufweist. Im vorliegenden Fall unterscheiden sie sich auch aufgrund der Übergangsphase, in der sich eine bekannte Formation der technischen Analyse entwickelt hat, die von Analysten als „halbe Flagge" bezeichnet wird.

Um damit zurechtzukommen, haben viele technische Analysten versucht, verschiedene Trends voneinander abzugrenzen, indem sie beispielsweise unterschiedliche gleitende Durchschnitte unmittelbar auf den Preis angewendet haben, wobei man wieder von der Annahme ausging, dass es sich um einen umso stabileren langfristigen Trend handelt, je länger der gleitende Durchschnitt ist. Im vorliegenden Fall kümmern wir uns allerdings nicht darum, ob der Trend in erster Linie durch materielle oder durch soziale Faktoren gesteuert wird, obwohl es auch die Hypothese gibt, dass die materiellen Faktoren längerfristig ausgerichtet sind als die sozialen Faktoren.

Um die langfristigen von den kurzfristigen Schichten des Trends abzugrenzen, die zum Beispiel durch Stimmungsveränderungen und die Handelsaktivitäten, die sich auf die Margin stützen, hervorgerufen werden, verwenden viele Analysten auch Oszillatoren, die entweder unmittelbar auf die Preisentwicklung oder auf jeden anderen Indikator angewendet werden können, der die materiellen oder sozialen Faktoren klarer zu erfassen versucht. Dabei betrachtet man die Veränderung als umso wichtiger und zuverlässiger, je länger der historische Betrachtungszeitraum des Oszillators ist, weil man davon ausgeht, dass dies vor allem eine Auswirkung materieller Faktoren ist, wie zum Beispiel der Kapitelentwicklung und der Kapitalströme und/oder der Stimmungsschwankungen bei den großen Marktteilnehmern, zu denen zum Beispiel die Pensionsfonds und die Versicherungsgesellschaften gehören.

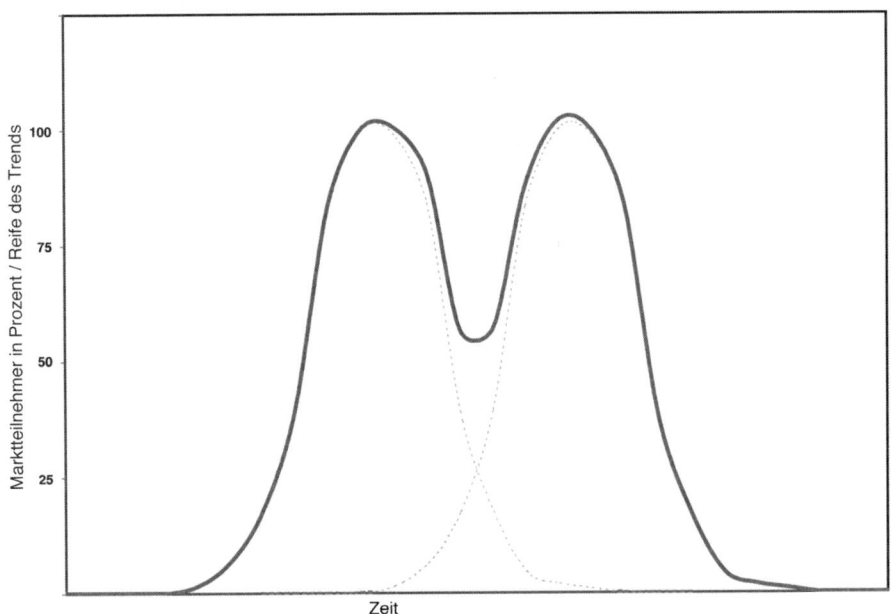

Abbildung 14.2: *Zwei Normalverteilungen, die einander überlagern.*

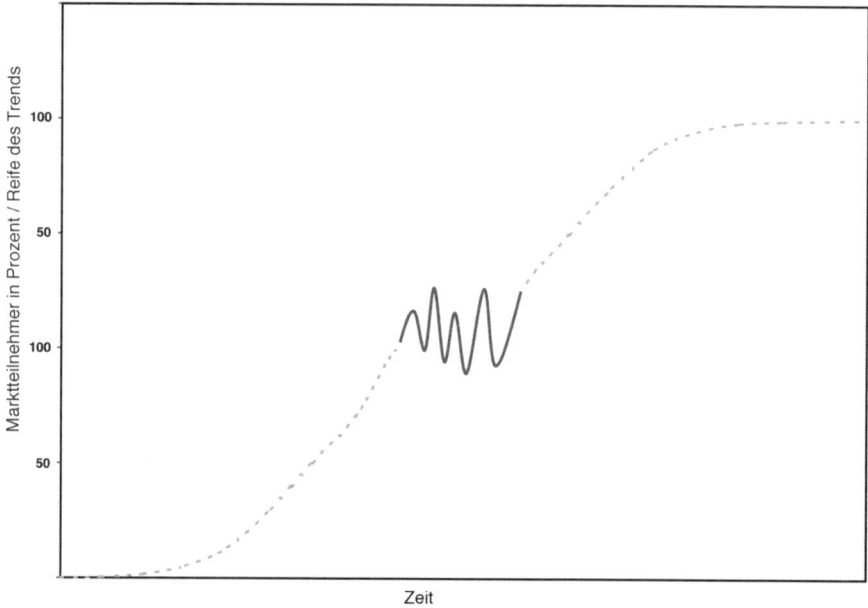

Abbildung 14.3: *Der kumulierte Effekt von zwei Normalverteilungen, die miteinander verbunden wurden.*

In formaler Hinsicht und im Einklang mit unseren bisherigen Überlegungen könnte man auch argumentieren, dass sich diese Stadien der Unberechenbarkeit mit den Phasen decken, in denen es in stabilen langfristigen Trends zu größeren Veränderungen kommt, wobei insbesondere die sogenannten schwachen Hände auf der Grundlage von Margin agieren (kurzfristige Aufnahme von Darlehen und Kapitalströme), da diese Marktteilnehmer herauszufinden versuchen, in welche Richtung sich die gewichtigeren Akteure ausrichten. Das bedeutet: Je kurzfristiger diese Kredite sind, desto größer ist die Unsicherheit bezüglich der materiellen Faktoren, und umso unberechenbarer ist auch der Markt, weil diese kurzfristigen Kredite mehr Angst und Panik hervorrufen und sich als soziale Faktoren auf die Trader auswirken.

Schlussgedanken zu Teil 4

In Teil 4 haben wir uns näher damit beschäftigt, wie man Situationen erkennt, in denen uns die Märkte besonders freundlich zu begegnen scheinen und die für Einstiege geeignet sein könnten, an denen wir zurzeit arbeiten. Im Grunde geht es darum, Ihre Chancen zu vergrößern, einen Gewinn-Trade zu platzieren, wobei das Ziel darin besteht, dauerhaft erfolgreich zu traden. Unabhängig davon, welchen Zeitrahmen Sie bevorzugen, kann es nie schaden, wenn Sie verstehen, mit welchen zugrunde liegenden Kräften Sie es zu tun haben, um die Kursbewegungen nutzen zu können, an denen wir interessiert sind und die uns Gewinne bescheren sollten.

Wir müssen erkennen, dass die Märkte berechenbar und lukrativ sein können, wenn wir eine Möglichkeit finden, sie durch entsprechende Messinstrumente zu erfassen, was sich in Geld umwandeln lässt. Dann müssen Sie „nur" noch wissen, mit welchem Ausmaß Sie es zu tun haben, sodass Sie erkennen können, wie man willkürlich erscheinende Kursbewegungen voneinander unterscheiden kann. Natürlich sind die Methoden der technischen Analyse und die statistischen Kennziffern, die wir benutzen, sehr grob und schwerfällig und auch nicht gerade anspruchsvoll, aber wenn man weiß, wie Trends in Gang kommen, und wenn man die Rahmenbedingungen kennt, um eine Analyse durchzuführen und außerdem über ein allgemeines Regelwerk verfügt, wie sie bei mechanischen Handelssystemen gängig sind, dann können wir die allgemeinen Unterschiede zwischen einem Aufwärtstrend und einem Abwärtstrend erkennen, und wir können auch feststellen, ob sich ein Markt in einem Stadium der Berechenbarkeit befindet oder nicht.

Langfristig gesehen, kann man es folgendermaßen betrachten: Nehmen wir einmal an, die Wirtschaft (oder der Bereich, an dem Sie interessiert sind) ist ein Supertanker, der in einer bestimmten Richtung auf dem Ozean unterwegs ist. Aber dieser Tanker hat kein Öl geladen, sondern ist voller Menschen, wobei Sie ebenfalls dazugehören. Dabei ist jeder auf seine Weise an dem interessiert, was vor sich geht, und das gilt auch für Sie. Es kann sich um andere Trader, Börsenmakler, Analysten, Bauern, Arbeiter oder um Familienmitglieder, Verwandte oder Freunde dieser Leute handeln. Nehmen wir weiter an, die Person, die für dieses Schiff verantwortlich ist, beispielsweise Alan Greenspan[13], ist der Ansicht, dass dieses Schiff in die falsche Richtung fährt, oder es ist eine Komplikation aufgetreten, die ihn dazu veranlasst, den Kurs zu ändern. Selbst wenn er die Maschinen in die Gegenrichtung in Gang setzen lässt, wird das Schiff aufgrund seiner gewaltigen Masse und Dynamik noch viele Kilometer den Kurs in die ursprüngliche Richtung beibehalten. Selbst wenn alle mit der Entscheidung

---

[13] *bis Ende Januar 2006 Chef der US-Notenbank. Seit Februar 2006 ist Ben Bernanke Fed-Chef.*

dieses Mannes einverstanden sind und auf der Stelle umkehren wollen, wird das Schiff nicht dazu in der Lage sein, seine Richtung umgehend zu ändern. Wunschdenken hat nichts mit dem tatsächlichen Verhalten des Marktes zu tun und kann auch nicht die Ergebnisse Ihres Trading beeinflussen.

Nun nehmen wir an, dass Sie als Trader nicht auf dem Schiff, sondern an Land sind. Sie sehen das Schiff am Horizont und verfügen über die gleichen Informationen wie alle, die sich an Bord des Schiffes befinden. Worauf würden Sie wetten: dass es noch viele Kilometer, Minuten oder Tage in die gleiche Richtung fährt oder dass es seinen Kurs ändert und die entgegengesetzte Richtung einschlägt? Natürlich täten Sie besser daran, sich für die erste Möglichkeit zu entscheiden, denn ein Supertanker lässt sich nicht sofort umlenken. Das trifft ebenso auf die Wirtschaft und auch auf deren Teilbereiche, wie beispielsweise eine Aktie, zu.

Zuweilen können merkwürdige Dinge geschehen – Ausnahmen von dieser Regel können einigen Glücklichen Ruhm und ein Vermögen einbringen, aber es bleiben dennoch Ausnahmen von der Regel. Allgemein betrachtet, sollten Sie sich lieber mit dem Strom des momentanen Geschehens anpassen. In Bezug auf die Finanzmärkte bedeutet dies, dass Sie Ihre Trades in Übereinstimmung mit der Richtung des Trends platzieren. Platzieren Sie einen langfristig orientierten Trade, mit dem Sie versuchen, den Anfang eines Trends zu erwischen, aber steigen Sie möglichst bald aus, wenn Sie merken, dass der Markt nicht die von Ihnen gewünschte Richtung einschlägt. Das gilt auch dann, wenn die Situation nicht mehr eindeutig ist und die kurzfristige Volatilität, die Sie zum Einstieg veranlasst hat, nicht mehr klar ersichtlich ist.

Um es durch eine Analogie auszudrücken: Wenn Sie sehen, dass sich das Wetter verschlechtert, oder wenn Ihnen Regen oder Nebel die Einschätzung der Situation erschwert, sollten Sie Ihre Filter vor einem Einstieg warnen. Aber zunächst müssen Sie wissen, worauf Sie zu achten haben, wie Sie diese Faktoren erfassen und wie Sie das Beste daraus machen können. Das soll Ihnen dieses Buch vermitteln, an dem wir hart gearbeitet haben, was sich insbesondere auf die Inhalte von Teil 5 bezieht, der nun folgt.

TEIL 5

GELDMANAGEMENT UND PORTFOLIO-ZUSAMMENSETZUNG

Nachdem wir die Konstruktion der Motoren beendet haben, werden wir uns nun mit dem schwierigen Thema des Zusammenbaus von Getriebe und Fahrgestell befassen, um unser Auto funktionsfähig zu machen. Dabei möchte ich aber erwähnen, dass ich nicht alleine mit den mathematischen Grundlagen und den logischen Überlegungen, auf dem dieser Teil des Buches basiert, zurechtgekommen wäre, sodass ich mich diesbezüglich auf Ralph Vince stütze, der auch zum größten Teil die Terminologie kreiert hat, die ich in diesem Zusammenhang verwende und die aus seinen beiden Büchern Portfolio Management Formula (John Wiley & Sons, 1990) und The Mathematics of Money Management (John Wiley & Sons, 1992) stammt. Ich habe lediglich die Inhalte dieser Bücher übernommen und sie auf meine Belange abgestimmt. Wenn Sie mehr über das erfahren wollen, was in diesem Teil des Buches behandelt wird, sollten Sie die genannten Bücher von Ralph Vince anschaffen, um sich näher damit zu beschäftigen.

Das Geldmanagement entspricht dem Getriebe und ist wirklich recht einfach. Weil Sie auch bei einem gut funktionierenden System nicht wissen können, ob der nächste Trade ein Gewinn-Trade oder ein Verlust-Trade wird, sind Sie gut beraten, wenn Sie für jeden Trade einen festen Prozentsatz des Ihnen zur Verfügung stehenden Kapitals einsetzen. Wenn also Ihr Trading-Kapital vor dem jeweiligen Trade 100.000 Dollar beträgt und Sie sich entscheiden, zwei Prozent dieses Betrages zu riskieren, dann sind Sie bereit, 2.000 Dollar zu verlieren, falls Ihr Trade schief läuft. Aber wenn Ihr Trading-Konto nur 50.000 Dollar beträgt, entspricht ein Verlust von zwei Prozent nur 1.000 Dollar, während 2.000 Dollar in diesem Fall ein Risiko von vier Prozent bedeuten würden.

Kapitel 15

Geldmanagement

Geldmanagement bedeutet einfach, dass Sie immer den Prozentsatz Ihres Kapitals pro Trade einsetzen, der am besten für Sie geeignet ist, und dabei sollten Sie folgende Faktoren in Ihre Überlegung einbeziehen: die Kontengröße, den erwarteten höchsten Kapitalrückgang eines Trade, die Kapitalrückgänge insgesamt, die Zeiten, in denen keine Kapitalentwicklung stattfindet, die Wachstumsrate des Kapitals und die Abhängigkeit zwischen den einzelnen Trades. Um dies zu bewerkstelligen und die optimale Kontrakt- beziehungsweise Lot-Größe zu wählen, müssen Sie sich zunächst an das Denken in Prozentsätzen gewöhnen und von pauschalen Dollar-Beträgen abkommen, da Sie sonst nicht in der Lage sind, die gleiche Technik anzuwenden, wie es auch die professionellen Vermögensverwalter tun.

Aber obwohl diese Techniken viel dazu beitragen, Ihre Performance zu verbessern, können sie dennoch keine Wunder bewirken. Damit diese Techniken zu optimalen Ergebnissen führen, müssen Ihre Systeme in erster Linie einen positiven mathematischen Erwartungswert, also einen Gewinnfaktor über 1 und einen positiven Wert für den durchschnittlichen Trade, aufweisen, damit sie als lohnenswert bezeichnet werden können. Wenn das der Fall ist und Sie zumindest einen geringen Gewinn zu verbuchen haben, können Sie mit einem angemessenen Geldmanagement tatsächlich Wunder vollbringen.

Erwähnenswert ist jedoch, dass dies nur auf den speziellen Fall zutrifft, dass ein System lediglich in einem einzelnen Markt eingesetzt wird. Sobald Sie mehrere Märkte und/oder Systeme gleichzeitig handeln, ist es durchaus möglich, dass ein einzelnes System in einem bestimmten Markt einen negativen mathematischen Erwartungswert (einen Gewinnfaktor unter 1) und einen negativen Wert für den durchschnittlichen Trade aufweist, was sich auf den gesamten Erwartungswert einer Handelsstrategie auswirken kann. Aber dieses Problem kann gelöst werden, wenn man ein Portfolio verschiedener Systeme und/oder Märkte zusammenstellt, die untereinander eine möglichst geringe Korrelation zu verzeichnen haben, wobei einige Märkte/Systeme möglicherweise nicht so gut abschneiden. Aber solange die positiven Ergebnisse überwiegen, ist nichts dagegen einzuwenden, da unter dem Strich auf längere Sicht dennoch ein positives Ergebnis erzielt wird. Die Märkte/Systeme mit negativen Erwartungswerten können zwar das Endresultat beeinträchtigen, aber die Märkte/Systeme mit positiven Erwartungswerten können für den Ausgleich sorgen und darüber hinaus Gewinne erwirtschaften. Bevor wir fortfahren, sollten noch einige Punkte erläutert werden, die Sie vollständig verstehen müssen:

• Die Preise/Kurse verhalten sich nicht rational.

• Der potenzielle Gewinn ist keine lineare Funktion des potenziellen Risikos. Die Aussage, dass Sie umso mehr gewinnen, je mehr Sie riskieren, trifft nicht zu.

• Das Risiko, das Sie eingehen, hat nichts mit der Methode zu tun, nach der Sie handeln.

• Diversifikation reduziert nicht unbedingt den Kapitalrückgang.

Von besonderer Bedeutung für das Geldmanagement ist Punkt 1, denn wenn sich die Preise/Kurse nicht rational verhalten, bedeutet dies, dass zum Beispiel eine Kursbewegung von 1.350 bis 1.000 nicht zwangsläufig in Ticks (Mindestschwankungen) erfolgt. Wenn Sie während einer solchen Kursbewegung eine Position in die entgegengesetzte Marktrichtung halten, werden Sie möglicherweise erhebliche Verluste oder sogar einen Totalverlust erleiden, weil sich Ihnen keine Möglichkeit des Ausstiegs bietet, wenn Sie Ihren Verluststopp bei 1.345 platziert haben. Da derartige Kursbewegungen tatsächlich stattfinden, gibt es nur eine Sicherheit beim Trading, und diese besteht darin, dass wir früher oder später einen vernichtenden Schlag dieser Art erleben werden. Es ist nur eine Frage der Zeit. Oder um eine einfache Analogie zu benutzen: Wenn die einzige Möglichkeit, dass Sie sterben werden, darin besteht, dass Sie von einem Lastwagen überfahren werden, dann werden Sie irgendwann einmal auf diese Weise zu Tode kommen. So einfach ist es.

Was das Trading anbelangt, mag der Totalverlust des Kapitals für einige lediglich eine geringe Möglichkeit darstellen, während ihn andere als reale Möglichkeit einbeziehen. Damit also möglichst viele Ergebnisse innerhalb der Grenzen der Erwartungswerte liegen, muss man alle Trading-Bereiche sehr defensiv angehen. Eine Alternative wäre die alte Vorstellung von Geldmanagement (Aufstellung eines Geschäftsplanes) bei der Gründung einer neuen Firma, die besagt, dass man auf das Beste hoffen, aber auf das Schlimmste vorbereitet sein muss. Bei einigen wird das Schlimmste bereits am Anfang eintreten, auch wenn sie noch so ernsthaft versucht haben mögen, sich davor zu schützen. Wenn Ihnen das passieren sollte, tut es mir zwar leid, aber das ist nun mal das Risiko dieses Spiels.

Nun werden wir uns dem zweiten der oben aufgeführten Punkte zuwenden: „Der potenzielle Gewinn ist keine lineare Funktion des potienziellen Risikos." Was ist es dann? Um diese Frage zu beantworten, müssen wir zuerst einige Begriffe klären.

Zunächst geht es um den Begriff „Holding Period Return" (HPR). Der HPR bezeichnet den Prozentsatz der Gewinne oder Verluste des jeweiligen Trades plus 1. Beispiel: Wenn Sie einen Trade mit einem Gewinn von fünf Prozent beenden, beträgt der HPR 1,05 (1 + 5% = 1 + 0,05 = 1,05). Wenn Sie aber einen Trade mit einem Verlust von fünf Prozent abschließen, beträgt der HPR 0,95 (1 + (-5%) = 1 + (-0,05) = 0,95).

Der zweite Begriff, der erklärt werden muss, heißt „Terminal Wealth Relative" (TWR). Das TWR bezeichnet das „relative Endvermögen" und ergibt sich aus dem HPR aller Trades, wobei nicht die Addition, sondern die Multiplikation verwendet wird. Beispiel: Wenn Sie zwei Gewinn-Trades erzielt haben, deren HPR jeweils 1,05 bzw 1,10 beträgt, so erhält man einen TWR von 1,155 (1,05 X 1,10 = 1,155). Ein TWR von 1,155 heißt, dass Sie nach zwei Trades über einen Betrag verfügen, der 1,155 Mal dem ursprünglichen Kapital entspricht, sodass sie einen Gesamtgewinn von 15,5 Prozent (1,155 – 1 = 0,155 = 15,5%) erzielt haben.

Beachten Sie, dass ein Gewinn von fünf Prozent und ein Gewinn von zehn Prozent zusammen nicht einen Gewinn von 15 Prozent ergeben, sondern etwas mehr. Das liegt darin, dass Ihnen der Gewinn, den Sie mit Trade 1 erzielt haben, für Trade 2 zusätzlich zur Verfügung stand. Sie konnten also Ihren Gewinn von Trade 1 reinvestieren. Dies zeigt klar, dass es äußerst wichtig ist, immer den gleichen Prozentsatz Ihres Kapitals zu riskieren, wobei dieser Prozentsatz dem Worst Case entspricht. Zum besseren Verständnis nehmen wir stattdessen an, dass sich die beiden soeben erwähnten Trades als Verlust-Trades von je fünf Prozent herausstellten, was dem Prozentsatz entspricht, den Sie zu riskieren bereit sind. Das TWR würde in diesem Fall 0,9025 betragen, Ihr Kapital hätte sich also um 0,9025 x das ursprüngliche Kapital reduziert, was einen Gesamtverlust von 9,75% (0,9025 – 1 – 0,0975 = – 9,75%) ergibt. Zwei Verlust-Trades hintereinander entsprechen also keinem Gesamtverlust von zehn Prozent, sondern dieser liegt ein wenig darunter.

Der Hauptvorteil der Geldmanagementstrategie mit dem festen Prozentsatz des Kapitals pro Trade (Fixed Fractional Money Management), bei dem die Gewinne immer reinvestiert werden und die Verluste stets zu einer Verringerung der Position führen, besteht darin, dass das in Dollars angegebene Kapital geometrisch wächst, während Sie bei Verlustphasen länger durchhalten können, weil diese Strategie von Ihnen verlangt, dass Sie die Anzahl der Kontrakte oder Lots Ihrer Position reduzieren, wenn sich das Kapital aufgrund von Verlusten verringert. Übrigens ist erwähnenswert, dass Sie aufgrund des geometrischen Wachstums Ihres Kontos im Durchschnitt die gleiche Zeit (Trades) benötigen, um Ihr Kapital von 10.000 Dollar auf 100.000 Dollar, von 100.000 Dollar auf 1.000.000 Dollar oder von 1.000.000 auf 10.000.000 Dollar zu steigern.

Indem Ihr Kapital zunimmt, handeln Sie immer mehr und mehr Kontrakte/Lots, während der Risikobetrag stets der gleiche bleibt. Ich habe mich immer gewundert, dass sich die meisten Trader überhaupt nicht mit diesem Thema auseinandersetzen, sondern ihre gesamte Aufmerksamkeit darauf richten, wie sie es erreichen können, die richtige Richtung der nächsten Kursbewegung zu bestimmen. Für die meisten Trader scheint es wichtiger zu sein, in Bezug auf die Richtung der Kursbewegung Recht zu haben, anstatt aufgrund dieser Kursbewegung Geld zu verdienen, ganz zu schweigen davon, das Optimale daraus zu machen. Wir können zwar nicht beeinflussen, ob der nächste Trade ein Gewinn- oder ein Verlust-Trade wird, aber wie viel wir bei diesem Trade riskieren, können wir durchaus selbst entscheiden. Wäre es somit nicht besser, unsere Aufmerksamkeit auf die optimale Kontraktanzahl zu richten, sobald wir ein System haben, dem wir vertrauen können, weil es auf lange Sicht über einen positiven Erwartungswert verfügt?

Den dritten Begriff, den man verstehen sollte, ist die Variable „f" („f" = Abk. für fraction), die sich auf den „optimalen Prozentsatz" bezieht und bei Ralph Vince als Geldmanagementstrategie „Optimal f" bezeichnet wird, die angibt, wie viel Prozent des zur Verfügung stehenden Kapitals reinvestiert werden. Dabei geht es also um das Positionsgrößenmanagement, mit dem man, wie bereits erwähnt, während einer Gewinnphase das volle Potenzial des Handelssystems nutzt, um den größtmöglichen Gewinn zu erzielen, während in Verlustphasen das Risiko minimiert wird, was durch die Verringerung der gehandelten Kontrakte geschieht. Die Variable f bezeichnet also den Prozentsatz des Trading-Kapitals. Die Variable f kann in unterschiedlicher Weise optimiert werden. Was für Sie optimal ist, braucht es nicht unbedingt auch für mich zu sein. Die Geldmanagementstrategie Optimal f bezieht sich auf die Geschwindigkeit, für die wir uns in Bezug auf das Wachstum des Kapitals entscheiden. Mit dem Wert f kann man aufgrund des erwarteten Worst-Case-Szenarios und des aktuellen Kontostands die optimale Kontraktanzahl pro Trade berechnen. Angenommen, wir haben für die Variable f den Wert 0,5 berechnet (die Berechnung wird in Kürze erläutert), unser aktuelles Konto beträgt 100.000 Dollar, und das Worst-Case-Szenario bedeutet einen Verlust von zehn Prozent (was in diesem Fall 10.000 Dollar pro gehandelter Einheit/Kontrakt ausmacht). Infolgedessen können wir also fünf Einheiten (100.000 x 0,5 / 10.000 = 5) handeln. Hätte die Variable nicht 0,5, sondern 0,6 betragen, so hätten wir sechs Einheiten/Kontrakte handeln können (100.000 X 0,6 / 10.000 = 6). Je höher die Variable f ist, desto mehr Einheiten können Sie handeln.

Die optimale Anzahl an Einheiten/Kontrakten hätte man auch auf andere Weise errechnen können. Sie könnten beispielsweise überprüfen, ob es fortlaufende Korrelationen oder Beziehungen zwischen den Ergebnissen der Trades gibt. Um Beziehungen zu prüfen, können Sie einen Test durchführen, der Ihnen zeigt, ob Ihr System viele oder wenige aufeinander folgende Gewinn- oder Verlust-Trades aufzuweisen hat, wobei Sie zum Vergleich Ihre Erwartung im Falle willkürlich durchgeführter Einstiege heranziehen. Eine weitere Möglichkeit besteht darin, einen Blick auf den linearen Korrelationskoeffizienten zu werfen.

In Teil 3 haben wir Folgendes festgestellt: Wenn sich irgendeine Beziehung zwischen den Ergebnissen der Trades eines Systems zeigt, deutet dies darauf hin, dass im Anfangsstadium der Systementwicklung versäumt wurde, Daten auszuwerten. Wir hätten nämlich unsere Einstiegs- und Ausstiegsregeln so formulieren sollen, dass wir uns zu diesem Zeitpunkt mit der Information, die uns der Markt durch den Hinweis auf eine Beziehung gab, hätten beschäftigen müssen. Dies führt uns vor Augen, dass man auch bei einem gut funktionierenden System nicht wissen kann, ob der nächste Trade ein Gewinn- oder ein Verlust-Trade werden wird.

Aber selbst wenn Ihre Systeme Korrelationen oder Beziehungen zeigen, ist es vielleicht doch besser für Sie, wenn Sie diese nicht beachten, solange kein klarer und eindeutiger Hinweis vorliegt, der sozusagen über jeden Zweifel erhaben ist. Es geht also um einen Hinweis und nicht um einen Beweis, denn damit sich eine Geldmanagementstrategie, die auf Beziehungen und Korrelationen gründet, gegenüber anderen Methoden des Geldmanagements als überlegen (oder zumindest gleichwertig) erweist, muss diese Abhängigkeit tatsächlich vorhanden sein, denn ansonsten ist Ihre Geldmanagementstrategie nicht optimal. Ein Beispiel zum besseren Verständnis: Angenommen, Sie wollen ein System handeln, das Hinweise auf eine Abhängigkeit zwischen den Erträgen der historischen Trades erkennen lässt. Sie stellen eine Hypothese auf, die besagt, dass diese Abhängigkeit tatsächlich vorhanden ist, und daher sollte dieser Faktor auch berücksichtigt werden, wenn Sie das System praktisch einsetzen.

Aber wie gehen Sie vor, wenn sich herausstellt, dass es diese Abhängigkeit nicht gibt? In diesem Fall haben Sie einen Fehler zweiter Art (statistischer Fachbegriff, der besagt, dass die sogenannte Nullhypothese akzeptiert wird, obwohl die Alternativhypothese richtig ist, was bedeutet, dass eine Hypothese akzeptiert wird, die eigentlich verworfen werden sollte) begangen und werden somit Geld verlieren, wenn Sie das System entweder zu aggressiv oder nicht aggressiv genug handeln. Hätten Sie sich gegenteilig verhalten, indem Sie die Hypothese verwerfen, die Sie eigentlich akzeptieren sollten (oder fachlich ausgedrückt: Sie haben eine an sich richtige Nullhypothese zugunsten der Alternativhypothese verworfen), dann haben Sie einen Fehler erster Art begangen. Hätten Sie in diesem Fall den Fixed-Fractional-Ansatz (bei dem ein fester Prozentsatz des zur Verfügung stehenden Kapitals pro Trade eingesetzt wird) angewendet, so hätten Sie trotzdem einen Gewinn erzielt, obwohl sich im Nachhinein herausgestellt hat, dass es besser gewesen wäre, eine Strategie zu verwenden, bei der die Abhängigkeit berücksichtigt wird. Aufgrund der fehlerhaften Entscheidung im Sinne des Fehlers zweiter Art hätten Sie sich vollkommen zugrunde gerichtet, während die Strafe für den Fehler erster Art nicht so verheerend ausgefallen wäre, da diese Fehlentscheidung Ihrerseits lediglich zu einem langsameren Wachstum Ihres Kapitals geführt hätte. Die obige Überlegung lässt sich auch auf die spezielle Situation anwenden, in der während einer Phase des Kapitalrückgangs die Anzahl der Einheiten/Kontrakte schneller reduziert wird, als es der Fixed-Fractional-Ansatz vorgibt.

Dies steht auch mit dem im Zusammenhang, was in Bezug auf den Systementwicklungsprozess und die Wichtigkeit erörtert wurde: es möglichst einfach zu halten, indem möglichst wenige Regeln verwendet werden. Diese Methode ist Teil eines Systems, das nicht nur im historischen Betrachtungszeitraum Gewinne erzielt, sondern sich auch in Zukunft bewähren wird. Wenn wir weitere Regeln hinzufügen, um der (vermuteten) Abhängigkeit entgegenzuwirken, nehmen wir eine unzulässige Optimierungsmaßnahme vor und verringern somit die Chancen, dass das System auch in Zukunft funktioniert. Darum rate ich Ihnen, sich nicht um die Abhängigkeiten und Korrelationen zu kümmern, sondern Ihr System mit möglichst wenigen Regeln auszustatten und es dann mit der Geldmanagementstrategie des „festen Prozentsatzes" (Fixed-Fractional-Ansatz) zu handeln. Der Preis ist einfach zu hoch, wenn Sie sich nicht daran halten.

Angenommen, der Trade des letztgenannten Beispiels wurde mit einer Kursbewegung von fünf Prozent, was einem Gewinn von 5.000 Dollar pro Kontrakt beziehungsweise einem Gesamtgewinn von 25.000 (= 25 Prozent) entspricht, geschlossen.

Aufgrund der folgenden Formel wird errechnet, dass die HPR (Holding Period Return = Rendite der Haltedauer) 1,25 beträgt:

$$HPR = 1 + f \times (- PFIT / WCS)$$

f: der Wert, der für f eingesetzt wurde, beträgt $f = 0,5$

- PFIT: der Gewinn oder Verlust pro Kontrakt, mit umgekehrten

    Vorzeichen; -PFIT = 5.000 Dollar

WCS: Worst-Case-Szenario (diese Zahl ist immer negativ)

    WCS = — 10.000 Dollar.

Beachten Sie, dass der Unterschied zwischen dieser Formel und der letzten Formel für die HPR darin besteht, dass wir nun den Prozentsatz, der durch den Trade erzielt wurde, mit dem Faktor f multiplizieren, wobei der Worst-Case-Betrag dem Risikobetrag entspricht. Im letzten Beispiel wurde nicht angegeben, wie viel (in Dollar) riskiert beziehungsweise verloren wurde, sondern wir haben einfach den Prozentsatz als Ergebnis der Formel – PFIT X 100 / WCS genannt. Um dies über Excel vorzunehmen, geben Sie die folgenden Formeln und Werte in eine leere Tabelle ein:

In Kästchen B3: 100.000
In Kästchen C3: -10.000
In Kästschen D3: 0,5
In Kästchen B5: 5.000

Geben Sie die folgenden Angaben (nacheinander) in Kästchen B6 bis B14 ein: 2.000, 7.000, -4.000, -2.000, 6.000, 2.000, -10.000, -7.000 und -3.000.

In Kästchen C5: =1+D\$3*(-B5/C\$3) (dann füllen Sie alle Kästchen von C5 bis C14 aus)
In Kästchen D5: =C5
In Kästchen D6: = D5*C6 (dann füllen Sie alle Kästchen von D6 bis D14 aus)
In Kästchen E3: = COUNTIF(B5:B14,"<>0")
In Kästchen E5: = D5*B\$3 (dann füllen Sie alle Kästchen von E5 bsi E14 aus)
In Kästchen F3: = D14 ^ (1/E3)
In Kästchen F5: = B3/(C\$3/-D\$3)
In Kästchen F6: = E5/(C\$3/-D\$3) (dann füllen Sie alle Kästchen von F6 bis F14 aus)

Wenn Sie damit fertig sind, sollte Ihre Tabelle so aussehen wie die in Abbildung 15.1.

Das obige Beispiel enthält zudem eine weitere sehr nützliche Variable: das geometrische Mittel, das dem durchschnittlichen HPR oder dem Wachstumsfaktor pro Trade ähnlich ist. Um den End-TWR zu erhalten, könnten Sie entweder alle HPRs multiplizieren oder das geometrische Mittel errechnen, das durch die Anzahl der Trades erhöht wird (Einzelheiten hierzu folgen in Kürze).

	B	C	D	E	F	G
	Initial eq.	Worst case	f	Trades	Geo. mean	
	100,000	-10,000	0.50	10	1.0093	
	Profit	HPR	TWR	Current eq.	Units	
	5,000	1.2500	1.2500	125,000	5	
	2,000	1.1000	1.3750	137,500	6	
	7,000	1.3500	1.8563	185,625	7	
	-4,000	0.8000	1.4850	148,500	9	
	-2,000	0.9000	1.3365	133,650	7	
	6,000	1.3000	1.7375	173,745	7	
	2,000	1.1000	1.9112	191,120	9	
	-10,000	0.5000	0.9556	95,560	10	
	7,000	1.3500	1.2901	129,006	5	
	-3,000	0.8500	1.0965	109,655	6	

Abbildung 15.1: *Die Verwendung von Excel zur Berechnung des HPR (Holding Period Return) und des TWR (Terminal Wealth Relative).*

Den Wert in Kästchen D3 können Sie manuell verändern, wobei Sie die Wahl zwischen 0 und 1 haben; damit können Sie den höchsten TWR Wert in Kästchen D14 ausfindig machen. Wenn Sie den Wert in Kästchen D3 zum Beispiel auf 0,1 ändern, so verändert sich der Wert in Kästchen D14 auf 1,0889 (wenn Sie vier Stellen hinter dem Komma anzeigen). Der Wert in Kästchen D3, der dem höchsten Wert in Kästchen D14 entspricht, ist der optimale Prozentsatz (optimal f) für dieses System. Eine andere und einfacher Methode besteht darin, die erweiterte Lösungsfunktion (Solver-Add-in-Funktion) in Excel zu benutzen (siehe Abbildung 15.2).

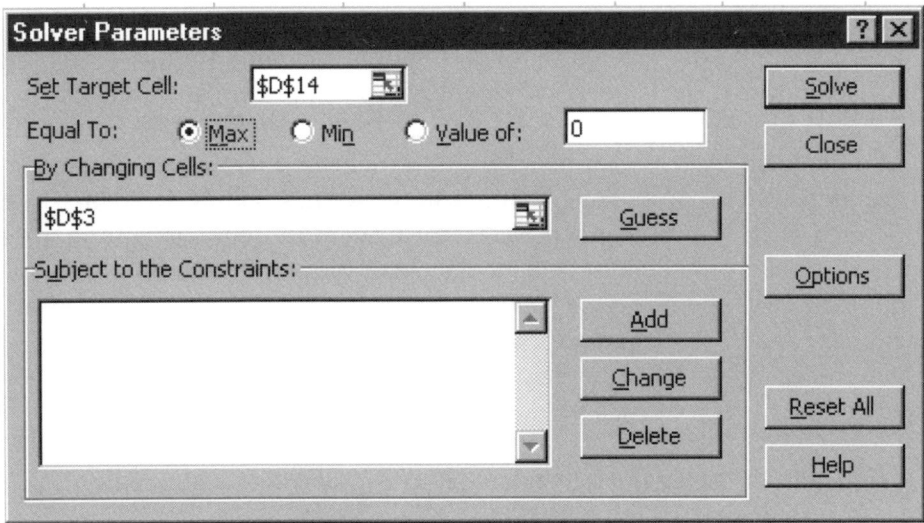

Abbildung 15.2: *Erweiterte Lösungsfunktion in Excel zur Berechnung des optimalen Prozentsatzes (optimal f).*

Beachten Sie, dass wir im vorliegenden Fall davon ausgehen, dass der Worst Case gleich groß ausfällt wie der Worst Case unserer Trade-Folge. Es gibt noch einige andere Möglichkeiten, um dies zu bewerkstelligen, zum Beispiel durch die Berechnung der Standardabweichung aller Erträge, wobei der Worst Case einem bestimmten Abstand zum durchschnittlichen Trade entspricht, oder man könnte es auch den Stopps des Systems überlassen, die jeweiligen Worst-Case-Szenarien für jeden Trade zu bestimmen. Ich bevorzuge allerdings die angegebene Methode. Abbildung 15.2 deutet auch auf die Tatsache hin, dass man durch weitere Einschränkungen komplexere Optimierungen durchführen kann; zum Beispiel könnte man die Einschränkung einführen, dass der maximale Kapitalrückgang oder die Standardabweichungen spezifische Werte nicht überschreiten dürfen.

Im vorliegenden Fall beträgt der optimale Prozentsatz (optimal f) etwa 0,31 bei einem TWR von rund 1,18. Das bedeutet, dass Sie für jeden einzelnen Trade nicht mehr als 31 Prozent Ihres Kapitals riskieren sollten, wenn Sie den Trade eröffnen. Das ist der bestmögliche (optimale) Prozentsatz für dieses System, falls wir keine weiteren Einschränkungen als die Wachstumsrate geltend machen, die erhöht werden soll, ohne dabei die Kosten oder die Tatsache zu berücksichtigen, dass wir keine Bruchteile von Kontrakten handeln können. Wir berücksichtigen weder Slippage noch Brokergebühren, wenn wir nach der besten Einstellung der Variablen für das System suchen, und das sollten Sie ebenfalls tun, wenn Sie den besten Prozentsatz für Ihr System ausfindig machen wollen. Denken Sie daran, dass wir in erster Linie anstreben sollten, ein gut funktionierendes System zu entwickeln und nicht zu allererst an ein gewinnbringendes System zu denken. Wenn wir uns daran halten, werden wir es schließlich auch schaffen, einen Markt zu finden, in dem das System auch Gewinne erzielt. Außerdem ist zu bedenken, dass Sie es im Zusammenhang mit dem Geldmanagement, bei dem ein fester Prozentsatz des Kapitals (Fixed-Fractional-Ansatz) pro Trade eingesetzt wird, selten erleben werden, dass Sie Ihr System mit dem jeweils optimalen Prozentsatz überall einsetzen können, was ihnen demnächst klar werden wird.

Betrachten Sie zunächst die folgenden Erwartungswerte eines Systems, das Sie in der Praxis einzusetzen gedenken:

• Der Prozentsatz der Gewinn-Trades liegt über 72 Prozent.

• Mit jedem Gewinn-Trade erzielen Sie durchschnittlich 1,52 Prozent.

• Mit jedem Verlust-Trade verlieren Sie im Durchschnitt 1,19 Prozent.

• Der Gewinnfaktor beträgt 3,36.

Bei diesem System handelt es sich um ein Phantasieprodukt, wie es auch für die Systemauswertung in Tabelle 12.12 gilt. Was stimmt an einem System wie diesem nicht? Die Verlust-Trades sind erheblich kleiner als die Gewinn-Trades, und auf den ersten Blick sieht es so aus, als sollten Sie bei jedem Trade fast Ihr gesamtes Kapital einsetzen, bis auf einen kleinen Betrag, den Sie sich für den Fall eines Kapitalrückgangs zurückbehalten, was in Anbetracht des hohen Prozentsatzes an Gewinn-Trades leicht sein dürfte.

Weil die Daten, die auf Excel übertragen werden, häufig Ergebnisse enthalten, die in Prozent und nicht in Dollar-Beträgen, wie im obigen Beispiel, angegeben werden, unterscheiden sich die Berechnungen geringfügig. In diesem Fall habe ich die Übertragungsfunktion von Teil 1 übernommen, die Sie für die einzelnen Markt-System-Kombinationen benutzen können. (Sie werden noch erfahren, wie man die Übertragungsfunktion Kursstab für Kursstab für mehrere Markt-System-Kombinationen und die Portfolioanalyse Kurstab für Kursstab durchführt.) Im vorliegenden Beispiel müssen Sie einige Leerreihen oben in die Tabelle und einige Leerspalten rechts der „Gewinn"-Spalte einfügen, wie in Abbildung 15.3 zu sehen ist. Wenn Ihre Tabelle so aussieht wie die in Abbildung 15.3 (denken Sie daran, dass es sich um ein Phantasiesystem handelt, das Sie durch jedes andere System Ihrer Wahl ersetzen können), dann können Sie folgende Formeln beziehungsweise Werte eingeben:

In Kästchen F3:

=MIN(F5:F219)/100

F219 bezeichnet die letzte Datenreihe

In Kästchen G5:

= 1 + G\$3*(-(F5/100)/F\$3) (anschließend füllen Sie alle Kästchen von G5 bis 219 aus)

In Kästchen H3:

=H219 ^ (1/COUNTIF(F5:F219,"<>0)

In Kästchen H5:

=G5

In Kästchen H6:

=G6*H5 (anschließend füllen Sie alle Kästchen von H6 bis H219 aus)

Danach geben Sie in Kästchen G3 alle Werte für f zwischen 0 und 1 ein, und zwar in Schritten von 0,5, und kopieren jeden Wert in eine separate Spalte. Wenn Sie das getan haben, dürften Sie keine Probleme haben, einen Chart wie den in Abbildung 15.4 herzustellen.

Es stellte sich heraus, dass der beste Prozentsatz für dieses System den hohen Wert von 0,90 erreicht, was ein TWR von 3.325 ergibt. Das heißt, wenn Sie in der Lage gewesen wären, dieses System mit diesem optimalen f-Wert praktisch einzusetzen, hätten Sie einen Betrag erzielt, der 3.325 Mal Ihr ursprüngliches Kapital ausmacht, was einem Gesamtgewinn von 332.400 Prozent entspricht.

$((3.325 - 1) * 100)$. Abbildung 15.4 zeigt das TWR und damit das Vermögen, das Sie – je nach dem jeweiligen f-Wert als Grundlage – letztendlich erwirtschaftet hätten.

	A	B	C	D	E	F	G	H
1								
2						W. case	f	G. mean
3						-0.0929	0.898522739	1.038437992
4	E Date	Position	E Price	X Date	X Price	Profit	HPR	TWR
5	880115	-1	381.7	880119	371.01	2.8	1.270814173	1.270814173
6	880122	1	365.6	880125	375.84	2.8	1.270814173	1.614968662
7	880129	-1	382.5	880205	372.26	2.68	1.259207851	2.033581219
8	880205	1	372.26	880210	382.69	2.8	1.270814173	2.584303836

Abbildung 15.3: *Die Verwendung von Excel zur Berechnung des TWR als Funktion von f.*

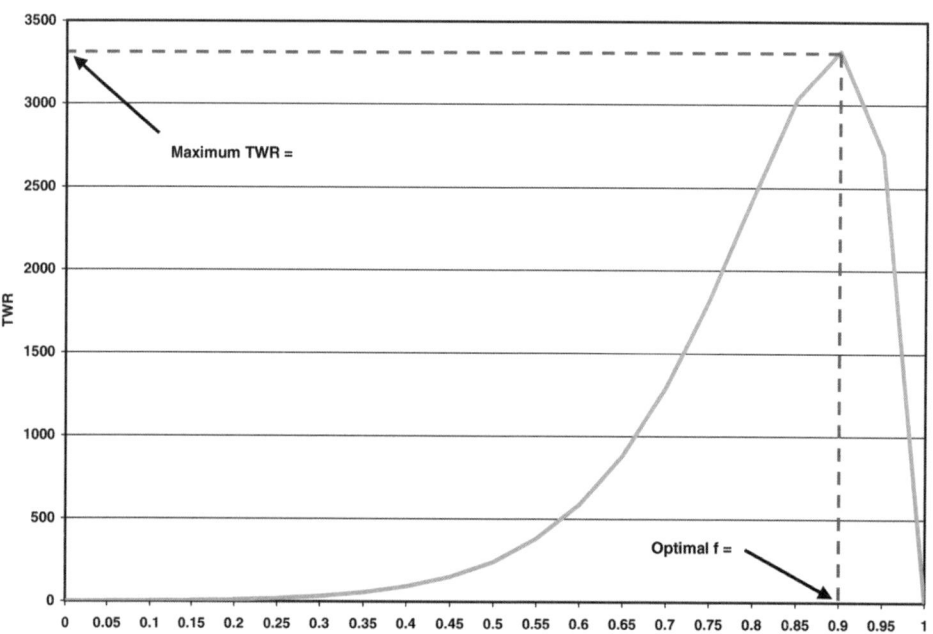

Abbildung 15.4: *Das TWR eines Phantasiesystems im Verhältnis zum Prozentsatz Ihres Kapitels, der pro Trade riskiert wurde.*

Wie Sie sehen, wächst Ihr Kapital nicht schneller, wenn Sie den f-Wert, also den optimalen Prozentsatz, um eine Stufe erhöhen. Stattdessen gehen Sie dabei ein größeres Risiko ein, als nötig ist, um am Ende die gleiche Wachstumsrate zu erreichen, die Sie auch mit einem geringeren f-Wert erzielt hätten, und außerdem erhöhen Sie die Wahrscheinlichkeit eines Totalverlustes Ihres Kapitals, je mehr Trades Sie platzieren (siehe Punkt zwei in der Aufstellung am Anfang dieses Kapitels). Aber dazu gibt es noch mehr zu sagen: Wenn Sie Ihr Risiko (also f) um die Hälfte reduzieren, verringern Sie die zu erwartenden Gewinne um wesentlich mehr als die Hälfte. Wenn Sie Ihren f-Wert arithmetisch verändern, dann verändert sich Ihr Gewinn geometrisch.

Paradox daran ist Folgendes: Je besser das System ist, desto höher ist der f-Wert, und umso größer fallen auch die Kapitalrückgänge aus, die Sie erleiden müssen. Dies liegt daran, dass es sich beim optimalen f-Wert um einen Prozentwert handelt, den Sie pro Trade zu verlieren bereit sind, was davon abhängt, wie hoch der von Ihnen erwartete Verlust-Trade ist. Wenn dieser Verlust-Trade eintritt, dann verlieren Sie diesen Prozentsatz Ihres Kapitals, wie es durch den f-Wert festgelegt wurde, den Sie verwendet haben. Und dieser Verlust bezieht sich auf nur einen Trade. Wenn sich die nächsten Trades ebenfalls als Verlust-Trades herausstellen, wird der Kapitalrückgang noch schlimmer ausfallen.

Dies steht mit Punkt drei und vier am Anfang dieses Kapitels in Zusammenhang und hat nichts damit zu tun, wie viele Märkte oder Arten von Märkten Sie handeln (das heißt, wie gut Ihre Diversifikation Ihrer Meinung nach ist oder ob Sie denken, dass Sie Ihr Risiko vermindern können, wenn Sie nur Aktien handeln oder Leerverkäufe generell vermeiden). Ihr schlimmster Kapitalrückgang wird dennoch mindestens so groß sein wie Ihr größter Verlust-Trade, multipliziert mit der Anzahl der Kontrakte, die erforderlich sind, um das Gesamtrisiko einzugehen, das durch den f-Wert vorgegeben wird. Abbildung 15.5 zeigt die Entwicklung des TWR für dieses System und den entsprechenden optimalen f-Wert.

Wie Sie der Abbildung entnehmen können, konnte das Kapital etwa mit dem 50. Trade verzehnfacht werden. Darauf folgte jedoch eine Reihe schlechter Trades, zu denen auch der größte Verlust-Trade gehört, was zur Folge hatte, dass das Kapital unter den Anfangsstand sank. Darüber hinaus stellt sich die Frage, wie sicher Sie sich sein konnten, dass sich dieser optimale f-Wert auch in Zukunft als der optimale Prozentsatz erweisen würde. Weil es diese Gewissheit nicht gibt, wären Sie besser dran, wenn Sie sich an die linke Seite des optimalen f-Wertes halten, weil ein geringerer f-Wert zum gleichen Kapitalwachstum führt wie der optimale f-Wert, aber das Risiko wäre im ersten Fall geringer. In der Praxis kann jedoch Folgendes eintreten: Selbst wenn Sie sich auf die linke Seite des anhand historischer Daten ermittelten f-Wertes ausrichten, könnten Sie beim Handel in Echtzeit, ohne es zu wissen, auf der rechten Seite des tatsächlichen optimalen f-Wertes landen, weil sich dieser nach links verschoben haben könnte.

Von dieser Warte aus betrachtet ist der optimale f-Wert lediglich eine theoretische Größe, die nur eine geringe praktische Bedeutung besitzt. Aber man würde es sich zu leicht machen, wenn man daraus ableitet, dass die ganze Theorie, auf dem der Fixed-Fractional-Ansatz beruht, zu verwerfen ist. Wussten Sie zum Beispiel, dass wir bereits während des ganzen Buches mit einigen dieser Parametern des Geldmanagements gearbeitet haben? Sollte Ihnen das entgangen sein, können Sie sich selbst davon überzeugen, indem Sie einen Blick auf die Übertragungsfunktion für die Ergebnisauswertung aller Systeme werfen, deren Kontrakte auf Verhältniswerte umgerechnet wurden, oder Sie können sich auch die Tabellen anschauen, die Sie vielleicht schon selbst mit dieser Übertragungsfunktion hergestellt haben.

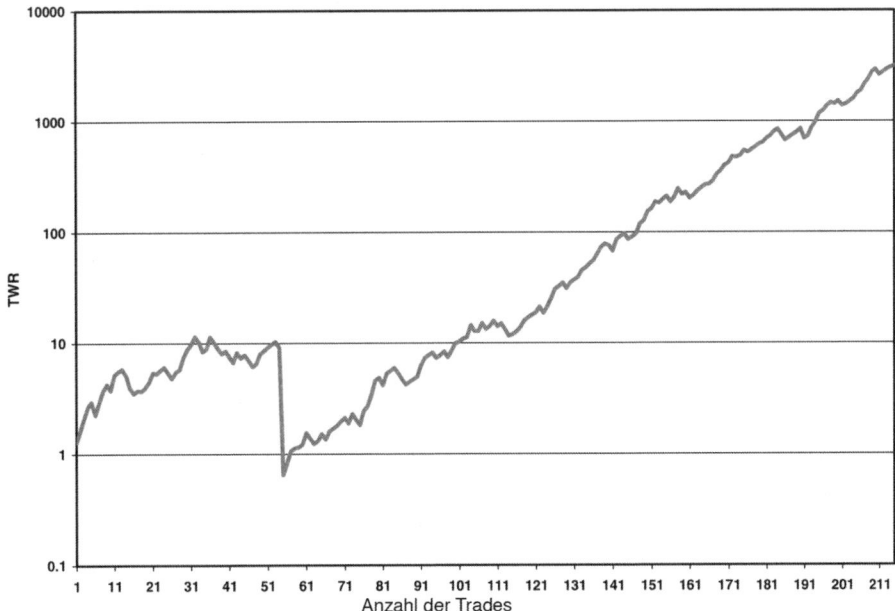

Abbildung 15.5: *Das Kapitalwachstum eines Phantasiesystems, das mit einem f-Wert von 0,9 gehandelt wurde.*

In die einzelnen Gewinnspalten, die als „Gewinn" bezeichnet wurden, haben wir im Wesentlichen das ungewichtete HPR übertragen, es sei denn, wir haben ihn als Prozentzahl und nicht als Multiplikator dargestellt. Mit „ungewichtet" meine ich, dass wir bei dessen Berechnung nicht den größten Verlust-Trade und den f-Wert berücksichtigt haben, wie es zum Beispiel in den Kästchen von C5 bis C14 der Fall war. Das trifft ebenso auf den kumulierten Gewinn in der Spalte „Kum. Gew." zu, der der TWR-Variablen entspricht. Um diese Prozentzahlen (X) in Multiplikatoren (Y) umzuwandeln, gehen Sie folgendermaßen vor:

$$Y = X / 100 + 1$$

Zur Umwandlung eines Multiplikators in eine Prozentzahl verfahren Sie wie folgt:

$$X = (Y - 1) + 100$$

Schauen Sie sich die Ergebnisauswertung in Tabelle 12.14 an. Sie zeigt den endgültigen kumulierten Gewinn von 50,02 Prozent, der einem TWR von 1,5002 (50,02 / 100 + 1) entspricht. Um den geometrischen Mittelwert zu berechnen, erhöhen Sie ihn um 1, dividiert durch die Anzahl der Trades des Systems, was 1,00442 (1,5002 ^ ((Was bedeutet dieses Zeichen? Siehe auch unten)) (1 / 92)) ergibt. Dies entspricht etwa 0,44% ((1,00442 – 1) + 100). Es handelt sich dabei um die Rendite pro Trade, die zu erwarten wäre, wenn man alle bisherigen Gewinne reinvestiert hätte.

Wir können auch den geometrischen Mittelwert berechnen, indem wir den durchschnittlichen Gewinn heranziehen (0,46 Prozent) und diesen in einen Multiplikator (1,0046) umwandeln. Wir werden diesen Multiplikator „Durchschnittsgewinn-Multiplikator" (DGM) und „Geschätzten geometrischen Mittelwert" (GGM) nennen. Diesen erhöhen Sie um 2, bevor Sie die Standardabweichung (SA) subtrahieren, die ebenfalls um 2 erhöht wird. Zuletzt erhöhen Sie alles um 1, dividiert durch 2. Daher erhalten wir im vorliegenden Fall für den geschätzten geometrischen Mittelwert (GGM) 1,00447 ((1,0046^2 – 0,0163^2)^(1/2)), was etwa 0,45 Prozent entspricht. Nun können wir zur Berechnung des TWR übergehen, indem wir alles um die Anzahl der Trades erhöhen. (Bitte halten Sie durch!) Wir nennen das „Geschätzte TWR" (GTWR) und die Anzahl der Trades N, und somit erhalten wir:

ETWR = EGM ^ N

In deutschen Abkürzungen:

(GTWR = GGM ^ N)

ETWR = Estimated TWR = GTWR: geschätztes TWR

EGM = Estimated Geometric Mean = GGM: Geschätzter geometrische Mittelwert
APM = Average Profit Multiplier = DGM: Durchschnittsgewinn-Multiplikator
SD = Standard Deviation = SA: Standardabweichung
EGM = (APM ^ 2 – SD ^ 2) ^ (1/2), dann
ETWR = (APM ^ 2 – SD ^ 2) ^ N = APM ^ 2 – SD ^ 2) ^ (N/2)
In deutschen Abkürzungen:
GGM = (DGM ^ 2 – SA ^ 1) ^ (1/2), dann
GTWR = (DGM ^ 2 – SA ^ 2) ^ N = DGM ^ 1 – SA ^ 2) ^ (N/2)

Die letzte Gleichung ist deshalb so wichtig, weil sie der Mathematiker Ralph Vince als grundlegende Gleichung des Trading bezeichnet hat. Es ist „die" Gleichung überhaupt, wenn Sie so wollen, weil sie alles erklärt. Und selbst wenn man diese Aussage einschränkt, so erklärt sie dennoch sehr viel. Wenn die erste Klammer beispielsweise keine Zahl ergibt, die größer als 1 ist, wird man kein Geld mit dem System verdienen. Die einzige Möglichkeit, das zu erreichen, besteht darin, dass der Durchschnittsgewinn-Multiplikator (DGM) in ausreichendem Maße größer ist als die Standardabweichung. Natürlich ist es wünschenswert, dass der Durchschnittsgewinn-Multiplikator (DGM) im Vergleich zur Standardabweichung möglichst groß ausfällt, aber von entscheidender Bedeutung ist, wie sicher Sie sich sein können, dass dieses wechselseitige Verhältnis auch zukünftig erhalten bleibt. Denn solange Sie sich dessen sicher sind, wird es lediglich darauf ankommen, wie häufig Sie handeln können. Das heißt, N muss so groß wie möglich sein. Dazu müssen Sie sicherstellen, dass das System gut funktioniert und/oder in möglichst vielen Märkten Gewinn-Trades produziert. Und wie erreichen Sie das?

Um es zu wiederholen: Dies steht mit dem in Zusammenhang, was wir über den Systemaufbau erfahren haben, und dabei ist es besonders wichtig, sich an das Prinzip der Einfachheit zu halten, indem so wenig Regeln wie möglich verwendet werden. Das ist der einzige Weg, ein System zu entwickeln, das nicht nur in Bezug auf historische Daten, sondern auch in Zukunft Gewinne zu erzielen vermag. Wenn man das System mit Regeln überfrachtet, um die Diskrepanzen zwischen den einzelnen Märkten zu beseitigen, nehmen wir eine unzulässige Optimierung des Systems vor, was die Chancen verringert, dass es auch künftig funktionieren wird. Durch die Arbeit mit willkürlichen Einstiegen sowie Stopps und Ausstiegen, die in Prozentwerten angegeben werden, stellen wir sicher, dass sich das System in jedem Markt, jedem Zeitrahmen und fast jedem Zeithorizont bewähren wird.

Die grundlegende Trading-Gleichung bezieht sich auch auf das, was anfangs bezüglich des Kapitalrückgangs erörtert wurde. Diversifikation wird zwar nicht unbedingt den Kapitalrückgang verringern, aber eine Fixed-Fractional-Trading-Strategie wird ihn in Grenzen halten, während eine große Anzahl von gehandelten Märkten dazu beitragen wird, sich rascher von einem Kapitalrückgang zu erholen, was wiederum darauf zurückzuführen ist, dass jeder neue Markt Gelegenheiten bietet, zusätzliche Trades durchzuführen.

Die praktische Anwendung des Geldmanagements

Alles, was bisher erörtert wurde, führt uns nun an einen Scheideweg. Da ein System, das in verschiedenen Märkten gehandelt wird, unterschiedliche optimale f-Werte erfordert, sollten wir eigentlich für jeden Markt ein gesondertes Trading-Konto einrichten oder zumindest jeden Markt auf unterschiedlichem Aggressivitätsniveau handeln, wie es durch den optimalen f-Wert für jede Markt-System-Kombination vorgegeben wird. In Anbetracht des „Preismodells des Anlagegegenstandes" (Capital Asset Pricing Model = CAPM) und der „Effizienten Markthypothese" (Efficient Market Hypothesis = EMH) sollten wir auch jede Markt-System-Kombination gegenüber allen anderen abwägen, sodass jede Markt-System-Kombination die gleichen dem Risiko entsprechenden Erträge aufweist und die Salden der Markt-System-Kombinationen des ganzen Portfolios wirksam geschützt sind.

Nachdem aber lang und breit dargelegt wurde, dass alle Märkte gleich zu behandeln sind, stellt sich die Frage, warum wir nun auf einmal damit beginnen sollten, denn das würde dem Tatbestand der Optimierung entsprechen. Wir würden damit zwar nicht den Fehler begehen, das entsprechende System auf einen bestimmten Markt auszurichten, aber wir würden dabei getrennt gewichtete Markt-System-Kombinationen mit den Gesamtergebnissen des Portfolios vermischen.

Sollten wir uns dazu entschließen, so widerspricht dies allem, was wir bisher getan haben. Wir müssen also sicherstellen, dass jedes System im Durchschnitt und über einen langen Zeitraum in allen Märkten gleich gut funktioniert und dass wir jedes System und jeden Markt gleich behandelt haben. Achten Sie darauf, dass von „gleich gut" und nicht von „gleich lukrativ" die Rede war. Wenn wir lediglich an der Optimierung der historischen Gewinne interessiert sind, haben wir eine unzulässige Optimierung des Systems auf einen bestimmten Markt vorgenommen, wobei wir es so eingerichtet haben, dass der beste Prozentsatz (f-Wert) einen Wert von 0,99 oder mehr aufweist; wenn wir dieses System jedoch unter realen Bedingungen eingesetzt hätten, wären wir Pleite gegangen. Denken Sie daran, dass wir nicht nur daran interessiert sind, das Kapital zu optimieren (das heißt zu erhöhen), sondern es geht vielmehr um die Optimierung des Einsatzes pro Trade gemäß der Gegebenheiten und Bedingungen, wobei das gewünschte Endkapital eine davon ist.

Wichtig ist auch der Ausdruck „über einen langen Zeitraum". Natürlich werden wir es am Ende mit unterschiedlichen Werten für den optimalen Prozentsatz (f-Wert) für die verschiedenen Markt-System-Kombinationen innerhalb eines begrenzten Zeitraums von beispielsweise 20 Jahren zu tun haben, was grundsätzlich davon abhängt, in welchem historischen Betrachtungszeitraum die in diesem Buch aufgeführten Systeme getestet wurden. Aber das ist reiner Zufall. In den nächsten 20 Jahren könnten sich andere Markt-System-Kombination mit höheren f-Werten als die besten erweisen, während das durchschnittliche Ergebnis des gesamten Portfolios mit allen Markt-System-Kombinationen in etwa gleich geblieben sein könnte.

Wir könnten auch die gleiche logische Schlussfolgerung zugrunde legen, wie wir es getan hatten, als wir die Entscheidung trafen, den eingesetzten Betrag von den Korrelationen zwischen den Trades abhängig zu machen. In diesem Fall würde die Hypothese aufgrund historischer Beobachtungen besagen, „dass jeder Markt seine eigenen spezifischen Merkmale und statistischen Eigenschaften besitzt und daher aufgrund seines eigenen f-Wert gehandelt werden sollte". Wenn sich diese Hypothese als falsch herausstellt, dann haben wir einen Fehler zweiter Art begangen, indem wir eine Hypothese akzeptiert haben, obwohl sie verworfen werden sollte. Infolgedessen werden wir das System zu aggressiv handeln, obwohl dies nicht angebracht ist, und wir werden es nicht aggressiv genug handeln, obwohl dies nötig gewesen wäre. Auf lange Sicht werden wir Verluste erleiden und die Wahrscheinlichkeit erhöhen, uns finanziell zugrunde zu richten. Hätten wir die Hypothese jedoch irrtümlicherweise verworfen, anstatt sie zu aktzeptieren (Fehler erster Art) und alle Markt-System-Kombinationen mit dem gleichen f-Wert gehandelt, so hätten wir trotzdem Gewinne erzielt, allerdings wäre dies langsamer vonstatten gegangen.

Um es einfach zu halten, empfehle ich Ihnen daher, das Sie alle Trades in jedem Portfolio von Märkten, auf die Sie das System angewendet haben, gleich behandeln, und zwar unabhängig davon, in welchem Markt der jeweilige Trade erfolgt. Verwenden Sie dabei den Prozentsatz (f-Wert), der Ihnen in Bezug auf das zu erwartende Kapitalwachstum, die Kapitalrückgänge, die Phasen der Stagnation und die Worst-Case-Szenarien passend erscheint. Das Gleiche gilt auch dann, wenn Sie mehrere Systeme in nur einem Markt eingesetzt haben. Dies trifft auch zu, wenn Sie alle Portfolios zu einem Portfolio zusammenfassen wollen.

Wenn Sie Ihre Systeme sorgfältig untersucht haben und „wissen", dass sie sich weiterhin bewähren werden, dann werden Sie noch viel mehr Geld verdienen, wenn Sie den f-Wert auf 0,015 reduzieren und nicht mehr als 1,5 Prozent Ihres Tradingkapitals pro Trade riskieren, anstatt immer die gleiche Anzahl von Kontrakten zu handeln, was davon abhängt, wie Sie das Verhältnis zwischen Risiko und Ertrag definieren.

Als Beispiel dient uns das obige Phantasiesystem: Wenn wir nur drei Prozent riskieren, beträgt das neue TWR (Terminal Wealth Relative – relatives Endvermögen) 1,4478, was einem Kapitalwachstum von insgesamt nur 45 Prozent entspricht. Das ist nicht besonders gut, denn mit dem ursprünglichen System ohne „optimalen f-Wert" wurden insgesamt 216 Prozent erreicht. Wir ändern das zu erwartende Worst-Case-Szenario, sodass es dem Verluststopp des Systems mit 1,1 Prozent entspricht, indem wir „– 0,011" in Kästchen F3 eingeben. Jeder Trade, der eingegangen wurde, hat sich so übel entwickelt, dass es nicht schlechter sein könnte. Dies bestätigt, dass es mitunter eine beträchtliche Verschlechterung in Kauf nehmen muss, wenn man Modifikationen vornimmt. Tatsache ist, dass ich früher oder später mit einem Trade rechnen muss, der zum Totalverlust führt. Ob ich mich also an den größten Verlust-Trade halte, der sich aufgrund der historischen Daten ergeben hat, oder mich für den maximalen Verlust entscheide, den mir jeder Trade einbringen kann (was dem Verluststopp des Systems entspricht), macht im Grunde keinen Unterschied.

Ist es nicht sinnvoller, wenn man sich an das hält, was als höchster Verlust in einem Trade zu erwarten ist, anstatt sich daran zu orientieren, was in der Vergangenheit verloren wurde? Dazu ist Folgendes anzumerken: Wenn Sie das gleiche System in mehreren Märkten eingesetzt hätten, wären Sie jedenfalls nicht in der Lage gewesen, es mit einem optimalen f-Wert zu handeln, wie das nächste Beispiel zeigt.

Wenn Sie zehn Märkte handeln, kann es vorkommen, dass in allen Märkten am gleichen Tag Einstiegssignale erfolgen, sodass es nicht möglich ist, pro Markt im Durchschnitt mehr als zehn Prozent Ihres gesamten Trading-Kapitals zu veranschlagen, wobei der optimale f-Wert für jede Markt-System-Kombination nicht von Belang ist. Wenn Sie den Höchstwert von zehn Prozent pro Markt bereitstellen, werden Sie sich ruinieren, wenn sich alle Trades negativ entwickeln. Um dies zu vermeiden, müssen Sie für jeden Markt viel weniger als zehn Prozent pro Markt einsetzen, etwa zwei Prozent pro Markt, was ein Gesamtrisiko von 20 Prozent bedeuten würde. Zugegebermaßen wird es kaum jemals vorkommen, dass Sie sich in allen Märkten auf einmal positionieren, und zudem werden sich nur äußerst selten alle Märkte gleichzeitig gegen Ihre Position bewegen, aber andererseits sind zehn Märkte nicht gerade viel.

Wenn jedenfalls das Worst-Case-Szenario dem Verluststopp entspricht, so beträgt der neue optimale f-Wert für diese Gesamtstrategie 0,10, wobei das Verhältnis zwischen den unterschiedlichen f-Werten und dem TWR etwa so aussieht wie in Abbildung 15.6. Wie Sie sehen, ist es jetzt noch wichtiger, dass Sie nicht zu viel traden, weil die Wahrscheinlichkeit eines finanziellen Ruins bereits bei einem f-Wert von 0,15 100 Prozent beträgt.

Wenn nur drei anstatt zehn Prozent des gesamten Kapitals riskiert werden, ist der nötige Spielraum gegeben. In diesem Fall beträgt das neue TWR 19,44, was einem Kapitalwachstum von 1,844 Prozent entspricht. Das macht im Jahr 35 Prozent aus, wenn man der Berechnung den Zeitraum der letzten zehn Jahre zugrunde legt. Zum Vergleich: Der beste lizenzierte Berater für den Warenterminhandel (CTA = Commodity Trading Advisor) kommt durchschnittlich im Jahr auf 20 bis 25 Prozent, während die durchschnittliche Rendite im Aktienmarkt in den letzten 15 bis 20 Jahren nicht mehr als rund zwölf Prozent beträgt. Abbildung 15.7 zeigt Ihnen, wie das Kapitalwachstum für diese Strategie aussehen könnte. Eine Rendite von 332,400 Prozent, die dem ursprünglichen f-Wert entspricht, wäre zwar etwas überzogen, aber diese fiktive Zahlenangabe weist auf die Leistungsfähigkeit dieser Methode hin. Achten Sie in Abbildung 15.7 insbesondere darauf, dass der Kapitalrückgang im Bereich von Trade 50 auch nicht schlimmer ausgefallen ist als bei den anderen Methoden.

Wir können eine statistische Analyse des Fehlers erster und zweiter Art durchführen, um bestätigt zu bekommen, wie wichtig es ist, sich für einen f-Wert zu entscheiden, der geringer ist als der optimale f-Wert. Dieses Mal lautet die Hypothese: „Der künftige wahre f-Wert wird höher oder gleich sein wie der optimale f-Wert der Vergangenheit; daher sollten wir keinen f-Wert wählen, der unter dem optimalen f-Wert liegt." Wenn wir diese Hypothese akzeptieren und sie sich als falsch erweist, dann haben wir wieder einen Fehler zweiter Art begangen: Wir haben einen zu hohen f-Wert gewählt, was die Wahrscheinlichkeit erhöht, dass wir früher oder später eine Pleite erleben werden. Hätten wir stattdessen die Hypothese verworfen und uns für einen f-Wert entschieden, der unter dem historischen optimalen f-Wert liegt, während sich herausgestellt hat, dass dies falsch war, dann hätten wir nicht so viel Geld verdient, wie es möglich gewesen wäre, aber gleichzeitig hätten wir auch die Wahrscheinlichkeit erhöht, im Spiel zu bleiben.

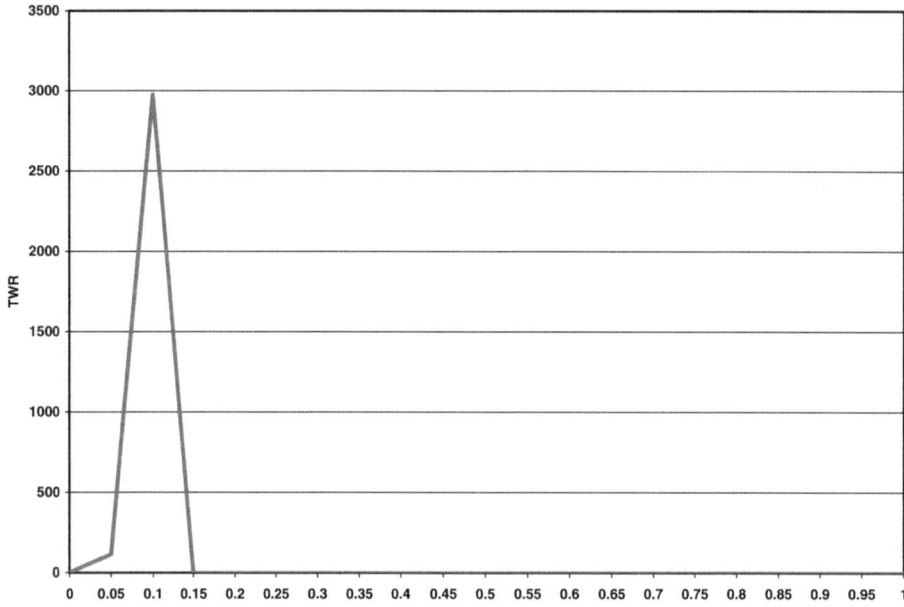

Abbildung 15.6: *Das TWR eines fiktiven Systems unter Verwendung des jeweiligen Worst-Case-Szenarios für jeden Trade.*

Nun müssen wir die optimale Anzahl der Kontrakte oder Lots (bei Aktien) bestimmen, die wir handeln sollten. Wir werden uns die tatsächlichen Dollar-Beträge anstelle der theoretischen Prozentangaben anschauen.

Kurzfristsysteme

Für jede Markt-System-Kombination stellen wir eine Tabelle zusammen, wie sie in Abbildung 15.8 gezeigt wird. Diese Tabelle enthält eine tägliche Auswertung der entsprechenden Markt-System-Kombination. Abbildung 15.8 zeigt zum Beispiel, dass das System am 24. Dezember 1985 eine Long-Position signalisierte, wobei das maximale Risiko 578 Dollar pro Kontrakt betrug. Die Fixed-Fractional-Geldmanagementstrategie, die in das System integriert wurde, verlangte, dass wir 56 Kontrakte platzieren. Am Ende des Handelstages wies die Markt-System-Kombination einen Minusstand von 232,50 Dollar pro Kontrakt und ein gesamtes Minus für das ganze Portfolio von – 13.020 Dollar auf. Die Position wurde am 30. Dezember mit einem Gewinn von 315 Dollar pro Kontrakt und einem Gesamtgewinn von 13.440 Dollar geschlossen.

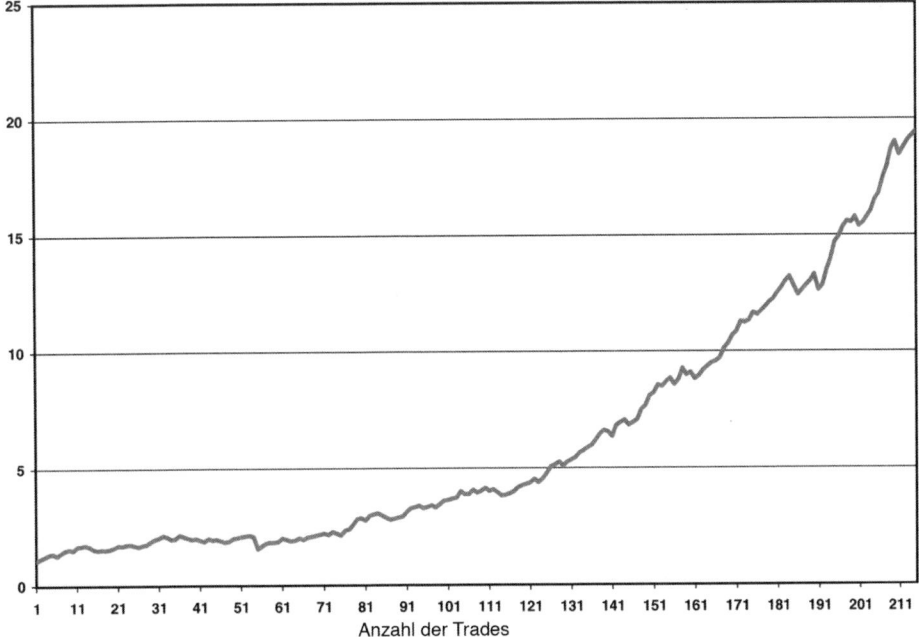

Abbildung 15.7: *Das Kapitalwachstum eines fiktiven Systems unter Verwendung des jeweiligen Worst-Case-Szenarios für jeden Trade.*

Abbildung 15.8 zeigt in den fünf Spalten unter der Überschrift „1 contract from TS" die Daten, die direkt von TradeStation übertragen wurden, während die Daten in den drei Spalten unter der Überschrift „N contracts – calculated" in Excel berechnet wurden. Alle anderen Kästchen wurden direkt von TradeStation übertragen, können aber auch durch Excel modifiziert werden. Um die erforderlichen Berechnungen in den Spalten F bis H auszuführen, geben Sie die folgenden Formeln ein (lassen Sie dabei außer Acht, dass sich einige Formeln auf andere Kästchen beziehen, die nicht in Abbildung 15.8 enthalten sind).

In Kästchen F36:

0

In Kästchen F37:

=IF(AND(C37<>C36,C37<0),H$32*H$33*MAX(INT($AN36*
(B4/100)C37),IF(E37=0,F36,0))

anschließend füllen Sie alle Kästchen in dieser Spalte aus. Zur Berechnung des Gewinns aller offenen Kontrakte:

In Kästchen G36:

=ROUND(D36*F36,0)

	A	B	C	D	E	F	G		H
32	Market	System	Direction	Margin ($)	$ Value		Market weight (%)		1
33	S&P 500	Meander	Both	22000	250		System weight (%)		1
34			1 Contract from TS				N contracts - calculated		
35	Date	Position	Risk ($)	Open ($)	Close ($)	Contracts	Open ($)		Close ($)
36	851220	0	0	0	0	0	0		0
37	851223	0	0	0	0	0	0		0
38	851224	1	-577.99	-232.5	0	56	-13020		0
39	851225	1	-577.99	-232.5	0	56	-13020		0
40	851226	1	-577.99	-32.5	0	56	-1820		0
41	851227	1	-577.99	505	0	56	28280		0

Abbildung 15.8: *Die Verwendung von Excel zur Berechnung der optimalen Anzahl der Kontrakte für die Fixed-Fractional-Geldmanagement-Strategie.*

Anschließend füllen Sie alle Kästchen in dieser Spalte aus.

Zur Berechnung der realisierten Gewinne aller Kontrakte; in Kästchen H36:

=ROUND(IF36<>0,(E36-B3)*F35,0),0)

Anschließend füllen Sie die Kästchen in dieser Spalte aus.

Um die erforderlichen Daten zu übertragen, stellen Sie eine weitere Übertragungsfunktion in TradeStation her. Als Beispiel wird das Meander-System verwendet:

```
Inputs: MarketName("Max10Char."), SystemName("Max10Char."),
Direction("Both"), MarginReq(1), DollarValue(1), MarketWeight(1),
SystemWeight(1);
Vars: VSStd(2), SumVS(0), AvgVS(0), DiffVS(0), StdVS(0), SetArr(0),
SumArr(0), DiffArr(0), VSLow(0), VSMid(0), VSHigh(0), TrueEntry(0),
FName(""), TradeStr2(""), Vacuum(0), Missing(0), FillDay(0), RiskValue(0),
PosProfit(0), ClosedProfit(0), MP(0), TotTr(0);
Array: VS[20](0);
For SetArr = 0 To 4 Begin
```

```
                VS[SetArr * 4 * =] = (0[SetArr] Data2 – C[SetArr + 1] Data2)/
C[SetArr + 1] Data2;
                VS[SetArr * 4 + 1] = (H[SetArr] Data2 – C[SetArr + 1] Data2)/
C[SetArr + 1] Data2;
                VS[SetArr * 4 + 2] = (L[SetArr] Data2 – C[SetArr + 1] Data2/
C[SetArr + 1] Data2;
                VS[SetArr * 4 + 3] = (C[SetArr] Data2 – C[SetArr + 1] Data2)/
C[SetArr + 1] Data2;
End;

For SumArr = 0 To 19 Begin
            If SumArr = 0 Then
                      SumVS = 0;
     SumVS = SumVS + VS[SumArr];
     If SumArr = 19 Then
            AvgVS = SumVS / 20;
     For DiffArr = 0 To 19 Begin
            If DiffArr = 0 Then
                      DiffVS = 0;
            DiffVS = DiffVS + Square(VS[DiffArr] – AvgVS;
            If DiffArr = 19 Then
                      StdVS = SquareRoot(DiffVS / 20);
     End;
End;

VSLow = C Data2 * (1 + (AvgVS – StdVS * VSStd));
VSMid = C Data2 * (1 + AvgVS);
VSHigh = C Data2 * (1 * AvgVS * StdVS * VSStd));

If MarketPosition = 0 Then Begin
     Buy ("Go long") tomorrow at VSLow limit;
     Sell ("Go short") tomorrow at VSHigh limit;
End;

If MarketPosition = 1 Then Begin
     ExitLong ("Long Target") at EntryPrice * (1 * (2,8 * 0,01)) limit;
     If Close > EntrayPrice * (1 * (0,6 * 0,01)) Then
            ExitLong ("Long Trailing") at EntryPrice * (1 * (0,6 * 0,01))
            stop;
```

```
        ExitLong("Long Loss") at EntrayPrice * (1 – (1,1 * 0,01)) stop;
End;
If MarketPosition = – 1 Then Begin
        ExitShort ("Short Target") at EntryPrice * (1 – (2,8 * 0,01)) limit;
        If Close < EntryPrice * (1 – (0,6 * 0,01)) Then
                ExitShort ("Short Trailing") at EntryPrice * (1 – (0,6 * 0,01))
                Stop;
        ExitShort ("Short Loss") at EntryPrice * (1 + (1,1 * 0,01)) stop;
End;

If BarsSinceEntry > = 8 Then Begin
        ExitLong ("Long Time") at Close;
        ExitShort ("Short Time") at Close;
End;

(DIE ÜBERTRAGUNGSFUNKTION BEGINNT HIER)
MP = MarketPosition
TotTr = TotalTrades;
If CurrentBar = 1 Then Begin
        FName = "D:\Temp\MM-TM-" + LeftStr(GetSymbolNahme,2) +
        ".csv";
        FileDelete(FName);
TradeStr2 = "Market" + "," + "System" + "," + "Direction" + "," +
"Margin ($)" + "," + "$ Value" + "," + "," + "Market weight (%)" +
"," + NumToStr(MarketWeght, 2) + NewLine;
FileAppend(FName, TradeStr2);

TradeStr2 = LeftStr(MarketName, 10) + "," + LeftStr(SystemName, 10) +
"," + LeftStr(Direction, 10) + "," + NumToStr(MarginReq, 0) + "," +
NumToStr(DollarValue, 0) + "," + "," + "System weight (%)" + "," +
NumToStr(SystemWeight,2) + NewLine;
FileAppend(FName, TradeStr2);

TradeStr2 = "1 Contract from TS" + "," + "," + "," + "," + "," +
"N contracts – calculated" + NewLine;
FileAppend(FName, TradeStr2);
TradeStr2 = "Date" + "," + "Position" + "," + "Risk ($)" + "," +
"Open ($) + "," + "Close ($)" + "," + "Contracts" + "," + "Open ($)" +
"," + "Close ($)" + NewLine;
```

```
FileAppend(FName, TradeStr2);
End;
Vacuum = DateToJulian(Date) – DateToJulian(Date[1]);
For Missing = 2 To Vacuum Begin
        FillDay = JulilanToDate(DateToJulian(Date[1] + (Missing-1));
        If DayOfWeek(FillDay) > 0 and DayOfWeek(FillDay) < 6 Then
        Begin
                TradeStr2 = NumToStr(FillDay,0) + "," +
                NumToSTr(MarketPosition, 0) + "," + NumToStr(RiskValue, 2)
                + "," + NumToStr(PosProfit[1],2) + "," + "0" + NewLine;
                FileAppend(FName, TradeStr2);
        End;
End;


RiskValue = 0;
PostProfit = 0;
ClosedProfit = 0;
If MP <> MP[1] and MarketPosition <> 0 Then Begin
        TrueEntry = C Data3 * (EntryPrice / C);
        Risk Value = TrueEntry * (1,1 * 0,01) * BigPointValue;
End;


If MarketPosition = 1 Then
        PosProfit = ((C / EntryPrice) – 1) * TrueEntry * BigPointValue;
If MarketPosition = -1 Then
        PosProfit = -((C / EntryPrice) – 1) * TrueEntry * BigPointValue;
If TotTr <> TotTr[1] Then Begin
        If MarketPosition(1) = 1 Then
                ClosedProfit = ((ExitPrice(1) / EntryPrice(1)) – 1) * TrueEntry
                [1] * BigPointValue;
        If MarketPosition(1) = -1 Then
                Closed Profit = -((ExitPrice(1) / EntryPrice(1)) – 1) *
                TrueEntry[1] * BigPointValue;
End;
TradeStr2 = NumToStr(Date, 0) + "," + NumToStr(MarketPosition,0)
+ "," +
NumToStr(-RiskValue, 2) + "," + NumToStr(PosProfit, 2) + "," +
NumToStr(ClosedProfit, 2) + NewLine;
FileAppend(FName, TradeStr2);
```

Wir werden jetzt mit Dollar-Beträgen arbeiten, weil wir hypothetische Daten-folgen aufstellen wollen, die mit denen von verschiedenen professionellen Bera-tern (CTAs), Fondmanagern und/oder anderen Systementwicklern, wie wir es auch sind, verglichen werden können.

Rufen Sie sich in Erinnerung, was wir in Teil 1 erfahren haben, nämlich dass man auf der Grundlage von nachträglich angepassten Kontrakten, die auf Punkten basieren, keine Prozente errechnen kann; es ist auch nicht möglich, Dollar-Beträge aufgrund von Kontrakten zu berechnen, die auf Verhältniswer-ten beruhen. Dabei entsteht ein Problem, das damit zusammenhängt, dass wir einerseits ein Ergebnis in Dollar-Beträgen ausdrücken wollen, aber andererseits an Ausstiegsregeln gebunden sind, die auf Prozenten beruhen und die erhalten werden sollen. Um die Systemergebnisse wieder in Dollar-Werte zurückzufüh-ren, müssen wir erfinderisch sein und die nicht angepassten Zeitreihen integrie-ren, bei denen die jeweiligen Frontmonate (die dem Lieferdatum an nächsten liegen) nacheinander verbunden werden. Im vorliegenden Beispiel wurden Tagesdaten als „Daten 3" für die nicht angepassten Zeitfolgen herangezogen.

Nun können wir Prozentwerte verwenden, um die Punktwerte, die das Risiko eines Trades darstellen, sowie die realisierten und nicht realisierten Gewinne für die unangepassten Zeitfolgen zu berechnen, um den entsprechenden Wert dar-aufhin in das Tabellenkalkulationsprogramm zu übertragen. Dem obigen Code können Sie entnehmen, dass dies durch die Variable „TrueEntry" erfolgt ist, die gleichzeitig mit den nicht realisierten und realisierten Gewinnen berechnet wird.

Ein wichtiges Merkmal dieses Codes ist die Loop-Funktion, die sicherstellt, dass Sie auch die Daten übertragen, die in Ihrem Datenbestand fehlen, was sich auch auf die Feiertage (außer den Wochenenden) bezieht. Bei der Zusammenstellung eines Portfolios müssen alle Daten der verschiedenen Märkte synchron sein.

Da die Datenübertragung nun klar ist, wenden wir uns wieder Abbildung 15.8 zu. Wie Sie sehen, enthält Zeile 33 die Information, aus welchem Markt und von welchem System diese Übertragung stammt, und zeigt auch den Punktwert und die erforderliche Margin. Diese Angaben können direkt in die Tabelle eingege-ben oder als Inputs auf den Code übertragen werden. Ich habe sowohl die Über-tragungsfunktion als auch die Tabelle vorbereitet, damit Sie eventuell mit verschiedenen Systemen und Märkten experimentieren können. Um jeder Markt-System-Kombination die gleiche Gewichtung zuzumessen, behalten Sie die Einstellung auf 1 bei, falls Sie die entsprechende Markt-System-Kombination nicht eliminieren wollen, wobei Sie in diesem Fall eine der Gewichtungen auf 0 setzen können.

Sobald Sie die nötigen Angaben und Formeln in die Spalten F bis H eingegeben haben, können Sie der Abbildung 15.8 entsprechend entweder weitere Märkte in die nächsten Spalten eingeben, bevor Sie die Berechnungen beenden, oder – falls Sie nur an diesem bestimmten Markt interessiert sind – direkt zur Ergebnisauswertung in den Spalten J bis O übergehen, die in Abbildung 15.9 zu sehen ist.

Um eine Portfolioauswertung vorzunehmen, geben Sie die folgenden Formeln ein:

In Kästchen J36:

    = A36

Anschließend füllen Sie alle Kästchen in dieser Spalte aus.

In Kästchen K36:

    =SUM(G36)

Anschließend füllen Sie alle Kästchen in dieser Spalte aus.

In Kästchen L36:

    =SUM(H36)

Anschließend füllen Sie alle Kästchen in dieser Spalte aus.

In Kästchen M36:

    =B2

In Kästchen M37:

    =M36+L37+(K37-K36)

Anschließend füllen Sie alle Kästchen in dieser Spalte aus.

	J	K	L	M	N	O	P	Q
34					Portfolio			
35	Date	Open ($)	Close ($)	Total ($)	OE Ratio (%)	EqTop ($)	Drawdown (%)	Flat time (d)
36	851220	0	0	1,000,000	0	1,000,000	0	0
37	851223	0	0	1,000,000	0	1,000,000	0	0
38	851224	-13020	0	986,980	-1.32	1,000,000	-1.3	1
39	851225	-13020	0	986,980	-1.32	1,000,000	-1.3	2
40	851226	-1820	0	998,180	-0.18	1,000,000	-0.18	3
41	851227	28280	0	1,028,280	2.75	1,028,280	0	0
42	851230	0	13440	1,013,440	0	1,028,280	-1.44	1

Abbildung 15.9: *Die Verwendung von Excel zur Berechnung der Trading-Ergebnisse verschiedener Märkte eines Portfolios.*

In Kästchen N36:

=ROUND(K36*100/M36,2)

Anschließend füllen Sie alle Kästchen in dieser Spalte aus.

In Kästchen O36:

=M36

In Kästchen O37:

=MAX(M37,O36)

Anschließend füllen Sie alle Kästchen in dieser Spalte aus.

In Kästchen P36:

=ROUND((M36-O36)*100/O36,2)

Anschließend füllen Sie alle Kästchen in dieser Spalte aus.

In Kästchen Q36:

=IF(P36=0,0,Q35+1)

Anschließend füllen Sie alle Kästchen in dieser Spalte aus.

Beachten Sie insbesondere die Summenfunktion in den Spalten K und L, denn wenn Sie auch die Daten von anderen Märkten hinzugefügt hätten, wären diese Daten in den Gesamtergebnissen des Portfolios enthalten.

Einige der obigen Excel-Formeln haben Bezug zu einer Reihe von Kästchen in Spalte B, da ich dort die anfänglichen Parametereinstellungen gespeichert habe, zum Beispiel den anfänglichen Kontostand, den Dollar-Betrag, der für Slippage und Brokergebühren abzuziehen ist, und den Prozentsatz des Kapitals, der pro Trade riskiert wird. Dies kann man Abbildung 15.10 entnehmen: Das Anfangskapital betrug 1.000.000 Dollar, von dem 3,25 Prozent pro Trade riskiert wurden. Bevor wir den realisierten Gewinn zum Gesamtkapital hinzuaddieren, ziehen wir 75 Dollar pro Kontrakt für Slippage und Brokerprovision ab.

Nachdem die Daten und Formeln eingegeben wurden, wird eine Ergebnisauswertung erstellt, die so aussieht wie in Abbildung 15.11. Sie zeigt die Ergebnisse des Meander-Systems für den S&P 500 im Zeitraum von März 1996 bis Oktober 1999, wobei 75 Dollar pro Kontrakt für Slippage und Brokerprovision abgezogen wurden. Der riskierte Prozentsatz, der pro Trade eingesetzt wurde, ist auf fünf Prozent festgelegt worden, während das Anfangskapital 1.000.000 Dollar betrug.

Wie Sie sehen, wurden aus dem angegebenen Anfangskapital 3.203.971 Dollar, was einer Jahresrendite von etwa 36,4 Prozent entspricht. Der „Preis" für dieses Ergebnis bestand darin, dass etwa 16 von 100 Tagen in den Märkten verbracht wurden; der Kapitalrückgang betrug 28 Prozent, und die längste Stagnationsphase – in der kein neues Kapitalhoch erreicht wurde – dauerte 317 Tage.

Bevor wir fortfahren, werden wir uns näher anschauen, wie die jeweiligen Ergebniszahlen berechnet wurden und was man in jedes Kästchen eingeben muss.

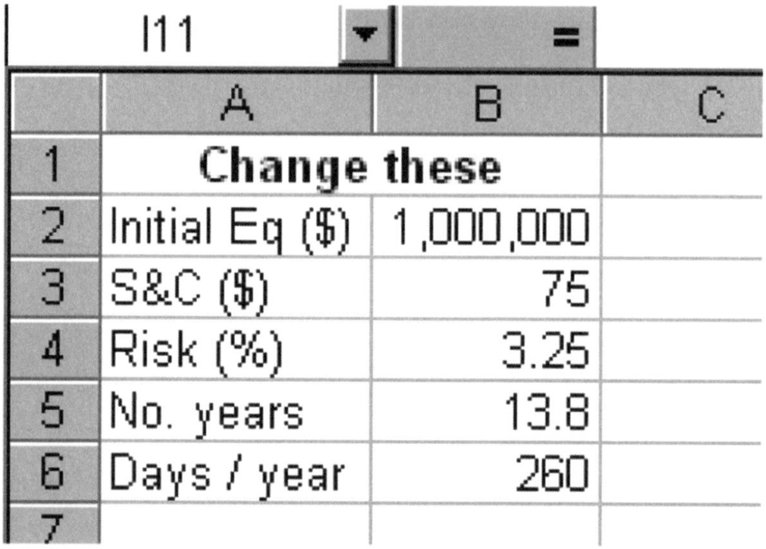

	A	B	C
1	**Change these**		
2	Initial Eq ($)	1,000,000	
3	S&C ($)	75	
4	Risk (%)	3.25	
5	No. years	13.8	
6	Days / year	260	
7			

Abbildung 15.10: *Beispiel einer anfänglichen Parametereinstellung für alle Excel-Berechnungen.*

In Kästchen E3:

ROUND(AN(X),0),

Die Spalte AN bezieht sich auf die Spalte, in der das Kapital des Portfolios berechnet wurde (Spalte M in Abbildung 15.9), und Spalte X bezieht sich auf die letzte Zeile der Daten.

In Kästchen E4:

ROUND((E3/B2-1)*100,0)

In Kästchen E5:

ROUND(((E3/B2) ^ (1/B5)-1)*100,2)

	D	E	F	G	H
1	Strategy summaries				
2	Profitability			Trade statistics	
3	End Eq ($)	3,203,971		No Trades	73
4	Total (%)	220		Avg Tr ($)	30,191
5	Year (%)	36.41		Tr / Mark / Year	4.9
6	P factor	1.82		Tr / Month	0.4
7					
8	Risk measurers			Time statistics	
9	Max DD (%)	-27.76		Lng Flat (d)	317
10	Lrg Loss ($)	-289,260		TIM (%)	16.35
11	Winners (%)	57.53		Avg Days	4.00
12					

Abbildung 15.11: *Strategieauswertung in Excel für ein Portfolio während des Verfahrens, in dem es um den optimalen Kapitaleinsatz pro Trade geht.*

In Kästchen E6:

```
=ROUND(SUM(SUMIF(H36:H989,">0"),SUMIF(Q36:Q989,">="),
SUMIF(Z36:Z989,">0"),SUMIF(AI36:AI989,">0"))/ABS(SUM(SUMIF
(H36:H989,"<=0"),SUMIF(Q36:Q989,"<=0),SUMIF(Z36:Z989,"<=0"),
SUMIF(AI36:AI989,"<=0")))),2),
```

Die Spalten H, Q, Z und AI beziehen sich auf den realisierten Gewinn für jede Markt-System-Kombination des Portfolios (dabei habe ich die Berechnungen für den besten f-Wert des Portfolios für vier Märkte/Systeme berechnet, aber zeitweilig habe ich die anderen drei weggelassen).

In Kästchen E9:

```
=ROUND(MIN(AQ36:AQ989),2),
```

Spalte AQ bezeichnet den Kapitalrückgang des Portfolios (Spalte P in Abbildung 15.9).

In Kästchen E10:

```
=ROUND(MIN(AM36:AM989),0),
```

395

Spalte AM bezieht sich auf das Kapital, nachdem alle Trades geschlossen waren (Spalte L in Abbildung 15.9)

In Kästchen E11:

```
=ROUND(SUM(COUNTIF(H36:H989,">0"),COUNTIF(Q36:Q989,">0"),
COUNTIF(Z36:Z989,">0"),COUNTIF(AI36:AI989,">0"))*100/H3,2)
```

In Kästchen H3:

```
=SUM(COUNTIF(H36:H989,"<>0"),COUNTIF(Q36:Q989,"<>0"),
COUNTIF(Z36:Z989,"<>0"),COUNTIFAAI36:AI989,"<>0"))
```

In Kästchen H4:

```
=ROUND(SUM(SUM(H36:H989),SUM(Q36:Q989),SUM(Z36:Z989),
SUM(AI36:AI989))/H3,0)
```

In Kästchen H5:

```
=ROUND(H3/B5/B7,1)
```

In Kästchen H6:

```
=ROUND(H5/12,1)
```

In Kästchen H9:

```
=MAX(AR36:AR989),
```

Spalte AR bezeichnet die Stagnationszeit des Portfolios (Spalte Q in Abbildung 15.9).

In Kästchen H10:

```
COUNTIF(AL36:AL989,"<>0")*100/COUNT(AL36:AL989),
```

Spalte AL bezeichnet das Kapital für alle offenen Trades des Portfolios (Spalte K in Abbildung 15.9).

In Kästchen H11:

```
=ROUND(COUNTIF(AL36:AL989,"<>0")/COUNTIF(AM36:AM989,">0"),0)
```

Nun ist es einfach, eine Reihe von Charts herzustellen, wie sie in den Abbildungen 15.12 bis 15.14 zu sehen sind, die das Gesamtkapital, den Kapitalrückgang und den unrealisierten Gewinn zeigen. Abbildung 15.12 zeigt die Kapitalkurve des Portfolios, das nur aus einer Markt-System-Kombination besteht. Sie entspricht der Ergebnisauswertung in Abbildung 15.11. Wegen der sehr lang andauernden Stagnationsphase kann man leicht erkennen, dass diese Kapitalkurve nicht gut ausgefallen ist, und dies trotz der Tatsache, dass die gesamte Wachstumsrate pro Jahr die respektable Höhe von 36,5 Prozent erreichte. An dieser Stelle ist auch erwähnenswert, dass der Prozentsatz, der sich auf die Kursbewegung des Marktes bezieht, nicht das Gleiche ist wie der Prozentsatz, der sich auf die Erhöhung oder den Rückgang des Kontostandes bezieht. Werden wir ausgestoppt, wenn sich der Markt um 1,1 Prozent gegen unsere Position bewegt, dann ist es nicht das Gleiche, als würden wir nur 1,1 Prozent unseres Kapitals für diesen Trade riskieren. Die Kursbewegung des Marktes spielte dabei keine Rolle, denn es ist trotzdem möglich, dabei prozentual mehr oder weniger zu verlieren. In diesem Fall müssen wir sicherstellen, dass wir genügend Geld haben, wenn wir den Trade eröffnen, sodass wir es uns leisten können, fünf Prozent zu verlieren, wenn sich der Markt um 1,1 Prozent gegen unsere Position bewegt.

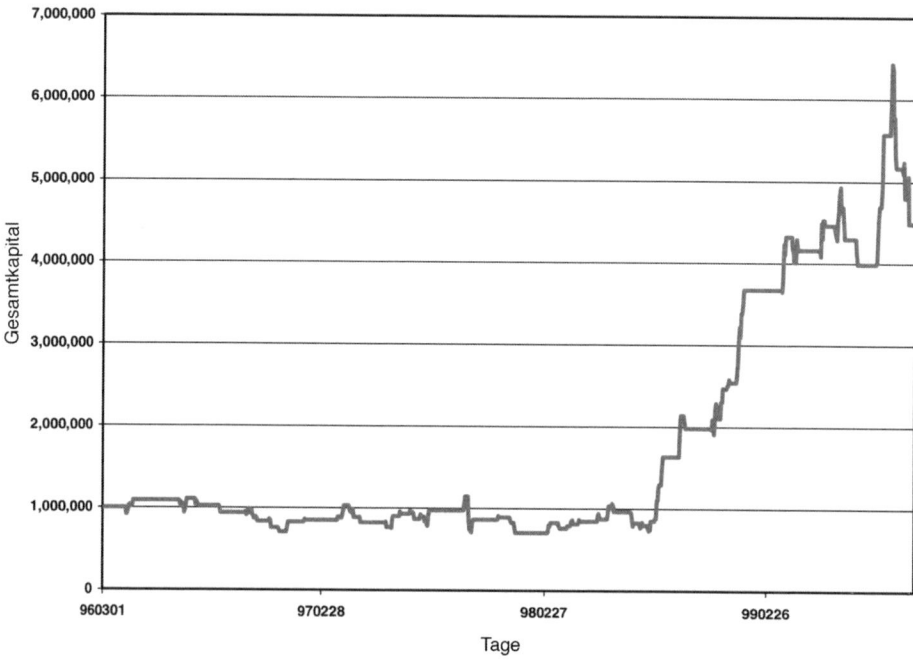

Abbildung 15.12: *Die Kapitalkurve des Meander-Systems, das im S&P 500 bei einem Risiko von fünf Prozent pro Trade eingesetzt wurde.*

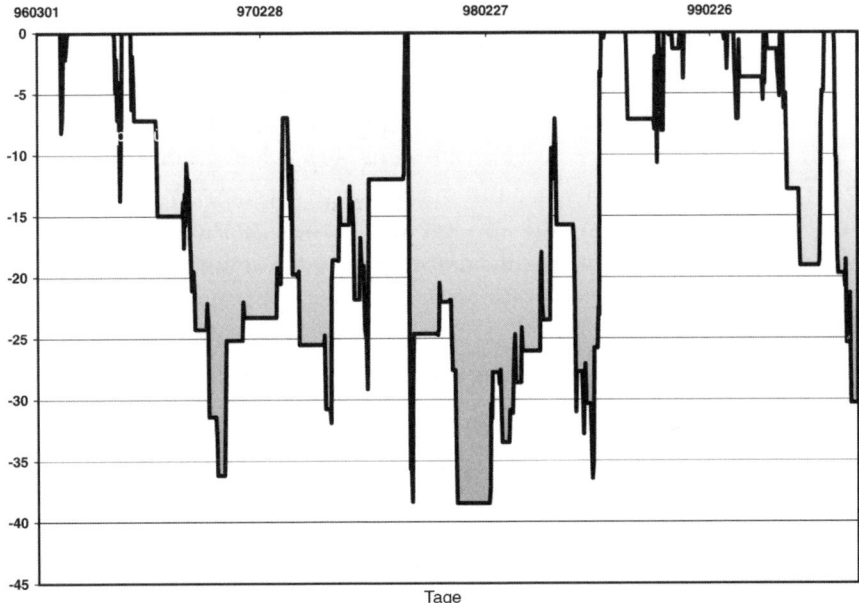

Abbildung 15.13: *Die Kapitalrückgang-Kurve des Meander-Systems, das im S&P 500 bei einem Risiko von fünf Prozent pro Trade eingesetzt wurde.*

Die Gefahr, die mit dieser Markt-System-Kombination verbunden ist, wird durch Abbildung 15.13 veranschaulicht, in der die verschiedenen Phasen der Kapitalrückgänge zu sehen sind. Aber wenn wir uns den Gewinn pro Trade in 15.14 anschauen, können wir feststellen, dass der Hauptgrund für die lange Stagnationsphase nicht darin besteht, dass das System keine guten Ergebnisse erzielt, sondern auf die Tatsache zurückzuführen ist, dass das System nicht häufig genug Einstiegssignale erzeugt; ein Trade hat besonders großen Stress bereitet, weil er ungewöhnlich lange angedauert hat. Um die Zeit dieser Qual zu verkürzen, müssen wir das gleiche System in verschiedenen Märkten handeln und/oder andere Systeme, die nicht in Zusammenhang mit dem besagten System stehen, im gleichen Markt einsetzen.

Abbildung 15.14 erfüllt übrigens eine wichtige Funktion, die es Ihnen ermöglicht, das Gesamtkapital aller offenen Positionen in Verbindung mit dem Gesamtkapital (das sich sowohl auf offene als auch auf geschlossene Trades bezieht) zu verfolgen, um es mit den historischen Ergebnissen zu vergleichen. Positive Werte weisen auf einen Gewinn hin, während negative Werte offensichtlich das Gegenteil beinhalten. Wenn der aktuelle Kapitalwert von dem abweicht, was zu erwarten ist, dann wissen Sie, dass sich eine oder mehrere Markt-System-Kombinationen so entwickelt haben, dass sie das gesamte Portfolio in eine unsichere Situation manövrieren. Der Gewinn wird im vorliegenden Fall nur selten größer als zehn Prozent sein oder einen Verlust von fünf Prozent übersteigen (weil wir dann ausgestoppt werden). Wenn dies eintritt, wissen Sie, dass es sich um eine außergewöhnliche Situation handelt. Außergewöhnliche Situationen – positiver oder negativer Art – führen jedoch zu größerer Ungewissheit und einem größeren Risiko, und daher wäre es angebracht, die Gewinne zu realisieren oder die Verluste zu begrenzen, indem Sie die Signale des Systems außer Acht lassen, was dem Portfolio insgesamt zugute kommen kann.

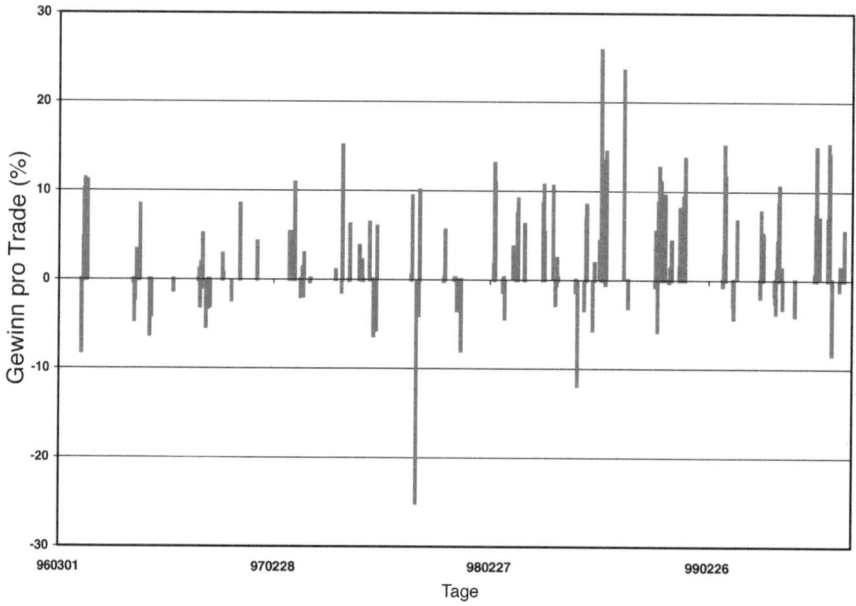

Abbildung 15.14: *Gewinne pro Trade für das Meander-System, das im S&P 500 mit einem optimalen Prozentsatz von fünf Prozent gehandelt wurde.*

Wie bereits erwähnt, ist die Ergebnisauswertung von Abbildung 15.11 und die Entwicklung des Gesamtkapitals, die in Abbildung 15.12 und 15.13 dargestellt wird, nicht so beeindruckend ausgefallen. Aber dieses Portfolio bestand lediglich aus einer Markt-System-Kombination. Um die Ergebnisse zu verbessern, müssten wir andere Markt-System-Kombinationen einbeziehen. Tabelle 15.1 zeigt die Ergebnisse einer solchen Diversifikation. Dieses Mal besteht das Portfolio aus drei Markt-System-Kombinationen: Es handelt sich dabei um drei kurzfristig orientierte Systeme, mit deren Aufbau wir uns im vorangegangenen Abschnitt des Buches beschäftigt haben und die alle im S&P 500 eingesetzt wurden, wobei der maximale Prozentsatz pro Trade, der riskiert wurde, lediglich 1,5 Prozent betrug. Das Anfangskapital betrug 1.000.000 Dollar; für Slippage und Brokerprovisionen wurden pro Trade 75 Dollar abgezogen. Beachten Sie, dass wir nun eine Jahresrendite von 50 Prozent erreichen, während der größte Kapitalrückgang nur 20 Prozent und die längste Stagnationsphase weniger als sechs Monate betrugen (113 / 21 = 5,4). Und dabei riskieren wir nur 1,5 Prozent pro Trade!

Tabelle 15.1: *Ergebnisauswertung bei einem optimalen Prozentsatz von 1,5 für drei Systeme, die im S&P 500 gehandelt wurden.*

Strategieauswertungen:

Wahrscheinlichkeit		Trade-Statistiken	
Endkapital ($)	4.827.166	Keine Trades	316
Gesamt (%)	383	Durch. Trade ($)	12.773
Jahr (%)	52,17	Trade/Markt/Jahr	28,1
Gewinnfaktor	1,56	Trade/Monat	2,3
Risiko-Messgröße		**Zeit-Statistiken**	
Max. Kapitalr. (%)	− 19,47	Stagnation (Tage)	113
Größter Verlust ($)	− 307.050	Zeit im Markt (%)	54,82
Gewinn-Trades ((%)	56,96	Durch. Tage	3,00

Die Abbildungen 15.15 und 15.16 zeigen die entsprechende Kapitalkurve und den historischen Kapitalrückgang der Kurzfriststrategie. Wie Sie dem Chart für das Gesamtkapital entnehmen können, ist der schlimmste Kapitalrückgang (in Dollar) offenbar irgendwann im Sommer 1999 aufgetreten, während der in Prozent angegebene schlimmste Kapitalrückgang Ende 1998 zu verzeichnen war. Unter der Voraussetzung, dass die Strategie robust und fehlerfrei ist und auf einfachen Prinzipien gründet, wird sich der auf Dollar-Beträge bezogene schlimmste Kapitalrückgang ebenfalls erhöhen, wenn das Kapital weiter wächst, während der Kapitalrückgang als Prozentsatz des Kapitals wahrscheinlich unverändert bleiben wird. Sollte dieser Prozentsatz dennoch steigen, so hat dies nichts damit zu tun, auf welchem Kursniveau der Markt derzeit gehandelt wird und ob es sich um einen Aufwärts- oder um einen Abwärtstrend handelt, und auch die Kontengröße oder irgendein anderer Faktor spielen dabei keine Rolle. Auf Systeme, die man käuflich erwerben kann, trifft dies allerdings nicht zu. Bei der Technik, die hier veranschaulicht wird, wissen Sie, dass der Grund, warum plötzlich ein höherer Kapitalrückgang auftritt, nur darin bestehen kann, dass

Ihr System nicht mehr so funktioniert, wie es sollte (oder dass es sich zumindest auf unvorhergesehene Weise verhält). Ob und wann dies geschieht, braucht Sie nicht mehr zu beunruhigen, denn da Sie die vorherigen Kapitel gelesen haben, wissen Sie genau, was Sie unternehmen können, um zu korrigieren, was nicht stimmt. Sie könnten sich sogar entschließen, ein neues System zu entwickeln, das sich besonders für ein Portfolio mit anderen Systemen oder Märkten eignet, die einzig und allein dafür entwickelt wurden, gut zusammen auf der Grundlage eines Fixed-Fractional-Geldmanagements zu funktionieren, woraus sich eine allumfassende Handelsstrategie ergibt, bei der das Ganze größer ist als die Summe seiner Teile.

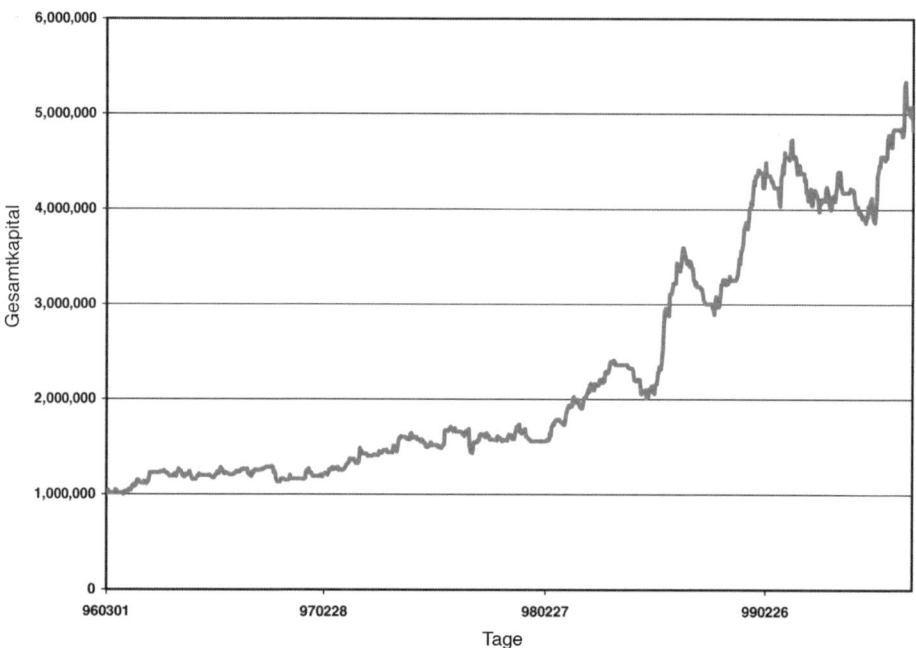

Abbildung 15.15: *Die Kapitalkurve, die auf drei unterschiedlichen Markt-System-Kombinationen basiert.*

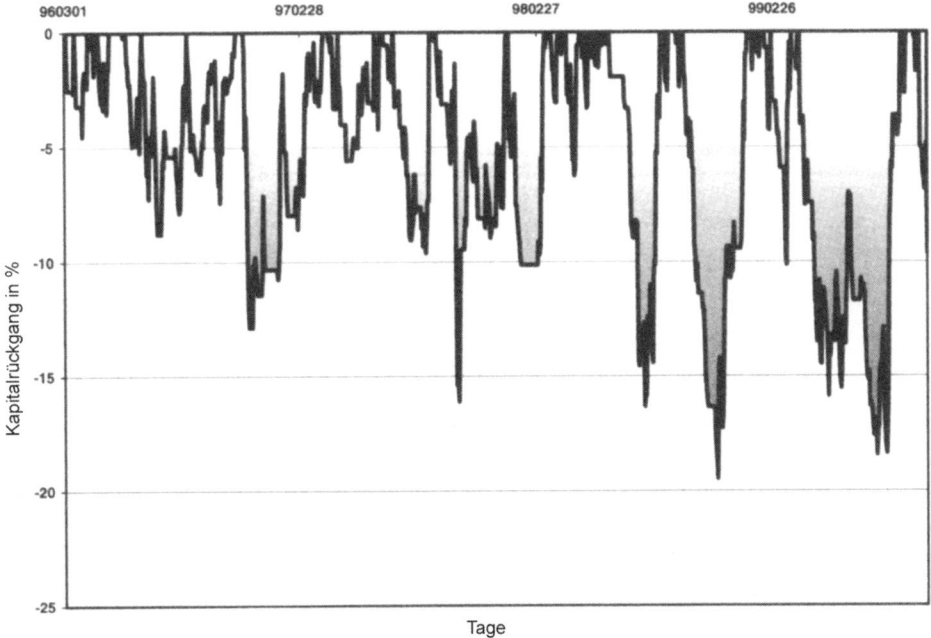

Abbildung 15.16: *Die sich aus drei Markt-System-Kombinationen ergebenden Kapitalrück-gänge.*

Auf dieser Grundlage wenden wir uns nun den Abbildungen 15.17 und 15.18 zu, in denen zwei unterschiedliche Möglichkeiten veranschaulicht werden, um die Performance einzelner Trades zu erfassen. Vergleichen Sie diese Abbildungen mit den Abbildungen 2.4 und 2.5. In den Abbildungen 2.5 und 15.18 gibt es offensichtlich eine Ober- und eine Untergrenze dafür, wie lang die Kursstäbe aller Wahrscheinlichkeit nach sein werden. Dies ist darauf zurückzuführen, dass die Größe der Kursstäbe in beiden Darstellungen in Prozent angegeben wird. In Abbildung 2.5 erfolgte die Berechnung des Prozentsatzes als Wert einer bestimmten Kursbewegung in Beziehung zum aktuellen Marktkurs. In Abbildung 15.18 erfolgte die Berechnung des Prozentsatzes als Wert eines bestimmten Trades in Beziehung zum Gesamtkapital des Portfolios.

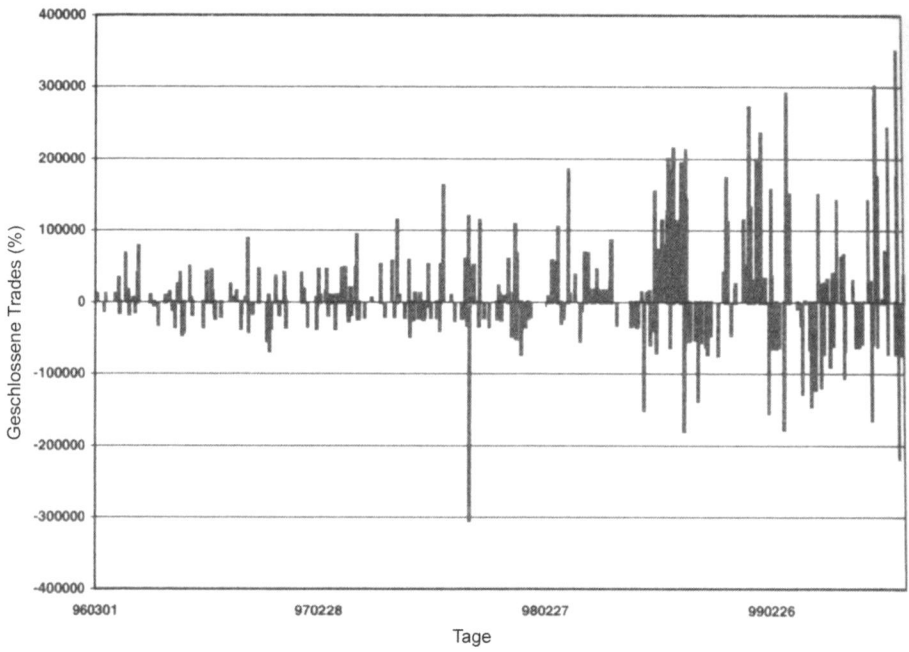

Abbildung 15.17: *Der Dollar-Betrag jedes Trades aufgrund von drei verschiedenen Markt-System-Kombinationen.*

In den Abbildungen 2.4 und 15.17 werden diese Vergleiche jedoch nicht verwendet, sondern die Dollar-Beträge werden direkt angegeben. In Abbildung 2.4 bezieht sich der jeweilige Dollar-Wert auf einen Kontrakt. In Abbildung 15.17 liegt dem entsprechenden Dollar-Wert eine zunehmende Anzahl von Kontrakten zugrunde. Der Hauptunterschied zwischen den Abbildungen 2.4 und 15.17 besteht darin, dass der Dollar-Wert pro Trade in Abbildung 2.4 steigt, da auch die Kurse steigen, während der Dollar-Wert in Abbildung 15.17 steigt, weil sich das Kapital erhöht. Ob das Kapital zunimmt oder nicht, hat jedoch nichts damit zu tun, ob der Markt nach oben oder nach unten tendiert oder sich seitwärts bewegt, sondern ist auf die Tatsache zurückzuführen, dass unsere Strategie so funktioniert, wie sie es sollte, indem sie jede Art von Trend oder Kursbewegung erfasst. Das ist uns inzwischen bekannt, aber das konnten wir aufgrund der Abbildung 2.4 im Rahmen der Systementwicklung noch nicht wissen.

Obwohl es Freude machen kann, Abbildung 15.17 anzuschauen: Solange alles glattläuft, stellt doch Abbildung 15.18 den wichtigsten Chart dar, und der Grund dafür ist genau der gleiche wie bei Abbildung 15.14: Wenn der Gewinn der geschlossenen Trades aus dem Rahmen fällt und damit von den Erwartungen abweicht, dann wissen Sie, dass sich eine oder mehrere Markt-System-Kombinationen so entwickelt haben, dass für das gesamte Portfolio eine Situation der Ungewissheit entsteht. Die Verluste der geschlossenen Trades werden in diesem Fall nur recht selten schlimmer ausfallen als ein paar Prozent. Wenn dies aber immer häufiger auftritt, wissen Sie, dass ein oder mehrere Markt-System-Kombinationen allmählich nicht mehr im Einklang mit dem stehen, was zu erwarten ist, und möglicherweise sogar gegen die Logik des Systems verstoßen.

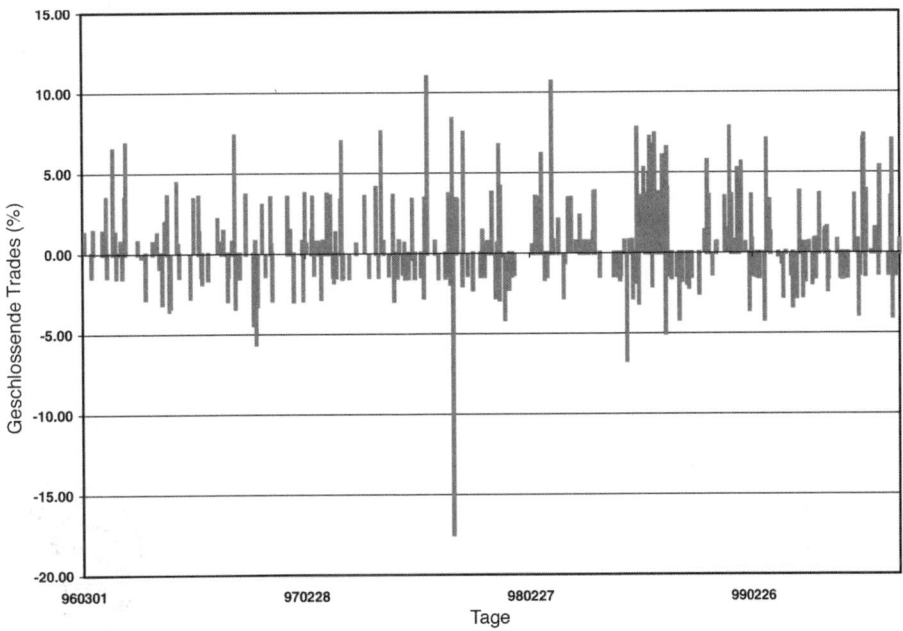

Abbildung 15.18: *Ertrag (in Prozent) jedes Trades aufgrund verschiedener Markt-System-Kombinationen.*

Wenn man mit Tagesdaten arbeitet und Kursstab für Kursstab verfolgt, gibt es noch einen wichtigen Chart, der einbezogen werden sollte. Es handelt sich dabei um das Verhältnis Margin versus Kapital, das in Abbildung 15.19 zu sehen ist. Diese Abbildung zeigt, welcher Betrag Ihres Kontos unangetastet bleiben muss, um die Sicherheitsleistungen (Margin) gegenüber Ihrem Broker erfüllen zu können, damit Sie in der Lage sind, die vom System vorgegebenen Trades platzieren zu können. In Bezug auf den S&P 500, mit dem wir bisher gearbeitet haben, habe ich eine Margin von 22.000 Dollar pro Kontrakt vorausgesetzt. Im Laufe der Zeit, die eine Position gehalten wird, kann die Margin im Verhältnis zum Kapital weniger als 20 Prozent und höchstens 35 Prozent betragen. Dies bedeutet, dass vom Gesamtkapital ungefähr 50 Prozent für alle Fälle auf dem Konto zu halten sind, um den Margin-Verpflichtungen gegenüber dem Broker nachkommen zu können. Die anderen 50 können so investiert werden, dass eine möglichst hohe Rendite erzielt wird, die den Zinsbetrag, den der Broker bieten kann, hoffentlich weit übersteigen wird. Wichtig ist dabei, dass der Margin-Betrag, der aufgrund der Strategie erforderlich ist, jederzeit zur Verfügung steht. Sonst wäre es, als würden Sie ein Portfolio nur mit der Hälfte des Kapitals und einem doppelten f-Wert handeln, was einfach katastrophal wäre.

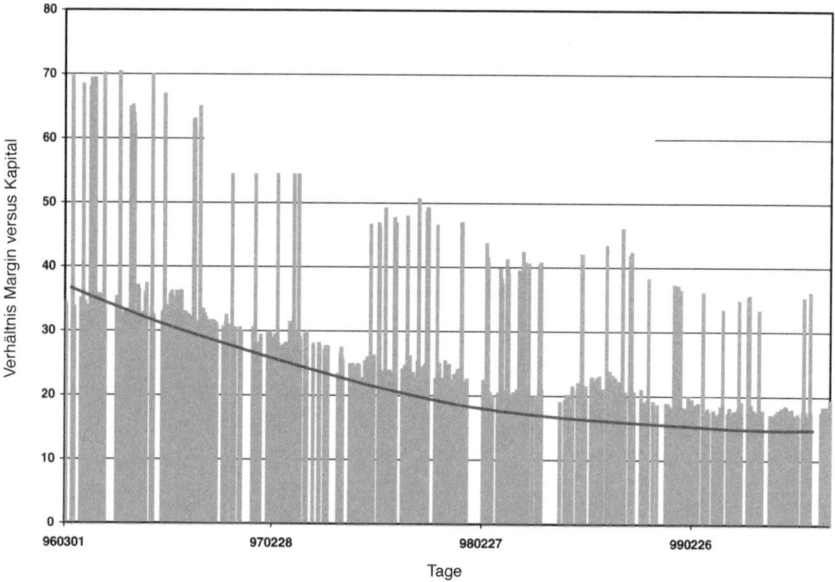

Abbildung 15.19: *Das Verhältnis Margin versus Kapital eines Portfolios.*

Bevor wir uns mit langfristigen Systemen beschäftigen, werden wir uns dem Vergleich zwischen den Ergebnisauswertungen der Abbildung 15.11 und der Tabelle 15.1 und den Tabellen 15.2 und 15.3 widmen, die sich auf die Trading-Ergebnisse beider Portfolios unter Verwendung von jeweils einem Kontrakt beziehen. Aber wozu der ganze Aufwand, wenn doch mit dem Fixed-Fractional-Geldmanagement keine besseren Ergebnisse erzielt werden, als wenn nur ein Kontrakt gehandelt wird? Es besteht jedoch keinerlei Grund zur Sorge. Tabelle 15.2 zeigt, dass mit einem Portfolio, das auf einen Markt und ein System bezieht und auf der Grundlage eines Kontrakts gehandelt wurde, nur 88.500 Dollar erzielt worden wären, während mit einem Portfolio, bei dem drei Märkte mit einem System gehandelt wurden, 331.000 Dollar verdient worden wären, was bei einem Anfangskapital von 1.000.000 Dollar einer Jahresrendite von acht Prozent entspricht. Zu den 52 Prozent, die pro Jahr erwirtschaftet worden wären, wenn man nur 1,5 Prozent des Gesamtkapitals pro Trade risikiert hätte, ist das ein ganz erheblicher Unterschied.

Eine weitere interessante Beobachtung besteht darin, dass der Gewinnfaktor, der Wert des durchschnittlichen Trades, der Prozentsatz an Gewinn-Trades und der Kapitalrückgang in Abbildung 15.11 und Tabelle 15.2 besser ausgefallen sind als in den Tabellen 15.1 und 15.3. Für einen Systementwickler sind das äußerst interessante Feststellungen. Wenn wir nicht wüssten, was wir jetzt wissen, bestünde die Möglichkeit, dass wir das Portfolio, das sich auf drei Märkte und ein System bezieht, zugunsten der Kombination verworfen hätten, die nur einen Markt und ein System enthält, wobei wir in diesem Fall die erste Kombination aggressiver gehandelt hätten, wenn wir diese Zahlen direkt von Trade-Station oder einem anderen Analyseprogramm, das man erwerben kann, bezogen hätten.

Tabelle 15.2: Ergebnisauswertung des Meander-Systems bei jeweils einem Kontrakt.

Strategieauswertungen:

Wahrscheinlichkeit		Trade-Statistiken	
Endkapital ($)	1.088.541	Keine Trades	73
Gesamt (%)	9	Durch. Trade ($)	1.213
Jahr (%)	2,29	Trade/Markt/Jahr	6,5
Gewinnfaktor	1,86	Trade/Monat	0,5
Risiko-Messgröße		**Zeit-Statistiken**	
Max. Kapitalr. (%)	− 1,68	Stagnation (Tage)	275
Größter Verlust ($)	− 13.148	Zeit im Markt (%)	16,35
Gewinn-Trades (%)	57,53	Durch. Tage	4,00

Es gibt mehrere Gründe dafür, dass sich die Kombination von mehreren Märkten und einem System besser bewährt als die Kombination mit nur einem Markt und einem System, und das gilt auch dann, wenn wir versuchen, diesen Nachteil zu kompensieren, indem wir das System in einem Markt aggressiver handeln. Wie wir durch die grundlegende Trading-Gleichung erfahren haben, ist dies darauf zurückzuführen, dass das Kapital aufgrund einer Handelsstrategie mit positivem Erwartungswert am schnellsten wächst, wenn diese möglichst häufig zum Einsatz kommt, indem man möglichst viele Trades durchführt. Und wie aggressiv ein System auch gehandelt wird, das nur in einem Markt eingesetzt wird, ändert nichts an der Tatsache, dass sich die Anzahl der Trades dadurch nicht erhöht, was jedoch der Fall ist, wenn mehrere Markt-System-Kombinationen gleichzeitig gehandelt werden. Wenn man aber nur über ein Trading-Konto zwei oder mehrere Markt-System-Kombinationen handelt, die positive Erwartungswerte aufweisen, dann besteht die Wahrscheinlichkeit, dass für jeden einzelnen Trade mehr Geld zur Verfügung steht.

Tabelle 15.3: *Ergebnisauswertung des Meander-Systems bei einem Kontrakt pro Trade.*

Strategieauswertungen:

Wahrscheinlichkeit		Trade-Statistiken	
Endkapital ($)	1.331.013	Keine Trades	316
Gesamt (%)	33	Durch. Trade ($)	1.079
Jahr (%)	7,92	Trade/Markt/Jahr	28,1
Gewinnfaktor	1,59	Trade/Monat	2,3

Risiko-Messgröße		Zeit-Statistiken	
Max. Kapitalr. (%)	− 3,85	Stagnation (Tage)	112
Größter Verlust ($)	− 32.656	Zeit im Markt (%)	54,82
Gewinn-Trades (%)	56.96	Durch. Tage	3,00

Dies trifft aber nur dann zu, wenn die verschiedenen Markt-System-Kombinationen nicht völlig (100 Prozent) miteinander in Zusammenhang stehen und jede davon einen positiven Erwartungswert aufweist. Es trifft aber auch zu, wenn eine oder mehrere dieser Markt-System-Kombinationen einen negativen Erwartungswert besitzen, falls diese nicht nennenswert mit den anderen Kombinationen und dem Portfolio als Ganzem korrelieren. Das hat allerdings auch seinen Preis, der darin besteht, dass die Gesamteffizienz des Portfolios umso stärker abnimmt, je mehr Kombinationen man einsetzt. Handelt man zum Beispiel zwei Markt-System-Kombinationen, die keine perfekte Korrelation aufweisen, und setzt jeweils einen f-Wert von 0,5 ein, so ergibt sich daraus ein f-Wert für die Strategie insgesamt, der unter 0,5 liegt. Das bedeutet, dass man sich sinnvollerweise auf eine begrenzte Anzahl von Markt-System-Kombinationen beschränken sollte.

Aber die Verringerung der Effizienz, die mit dem Handel mehrerer unkorrelierter Markt-System-Kombinationen verbunden ist, hat auch einen großen Vorteil: Je geringer der f-Wert (also der entsprechende Prozentsatz nach dem Fixed-

Fractional-Geldmanagement-Ansatz) ist, desto geringer ist auch das Risiko, und umso geringer fallen die zu erwartenden Kapitalrückgänge aus. Betrachten Sie beispielsweise zwei vollkommen korrelierte Markt-System-Kombinationen: Wenn eine davon einen Verlust-Trade produziert, gilt das auch für die andere Kombination, was bedeutet, dass Sie alle Verlust-Trades, die zu einem neuen Kapitalrückgang ab dem letzten Kapitalhoch führen, mit voller Wucht treffen werden, während ein Kapitalrückgang eines unkorrelierten Portfolios von Markt-System-Kombinationen aller Wahrscheinlichkeit nach abgefedert wird, weil die beteiligten Kombinationen nur in geringer Korrelation zueinander stehen,. Aber es liegt auch daran, dass sie nicht gleichzeitig zum Einsatz kommen. Das heißt, dass sich nach jedem Verlust-Trade die Anzahl der zu handelnden Kontrakte verringert.

Damit kommen wir zu einer wichtigen Überlegung: Der optimale f-Wert erfasst nicht, wie hoch der zu erwartende Ertrag eines Portfolios voraussichtlich sein wird, sondern vielmehr, welches Risiko er in sich birgt. Um einen Hinweis auf die Höhe des Ertrages zu erhalten, müssen wir uns der voraussichtlichen Wachstumsrate zuwenden, die durch den geschätzten geometrischen Mittelwert (GGM) erfasst wird, der wiederum durch das eingegangene Risiko bestimmt wird, das durch den größten zu erwartenden Verlust pro Kontrakt und den größten zu erwartenden Verlust pro Trade (der dem optimalen Prozentsatz des Fixed-Fractional-Ansatzes entspricht) vorgegeben wurde.

Nur zum Spaß werden wir uns abschließend mit der Frage beschäftigen, was wir mit einem Portfolio, das drei Markt-System-Kombinationen beinhaltet und auf der Grundlage eines optimalen oder nahezu optimalen f-Wertes gehandelt wurde, verdient hätten. Tabelle 15.4 und Abbildung 15.20 zeigen, dass sich das Anfangskapital von 1.000.000 Dollar in diesem Fall auf 114.148.000 Dollar erhöht hätte, was einem durchschnittlichen Ertrag pro Jahr von 254 „fixed-fractional entspricht. Aber der Preis dafür wäre ein Kapitalrückgang von über 75 „fixed-fractional des Trading-Kapitals gewesen, wobei der größte Einzelverlust fast 37.000.000 Dollar betragen hätte. (Übrigens, welchen der Kapitalrückgänge von Abbildung 15.20 halten Sie für den schlimmsten, wenn Sie ihn als Prozentsatz des Gesamtkapitals ausdrücken?) Diese Zahlen sind nicht tolerierbar und verdeutlichen, dass es sich hierbei nicht um eine realisierbare Möglichkeit handelt, was auch angesichts der Tatsache ersichtlich wird, dass die höchste Kontraktanzahl einmal 10.000 betrug, und außerdem belief sich das durchschnittliche Verhältnis Margin versus Kapital auf fast 200 „fixed-fractional. Nur um die Margin zu decken hätten wir also einen Betrag ausleihen müssen, der dem Anfangskapital entspricht. Es ist wohl kaum vorstellbar, dass uns ein Broker, der noch über einen klaren Verstand verfügt, bei einem Kapitalrückgang von über 80 „fixed-fractional den entsprechenden Betrag als Darlehen gewährt hätte. So wunderbar die Theorie auch sein mag, die dem Optimal-f-Ansatz zugrunde liegt, es ist dennoch nicht möglich, einen unbegrenzten optimalen f-Wert zu handeln. (Der schlimmste Kapitalrückgang als Prozentsatz des Gesamtkapitals ereignete sich im Herbst 1997.)

Tabelle 15.4: *Ergebnisauswertung bei einem Prozentsatz (f-Wert) von sieben „fixed-fractional für drei Markt-System-Kombinationen.*

Strategieauswertungen:

Wahrscheinlichkeit		Trade-Statistiken	
Endkapital ($)	114.147.973	Keine Trades	316
Gesamt (%)	11.315	Durch. Trade ($)	451.612
Jahr (%)	253,72	Trade/Markt/Jahr	28,1
Gewinnfaktor	1,33	Trade/Monat	2,3
Risiko-Messgröße		Zeit-Statistiken	
Max. Kapitalr. (%)	− 75,67	Stagnation (Tage)	160
Größter Verlust ($)	− 36.724.875	Zeit im Markt (%)	54,93
Gewinn-Trades (%)	56,96	Durch. Tage	3,00

Langfristig orientierte Strategien

Was den Fixed-Fractional-Ansatz anbelangt, haben Langfristsysteme im Vergleich zu Kurzfristsystemen einen großen Nachteil: Ihre geringere Trade-Häufigkeit ist ein Schlüsselfaktor für den Erfolg der Fixed-Fractional-Strategie, wie wir bereits aufgrund der grundlegenden Trading-Gleichung erfahren haben. Um diesen Nachteil zu überwinden, sollten wir das System auf möglichst viele Märkte anwenden, um die Trade-Häufigkeit zu erhöhen. Aber in diesem Zusammenhang ist von entscheidender Bedeutung, dass es sich um ein robustes System handelt, von dem erwartet werden kann, dass es voraussichtlich in möglichst vielen Märkten erfolgreich ist. Um das zu erreichen, muss das System unter allen derzeitigen Marktbedingungen und in allen Märkten, in denen wir handeln, gleich gut funktioniert. Dies setzt voraus, dass es keine signifikanten statistischen Unterschiede zwischen den Märkten gibt und dass diese auch gleich behandelt und mit dem gleichen f-Wert gehandelt werden, obgleich es durchaus wesentliche Differenzen zwischen den f-Werten geben kann, wenn man die unterschiedlichen Markt-System-Kombinationen miteinander vergleicht.

Die SAA-Strategie

Für das Testverfahren des SAA-Systems (System des Standardabweichungsaus-bruchs) haben wir ausschließlich die Daten bis Oktober 1992 verwendet. Die übrigen Daten haben wir für einige andere Untersuchungen vorgesehen. Tabelle 15.5 zeigt das Ergebnis des gesamten Portfolios für die Daten bis Oktober 1992, wobei für alle Märkte das gleiche Fixed-Fractional-Geldmanagement eingesetzt und nie mehr als 1,5 Prozent des Kapitals pro Trade risikiert wurde. Das Anfangskapital betrug 1.000.000 Dollar, wobei pro Kontrakt 75 Dollar für Slippage und Brokerprovision abgezogen wurden.

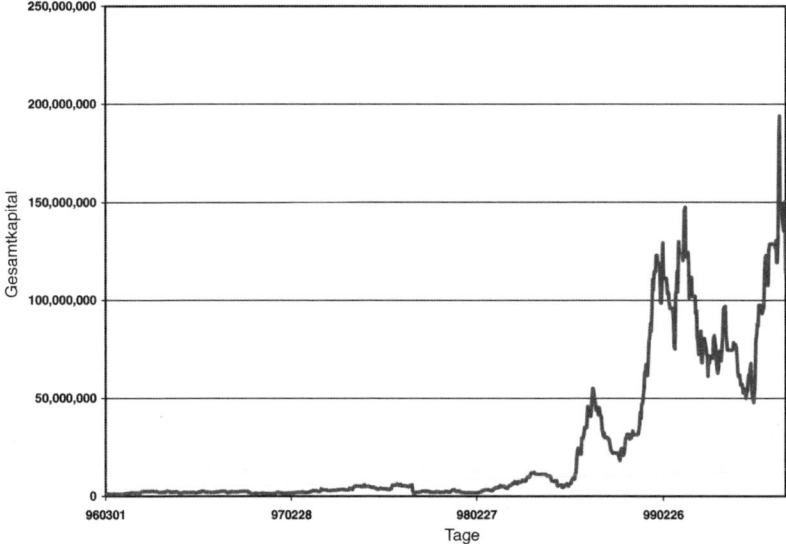

Abbildung 15.20: *Die Kapitalkurve beim Handel von drei unterschiedlichen Markt-System-Kombinationen und dem jeweiligen optimalen f-Wert.*

Damit Sie erkennen können, ob es tatsächlich nützlich ist, die Fixed-Fractional-Strategie zu verwenden, – und zwar selbst dann, wenn wir den f-Wert bei nur 0,015 Prozent ansetzen –, können Sie die Ergebnisse in Tabelle 15.5 und Tabelle 15.6 miteinander vergleichen, die zeigen, wie viel Sie mit nur einem Kontrakt erwirtschaftet hätten. Der einzige große Nachteil besteht in der etwas zu langen Stagnationsphase, wie Sie der Tabelle 15.5 entnehmen können. Aber durch Untersuchungen und Experimente hat sich gezeigt, dass dies insbesondere auf die ungünstige Portfoliozusammensetzung zurückzuführen ist und weniger auf

411

das System selbst, obwohl in diesem Stadium alle drei Variablen – das System, das Geldmanagement und die Portfoliozusammensetzung – störend wirken und einander beeinflussen, sodass alle drei Komponenten gleichermaßen für die Resultate verantwortlich sind. Trotzdem bleibt die lange Stagnationsphase gleich, selbst dann, wenn der f-Wert auf 2,5 Prozent erhöht oder auf ein Prozent reduziert wurde. Mit dem höheren f-Wert waren jedoch ein größerer Kapitalrückgang und eine höhere Rendite verbunden, was auch umgekehrt gilt.

Tabelle 15.5: Ergebnisauswertung bei einem Prozentsatz (f-Wert) von 1,5 Prozent für das SAA-System (Untersuchungszeitraum bis Oktober 1992).

Strategieauswertungen:

Wahrscheinlichkeit		Trade-Statistiken	
Endkapital ($)	7.462.552	Keine Trades	424
Gesamt (%)	646	Durch. Trade ($)	14.614
Jahr (%)	17,6	Trade/Markt/Jahr	2,1
Gewinnfaktor	2,04	Trade/Monat	2,8

Risiko-Messgröße		Zeit-Statistiken	
Max. Kapitalr. (%)	– 17,17	Stagnation (Tage)	25,9
Größter Verlust ($)	– 148.124	Zeit im Markt (%)	99,81
Gewinn-Trades (%)	41,75	Durch. Tage	20,00

Der optimale f-Wert des Portfolios beträgt übrigens 14 Prozent und führte zu einem Gewinn von insgesamt über 21,5 Milliarden, was einer jährlichen Rendite von fast 125 Prozent entspricht, aber auch mit einem Kapitalrückgang von etwa 95 Prozent, dem größten Verlust von etwa 4,5 Milliarden und einer Stagnationsphase von über 40 Monaten verbunden war. Inzwischen dürfte klar geworden sein, dass die Rendite lediglich eine Funktion dessen ist, wie gut Sie in der Nacht zu schlafen gedenken. Im vorliegenden Fall hätten wir im Durchschnitt ungefähr 1,75 Milliarden pro Jahr verdient – ob Ihnen diese Summe schlaflose Nächte wert ist, sei dahingestellt.

Da wir inzwischen wissen, dass das SAA-System im Rahmen einer komplexeren Trading-Strategie ausgezeichnet funktioniert, wenn man ein passendes Geldmanagement für das gesamte Portfolio von Markt-System-Kombinationen einbezieht, ist es nun an der Zeit, dass wir uns damit beschäftigen, was die gleiche Strategie aufgrund anderer Daten geleistet hätte. Das werden wir auch tun, aber zunächst befassen wir uns mit einigen anderen Analysetechniken unserer Portfolioauswertungstabelle.

Wir werden einige Formeln zusammenstellen, um monatliche Auswertungen zu erhalten, wie sie in Abbildung 15.21 zu sehen sind; diese Monatsergebnisse werden für weitere Formeln benutzt, deren Ergebnisse den Tabellen 15.7 und 15.8 zu entnehmen sind.

Tabelle 15.6: *Die Anwendung von jeweils einem Kontrakt für das SAA-System im Untersuchungszeitraum bis Oktober 1992.*

Strategieauswertungen:

Wahrscheinlichkeit		Trade-Statistiken	
Endkapital ($)	1.329.060	Keine Trades	424
Gesamt (%)	33	Durch. Trade ($)	765
Jahr (%)	2,32	Trade/Markt/Jahr	2,1
Gewinnfaktor	1,99	Trade/Monat	2,8

Risiko-Messgröße	Zeit-Statistiken		
Max. Kapitalr. (%)	− 2,53	Stagnation (Tage)	20,81
Größter Verlust ($)	− 6.726	Zeit im Markt (%)	99,81
Gewinn-Trades (%)	41.75	Durch. Tage	20,00

	EZ	FA	FB	FC	FD	FE	
29	Date	Equity	Top	DD	1	3	
30	800602	1.000.000	1.000.000	0.00			
31	800630	1002547	1.002.547	0.00	0.25		
32	800731	1054785	1.054.785	0.00	5.21		
33	800829	1095614	1.095.614	0.00	3.87	9.56	
34	800930	1095839	1.095.839	0.00	0.02	9.31	

Abbildung 15.21: *Die Berechnung der monatlichen Rendite mit Excel.*

Zuerst werden die Kästchen in den einzelnen Spalten markiert, und zwar eine Spalte von den Portfolioberechnungen entfernt in der gleichen Zeile, in der Sie die Portfolioberechnungen vorgenommen haben. In Abbildung 15.21 ist dies das Kästchen EZ30.

In Kästchen EZ30:

=EO30

EO bezeichnet die tägliche Aktualisierung der Daten.

In Kästchen EZ31:

=IF(INT(EO31/100)<INT(EO32/100),EO31,"")

Anschließend füllen Sie alle Kästchen dieser Spalte aus.

In Kästchen FA30:

=ER30

ER bezeichnet die tägliche Aktualisierung des Gesamtkapitals.

In Kästchen FA31:

=IF(INT(EO31/100)<INT(EO32/100),ER31,"")

Anschließend füllen Sie alle Kästchen dieser Spalte aus.

Tabelle 15.7: *Kumulierte Rendite in Prozent für n-Monate für den Zeitraum von Januar 1980 bis Oktober 1992.*

kumuliert	1	3	6	12	24	36	48	60
Letzter Stand	− 0,94	3,95	26,37	39,14	54,52	79,46	19,78	159,88
Durchschnitt	1,43	4,41	8,77	17,65	39,97	69,48	110,03	159,17
Am besten	13,25	27,13	49,21	62,70	116,21	162,76	228,11	256,53
Am schlechtesten	− 9,09	− 12,34	− 10,97	− 6,54	− 11,42	− 1,67	8,71	25,23
Standardabw.	3,92	7,21	11,26	15,42	29,05	44,40	60,53	69,04
GGM*	1,35	4,16	8,19	16,64	36,92	63,56	101,12	149,81
Sharpe-Verhältnis	0,36	0,61	0,78	1,14	1,38	1,56	1,82	2,31
Durch. Gewinn	3,57	7,48	12,17	20,80	44,63	70,11	110,03	159,17
Durch. Verlust	− 2,33	− 3,52	− 3,63	− 3,35	− 4,26	− 1,67	–	–

* GGM: geschätzter geometrischer Mittelwert

Tabelle 15.8: *Jahresrendite in Prozent für n-Monate für den Zeitraum von Januar 1980 bis Oktober 1992.*

auf Jahresbasis	1	3	6	12	24	36	48	60
Letzter Stand	-10,71	16,76	59,69	39,14	24,31	21,52	21,76	21,05
Durchschnitt	18,58	18,84	18,31	17,65	18,31	19,23	20,38	20,98
Am besten	345,1	161,21	122,64	62,70	47,04	37,99	34,59	28,95
Am schlechtesten	-68,13	-40,95	-20,74	-6,54	5,88	-0,56	2,11	4,6
Standardabw.	58,63	32,11	23,79	15,42	13,6	13,03	12,56	11,07
Sharpe-Verhältnis	0,32	0,59	0,77	1,14	1,35	1,48	1,62	1,90
Gewinn-Trades (%)	63,76	72,11	78,47	86,96	90,48	99,12	100,00	100,00

Die leeren Kästchen in EZ und FA müssen Sie alle löschen und die Käschen, die Informationen enthalten, untereinander aufführen, sodass das Endergebnis so aussieht wie in Abbildung 15.21. Dies kann entweder manuell oder mithilfe eines Makros bewerkstelligt werden. Wenn Sie damit fertig sind, fahren Sie mit der Berechnung des letzten Kapitalhochs und des Kapitalrückgangs fort.

In Kästchen FB30:

=FA30

In Kästchen FB31:

= MAX(FA31,FB30)

Anschließend füllen Sie alle Kästchen dieser Spalte aus.

In Kästchen FC30:

=(FA30-FB30)*100/FB30

Anschließend füllen Sie alle Kästchen dieser Spalte aus.

In den Spalten FD und FE berechnen wir die sich verändernde Rendite pro Monat und pro Quartal.

In Kästchen FD31:

=(FA31/FA30-1)*100

Anschließend füllen Sie alle Kästchen dieser Spalte aus.

In Kästchen FE33:

=(FA33/FA30-1)*100

Anschließend füllen Sie alle Kästchen dieser Spalte aus.

In den Spalten FF bis FK (die nicht in Abbildung 15.21 enthalten sind) fahren Sie mit der Berechnung der sich verändernden Rendite für 6, 12, 24, 36, 48 und 60 Monate fort. Mit der obigen Berechnungsformel und den übrigen Formeln, die in diesem Buch verwendet wurden, dürfte es kein Problem sein, den Berechnungsvorgang fortzusetzen, um zu einer Tabelle zu gelangen, wie Sie in Tabelle 15.7 zu sehen ist.

Um die kumulierten Werte in die auf Jahresbasis umgerechneten Werte von Tabelle 15.8 umzuwandeln, erhöht man einfach jeden Wert um (12/PL), wobei PL die Periodenlänge bezeichnet. Wenn zum Beispiel die letzte monatliche Rendite in Kästchen K3 eingegeben wurde, benutzt man die folgende Formel in Kästchen K13, um sie in eine Jahreszahl umzuwandeln:

=ROUND(((K3/100+1)^(12/K2)-1)+100,2)

K2 bezeichnet die Länge der ursprünglichen Periode in Monaten.

Den Tabellen 15.7 und 15.8 kann man entnehmen, dass in zwölf Monaten nie ein Verlust von mehr als 6,54 Prozent und nie eine längere Verlustphase als drei Jahre zu verzeichnen waren. Obgleich der Prozentsatz der Gewinn-Trades unter 42 Prozent lag, betrug der Prozentsatz der Gewinnmonate 64 Prozent.

Dieser Befund ist so wichtig, dass er einer eingehenderen Erklärung bedarf. Da wir das System konstruiert haben, um unsere Verluste eng zu begrenzen, haben wir mit Techniken, wie beispielsweise dem Zeitstopp, zweierlei erreicht: Erstens wird sich ein einzelner Verlust nicht ewig fortsetzen und die Ergebnisse mehrerer Monate in Folge beeinträchtigen. Zweitens werden es die weiteren Trades leichter haben, die in letzter Zeit entstandenen Verluste wieder auszugleichen. Letztendlich könnte dies bedeuten, dass ein geringer Prozentsatz an Gewinn-Trades zu einem höheren Prozentsatz an Gewinnmonaten führt. Wenn Sie die Analyse bis zu diesem Punkt durchgeführt haben, werden Sie meiner Aussage zustimmen, die besagt, dass ein hoher Prozentsatz an Gewinnmonaten wesenlich wichtiger ist als ein hoher Prozentsatz an Gewinn-Trades. Um sicherzustellen, dass Sie eine hohe Anzahl an Gewinnmonaten erreichen, müssen Sie dies bereits in den ersten Phasen des Systementwicklungsprozesses in Betracht ziehen.

Dabei geht es um die gleiche Art von Abstimmung, die wir auch für den Vergleich zwischen dem durchschnittlichen Gewinn pro Trade und der Standardabweichung vornehmen müssen. Der durchschnittliche Gewinn pro Trade muss möglichst hoch sein, und zwar muss er unbedingt höher sein als die Standardabweichung; jede Veränderung des Systems, die zu einem geringeren Durchschnittsgewinn pro Trade führt, ist akzeptabel, solange dies mit einer noch größeren Reduktion der Standardabweichung einhergeht. (Natürlich müssen der mathematische Erwartungswert immer noch positiv und der Durchschnitts-Trade groß genug sein, damit sich der Einsatz des Systems überhaupt lohnt.) Der positive Nebeneffekt davon ist, dass wir dadurch aller Wahrscheinlichkeit nach auch die Anzahl der Trades erhöhen, was die Gewinne entsprechend der grundlegenden Trading-Gleichung noch mehr anwachsen lässt.

Um einige der Zahlen, die in den Tabellen 15.7 und 15.8 enthalten sind, noch besser zu veranschaulichen, erstellen wir weitere Charts, wie sie in den Tabellen 15.22 und 15.23 zu sehen sind.

Nun werden wir uns anschauen, wie das SAA-System (System des Standardabweichungsausbruchs) sowohl im Zeitraum von Januar 1980 bis Oktober 1992 als auch im Zeitraum von Oktober 1992 bis Oktober 1999 abgeschnitten hätte. Auch hier betrug das Anfangskapital 1.000.000 Dollar, und für Slippage und Brokerprovisionen wurden jeweils 75 Dollar je gehandeltem Kontrakt abgezogen. Tabelle 15.9 zeigt, dass das Endkapital nun fast 20.000.000 Dollar betrug, was einer jährlichen Rendite von 16,68 Prozent entspricht. Tatsache ist, dass dieses Ergebnis etwas geringer ausgefallen ist als das Ergebnis, das sich nur auf den Zeitraum bis Oktober 1992 bezieht, was darauf hinweist, dass die Strategie während der letzten Jahre nicht so gut funktioniert hat. Dies wird auch durch den niedrigen Gewinnfaktor, den höheren maximalen Kapitalrückgang und den geringen Prozentsatz an Gewinn-Trades bestätigt. Wie Sie sehen, ist der in Dollar angegebene durchschnittliche Gewinn pro Trade in Tabelle 15.9 viel höher als in Tabelle 15.5, aber dies hat, wie bereits mehrfach erwähnt, nichts mit der Überlegenheit der Strategie zu tun, sondern ist einfach darauf zurückzuführen, dass das zur Verfügung stehende Kapital viel höher war, sodass der Einsatz pro Trade höher ausfiel.

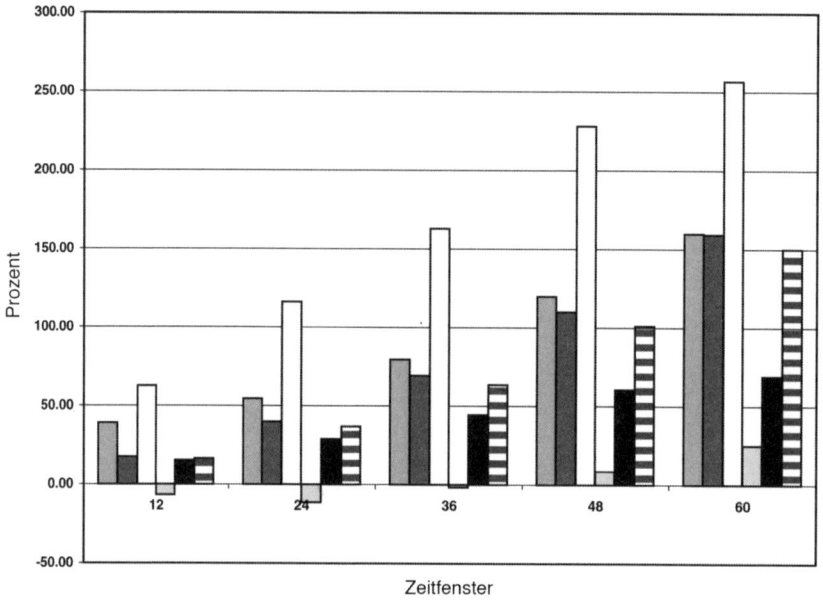

Abbildung 15.22: *Grafische Darstellung der kumulierten Monatsrendite im Zeitraum von Januar 1980 bis Oktober 1992.*

Tabelle 15.9: *1,5 Prozent des Kapitals wurden nach der Fixed-Fractional-Strategie für das SAA-System im Untersuchungszeitraum von Januar 1980 bis Oktober 1992 und von Oktober 1992 bis Oktober 1999 eingesetzt.*

Strategieauswertungen:

Wahrscheinlichkeit		Trade-Statistiken	
Endkapital ($)	19.949.789	Keine Trades	730
Gesamt (%)	1.895	Durch. Trade ($)	25.184
Jahr (%)	16,68	Trade/Markt/Jahr	2,4
Gewinnfaktor	1,52	Trade/Monat	3,1

Risiko-Messgröße		Zeit-Statistiken	
Max. Kapitalr. (%)	− 27,30	Stagnation (Tage)	25,90
Größter Verlust ($)	− 568.453	Zeit im Markt (%)	99,88
Gewinn-Trades (%)	39,59	Durch. Tage	19,00

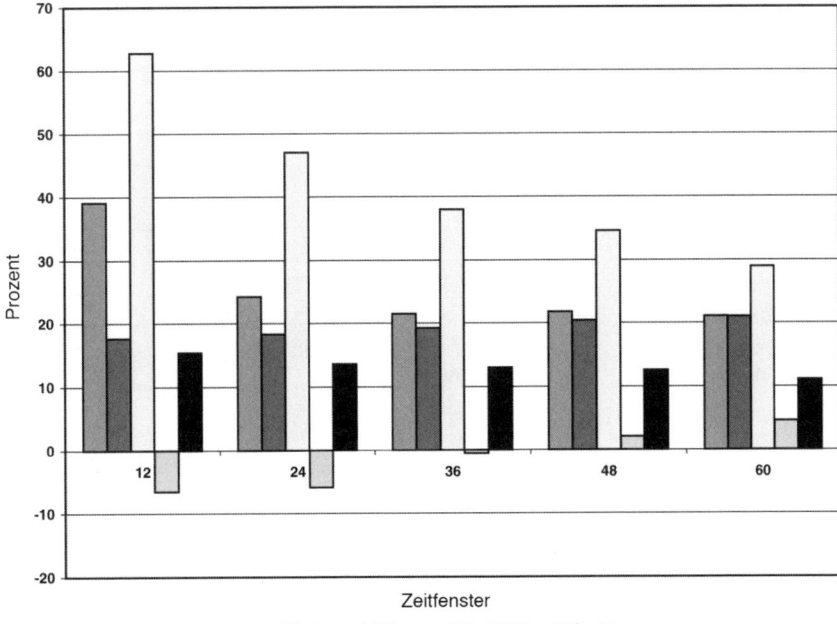

Abbildung 15.23: Grafische Darstellung der auf Jahresbasis berechneten Monatsrendite im Zeitraum von Januar 1980 bis Oktober 1992.

Tabelle 15.10 kann man auch entnehmen, dass der in Prozent angegebene durchschnittliche Gewinn pro Trade gesunken ist, während die Standardabweichung gleichzeitig zunahm. Das ist kein gutes Zeichen, zumal dies nicht nur darauf hindeutet, dass die Strategie nicht so gewinnbringend war, sondern sie hat sich auch als riskanter erwiesen. Der Prozentsatz der Gewinnmonate ist ebenfalls ein wenig gesunken. Insgesamt sind die Ergebnisse zwar schlechter geworden, aber sie bleiben immer noch im Bereich dessen, was für einen professionellen Vermögensverwalter als akzeptabel gelten kann. Tatsächlich gibt es nur einen Faktor, der nicht hingenommen werden kann, und zwar handelt es sich um die längste Stagnationsphase, obwohl dies auf die Untersuchung im Zeitraum von Oktober 1992 bis Oktober 1999 nicht zutrifft. Die Abbildungen 15.24 und 15.25 bieten im Prinzip die gleichen Informationen wie die Tabellen 15.7 und 15.8 und die Abbildungen 15.22 und 15.23.

Tabelle 15.10: Monatsgewinne des SAA-Systems für die Untersuchungszeiträume von Januar 1980 bis Oktober 1992 und von Oktober 1992 bis Oktober 1999.

Letzter Stand	– 7,12
Durchschnitt	1,40
Am besten	15,58
Am schlechtesten	– 13,63
Standardabweichung	4,70
Geschätzter geometr. Mittelwert	1,29
Sharpe-Verhältnis (Jahresbasis)	0,3
Durchschnittlicher Gewinn	4,18
Durchschnittlicher Verlust	– 2,86
Gewinn-Trades in Prozent	60,52

Die Strategie der Steigungsrichtung (SSR)

Als wir das System der Steigungsrichtung zusammenstellten, benutzten wir Wochendaten, um die tägliche Unruhe zu umgehen, die sich auf dem Tageschart zeigt. Leider müssen wir wieder eine Umwandlung in Tagesdaten vornehmen, da wir auf das System in Echtzeit verfolgen wollen; daher multiplizieren wir alle Input-Variablen mit fünf. Meine Untersuchungen zeigen, dass dies unweigerlich zu einer gewissen Reduktion der Gewinne führt, aber ich habe bisher keinen Nachweis dafür gefunden, dieses Systemkonzept gänzlich über Bord zu werfen, sofern die Logik des Systems stimmig und einfach ist und alles versucht wurde, um das System möglichst robust zu machen. Ich muss jedoch betonen, dass sich meine Untersuchungen noch im Anfangsstadium befinden und sich erst mit der Zeit zeigen wird, ob ich Recht habe. Trotzdem sollten Sie wissen, dass ich Ihnen nicht das beste System bieten kann, das es gibt, sondern Ihnen einfach einige Tipps geben möchte, wie Sie selbst ein System entwickeln können. Und was vielleicht noch wichtiger ist: Ich möchte Sie auf die Punkte aufmerksam machen, die Sie bedenken sollten, bevor Sie sich an den Computer setzen.

Tabelle 15.11 und die Abbildungen 15.26 und 15.27 zeigen die Trading-Ergebnisse des Systems der Steigungsrichtung (SSR) in allen 16 Märkten, die bisher während des Systementwicklungsprozesses benutzt wurden. Wie zuvor beginnen wir wieder mit einem Anfangskapital von 1.000.000 Dollar und ziehen jeweils 75 Dollar pro Kontrakt für Slippage und Brokerprovisionen ab. Wie Sie sehen, sind die Ergebnisse nicht gerade berauschend, zumal der Kapitalrückgang fast 60 Prozent betrug und die längste Stagnationsphase mehr als 28 Monate anhielt.

Aber einer der Hauptgründe ist der, dass ich während des Optimierungsvorganges ganz bewusst Märkte verwendet habe, von denen ich wusste, dass sie sich nicht besonders gut für ein Trendfolgesystem eignen, wie zum Beispiel den S&P 500 und den CRB-Index. Das habe ich getan, um die endgültige Parametereinstellung mit möglichst vielen Marktbedingungen zu konfrontieren und dadurch die Wahrscheinlichkeit zu erhöhen, dass sich das System auch künftig bewähren wird. Es ist nicht auszuschließen, dass ein Trendfolge-Zugpferd, wie es zum Beispiel der Japanische Yen ist, eines Tages nicht mehr funktionieren wird und sich allmählich so verhält wie der CRB-Index (der dafür bekannt ist, dass er allen Strategien Schwierigkeiten bereitet). Wenn dieser Tag eintrifft, will ich mir zumindest nicht vorwerfen müssen, ich hätte nicht alles Mögliche unternommen, um mich davor zu bewahren, eine Pleite zu erleben.

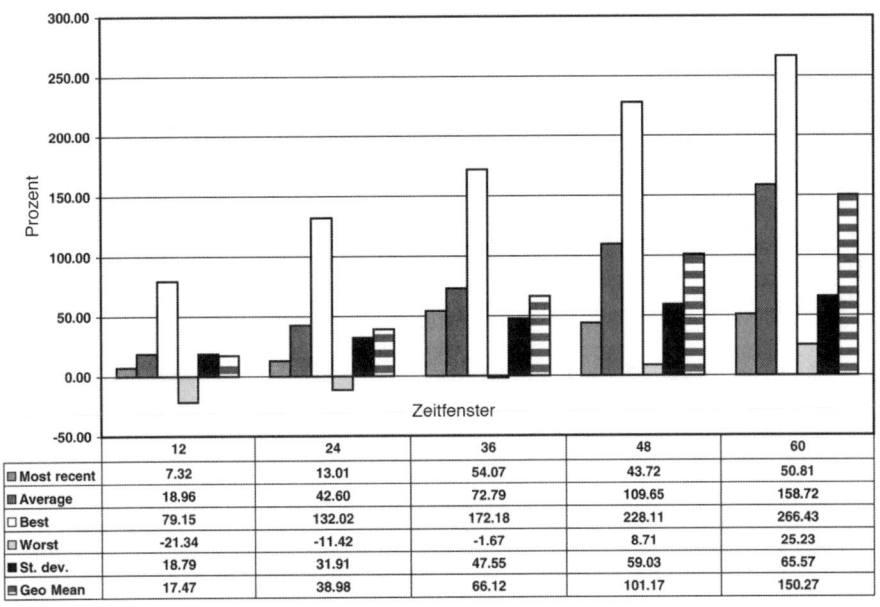

	12	24	36	48	60
Most recent	7.32	13.01	54.07	43.72	50.81
Average	18.96	42.60	72.79	109.65	158.72
Best	79.15	132.02	172.18	228.11	266.43
Worst	-21.34	-11.42	-1.67	8.71	25.23
St. dev.	18.79	31.91	47.55	59.03	65.57
Geo Mean	17.47	38.98	66.12	101.17	150.27

Abbildung 15.24: Die kumulierten monatlichen Gewinne des SAA-Systems für die Untersuchungszeiträume von Januar 1980 bis Oktober 1992 und von Oktober 1992 bis Oktober 1999.

Um ein Gefühl dafür zu entwickeln, was die einzelnen Märkte zum Endergebnis beitragen, können Sie eine Tabelle wie Tabelle 15.12 anfertigen, in der einfach der Gesamtgewinn aller geschlossenen Trades eines jeden Marktes durch den Gesamtgewinn des Portfolios als Ganzes dividiert wird. Im vorliegenden Fall verringert sich der Gewinn durch den S&P 500 um etwa 25 Prozent, während der Rohölmarkt über 90 Prozent des Endgewinns erwirtschaftet. Bei der Interpretation dieser Zahlen muss man sich jedoch vor voreiligen Schlussfolgerungen hüten. Wenn ein Markt nämlich einen geringeren oder einen negativen Beitrag leistet, heißt das noch lange nicht, dass dieser Markt den anderen Märkten unterlegen ist. Es könnte ja zudem sein, dass der entsprechende Markt seine Gewinn-Trades ausgerechnet in einer Phase produziert, in der das Portfolio als Ganzes einen Kapitalrückgang aufweist, was zur Folge hat, dass weniger Kontrakte gehandelt werden, während ein anderer Markt möglicherweise immer dann am besten abschneidet, wenn das Portfolio ein neues Kapitalhoch erreicht hat. Es könnte aber auch sein, dass ein Markt mit einem negativen Erwartungswert einen positiven Beitrag zur Entwicklung des Portfolios leistet, sofern dessen Gewinn-Trades zufälligerweise im günstigsten Moment auftreten. Doch selbst wenn die Annahme angebracht erscheinen mag, dass sich ein Markt negativ auf ein Portfolio auswirken wird, kann der entsprechende Markt dennoch letztendlich einen positiven Beitrag leisten, wenn er möglichst geringe Korrelationen gegenüber anderen Märkten aufweist und somit das Kapitalniveau hebt, während andere Märkte eine Talsohle durchschreiten. Beachten Sie auch, dass die Gewinn- und Verlust-Trades 100 Prozent übersteigen. Dies liegt daran, dass diese Zahlen dem gesamten Portfolio entnommen wurden, wobei der Endstand des Kapitals keine lineare Funktion des Kapitals der einzelnen Märkte aufweist.

Tabelle 15.11: 1,5 Prozent des Kapitals wurden nach der Fixed-Fractional-Strategie für das SAA-System eingesetzt.

Strategieauswertungen:

Wahrscheinlichkeit		Trade-Statistiken	
Endkapital ($)	17.011.080	Keine Trades	2.885
Gesamt (%)	1.601	Durch. Trade ($)	4.420
Jahr (%)	15,73	Trade/Markt/Jahr	9,3
Gewinnfaktor	1,06	Trade/Monat	12,4

Risiko-Messgröße		Zeit-Statistiken	
Max. Kapitalr. (%)	− 57,56	Stagnation (Tage)	28,24
Größter Verlust ($)	− 2.374.435	Zeit im Markt (%)	98,06
Gewinn-Trades (%)	29,71	Durch. Tage	7,00

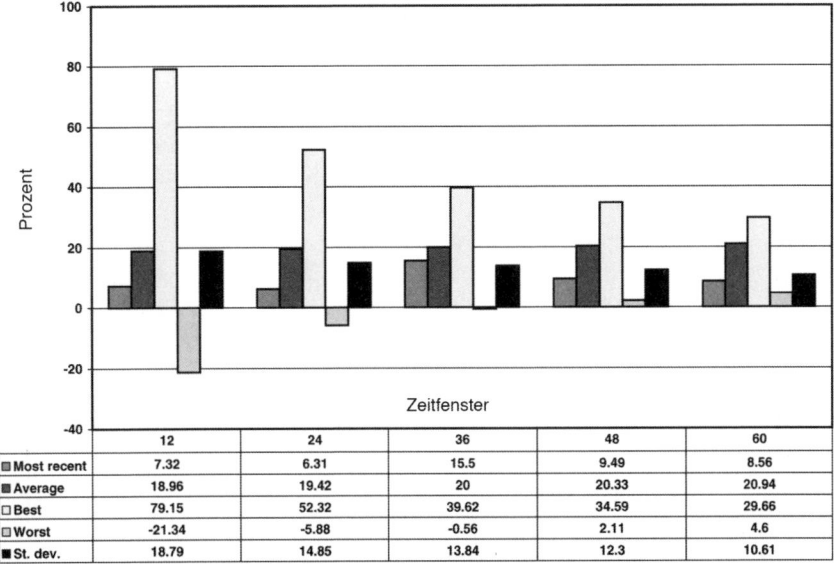

	12	24	36	48	60
▨ Most recent	7.32	6.31	15.5	9.49	8.56
■ Average	18.96	19.42	20	20.33	20.94
☐ Best	79.15	52.32	39.62	34.59	29.66
☐ Worst	-21.34	-5.88	-0.56	2.11	4.6
■ St. dev.	18.79	14.85	13.84	12.3	10.61

Abbildung 15.25: *Die auf Jahresbasis umgerechneten monatlichen Gewinne des SAA-Systems für die Untersuchungszeiträume von Januar 1980 bis Oktober 1992 und von Oktober 1992 bis Oktober 1999.*

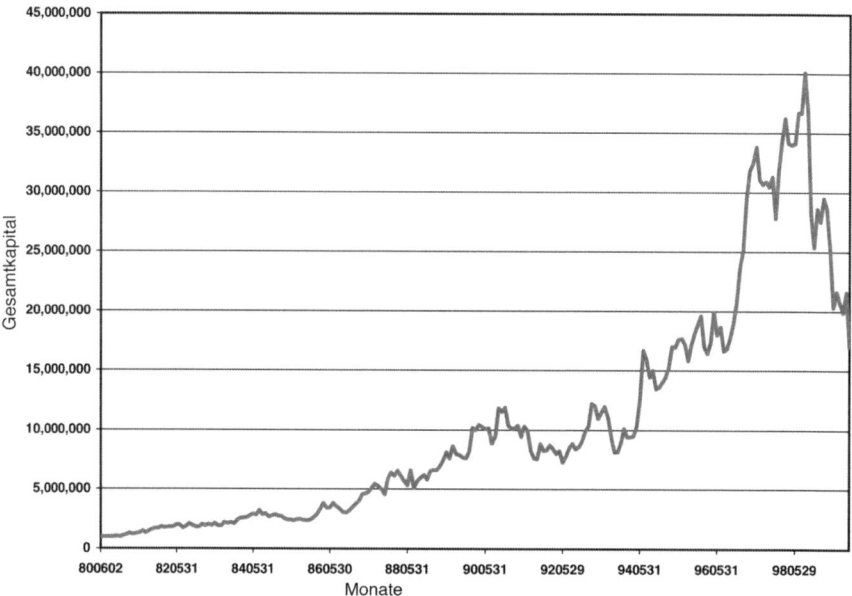

Abbildung 15.26: *Die Kapitalkurve für das System der Steigungsrichtung (SSR).*

Tabelle 15.12: *Die Beiträge der einzelnen Märkte für das System der Steigungsrichtung (SSR).*

Markt	Beitrag
Mais	– 24,98
S&P 500	– 24,82
Orangensaft	– 59,71
Lebendrinder	– 23,61
Bauholz	4,77
Kaffee	49,77
Japanischer Yen	51,33
Kupfer	12,25
Gold	– 3,30
Euro-Dollar	0,16
Dollar-Index	– 4,49
Baumwolle	7,40
CRB-Index	– 5,52
Rohöl	91,46
Kanadischer Dollar	7,34
T-Bonds	21,96
Insgesamt	100,01

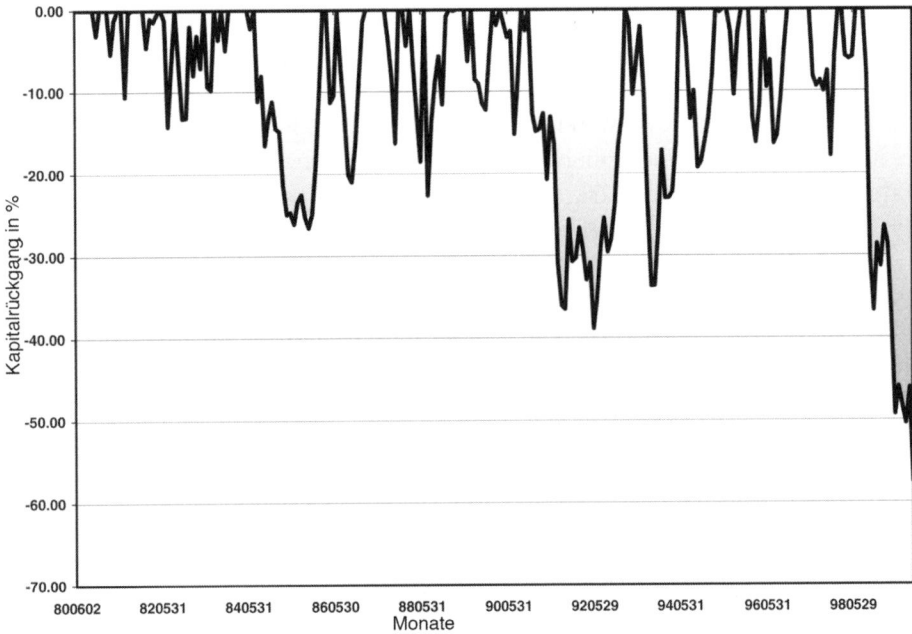

Abbildung 15.27: Die Kapitalrückgangskurve für das System der Steigungsrichtung (SSR).

Nun werden wir uns Tabelle 15.13 und Abbildung 15.28 anschauen, um zu erfahren, wie das System der Steigungsrichtung (SSR) abgeschnitten hätte, wenn wir uns nur auf die neun Märkte beschränkt hätten, die das meiste zum Gesamtgewinn beigetragen haben. Es handelte sich dabei um folgende neun Märkte: Bauholz, Kaffee, Japanischer Yen, Kupfer, Dollar-Index, Baumwolle, Rohöl, Kanadischer Dollar und T-Bonds. Wie Sie sehen, hat sich der Kapitalrückgang nun um 27,5 Prozent reduziert, was erheblich besser ist, als es unter Einbezug aller Märkte der Fall war. Dieser Vorteil wird allerdings durch die längste Stagnationsphase wieder zunichte gemacht, denn diese Phase ist viel zu lang. Eine weitere interessante Beobachtung ergibt der Vergleich zwischen den Abbildungen 15.26 und 15.28, da Abbildung 15.26 als höchsten Kapitalstand einen Betrag von 40.000.000 Dollar aufwies, bevor das Kapital Mitte 1998 wieder abnahm.

Nun mal ganz ehrlich: Gehen wir einmal davon aus, es ist Anfang 1998, und Sie haben gerade die Entwicklung dieses Systems abgeschlossen, wobei Sie die gleichen Märkte verwendet haben. Würden Sie sich dann entscheiden, das System in allen Märkten oder nur in den neun Märkten zu handeln, die sich im Nachhinein in Bezug auf die Gewinne als die besten herausgestellt haben, wenn

Sie bei Ihrer Entscheidung den erheblichen Kapitalrückgang in Betracht ziehen, der Ende des gleichen Jahres begonnen hat?

Ich wette, dass sich die meisten für das ursprüngliche Portfolio entschieden hätten, indem sie sich an die übliche Regel halten, dass man „bei einer langfristigen Strategie möglichst viele Märkte handeln sollte, weil man nie wissen kann, welcher Markt als Nächster abheben wird, um einen Riesengewinn zu erzielen, der es ermöglicht, ein Haus auf dem Mond zu bauen." Dies ist jedoch verkehrt gedacht, denn je mehr Märkte Sie handeln, desto größer ist die Gefahr, dass es Sie erwischt, indem Sie an einen Markt geraten, in dem Panik ausgebrochen ist. Außerdem könnten wir in Bezug auf die Margin-Forderungen in Bedrängnis kommen, denn unser Trading-Kapital ist begrenzt, und daher können wir nicht so so viele Märkte handeln, wie wir es gerne täten. Deshalb ist es sinnvoll, nur die Märkte zu handeln, die die größte Erfolgswahrscheinlichkeit in Aussicht stellen. Wir verwenden zwar Märkte wie den S&P 500 und den CRB-Index für den Aufbau des Systems, aber das heißt noch lange nicht, dass wir sie auch handeln müssen, wenn es bessere Alternativen gibt.

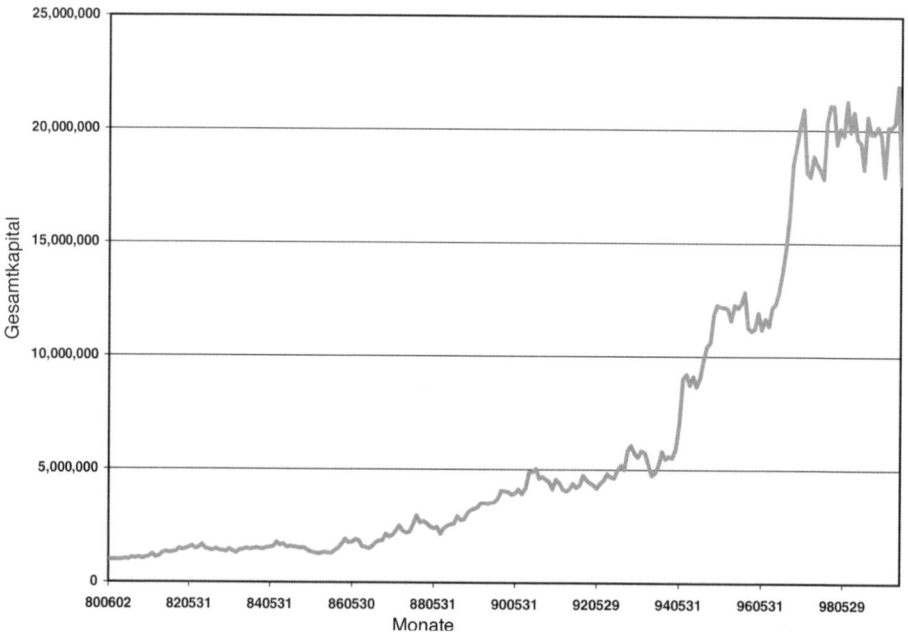

Abbildung 15.28: *Die Kapitalkurve für das System der Steigungsrichtung (SSR), das in neun Märkten gehandelt wurde.*

Ich bin mir dessen bewusst, dass die letzte Aussage meinen vorherigen Äuße-rungen gewissermaßen widerspricht, dass es keinen Unterschied zwischen zwei Zeitfolgen gibt und dass möglichst viele Trades platziert werden sollten. Das gilt jedoch auf lange Sicht, und wenn wir Märkte wie den S&P 500 und den CRB-Index während des Systemaufbaus verwenden, so geschieht dies, damit man im Falle, dass der Japanische Yen anfängt, ebenso „schlechte" Ergebnisse zu produ-zieren, darauf vorbereitet ist, indem eine Art Katastrophenschutz installiert wurde. Das ist auch der Grund, warum wir nicht für jede Markt-System-Kom-bination den optimalen f-Wert einsetzen.

Ich weiß jedoch, dass es, auf kurze Sicht betrachtet, einige Unterschiede (die durch die unterscheidlichen f-Werte angezeigt werden) gibt. Es wäre vermessen, wenn man auf Märkte wie die genannten oder auf Märkte zurückgreifen würde, die untereinander eine zu hohe Korrelation aufweisen, solange dies nicht durch andere Gründe gerechtfertigt werden kann, wie zum Beispiel die Wahrschein-lichkeit, den Kapitalrückgang oder die Stagnationsphase zu verringern, indem man die Anzahl der Trades erhöht.

Aber in zehn Jahren könnte es wieder ganz anders aussehen, sodass ich dann vielleicht besser bedient wäre, wenn ich sämtliche Märkte austausche. Dagegen spräche allerdings, dass ich in diesem Fall sozusagen zu viel Geld auf dem Tisch liegen lasse, während ich auf die beste Gelegenheit warte, die den Austausch rechtfertigt. Das stimmt zwar, aber meine Antwort darauf ist die gleiche wie die in Bezug auf Fehler erster und zweiter Art: „Lieber auf Nummer Sicher gehen, als es nachher zu bereuen."

Tabelle 15.13: *Die Ergebnisse eines ausgewählten Portfolios unter Verwendung des Systems der Steigungsrichtung (SSR).*

Strategieauswertungen:

Wahrscheinlichkeit		Trade-Statistiken	
Endkapital ($)	20.709.401	Keine Trades	1.646
Gesamt (%)	1.971	Durch. Trade ($)	10.867
Jahr (%)	16,91	Trade/Markt/Jahr	5,3
Gewinnfaktor	1,23	Trade/Monat	7,1

Risiko-Messgröße		Zeit-Statistiken	
Max. Kapitalr. (%)	− 27,54	Stagnation (Tage)	26,33
Größter Verlust ($)	− 1.509.982	Zeit im Markt (%)	98,06
Gewinn-Trades (%)	31,83	Durch. Tage	11,00

427

Darüber hinaus müssen Sie wissen, was Sie erreichen wollen. Wir beschäftigen uns mit Trendfolgestrategien, die aus Geldmanagement, einem Portfolio von Märkten und einem Trendfolgesystem bestehen, und das gilt sowohl für die gesamte Strategie als auch für das einzelne System. Wir praktizieren kein Top- und Bottom-Picking, sondern steigen in einen Markt ein, sobald der Trend etabliert ist, und danach verfolgen wir die laufende Kursbewegung so lang, bis unsere Stopps und Ausstiegstechniken in Kraft treten und anzeigen, dass diese Kursbewegung zu Ende ist.

Es gibt einen weiteren Grund dafür, dass wir nicht jeden Markt handeln sollten: Je mehr Märkte wir handeln, desto ineffizienter wird die Strategie, indem der optimale f-Wert für das gesamte Portfolio reduziert wird. Da wir aber möglichst viel Spielraum zwischen dem f-Wert, den wir verwenden, und dem wahren optimalen f-Wert haben wollen, sollten wir das Portfolio nicht allzu sehr belasten. Meine Untersuchungen haben ergeben, dass sich ein Portfolio, das zwölf bis 18 unterschiedliche Märkte mit geringen Korrelationen untereinander enthält und eventuell mit drei verschiedenen Systemen gehandelt wird, am besten zu bewähren scheint. Aber dieses Ergebnis entspricht meiner persönlichen Präferenz, und daher möchte ich Sie dringend bitten, Ihre eigenen Untersuchungen durchzuführen, um ein Portfolio zu erstellen, das Ihnen entspricht.

Die Strategie des Dynamischen Ausbruchs (DAS)

Die Ergebnisse des DAS-Systems sind mehr oder weniger dieselben wie die für das System der Steigungsrichtung (SSR), wobei die gleichen Märkte zu ähnlichen Resultaten führten. Dies ist Tabelle 15.14 zu entnehmen, die zeigt, dass sowohl die Stagnationsdauer als auch der Kapitalrückgang ein wenig happig ausfielen. Anstatt noch einmal durchzugehen, warum dies so war, um dann die gleiche Erörterung zu wiederholen, wie es bereits für das System der Steigungsrichtung geschehen ist, wollen wir uns lieber dem nächsten Thema zuwenden.

Tabelle 15.14 : *1,5 Prozent des Kapitals wurden nach der Fixed-Fractional-Strategie für das DAS-System eingesetzt.*

Strategieauswertungen:

Wahrscheinlichkeit		Trade-Statistiken	
Endkapital ($)	21.787.934	Keine Trades	1.581
Gesamt (%)	2.079	Durch. Trade ($)	11.425
Jahr (%)	17,21	Trade/Markt/Jahr	5,1
Gewinnfaktor	1,11	Trade/Monat	6,8

Risiko-Messgröße		Zeit-Statistiken	
Max. Kapitalr. (%)	-42,37	Stagnation (Tage)	30,67
Größter Verlust ($)	-1.123.734	Zeit im Markt (%)	99,98
Gewinn-Trades (%)	33,9	Durch. Tage	11,00

Kapitel 16

Die Zusammensetzung des Portfolios

Größtenteils wurde die Zusammensetzung eines Portfolios in seiner Komplexität bereits erörtert. Wir haben uns mit Märkten beschäftigt, die keinen allzu engen Zusammenhang untereinander aufweisen, aber auch herausgefunden, dass ein Markt mit einem negativen mathematischen Erwartungswert dennoch eine wichtige Rolle für das gesamte Portfolio spielen kann. Als ebenso wichtiger Punkt wurde darauf hingewiesen, dass man mehrere unterschiedliche Markt-System-Kombinationen auf die gleichen Märkte anwenden sollte, um einen größeren Bereich an Szenarien und Ergebnissen abzudecken. Man sollte auch darauf achten, nicht zu viele Märkte aus der gleichen Marktgruppe (zum Beispiel den Devisenmärkten) auszuwählen und unterschiedliche Zeitrahmen einzusetzen, wie es auch für unterschiedliche Märkte und Systeme gilt. In diesem Kapitel werden wir uns mit drei unterschiedlichen Möglichkeiten der Portfoliozusammensetzung beschäftigen, einige Untersuchungen aufgrund historischer Daten durchführen und das Für und Wider abwägen, das mit jeder Methode verbunden ist.

Beitrag zum Gesamtkapital nach Methode 1

Die klarste (und vielleicht auch naivste) Art der Marktauswahl für das künftige Trading besteht darin, sich deren Performance in der Vergangenheit anzuschauen und die Gruppe auszusuchen, die bisher am besten abgeschnitten hat. Wir könnten zum Beispiel die zwölf besten Märkte aus unseren langfristig orientierten Portfolios auswählen (vier von jedem Portfolio, wobei die gleichen Märkte nie zweimal herangezogen werden), sodass sich insgesamt die folgenden zwölf Märkte ergeben: Grober Reis, Erdgas, Euro, Dollar-Index, Japanischer Yen, Kaffee, Baumwolle, T-Bonds, Orangsaft, Erdöl, Kupfer und Kanadischer Dollar.

Die Tabellen 16.1 und 16.2 sowie die Abbildungen 16.1 und 16.2 zeigen die Ergebnisse eines Portfolios, das die oben genannten zwölf Märkte enthält, wobei jeder Markt aufgrund eines der drei langfristig orientierten Systeme und aufgrund der vier kurzfristig ausgerichteten Systeme im S&P 500 untersucht wird (die beiden Einstiegstechniken des ursprünglichen Black-Jack-Systems wurden auf zwei unterschiedliche Systeme aufgeteilt); insgesamt kamen somit 40 verschiedene Markt-System-Kombinationen zustande. Die Untersuchung umfasst den Zeitraum von Januar 1980 bis Oktober 1999, und aufgrund des Fixed-Fractional-Geldmanagements wurde ein Prozentsatz von 0,5 Prozent des Gesamtkapitals pro Trade eingesetzt. Wie üblich, wurden jeweils 75 Prozent pro Trade für Slippage und Brokerprovisionen abgezogen. Dieses Portfolio nenne ich „Charity 1".

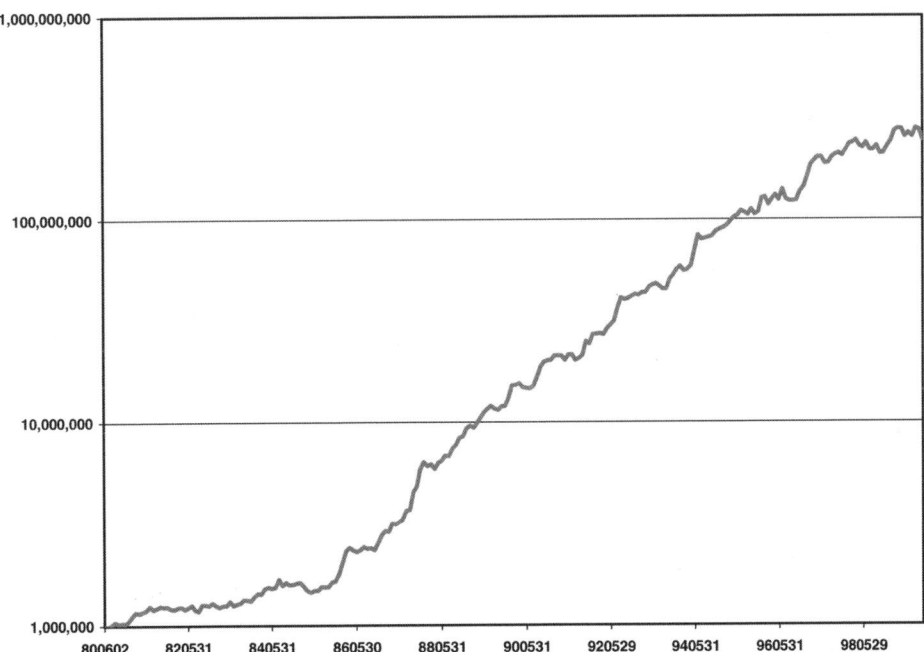

Abbildung 16.1: *Die Kapitalkurve für das Portfolio „Charity 1".*

Wie Sie der Abbildung entnehmen können, hat das Portfolio „Charity 1" 33 Prozent pro Jahr erzielt, was am Ende des Untersuchungszeitraums einem Endkapital von etwa 250.000.000 entspricht. Tabelle 16.1 zeigt, dass der höchste Kapitalrückgang innerhalb eines Monats etwa 24 Prozent betrug, während Abbildung 16.2 veranschaulicht, dass der geringste Kapitalrückgang am Monatsende 15 Prozent betrug. Das sind sehr gute Ergebnisse, die uns wieder einmal klar vor Augen führen, wie wichtig möglichst häufiges Traden ist. Das einzige Ergebnis, das nicht so gut ausgefallen ist, bezieht sich auf die Stagnationsphase, die in Anbetracht der Tatsache, dass wir mit einem Portfolio äußerst günstiger Märkte gearbeitet haben, etwas zu lang war.

Tabelle 16.1: *0,5 Prozent des Kapitals pro Trade für das Portfolio „Charity 1".*

Strategie-Auswertung	
Endkapital ($)	244.040.528
Gesamt (%)	24.304
Jahr (%)	32,76
Höchster Kapitalrückgang (%)	− 23,81
Längste Stagnationsphase (in Monaten)	17

Tabelle 16.2: *Kumulierte Rendite in Prozent in n-Monaten für das Portfolio „Charity 1".*

kumuliert	1	3	6	12	24	36	48	60
Zuletzt	11,06	− 3,95	− 11,76	16,03	15,67	97,60	131,19	196,44
Durchschnitt	2,53	8,07	16,88	37,20	93,34	180,59	309,77	500,63
Am besten	21,98	59,01	92,24	131,99	257,59	425,66	744,94	1.120,37
Am schlechtesten	− 11,06	− 12,41	− 11,76	− 8,22	0,84	18,15	19,35	48,66
Standardabw.	5,52	11,31	17,07	28,14	60,48	109,41	175,53	253,37
GGM*	2,38	7,48	15,63	34,28	83,64	158,38	270,27	444,57
Sharpe-Verhältnis	0,46	0,71	0,99	1,32	1,54	1.65	1,76	1,98
Durch. Gewinn	4,98	11,80	20,30	39,30	93,34	180,59	309,77	500,63
Durch. Verlust	− 3,04	− 3,31	− 4,03	− 2,97	−	−	−	−

Auf Jahresbasis	1	3	6	12	24	36	48	60
Zuletzt	75,5	− 14,89	− 22,14	16,03	7,55	25,49	23,31	24,24
Durchschnitt	34,96	36,4	36,61	37,2	39,05	41,04	42,28	43,13
Am besten	985,08	539,29	269,56	131,99	89,1	73,87	70,49	64,93
Am schlechtesten	− 75,5	− 41,14	− 22,14	− 8,22	0,42	5,72	4,52	8,25
Standardabw.	90,55	53,51	37,05	28,14	26,68	27,94	28,84	28,72
Sharpe-Verhältnis	0,39	0,68	0,99	1,32	1,46	1,47	1,47	1,5
Gewinn-Trades (%)	69,53	75,32	85,96	95,05	100,00	100,00	100,00	100,00

* GGM: geschätzter geometrischer Mittelwert

Der Grund für die relativ lange Stagnationsphase dieses Portfolios hängt möglicherweise mit dem größten Nachteil des Portfolios zusammen: der hohen Korrelation und der Ähnlichkeit zwischen einigen dieser Märkte, da vier Devisenmärkte und zwei Energiemärkte beteiligt sind. Daher ist es auf der einen Seite fraglich, ob dies die beste Lösung für ein reales Portfolio darstellen würde. Auf der anderen Seite gibt es jedoch auch Trader, die nur ein System verwenden und ausschließlich einige Devisen oder nur den S&P 500 handeln. In dieser Hinsicht weist das Portfolio „Charity 1" zumindest eine viel größere Diversifikation auf, als es ansonsten meist der Fall ist.

Erwähnenswert ist zudem, dass wir nie mehr als 0,5 Prozent pro Trade riskieren, was in der Tat als sehr wenig betrachtet werden kann. Dies bedeutet, dass wir jeweils nie mehr als 1,5 Prozent des Gesamtkapitals pro Trade und Markt einsetzen (zwei Prozent für den S&P 500), und das ist nicht mehr als für jedes andere Systemportfolio, das bisher erörtert wurde. Trotz dieses geringen Risikos und der Tatsache, dass wir im Vergleich zu sonstigen langfristig orientierten Portfolios nur 2,5 Mal so viele System-Markt-Kombinationen handeln, erreichen wir hierbei dennoch eine Verzehnfachung des Gesamtkapitals.

Leider steigt bei diesem Portfolio auch der Faktor Zeit exponentiell an. Ich habe diese Arbeit auf einem Computer Pentium III mit 500 MHz und einem Arbeitsspeicher von 256 MB durchgeführt, aber der Computer kann doch eine halbe Stunde oder noch länger benötigen, um die entsprechenden Berechnungen auszuführen. Daher rate ich Ihnen, diese Analyse nur dann durchzuführen, wenn Sie über einen sehr leistungsfähigen Computer verfügen.[14]

---

[14] *Zeitaufwand basierend auf Rechnerleistung im Jahr 2000.*

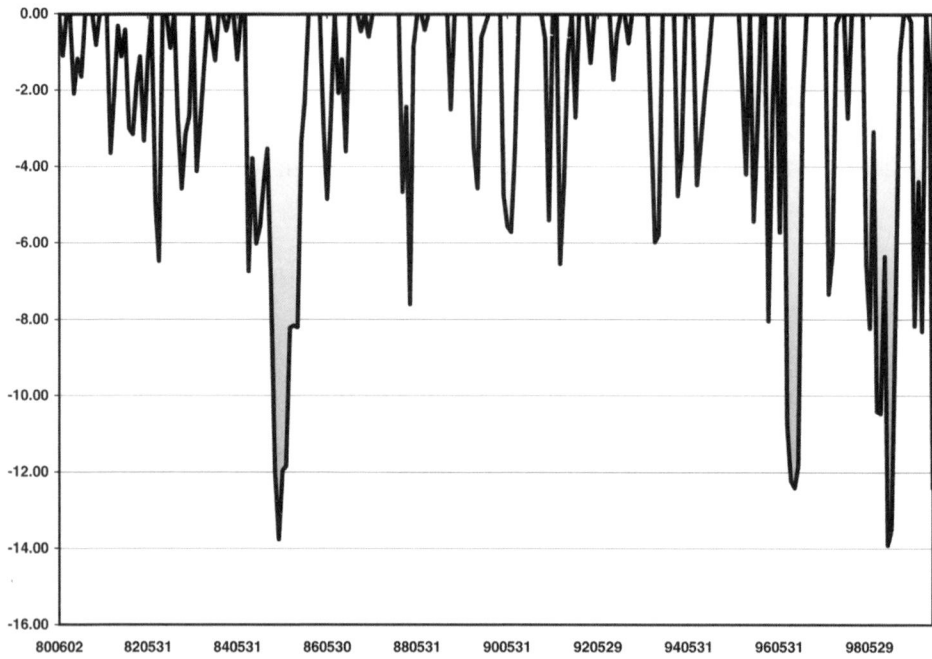

Abbildung 16.2: Der Kapitalrückgang für das Portfolio „Charity 1".

Korrelationen und Kovarianzen

Im Gegensatz zu der soeben besprochenen Methode, bei der einfach die Märkte ermittelt werden, die den größten Gewinn erzielten, ist die Methode, mit der wir uns nun beschäftigen, komplizierter, denn dabei geht es um die Korrelationen und Kovarianzen zwischen den Märkten. Dabei sollten Sie sich vergewissern, dass die Märkte, die Korrelationen aufweisen, auch ihre positiven Erwartungswerte und das Gewinnpotenzial beibehalten, wenn Sie auf noch nicht bekannte Daten angewendet werden. Um die Korrelationen und Kovarianzen zu ermitteln, können Sie eine Tabelle verwenden, wie sie in Abbildung 16.3 zu sehen ist. In diesem Fall handelt es sich um Wochendaten.

Die Korrelation zwischen Rohöl und dem Britischen Pfund in Kästchen G10 lautet:

```
= CORREL(Data!$L3:$L1036, Data!F3:F1036)
```

Die Kovarianz zwischen Rohöl und dem Britischen in Kästchen J7 lautet:

= CORREL(Data!$F3:$F1036, Data!L3:L1036) *
STDEV(Data!$F3:$F1036) * STDEV(Data!L3:L1036)

	D	E	F	G	H	I	J	K	L
4		S	BO	BP	CC	CD	CL	CR	C
5	S	8.73	7.24	0.14	0.92	0.07	-0.22	1.35	5.77
6	BO	0.75	10.58	0.12	0.62	0.13	-0.55	1.15	4.95
7	BP	0.03	0.02	2.42	1.02	0.16	0.45	0.13	0.13
8	CC	0.08	0.05	0.18	13.96	0.12	0.27	0.78	0.66
9	CD	0.04	0.06	0.16	0.05	0.42	0.29	0.05	0.05
10	CL	-0.02	-0.04	0.07	0.02	0.11	16.38	1.08	-0.05
11	CR	0.46	0.35	0.08	0.21	0.07	0.27	0.99	1.27
12	C	0.72	0.56	0.03	0.06	0.03	0.00	0.47	7.42
13	GC	0.15	0.13	0.27	0.13	0.14	0.13	0.24	0.08

Abbildung 16.3: *Die Ermittlung der Korrelationen mit Excel.*

Mit Hilfe der Tabelle, die in Abbildung 16.3 zu sehen ist, habe ich ein zweites Portfolio zusammengestellt, das ich auf die gleiche Weise gehandelt habe wie das Portfolio „Charity 1". Die Märkte, die ich für das langfristig orientierte Trading ausgewählt habe, sind folgende: Mais, Kanadischer Dollar, Euro-Dollar, Heizöl, Kaffee, Nikkei-Index, Orangensaft, Platin, Schweizer Franken, T-Notes und Weizen. Das Auswahlkriterium für diese Märkte bestand jeweils darin, nur zwei Märkte der gleichen Marktgruppe auszuwählen, die vorher nicht verwendet wurden, und dabei sollten die Korrelationen und Kovarianzen zwischen den verschiedenen Märkten möglichst gering sein. Dieses Portfolio habe ich „Charity 2" genannt. Die fiktiven Ergebnisse des Portfolios „Charity 2" sind in Tabelle 16.3 und den Abbildungen 16.4 und 16.5 zu sehen.

Ich wollte einige neue Märkte aufnehmen, um festzustellen, wie die Ergebnisse ausfallen, wenn zuvor nicht bekannte Märkte gehandelt werden, die sich im Nachhinein nicht als die besten erwiesen haben. Sie könnten dieses Portfolio sogar als Worst-Case-Szenario betrachten, und zwar insofern, als sich dabei die Frage stellt, wie die Ergebnisse ausgefallen wären, wenn wir es versäumt hätten, die lukrativsten Märkte auszusuchen, wobei wir aber dennoch mit gesundem Menschenverstand an den Aufbau des Portfolios herangegangen sind.

Wie Sie in Tabelle 16.3 sehen, hätten wir sogar mit diesen zweitklassigen Märkten immer noch mehr als 20 Prozent pro Jahr verdient. Aber auch hier ist die Stagnationsphase wieder zu lang, und auch der höchste Kapitalrückgang kommt nahe an das heran, was als inakzeptabel betrachtet werden kann. Aber es gibt dennoch viele professionelle Trader und Analysten – denen ich mich anschließe –, die froh gewesen wären, wenn sie diese Ergebnisse in Echtzeit erzielt hätten. Aus 1.000.000 Dollar in weniger als 20 Jahren etwa 38.000.000 Dollar zu machen ist nicht schlecht, und dieser Gewinn übersteigt bei weitem den Gewinn, der im gleichen Zeitraum im Aktienmarkt erzielt worden wäre.

Beitrag zum Gesamtkapital nach Methode 2

Anstatt sich an der Verteilung der Gewinne auszurichten, ist es auch möglich, sich daran zu orientieren, wie viele Kursbewegungen einer Zeitfolge durch die Kursbewegungen anderer Zeitfolgen erklärt werden können. Dafür benutzen wir den Pearson-Korrelationskoeffizienten, der einen Wert zwischen 1 und – 1 annehmen kann, was mit dem normalen Korrelationskoeffizienten vergleichbar ist. Der Unterschied zwischen dem Pearson-Korrelationskoeffizienten und dem normalen Korrelationskoeffizienten besteht darin, dass Ersterer voraussetzt, dass eine der Variablen von der anderen Variablen abhängig ist.

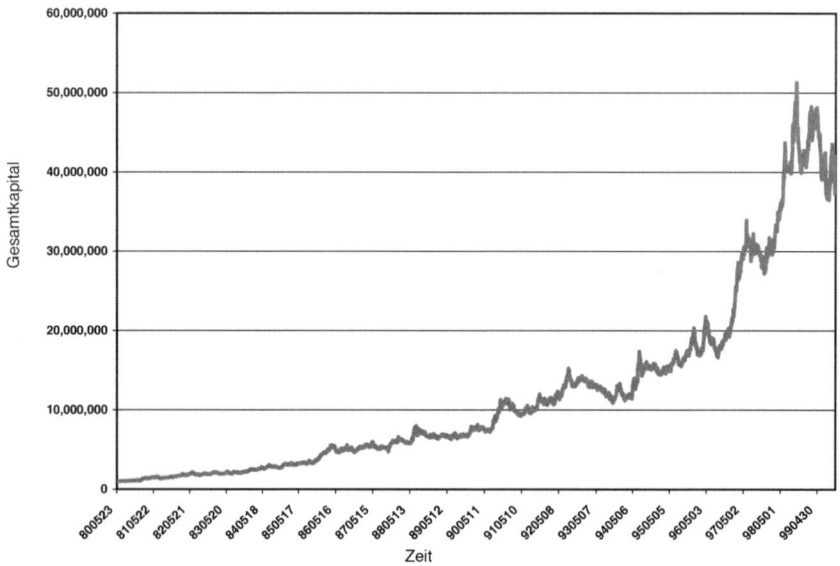

Abbildung 16.4: *Die Kapitalkurve für das Portfolio „Charity 2.*

Dies bedeutet Folgendes: Wenn zwei Märkte einen Pearson-Korrelationskoeffizienten von etwa 1 haben, so kann fast die gesamte Kursbewegung des abhängigen Marktes durch das erklärt werden, was im unabhängigen Markt vor sich geht. Bei einem Pearson-Korrelationskoeffizienten von etwa 0 bewegen sich die beiden Märkte unabhängig voneinander. Untersuchungen wie diese werden sehr häufig im Aktienmarkt verwendet, in dem viele Analysten darauf achten, wie inwieweit die Kursbewegungen einer bestimmten Aktie durch die Kursbewegungen des Gesamtmarktes erklärt werden können.

Tabelle 16.3: *0,5% des Kapitals pro Trade für das Portfolio „Charity 2".*

Strategie-Auswertung:

Endkapital ($)	37.797.489
Gesamt (%)	3.680
Jahr (%)	20,59
Höchster Kapitalrückgang (%)	− 28,89
Größter Verlust ($)	− 1.690.564
Längste Stagnationsphase (in Monaten)	23,29

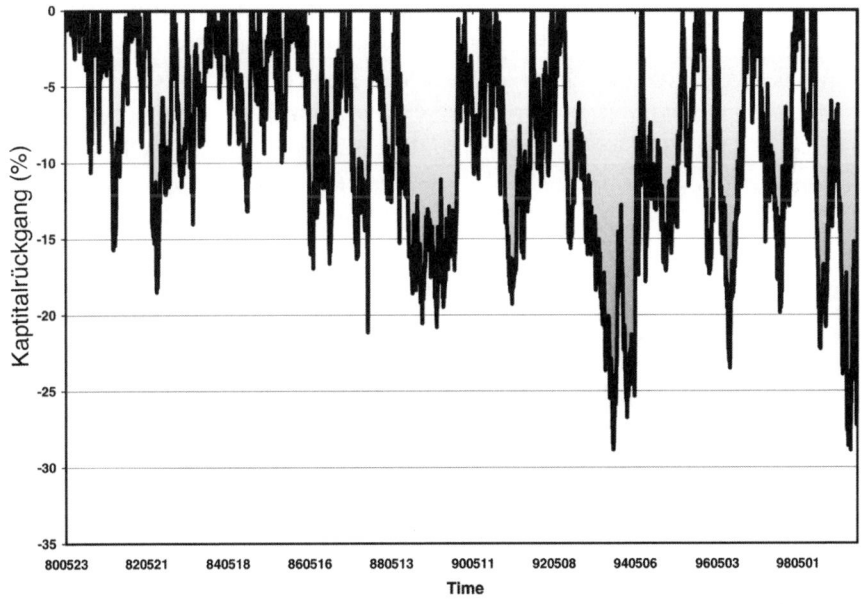

Abbildung 16.5: *Der Kapitalrückgang für das Portfolio „Charity 2".*

Beachten Sie, dass man auf diese Art herauszufinden versucht, wie eine bestimmte Kursbewegung des Aktienmarktes durch die Kursbewegung des Marktes erklärt werden kann, was nicht mit dem „Beta" einer Aktie identisch ist und darauf hinweist, um wie viel sich eine Aktie aller Wahrscheinlichkeit nach bewegen wird, falls eine Kursbewegung stattfindet. Angenommen, eine Aktie mit einem Beta-Wert über eins, sagen wir mit einem Wert von zwei, bewegt sich doppelt so schnell in die gleiche Richtung wie der übrige Markt, aber diese Kursbewegung muss nicht unbedingt vollständig durch die Kursbewegung des Marktes erklärbar sein, und genau das wird durch den Pearson-Korrelations-koeffizienten gemessen.

In diesem Fall gehen wir umgekehrt vor und versuchen herauszufinden, wie viel des Gesamtkapitals durch das Gesamtkapital einer bestimmten Markt-System-Kombination erklärt werden kann. Diese Methode ist besonders dann angebracht, wenn wir die Möglichkeit haben, den gleichen Markt mit verschiedenen Systemen zu handeln, und dabei das Gesamtportfolio etwas reduzieren wollen. Zuerst suchen wir nach Märkten, die einen positiven Einfluss auf das Gesamtkapital haben. Mit Märkten, deren Ergebnisse zu gut sind, um wahr zu sein, verfahren wir äußerst vorsichtig, denn damit könnte das Portfolio in zu große Abhängigkeit von der Performance weniger Märkte geraten, wenn wir aufgrund bisher unbekannter Daten in Echtzeit handeln. Der Hauptunterschied zwischen dieser Methode und der Korrelation-Kovarianz-Methode besteht darin, dass wir bei dieser Methode sozusagen umgekehrt vorgehen, weil wir zuerst alle möglichen Markt-System-Kombinationen im Rahmen eines besonders umfangreichen Portfolios handeln, um daraufhin alle unerwünschten Markt-System-Kombinationen aus dem Portfolio beseitigen, und zwar jeweils eine nach der anderen.

Doch bevor wir anfangen, muss ich noch eine weitere Warnung aussprechen: Auch diese Methode erfordert sehr umfangreiche Berechnungen und ist äußerst zeitaufwendig, bis alles in Excel eingegeben ist. Das ist jedoch noch nicht alles, denn damit das Programm in Excel läuft, müssen zuerst alle Trading-Ergebnisse für jede Markt-System-Kombination von TradeStation übertragen werden. Das wäre noch nicht einmal so schlimm, aber hinzu kommt die Tatsache, dass TradeStation keine Möglichkeit bietet, ein System nacheinander auf mehrere Märkte anzuwenden. Ich habe etwa eine Minute benötigt (und ich bin inzwischen sehr schnell geworden), um eine Markt-System-Kombination eines bestimmten Arbeitsbereichs, den ich angelegt habe, zu installieren. Dies müssten Sie für Hunderte von Markt-System-Kombinationen wiederholen.

Dies ist, gelinde gesagt, eine sehr langwierige Angelegenheit. Es gibt offenbar keine Möglichkeit, die Anfangsdaten ein für alle Mal zu bestimmen oder einen bestimmten Kontrakt als Futureskontrakt zu definieren. Dazu benötige ich mindestens 20 Mausklicks pro Markt, um das Diagramm mit dem entsprechenden System zu erstellen.

Tabelle 16.4 zeigt die Pearson-Korrelationskoeffizienten nebst dem Beitrag zum Gesamtkapital in 23 verschiedenen Märkten, die mit dem System des Standardabweichungsausbruchs (SAA) im Zeitraum von Januar 1980 bis Oktober 1999 gehandelt wurden. Die Märkte wurden zunächst so ausgewählt, dass die bereits in den vorherigen Beispielen verwendeten Märkte nicht berücksichtigt wurden. Die Tabelle 16.5 zeigt die Gesamtauswertung für dieses Portfolio. Das Anfangskapital wurde auf 1.000.000 Dollar festgelegt, und das Risiko pro Trade betrug 1,5 Prozent. Wie üblich wurden 75 Dollar pro Trade für Slippage und Brokerprovisionen abgezogen. Aufgrund dieser Einstellungen wurde mit diesem System ein Endkapital von 29.000.000 Dollar erreicht, was einer Jahresrendite von etwa 19 Prozent entspricht. So weit, so gut, aber unter realen Bedingungen wäre es sehr schwierig gewesen, einen Kapitalrückgang von etwa 40 Prozent und eine maximale Stagnationsphase von mehr als 47 Monaten durchzuhalten.

Von diesen 23 Märkten wurden sechs Märkte mit dem niedrigsten (Australischer Dollar, Sojabohnen, Platin, Lebendrinder, Kakao und Britisches Pfund) und drei Märkte mit dem höchsten (Grober Reis, Euro-Dollar und Baumwolle) Pearson-Korrelationskoeffizienten ausgesondert, sodass das Portfolio letztendlich folgende Märkte enthielt: Zucker, Nikkei-Index, Erdgas, Kommunalobligationen (Municipal Bonds), Schlachtschweine, Bauholz, Kaffee, Kupfer, Gold, Mastrinder, Erdöl, Kanadischer Dollar, Mais und Weizen. Für das Geldmanagement habe ich einen festen Prozentsatz des zur Verfügung stehenden Kapitals pro Trade von zwei Prozent eingesetzt (Da die Gesamtanzahl der Märkte reduziert wurde, können wir das Risiko pro Trade leicht erhöhen, weil die Strategie nun effizienter sein dürfte, während gleichzeitig die Margin-Verpflichtungen geringer geworden sind.)

Tabelle 16.4: *Anfangsmärkte für das Portfolio „Charity 3".*

Markt	Kapitalbeitrag	Pearson-Koeffizient
Australischer Dollar	− 5,46	− 0,6592
Zucker	0,66	0,0561
Sojabohnen	− 2,52	− 0,4445
Reis	15,85	0,9508
Platin	− 22,93	− 0,8640
Nikkei-Index	7,55	0,8741
Erdgas	12,86	0,9137
Kommunalobligationen	3,80	0,8302
Schlachtschweine	− 0,13	− 0,3184
Lebendrinder	− 2,09	0,1241
Bauholz	8,83	0,6967
Kaffee	28,58	0,7810
Kupfer	5,40	0,9064
Gold	5,19	0,6305
Mastrinder	1,84	0,8413
Euro-Dollar	0,64	0,9099
Baumwolle	20,97	0,9098
Rohöl	32,29	0,8362
Kanadischer Dollar	− 1,82	0,2626
Kakao	− 9,60	− 0,6489
Mais	6,79	0,7143
Britisches Pfund	− 4,17	− 0,5608
Weizen	− 2,54	0,4263

Tabelle 16.6 zeigt die Ergebnisse dieses Portfolios. Das Endkapital beträgt etwa 40.000.000 Dollar, was einer Jahresrendite von etwa 20,50 Prozent entspricht. Der Kapitalrückgang verringerte sich erfreulicherweise auf 29 Prozent. Die längste Stagnationsphase reduzierte sich ebenfalls erheblich, beträgt aber immer noch 31 Monate, was etwas zu lang ist.

Tabelle 16.5: Anfängliche Strategieauswertung für das Portfolio „Charity 3".

Strategie-Auswertung	
Endkapital ($)	29.016.313
Gesamt (%)	2,802
Jahr (%)	18,96
Höchster Kapitalrückgang (%)	− 39,29
Größter Verlust ($)	− 823.050
Längste Stagnationsphase (in Monaten)	47,57

Tabelle 16.6: Strategieauswertung des modifizierten Portfolios für „Charity 3".

Strategie-Auswertung	
Endkapital ($)	38.565.334
Gesamt (%)	3.757
Jahr (%)	20,72
Höchster Kapitalrückgang (%)	− 29,07
Größter Verlust ($)	− 1.579.683
Längste Stagnationsphase (in Monaten)	30,81

Alles in allem sind die Ergebnisse nicht so schlecht für eine Strategie, die nur ein System umfasst und in vielen Märkten gehandelt wurde, die vor allem deshalb ausgewählt wurden, weil sie bisher nicht zur Anwendung kamen oder weil sie dem Durchschnitt entsprachen.

Kapitel 17

Größeres Vertrauen entwickeln

Nun wollen wir uns kurz einigen Techniken widmen, wie Sie mehr Vertrauen in Ihre Analysearbeit entwickeln können. Die einfachste Methode besteht darin, dass Sie einige Ihrer Daten einer unabhängigen Untersuchung (Out-of-sample-Untersuchung) vorbehalten. Wenn sich das System auch mit diesen Daten bewährt, sind die Aussichten gut, dass Ihr System nicht nur jene Ereignisse erfasst, die mit den von Ihnen zur Untersuchung und Optimierung verwendeten Daten verbunden sind. Die zweite Methode, die ich bevorzuge, besteht darin, die verschiedenen Eingabe-Variablen zu modifizieren, und zwar zu jeweils plus/minus 50 Prozent. Wenn das Ergebnis zu sehr von den ursprünglichen Resultaten abweicht, kann es sein, dass bestimmte Variablen zu sensibel reagieren, sodass sie unter realen Bedingungen nicht vertrauenswürdig sind; in diesem Fall müssen wir noch einmal von vorne anfangen. Zur Sicherheit arbeite ich mit einem Best-Case- und Worst-Case-Szenario, worauf ich weiter unten näher eingehen werde.

Die Out-of-Sample-Untersuchung

In Bezug auf die erste der oben genannten Methoden haben wir uns beim Aufbau des Systems des Standardabweichungsausbruchs (SAA) einen Teil der Daten für weitere Untersuchungen zurückgelegt. Tabelle 17.1 zeigt, wie das ursprüngliche SAA-System (ohne Ausstiege und Filter) aufgrund der unabhängigen Daten, die den Zeitraum von Oktober 1992 bis Oktober 1999 abdecken, abgeschnitten hat, wobei nur ein Kontrakt gehandelt wurde. Diese Tabelle lässt sich direkt mit Tabelle 10.18 vergleichen. Wenn Sie die beiden Tabellen miteinander vergleichen, werden Sie feststellen, dass zwölf Märkte bei der Out-of-sample-Untersuchung einen höheren Gewinnfaktor und eine geringere

Standardabweichung aufweisen und dass neun Märkte auch einen geringeren Kapitalrückgang zeigen, aber in nur vier Märkten konnte ein höherer Gewinn für den durchschnittlichen Trade erreicht werden. Der reguläre Untersuchungszeitraum von Januar 1980 bis Oktober 1992 ergab, dass 16 Märkte aufgrund unserer Faustregel handelbar waren, aber beim unabhängigen Untersuchungszeitraum von Oktober 1992 bis Oktober 1999 waren nur neun Märkte handelbar. Dies deutet einerseits darauf hin, dass das System dennoch gute Arbeit leistet, indem es das Risiko und damit die Kosten zur Betreibung dieses Geschäfts gering hält, aber andererseits ist es nicht in dem Maße marktunempfindlich, wie wir es uns wünschen würden.

Tabelle 17.1: Das SAA-System, das im Zeitraum zwischen Oktober 1992 und Oktober 1999 (Out-of-sample-Test) untersucht wurde.

Ursprüngliches System ohne Ausstiege und Filter:

Markt	Gewinnfaktor	Durchnittlicher Trade	2-Std.- Abweichungen	Kapital- rückgang
Rohöl	4,29	1.479,39	7.057,42	− 2.978,23
T-Bonds	1,84	959,06	8.535,63	− 14.922,51
T-Bills	0,78	-53,19	1.082,75	− 2.918,79
Reis	2,25	469,66	4.414,97	− 2.471,24
Nikkei-Index	1,16	278,92	10.217,26	− 13.980,23
Erdgas	1,27	370,80	8.909,49	− 9.231,34
Lebendrinder	0,45	− 302,45	1.924,89	− 6.976,45
Bauholz	0,75	− 290,64	4.713,38	− 14.987,61
Kaffee	2,28	2.677,13	26.860,39	− 15.845,70
Japan. Yen	5,16	3.240,19	14.366,39	− 6.369,00
Kupfer	1,18	93,38	3.015,47	− 5.342,02
Gold	1,13	47,16	2.083,29	− 4.622,61
Dollar-Index	2,47	1.060,05	7.014,18	− 9.012,39
D-Mark (Euro)	1,90	536,96	4.705,28	− 3.672,00
Baumwolle	1,26	203,75	6.475,78	− 8.008,77
Weizen	1,40	124,61	2.077,13	− 2.711,16

Die Tabellen 17.2 und 17.3 zeigen die Ergebnisse des SAA-Systems mit Stopps und Ausstiegstechniken im Zeitraum zwischen Oktober 1992 und Oktober 1999 (Out-of-sample-Test). Tabelle 17.2 ist auch mit Tabelle 10.19 vergleichbar. Der Gewinnfaktor für zwölf Märkte konnte erneut verbessert werden, aber leider sank der Durchschnittsgewinn pro Trade in elf Märkten noch weiter, was zur Folge hatte, dass aufgrund unserer Faustregel nur noch sechs Märkte als handelbar betrachtet werden können, und somit blieben lediglich einige makroöko-nomisch orientierte Märkte übrig, die man handeln konnte. Das ist natürlich nicht positiv und könnte darauf hindeuten, dass die Stopps und Ausstiege zu eng gesetzt wurden. Im besten Fall müssten wir noch einmal von vorne anfan-gen, um festzustellen, was geschieht, wenn wir eine oder mehrere Ausstiegstech-niken ändern oder ganz weglassen.

Negativ schlägt auch die Tatsache zu Buche, dass der Kapitalrückgang nur in vier Märkten reduziert werden konnte, was bestätigt, dass die Stopps ihre Arbeit nicht so gut verrichten, wie es beabsichtigt war. Dass die Standardabweichung für insgesamt neun Märkte reduziert werden konnte, was ein geringeres Risiko anzeigt, ist somit nicht mehr von Belang. Wenn keine Gewinne zu verzeichnen sind, muss etwas unternommen werden. Hoffentlich wird ein Filter die Ergeb-nisse verbessern.

Die Tabellen 17.4 und 17.5 zeigen die Ergebnisse der Out-of-sample-Untersu-chung im Zeitraum zwischen Oktober 1992 und Oktober 1999 mit integrierten Ausstiegen und Filtern. Mit diesen zusätzlichen Filtern konnte der Gewinnfak-tor in zwölf Märkten wieder verbessert werden, aber der durchschnittliche Gewinn pro Trade sank demgegenüber in zehn Märkten. In diesem Fall bezog sich diese Verschlechterung allerdings auf Märkte, die ohnehin schon recht lukrativ waren, sodass insgesamt neun Märkte als handelbar betrachtet werden können.

Tabelle 17.2: Das SAA-System, das im Zeitraum zwischen Oktober 1992 und Oktober 1999 (Out-of-sample-Test) untersucht wurde.

Modifiziertes System mit Ausstiegen:

Markt	Gewinnfaktor	Durchnittlicher Trade	2-Std.- Abweichungen	Kapital- rückgang
Rohöl	3,05	1.044,50	6.317,99	− 2.287,13
T-Bonds	2,09	1.245,85	10.07,90	− 14.927,71
T-Bills	0,73	− 69,61	1.190,71	− 3.477,18
Reis	0,95	− 18,33	1.616,97	− 2.578,88
Nikkei-Index	1,34	596,12	11.407,45	− 11.504,12
Erdgas	0,74	− 333,44	6.770,50	− 16.311,91
Lebendrinder	0,51	− 271,59	2.053,99	− 6.430,07
Bauholz	0,94	− 49,30	4.132,89	− 12.826,20
Kaffee	0,46	− 724,16	4.815,83	− 16.986,35
Japan. Yen	2,79	2.131,80	12.359,79	− 8.681,72
Kupfer	0,85	− 88,57	2.617,81	− 7.656,22
Gold	0,97	− 11,36	2.035,93	− 5.796,95
Dollar-Index	2,80	1.250,31	7.839,86	− 9.211,56
D-Mark (Euro)	1,55	411,75	5.445,90	− 4.172,52
Baumwolle	1,29	209,09	5.914,57	− 9.608,86
Weizen	1,03	13,43	2.149,37	− 3.231,83

Wenn wir das endgültige System, das auf die Out-of-sample-Daten im Zeitraum von Oktober 1992 bis Oktober 1999 (Tabelle 17.4) angewendet wurde, mit dem ursprünglichen System vergleichen, das ebenfalls für den genannten Zeitraum zum Einsatz kam (Tabelle 10.18), können wir feststellen, dass alle Kennziffern des endgültigen Systems von Oktober 1992 bis Oktober 1999 einen geringen Wert aufwiesen und einheitlicher (dies bedeutet eine geringere Standardabweichung) sind, als es für das ursprüngliche System im Zeitraum von Januar 1980 bis Oktober 1992 der Fall ist. Dies gilt offensichtlich auch für den Vergleich zwischen dem endgültigen System aufgrund der regulären Daten von Januar 1980 bis Oktober 1999 (Tabelle 13.7) und dem endgültigen System aufgrund der Out-of-sample-Daten von Oktober 1992 bis Oktober 1999 (Tabelle 17.4).

Natürlich könnte und sollte man noch viel mehr vergleichende Analysen durchführen, bevor man ein System real einsetzt, aber als Fazit kann festgehalten werden: Es ist ein gutes Zeichen, dass das System beim Vergleich der verschiedenen Märkte einheitlichere Ergebnisse zeigte, und außerdem ist positiv, dass der Kapitalrückgang und die Standardabweichung des durchschnittlichen Trades ein relativ niedriges Niveau aufwiesen, was auch für den ständig steigenden

Gewinnfaktor der meisten Märkte zutrifft. Die schlechte Nachricht ist jedoch, dass es in einigen Märkten nicht gelungen ist, einen handelbaren Durchschnittsgewinn pro Trade zu erreichen, wobei einige Märkte sogar einen negativen Durchschnittswert zeigten. Aber das sind eben die Eigenschaften eines Modells, das nicht marktspezifisch konzipiert wurde. Das System wird normalerweise in allen Märkten während eines längeren Zeitraums funktionieren, aber es wird ebenso Zeiten geben, in denen es sich in einigen Märkten überhaupt nicht bewährt.

Tabelle 17.3: Die Unterschiede zwischen dem ursprünglichen System und dem System mit Ausstiegen.

Unterschiede:

Markt	Gewinnfaktor	Durchnittlicher Trade	2-Std.- Abweichungen	Kapital- rückgang	Besser
Rohöl	– 28,77%	– 29,40%	– 10,48%	– 23,21%	2
T-Bonds	13,64%	29,90%	17,25%	0,03%	2
T-Bills	– 5,59%	30,87%	9,97%	19,13%	1
Reis	– 59,79%	– 103,90%	– 63,38%	4,36%	1
Nikkei-Index	15,42%	113,72%	11,65%	– 17,71%	3
Erdgas	– 41,72%	– 189,92%	– 24,01%	76,70%	3
Lebendrinder	– 12,33%	– 10,20%	6,71%	– 7,83%	2
Bauholz	26,14%	– 83,04%	– 12,32%	– 14,42%	3
Kaffee	– 79,78%	– 127,05%	– 82,07%	7,20%	1
Jap. Yen	– 45,87%	– 34,21%	– 13,97%	36,31%	1
Kupfer	– 28,18%	– 194,85%	– 13,19%	43,32%	1
Gold	– 14,47%	– 124,09%	– 2,27%	25,40%	1
Dollar-Index	13,00%	17,95%	11,77%	2,21%	2
D-Mark/Euro	– 18,44%	– 23,32%	15,74%	13,63%	0
Baumwolle	2,40%	2,62%	– 8,67%	19,98%	3
Weizen	– 25,99%	– 89,22%	3,48%	19,20%	0
Besser	12	5	9	4	-

Veränderung der Parameter

Eine weitere Möglichkeit, die Robustheit eines Systems zu prüfen, besteht in der Änderung der Dateneingabe. Wie bei den Out-of-sample-Tests (Oktober 1992 bis Oktober 1999) geschehen, kann dies vor oder nach Hinzufügen des Geldmanagements vollzogen werden. Nun werden wir uns anschauen, wie das Goldgräber-System auf der Grundlage des S&P 500 mit je einem Kontrakt im

Zeitraum von Januar 1995 bis Oktober 1999 abgeschnitten hätte. Wir verändern folgende Parameter: den Ausbruch-Filter (60 Tage ± 30 Tage), das Gewinnziel (2,8 % ± 1,4 Prozentpunkte) und den Verluststopp (1,1 % ± 0,5 Prozentpunkte).

Wir werden jeweils einen Parameter verändern, während ansonsten die ursprünglichen Werte beibehalten werden. Bei vier zu untersuchenden Parametern bedeutet dies, dass der Systemtest achtmal durchgeführt werden muss. Aufgrund dieser Auswertungen können wir dann ermitteln, welche Parametereinstellungen die besten und die schlechtesten Ergebnisse erzielt haben. In diesem Fall wurden alle Parametereinstellungen ausschließlich nach dem Durchschnittsgewinn pro Trade beurteilt. Natürlich könnten und sollten Sie auch andere Untersuchungsmaßnahmen anwenden, und selbstverständlich werden die Ergebnisse zuverlässiger sein, wenn Sie den Vergleich auf das gesamte Portfolio ausdehnen, anstatt nur einen Markt zu analysieren.

Tabelle 17.4: *Das SAA-System, das im Zeitraum zwischen Oktober 1992 und Oktober 1999 („Out-of-sample"-Test) untersucht wurde.*

Modifiziertes (endgültiges) System mit Ausstiegen und Filtern:

Markt	Gewinnfaktor	Durchnittlicher Trade	2-Std.- Abweichungen	Kapital- rückgang
Rohöl	3,11	1.160,48	6.926,93	− 2.485,61
T-Bonds	2,57	1.588,33	10.332,34	− 8.757,69
T-Bills	0,82	− 37,29	1.048,49	− 1.278,81
Reis	1,57	240,89	3.548,54	− 3.438,43
Nikkei-Index	1,42	774,75	12.214,28	− 13.084,91
Erdgas	0,92	− 95,87	6.898,78	− 8.022,83
Lebendrinder	0,52	− 265,61	2.130,85	− 5.406,43
Bauholz	0,93	− 58,91	3.895,54	− 10.228,79
Kaffee	1,71	905,00	14.273,04	− 11.468,87
Japan. Yen	1,82	1.260,72	12.526,50	− 14.863,14
Kupfer	0,91	− 52,43	2.726,10	− 5.556,51
Gold	0,68	235,91	2.528,68	− 4.544,11
Dollar-Index	2,75	1.348,52	8.472,42	− 4.956,25
D-Mark (Euro)	0,90	− 120,21	5.763,42	− 9.866,05
Baumwolle	1,88	587,89	6.767,50	− 6.758,33
Weizen	1,02	6,48	2.158,88	− 3.341,48

Die Tabellen 17.6 und 17.7 zeigen die schlechtesten beziehungsweise die besten Parametereinstellungen. Als schlechteste Einstellung stellte sich jene mit einem

30-Tage-Filter, einem Gewinnziel von 1,4 Prozent, einem Trailingstopp von 0,6 Prozent und einem Verluststopp von 1,6 Prozent heraus. Als beste Einstellung erwies sich der 90-Tage-Filter mit einem Gewinnziel von 2,8 Prozent, einem Trailingstopp von 0,3 Prozent und einem Verluststopp von 0,6 Prozent. Die entsprechenden Ergebnisse können direkt mit Tabelle 12.8 verglichen werden.

Wie Sie sehen, brachte sogar die schlechteste Einstellung einen geringen Gewinn, was ein gutes Zeichen ist und darauf hinweist, dass wir selbst in den schlimmsten Zeiten nicht finanziell zugrunde gerichtet werden. Die Frage ist jedoch, ob wir diesen geringen Gewinn als ausreichend erachten oder ob wir lieber Ergebnisse gehabt hätten, die mit denen der ursprünglichen Parametereinstellung vergleichbar sind. Diese Entscheidung können nur Sie in der realen Situation treffen, und erst mit der Zeit und nach einer Vielzahl schlechter Systemansätze werden Sie die Erfahrungen sammeln können, die erforderlich sind. Wenn Sie aber nur einen Markt über eine sehr begrenzte Zeitspanne untersuchen und dabei nur eine Messgröße verwenden, so verfügen Sie nicht über die Datenmenge, die für eine tragfähige Schlussfolgerung nötig sind.

Tabelle 17.5: *Die Unterschiede zwischen dem System des Standardabweichungsausbruchs (SAA) mit Ausstiegen und dem endgültigen System.*

Unterschiede:

Markt	Gewinnfaktor	Durchnittlicher Trade	2-Std.- Abweichungen	Kapital- rückgang	Besser
Rohöl	1,94%	11,10%	9,64%	8,68%	2
T-Bonds	22,91%	29,49%	3,24%	41,33%	3
T-Bills	11,63%	− 46,43%	11,94%	− 63,22%	3
Reis	65,73%	− 1.414,49%	119,46%	33,33%	1
Nikkei-Index	6,32%	29,96%	7,07%	13,74%	2
Erdgas	24,05%	− 71,25%	1,89%	− 50,82%	3
Lebendrinder	2,26%	− 2,20%	3,74%	− 15,92%	2
Bauholz	− 1,43%	19,49%	− 5,74%	− 20,25%	3
Kaffee	270,30%	− 224,97%	196,38%	− 32,48%	2
Jap. Yen	− 34,70%	− 40,86%	1,34%	71,20%	0
Kupfer	6,79%	− 40,80%	4,14%	− 27,42%	2
Gold	73,64%	− 2.176,69%	24,20%	− 21,61%	2
Dollar-Index	− 1,68%	7,85%	8,07%	− 46,20%	2
D-Mark/Euro	− 42,31%	− 129,20%	5,83%	136,45%	0
Baumwolle	46,55%	181,17%	14,42%	− 29,67%	3
Weizen	1,66%	− 51,73%	0,44%	3,39%	0
Besser	12	6	2	4	-

Was das Best-Case-Szenario anbelangt, können wir sehen, dass es auch einen geringeren Durchschnittsgewinn produziert, als es bei der ursprünglichen Parametereinstellung der Fall war. Das ist eine gute Nachricht, weil dies bedeutet, dass die ursprüngliche Einstellung gute Arbeit leistet, wobei sich die einzelnen Parameter gegenseitig unterstützen, sodass sich letztlich ein System ergibt, für das gilt, dass das Ganze größer ist als die Summe seiner Teile, obgleich es zuweilen vorkommen könnte, das die tatsächliche beste Parametereinstellung ein wenig davon abweicht.

Tabelle 17.6: Worst-Case-Szenario des Goldgräber-Systems für den Zeitraum von Januar 1995 bis Oktober 1999.

Trades insgesamt		194
Gewinnfaktor		1,05
Durchschnittlicher Gewinn	0,04%	127
Standardabweichung	1,72%	5.792
Gewinn-Trades	118	60,82%
Größter Gewinn-Trade	5,14%	17.348
Durchschnittlicher Gewinn-Trade	1,26%	4.250
Kumulatierter Gewinn	4,52%	15.255
Verlust-Trade	76	39,18%
Größter Verlust-Trade	−8,30%	−28.013
Durchschnittlicher Verlust-Trade	−1,86%	−6.275
Kapitalrückgang	−19,52%	−65.880

Tabelle 17.7: *Best-Case-Szenario des Goldgräber-Systems für den Zeitraum von Januar 1995 bis Oktober 1999.*

Trades insgesamt		206
Gewinnfaktor		1,31
Durchschnittlicher Gewinn	0,17%	572
Standardabweichung	1,73%	5.832
Gewinn-Trades	10	50,00%
Größter Gewinn-Trade	5,14%	17.348
Durchschnittlicher Gewinn-Trade	1,44%	4.874
Kumulierter Gewinn	37,46%	126.428
Verlust-Trade	10	50,00%
Größter Verlust-Trade	− 8,30%	− 28.013
Durchschnittlicher Verlust-Trade	− 1,11%	− 3.730
Kapitalrückgang	− 14,76%	− 49.815

Schlussgedanken zu Teil 5

Der aufmerksame Leser hat vielleicht bemerkt, dass ich bis Teil 5 vor allem von „Systemen" und kaum von „Strategien" gesprochen habe, während ich in Teil 5 häufiger den Begriff „Strategie" verwendet habe. Dies hat damit zu tun, dass ein „System" für mich nichts weiter darstellt als grundlegende Einstiegs- und Ausstiegsregeln. Demgegenüber ist eine Strategie ein vollständiger Handelsplan, zu dem ein System, die Methode des Geldmanagements und eine wohldurchdachte Begründung für den Einsatz bestimmter Märkte gehören. Für mich kann ein System ohne ein geeignetes Geldmanagement keinesfalls als Strategie bezeichnet werden.

Ich habe festgestellt, dass Omega Research seit einiger Zeit vom Begriff „System" zur Bezeichnung „Strategie" übergegangen ist. Ich finde es einfach lächerlich, wenn ein Softwareanbieter versucht, aus der Einführung eines neuen Begriffs Kapital zu schlagen, indem er sich von einem anderen Begriff distanziert, weil er wohl inzwischen an Anziehungskraft verloren hat. Die TradeStation-Software kann nicht als alleiniges Werkzeug zur Entwicklung einer vollständigen Strategie verwendet werden. Sie können nicht einmal eine korrekte und nur auf einen Markt bezogene Systemanalyse durchführen, ganz zu schweigen von all den Schwierigkeiten, mit denen Sie bei der Analyse eines Portfolios konfrontiert werden!

In Teil 5 haben wir uns näher damit beschäftigt, wie man ein Geldmanagement-verfahren integriert, das auf einem festen Prozentsatz des zur Verfügung stehenden Kapitals (Fixed-Fractional-Methode) beruht. Wichtig dabei ist, dass wir nicht dazu in der Lage gewesen wären, wenn wir nicht unsere Hausaufgaben gemacht und diese enorme Arbeit in den bisherigen Kapiteln bewältigt hätten. Inzwischen dürfte klar geworden sein, dass alles zusammenhängt und dass sich alle Faktoren gegenseitig beeinflussen; um eine Handelsstrategie zu entwickeln, die größer ist als die Summe ihrer Teile – das System, das Geldmanagement und die Portfoliozusammensetzung –, müssen wir ganz genau wissen, was wir anstreben, und dabei gibt es keine Möglichkeit zu mogeln.

Ich bin ein begeisterter Anhänger von Ralph Vince und seinen Arbeiten, obgleich ich in diesem Buch mitunter Argumente gegen seinen Ansatz angeführt habe. Zum Abschluss des Buches möchte ich die Gelegenheit wahrnehmen, mich eingehender dazu zu äußern.

Wenn ich Ralph Vince richtig verstanden habe, spielt es keine Rolle, ob wir Daten benutzen, die auf Punkt- oder auf Prozentwerten basieren. Vince bestätigt zwar das Problem, das mit Punkt- oder Dollar-Werten als Datengrundlage verbunden ist, aber er sagt auch: „Wenn Sie so viele Daten verwenden, dass der Trend allmählich zum Problem wird, dann haben Sie wahrscheinlich ohnehin zu viel Daten eingesetzt." (The Mathematics of Money Management, John Wiley & Sons, 1992, S. 83 ff.).

Das ist jedoch völlig falsch. Sie sollten möglichst viele Daten verwenden, damit Ihre Ergebnisse so robust wie möglich sind. Daran führt kein Weg vorbei, denn wenn ein System auch in Zukunft funktionieren soll, muss es eine Art von Marktanomalie ausnutzen, die nicht davon abhängig ist, auf welchem Kursniveau sich der Markt derzeit befindet, wie der letzte Trend aussieht oder wer gerade US-Präsident ist. Es muss sich um ein Phänomen handeln, das nicht von irgendwelchen Umständen abhängig ist und sich nur auf einen bestimmten Zeitpunkt bezieht. Außerdem besteht die einzige Möglichkeit, die jeweiligen Ergebnisse der Märkte miteinander vergleichen zu können, darin, Prozentwerte als Berechungsgrundlage zu verwenden. Vince sagte, dass ein robustes System in mehreren Märkten funktionieren sollte, aber er spricht das Problem nicht an und äußert sich auch nicht darüber, wie man es lösen könnte. (Das ist zwar nicht der Zweck seiner Bücher, aber dennoch ...)

Ein weiterer wichtiger Punkt von Abschnitt 5 ist folgender: Sie müssen nicht den größten historischen Verlust-Trade verwenden, um den optimalen f-Wert zu berechnen. Der optimale f-Wert ist der f-Wert, der Ihnen gemäß den Bedingungen, auf die sich Ihr Modell bezieht, den höchsten TWR-Wert[15] bereitstellt. Leider beziehen sich die meisten Analytiker und Systementwickler auf den optimalen f-Wert, der dem f-Wert des größten historischen Verlust-Trades entspricht. Das hat sich in den Köpfen der Menschen festgesetzt, und daher haben viele die gesamte Theorie, die dem Fixed-Fractional-Ansatz zugrunde liegt, als sehr gefährlich bezeichnet und abgelehnt. Aber das ist nur eine Möglichkeit unter vielen, den optimalen f-Wert mit einer bestimmten Bedingung in Beziehung zu setzen. Wir wollen also keinen größeren Verlust als den größten historischen Verlust-Trade erleiden, wobei der größte historische Verlust die einschränkende Bedingung ist. Aber wir könnten ebenso gut sagen, dass wir keinen größeren Verlust als den größten historischen Verlust mal zwei erleiden wollen, denn dies würde zu einem noch größeren optimalen f-Wert führen, als es für den optimalen f-Wert gilt, auf den man sich im Allgemeinen bezieht.

Ich glaube nicht, dass Ralph Vince gewollt hat, dass sich jeder blind an seine Methode hält, aber die Menschen sind nun mal so. Sie lesen etwas und glauben es unbesehen, ohne sich selbst Gedanken darüber zu machen. Einen f-Wert zu verwenden, der auf dem größten Verlust-Trade basiert, ist wirklich sehr gefährlich, aber wie wir festgestellt haben, ist es praktisch unmöglich, einen so hohen f-Wert zu benutzen, wenn Sie ein gut diversifiziertes Portfolio handeln, und das hat verschiedene Gründe, beispielsweise die Margin-Verpflichtungen, extreme Kapitalrückgänge und eine nicht praktizierbare Anzahl an Kontrakten, die bei einem hohen f-Wert platziert werden müssten.

Anstatt den größten historischen Verlust zur Berechnung des f-Wertes zu verwenden, schlage ich vor, dass Sie sich bei jedem Trade einfach am Verluststopp-Niveau orientieren, das Sie konstant halten, und zwar unabhängig vom jeweiligen Marktverhalten. Sobald Sie den optimalen f-Wert entsprechend der Bedingungen Ihrer Wahl berechnet haben, sollten Sie in Wirklichkeit einen f-Wert benutzen, der weit unter dem berechneten f-Wert liegt, weil es keine Garantie für die Zukunft gibt, die immer unbekannt bleiben wird – zumal der f-Wert möglicherweise auch viel niedriger sein könnte, was insbesondere für ein marktspezifisches System gilt, das auf Punktwerten basiert.

---

[15] *TWR = Terminal Wealth Relative – relatives Endvermögen*

Viele Portfolioverwalter, insbesondere am Aktienmarkt, haben wahrscheinlich auch schon versucht, das Fixed-Fractional-Geldmanagement mit dem „Preismodell des Anlagegegenstandes" (Capital Asset Pricing Model, CAPM) und der „Effizienten Markthypothese" (Efficient Market Hypothesis, EMH) zu verbinden. Aber so weit ich weiß, können die beiden Konzepte nicht miteinander verknüpft werden, denn damit ein System in mehreren Märkten gleichermaßen gut funktioniert, müssen wir davon ausgehen, dass es keine Unterschiede bezüglich der statistischen Eigenschaften dieser Märkte gibt. Für unsere Zwecke müssen wir von dieser Annahme ausgehen, ob sie letztendlich zutrifft oder nicht. Und weil wir von dieser Voraussetzung ausgehen, können wir nicht davon abweichen, wenn es um den Einsatz des Geldmanagements geht. Wenn wir nicht davon überzeugt sind, dass die statistischen Eigenschaften aller Märkte gleich sind, dann können wir auch kein System entwickeln, das in allen Märkten gleich gut funktioniert; ansonsten müssten alle Systeme zwangsläufig marktspezifisch, optimiert, überhaupt nicht robust und mit jeder Geldmanagementmethode äußerst gefährlich zu handeln sein.

Einige vertreten die Auffassung, dass man unterschiedliche f-Werte verwenden sollte, was davon abhängt, ob das gesamte Portfolio einen Kapitalrückgang durchmacht, ob sich der Markt in einem Aufwärts- oder einem Abwärtstrend befindet oder ob man eine Long- oder eine Short-Position einzugehen beabsichtigt. Aber wenn wir uns daran halten, müssen wir davon ausgehen, dass wir bei der Konzeption des zugrunde liegenden Systems schlechte Arbeit geleistet haben und der Meinung sind, dass wir die Gewinne der einzelnen Trades erhöhen können, indem wir am Geldmanagement herumpfuschen. Aber so geht es nicht, denn bei einem ordnungsgemäß aufgebauten System gibt es keinerlei Möglichkeit, die Ergebnisse jedes einzelnen Trades im Voraus zu kennen oder vorherzusagen. Ein gut funktionierendes System macht keinen Unterschied, ob man versucht, am Höchstkurs zu verkaufen beziehungsweise am Tiefstkurs zu kaufen, ob man aufgrund eines Ausbruchs nach oben oder nach unten einsteigt, ob es sich um einen Aufwärts- oder einen Abwärtstrend handelt oder in welchem Markt sich all diese Ereignisse abspielen. Dies spricht auch gegen die Möglichkeit, im Rahmen einer Strategie ein größeres Risiko bei einer Long-Position (Short-Position) während eines Aufwärtstrends (Abwärtstrends) einzugehen, indem man das Verluststoppniveau oder die Einsatzhöhe verändert. Das bedeutet jedoch nicht, dass es keine marktspezifischen oder sogar trendspezifischen Besonderheiten gibt (tatsächlich gab es in diesem Buch mehrere Beispiele für kurzfristige Besonderheiten beziehungsweise Anomalien). Wenn Sie von den Marktanomalien dieser Art profitieren wollen, müssen Sie ein

System entwickeln, das sich jeweils eine dieser Besonderheiten des Marktes zunutze macht. Aber solche Systeme sind nicht mehr allgemein anwendbar, und daher sind sie wohl auch weniger zuverlässig und robust als die Systeme, die in diesem Buch vorgestellt wurden.

Manche Systemerfinder und Analytiker sind dafür eingetreten, dass man sich statt mit den historischen Trades besser damit beschäftigen sollte, die Verteilung der Ergebnisse der Trades zu berechnen, um dann den f-Wert parametrisch zu ermitteln. Auf den ersten Blick ist dies sinnvoll, denn die Verwendung des mathematischen Ausdrucks für die erwartete Verteilung der künftigen Trades würde den Prognosewert unseres Modells sogar noch mehr erhöhen, als wenn man sich ausschließlich auf die historischen Trades ausrichtet. Wir haben die Verteilung unserer Trades im Zusammenhang mit der Auswahl der Stopps und Ausstiege unserer kurzfristig orientierten Systeme untersucht. In diesem speziellen Fall konnten die Verteilungen kaum zu parametrischen Berechnungen des f-Werts beitragen. Wenn es aber der Fall gewesen wäre, würde ich sagen, dass wir es mit recht schlechten Systemen zu tun haben. Denn sobald die Verteilung unserer Trades allmählich konkretere Formen annimmt, die man auch benennen könnte – insbesondere wenn sich herausstellt, dass die Trades normal verteilt waren –, dann hätten wir beim Trade-Management wahrscheinlich keine gute Arbeit geleistet, da wir unsere Trades, nachdem sie platziert worden sind, ihrem eigenen Schicksal überlassen haben, indem wir keinerlei Stopps oder Ausstiegstechniken verwendeten.

Wir sollten stattdessen dafür sorgen, dass jeder Trade nur sehr geringe, sehr spezifische und klar unterscheidbare Ergebnisse hervorbringt, wobei eines davon der Verluststopp ist, den wir auch zur Berechnung des f-Wertes verwenden. Bedenken Sie, dass wir dank unserer Stopp- und Ausstiegstechnik in der Lage waren, die nicht marktspezifischen Besonderheiten zu nutzen. Ohne diese Techniken hätten wir unsere Systeme nicht dem Fixed-Fractional-Geldmanagement anvertrauen können. Trotzdem gibt es bestimmt viele Systeme mit normal verteilten Trades, die viel besser arbeiten als alle, die in diesem Buch behandelt wurden. Die Systeme und Strategien, die in diesem Buch untersucht wurden, sind bislang lediglich Papiertiger.

Hinweise und kritische Anmerkungen

Die Finanzmärkte sind nicht dem Zufall unterworfen, und es gibt Möglichkeiten, diese Nicht-Zufälligkeit mit Hilfe von mechanischen Trading-Strategien zu nutzen. Die gute Nachricht ist, dass Sie kein Genie sein müssen, um davon zu profitieren. Sie brauchen nur noch ein bisschen mehr Wissen über dieses Themengebiet, als Sie es sich bereits erworben haben. Leider kann es mitunter katastrophalere Auswirkungen haben, wenn man zu wenig über ein bestimmtes Thema weiß, als wenn man überhaupt nichts wüsste. Das ist den großen Fischen der Trading-Industrie bewusst; daher sind sie auch nicht motiviert, Ihnen etwas beizubringen, denn was Sie zugrunde richtet, bedeutet für sie eine Goldmine.

Es ist kein Zufall, dass das Thema der Stoppplatzierungen so ausführlich erörtert wurde, denn in Bezug auf die Grundlagen des Tradings und des Anlegens spricht kaum jemand darüber, wie man aus einer Position aussteigt. Wenn Sie sich die Empfehlungen von Analysten und Brokerfirmen anschauen, finden Sie eine Vielzahl von Meinungen, wie zum Beispiel: „guter Kauf", „Kauf", „billig", „überdurchschnittlich", „stärker als der Durchschnitt", „langfristiger Kauf", „positive Aussichten", aber selten werden Sie Begriffe finden wie: „Verkaufen Sie bei einem Kursrückgang unter ..." oder „Verkaufen Sie, wenn ... erreicht wird". Die stärksten Begriffe in diesem Zusammenhang sind: „mittelmäßiges Ergebnis" und „halten". Warum ist das so? Weil es in dieser Industrie eine negative Botschaft ist, wenn man verkauft, und Ihr Broker möchte nicht, dass Sie über negative Nachrichten oder darüber, dass etwas schlecht läuft, nachdenken. Eine schlechte Stimmung zu verbreiten ist nicht gut für das Geschäft, auch wenn die Botschaft realistisch und professionell zu begründen ist.

Weil niemand von uns der wunderbaren Geldvermehrung fähig ist, um etwas zu kaufen (oder um eine Long- oder eine Short-Futuresposition zu eröffnen), müssen wir normalerweise eine andere Position schließen, und zwar entweder mit einem Gewinn oder mit einem Verlust, und dies wird immer dann eintreten, wenn wir aufgrund unserer Recherche der Meinung sind, dass unser Geld anderswo besser eingesetzt werden kann. Das bedeutet, dass die Eröffnung einer Position eine einmalige Entscheidung darstellt, die abgeschlossen ist, sobald sie getroffen wurde. Aber die Entscheidung, wieder aus der entsprechenden Position auszusteigen, bezeichnet einen Prozess, in dessen Verlauf Sie sich ständig die Frage stellen: „Kann mein Geld besser besser eingesetzt werden?" „Anderswo" kann sich auf Ihr Bankkonto, auf eine andere Trading- oder Anlagemöglichkeit oder auf die Lagerung des Geldes unter Ihrer Matratze beziehen. Daher ist eine Trading- oder Anlagetechnik ohne zuvor sorgsam ausgearbeitete Stopps und Ausstiege nicht vollständig. Die Stopps und Ausstiege nehmen nicht nur eine zentrale Position im Trading-Prozess ein, sondern bilden auch die Grundlage für eine gewinnbringende Geldmanagementmethode.

Um jedoch zu ergründen, wie und wo man die Stopps und Ausstiege platziert, muss man viel mehr über sein System wissen, als nur den größten historischen Kapitalrückgang in Dollar-Beträgen zu kennen, denn diese Angabe sagt überhaupt nichts darüber aus, was man künftig zu erwarten hat. Und sie bietet auch überhaupt keinen Hinweis – absolut keinen – darauf, was man dagegen unternehmen könnte. Dazu müssen Sie wissen, wie man den Kapitalrückgang in verschiedene Kategorien unterteilt: den anfänglichen Kapitalrückgang eines Trades (AKT), den Kapitalrückgang beim Abschluss des Trades (KAT), den Kapitalrückgang bei geschlossenen Trades (KGT) und den gesamten Kapitalrückgang eines Trades (GKT). Und als ob das nicht schon genug wäre, müssen Sie außerdem wissen, wie man die größte ungünstige Abweichung (GUA) und die größte günstige Abweichung (GGA) ermittelt.

In Teil 3 wurden die Vorgehensweise und einiges darüber hinaus erklärt. Für jedes unserer Systembeispiele haben wir eine Reihe von Stopp- und Ausstiegstechniken zusammengestellt, was zur Verbesserung aller Systeme beigetragen hat. Aber das ist noch nicht alles, denn diese Techniken waren für unsere kurzfristig orientierten Systeme allgemeiner Natur und nicht marktspezifisch ausgerichtet, sondern sie wurden hauptsächlich mit Hilfe willkürlicher Einstiege entwickelt, die später auch auf andere Märkte als jene, die während des Testverfahrens zum Einsatz kamen, angewendet wurden. Dies besagt, dass praktisch keine Optimierungen vorgenommen wurden, wobei sich unsere Untersuchung auf nicht marktspezifische Besonderheiten konzentrierte, die wahrscheinlich immer wieder in allen Märkten stattfinden.

Damit kommen wir zu folgenden interessanten Feststellungen:

• In fast allen Märkten können Sie langfristig Vorteile nutzen, wenn Sie nur in der Richtung des vorherrschenden Trends handeln.

• Wenn Sie die Richtung des Trends nicht kennen oder sich keine Meinung darüber bilden können, tun Sie gut daran, wenn Sie kurzfristig handeln (das heißt indem Sie sich an Trades halten, die ungefähr drei oder neun Tage dauern) und möglichst wenige historische Daten für Ihre Entscheidung verwenden.

Die statistischen Eigenschaften der Märkte sind weitgehend die gleichen, ob es sich nun um einen aufwärts, einen abwärts oder einen seitwärts gerichteten Markt handelt. Wenn Sie beispielsweise nur auf die Handelstätigkeit der letzten fünf Tage achten, sind Sie wahrscheinlich nicht in der Lage, den vorherrschenden langfristigen Trend zu erkennen. Aus praktischen Gründen kann man daher sagen, dass die kurzfristigen Eigenschaften statischer Natur sind, obgleich die geringen und nicht messbaren Veränderungen, die im Laufe der Zeit auftreten, zu längerfristigen Trends führen können, sodass die statischen Eigenschaften dynamischen Charakter annehmen und zu messbaren Veränderungen führen, die man in Aufwärts-, Abwärts- und Seitwärtsbewegungen unterteilen kann. Ein weiterer Vorteil des Kurzfrist-Tradings, das aber nur in die Richtung des vorherrschenden Trends erfolgen darf, besteht darin, dass Sie in diesem Fall mit Limitaufträgen arbeiten können, indem Sie versuchen, am höchsten Kursstand zu verkaufen und am tiefsten Kursstand zu kaufen, wobei Sie sich dabei auf die erhöhte Sicherheit stützen können, die aus der Kenntnis des langfristigen Trends resultiert.

In Teil 4 ging es darum, die Richtung des Marktes ausfindig zu machen – und zwar sowohl lang- als auch kurzfristig –, und es ging auch um die Theorie, die der Trendbildung zugrunde liegt. Bei der Integration der Filter müssen wir mitunter einige Schritte zurückgehen, den Grundgedanken überprüfen und gegebenenfalls Modifikationen vornehmen oder möglicherweise sogar alles über Bord werfen, wenn sich herausstellt, dass es keine Möglichkeit gibt, den Filter so an das übrige Gefüge anzupassen, wie wir es gerne hätten. Erst wenn sich die Bestandteile von Teil 1 und Teil 4 rund aneinanderfügen, kann man das Geldmanagement integrieren, und damit verwandelt sich ein System in eine Strategie; aber das Geldmanagement bewirkt auch, dass das Ganze größer wird als die Summe seiner einzelnen Teile. Zu diesem Regel- und Rahmenwerk gehören auch das Verständnis des Trading-Prozesses und die Schaffung einer auf Regeln beruhenden Trading-Strategie, die den Fluss der Ereignisse und die miteinander in Verbindung stehenden Entscheidungen umfasst, was im Gegensatz steht zu Einzelentscheidungen, die nicht miteinander in Beziehung stehen. Wenn wir dafür kein Verständnis entwickeln, können wir auch die Vorteile dieser Art des Trading nicht erkennen, und dabei geht es nicht um die Optimierung der einzelnen Signale bezüglich der zugrunde liegenden Daten, sondern um die optimale Positionsgröße im Verhältnis zur Gesamtstrategie und zu anderen persönlichen Bedingungen und Präferenzen.

Stichwortregister

F

G

H

I

N

O

P

S

T

W

Über den Autor

Thomas Stridsman ist Chefredakteur von *Active Trader Magazine*, Trading-Berater und ein bekannter Redner bei Industrieseminaren und Konferenzen. Bis vor Kurzem schrieb er für das *Futures Magazine*. Bevor er im Jahr 1997 nach Chicago übersiedelte, betrieb Stridsman in Schweden einen eigenen Trading-Beratungsdienst über das Internet und war Vorsitzender der Schwedischen Vereinigung Technischer Analysten.

Erfolgreich mit eigenen Handelssystemen

Arndt / Burkard

Unter diesem Motto ermutigen die Autoren Holger Arndt und Stefan Burkard den Leser dazu, Handelssysteme zu verändern und neu zu kombinieren. Handelssysteme bestehen aus möglichst fest definierten Regeln. Aus diesem Grund bilden sie die Basis zu festgelegten Verkaufs- und Kaufpositionen. Aber warum die Nächte mit Systemanalysen verbringen, wenn sich schon andere die Mühe gemacht haben, Kombinationen von Indikatoren und Tradingregeln zu erforschen? In diesem Buch lancieren die Autoren für Sie reichhaltiges Material mit einer Vielzahl komplett offen gelegter Systeme. Dem interessierten Leser werden anhand von Beispielen, detaillierten Ratschlägen und Techniken die Möglichkeiten aufgezeigt, Handelssysteme selbst zu erstellen, umzuwandeln und zu testen. Die durch Arndt und Burkard vorgestellten Tools und Techniken lassen sich problemlos auf alle Märkte übertragen und werden Ihre Risiken begrenzen und Ihre Profite maximieren.

233 Seiten, Hardcover; Preis € 34,90 (D); € 35,90 (A); SFR 60,40; ISBN 978-3-89879-127-4

Technische Analyse

Jack D. Schwager

Brillant und leicht nachvollziehbar erfahren Sie alles über die wichtigsten Chartverfahren. Nutzbringende Handelsstrategien und klar umrissene Praxisbeispiele mit Hunderten von aussagestarken Charts liefern Ihnen wertvolle Lösungen für die entscheidenden Fragen der Börse. Es werden genauestens die Gründe untersucht, wann Sie eine Position eingehen sollten und wie sich diese Position aus technischer Sicht entwickeln wird. Ferner finden Sie hier die Indikatoren, von denen die gesamte Fachwelt spricht, einmal leicht verständlich erklärt: ihre Verwendung, der Nutzen und auch die klaren Grenzen beim Einsatz von Indikatoren.

864 Seiten, Hardcover; Preis € 64,90 (D); € 66,80 (A); SFr 110,00; ISBN 978-3-932114-03-8

Enzyklopädie der Technischen Indikatoren

Rene Rose (Hrsg.)

Von A wie ADX bis Z wie ZigZag: Ein Team qualifizierter Fach-
autoren erklärt Ihnen leicht verständlich Hunderte von Indikatoren und beschreibt darüber hinaus Sentimentindikatoren,
Fibonacci-Studien, führt in die Elliott Wave Technik ein, gibt
Beispiele für Kagi-, Renko- und Three-Line Break-Charts, kom-
biniert Point & Figure mit Indikatoren, erläutert Neuronale Netze
mit Indikatoren und geht auch auf jüngste Entwicklungen wie
die Heikin Ashi Methode ein.

768 Seiten, Hardcover; Preis € 64,90 (D); € 66,80 (A); SFr 110,00; ISBN 978-3-89879-104-5

Schwager über
Technische Analyse

Jack D. Schwager

Am schönsten wäre es, Aktien am Tiefpunkt zu kaufen und beim Höchststand wieder zu veräußern. Doch dieser Wunsch wird für immer und ewig nur ein Börsianertraum bleiben. Auch den Anhängern der Chartlehre bleibt es nicht erspart, nach Signalen einer Trendumkehr zu suchen, die zuverlässig eine neue Bewegung voraussagen. Mit Sicherheit gehört das Erkennen eines Richtungswechsels zu den schwierigsten Unterfangen der Technischen Analyse. Doch wer hier seine Hausaufgaben mit Sorgfalt erledigt, hat in Zukunft an der Börse die besseren Karten.

381 Seiten, Hardcover; Preis € 34,90 (D); € 35,90 (A); SFr 58,60; ISBN 978-3-89879-034-5